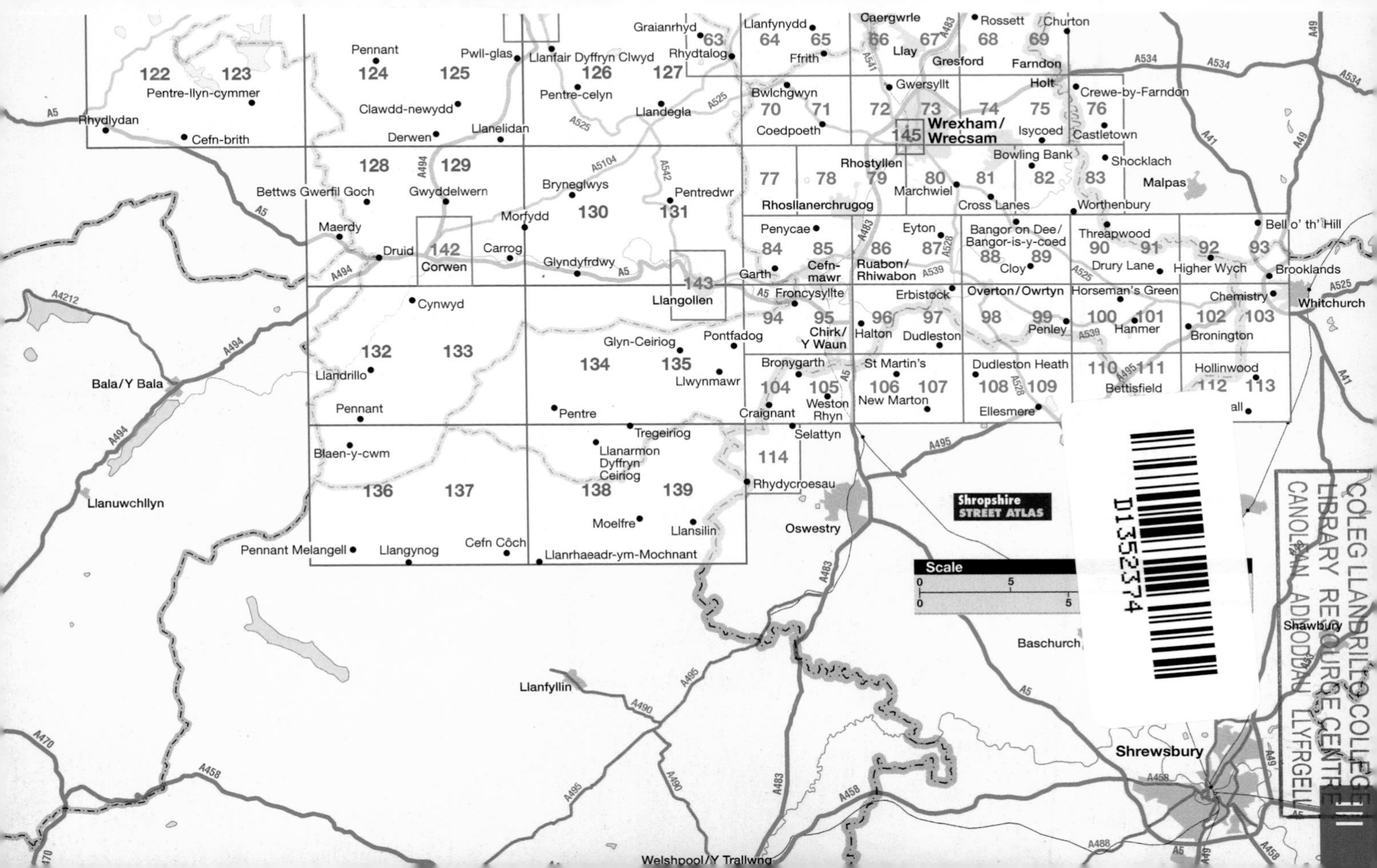
Shropshire STREET ATLAS
Scale
Wrexham/ Wrecsam
Caergwrle
Llay
Gresford
Rossett
Churton
Farndon
Holt
Crewe-by-Farndon
Castletown
Isycoed
Gwersyllt
Bwlchgwyn
Coedpoeth
Llanfynydd
Ffrith
Graianrhyd
Rhydtalog
Llanfair Dyffryn Clwyd
Pentre-celyn
Llandegla
Pwll-glas
Llanelidan
Pennant
Clawdd-newydd
Derwen
Pentre-llyn-cymmer
Rhydlydan
Cefn-brith
Bettws Gwerfil Goch
Gwyddelwern
Maerdy
Druid
Corwen
Carrog
Morfydd
Bryneglwys
Pentredwr
Glyndyfrdwy
Llangollen
Cynwyd
Llandrillo
Blaen-y-cwm
Pennant Melangell
Llangynog
Cefn Côch
Llanrhaeadr-ym-Mochnant
Moelfre
Llansilin
Llanarmon Dyffryn Ceiriog
Tregeiriog
Pentre
Glyn-Ceiriog
Pontfadog
Llwynmawr
Rhydycroesau
Selattyn
Craignant
Bronygarth
Weston Rhyn
Chirk/ Y Waun
Froncysyllte
Garth
Penycae
Cefn-mawr
Rhosllanerchrugog
Rhostyllen
Ruabon/ Rhiwabon
Eyton
Marchwiel
Cross Lanes
Bowling Bank
Bangor on Dee/ Bangor-is-y-coed
Cloy
Erbistock
Halton
Dudleston
St Martin's
New Marton
Overton/Owrtyn
Penley
Dudleston Heath
Ellesmere
Worthenbury
Shocklach
Malpas
Threapwood
Drury Lane
Horseman's Green
Hanmer
Bettisfield
Higher Wych
Bell o' th' Hill
Brooklands
Whitchurch
Chemistry
Bronington
Hollinwood
Oswestry
Baschurch
Shawbury
Shrewsbury
Llanfyllin
Welshpool/Y Trallwng
Bala/Y Bala
Llanuwchllyn
A5
A494
A4212
A470
A458
A495
A490
A483
A5104
A542
A525
A541
A539
A528
A534
A41
A49
A488
122 123 124 125 126 127 63 64 65 66 67 68 69
70 71 72 73 74 75 76 145
77 78 79 80 81 82 83
128 129 130 131
84 85 86 87 88 89 90 91 92 93
142 143
94 95 96 97 98 99 100 101 102 103
132 133 134 135
104 105 106 107 108 109 110 111 112 113
114
136 137 138 139

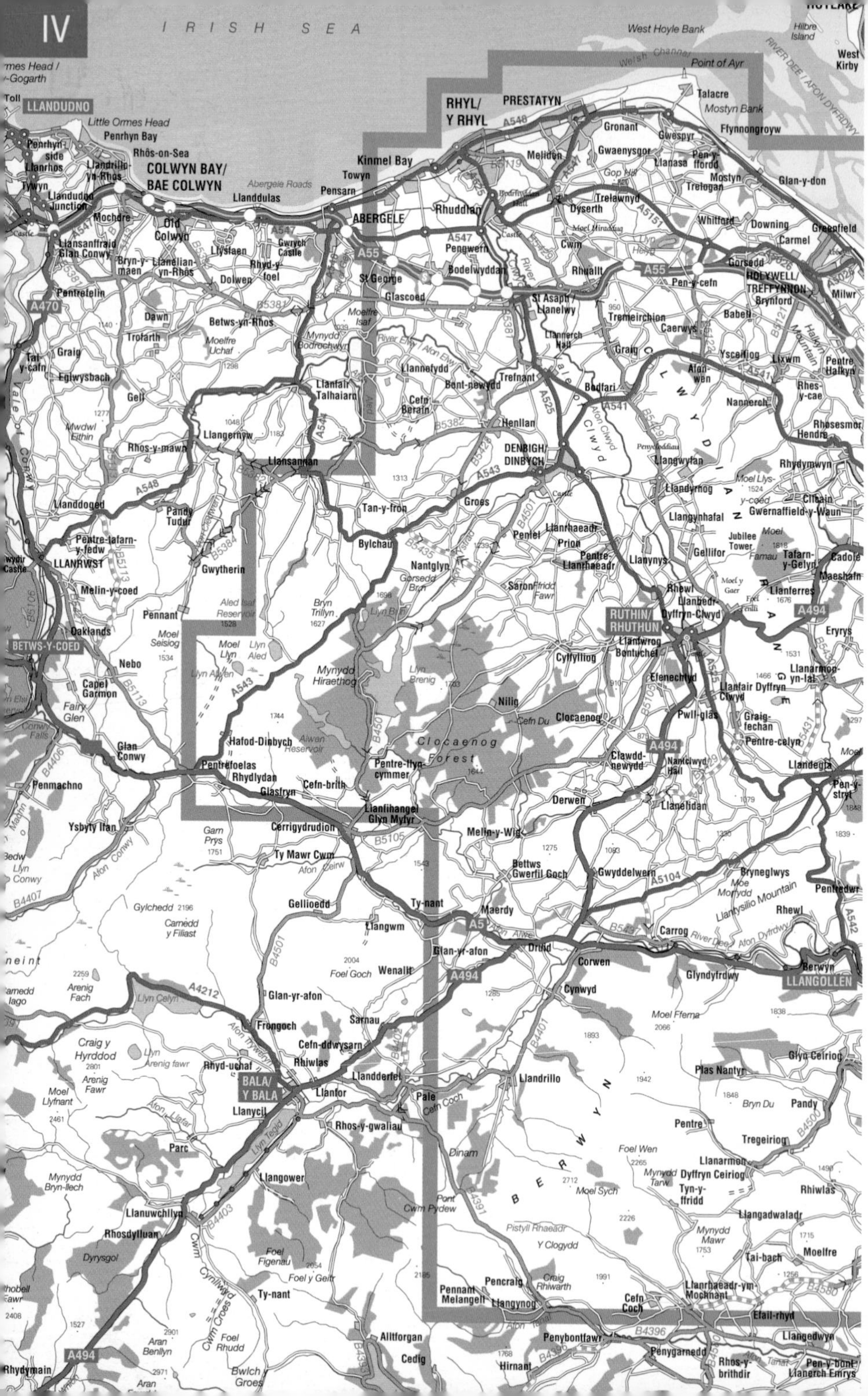
IRISH SEA
West Hoyle Bank
Hilbre Island
West Kirby
RIVER DEE / AFON DYFRDWY
Welsh Channel
Point of Ayr
Talacre
Mostyn Bank
Ffynnongroyw
Ormes Head
Toll
LLANDUDNO
Little Ormes Head
Penrhyn Bay
Penrhyn-side
Llanrhos
Llandrillo-yn-Rhos
Rhôs-on-Sea
COLWYN BAY/
BAE COLWYN
Tywyn
Llandudno Junction
Mochdre
Old Colwyn
Abergele Roads
Llanddulas
Kinmel Bay
Towyn
Pensarn
ABERGELE
RHYL/
Y RHYL
PRESTATYN
Gronant
Gwespyr
Gwaenysgor
Meliden
Llanasa
Pen-y-ffordd
Mostyn
Trelogan
Glan-y-don
Gop Hill
Dyserth
Trelawnyd
Rhuddlan
Bodrhyddan Hall
Moel Hiraddug
Whitford
Downing
Carmel
Greenfield
Llansanffraid Glan Conwy
Bryn-y-maen
Llanelian-yn-Rhôs
Llysfaen
Gwrych Castle
Rhyd-y-foel
Dolwen
A55
A547
Pengwern
Bodelwyddan
St George
Cwm
Rhuallt
Pen-y-cefn
Gorsedd
HOLYWELL/
TREFFYNNON
Milwr
Brynford
Babell
Pentrefelin
A470
Dawn
Betws-yn-Rhos
Glascoed
St Asaph /
Llanelwy
Tremeirchion
Caerwys
Trofarth
Moelfre Uchaf
Mynydd Bodrochwyn
Moelfre Isaf
River Elwy / Afon Elwy
Lannerch Hall
Graig
Ysceifiog
Lixwm
Halkyn Mountain
Pentre Halkyn
Tal-y-cafn
Eglwysbach
Gell
Llanfair Talhaiarn
Llannefydd
Bont-newydd
Trefnant
Bodfari
Aled
Cefn Berain
Afon-wen
Rhes-y-cae
Nannerch
Mwdwl Eithin
Llangernyw
Henllan
Rhosesmor
Hendre
Rhos-y-mawn
Llansannan
DENBIGH/
DINBYCH
Afon Clwyd
Pen-y-cloddiau
Llangwyfan
Rhydymwyn
Vale of Conwy
Llanddoged
A548
A543
Groes
Castle
Llandyrnog
Moel Llys-y-coed
Cilcain
Gwernaffield-y-Waun
Pandy Tudur
Tan-y-fron
Llangynhafal
Pentre-tafarn-y-fedw
LLANRWST
Gwydir Castle
Bylchau
Penlei
Llanrhaeadr
Prion
Pentre Llanrhaeadr
Jubilee Tower
Moel Famau
Gellifor
Tafarn-y-Gelyn
Cadole
Maeshafn
Gwytherin
Nantglyn
Gorsedd Brân
Saron
Ffridd Fawr
Llanynys
Rhewl
Llanbedr-Dyffryn-Clwyd
Moel y Gaer
Foel Fenlli
Llanferres
A494
Melin-y-coed
Pennant
Aled Isaf Reservoir
Bryn Trillyn
Llyn Brân
RUTHIN/
RHUTHUN
Llanfwrog
Bontuchel
Eryrys
Oaklands
BETWS-Y-COED
Moel Seisiog
Moel Llyn
Llyn Aled
Cyffylliog
Llanarmon-yn-Iâl
Nebo
Llyn Alwen
Mynydd Hiraethog
Llyn Brenig
Efenechtyd
Llanfair Dyffryn Clwyd
Capel Garmon
B5113
Nilig
Cefn Du
Clocaenog
Pwll-glas
Graig-fechan
Fairy Glen
Conwy Falls
Hafod-Dinbych
Alwen Reservoir
Clocaenog Forest
Pentre-celyn
Glan Conwy
Clawdd-newydd
Nantclwyd Hall
Llandegla
Penmachno
Pentrefoelas
Rhydlydan
Glasfryn
Cefn-brith
Pentre-llyn-cymmer
Pen-y-stryt
Derwen
Llanelidan
Ysbyty Ifan
Llanfihangel Glyn Myfyr
Cerrigydrudion
Garn Prys
B5105
Melin-y-Wig
Ty Mawr Cwm
Afon Ceirw
Bettws Gwerfil Goch
Gwyddelwern
Bryneglwys
A5104
Moel Morfydd
Llantysilio Mountain
Pentredwr
Llyn Conwy
Afon Conwy
Gylchedd
Carnedd y Filiast
Gellioedd
Ty-nant
Maerdy
A5
Rhewl
Carrog
River Dee / Afon Dyfrdwy
Llangwm
Glan-yr-afon
Druid
Corwen
Glyndyfrdwy
Berwyn
LLANGOLLEN
Arenig Fach
A4212
Llyn Celyn
Foel Goch
Wenallt
A494
Cynwyd
Glan-yr-afon
Frongoch
Sarnau
Moel Fferna
Craig y Hyrddod
Arenig fawr
Cefn-ddwysarn
Rhyd-uchaf
Rhiwlas
Glyn Ceiriog
Arenig Fawr
Plas Nantyr
BALA/
Y BALA
Llandderfel
Llandrillo
Moel Llyfnant
Llanfor
Pale
Cefn Coch
Bryn Du
Pandy
Llanycil
Afon Lliw
Rhos-y-gwaliau
Pentre
Tregeiriog
Parc
Llyn Tegid
Dinam
Foel Wen
Llanarmon Dyffryn Ceiriog
Mynydd Bryn-llech
Llangower
B E R W Y N
Mynydd Tarw
Tyn-y-ffridd
Rhiwlas
Moel Sych
Llanuwchllyn
B4403
Pont Cwm Pydew
B4391
Llangadwaladr
Rhosdylluan
Pistyll Rhaeadr
Y Clogydd
Mynydd Mawr
Moelfre
Dyrysgol
Foel Figenau
Tai-bach
Foel y Geifr
Craig Rhiwarth
Pennant Melangell
Pencraig
Llangynog
Cefn Coch
Llanrhaeadr-ym-Mochnant
Efail-rhyd
Ty-nant
Cwm Cynllwyd
B4580
B4396
Llangedwyn
Aran Benllyn
Foel Rhudd
Cwm Croes
Alltforgan
Penybontfawr
Afon Tanat
A494
Cedig
Hirnant
Penygarnedd
Rhos-y-brithdir
Pen-y-bont Llanerch Emrys
Rhydymain
Aran
Bwlch y Groes

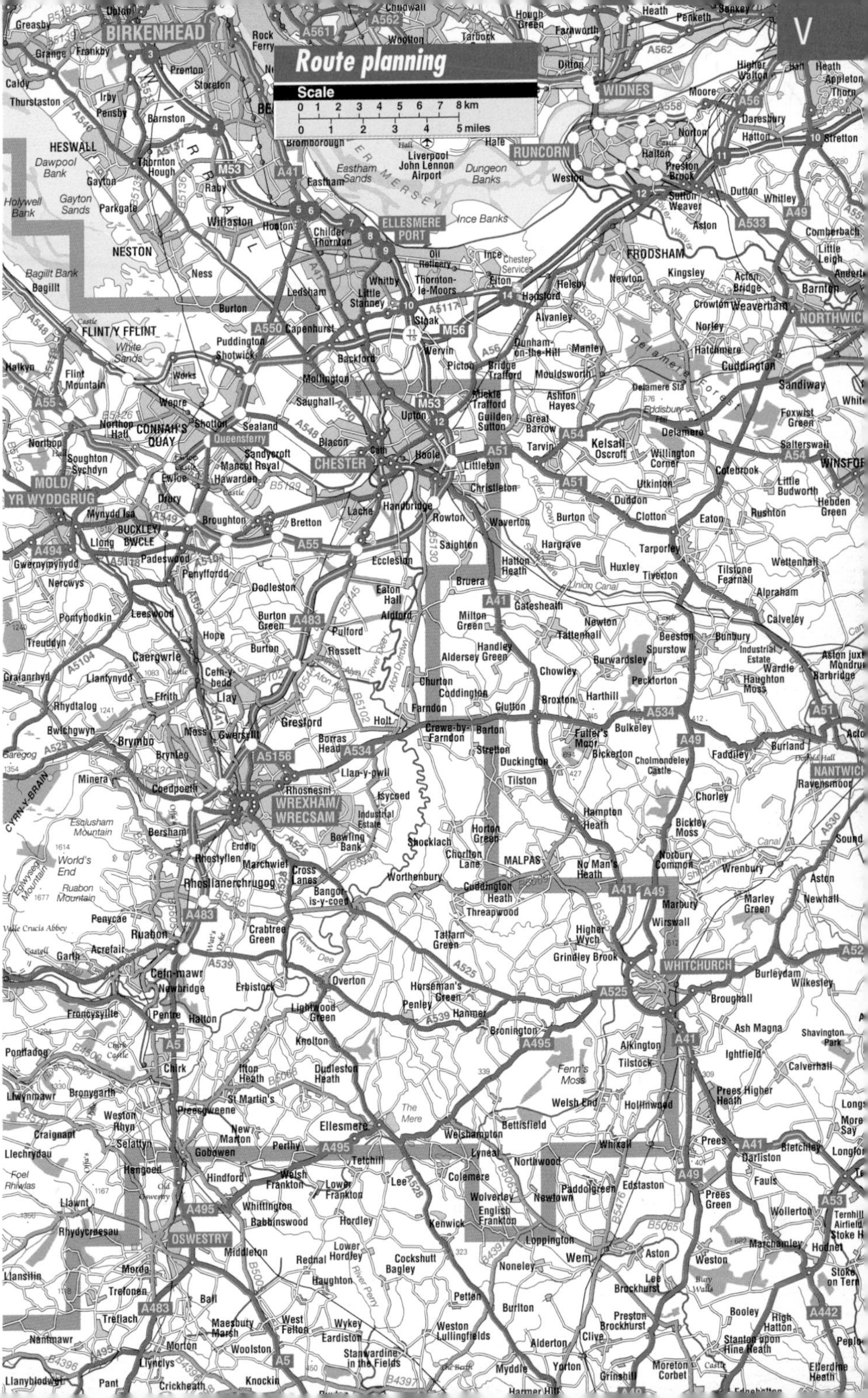
Route planning
Scale
0 1 2 3 4 5 6 7 8 km
0 1 2 3 4 5 miles
BIRKENHEAD
WIDNES
RUNCORN
ELLESMERE PORT
FLINT/Y FFLINT
CONNAH'S QUAY
Queensferry
CHESTER
MOLD/ YR WYDDGRUG
BUCKLEY/ BWCLE
WREXHAM/ WRECSAM
NORTHWICH
WINSFORD
NANTWICH
WHITCHURCH
OSWESTRY
HESWALL
NESTON
FRODSHAM
MALPAS
Liverpool John Lennon Airport
RIVER MERSEY
WIRRAL
Ellesmere
Wem
Ruabon
Cefn-mawr
Chirk
Tarporley
Holt
Farndon
Gresford
Rossett
M53
M56
A41
A49
A51
A54
A55
A56
A483
A495
A525
A534
A539
A550
A5117
A5156
A533
A442
A5

Allwedd i symbolau'r map

22a	**Traffordd** gyda rhif y gyffordd
	Prif dramwyfeydd – ffordd ddeuol/un lôn
	Ffordd A – ffordd ddeuol/un lôn
	Ffordd B – ffordd ddeuol/un lôn
	Ffyrdd bychan – ffordd ddeuol/un lôn
	Ffyrdd bychan eraill – ffordd ddeuol/un lôn
	Ffordd yn cael ei hadeiladu
	Twnnel, ffordd dan orchudd
	Trac gwledig, ffordd breifat, neu ffordd mewn ardal ddinesig
	Llidiart neu rhwystr i draffig (gall fod cyfyngiadau ddim yn ddilys ar gyfer bob amser neu i bob drafnidiaeth)
	Llwybr, llwybr march, cilffordd yn agored i bob trafnidiaeth, ffordd a ddefnyddir yn lwybr cyhoeddus
	Mân cerddwyr
DY7	**Ffiniau codau-post**
	Ffiniau Sir ac awdurdod unedol
	Rheilffordd, twnnel, rheilffordd yn cael ei hadeiladu
	Tramffordd, tramffordd yn cael ei hadeiladu
	Rheilffordd ar raddfa fychan
Walsall	**Gorsaf rheilffordd**
	Gorsaf rheilffordd breifat
South Shields	**Gorsaf metro**
	Atalfa tram, atalfa tram yn cael ei hadeiladu
	Gorsaf fysiau

	Gorsaf ambiwlans
	Gorsaf gwylwyr y glannau
	Gorsaf Dân
	Swyddfa'r heddlu
	Mynedfa damwain ac argyfwng i'r ysbyty
H	**Ysbyty**
	Lle o addoliad
i	**Canolfan gwybodaeth** (a'r agor drwy'r flwyddyn)
P	**Parcio**
P&R	**Parcio a chludo**
PO	**Swyddfa'r post**
	Safle gwersylla
	Safle carafan
	Cwrs golff
	Safle picnic
Prim Sch	**Adeiladau pwysig, ysgolion, colegau, prifysgolion ac ysbytai**
River Medway	**Enw dŵr**
	Afon, cored, nant
	Camlas, loc, twnnel
	Dŵr
	Dŵr llanw
	Coed
	Ardal adeiledig
Church	**Hynafiaeth anrhufeinig**
ROMAN FORT	**Hynafiaeth rhufeinig**
44 / 145	**Arwyddion dalennau cyfagos a bandiau gorymylon** Y mae lliw y saeth â'r band yn dynodi gradd y ddalen gyfagos â'r ddalen gorymyl (gwelwch y graddau islaw)

Acad	**Academi**	IRB Sta	**Gorsaf bad achub y glannau**	Pal	**Palas brenhinol**
Allot Gdns	**Gerddi ar osod**	Inst	**Institiwt**	PH	**Tŷ tafarn**
Cemy	**Mynwent**	Ct	**Llys cyfraith**	Recn Gd	**Maes chwaraeon**
C Ctr	**Canolfan ddinesig**	L Ctr	**Canolfan hamdden**	Resr	**Cronfa ddŵr**
CH	**Tŷ Clwb**	LC	**Croesfan wastad**	Ret Pk	**Parc adwerthu**
Coll	**Coleg**	Liby	**Llyfrgell**	Sch	**Ysgol**
Crem	**Amlosgfa**	Mkt	**Marchnad**	Sh Ctr	**Canolfan Siopa**
Ent	**Menter**	Meml	**Coffa**	TH	**Neuadd y dref**
Ex H	**Neuadd Arddangos**	Mon	**Cofgolofn**	Trad Est	**Ystad Fasnachol**
Ind Est	**Ystad ddiwydiannol**	Mus	**Amgueddfa**	Univ	**Prifysgol**
		Obsy	**Arsylffa**	W Twr	**Tŵrdŵr**
				Wks	**Gwaith**
				YH	**Hostel ieuenctid**

- Y mae'r rhifau bach o gwmpas ochrau'r mapiau yn dynodi llinelli grid cenedlaethol 1 cilomedr
- Mae'r ffin llwyd tywyll ar ochr fewn rhai tudalennau yn dynodi nad yw'r mapio yn canlyn ymlaen i'r tudalen gyffiniol

Gradd y mapiau ar y dalennau gyda rhifau glas yw 4.2 cm i 1 km • 2⅔ modfedd i 1 filltir • 1: 23810
0 – ¼ – ½ – ¾ – 1 milltir
0 – 250 m – 500 m – 750 m – 1 km

Gradd y mapiau ar y dalennau gyda rhifau gwyrdd yw is 2.1 i to 1 km • 1⅓ modfedd i 1 filltir • 1: 47620
0 – ¼ – ½ – ¾ – 1 milltir
0 – 250m – 500m – 750m – 1 km

Gradd y mapiau ar y dalennau gyda rhifau coch yw is 8.4 i to 1 km • 5⅓ modfedd i 1 filltir • 1: 11900
0 – 220 yards – 440 yards – 660 yards – ½ milltir
0 – 125m – 250m – 375m – ½ km

Key to map symbols

22a	**Motorway** with junction number
	Primary route – dual/single carriageway
	A road – dual/single carriageway
	B road – dual/single carriageway
	Minor road – dual/single carriageway
	Other minor road – dual/single carriageway
	Road under construction
	Tunnel, covered road
	Rural track, private road or narrow road in urban area
	Gate or obstruction to traffic (restrictions may not apply at all times or to all vehicles)
	Path, bridleway, byway open to all traffic, road used as a public path
	Pedestrianised area
DY7	**Postcode boundaries**
	County and unitary authority boundaries
	Railway, tunnel, railway under construction
	Tramway, tramway under construction
	Miniature railway
Walsall	**Railway station**
	Private railway station
South Shields	**Metro station**
	Tram stop, tram stop under construction
	Bus, coach station

	Ambulance station
	Coastguard station
	Fire station
	Police station
	Accident and Emergency entrance to hospital
H	**Hospital**
	Place of worship
i	**Information Centre** (open all year)
P	**Parking**
P&R	**Park and Ride**
PO	**Post Office**
	Camping site
	Caravan site
	Golf course
	Picnic site
Prim Sch	**Important buildings, schools, colleges, universities and hospitals**
River Medway	**Water name**
	River, weir, stream
	Canal, lock, tunnel
	Water
	Tidal water
	Woods
	Built up area
Church	**Non-Roman antiquity**
ROMAN FORT	**Roman antiquity**
44 / 145	**Adjoining page indicators and overlap bands** The colour of the arrow and the band indicates the scale of the adjoining or overlapping page (see scales below)

Acad	**Academy**	Inst	**Institute**	Recn Gd	**Recreation Ground**
Allot Gdns	**Allotments**	Ct	**Law Court**	Resr	**Reservoir**
Cemy	**Cemetery**	L Ctr	**Leisure Centre**	Ret Pk	**Retail Park**
C Ctr	**Civic Centre**	LC	**Level Crossing**	Sch	**School**
CH	**Club House**	Liby	**Library**	Sh Ctr	**Shopping Centre**
Coll	**College**	Mkt	**Market**	TH	**Town Hall/House**
Crem	**Crematorium**	Meml	**Memorial**	Trad Est	**Trading Estate**
Ent	**Enterprise**	Mon	**Monument**	Univ	**University**
Ex H	**Exhibition Hall**	Mus	**Museum**	W Twr	**Water Tower**
Ind Est	**Industrial Estate**	Obsy	**Observatory**	Wks	**Works**
IRB Sta	**Inshore Rescue Boat Station**	Pal	**Royal Palace**	YH	**Youth Hostel**
		PH	**Public House**		

■ The small numbers around the edges of the maps identify the 1 kilometre National Grid lines

■ The dark grey border on the inside edge of some pages indicates that the mapping does not continue onto the adjacent page

The scale of the maps on the pages numbered in blue is 4.2 cm to 1 km • 2⅔ inches to 1 mile • 1: 23810

0 ¼ ½ ¾ 1 mile
0 250 m 500 m 750 m 1 kilometre

The scale of the maps on pages numbered in green is 2.1 cm to 1 km • 1⅓ inches to 1 mile • 1: 47620

0 ¼ ½ ¾ 1 mile
0 250m 500m 750 m 1 kilometre

The scale of the maps on pages numbered in red is 8.4 cm to 1 km • 5⅓ inches to 1 mile • 1: 9051

0 220 yards 440 yards 660 yards ½ mile
0 125 m 250 m 375 m ½ kilometre

Major administrative and Postcode boundaries

County and unitary authority boundaries
Postcode boundaries
Area covered by this atlas

Scale
0 5 10 15 km
0 5 10 miles

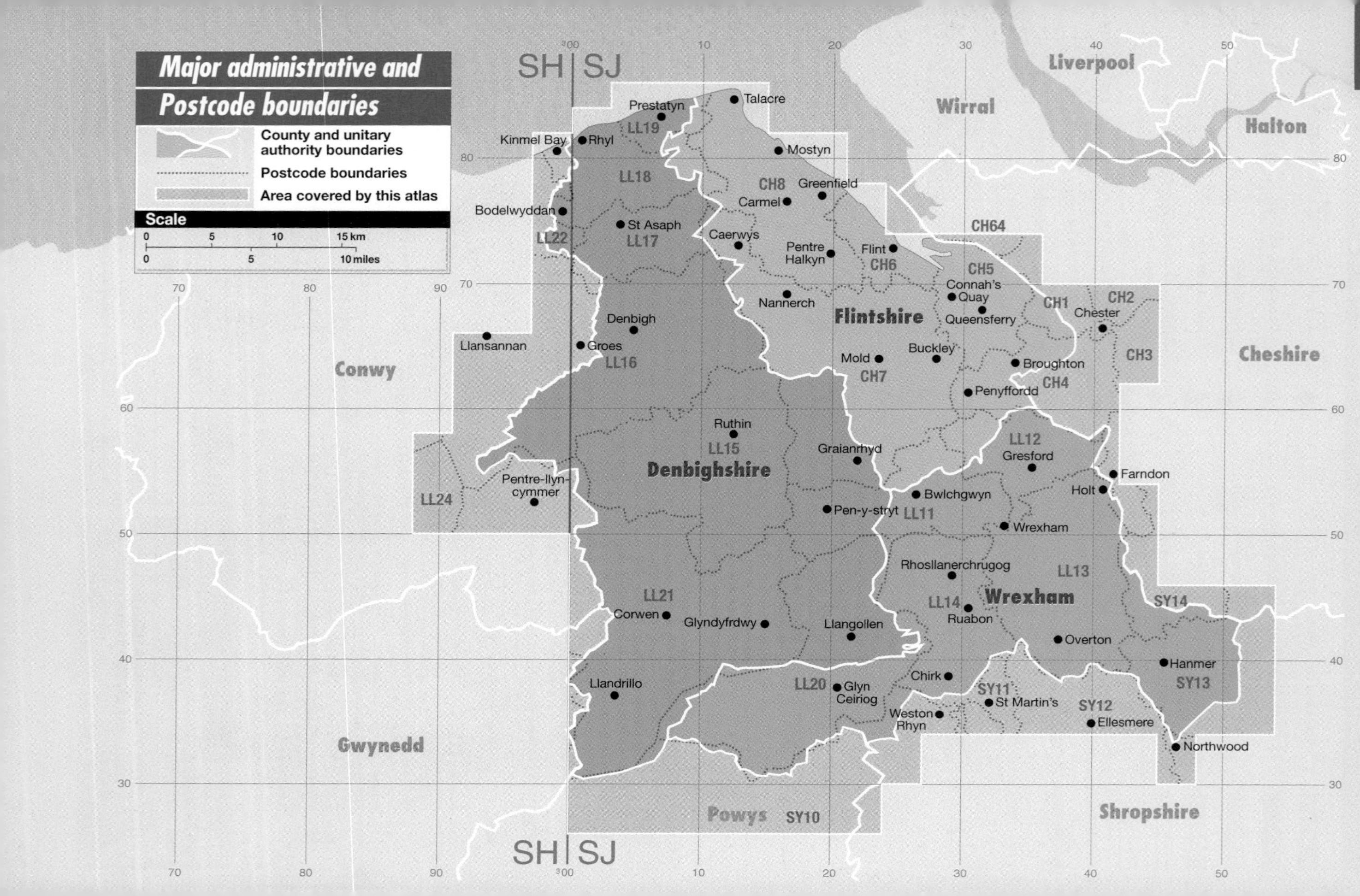

2

A B C D E F
8 7 83 6 5 82 4 3 81 2 1 80
00 01 02
RHYL/Y RHYL
D5
1 SHERWOOD CT
2 MERCIER DR
3 FARNSWORTH CT
C4
1 GLENDOWER CT
2 BRANDON CT
3 PLASTIRION CT
C3
1 LLYS BRUNSWICK
B4
1 STRYD FAWR/HIGH ST
2 STRYD YR EGLWYS/CHURCH ST
3 STRYD Y BADDON/BATH ST
B3
1 WINDSOR CT
2 CRESCENT CT
3 VAUGHAN ST
4 GLANGLASFOR
5 STRYD Y FARCHNAD/MARKET ST
6 WINDSOR ST
7 STRYD BODFOR/BODFOR ST
8 ST HELENS PL
9 HEOL CLWYD/CLWYD ST
10 TRINITY CT
11 HEOL GWYNFA/PARADISE ST
12 PLAS-Y- BRENIN
13 OXFORD GR
14 STRYD CILMAEL/SOUTH KINMEL ST
15 KINMEL TERR
16 CRESCENT SQ
17 HEOL SUSSEX/SUSSEX ST
F3
1 LLYS DELYN
2 LLYS DINAS
3 LLYS BODNANT
4 LLYS PADARN
5 LLYS PERIS
6 LLYS COWLYD
7 LLYS CADNANT
8 RHODFA PLAS COED
9 BRYN-LLYS
10 HEOL-Y-LLYS
F4
1 FERN WLK
2 FERN CL
3 LLYS MIAREN
4 LON EGLYN
5 LON LELOG
6 LON AERON
7 LON RHOSYN
8 LLYS-Y-TWYSOG
AQUARIUM CRES 1
HAFON DIRION 2
GRONANT ST 3
EDWARD HENRY ST 4
HOPE PL 5
KINGSTON RD 6
A2
1 MARLBOROUGH GR
2 BALMORAL GR
3 OSBOURNE GR
4 SYDENHAM AVE
5 WESTBOURNE CTR
6 SANDFIELD PL
7 BRIDGE ST
8 WELLINGTON TERR
9 BARRY RD N
10 ORTON GR
B2
1 STAFFORD PARK HOLIDAY CAMP
2 BUXTON CT
3 THORNTON CL
4 SUDBURY CL
5 HADDON CL
MERION CL 1
ELERI CL 2
SAUNDERS WAY 3
LLYS-Y-GERDDI 4
LLYS PEN-Y-CEFNDY 5
F2
1 MAES FAMAU
2 MAES ARTHUR
3 MAES Y PARC
4 MAES CWM
5 MAES GAER
MARINE DR
RHYL COAST RD
A548
B5118
B5119
A525
EAST PAR
FFORDD RUSSELL/RUSSELL RD
FFORDD WELLINGTON/WELLINGTON RD
RHODFA GORLLEWIN/WEST PAR
STRYD CILMAEL/KINMEL ST
VALE ROAD BRIDGE
VALE RD
GRANGE RD
FFORDD DYSERTH/DYSERTH RD
RHUDDLAN RD
TYNEWYDD RD
LL18
Royal Alexandra General
Sun Centre
LB Sta
Sea Life Ctr
Childrens Village
Tower
Liby
Sh Ctr
TH
Rhyl
Bridge Bsns Pk
Morfa Clwyd Bsns Ctr
Victoria Bsns Pk
Glanaber Trad Est
Rhyl High Sch
Bryn Hafod Sch
Tynewydd
Cemy
Ysgol Llywelyn
Pinfold Workshops
Coleg Y Rhyl Coll
Ysgol Tir Morfa
Cefndy Road Employment Pk
Glan Y Morfa Ind Est
The Cut
Cyn Pk
Ysgol Dewi Sant
Plas Cyril
Schs
Sch
Allitts Pk
Llys Glan Aber
CH
LYONS HOLIDAY PK

6 7 8

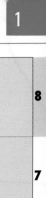

A
B
C
D
E
F
8
7
85
6
5
84
4
3
83
2
1
82
03
04
05
Prestatyn
Nova Ctr
Traeth Ffrith/
Ffrith Beach
Festival
Gardens
Holiday
Camp
Caravan
Park
Caravan
Site
LL18
LL19
A548
RHYL COAST RD
VICTORIA RD W
VICTORIA RD
LYONS
HOLIDAY PK
ROBIN HOOD
HOLIDAY CAMP
BROOKLANDS
CAMP
TERFYN
PELLA
CAMP
LIDO BEACH
CVN PK
GLANDWR
KYNASTON RD
METHVEN DR
SANDIWAY
GREEN LANES
EAST CL
WEST CL
JACLYN CL
STEPHEN RD
MARION RD
CATHERINE AVE
FFORDD PENRHWYLFA
THE BOULEVARD
CHRISTINA AVE
GARNETT DR
SEABANK DR
PURBECK AVE
OVERTON AVE
PENLEY AVE
BEVERLEY DR
ARCHERS GN
MORFA CL
TOWYN CL
THE BROADWAY
MONMOUTH GR
WORCESTER DR
LON TALIESIN
LON CYNAN
FFORDD MAES YR HAF
GROSVENOR RD
WENT CL
BEACH RD W
FIRST AVE
SECOND AVE
THIRD AVE
THE MALL
LLYS MYMBR
LLYS LLYDAW
LLYS VYRNWY
LLYS OGWEN
BERWYN CRES
PEN TYWYN
GLAN-Y-GORS
1 VICTORIA LA
2 FFORDD FFRITH
3 POPLAR GR
4 SUSAN GR
5 CLOS GWAUN DEAU/ SOUTH MEADOW CL
6 CLOS PRY COPYN
7 MIN Y MORFA
8 Tai Tywyn Bsns Pk
9 TYWYN GANOL
10 VICTORIA PARK AVE

1
8

4

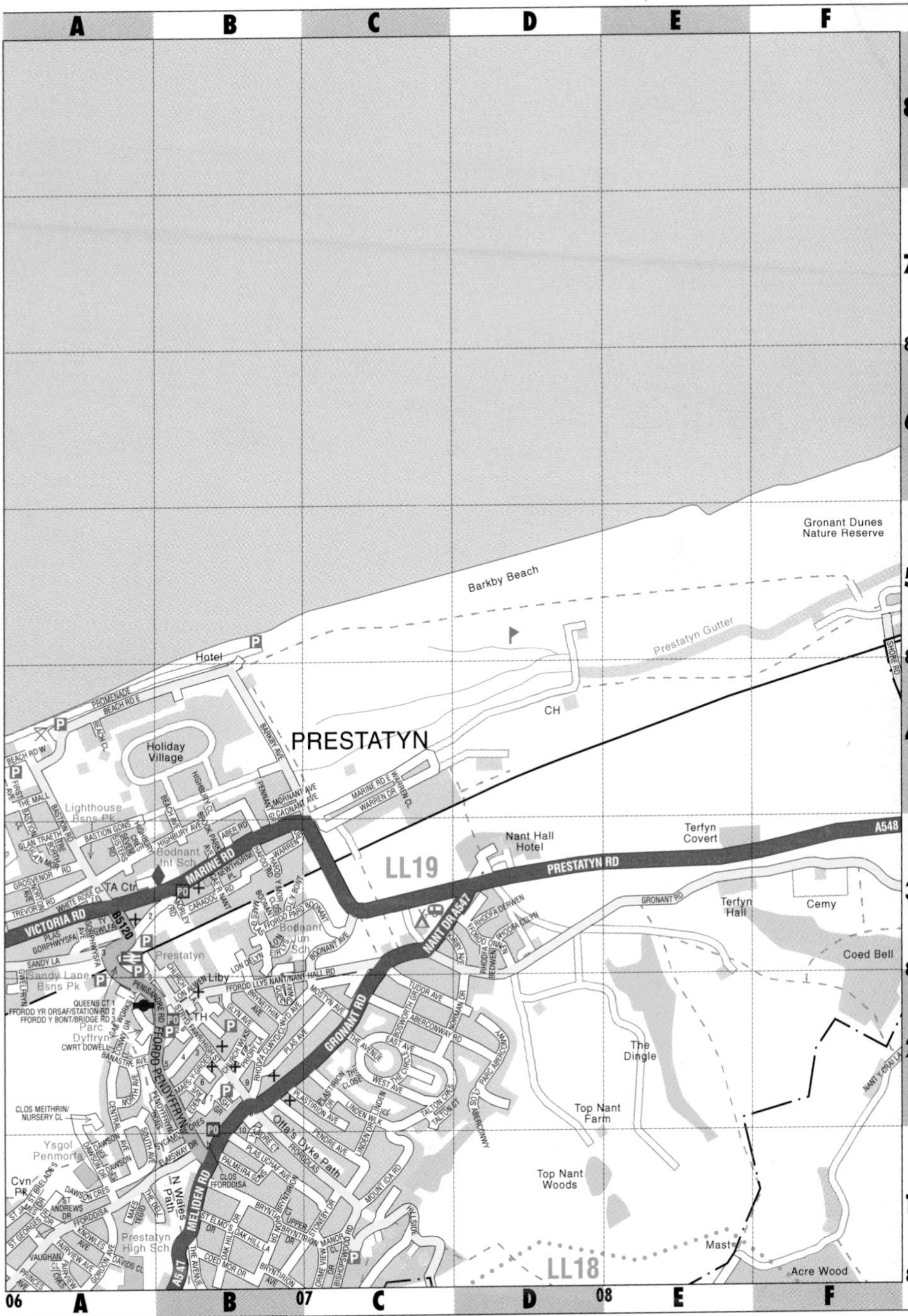

B2
1 LLYS BODNANT
2 RHODFA BRENIN/KING'S AVE
3 LLYS BUDDUG
4 RHODFA VICTORIA/VICTORIA AVE
5 LLYS OFFA
6 BRYN TEG
7 RHODFA RHEDYN/FERN AVE
8 NORFOLK AVE
9 SARONIA CT
10 CASSANDRA CT

9

4

3

A
B
C
D
E
F
8
7
85
6
5
84
4
3
83
2
1
82
09
10
11
The Warren
Tyn-y-Morfa
PRESTHAVEN SANDS HOLIDAY CAMP
DEE RD
POINT OF AYR CVN PK
TALACRE BEACH CVN PK
LC
Tynymorfa
Point of Ayr Gas Terminal Visitor Ctr
GREENACRES CVN PK
ABBEY VIEW CVN PK
LAZY ACRE CVN PK
LL19
Llawndy
Granaries Bsns Pk
SUNNY SANDS HOLIDAY PK
MOUNDS CVN PK
Pant Glas Farm
STATION RD
SHORE RD
MOEL VIEW RD
Little Pool Wood
Equestrian Ctr
WOODLANDS CVN PK
SILVER BIRCH CVN PK
Morfa
Pen y Bont
DUNKESON'S CVN CAMP
Argoed
BETHESDA ST
A548
MOSTYN RD
PH
Talacre Abbey
SEA VIEW CVN PK
CH8
Gronant
ST MARY'S CAMPING SITE
GRONANT HILL
Gwespyr
GRONANT RD
LLYS IWAN
Ysgol Gronant
Home Farm
Tanlan Banks
BRYN AWELON
LLYS EDWARD
FFORDD MARIAN
MAES GWYNFRYN
BERLLAN LA
HYFRYD
NANT-Y-GRO
ABBEY DR
PROFFIT TERR
FFORDD WYN
MAES-Y-DRE
CHAPEL TERR
TAN-Y-MARIAN CL
BRYN PARC
PENTRE LA
LLANASA RD
PH
NANT Y CRAI LA
Pentre Farm
The Dingle
NEW RD
Bryn-glas-bâch
Kelston Farm
Bryn Glâs
Brynllystyn Farm
Gelli Bank
Picton Dairy Farm
School Covert
Ysgol Gymraeg Mornant
PICTON RD (PICTON)
Cemy

3
10

A
B
C
D
E
F
8
7
85
6
5
84
4
3
83
2
1
82
12
13
14
Point of Ayr
Talacre
PH
DEE RD
WILLOW GR
DIDSBURY AVE
TALBOT DR
GAMFA WEN
TALACRE BEACH CVN PK
WEST RD
STATION RD
FIFTH AVE
FOURTH AVE
THIRD AVE
BEACH CL
CORBETT AVE
PO
AIR VIEW CVN CAMP
Point of Ayr Nature Reserve
Parlwr-du
Gas Terminal
Mast
River Dee/Afon Dyfrdwy
Sewage Works
CH8
Tanlan Banks
TREE TOPS CVN PK
Tanlan
Glasdir
GLASDIR
FAIRFIELD AVE
MORNANT AVE
LEWIS ROCK TERR
HOS
LLYS OWEN
WELL LA
WILLIAMS PL 1
DENBIGH ROW 2
SCHOOL ROW 3
WOODLAND COTTS 4
LLYS MORNANT 5
6 CHAPEL ROW
7 FRANCIS ROW
8 MAIRION TERR
CHAPEL MEWS
A548
PICTON/PICTON RD
Picton
Picton Farm
PENYFFORDD/PICTON RD
DEE VIEW COTTS
OWENS TERR
Ffynnongroyw

11

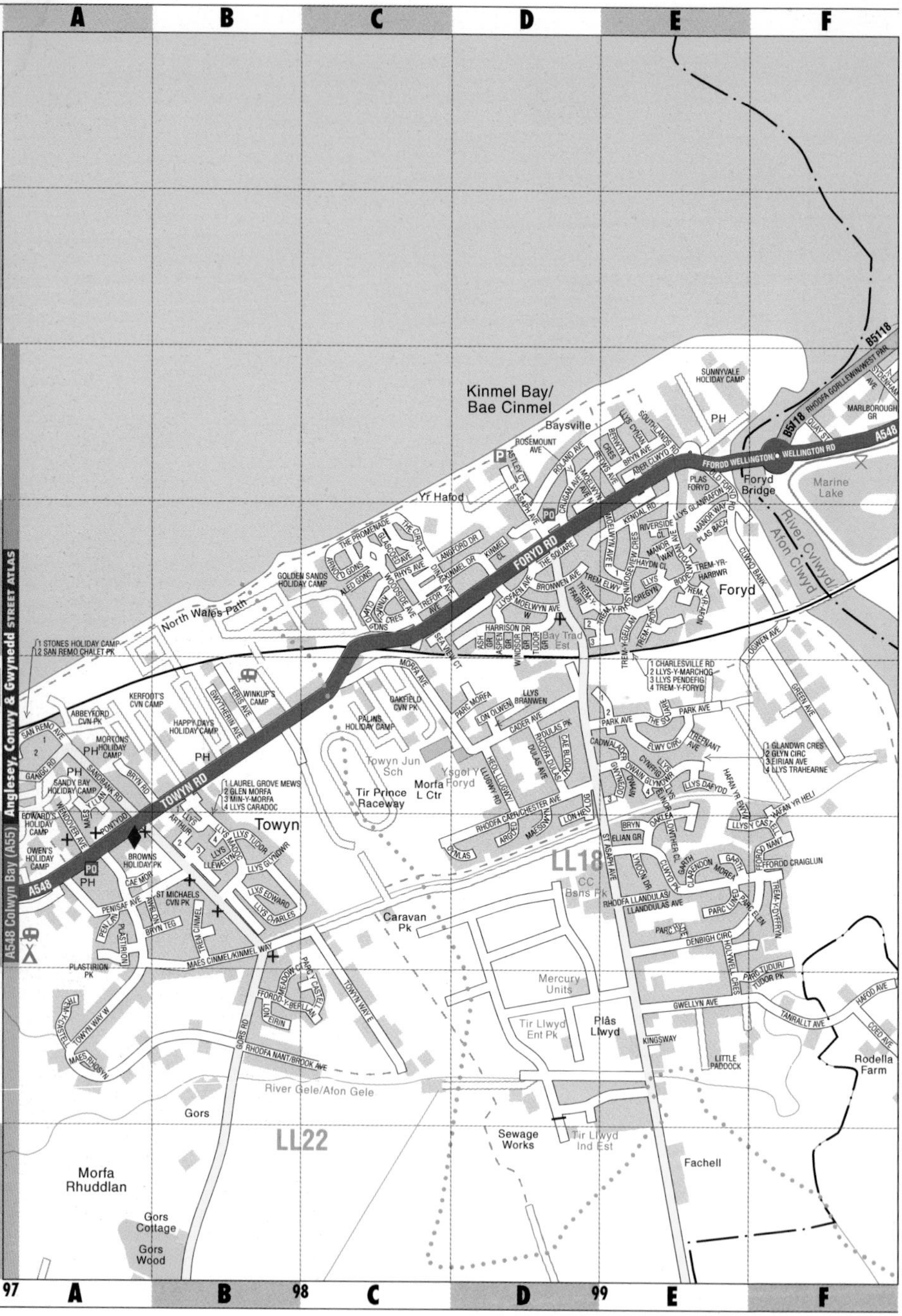
A
B
C
D
E
F
8
7
81
6
5
80
4
3
79
2
1
78
97
98
99
Kinmel Bay/
Bae Cinmel
Baysville
Yr Hafod
North Wales Path
GOLDEN SANDS HOLIDAY CAMP
SUNNYVALE HOLIDAY CAMP
Foryd Bridge
Foryd
Marine Lake
River Clwyd/
Afon Clwyd
B5118
A548
FFORDD WELLINGTON
WELLINGTON RD
FORYD RD
TOWYN RD
Towyn
Towyn Jun Sch
Ysgol Y Foryd
Morfa L Ctr
Tir Prince Raceway
WINKUP'S CAMP
KERFOOT'S CVN CAMP
HAPPY DAYS HOLIDAY CAMP
OAKFIELD CVN PK
PALINS HOLIDAY CAMP
MORTONS HOLIDAY CAMP
SANDY BAY HOLIDAY CAMP
EDWARD'S HOLIDAY CAMP
OWEN'S HOLIDAY CAMP
BROWNS HOLIDAY PK
ST MICHAELS CVN PK
PLASTIRION PK
ABBEYFORD CVN PK
1 STONES HOLIDAY CAMP
2 SAN REMO CHALET PK
1 LAUREL GROVE MEWS
2 GLEN MORFA
3 MIN-Y-MORFA
4 LLYS CARADOC
1 CHARLESVILLE RD
2 LLYS-Y-MARCHOG
3 LLYS PENDEFIG
4 TREM-Y-FORYD
1 GLANDWR CRES
2 GLYN CIRC
3 EIRIAN AVE
4 LLYS TRAHEARNE
Bay Trad Est
LL18
CC Bsns Pk
Caravan Pk
Mercury Units
Tir Llwyd Ent Pk
Plâs Llwyd
Tir Llwyd Ind Est
Sewage Works
River Gele/Afon Gele
Gors
LL22
Morfa Rhuddlan
Gors Cottage
Gors Wood
Fachell
Rodella Farm
LITTLE PADDOCK
KINGSWAY
GWELLYN AVE
TANRALLT AVE
HAFOD AVE
COED AVE
MAES CINMEL/KINMEL WAY
RHODFA NANT/BROOK AVE
GORS RD
TOWYN WAY E
TOWYN WAY W
ST ASAPH AVE
DENBIGH CIRC
RHODFA LLANDDULAS/ LLANDDULAS AVE
PARK AVE
MORFA AVE
GREEN AVE
OGWEN AVE
MARLBOROUGH GR
ROSEMOUNT AVE
THE PROMENADE
LANGFORD DR
SEA VIEW CT
HARRISON DR
MOELWYN AVE
BRONWEN AVE
THE SQUARE
SAN REMO AVE
PENISAF AVE
A548 Colwyn Bay (A55)
Anglesey, Conwy & Gwynedd STREET ATLAS

A6
1 MARLBOROUGH GR
2 BALMORAL GR
3 OSBOURNE GR
4 SYDENHAM AVE
5 WESTBOURNE CTR
6 SANDFIELD PL
7 BRIDGE ST
8 WELLINGTON TERR
9 BARRY RD N
10 ORTON GR

B6
1 STAFFORD PARK HOLIDAY CAMP
2 BUXTON CT
3 THORNTON CL
4 SUDBURY CL
5 HADDON CL

B8
1 STRYD FAWR/HIGH ST
2 STRYD YR EGLWYS/CHURCH ST
3 STRYD Y BADDON/BATH ST

C7
1 LLYS BRUNSWICK

C8
1 GLENDOWER CT
2 BRANDON CT
3 PLASTIRION CT

1

F6
1 MAES FAMAU
2 MAES ARTHUR
3 MAES Y PARC
4 MAES CWM
5 MAES GAER

F7
1 LLYS DELYN
2 LLYS DINAS
3 LLYS BODNANT
4 LLYS PADARN
5 LLYS PERIS
6 LLYS COWLYD

8

7 LLYS CADNANT
8 RHODDFA PLAS COED
9 BRYN-LLYS
10 HEOL-Y-LLYS

F8
1 FERN WLK
2 FERN CL
3 LLYS MIAREN
4 LON EGLYN
5 LON LELOG
6 LON AERON
7 LON RHOSYN
8 LLYS-Y-TWYSOG

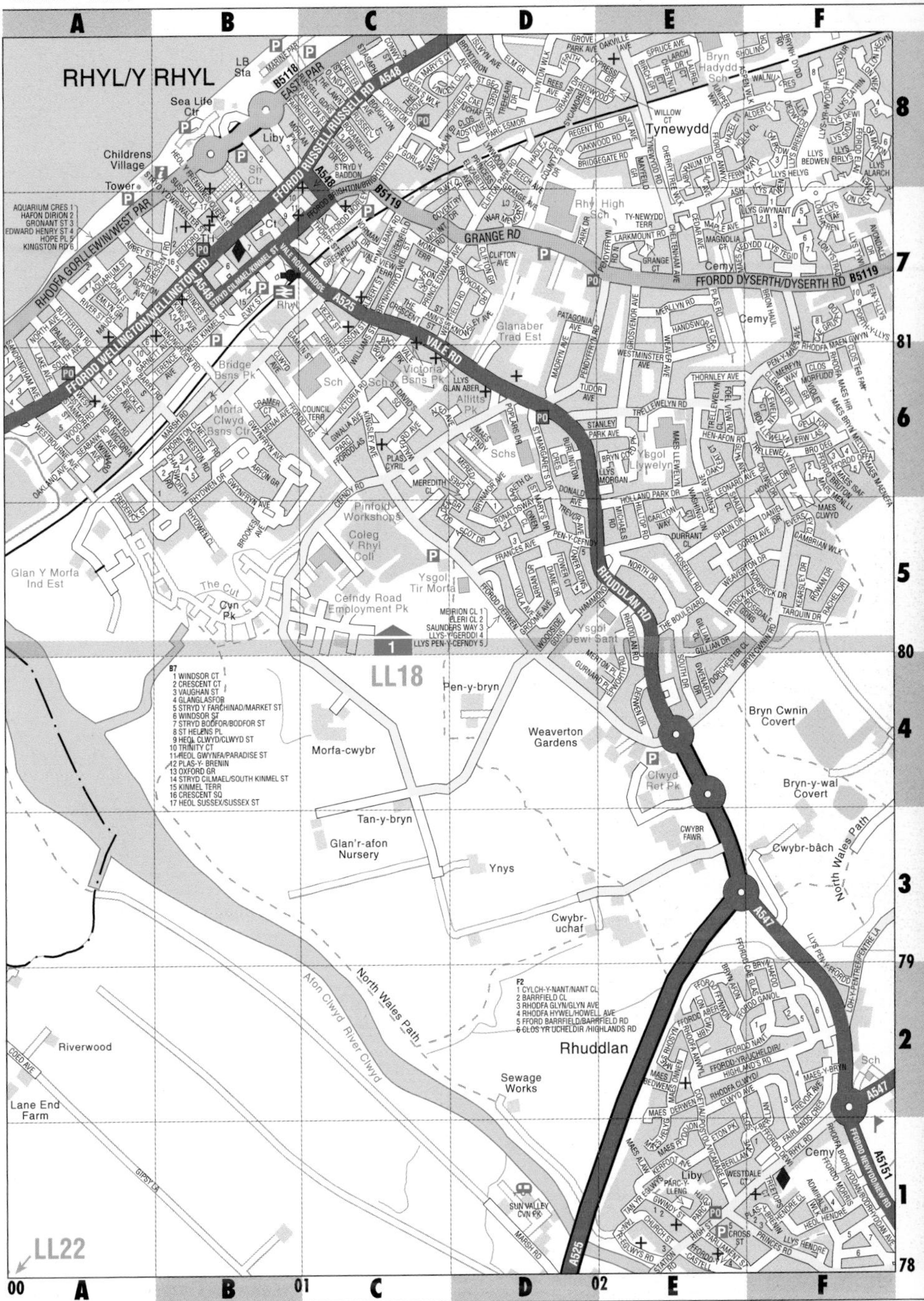

15

8

E1
1 CWRT-Y-GWINDY
2 GWYNDY TERR
3 PEN-Y-BONT
4 BURGEDIN TERR
5 CONWY CT

F1
1 BRO BERLLAN
2 DARWEN TERR
3 GROVE TERR
4 RHODFA DOLENNNAU/LINKS AVE
5 RHODFA GRENVILLE/GRENVILLE AVE
6 GYRFA SEYMOUR/SEYMOUR DR
7 RHODFA CONWY/CONWY AVE

7
2

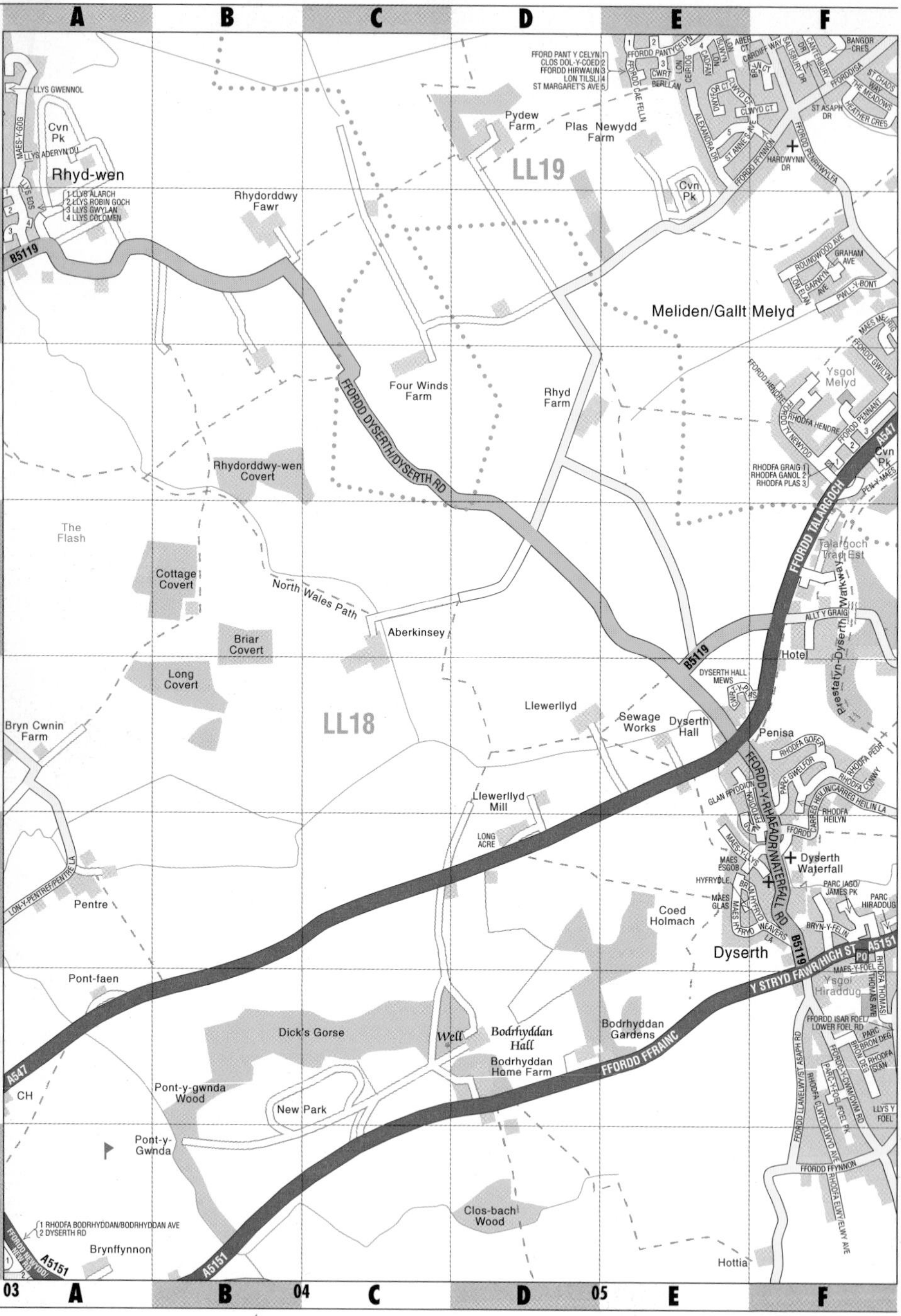
A
B
C
D
E
F
8
7
81
6
5
80
4
3
79
2
1
78
03
04
05
Rhyd-wen
Cvn Pk
LLYS GWENNOL
MAES-Y-GOG
LLYS ADERYN DU
1 LLYS ALARCH
2 LLYS ROBIN GOCH
3 LLYS GWYLAN
4 LLYS COLOMEN
B5119
Rhydorddwy Fawr
Pydew Farm
Plas Newydd Farm
LL19
FFORD PANT Y CELYN 1
CLOS DOL-Y-COED 2
FFORDD HIRWAUN 3
LON TILSLI 4
ST MARGARET'S AVE 5
FFORDD PANTYCELYN
CWRT BERLLAN
ALEXANDRA DR
ST ANNE'S AVE
FFORDD FFYNNON
HARDWYNN DR
FFORDD PENRHWYLFA
ST ASAPH DR
BANGOR CRES
CANTERBURY
SALISBURY DR
CARDIFF WAY
ST CHADS WAY
THE MEADOWS
HEATHER CRES
FFORDDISA
Meliden/Gallt Melyd
ROUNDWOOD AVE
GRAHAM AVE
PWLL-Y-BONT
Four Winds Farm
FFORDD DYSERTH/DYSERTH RD
Rhyd Farm
Ysgol Melyd
RHODFA HENDRE
FFORDD HENDRE
FFORDD PENNANT
FFORDD GWILYM
RHODFA GRAIG 1
RHODFA GANOL 2
RHODFA PLAS 3
A547
Cvn Pk
PEN-Y-MAES
Rhydorddwy-wen Covert
The Flash
Cottage Covert
North Wales Path
Briar Covert
Aberkinsey
FFORDD TALARGOCH
Talargoch Trad Est
Prestatyn-Dyserth Walkway
ALLT Y GRAIG
Hotel
Long Covert
LL18
Bryn Cwnin Farm
Llewerllyd
Sewage Works
Dyserth Hall
DYSERTH HALL MEWS
Penisa
RHODFA GOFER
PARC GWELFOR
RHODFA PEDR
RHODFA CONWY
CARREG HEILIN LA
RHODFA HEILYN
FFORDD-Y-RHAEADR/WATERFALL RD
GLAN RHYDDION
Llewerllyd Mill
LONG ACRE
MAES-Y-LLYS
MAES ESGOB
HYFRYDLE
MAES GLAS
BRYN HYFRYD
MAES HYFRYD
WEAVERS LA
Dyserth Waterfall
PARC IAGO/ JAMES PK
PARC HIRADDUG
BRYN-Y-FELIN
LON-Y-PENTREF/PENTRE LA
Pentre
Coed Holmach
Dyserth
B5119
PO
A5151
Y STRYD FAWR/HIGH ST
MAES-Y-FOEL
Ysgol Hiraddug
RHODFA THOMAS/ THOMAS AVE
FFORDD ISAR FOEL/ LOWER FOEL RD
Pont-faen
Dick's Gorse
Well
Bodrhyddan Hall
Bodrhyddan Gardens
Bodrhyddan Home Farm
FFORDD FFRAINC
A547
CH
Pont-y-gwnda Wood
New Park
Pont-y-Gwnda
FFORDD LLANELWY/ST ASAPH RD
FFORDD-Y-CWM/CWM RD
RHODFA CLWYD/CLWYD AVE
FOEL PK
LLYS Y FOEL
FFORDD FFYNNON
RHODFA ELWY/ELWY AVE
Clos-bach Wood
1 RHODFA BODRHYDDAN/BODRHYDDAN AVE
2 DYSERTH RD
Brynffynnon
A5151
A5151
Hottia

7
16

3
10

A
B
C
D
E
F
GORDON AVE
PETERS CL
Prestatyn High Sch
PRINCES AVE
MEADOWS LA
Ysgol Y Llys
Sports Ctr
ST CHADS WAY
MELYD AVE
THE MEADOWS
A547
MELIDEN RD
CHATSWORTH CL
THE AVENUE
CLAYTON DR
ORME VIEW DR
BIRCH GR
CALTHORPE DR
CAMBRIAN DR
BISHOPSWOOD RD
HILLSIDE
Masts
St Elmo's Summer House
Stony Wood
Golden Grove
8
Prestatyn Hillside Nature Reserve
Bryn-llwyn
Llys Farm
THE PADDOCK
CH
LL19
Teilia Farm
Home Farm
1 CEFN-Y-GWRYCH
2 ISFRYN RD S
3 FFORDD TALARGOCH
4 MANOD RD
North Wales Path
Prestatyn-Dyserth Walkway
Coed yr Esgob
FFORDD FFYNNON/WELL LA
BRYN AWEL
LLWYN ONN
7
CH8
FFORDD PENRHWYLFA
PH
Pant y Coed
Gwaenysgor
ISFRYN RD E
PO
5 MAES MEURIG
6 FFORDD PENNANT
7 THE GROVE
8 TAN-Y-MAES
9 FFORDD BRYN MELYD
10 CWBT SEION
11 PENLLAN
81
FFORDD LLYN GOCH
FFORDD TALARGOCH
BRYNLLYS
PEN-Y-MAES
THE BRAE
6
Tan-yr-allt
TANRALLT TERR
CRAIG MELYD
FFORDD BRYNIAU
Carn-y-chain
Cvn Pk
Hotel
Graig Fawr
5
Gop Hill
Bryniau
Offa's Dyke Path
ALLT Y GRAIG
80
Mia Hall
Gop Farm
LL18
Trelawnyd VP Sch
Ty Newydd
ERW WEN
BRON HAUL
LONDON RD
A5151
4
FFORDD-Y-PANDY/PANDY LA
FFORDD TRELAWNYD/NEWMARKET RD
Trelawnyd
RHODFA ARTHUR
Tre-castell
Sewage Works
Henfryn Hall
Gloddiau Wood
3
MAES HIRADDUG
BRON HAUL
Y STRYD FAWR/HIGH ST
FFORDD HIRADDUG/HIRADDUG RD
Ochr-y-foel
FFORDD FOEL
79
Marian Mill Farm
Bron Cnewyllyn
Glan Ffyddion
Pen-y-Cefn-Isaf
FFORDD UCHAF FOEL/UPPER FOEL RD
Pant-yr-hespin
2
FFORDD ISAF FOEL/LOWER FOEL RD
Morwylfa
Moel Hiraddug Fort
Pen y Cefn Uchaf
Bron Heulog
Ochr-y-marian
Marian Mawr
Y Foel
1
Tyddyn-y-cyll
Terfyn
Mast
PLassau
Marian Ffrith
FFORDD-Y-CWM/CWM RD
78
06
07
08

17
10

9
4

A
B
C
D
E
F
8
7
81
6
5
80
4
3
79
2
1
78
09
10
11
LL19
Ty'n-y-
caeau
Glan-yr-
afon
GLAN YR AFON
TERR
Gyrn
Castle
Llanasa
PH
PH
Pen-y-
maes
Ty-
draw
Moel
Fryn
Talfryn
Wood
CH8
Maes-
gwyn
Pant-
glas
Maesydd-
gwynion
Penllan
Farm
Axton
Trelogan
Tyddyn
Uchaf
Bryn-yr-
odyn
FOUR
CROSSES
Afon-
gôch
PH
Hillside
1 BRON HAUL
2 LLYS MOSTYN
3 LOWER BANK TERR
4 CHAPEL ST
MAES GOP
RHODFA OFFA
BYRON ST
PARC OFFA
HIGH ST
WELL ST
RHODFA
ARTHUR
ROSE
HILL
Ty
Newydd
Farm
Glan-llyn
BERTHLOG
PO
BRYN-Y-GWYNT
Trelawnyd
Marian
Wynnstay
Berth-y-
bwl
Berthengam
Ysgol
Gynradd
Trelogan
A5157
PO
PH
LONDON RD
MAES-Y-BRYN
Bryn-terfyn
Bryn
Castell
Crown
Farm
Pentre-
bach
Walwen
Walwen
Sarn
Bach
Pentre-
mawr
Sarn
LL18
Pant yr
Abad
Graig-
Arthur
Sarn-
hwlcyn
The
White
House
Tre
Abbot
Fawr
Tre
Abbot
Bach
Glol
The
Flash
A5151

9
18

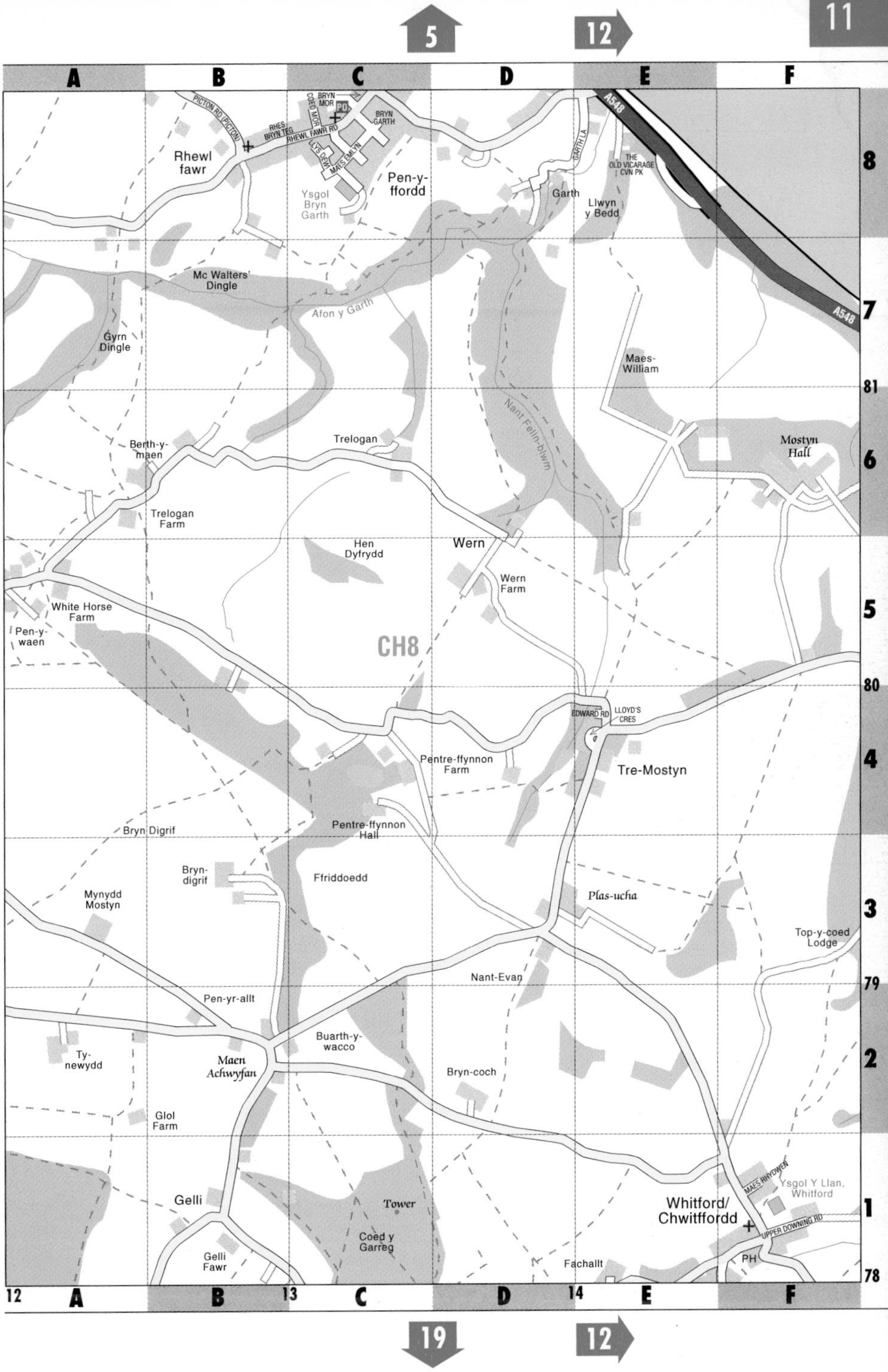
5
12
A
B
C
D
E
F
PICTON RD (PICTON)
RHES BRYN TEG
RHEWL FAWR RD
BRYN MOR
COED MOR
PO
BRYN GARTH
LLYS DEWI
MAES EMLYN
Rhewl fawr
Pen-y-ffordd
Ysgol Bryn Garth
GARTH LA
A548
THE OLD VICARAGE CVN PK
Garth
Llwyn y Bedd
Mc Walters' Dingle
Afon y Garth
Gyrn Dingle
Maes-William
Nant Felin-blwm
Berth-y-maen
Trelogan
Mostyn Hall
Trelogan Farm
Hen Dyfrydd
Wern
Wern Farm
White Horse Farm
Pen-y-waen
CH8
EDWARD RD
LLOYD'S CRES
Pentre-ffynnon Farm
Tre-Mostyn
Pentre-ffynnon Hall
Bryn Digrif
Bryn-digrif
Ffriddoedd
Mynydd Mostyn
Plas-ucha
Top-y-coed Lodge
Nant-Evan
Pen-yr-allt
Buarth-y-wacco
Ty-newydd
Maen Achwyfan
Bryn-coch
Glol Farm
MAES RHYDWEN
Ysgol Y Llan, Whitford
Gelli
Tower
Whitford/ Chwitffordd
UPPER DOWNING RD
Coed y Garreg
PH
Gelli Fawr
Fachallt
8
7
81
6
5
80
4
3
79
2
1
78
12
13
14
19

11

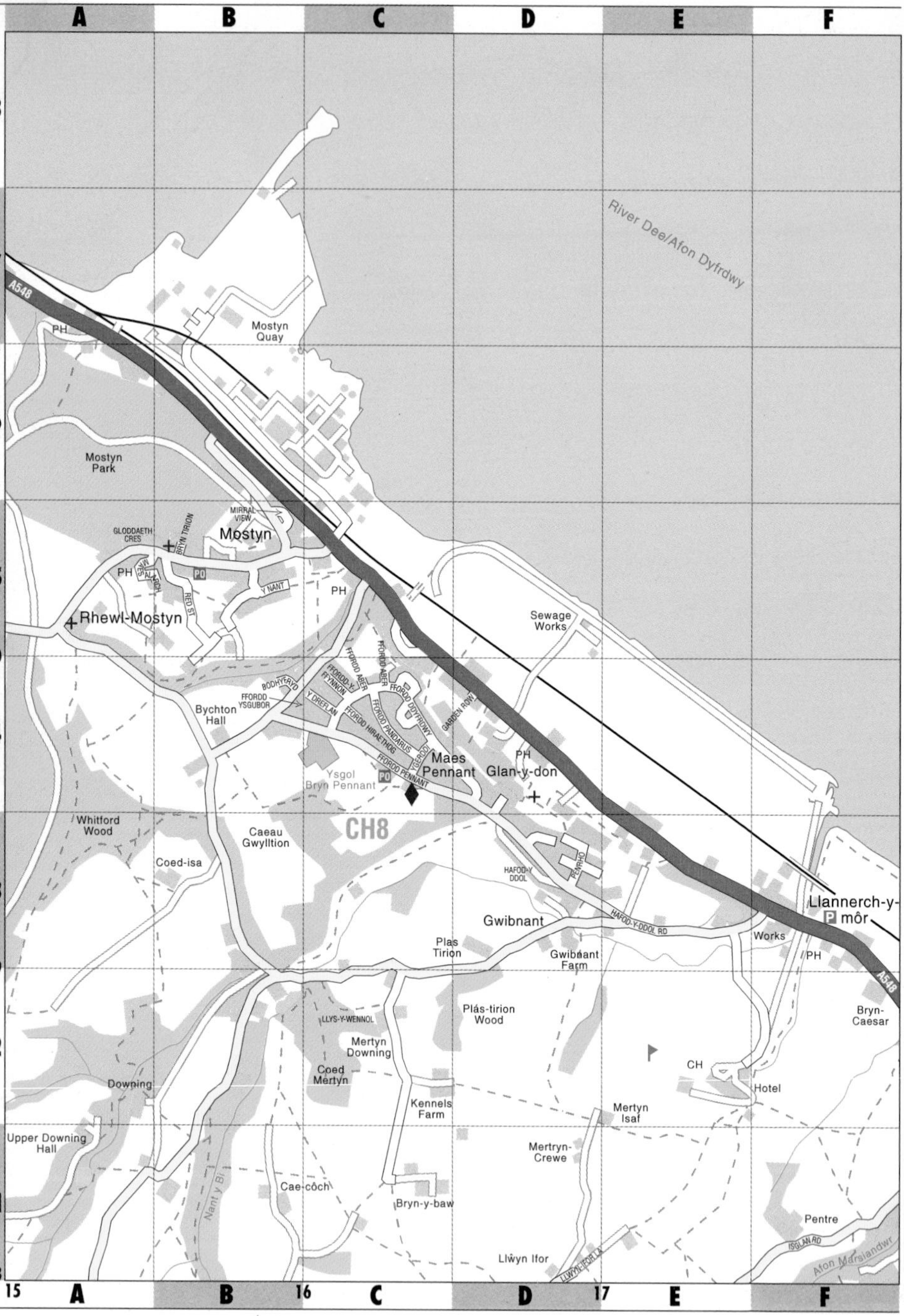
A
B
C
D
E
F
8
7
81
6
5
80
4
3
79
2
1
78
15
16
17
River Dee/Afon Dyfrdwy
A548
PH
Mostyn Quay
Mostyn Park
MIRRAL VIEW
GLODDAETH CRES
BRYN TIRION
Mostyn
PO
Y NANT
RED ST
PH
Rhewl-Mostyn
Sewage Works
FFORDD ABER
FFORDD-Y-FFYNNON
FFORDD DDYFRDWY
BODHYFRYD
FFORDD YSGUBOR
Y DREFLAN
FFORDD HIRAETHOG
FFORDD PANDARUS
YGEROD
GARDEN ROW
FFORDD PENNANT
Bychton Hall
Maes Pennant
Glan-y-don
Ysgol Bryn Pennant
CH8
Whitford Wood
Caeau Gwylltion
Coed-isa
HAFOD-Y-DDOL
PENRHO
HAFOD-Y-DDOL RD
Gwibnant
Llannerch-y-môr
Works
PH
Plas Tirion
Gwibnant Farm
Plás-tirion Wood
LLYS-Y-WENNOL
Mertyn Downing
Bryn-Caesar
Coed Mertyn
CH
Downing
Hotel
Kennels Farm
Mertyn Isaf
Upper Downing Hall
Mertryn-Crewe
Nant y Bi
Cae-côch
Bryn-y-baw
Pentre
ISGLAN RD
Llŵyn Ifor
LLWYN-IFOR LA
Afon Marsiandwr

11

20

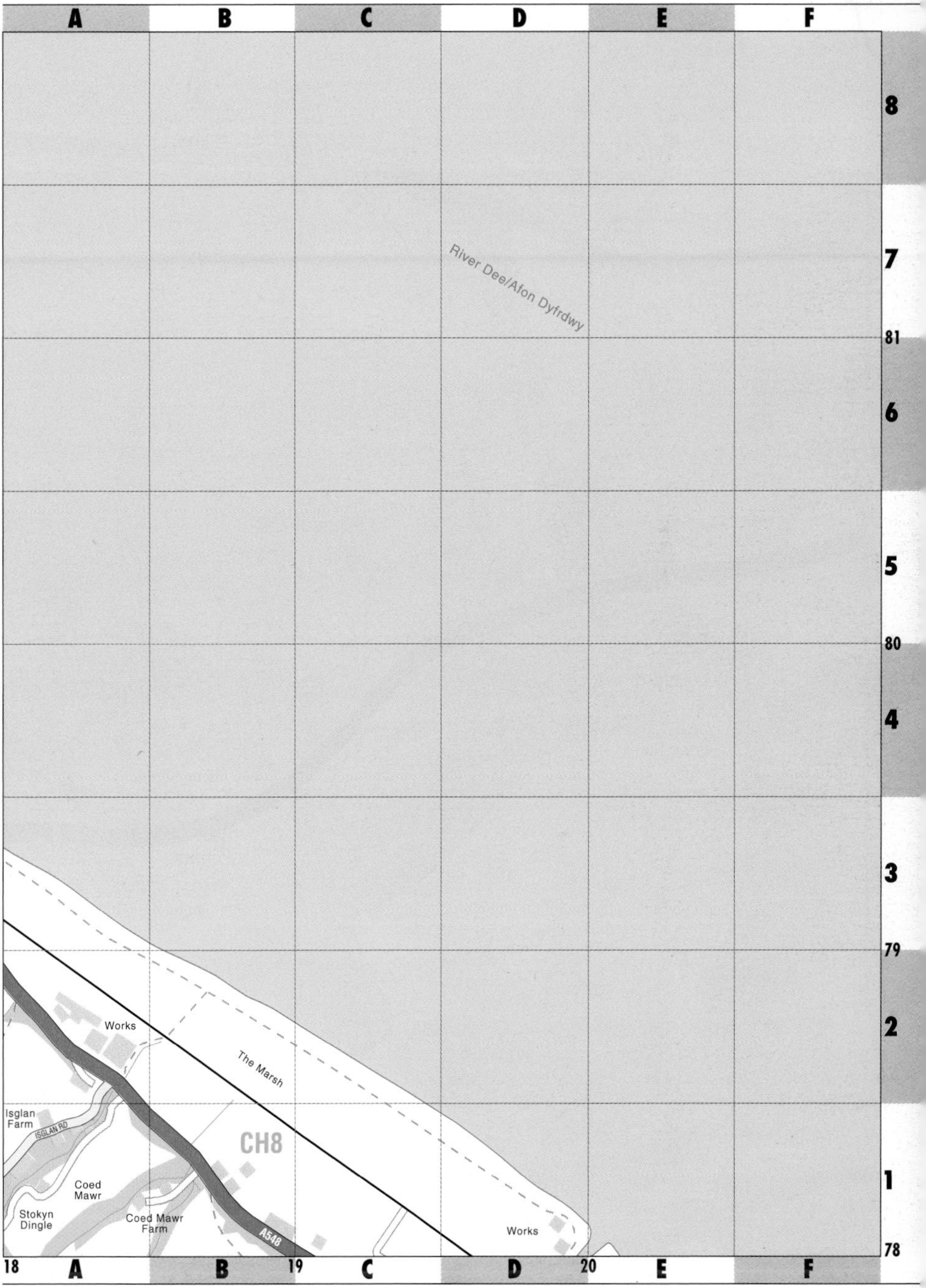
A
B
C
D
E
F
8
7
81
6
5
80
4
3
79
2
1
78
River Dee/Afon Dyfrdwy
Works
The Marsh
Isglan Farm
ISGLAN RD
CH8
Coed Mawr
Stokyn Dingle
Coed Mawr Farm
A548
Works
18
19
20

21

6

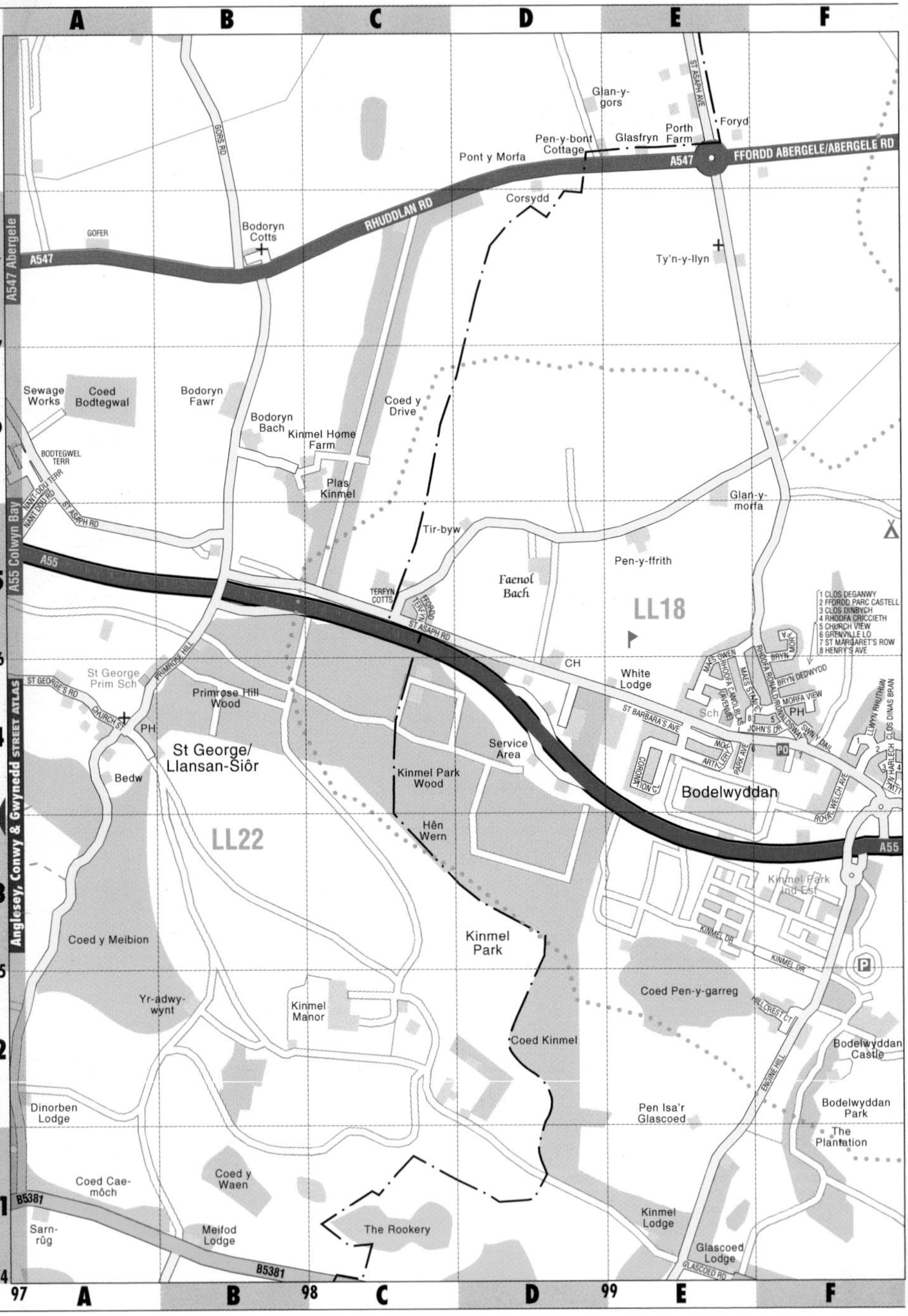
A
B
C
D
E
F
8
7
77
6
5
76
4
3
75
2
1
74
97
98
99
Glan-y-gors
ST ASAPH AVE
Foryd
Porth Farm
Glasfryn
Pen-y-bont Cottage
Pont y Morfa
GORS RD
A547
FFORDD ABERGELE/ABERGELE RD
Corsydd
RHUDDLAN RD
Bodoryn Cotts
GOFER
A547 Abergele
Ty'n-y-llyn
Sewage Works
Coed Bodtegwal
Bodoryn Fawr
Bodoryn Bach
Kinmel Home Farm
Coed y Drive
BODTEGWEL TERR
NANT-DDU TERR
NANT-DDU RD
ST ASAPH RD
Plas Kinmel
Glan-y-morfa
Tir-byw
A55 Colwyn Bay
A55
Pen-y-ffrith
TERFYN COTTS
FFORDD TERFYN
Faenol Bach
LL18
1 CLOS DEGANWY
2 FFORDD PARC CASTELL
3 CLOS DINBYCH
4 RHODFA CRICCIETH
5 CHURCH VIEW
6 GRENVILLE LO
7 ST MARGARET'S ROW
8 HENRY'S AVE
ST ASAPH RD
CH
White Lodge
MAES OWEN
BRYN MORFA
BRYN DEDWYDD
St George Prim Sch
PRIMROSE HILL
ST GEORGE'S RD
CHURCH ST
Primrose Hill Wood
PH
St George/ Llansan-Siôr
Bedw
Kinmel Park Wood
Service Area
ST BARBARA'S AVE
Sch
MORFA VIEW
JOHN'S DR
PH
SWN Y DAIL
PO
LLWYN RHUTHUN
CLOS DINAS BRAN
CORONATION CL
PARK AVE
Bodelwyddan
ROYAL WELCH AVE
LL22
Hên Wern
A55
Kinmel Park Ind Est
Anglesey, Conwy & Gwynedd STREET ATLAS
Coed y Meibion
Kinmel Park
KINMEL DR
KINMEL DR
P
Yr-adwy-wynt
Kinmel Manor
Coed Pen-y-garreg
HILLCREST CT
Coed Kinmel
ENGINE HILL
Bodelwyddan Castle
Dinorben Lodge
Pen Isa'r Glascoed
Bodelwyddan Park
The Plantation
Coed Cae-môch
Coed y Waen
B5381
Kinmel Lodge
Sarn-rûg
Meifod Lodge
The Rookery
Glascoed Lodge
GLASCOED RD
B5381

116

7
16

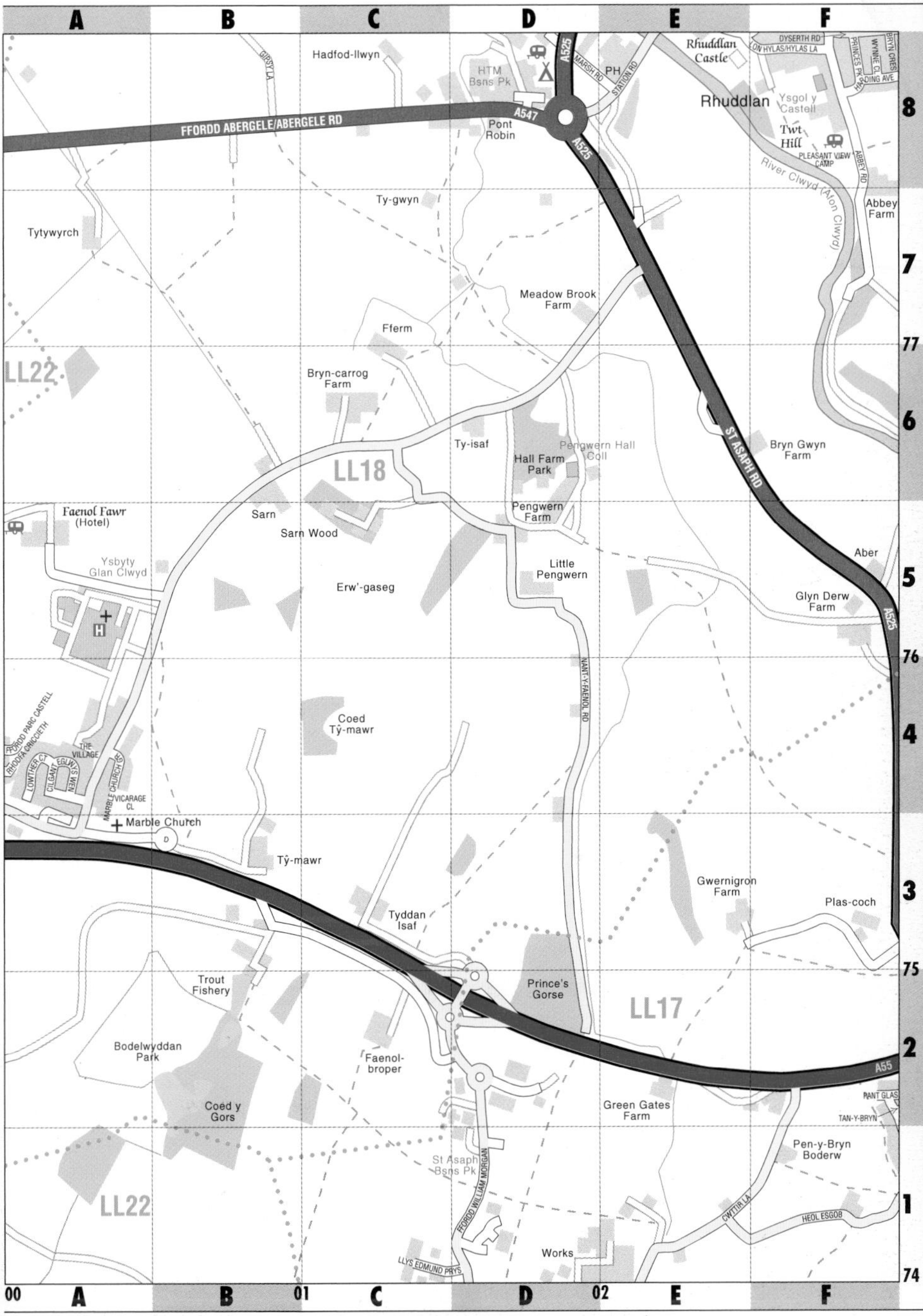
A
B
C
D
E
F
Hadfod-llwyn
GIPSY LA
HTM
Bsns Pk
A525
MARSH RD
PH
STATION RD
Rhuddlan
Castle
DYSERTH RD
LON HYLAS/HYLAS LA
PRINCES PK
WYNNE CL
BRYN CRES
HARDING AVE
Rhuddlan
Ysgol y
Castell
Twt
Hill
PLEASANT VIEW
CAMP
ABBEY RD
River Clwyd (Afon Clwyd)
FFORDD ABERGELE/ABERGELE RD
A547
Pont
Robin
A525
8
Ty-gwyn
Tytywyrch
Abbey
Farm
7
Meadow Brook
Farm
Fferm
77
LL22
Bryn-carrog
Farm
6
Ty-isaf
Pengwern Hall
Coll
Hall Farm
Park
ST ASAPH RD
Bryn Gwyn
Farm
LL18
Faenol Fawr
(Hotel)
Sarn
Sarn Wood
Pengwern
Farm
Little
Pengwern
Aber
5
Ysbyty
Glan Clwyd
Erw'-gaseg
Glyn Derw
Farm
A525
76
NANT-Y-FAENOL RD
FFORDD PARC CASTELL
RHODFA CRICCIETH
THE
VILLAGE
LOWTHER CT
CILGANT EGLWYS WEN
MARBLE CHURCH GR
VICARAGE
CL
Coed
Tŷ-mawr
4
Marble Church
Tŷ-mawr
Gwernigron
Farm
3
Plas-coch
Tyddan
Isaf
75
Trout
Fishery
Prince's
Gorse
LL17
Bodelwyddan
Park
Faenol-
broper
2
A55
PANT GLAS
TAN-Y-BRYN
Coed y
Gors
Green Gates
Farm
Pen-y-Bryn
Boderw
St Asaph
Bsns Pk
FFORDD WILLIAM MORGAN
LL22
CWTTIR LA
HEOL ESGOB
1
Works
LLYS EDMUND PRYS
74
00
01
02

116
16

15
8

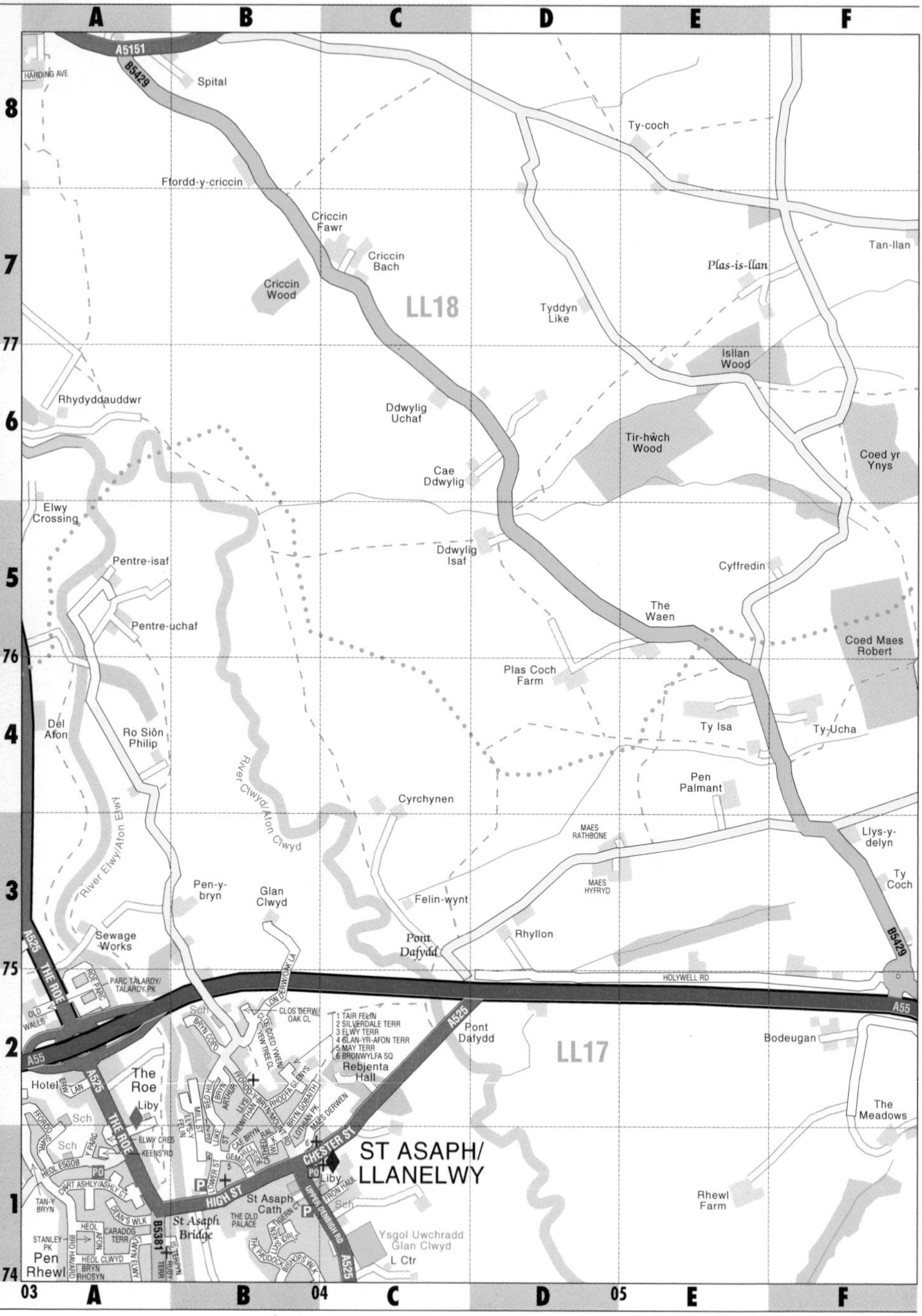
A
B
C
D
E
F
8
7
77
6
5
76
4
3
75
2
1
74
03
04
05
A5151
B5429
HARDING AVE
Spital
Ty-coch
Ffordd-y-criccin
Criccin Fawr
Criccin Bach
Criccin Wood
LL18
Plas-is-llan
Tan-llan
Tyddyn Like
Isllan Wood
Rhydyddauddwr
Ddwylig Uchaf
Tir-hŵch Wood
Coed yr Ynys
Cae Ddwylig
Elwy Crossing
Ddwylig Isaf
Pentre-isaf
Cyffredin
Pentre-uchaf
The Waen
Coed Maes Robert
Plas Coch Farm
Del Afon
Ro Siôn Philip
Ty Isa
Ty-Ucha
Pen Palmant
River Clwyd/Afon Clwyd
River Elwy/Afon Elwy
Cyrchynen
MAES RATHBONE
Llys-y-delyn
Pen-y-bryn
Glan Clwyd
MAES HYFRYD
Ty Coch
Felin-wynt
Sewage Works
Pont Dafydd
Rhyllon
A525
THE ROE
HOLYWELL RD
PARC TALARDY/ TALARDY PK
ROE PARC
LON DERWEN/OAK LA
CLOS DERW/ OAK CL
A55
OLD WALLS
1 TAIR FELIN
2 SILVERDALE TERR
3 ELWY TERR
4 GLAN-YR-AFON TERR
5 MAY TERR
6 BRONWYLFA SQ
Pont Dafydd
Bodeugan
LL17
Sch
BRYN CORD
CLOS COED YWEN/ YEW TREE CL
The Roe
Rebjenta Hall
Hotel
Liby
The Meadows
MAES DERWEN
ST ASAPH/ LLANELWY
ELWY CRES
KEENS RD
HEOL ESGOB
CWRT ASHLY/ASHLY CT
CHESTER ST
HIGH ST
LOWER ST
GEMIG ST
PO
TAN-Y BRYN
DEAN'S WLK
St Asaph Cath
FRON HAUL
Rhewl Farm
St Asaph Bridge
THE OLD PALACE
UPPER DENBIGH RD
B5381
CARADOG TERR
STANLEY PK
Pen Rhewl
HEOL AFON
HEOL CLWYD
BRYN RHOSYN
BRO HAVARD
THE PADDOCK
BISHOPS WLK
Ysgol Uwchradd Glan Clwyd
L Ctr

9
18

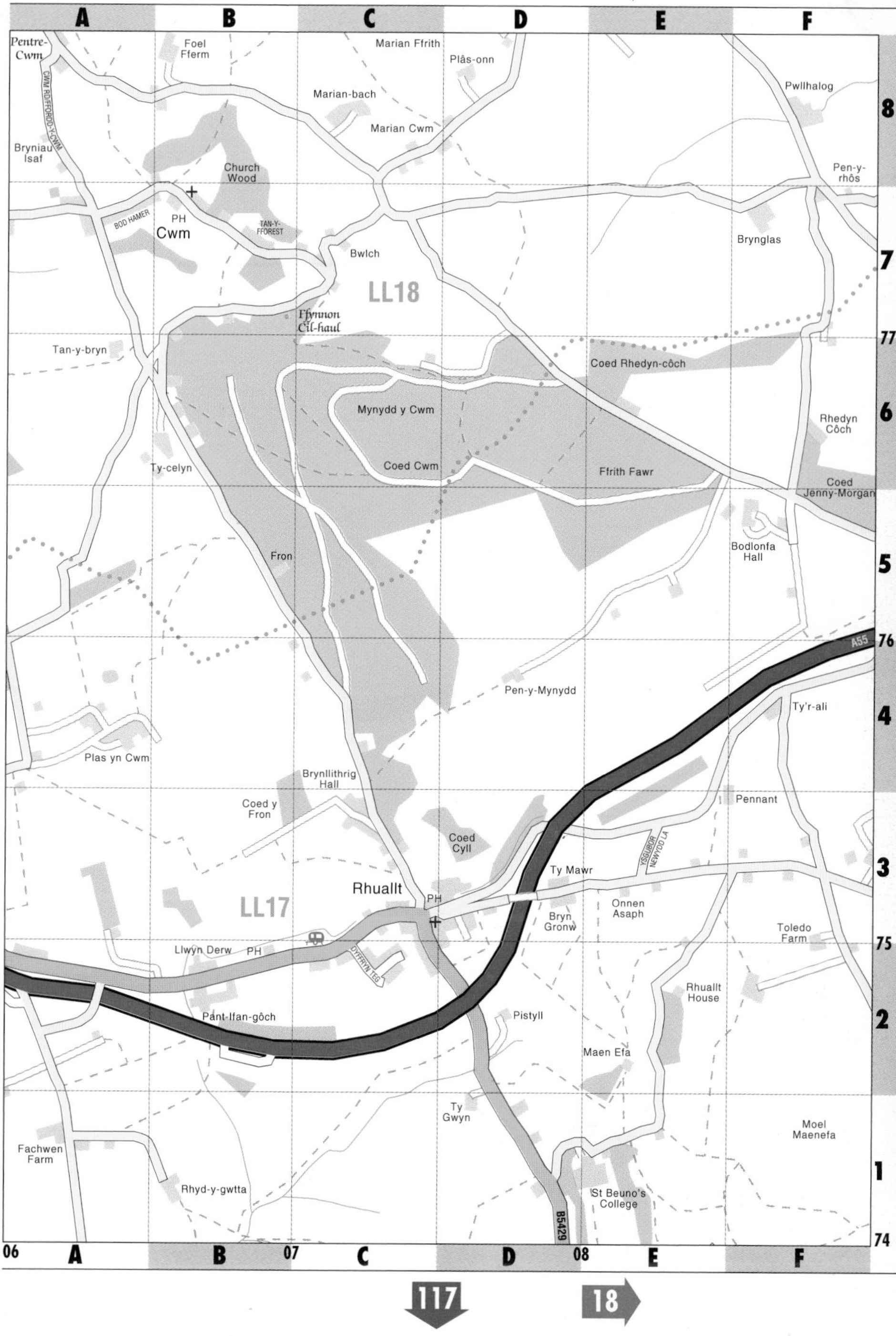
A
B
C
D
E
F
Pentre-Cwm
Foel Fferm
Marian Ffrith
Plâs-onn
Pwllhalog
CWM RD/FFORDD-Y-CWM
Marian-bach
Marian Cwm
Bryniau Isaf
Church Wood
Pen-y-rhôs
BOD HAMER
PH
Cwm
TAN-Y-FFOREST
Bwlch
Brynglas
LL18
Ffynnon Cil-haul
Tan-y-bryn
Coed Rhedyn-côch
Mynydd y Cwm
Rhedyn Côch
Coed Cwm
Ty-celyn
Ffrith Fawr
Coed Jenny-Morgan
Fron
Bodlonfa Hall
A55
Pen-y-Mynydd
Ty'r-ali
Plas yn Cwm
Brynllithrig Hall
Pennant
Coed y Fron
Coed Cyll
YSGUBOR NEWYDD LA
Ty Mawr
Rhuallt
PH
LL17
Onnen Asaph
Bryn Gronw
Toledo Farm
Llwyn Derw
PH
DYFFRYN TEG
Rhuallt House
Pistyll
Pant-Ifan-gôch
Maen Efa
Ty Gwyn
Moel Maenefa
Fachwen Farm
Rhyd-y-gwtta
St Beuno's College
B5429
8
7
77
6
5
76
4
3
75
2
1
74
06
07
08

117
18

17
10

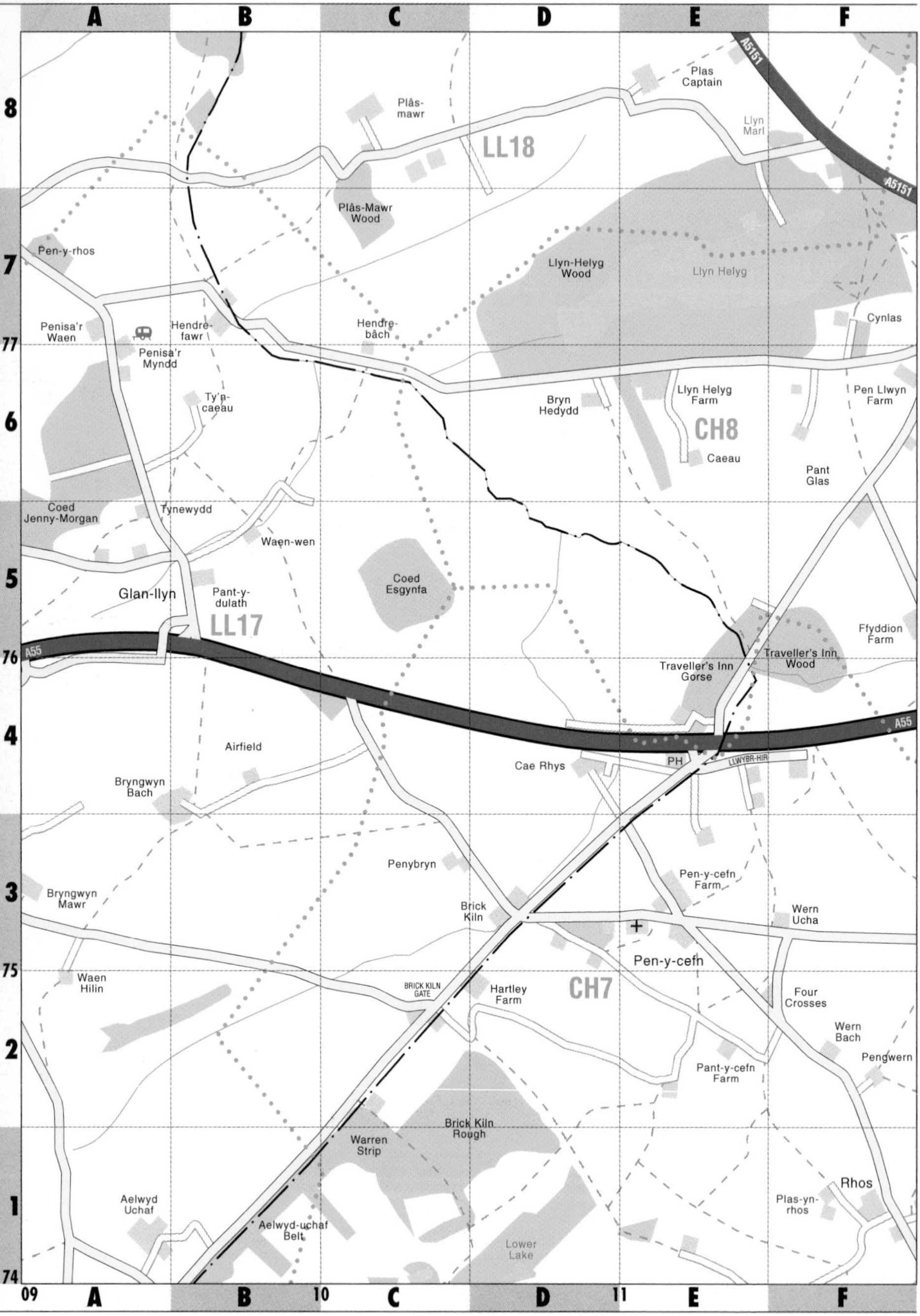
A
B
C
D
E
F
8
7
77
6
5
76
4
3
75
2
1
74
09
10
11
A5151
Plas
Captain
Plâs-
mawr
LL18
Llyn
Marl
Plâs-Mawr
Wood
Pen-y-rhos
Llyn-Helyg
Wood
Llyn Helyg
Penisa'r
Waen
Hendre-
fawr
Penisa'r
Myndd
Hendre-
bâch
Cynlas
Ty'n-
caeau
Bryn
Hedydd
Llyn Helyg
Farm
Pen Llwyn
Farm
CH8
Caeau
Pant
Glas
Coed
Jenny-Morgan
Tynewydd
Waen-wen
Coed
Esgynfa
Glan-llyn
Pant-y-
dulath
LL17
Ffyddion
Farm
A55
Traveller's Inn
Wood
Traveller's Inn
Gorse
Airfield
Cae Rhys
PH
LLWYBR-HIR
Bryngwyn
Bach
Penybryn
Pen-y-cefn
Farm
Bryngwyn
Mawr
Brick
Kiln
Wern
Ucha
Pen-y-cefn
Waen
Hilin
BRICK KILN
GATE
Hartley
Farm
CH7
Four
Crosses
Wern
Bach
Pengwern
Pant-y-cefn
Farm
Brick Kiln
Rough
Warren
Strip
Rhos
Aelwyd
Uchaf
Plas-yn-
rhos
Aelwyd-uchaf
Belt
Lower
Lake

17
23

11
20

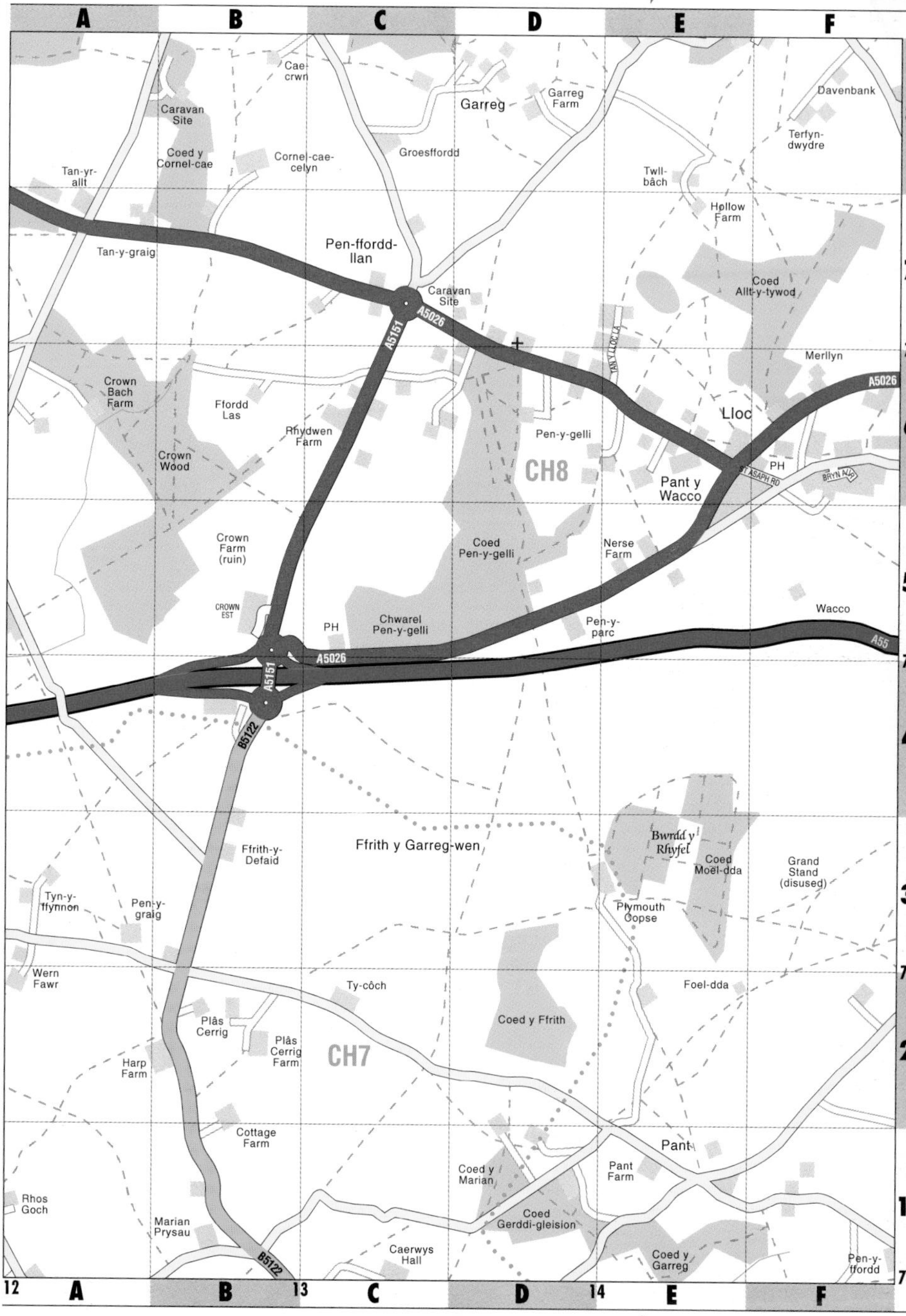
A
B
C
D
E
F
8
7
77
6
5
76
4
3
75
2
1
74
12
13
14
Cae-crwn
Garreg
Garreg Farm
Davenbank
Caravan Site
Coed y Cornel-cae
Cornel-cae-celyn
Groesffordd
Terfyn-dwydre
Tan-yr-allt
Twll-bâch
Hollow Farm
Tan-y-graig
Pen-ffordd-llan
Caravan Site
Coed Allt-y-tywod
A5026
A5151
TAN Y LLOC LA
Merllyn
Crown Bach Farm
Ffordd Las
Rhydwen Farm
Pen-y-gelli
Lloc
Crown Wood
CH8
PH
ST ASAPH RD
BRYN AUR
Pant y Wacco
Crown Farm (ruin)
Coed Pen-y-gelli
Nerse Farm
CROWN EST
Wacco
PH
Chwarel Pen-y-gelli
Pen-y-parc
A55
B5122
Ffrith y Garreg-wen
Ffrith-y-Defaid
Bwrdd y Rhyfel
Coed Moel-dda
Grand Stand (disused)
Tyn-y-ffynnon
Pen-y-graig
Plymouth Copse
Wern Fawr
Ty-côch
Foel-dda
Plâs Cerrig
Coed y Ffrith
Plâs Cerrig Farm
CH7
Harp Farm
Cottage Farm
Pant
Coed y Marian
Pant Farm
Rhos Goch
Coed Gerddi-gleision
Marian Prysau
Caerwys Hall
Coed y Garreg
Pen-y-ffordd

24
20

19 12

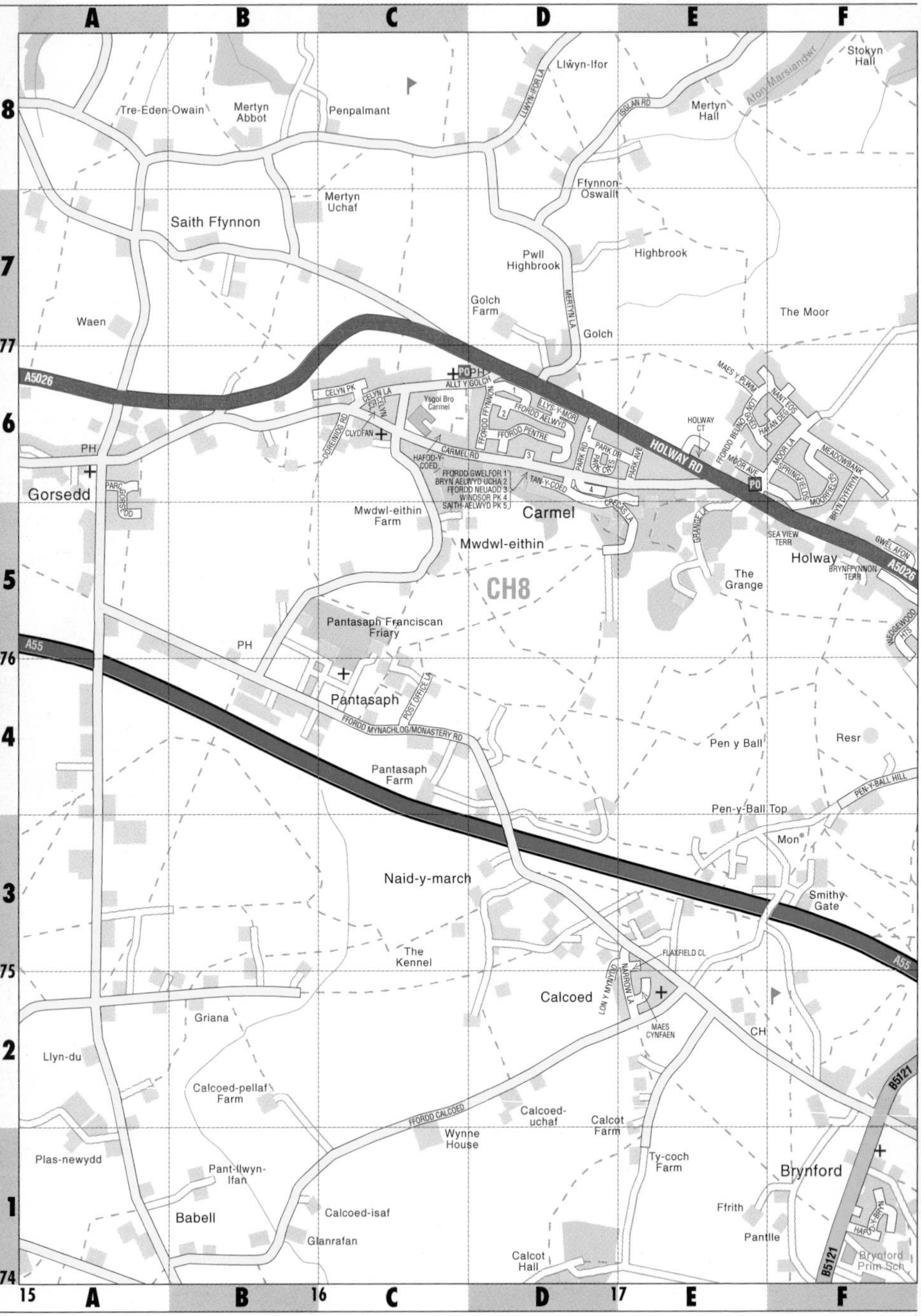
A
B
C
D
E
F
8
7
77
6
5
76
4
3
75
2
1
74
15
16
17
Tre-Eden-Owain
Mertyn Abbot
Penpalmant
Llŵyn-Ifor
LLWYN-IFOR LA
ISGLAN RD
Mertyn Hall
Afon Marsiandwr
Stokyn Hall
Mertyn Uchaf
Saith Ffynnon
Ffynnon-Oswallt
Pwll Highbrook
Highbrook
Golch Farm
MERTYN LA
Golch
The Moor
Waen
A5026
CELYN PK
CELYN LA
CELYN CL
ALLT Y GOLCH
PO
PH
Ysgol Bro Carmel
DDREINIOG RD
CLYDFAN
FFORDD FFYNNON
LLYS-Y-MOR
FFORDD AELWYD
FFORDD PENTRE
CARMEL RD
HAFOD-Y-COED
PARK RD
PARK DR
PARK CRES
PARK AVE
HOLWAY RD
HOLWAY CT
MAES Y PLWM
NANT EOS
LON GOED
HAFAN DEG
FFORDD BEUNO
MOOR AVE
MOOR LA
SPRINGFIELDS
MOORFIELDS
MEADOWBANK
BRYN DYFFRYN
PH
Gorsedd
PARC GORSEDD
FFORDD GWELFOR 1
BRYN AELWYD UCHA 2
FFORDD NEUADD 3
WINDSOR PK 4
SAITH-AELWYD PK 5
TAN-Y-COED
CRESTA LA
Mwdwl-eithin Farm
Carmel
Mwdwl-eithin
GRANGE LA
SEA VIEW TERR
Holway
GWEL AFON
BRYNFFYNNON TERR
A5026
The Grange
CH8
WEDGEWOOD HTS
Pantasaph Franciscan Friary
PH
A55
Pantasaph
POST OFFICE LA
FFORDD MYNACHLOG/MONASTERY RD
Pen y Ball
Resr
Pantasaph Farm
PEN-Y-BALL HILL
Pen-y-Ball Top
Mon
Naid-y-march
Smithy Gate
The Kennel
FLAXFIELD CL
A55
LON Y MYNACH
NARROW LA
Calcoed
MAES CYNFAEN
Griana
CH
Llyn-du
B5121
Calcoed-pellaf Farm
FFORDD CALCOED
Calcoed-uchaf
Calcot Farm
Wynne House
Plas-newydd
Ty-coch Farm
Brynford
Pant-llwyn-Ifan
Ffrith
Babell
Calcoed-isaf
Pantlle
HAFOD-Y-BRYN
Glanrafan
Calcot Hall
B5121
Brynford Prim Sch

19 25

13
22

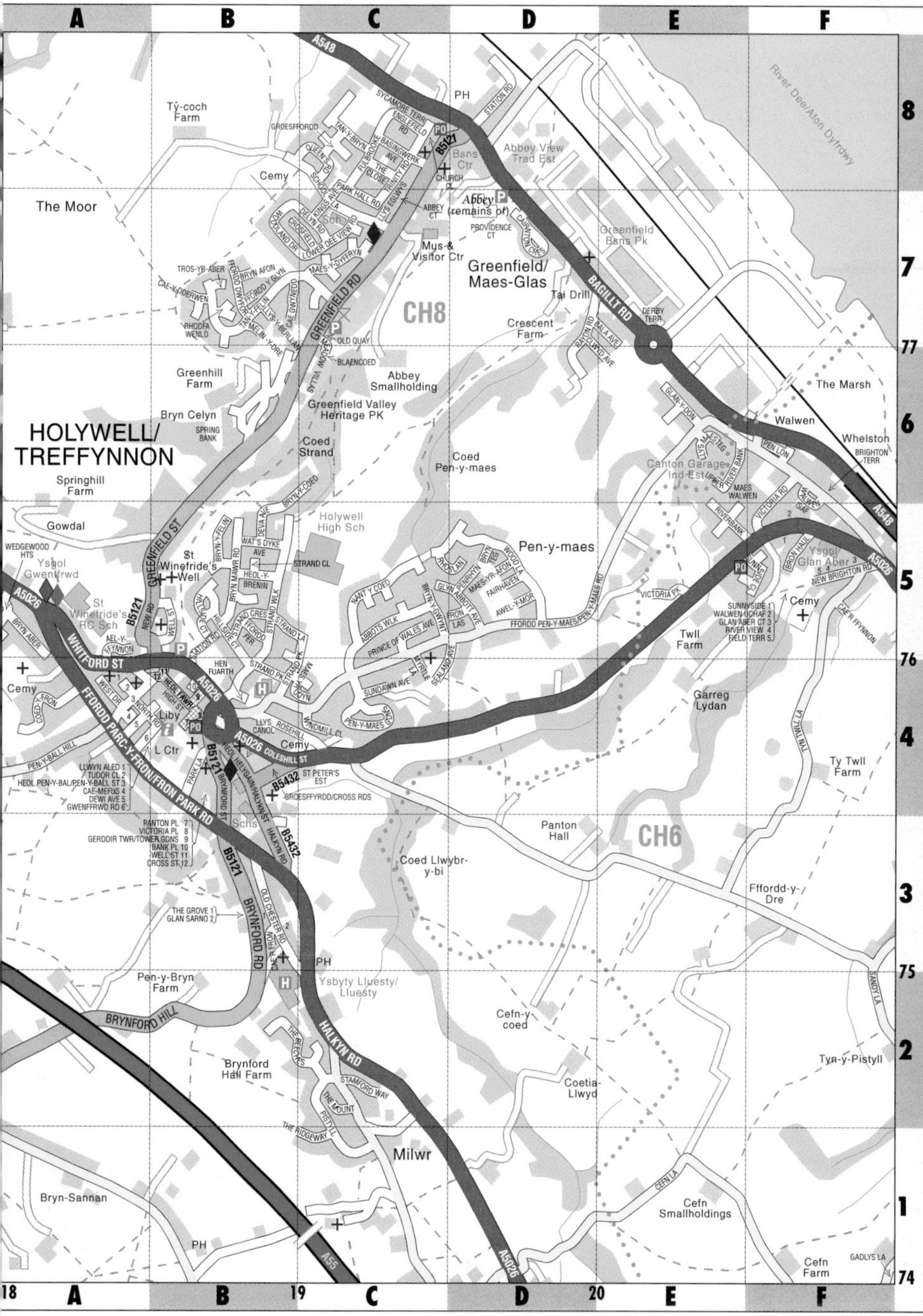
A
B
C
D
E
F
8
7
77
6
5
76
4
3
75
2
1
74
18
19
20
A548
River Dee/Afon Dyfrdwy
Tŷ-coch Farm
PH
STATION RD
SYCAMORE TERR
GROESFFORDD
ENGLEFIELD RD
TAN-Y-BRYN
FULBROOKE
BASINGWERK AVE
QUEEN'S RD
THE CLOSE
PARK HALL RD
TRINITY RD
CHURCH CL
Bsns Ctr
Abbey View Trad Est
Cemy
The Moor
Abbey (remains of)
ABBEY CT
PROVIDENCE CT
Sch
DELYN RD
CROSSFIELD
LOWER DEE VIEW RD
MAES-Y-DYFFRYN
LLYS EGLWYS
B5121
PO
Mus & Visitor Ctr
Greenfield Bsns Pk
Greenfield/ Maes-Glas
TROS-YR-ABER
BRYN AFON
CAE-Y-DOERWEN
RHODFA WENLO
GREENFIELD RD
CH8
Tai Drill
BAGILLT RD
DERBY TERR
Crescent Farm
OLD QUAY
BLAENCOED
Abbey Smallholding
Greenhill Farm
Greenfield Valley Heritage PK
The Marsh
Walwen
Whelston
BRIGHTON TERR
Bryn Celyn
SPRING BANK
HOLYWELL/ TREFFYNNON
Coed Strand
Coed Pen-y-maes
GLAN-Y-DON
PEN LON
MAESTEG
Canton Garage Ind Est
MAES WALWEN
RIVERBANK
VICTORIA RD
A548
Springhill Farm
Gowdal
Holywell High Sch
Pen-y-maes
STRAND CL
WEDGEWOOD HTS
Ysgol Gwenffrwd
St Winefride's Well
GREENFIELD ST
WAT'S DYKE AVE
HEOL-Y-BRENIN
Ysgol Glan Aber
A5026
NEW BRIGHTON RD
St Winefride's RC Sch
A5026
PO
Cemy
VICTORIA PK
FFORDD PEN-Y-MAES/PEN-Y-MAES RD
SUNNYSIDE 1
WALWEN UCHAF 2
GLAN ABER CT 3
RIVER VIEW 4
FIELD TERR 5
Twll Farm
CAE'R FFYNNON
BRYN ABER
WHITFORD ST
PRINCE OF WALES AVE
ABBOTS WLK
Cemy
HEN FUARTH
SUNDAWN AVE
Garreg Lydan
FFORDD PARC-Y-FRON/FRON PARK RD
Liby
L Ctr
PEN-Y-MAES
WINDMILL CL
LLYS CANOL
ROSEHILL
Cemy
COLESHILL ST
A5026
PEN-Y-BALL HILL
LLWYN ALED 1
TUDOR CL 2
HEOL PEN-Y-BALL/PEN-Y-BALL ST 3
CAE-MEFUS 4
DEWI AVE 5
GWENFFRWD RD 6
B5432
ST PETER'S EST
GROESFFYRDD/CROSS RDS
Ty Twll Farm
PANTON PL 7
VICTORIA PL 8
GERDDIR TWR/TOWER GDNS 9
BANK PL 10
WELL ST 11
CROSS ST 12
Schs
B5432
Panton Hall
CH6
Coed Llwybr-y-bi
Ffordd-y-Dre
THE GROVE 1
GLAN SARNO 2
BRYNFORD RD
OLD CHESTER RD
PH
Pen-y-Bryn Farm
Ysbyty Lluesty/ Lluesty
SANDY LA
BRYNFORD HILL
HALKYN RD
Cefn-y-coed
Tyn-y-Pistyll
Brynford Hall Farm
STAMFORD WAY
THE MOUNT
THE RIDGEWAY
Coetia-Llwyd
Milwr
CEFN LA
Bryn-Sannan
Cefn Smallholdings
PH
A55
A5026
Cefn Farm
GADLYS LA

26
22

21

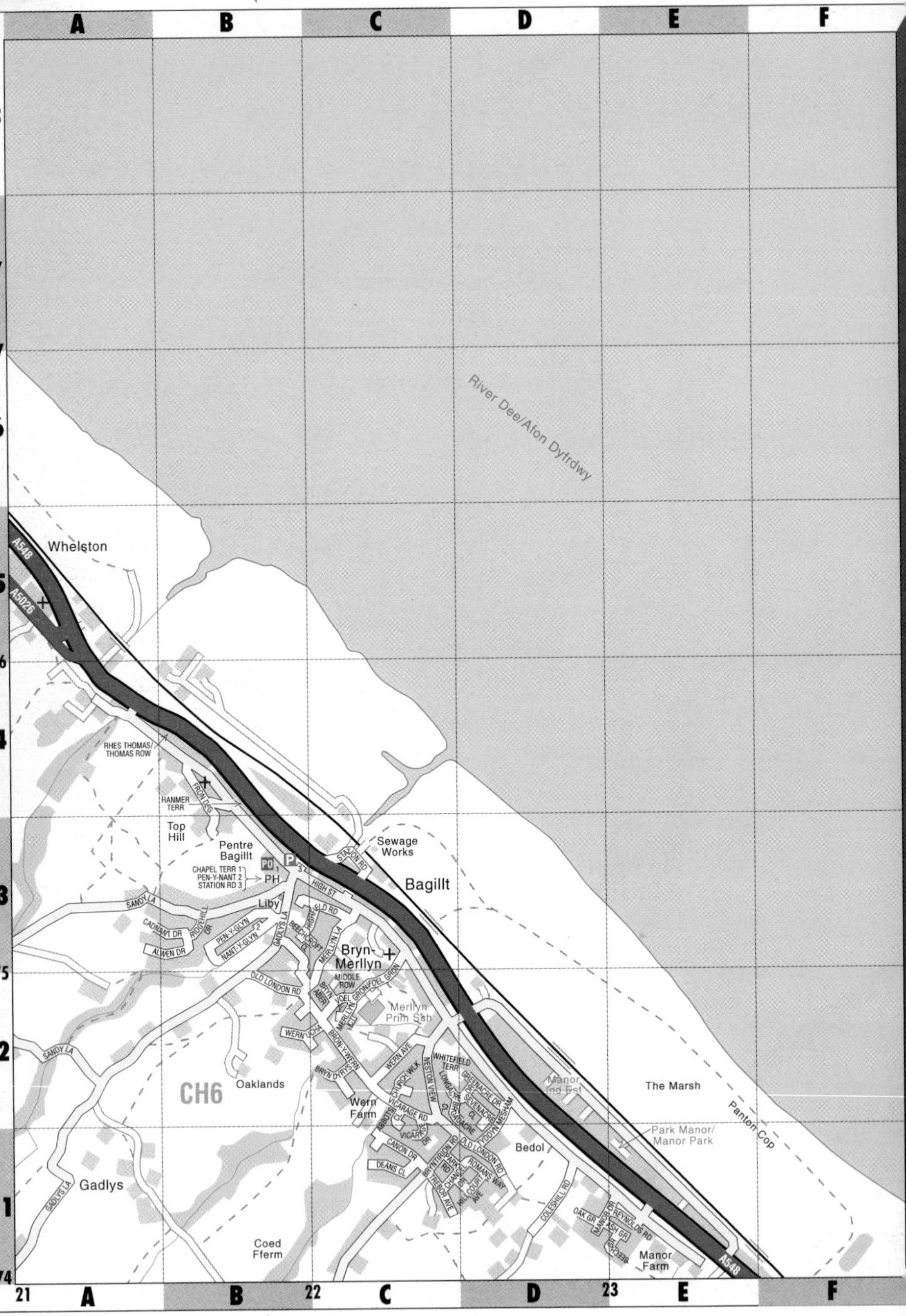
A
B
C
D
E
F
8
7
77
6
5
76
4
3
75
2
1
74
21
22
23
River Dee/Afon Dyfrdwy
Whelston
A548
A5026
RHES THOMAS/
THOMAS ROW
HANMER
TERR
FRON DEG
Top
Hill
Pentre
Bagillt
CHAPEL TERR 1
PEN-Y-NANT 2
STATION RD 3
PH
Sewage
Works
STATION RD
Bagillt
HIGH ST
Liby
SANDY LA
CADNANT DR
RIDGEHILL DR
ALWEN DR
PEN-Y-GLYN
NANT-Y-GLYN
GADLYS LA
BEECHCROFT CL
HIGHFIELD RD
MERLLYN LA
Bryn-
Merllyn
OLD LONDON RD
MIDDLE
ROW
FOEL GRON
Merllyn
Prim Sch
WERN UCHA
BRON-Y-WERN
BRYN DYRYS
WERN AVE
CHURCH WLK
NESTON VIEW
WHITEFIELD
TERR
GREENACRE DR
Manor
Ind Est
The Marsh
Panton Cop
CH6
Oaklands
Wern
Farm
VICARAGE RD
CANON DR
DEANS CL
BRYNTIRION RD
TREBOR AVE
ROMANS WAY
HILLCOURT AVE
MOSTYN MESHAM
Bedol
Park Manor/
Manor Park
COLESHILL RD
OAK GR
ASH GR
REYNOLDS RD
BEECH GR
Manor
Farm
A548
Gadlys
GADLYS LA
Coed
Fferm
SANDY LA

117 18 24

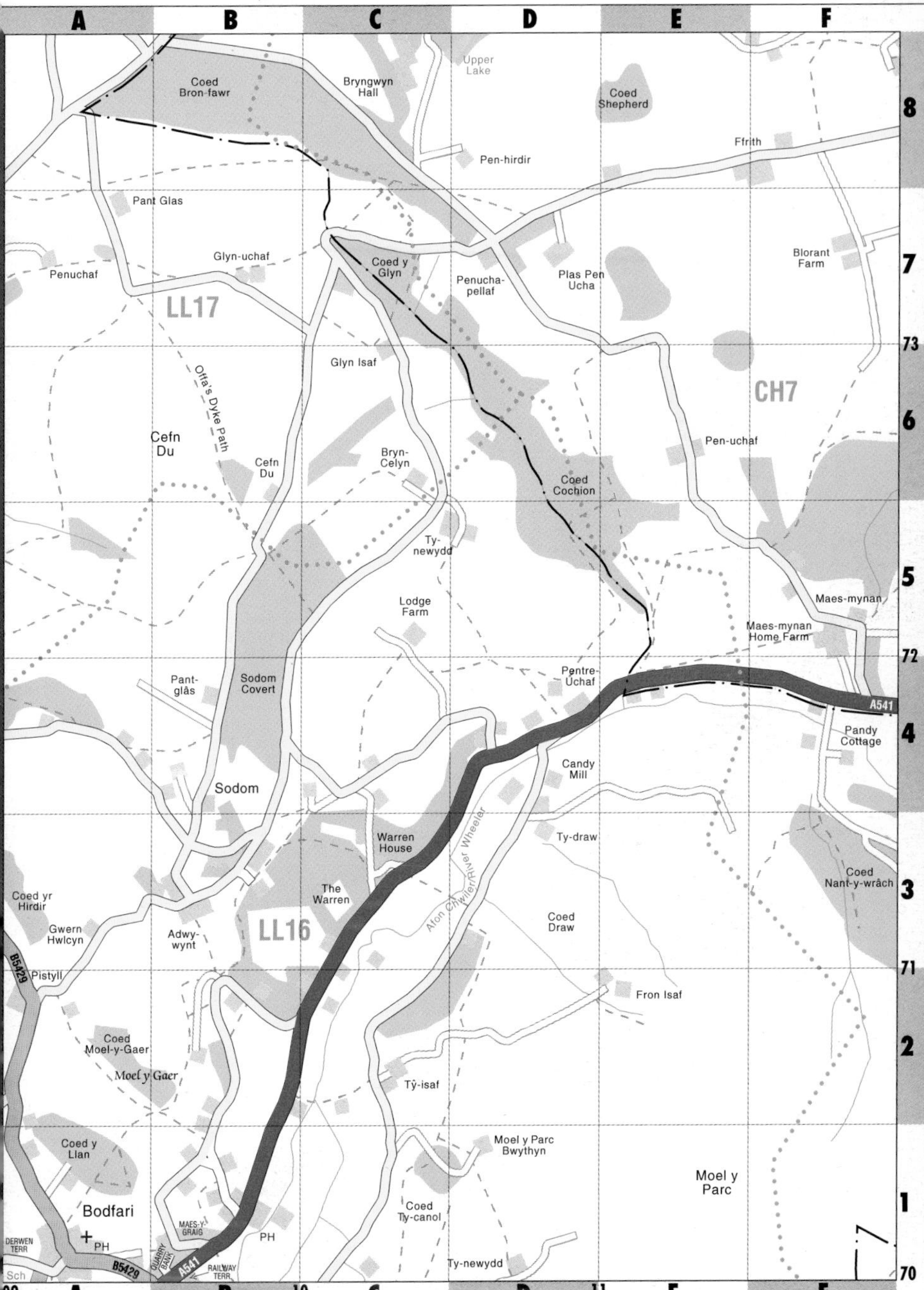

117 32 24

23
19

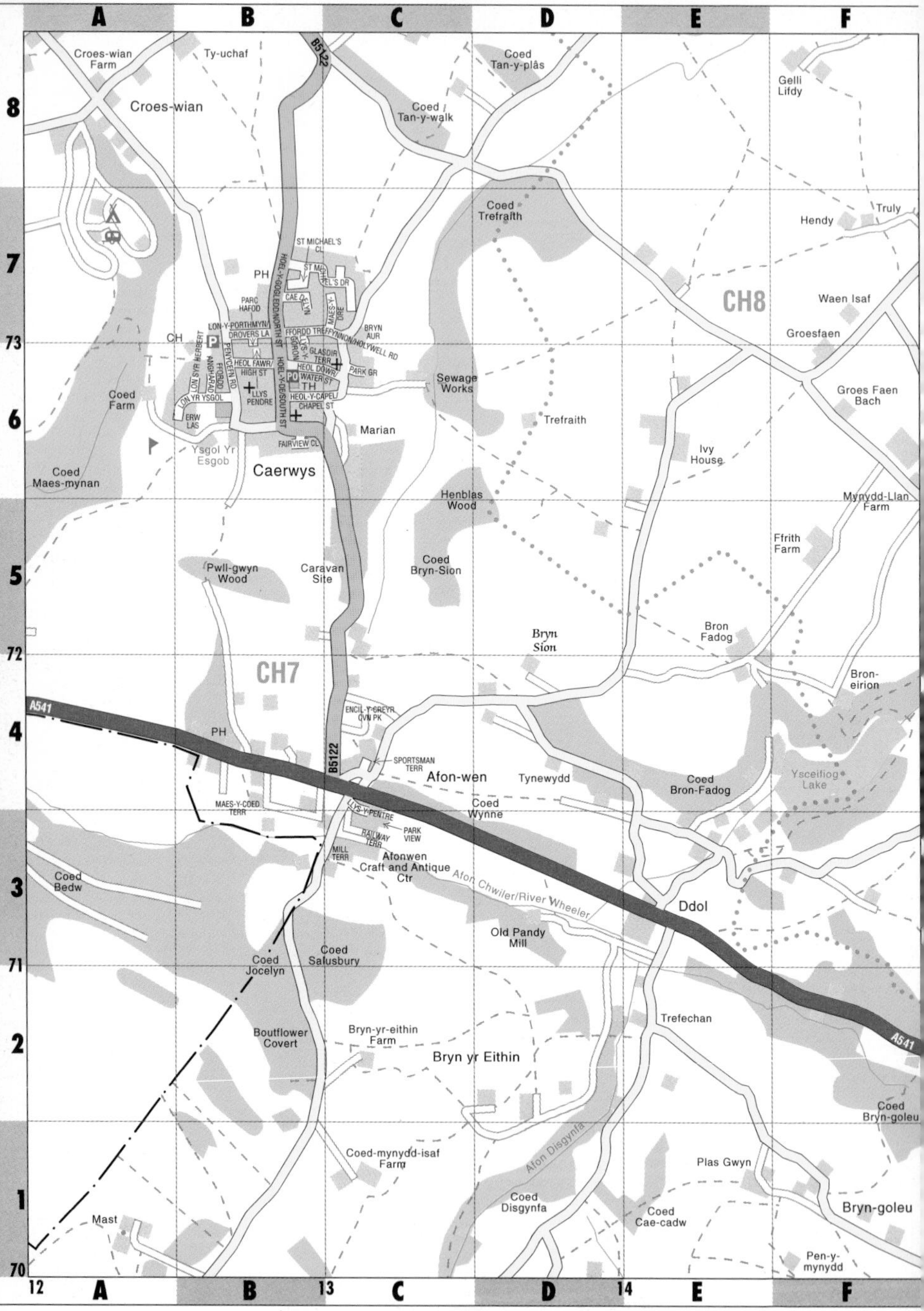
A
B
C
D
E
F
8
7
73
6
5
72
4
3
71
2
1
70
12
13
14
Croes-wian Farm
Ty-uchaf
B5122
Coed Tan-y-plâs
Gelli Lifdy
Croes-wian
Coed Tan-y-walk
Coed Trefraith
Truly
Hendy
ST MICHAEL'S CL
PH
CH8
Waen Isaf
Groesfaen
PARC HAFOD
CAE DELYN
MAES-Y-DRE
BRYN AUR
LON-Y-PORTHMYN/DROVERS LA
FFORDD TREFFYNNON/HOLYWELL RD
CH
P
HEOL FAWR/HIGH ST
GLASDIR TERR
HEOL DOWR/WATER ST
PARK GR
PO
TH
LLYS PENDRE
HEOL-Y-CAPEL/CHAPEL ST
LON YR YSGOL
ERW LAS
Sewage Works
Groes Faen Bach
Coed Farm
Marian
Trefraith
FAIRVIEW CL
Ysgol Yr Esgob
Caerwys
Ivy House
Coed Maes-mynan
Henblas Wood
Mynydd-Llan Farm
Ffrith Farm
Pwll-gwyn Wood
Caravan Site
Coed Bryn-Sion
Bron Fadog
Bryn Sion
CH7
Bron-eirion
A541
ENCIL-Y-CREYR CVN PK
PH
SPORTSMAN TERR
Afon-wen
Tynewydd
B5122
Coed Bron-Fadog
Ysceifiog Lake
MAES-Y-COED TERR
LLYS-Y-PENTRE
Coed Wynne
PARK VIEW
RAILWAY TERR
MILL TERR
Afonwen Craft and Antique Ctr
Afon Chwiler/River Wheeler
Coed Bedw
Ddol
Old Pandy Mill
Coed Salusbury
Coed Jocelyn
Trefechan
Bryn-yr-eithin Farm
Boutflower Covert
Bryn yr Eithin
A541
Coed Bryn-goleu
Afon Disgynfa
Coed-mynydd-isaf Farm
Plas Gwyn
Coed Disgynfa
Coed Cae-cadw
Bryn-goleu
Mast
Pen-y-mynydd

23
33

20
26

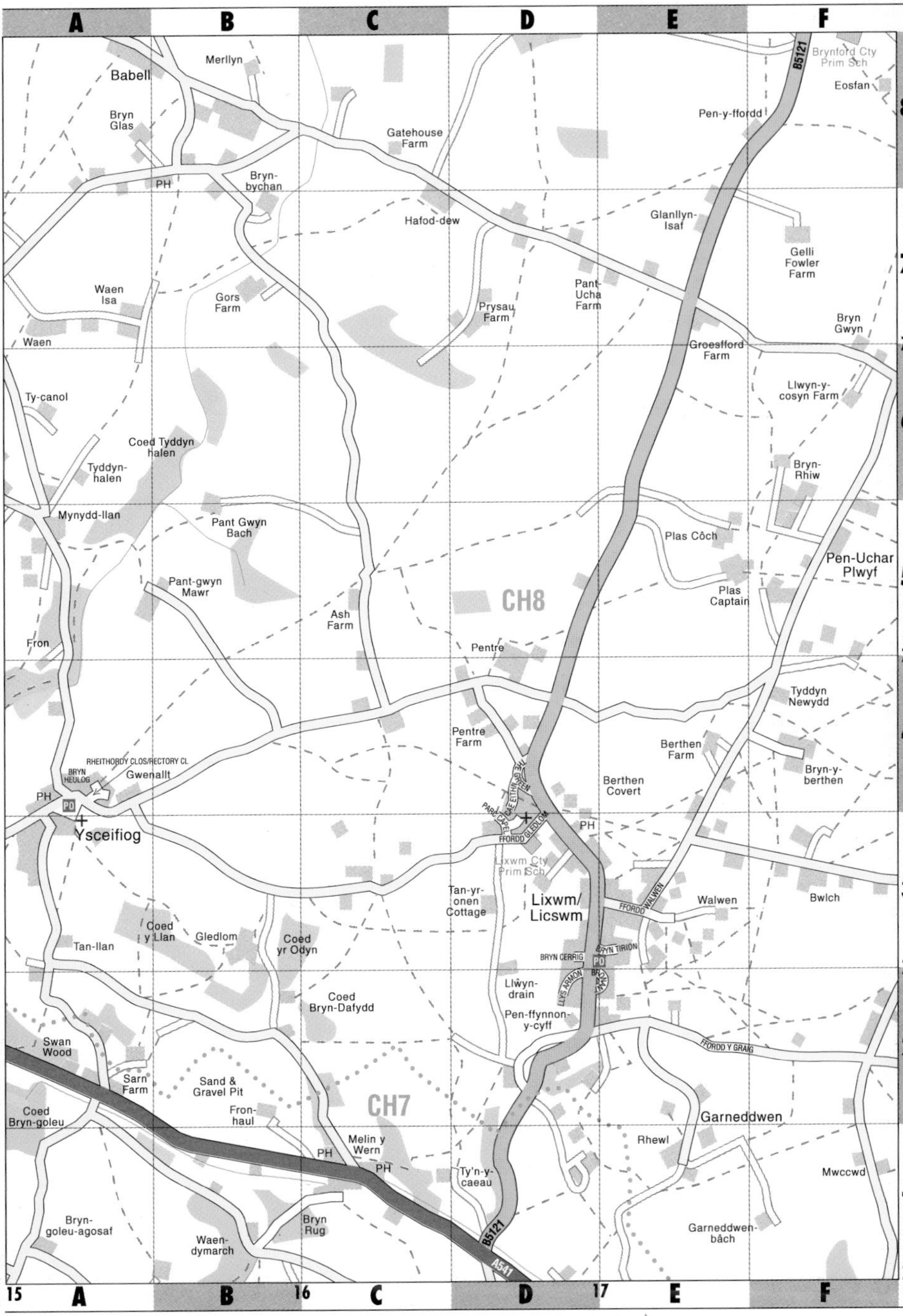
A
B
C
D
E
F
Babell
Merllyn
Bryn Glas
Gatehouse Farm
Brynford Cty Prim Sch
Eosfan
Pen-y-ffordd
B5121
PH
Bryn-bychan
Hafod-dew
Glanllyn-Isaf
Gelli Fowler Farm
Waen Isa
Gors Farm
Prysau Farm
Pant Ucha Farm
Bryn Gwyn
Waen
Groesffordd Farm
Ty-canol
Llwyn-y-cosyn Farm
Coed Tyddyn halen
Tyddyn-halen
Bryn-Rhiw
Mynydd-llan
Pant Gwyn Bach
Plas Côch
Pen-Uchar Plwyf
Pant-gwyn Mawr
CH8
Plas Captain
Ash Farm
Fron
Pentre
Tyddyn Newydd
Pentre Farm
Berthen Farm
RHEITHORDY CLOS/RECTORY CL
Gwenallt
BRYN HEULOG
PO
THE CAE EITHIN GREEN
PARC CAPEL
FFORDD GLEDLOM
Berthen Covert
Bryn-y-berthen
Ysceifiog
Lixwm Cty Prim Sch
Tan-yr-onen Cottage
Lixwm/ Licswm
FFORDD WALWEN
Walwen
Bwlch
Tan-llan
Coed y Llan
Gledlom
Coed yr Odyn
BRYN CERRIG
BRYN TIRION
LLYS ARMON
BRONALLT
Coed Bryn-Dafydd
Llwyn-drain
Pen-ffynnon-y-cyff
FFORDD Y GRAIG
Swan Wood
Sarn Farm
Sand & Gravel Pit
CH7
Coed Bryn-goleu
Fron-haul
Garneddwen
Melin y Wern
Rhewl
Ty'n-y-caeau
Mwccwd
Bryn-goleu-agosaf
Bryn Rug
Waen-dymarch
Garneddwen-bâch
A541
8
7
73
6
5
72
4
3
71
2
1
70
15
16
17

34
26

25
21

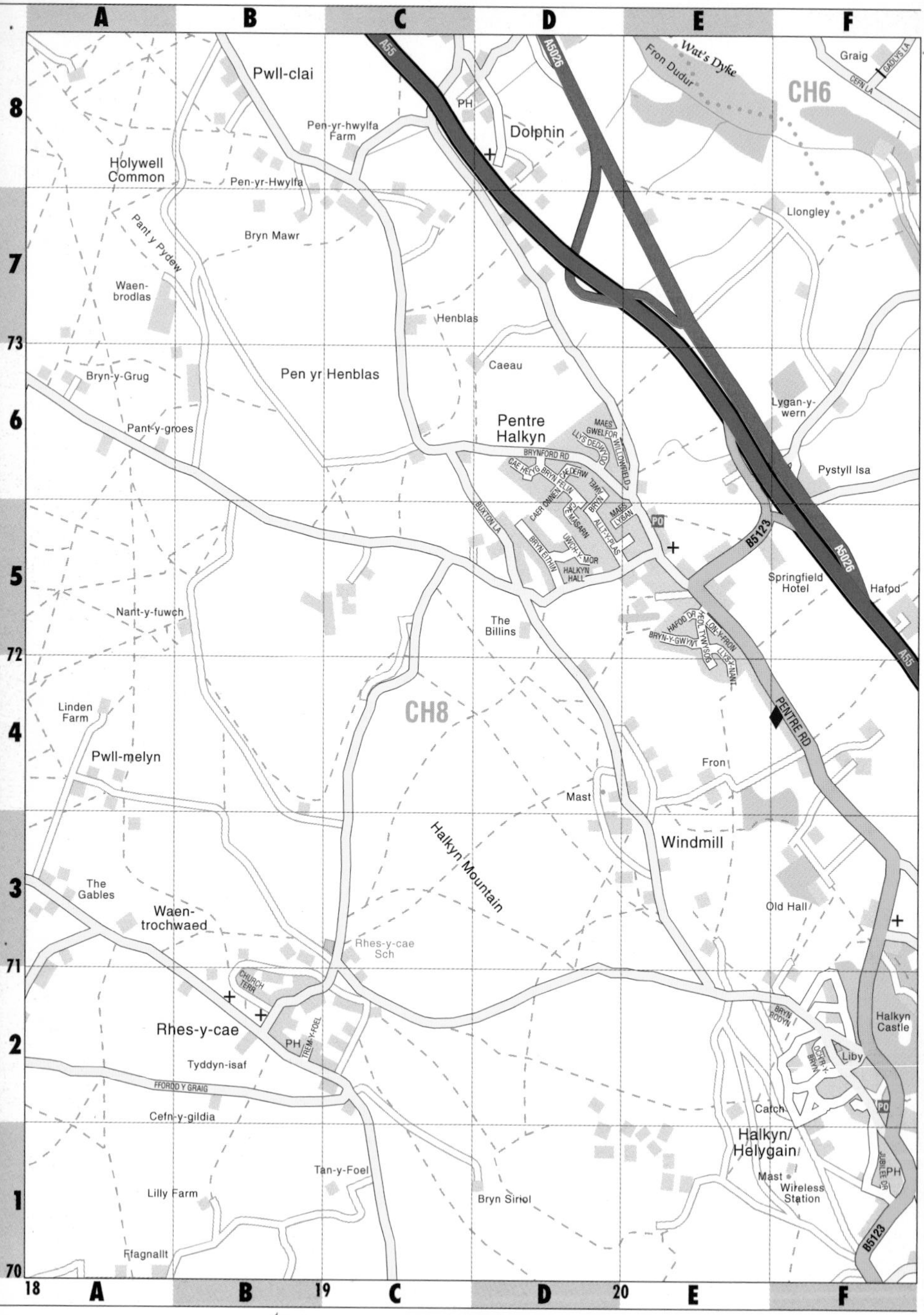
A
B
C
D
E
F
8
7
73
6
5
72
4
3
71
2
1
70
18
19
20
A55
A5026
Wat's Dyke
Fron Dudur
Graig
CH6
Pwll-clai
PH
Pen-yr-hwylfa Farm
Dolphin
Holywell Common
Pen-yr-Hwylfa
Llongley
Bryn Mawr
Pant y Pydew
Waen-brodlas
Henblas
Bryn-y-Grug
Pen yr Henblas
Caeau
Lygan-y-wern
Pentre Halkyn
Pant-y-groes
BRYNFORD RD
MAES GWELFOR
LLYS DEDWYDD
MILLOWFIELD
Pystyll Isa
BUXTON LA
MAES LYBAN
PO
B5123
BRYN EITHIN
HALKYN HALL
Springfield Hotel
Hafod
Nant-y-fuwch
The Billins
HAFOD DR
LON-Y-FRON
BRYN-Y-GWYNT
LLYS-Y-NANT
Linden Farm
CH8
PENTRE RD
Pwll-melyn
Fron
Mast
Windmill
Halkyn Mountain
The Gables
Old Hall
Waen-trochwaed
Rhes-y-cae Sch
CHURCH TERR
Rhes-y-cae
PH
TREM-Y-FOEL
BRYN RODYN
Halkyn Castle
Liby
Tyddyn-isaf
FFORDD Y GRAIG
Cefn-y-gildia
Catch
PO
Halkyn/ Helygain
Tan-y-Foel
Mast
Wireless Station
JUBILEE DR
PH
Lilly Farm
Bryn Siriol
Ffagnallt
B5123

25
35

22
28

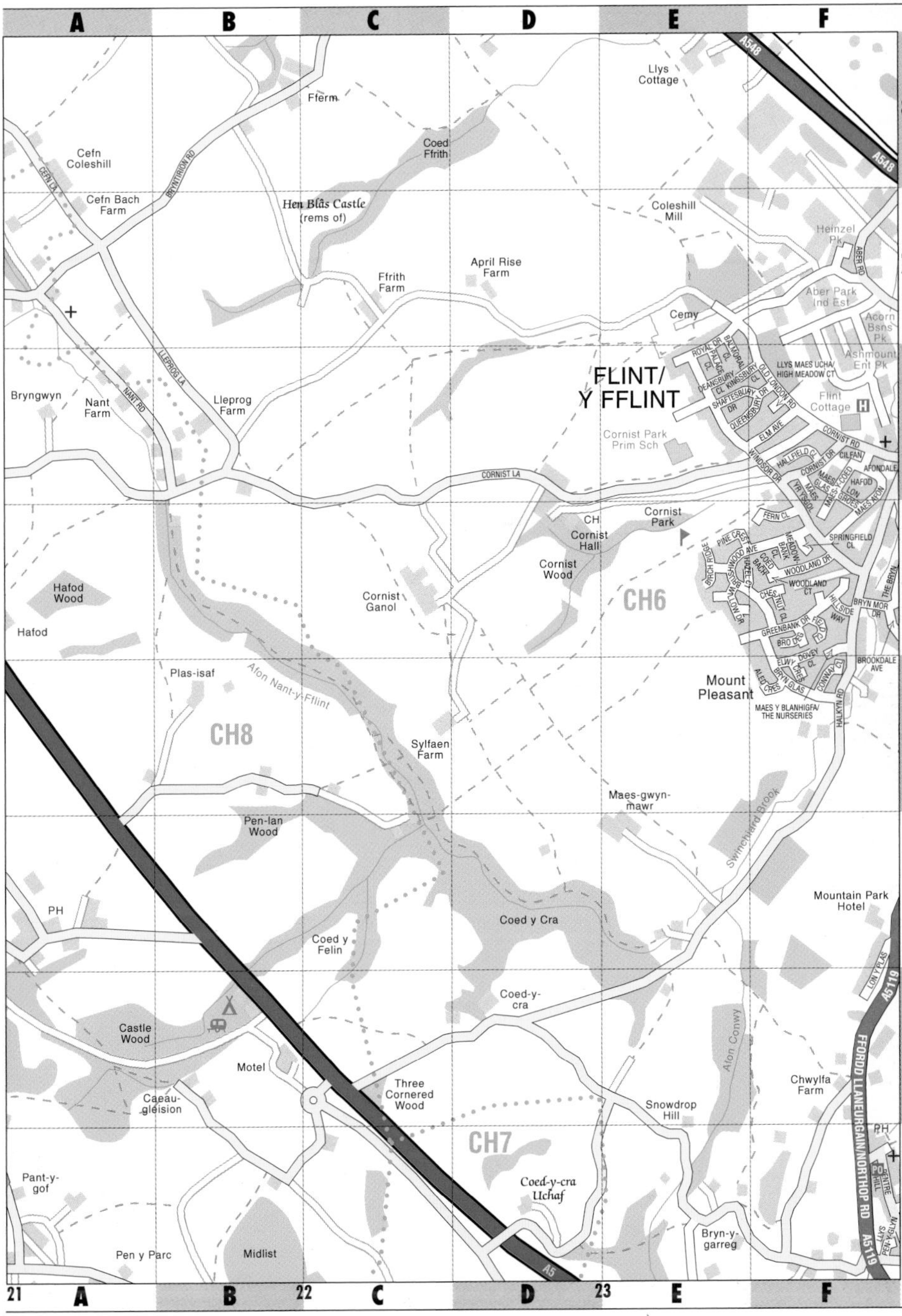
A
B
C
D
E
F
8
7
73
6
5
72
4
3
71
2
1
70
21
22
23
Fferm
Llys Cottage
A548
Cefn Coleshill
Coed Ffrith
CEFN LA
BRYNTIRION RD
Cefn Bach Farm
Hen Blâs Castle (rems of)
Coleshill Mill
Heinzel Pk
ABER RD
April Rise Farm
Ffrith Farm
Aber Park Ind Est
Cemy
Acorn Bsns Pk
Ashmount Ent Pk
FLINT/ Y FFLINT
Flint Cottage
H
LLYS MAES UCHA/ HIGH MEADOW CT
ROYAL DR
BALMORAL CL
PALACE CL
DEANSBURY CL
KINGSBURY CL
SHAFTESBURY DR
QUEENSBURY DR
OLD LONDON RD
ELM AVE
CORNIST RD
CILFAN
AFONDALE
HAFOD LON
WINDSOR DR
HALLFIELD CL
CORNIST DR
MAES GLAS
MAES-Y-COED
YR YSGOL
MAES GROES
MAES AFON
Bryngwyn
Nant Farm
NANT RD
LLEPROG LA
Lleprog Farm
Cornist Park Prim Sch
CORNIST LA
CH
Cornist Hall
Cornist Park
FERN CL
PINE CRES
BIRCH RIDGE
BRUSHWOOD AVE
HAZEL CL
COED BACH
MEADOW BANK
WOODLAND DR
SPRINGFIELD CL
WILLOW DR
CHESTNUT CL
WOODLAND CT
HILLSIDE WAY
BRYN MOR DR
THE BRYN
Hafod Wood
Cornist Wood
Cornist Ganol
CH6
Hafod
GREENBANK DR
FIELD CL
BRO DEG
ELWY CRES
DOVEY CL
CONWAY CL
ALED CRES
BRYN GLAS
BROOKDALE AVE
Mount Pleasant
MAES Y BLANHIGFA/ THE NURSERIES
HALKYN RD
Plas-isaf
Afon Nant-y-Fflint
CH8
Sylfaen Farm
Maes-gwyn-mawr
Swinchiard Brook
Pen-lan Wood
PH
Mountain Park Hotel
Coed y Cra
Coed y Felin
LON Y PLAS
A5119
Coed-y-cra
Castle Wood
Afon Conwy
FFORDD LLANEURGAIN/NORTHOP RD
Motel
Three Cornered Wood
Chwylfa Farm
Caeau-gleision
Snowdrop Hill
PH
CH7
PO
HILL
PENTRE
Pant-y-gof
Coed-y-cra Uchaf
LLYS PEN-Y-GLYN
Pen y Parc
Midlist
Bryn-y-garreg
A5

36
28

A6
1 LON Y CAPEL/CHAPEL ST
2 PERRINS WLK
3 MUMFORTH WLK
4 SWAN WLK
5 DUKE WLK
6 ROSEMARY WLK
7 MUSPRATT WLK
8 MOUNT WLK

27

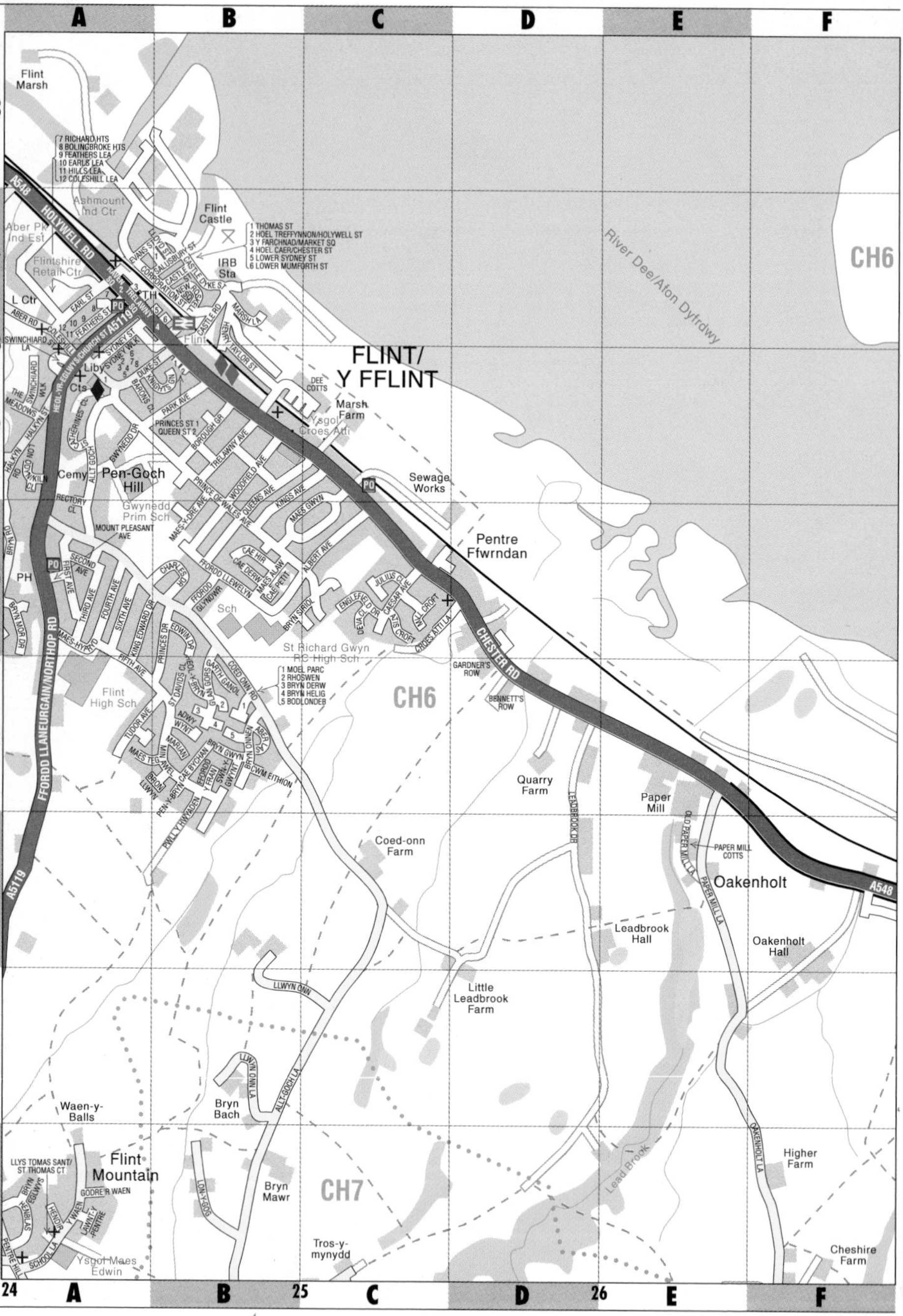

27
37

30

Cheshire STREET ATLAS
A
B
C
D
E
F
CH64
DANGER AREA
CH6
DANGER AREA
DANGER AREA
CH6
White Sands
CH5
A548
WEIGHBRIDGE RD
WEIGHBRIDGE RD
Power Sta
Nature Study Ctr
River Dee/ Afon Dyfrdwy
Beacon
Power Sta
CHESTER RD
KELSTERTON RD
ROCKLIFFE LA
B5129
Kelsterton Farm
Kelsterton
CH5
CH6
KELSTERTON RD
Park Farm
Golftyn
NORTH RD
COATINGS BY PASS RD
COATINGS TWO
RING RD
RIVER RD
KELSTERTON LA
Coleg Glannau Dyfrdwy/ Deeside Coll of F Ed
CONNAH'S QUAY
Top-y-fron
Sports Ctr
Connah's Quay High Sch
CHURCH ST
B5129
1 COLEHILL PL
2 CLIFTON PARK AVE
3 TALFYN CL
4 QUEEN'S AVE
5 ROCK COTTS
6 KINGS CROFT
7 KINGS RD
8 WILLOW CT
9 ROCK RD
8
7
73
6
5
72
4
3
71
2
1
70
27
28
29

38

30

29

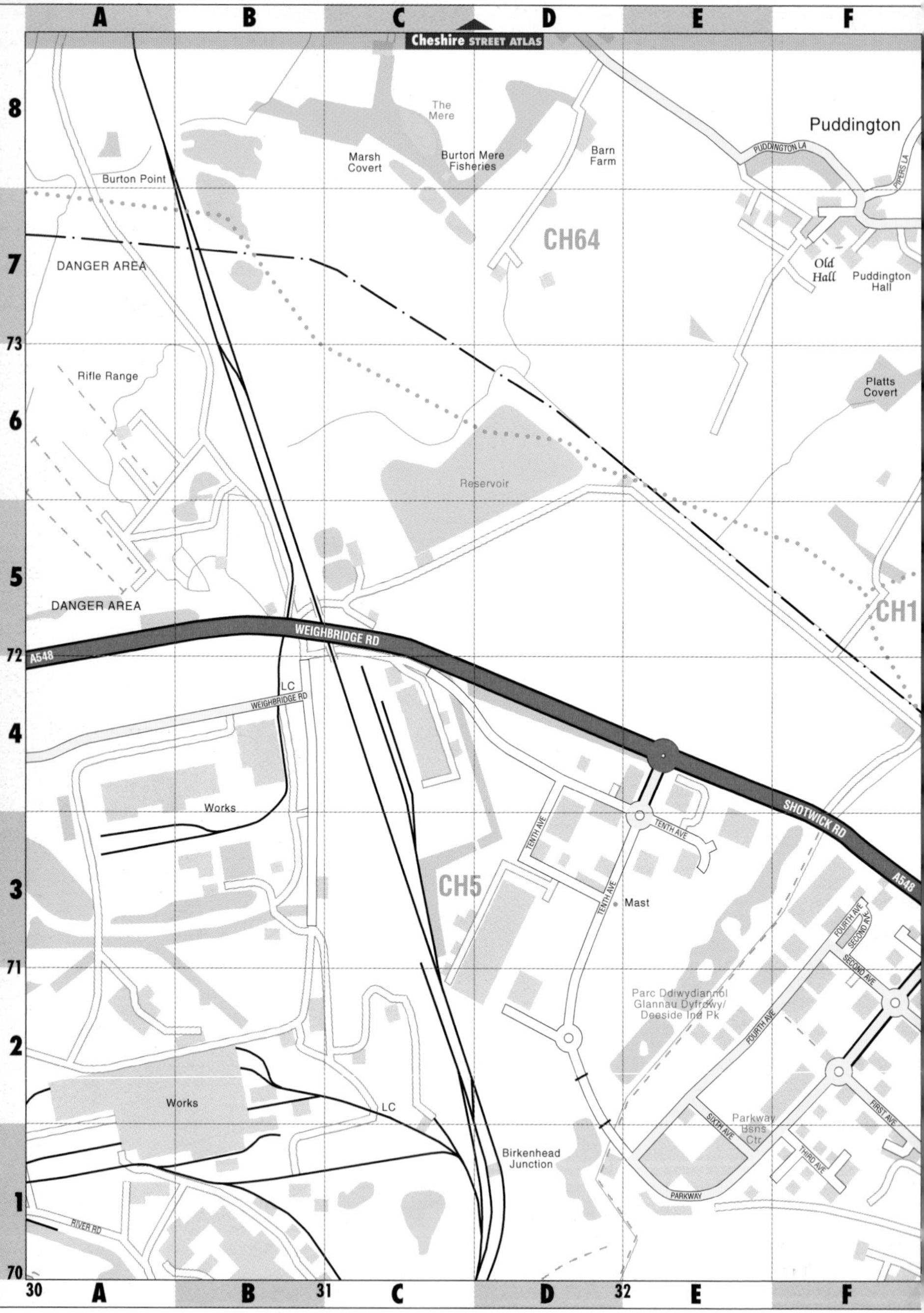
A
B
C
D
E
F
Cheshire STREET ATLAS
8
7
73
6
5
72
4
3
71
2
1
70
30
31
32
The Mere
Marsh Covert
Burton Mere Fisheries
Barn Farm
Puddington
PUDDINGTON LA
PIPERS LA
Burton Point
DANGER AREA
CH64
Old Hall
Puddington Hall
Rifle Range
Platts Covert
Reservoir
DANGER AREA
CH1
WEIGHBRIDGE RD
A548
LC
WEIGHBRIDGE RD
Works
SHOTWICK RD
TENTH AVE
TENTH AVE
TENTH AVE
CH5
Mast
A548
FOURTH AVE
SECOND AVE
SECOND AVE
Parc Ddiwydiannol Glannau Dyfrdwy/ Deeside Ind Pk
FOURTH AVE
Works
LC
FIRST AVE
SIXTH AVE
Parkway Bsns Ctr
Birkenhead Junction
THIRD AVE
PARKWAY
RIVER RD

29

39

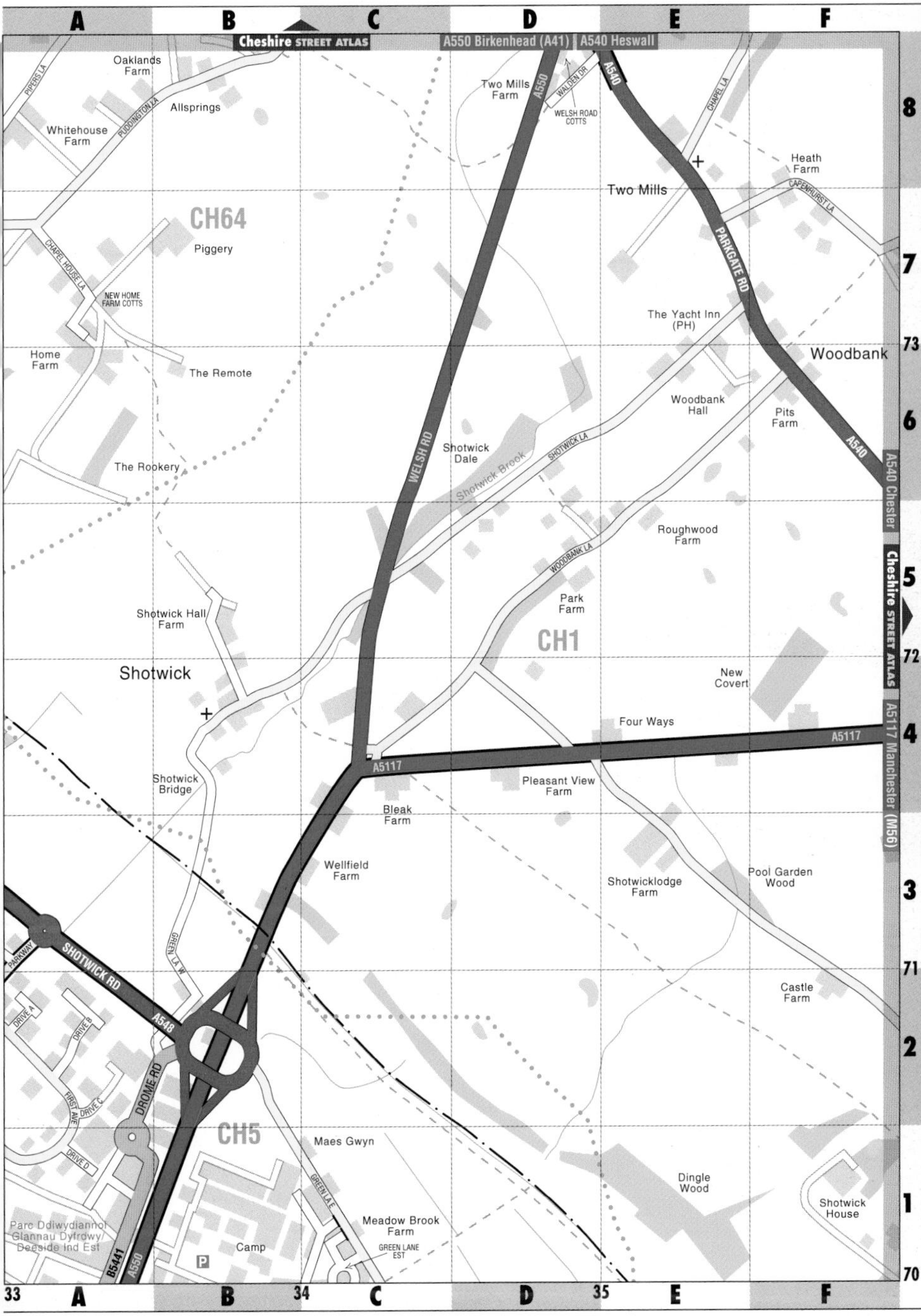
Cheshire STREET ATLAS
A550 Birkenhead (A41)
A540 Heswall
Oaklands Farm
Allsprings
Whitehouse Farm
PIPERS LA
PUDDINGTON LA
Two Mills Farm
WALDEN DR
WELSH ROAD COTTS
CHAPEL LA
Heath Farm
Two Mills
CAPENHURST LA
CH64
Piggery
CHAPEL HOUSE LA
NEW HOME FARM COTTS
PARKGATE RD
The Yacht Inn (PH)
Woodbank
Home Farm
The Remote
Woodbank Hall
Pits Farm
WELSH RD
Shotwick Dale
Shotwick Brook
SHOTWICK LA
The Rookery
A540 Chester
Roughwood Farm
WOODBANK LA
Cheshire STREET ATLAS
Shotwick Hall Farm
Park Farm
CH1
Shotwick
New Covert
Four Ways
A5117 Manchester (M56)
A5117
Shotwick Bridge
Pleasant View Farm
Bleak Farm
Wellfield Farm
Shotwicklodge Farm
Pool Garden Wood
PARKWAY
SHOTWICK RD
GREEN LA W
Castle Farm
DRIVE A
DRIVE B
A548
DROME RD
FIRST AVE
DRIVE C
DRIVE D
CH5
Maes Gwyn
Dingle Wood
GREEN LA E
Shotwick House
Meadow Brook Farm
Parc Ddiwydiannol Glannau Dyfrdwy/ Deeside Ind Est
Camp
GREEN LANE EST
B5441
A550
A B C D E F
8 7 73 6 5 72 4 3 71 2 1 70
33 34 35

40

117
23

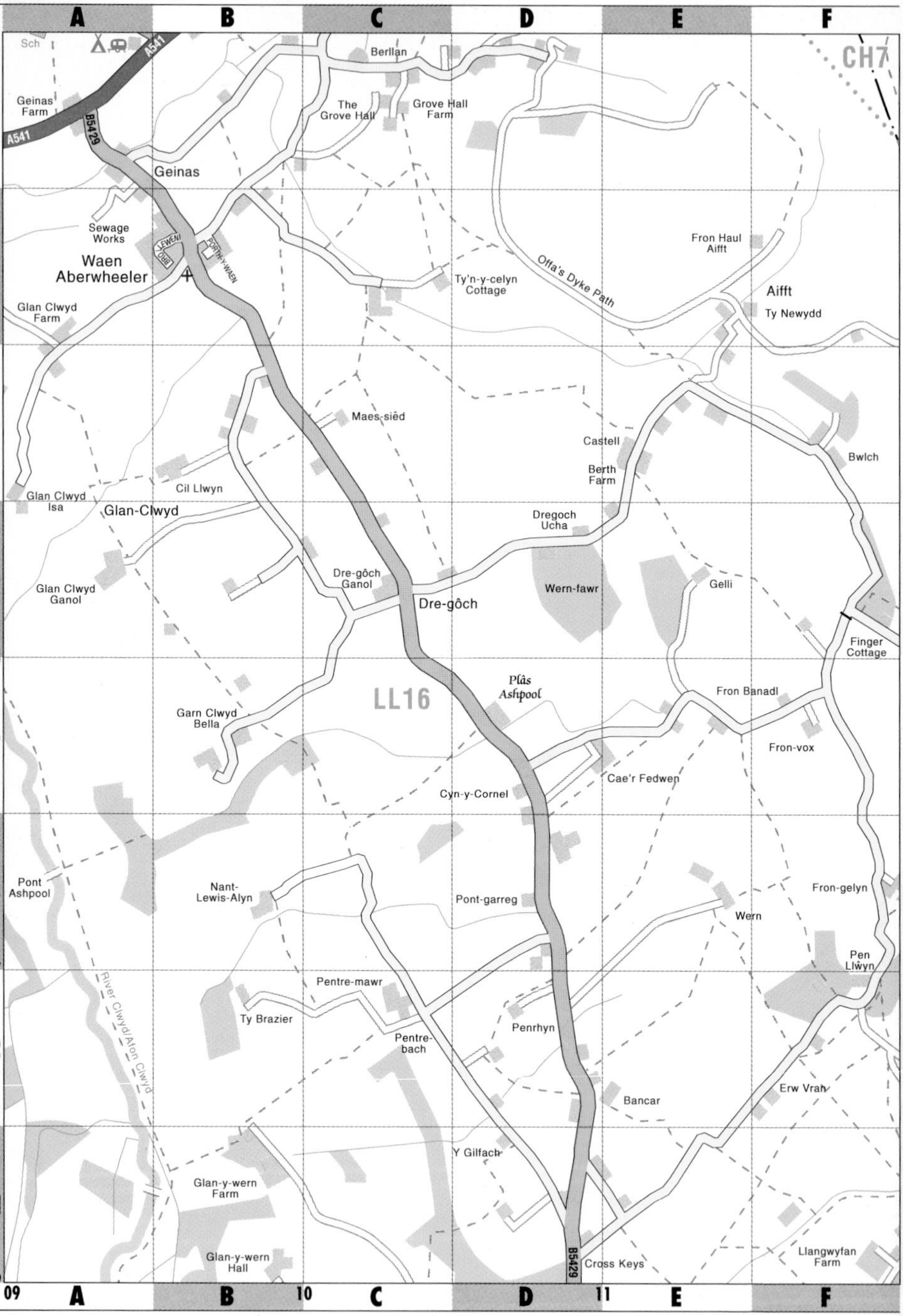

117
121

24
34

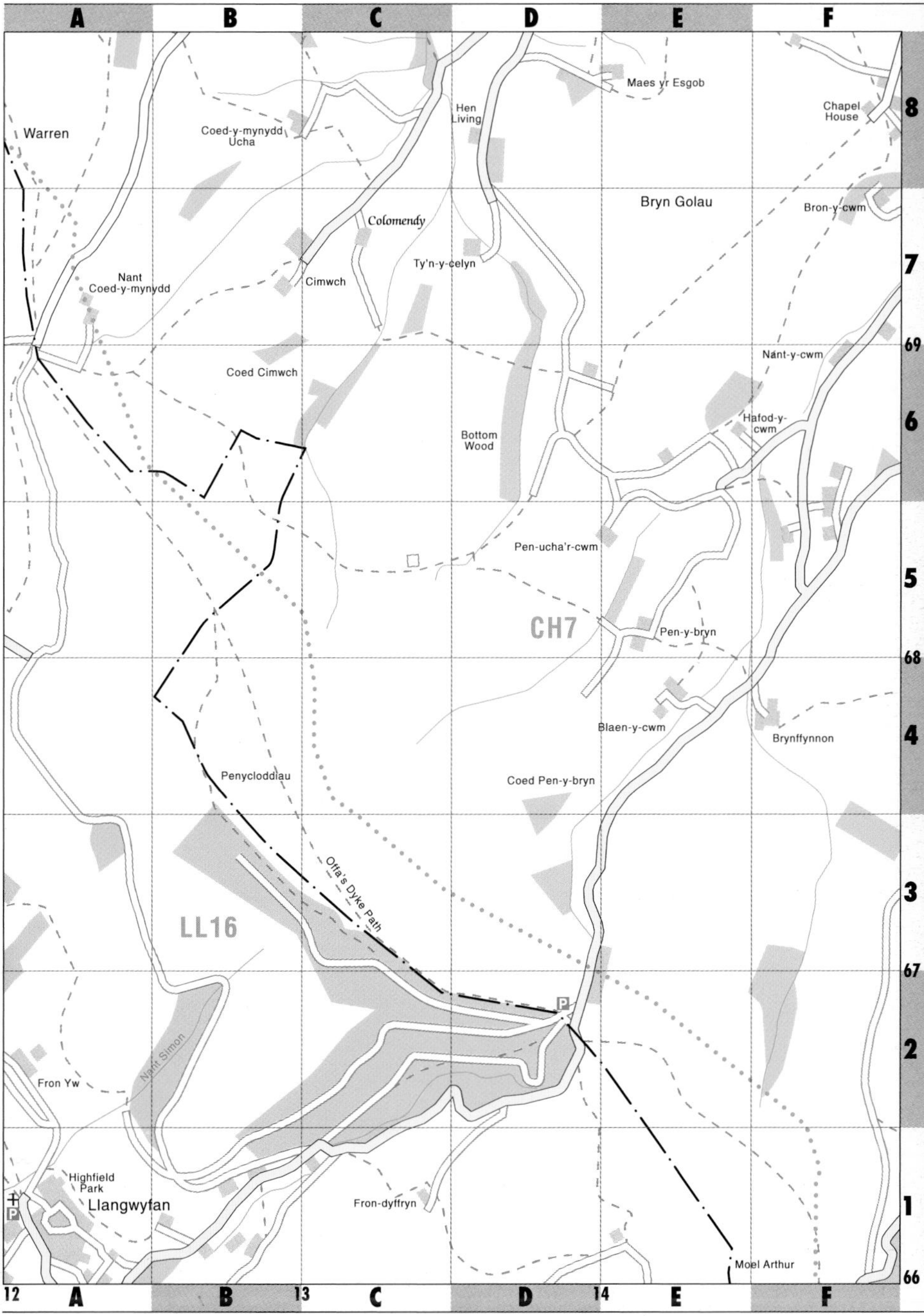
A
B
C
D
E
F
Warren
Coed-y-mynydd Ucha
Hen Living
Maes yr Esgob
Chapel House
Bryn Golau
Bron-y-cwm
Colomendy
Ty'n-y-celyn
Nant Coed-y-mynydd
Cimwch
Coed Cimwch
Nant-y-cwm
Hafod-y-cwm
Bottom Wood
Pen-ucha'r-cwm
CH7
Pen-y-bryn
Blaen-y-cwm
Brynffynnon
Penycloddiau
Coed Pen-y-bryn
Offa's Dyke Path
LL16
Nant Simon
Fron Yw
Highfield Park
Llangwyfan
Fron-dyffryn
Moel Arthur
8
7
69
6
5
68
4
3
67
2
1
66
12
13
14

121
34

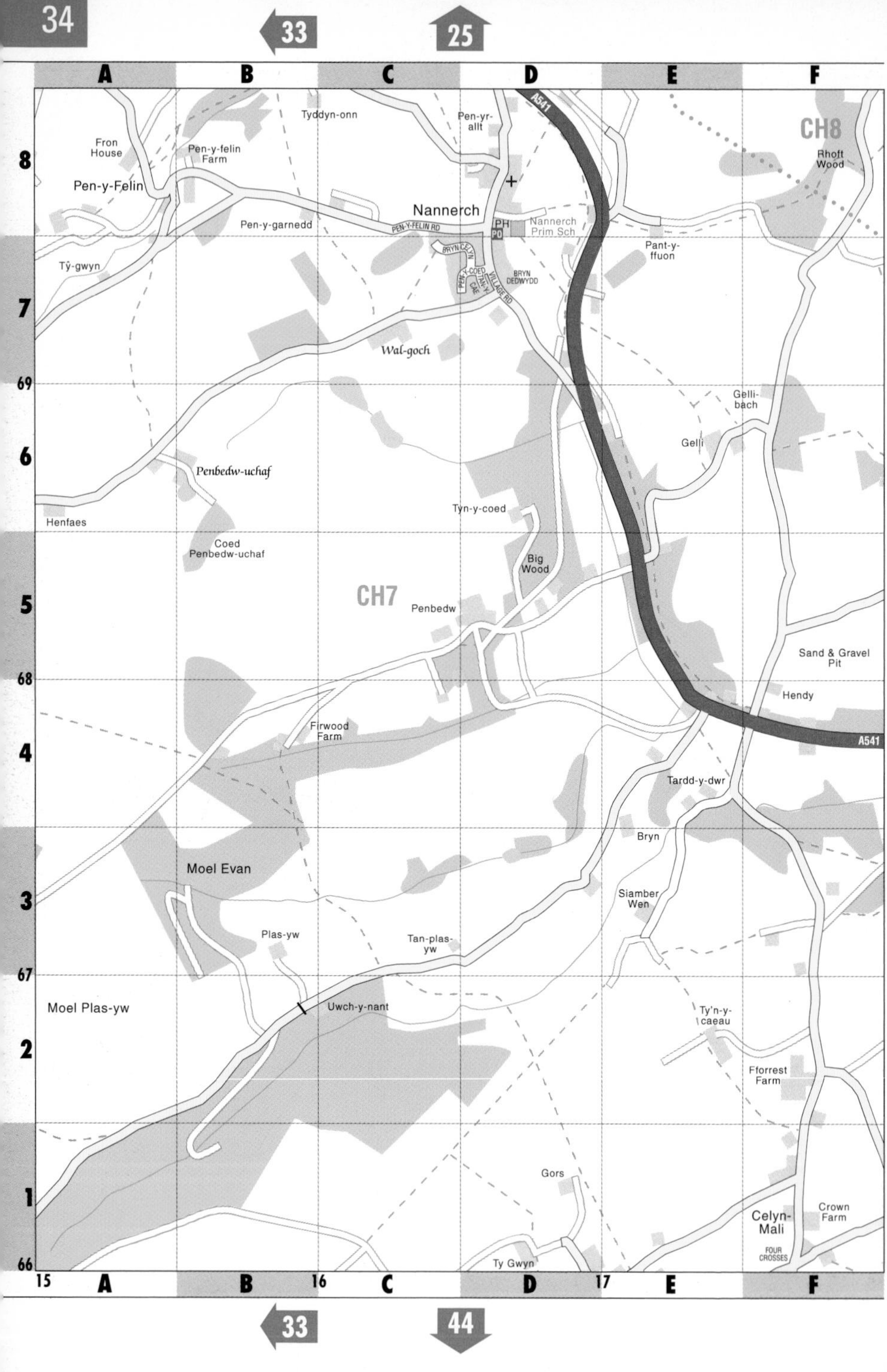
33
25
A
B
C
D
E
F
8
7
69
6
5
68
4
3
67
2
1
66
15
16
17
A541
CH8
CH7
Tyddyn-onn
Pen-yr-allt
Fron House
Pen-y-felin Farm
Pen-y-Felin
Rhoft Wood
Nannerch
PH
PO
Nannerch Prim Sch
Pen-y-garnedd
PEN-Y-FELIN RD
BRYN CELYN
PEN-Y-COED
TAN-Y-CAE
VILLAGE RD
BRYN DEDWYDD
Tŷ-gwyn
Pant-y-ffuon
Wal-goch
Gelli-bach
Gelli
Penbedw-uchaf
Henfaes
Tyn-y-coed
Coed Penbedw-uchaf
Big Wood
Penbedw
Sand & Gravel Pit
Hendy
Firwood Farm
Tardd-y-dwr
Bryn
Moel Evan
Siamber Wen
Plas-yw
Tan-plas-yw
Moel Plas-yw
Uwch-y-nant
Ty'n-y-caeau
Fforrest Farm
Gors
Celyn-Mali
Crown Farm
FOUR CROSSES
Ty Gwyn
33
44

26
36

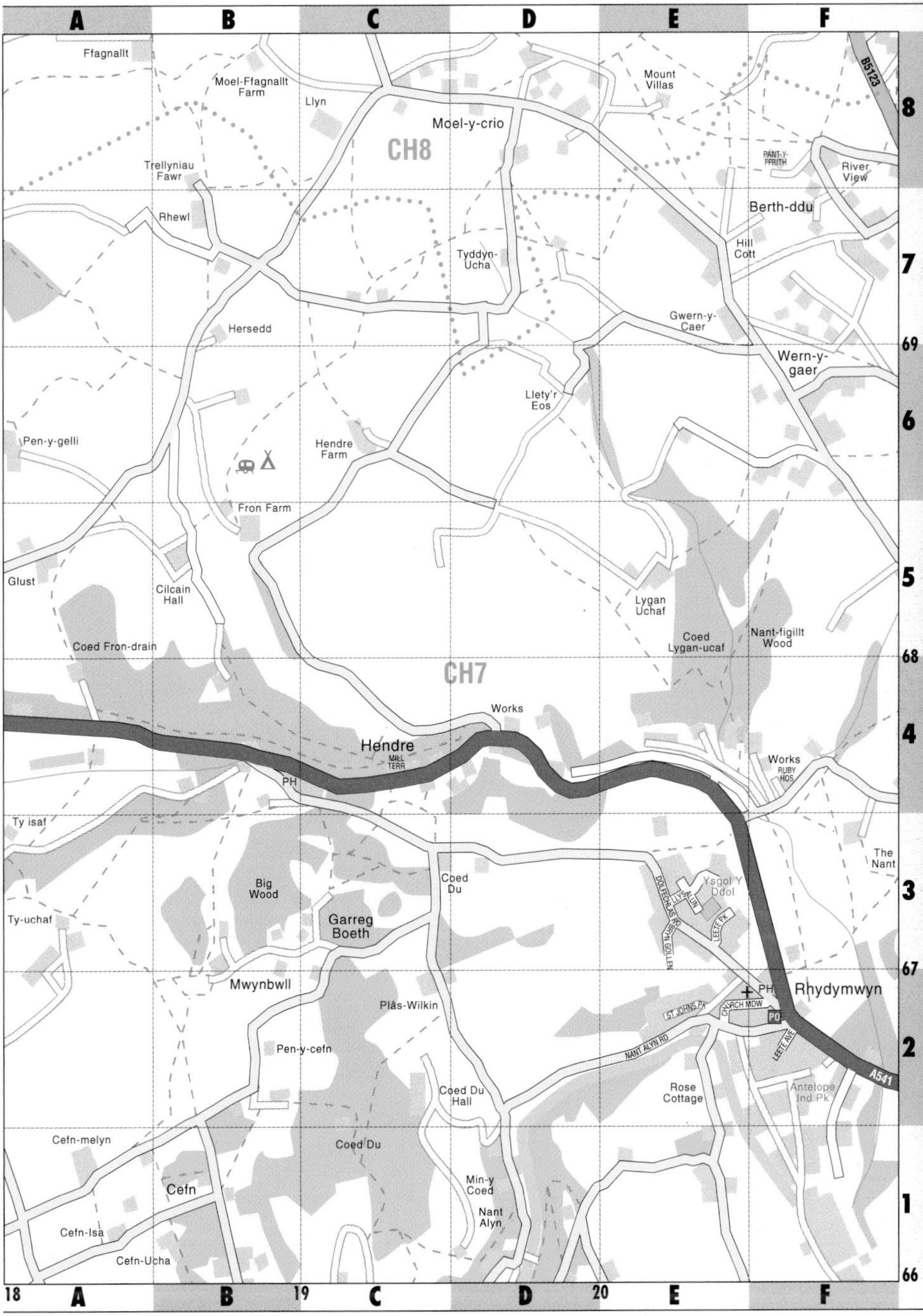
A
B
C
D
E
F
Ffagnallt
Moel-Ffagnallt Farm
Llyn
Moel-y-crio
CH8
Mount Villas
B5123
8
PANT-Y-FFRITH
River View
Trellyniau Fawr
Rhewl
Berth-ddu
Tyddyn-Ucha
Hill Cott
7
Hersedd
Gwern-y-Caer
69
Wern-y-gaer
Llety'r Eos
Pen-y-gelli
Hendre Farm
6
Fron Farm
Glust
Cilcain Hall
5
Lygan Uchaf
Coed Fron-drain
Coed Lygan-ucaf
Nant-figillt Wood
68
CH7
Works
4
Hendre
MILL TERR
Works
RUBY HOS
PH
Ty isaf
The Nant
Coed Du
Big Wood
Ysgol Y Ddol
3
DOLFECHLAS RD
LLYS ALUN
LEETE PK
BRYN GOLLEN
Ty-uchaf
Garreg Boeth
67
Mwynbwll
PH
Rhydymwyn
Plâs-Wilkin
ST JOHNS PK
CHURCH MDW
PO
LEETE AVE
NANT ALYN RD
2
Pen-y-cefn
A541
Coed Du Hall
Rose Cottage
Antelope Ind Pk
Cefn-melyn
Coed Du
Cefn
Min-y Coed
1
Nant Alyn
Cefn-Isa
Cefn-Ucha
66
18
19
20

45
36

35
27

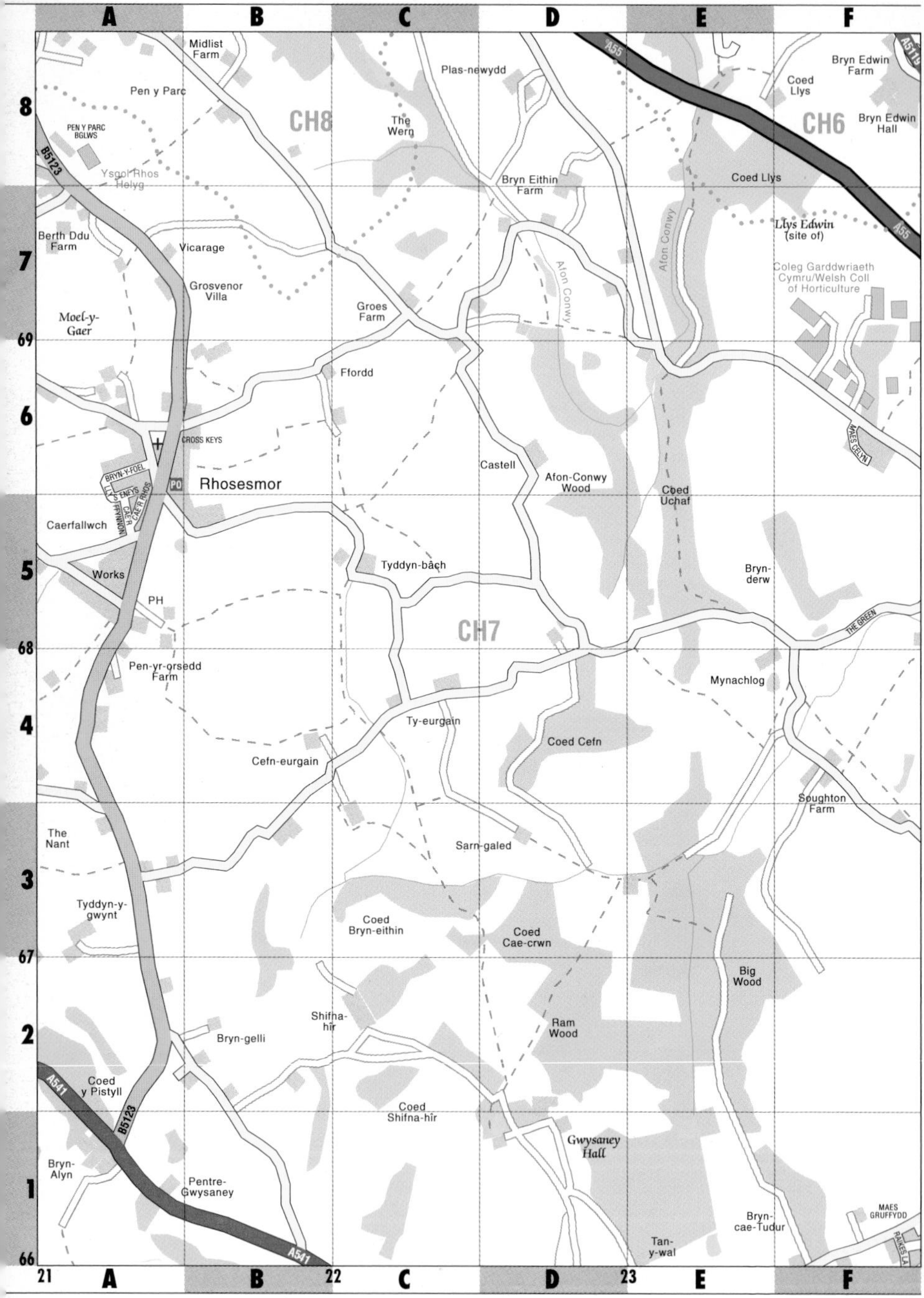
A
B
C
D
E
F
8
7
69
6
5
68
4
3
67
2
1
66
21
22
23
Midlist Farm
Pen y Parc
PEN Y PARC BGLWS
B5123
Ysgol Rhos Helyg
CH8
The Wern
Plas-newydd
A55
Coed Llys
Bryn Edwin Farm
CH6
Bryn Edwin Hall
A5119
Bryn Eithin Farm
Coed Llys
Llys Edwin (site of)
Afon Conwy
Coleg Garddwriaeth Cymru/Welsh Coll of Horticulture
Berth Ddu Farm
Vicarage
Grosvenor Villa
Moel-y-Gaer
Groes Farm
Ffordd
CROSS KEYS
PO
Rhosesmor
BRYN-Y-FOEL
LLYS ENEYS
CAE'R FFYNNON
CAE'R RHOS
Caerfallwch
Castell
Afon-Conwy Wood
Coed Uchaf
MAES CELYN
Works
PH
Tyddyn-bâch
Bryn-derw
CH7
THE GREEN
Pen-yr-orsedd Farm
Mynachlog
Ty-eurgain
Coed Cefn
Cefn-eurgain
Soughton Farm
The Nant
Sarn-galed
Tyddyn-y-gwynt
Coed Bryn-eithin
Coed Cae-crwn
Big Wood
Shifna-hîr
Bryn-gelli
Ram Wood
Coed y Pistyll
A541
Coed Shifna-hîr
Gwysaney Hall
Bryn-Alyn
Pentre-Gwysaney
MAES GRUFFYDD
Bryn-cae-Tudur
RAIKES LA
Tan-y-wal

35
46

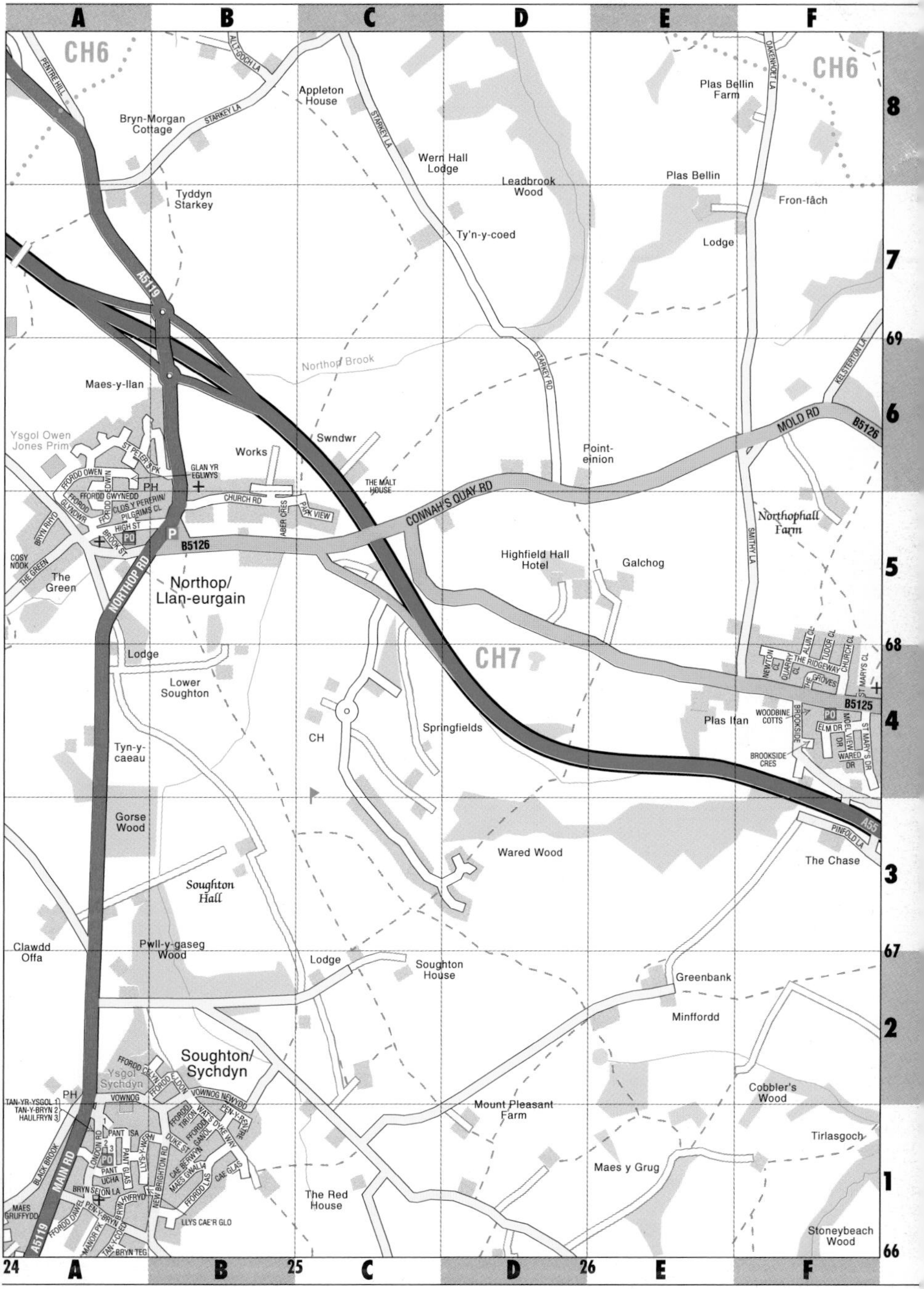
28
38
CH6
Bryn-Morgan Cottage
Appleton House
Plas Bellin Farm
Wern Hall Lodge
Leadbrook Wood
Plas Bellin
Tyddyn Starkey
Fron-fâch
Ty'n-y-coed
Lodge
Northop Brook
Maes-y-llan
Ysgol Owen Jones Prim
Swndwr
Works
Point-einion
Northophall Farm
Highfield Hall Hotel
Galchog
The Green
Northop/ Llan-eurgain
CH7
Lodge
Lower Soughton
Springfields
Plas Ifan
Tyn-y-caeau
CH
Gorse Wood
Wared Wood
The Chase
Soughton Hall
Clawdd Offa
Pwll-y-gaseg Wood
Lodge
Soughton House
Greenbank
Minffordd
Soughton/ Sychdyn
Cobbler's Wood
Mount Pleasant Farm
Tirlasgoch
Maes y Grug
The Red House
Stoneybeach Wood
A5119
B5126
B5125
A55
CONNAH'S QUAY RD
MOLD RD
NORTHOP RD
MAIN RD
47
38

37
29

D8
1 HAFOD PK
2 IVY CT
3 FERN CT
4 CEDAR CT
5 HOLLY CT
6 BIRCH CT
7 CHESTNUT CT
8 NEW UNION ST
9 UPPER BRYN RD

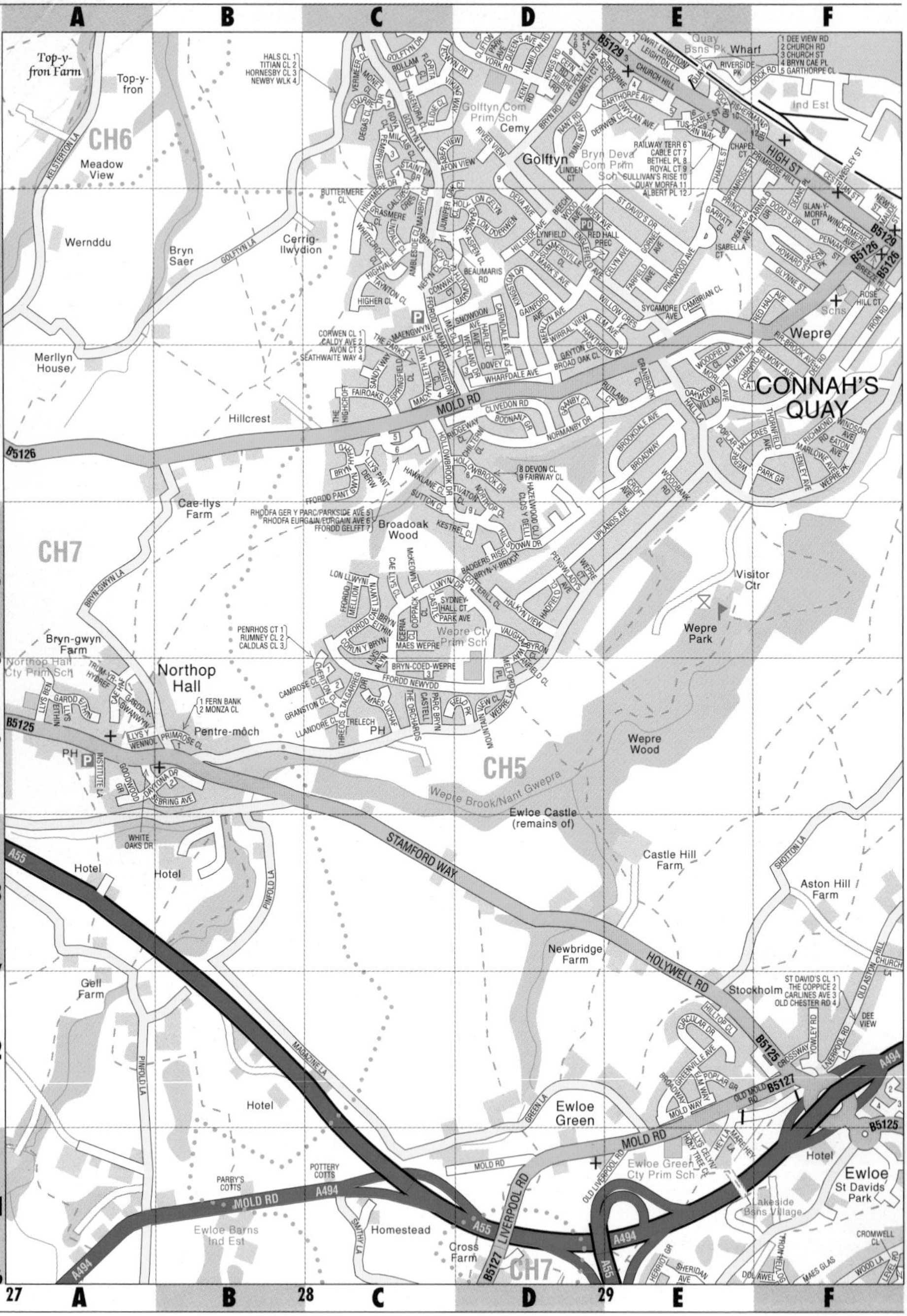

37
48

A6
1 WEPRE PK
2 WOODLAND CRES
3 GARDEN WAY
4 GLADSTONE ST
5 VICTORIA CRES
6 ROWDEN CRES
7 BEACONSFIELD RD

B6
1 BOWLERS CT
2 CHARMLEYS LA
3 ASHFIELD RD
4 HEALTH ST
5 WELLINGTON HO
6 LLYS TOMOS
7 LAVENDER CT
8 GLOUCESTER AVE
9 CONNAUGHT AVE
10 WINDSOR AVE

30

40

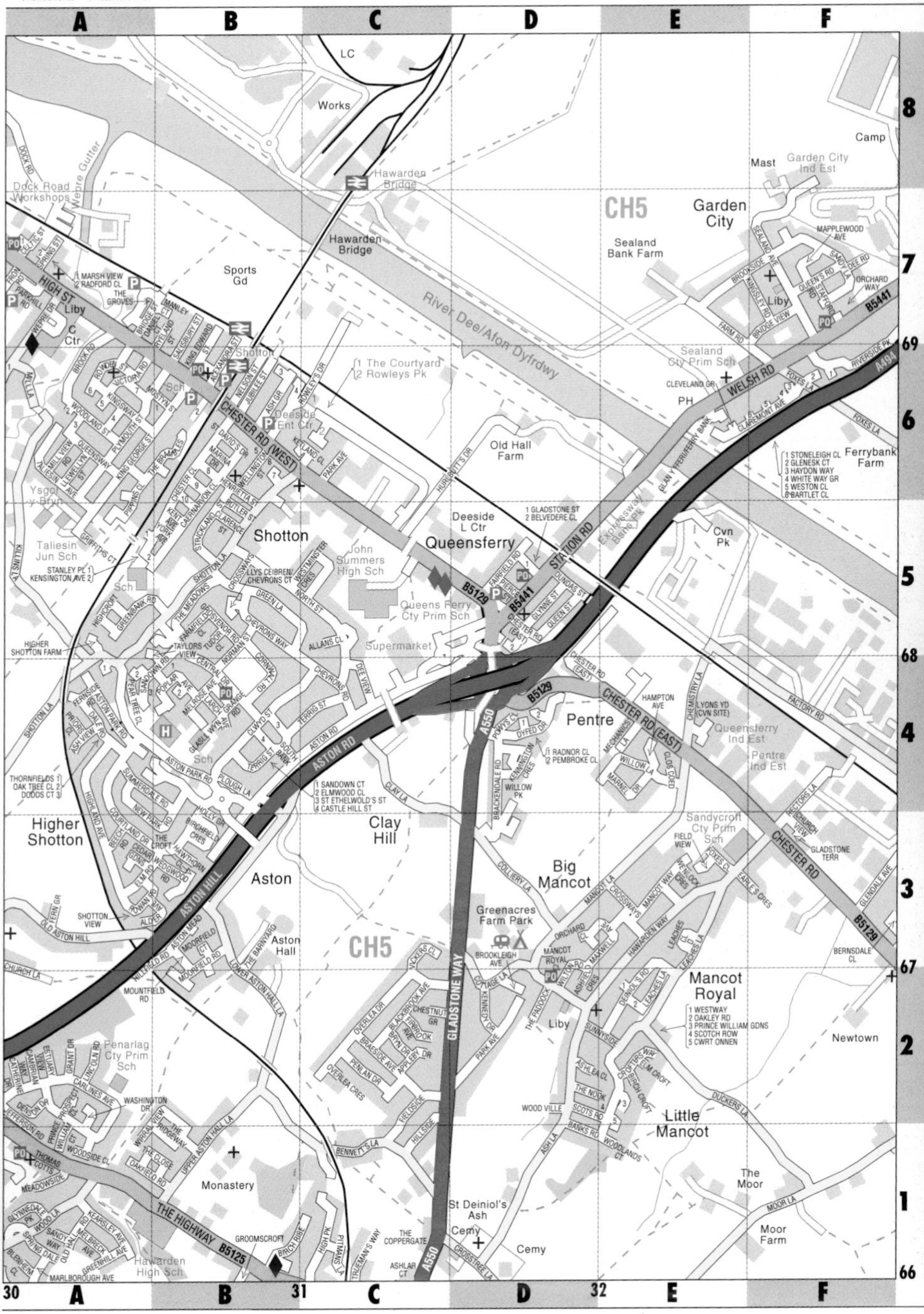

49

40

39
31

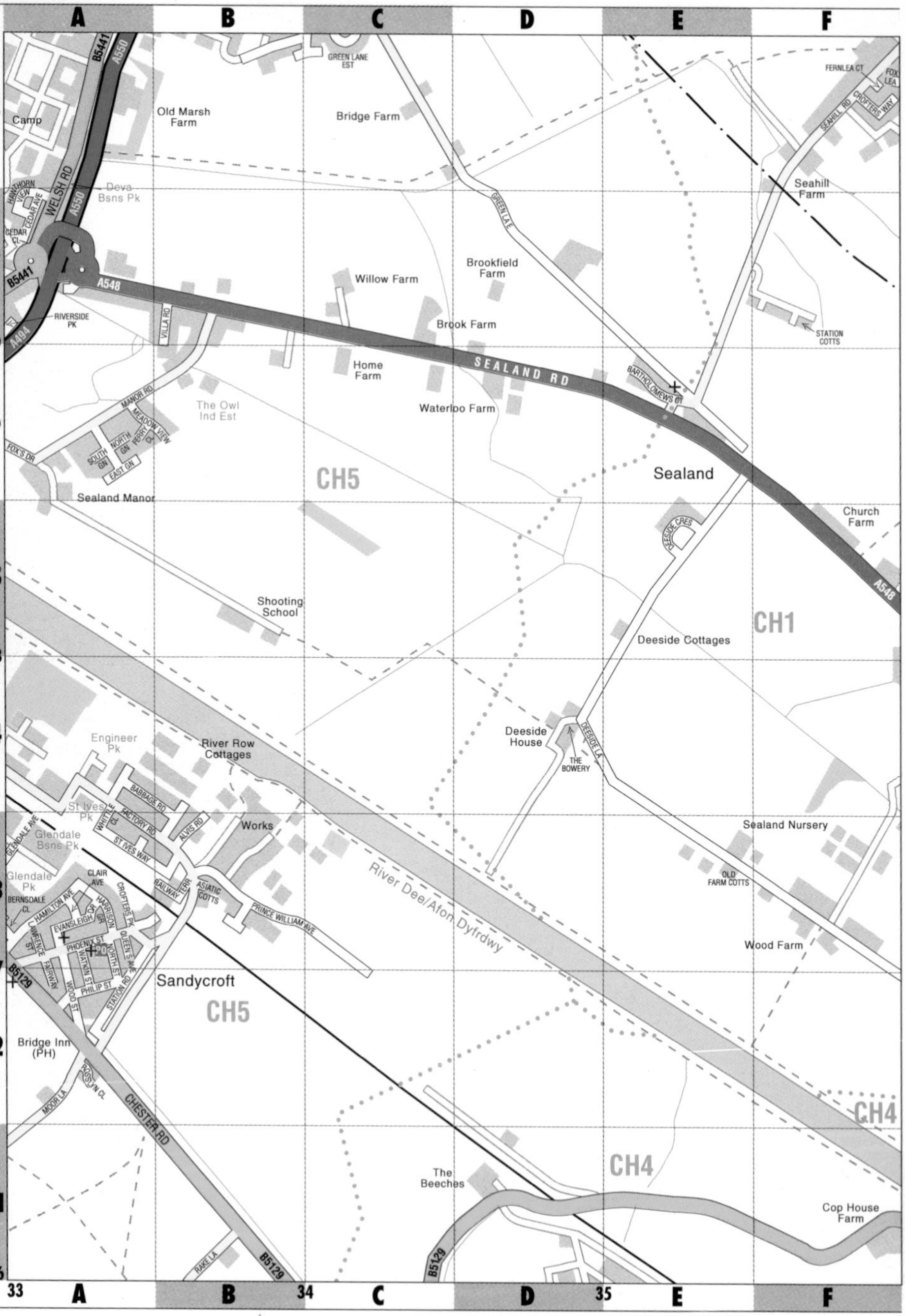
A
B
C
D
E
F
8
7
69
6
5
68
4
3
67
2
1
66
33
34
35
Camp
Old Marsh Farm
Bridge Farm
GREEN LANE EST
FERNLEA CT
FOX LEA
CROFTERS WAY
SEAHILL RD
Seahill Farm
B5441
A550
WELSH RD
Deva Bsns Pk
HAWTHORN VIEW
CEDAR AVE
CEDAR CL
B5441
A548
A494
RIVERSIDE PK
VILLA RD
GREEN LANE
Brookfield Farm
Willow Farm
Brook Farm
STATION COTTS
Home Farm
SEALAND RD
BARTHOLOMEWS CT
Waterloo Farm
MANOR RD
MEADOW VIEW
The Owl Ind Est
FOX'S DR
SOUTH GN
NORTH GN
FERRY CL
EAST GN
Sealand Manor
CH5
Sealand
DEESIDE CRES
Church Farm
A548
Shooting School
CH1
Deeside Cottages
Engineer Pk
River Row Cottages
Deeside House
THE BOWERY
DEESIDE LA
BABBAGE RD
St Ives Pk
WHITTLE CL
FACTORY RD
ALVIS RD
Works
Sealand Nursery
GLENDALE AVE
Glendale Bsns Pk
ST IVES WAY
Glendale Pk
CLAIR AVE
BERNSDALE CL
HAMILTON AVE
HARRISON DR
CROFTERS PK
RAILWAY TERR
ASIATIC COTTS
River Dee/Afon Dyfrdwy
OLD FARM COTTS
EVANSLEIGH GR
PRINCE WILLIAM AVE
LAWRENCE ST
PHOENIX ST
QUEEN'S AVE
NORTH ST
Wood Farm
FAIRWAY
WATKIN ST
PHILIP ST
B5129
WOOD ST
STATION RD
Sandycroft
CH5
Bridge Inn (PH)
ROSSLYN CL
MOOR LA
CHESTER RD
CH4
CH4
The Beeches
Cop House Farm
RAKE LA
B5129
B5129
A
B
C
D
E
F

39
50

42

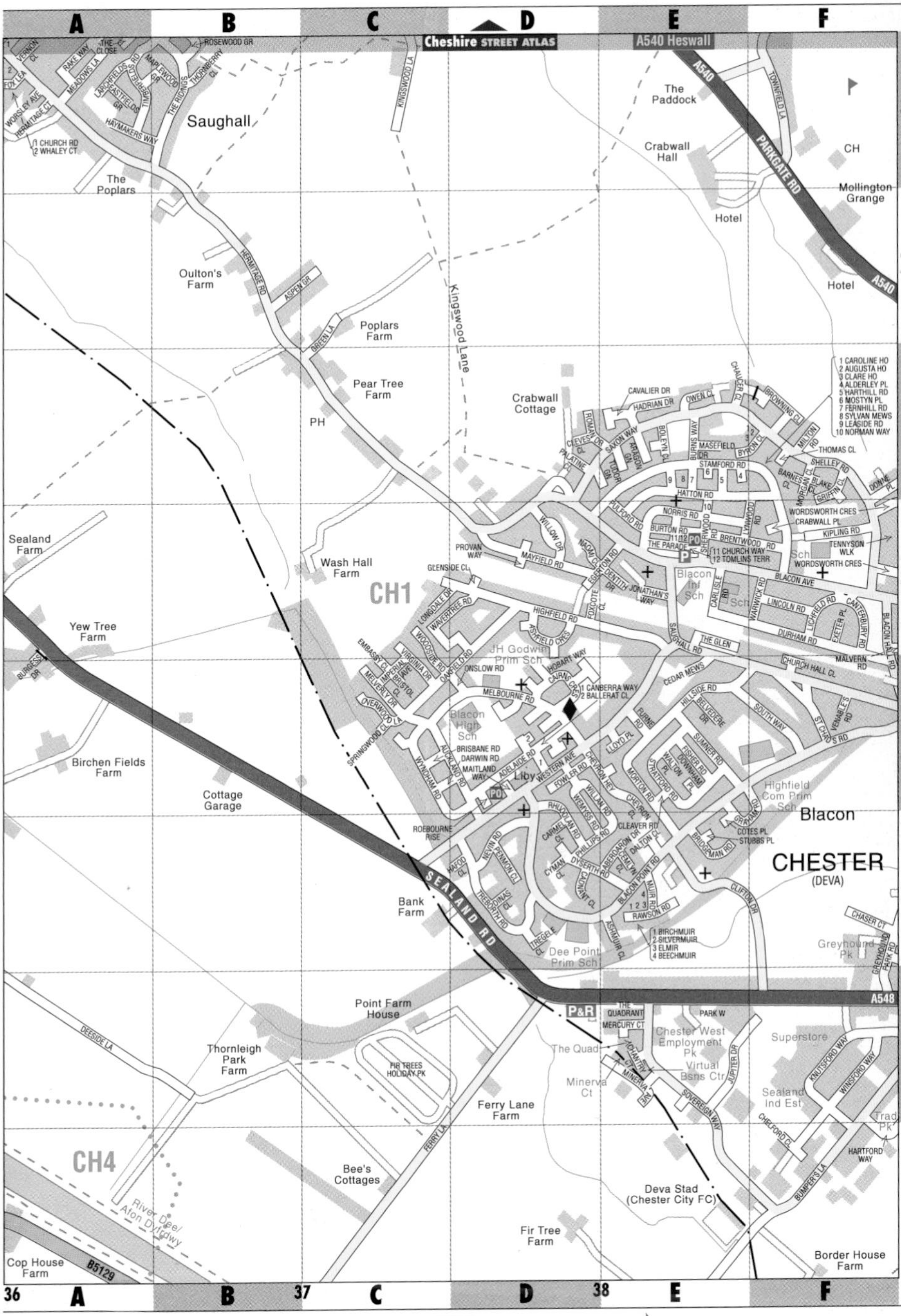
Cheshire STREET ATLAS
A540 Heswall
A B C D E F
8 7 69 6 5 68 4 3 67 2 1 66
36 37 38
Saughall
ROSEWOOD GR
THE CLOSE
RAKE WAY
MEADOWS LA
LARCHFIELDS RD
MAPLEWOOD GR
THE RIDINGS
THORNBERRY CL
HAYMAKERS WAY
VERNON CL
FOY LEA
WORSLEY AVE
HERMITAGE CT
1 CHURCH RD
2 WHALEY CT
The Poplars
Oulton's Farm
HERMITAGE RD
ASPEN GR
GREEN LA
Poplars Farm
Pear Tree Farm
PH
KINGSWOOD LA
Kingswood Lane
The Paddock
Crabwall Hall
Hotel
PARKGATE RD
A540
TOWNFIELD LA
CH
Mollington Grange
Crabwall Cottage
1 CAROLINE HO
2 AUGUSTA HO
3 CLARE HO
4 ALDERLEY PL
5 HARTHILL RD
6 MOSTYN PL
7 FERNHILL RD
8 SYLVAN MEWS
9 LEASIDE RD
10 NORMAN WAY
CAVALIER DR
HADRIAN DR
OWEN CL
CHAUCER CL
BROWNING CL
SAXON WAY
ROMAN DR
CLEVES CL
PALATINE
TUDOR GN
ARAGON GN
BOLEYN CL
BURNS WAY
MASEFIELD DR
BYRON CL
MILTON RD
THOMAS CL
SHELLEY RD
STAMFORD RD
BARNES CL
MORGAN CL
BLAKE CL
GRIFFIN CL
DONNE PL
HATTON RD
NORRIS RD
PULFORD RD
WORDSWORTH CRES
CRABWALL PL
KIPLING RD
TENNYSON WLK
BURTON RD
THE PARADE
BRENTWOOD RD
LYNWOOD RD
11 CHURCH WAY
12 TOMLINS TERR
Sch
Sealand Farm
Wash Hall Farm
PROVAN WAY
MAYFIELD RD
WILLOW DR
NAOMI CL
EGERTON RD
GENTITY DR
JONATHAN'S WAY
Blacon Inf Sch
CARLISLE RD
WARWICK RD
BLACON AVE
LINCOLN RD
LICHFIELD RD
EXETER PL
CANTERBURY RD
BLACON HALL RD
DURHAM RD
MALVERN RD
GLENSIDE CL
CH1
Yew Tree Farm
BURGESS DR
LONGDALE DR
WAVERTREE RD
HIGHFIELD RD
FOXCOTE CL
ASHFIELD CRES
SAUGHALL RD
THE GLEN
CHURCH HALL CL
EMBASSY CL
VIRGINIA DR
IMPERIAL AVE
WOODSIDE RD
OAKFIELD RD
JH Godwin Prim Sch
HOBART WAY
CAIRNS CRES
1 CANBERRA WAY
2 BALLERAT CL
CEDAR MEWS
HILLSIDE RD
BELVEDERE DR
SOUTH WAY
ST CHAD'S RD
VENABLES RD
BRISTOL CL
MELVERLEY DR
OVERWOOD LA
ONSLOW RD
MELBOURNE RD
Blacon High Sch
FURNE RD
SUMNER RD
LLOYD PL
FISHER RD
DOWNHAM PL
WALTON PL
Birchen Fields Farm
SPRINGWOOD CL
WYNDHAM RD
AUCKLAND RD
BRISBANE RD
DARWIN RD
MAITLAND WAY
ADELAIDE RD
WESTERN AVE
CHEVIOT RD
FOWLER RD
MORTON RD
STRATFORD RD
Highfield Com Prim Sch
Blacon
Liby
Cottage Garage
ROEBOURNE RISE
RHUDDLAN RD
CARMEL CL
WEMYSS RD
WILLAN RD
CLEAVER RD
GRAHAM RD
COTES PL
STUBBS PL
BRIDGEMAN RD
CHESTER
(DEVA)
HAFOD CL
NEVIN RD
PENMON CL
CYMAN CL
PHILLIPS RD
DYSERTH RD
ABERDARON DR
DALTON CL
BLACON POINT RD
MUIR RD
CLIFTON DR
Bank Farm
SEALAND RD
TREBORTH RD
TREGELE CL
CAGNANT CL
RAWSON RD
1 BIRCHMUIR
2 SILVERMUIR
3 ELMIR
4 BEECHMUIR
ASHMUIR CL
Dee Point Prim Sch
CHASER CT
Greyhound Pk
GREYHOUND PARK RD
A548
Point Farm House
P&R
THE QUADRANT
MERCURY CT
PARK W
Chester West Employment Pk
Virtual Bsns Ctr
The Quad
Minerva Ct
JUPITER DR
MINERVA AVE
SOVEREIGN WAY
Superstore
KNUTSFORD WAY
WINSFORD WAY
Sealand Ind Est
CHELFORD CL
Trad Pk
HARTFORD WAY
BUMPER'S LA
DEESIDE LA
Thornleigh Park Farm
FIR TREES HOLIDAY PK
Ferry Lane Farm
FERRY LA
CH4
Bee's Cottages
River Dee/ Afon Dyfrdwy
Deva Stad (Chester City FC)
Fir Tree Farm
Border House Farm
Cop House Farm
B5129

51
42

41

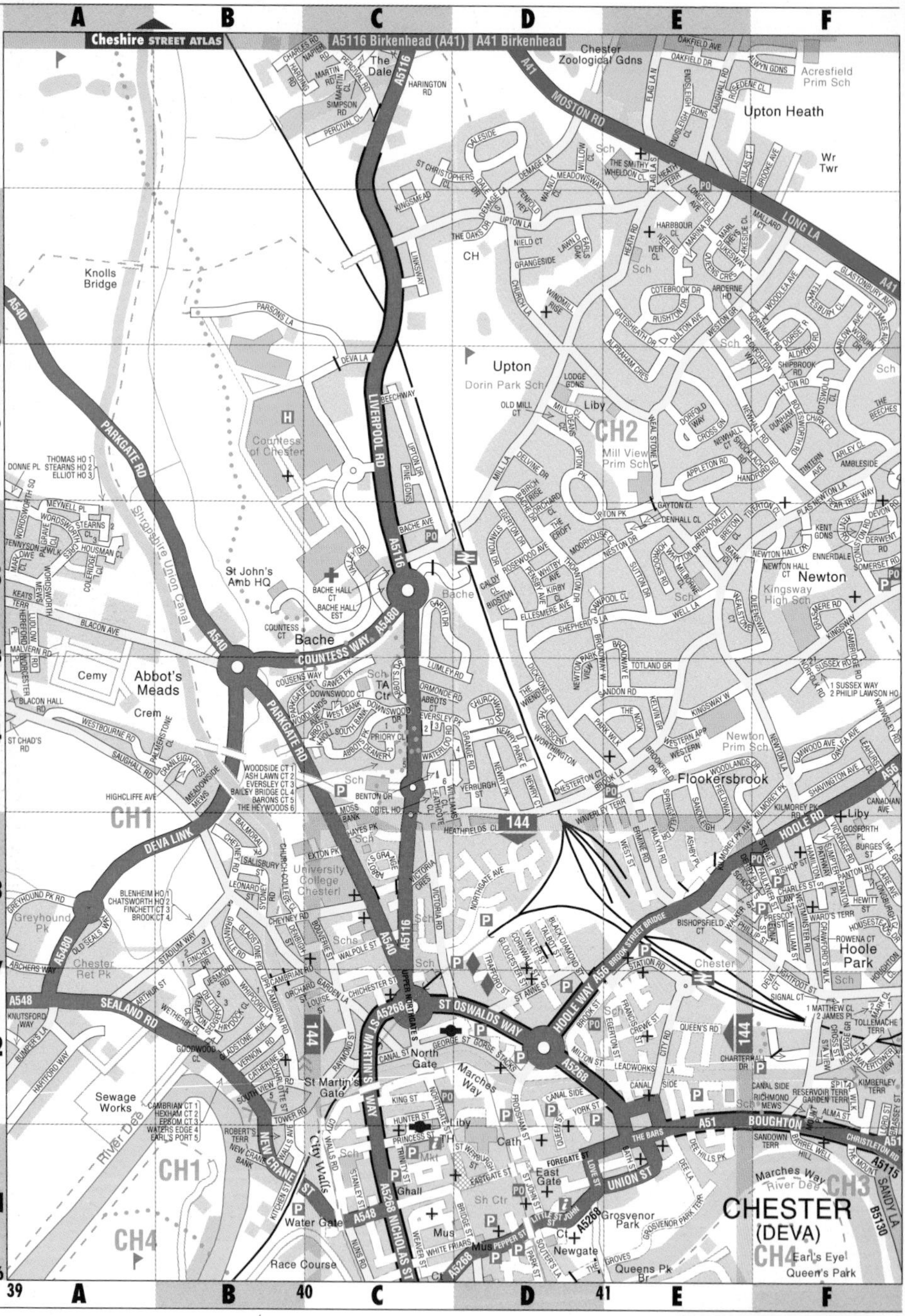

41

52

For full street detail of the highlighted area see page 144.

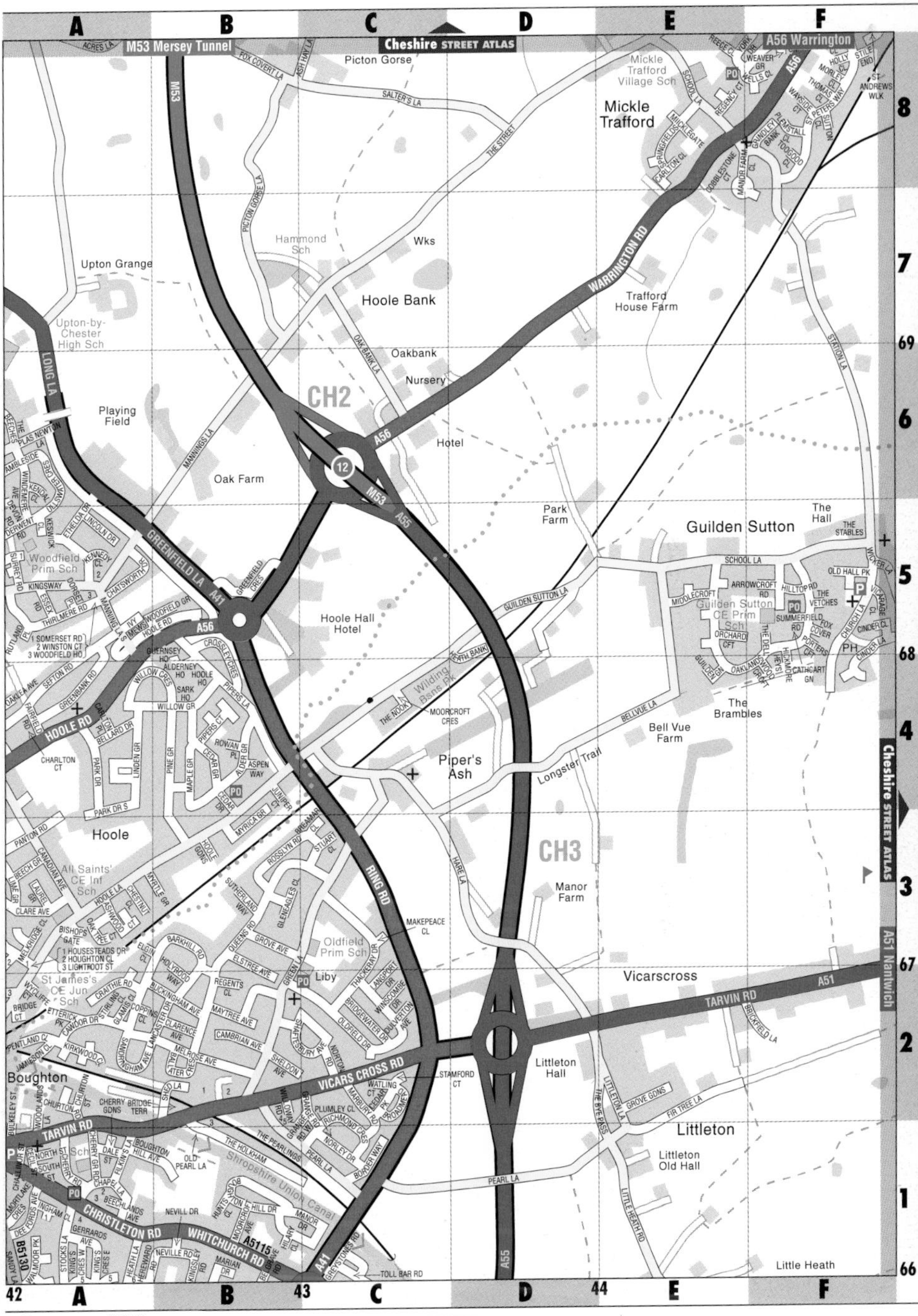

A1
1 MERECROFT
2 BOUGHTON LODGE
3 ORCHARD CT
4 KING EDWARD BLDGS
5 STOCKS AVE
6 WESTWARD RD
B2
1 MARLBOROUGH CT
2 VICARS CROSS CT

3 ARKLE CT
4 CHELFORD MEWS
5 HARTFORD MEWS

53

121
34

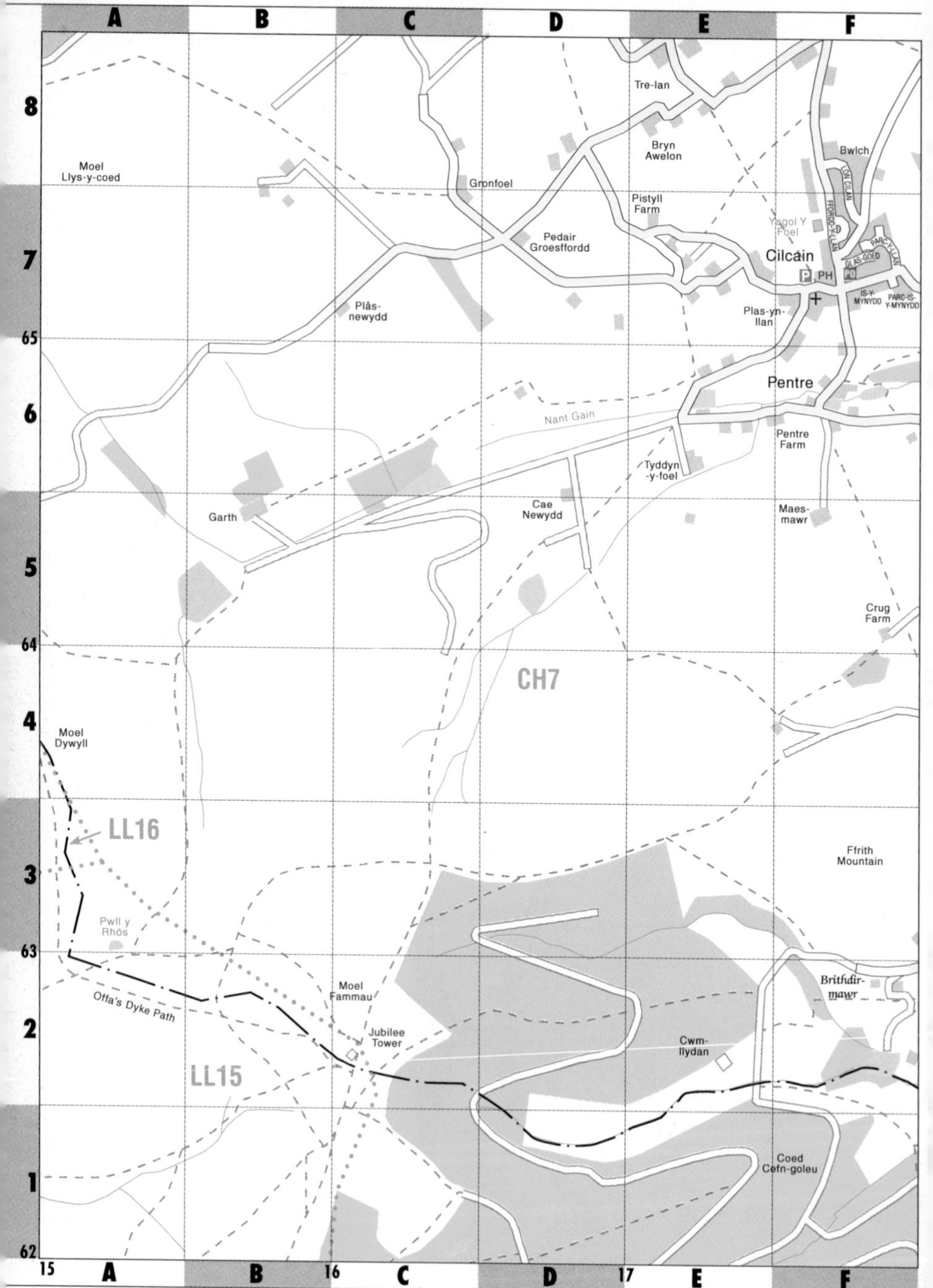
A
B
C
D
E
F
8
7
65
6
5
64
4
3
63
2
1
62
15
16
17
Tre-lan
Bryn Awelon
Bwlch
LON CILAN
Moel Llys-y-coed
Gronfoel
Pistyll Farm
Ysgol Y Foel
FFORDD-Y-LLAN
PARC-Y-LLAN
Pedair Groesffordd
Cilcain
GLAS-GOED
P
PH
PO
IS-Y-MYNYDD
PARC-IS-Y-MYNYDD
Plâs-newydd
Plas-yn-llan
Pentre
Nant Gain
Pentre Farm
Tyddyn-y-foel
Garth
Cae Newydd
Maes-mawr
Crug Farm
CH7
Moel Dywyll
LL16
Ffrith Mountain
Pwll y Rhôs
Moel Fammau
Brithdir-mawr
Offa's Dyke Path
Jubilee Tower
Cwm-llydan
LL15
Coed Cefn-goleu

121
54

35
46

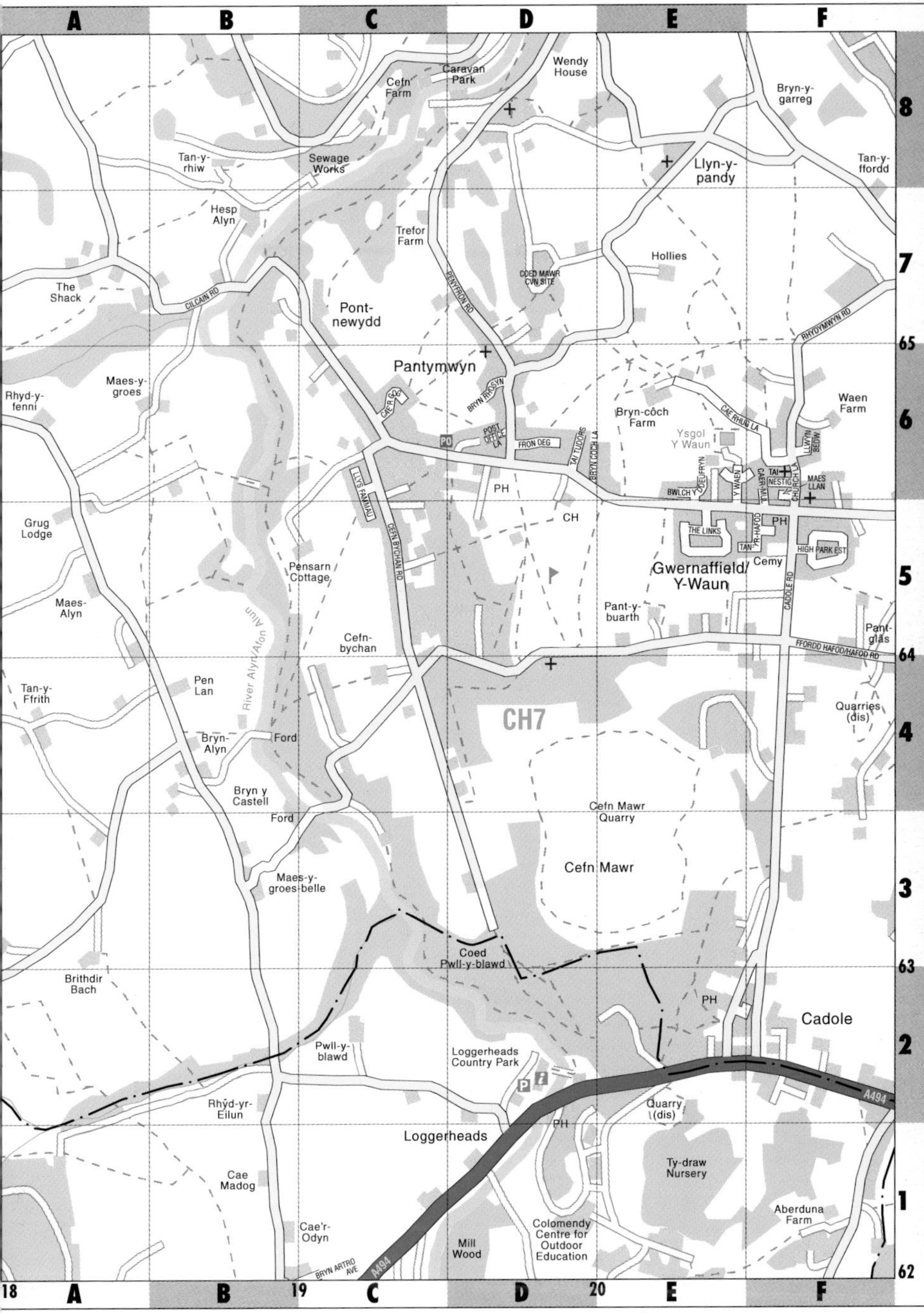
Cefn Farm
Caravan Park
Wendy House
Bryn-y-garreg
Tan-y-rhiw
Sewage Works
Llyn-y-pandy
Tan-y-ffordd
Hesp Alyn
Trefor Farm
Hollies
COED MAWR CVN SITE
The Shack
CILCAIN RD
PENYFRON RD
Pont-newydd
RHYDYMWYN RD
Pantymwyn
Maes-y-groes
Rhyd-y-fenni
CAER GO
BRYN RHOSYN
Bryn-côch Farm
CAE RHUG LA
Waen Farm
Ysgol Y Waun
POST OFFICE LA
PO
FRON DEG
TAI TUDORS
BRYN COCH LA
LLWYN BEDW
LLYS FAMAU
PH
BWLCH Y
DDEUFRYN
Y WAEN
CAER-MIL
TAI
NESTIG
CHURCH LA
MAES LLAN
CH
Grug Lodge
CEFN BYCHAN RD
THE LINKS
TAN-YR-HAFOD
Cemy
HIGH PARK EST
Pensarn Cottage
Gwernaffield/ Y-Waun
CADOLE RD
Maes-Alyn
River Alyn/Afon Alun
Pant-y-buarth
Pant-glâs
Cefn-bychan
FFORDD HAFOD/HAFOD RD
Tan-y-Ffrith
Pen Lan
CH7
Quarries (dis)
Bryn-Alyn
Ford
Bryn y Castell
Ford
Cefn Mawr Quarry
Cefn Mawr
Maes-y-groes-belle
Coed Pwll-y-blawd
Brithdir Bach
Cadole
Pwll-y-blawd
Loggerheads Country Park
A494
Rhŷd-yr-Eilun
Quarry (dis)
Loggerheads
Ty-draw Nursery
Cae Madog
Aberduna Farm
Cae'r-Odyn
Colomendy Centre for Outdoor Education
Mill Wood
BRYN ARTRO AVE
A B C D E F
8 7 6 5 4 3 2 1
65 64 63 62
18 19 20

55
46

45
36

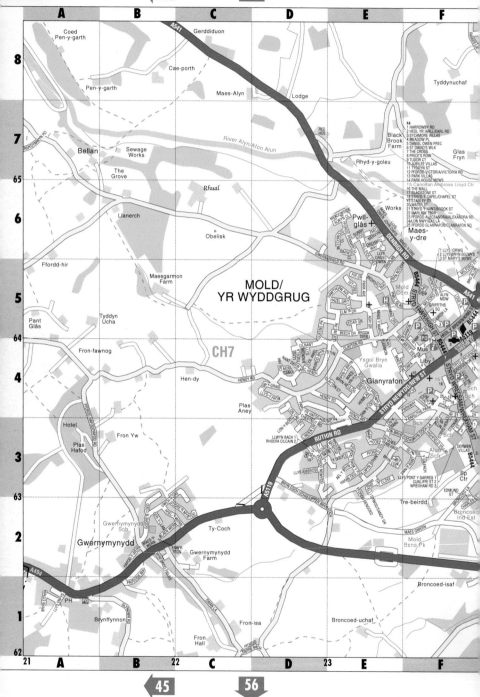

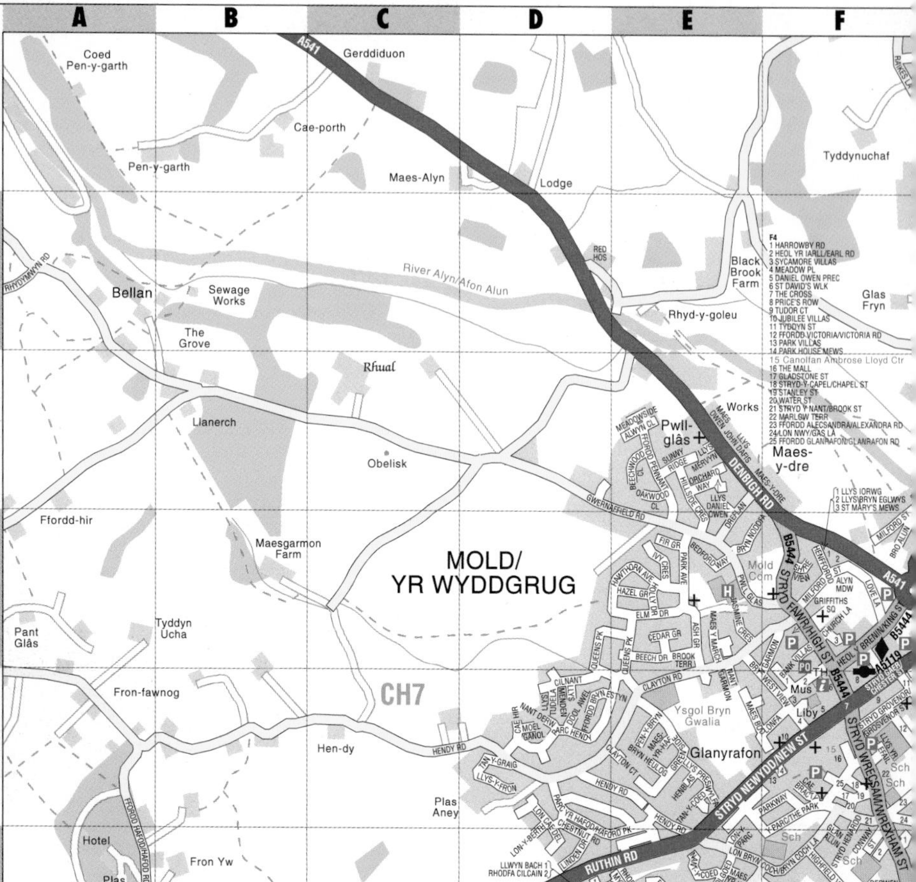
A
B
C
D
E
F
8
7
65
6
5
64
4
3
63
2
1
62
21
22
23
A541
Coed
Pen-y-garth
Gerddiduon
Cae-porth
Pen-y-garth
Maes-Alyn
Lodge
Tyddynuchaf
RED
HOS
Black
Brook
Farm
RHYDYMWYN RD
Bellan
Sewage
Works
River Alyn/Afon Alun
Rhyd-y-goleu
Glas
Fryn
The
Grove
Rhual
Llanerch
Obelisk
Works
Pwll-
glâs
Maes-
y-dre
F4
1 HARROWBY RD
2 HEOL YR IARLL/EARL RD
3 SYCAMORE VILLAS
4 MEADOW PL
5 DANIEL OWEN PREC
6 ST DAVID'S WLK
7 THE CROSS
8 PRICE'S ROW
9 TUDOR CT
10 JUBILEE VILLAS
11 TYDDYN ST
12 FFORDD VICTORIA/VICTORIA RD
13 PARK VILLAS
14 PARK HOUSE MEWS
15 Canolfan Ambrose Lloyd Ctr
16 THE MALL
17 GLADSTONE ST
18 STRYD-Y-CAPEL/CHAPEL ST
19 STANLEY ST
20 WATER ST
21 STRYD Y NANT/BROOK ST
22 MARLOW TERR
23 FFORDD ALECSANDRA/ALEXANDRA RD
24 LON NWY/GAS LA
25 FFORDD GLANRAFON/GLANRAFON RD
1 LLYS IORWG
2 LLYS BRYN EGLWYS
3 ST MARY'S MEWS
Ffordd-hir
GWERNAFFIELD RD
DENBIGH RD
Maesgarmon
Farm
MOLD/
YR WYDDGRUG
Mold
Com
B5544
STRYD FAWR/HIGH ST
HEOL Y BRENIN/KING ST
A5119
B5444
Pant
Glâs
Tyddyn
Ucha
Fron-fawnog
CH7
Ysgol Bryn
Gwalia
Glanyrafon
STRYD NEWYDD/NEW ST
STRYD WRECSAM/WREXHAM ST
Hen-dy
HENDY RD
CLAYTON RD
Plas
Aney
Hotel
Plas
Hafod
Fron Yw
FFORDD HAFOD/HAFOD RD
RUTHIN RD
LLWYN BACH 1
RHODFA CILCAIN 2
A5119
Alun
Sch
Sp
Ctr
LLYS PONT Y GARREG 1
CUNLIFFE ST 2
WREXHAM RD 3
BRYN COCH UCHAF/UPPER BRYN COCH
Tre-beirdd
Broncoed
Ind Est
Gwernymynydd
Sch
Gwernymynydd
Ty-Coch
MAES GWERN
Mold
Bsns Pk
Gwernymynydd
Farm
A494
Broncoed-isaf
PH
PO
Brynffynnon
SWAN LA
Fron-isa
Broncoed-uchaf
Fron
Hall
FFORDD
ENTRE BACH

45
56

37
48

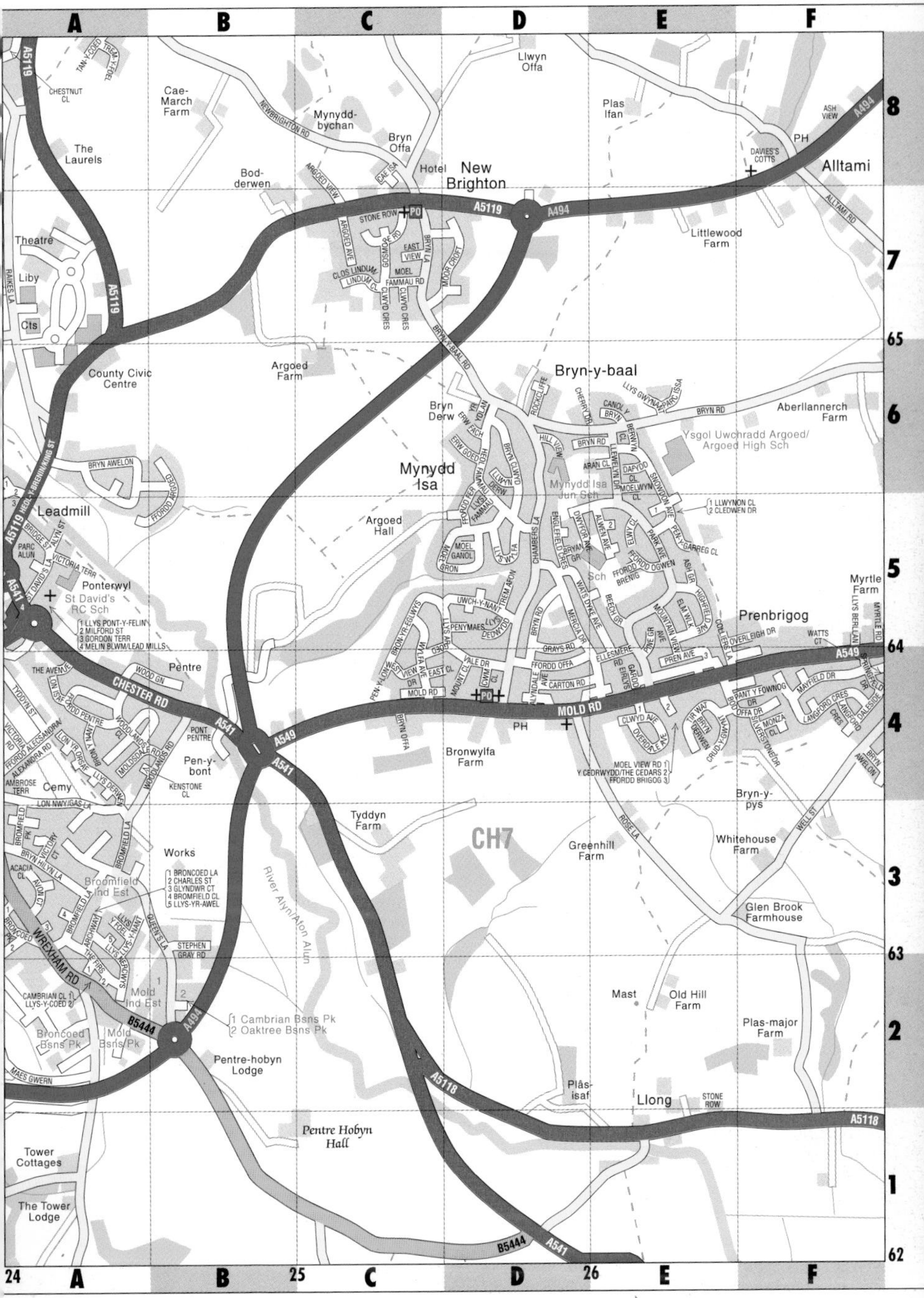
A
B
C
D
E
F
Llwyn Offa
Cae-March Farm
Mynydd-bychan
Bryn Offa
Plas Ifan
Alltami
The Laurels
Bod-derwen
Hotel
New Brighton
Littlewood Farm
Theatre
Liby
Cts
County Civic Centre
Argoed Farm
Bryn-y-baal
Bryn Derw
Aberllannerch Farm
Ysgol Uwchradd Argoed/ Argoed High Sch
Mynydd Isa
Mynydd Isa Jun Sch
Leadmill
Argoed Hall
Ponterwyl
St David's RC Sch
Prenbrigog
Myrtle Farm
Pentre
Pen-y-bont
Bronwylfa Farm
Cemy
Tyddyn Farm
CH7
Greenhill Farm
Bryn-y-pys
Whitehouse Farm
Works
Broomfield Ind Est
River Alyn/Afon Alun
Glen Brook Farmhouse
Mold Ind Est
Mast
Old Hill Farm
Plas-major Farm
Broncoed Bsns Pk
Mold Bsns Pk
1 Cambrian Bsns Pk
2 Oaktree Bsns Pk
Pentre-hobyn Lodge
Plâs-isaf
Llong
Pentre Hobyn Hall
Tower Cottages
The Tower Lodge
A5119
A494
A541
A549
A5118
B5444
CHESTER RD
MOLD RD
WREXHAM RD
1 LLYS PONT-Y-FELIN
2 MILFORD ST
3 GORDON TERR
4 MELIN BLWM/LEAD MILLS
1 LLWYNON CL
2 CLEDWEN DR
MOEL VIEW RD 1
Y CEDRWYDD/THE CEDARS 2
FFORDD BRIGOG 3
1 BRONCOED LA
2 CHARLES ST
3 GLYNDWR CT
4 BROMFIELD CL
5 LLYS-YR-AWEL
CAMBRIAN CL 1
LLYS-Y-COED 2
8
7
65
6
5
64
4
3
63
2
1
62
24
25
26

57
48

47
38

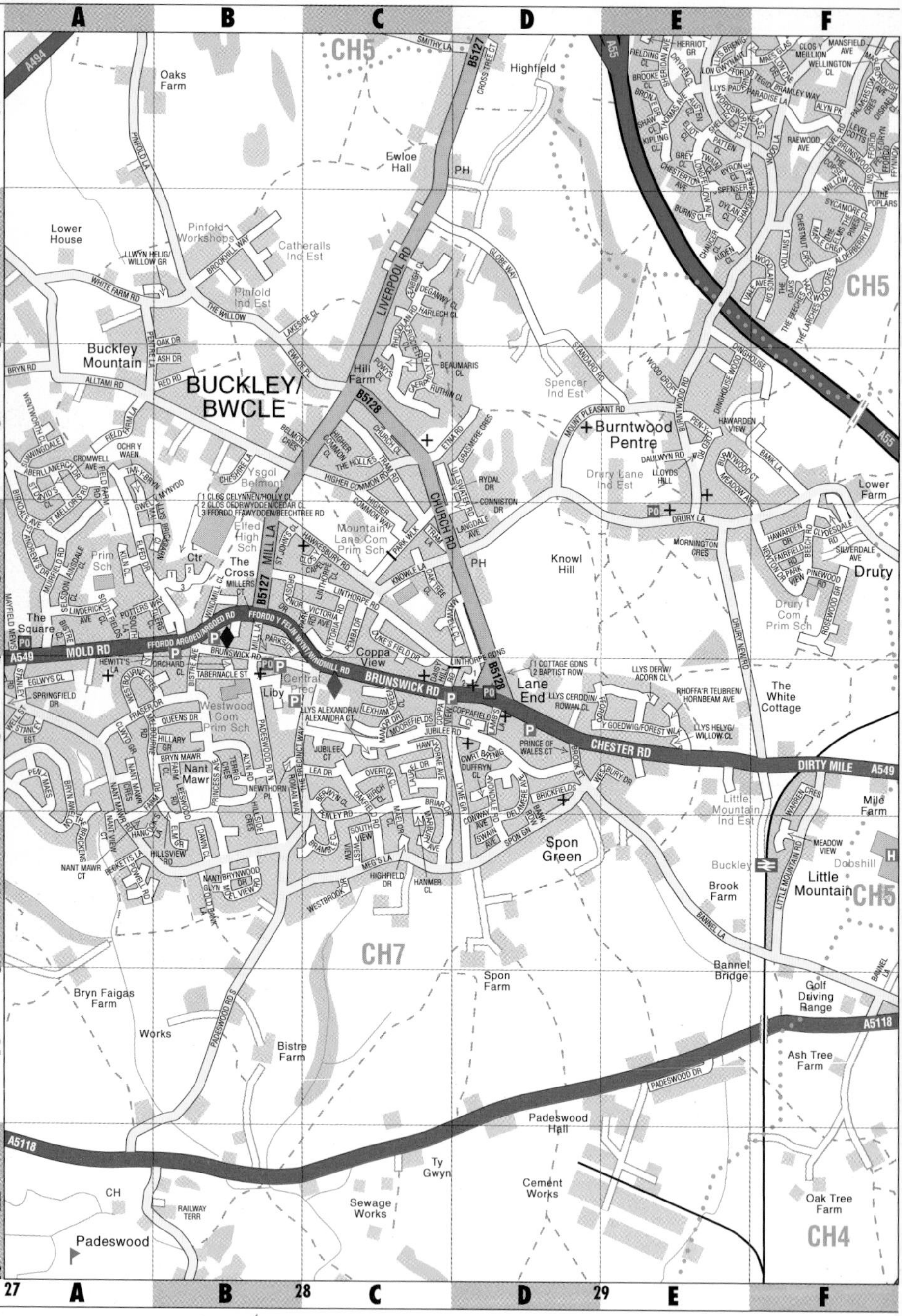
A B C D E F
8 7 6 5 4 3 2 1
65 64 63 62
27 28 29
CH5
Highfield
Oaks Farm
Ewloe Hall
PH
Lower House
Pinfold Workshops
Catheralls Ind Est
Pinfold Ind Est
Buckley Mountain
BUCKLEY/ BWCLE
Hill Farm
Spencer Ind Est
Burntwood Pentre
Drury Lane Ind Est
Lower Farm
Ysgol Belmont
Elfed High Sch
Mountain Lane Com Prim Sch
Knowl Hill
Prim Sch
Ctr
The Cross
Drury
Drury Com Prim Sch
The Square
MOLD RD
A549
Coppa View
Central Prec
Liby
BRUNSWICK RD
Lane End
CHESTER RD
The White Cottage
DIRTY MILE
Westwood Com Prim Sch
Nant Mawr
Little Mountain Ind Est
Mile Farm
Spon Green
Buckley
Brook Farm
Little Mountain
Dobshill
CH7
Bannel Bridge
Golf Driving Range
Bryn Faigas Farm
Spon Farm
A5118
Works
Bistre Farm
Ash Tree Farm
Padeswood Hall
Ty Gwyn
Cement Works
CH
Sewage Works
Oak Tree Farm
Padeswood
CH4
A55
B5127
B5128
LIVERPOOL RD
CHURCH RD
MILL LA
PADESWOOD RD S
PADESWOOD DR
BANNEL LA

47
58

39
50

A
B
C
D
E
F
8
7
65
6
5
64
4
3
63
2
1
62
30
31
32
Hawarden/
Penarlâg
Kearsley
Farm
Hawarden
Liby
Rector Drew Sch
Hawarden Inf Sch
B5125
THE HIGHWAY
GLYNNE WAY
A550
GROOMSDALE LA
TRUEMAN'S WAY 1
THE AVENUE 2
TRUEMAN'S CT 3
ST PAULS CL 4
ST JAMES CL 5
ST ANDREWS CL 6
ST JOHNS CL 7
WOODLANDS CT 8
HIGHFIELD 9
PARKVIEW CT 10
1 CHURCH COTTS
2 CROSS TREE RISE
3 YR HEN BERLLAN/
THE OLD ORCHARD
CASTLE RISE
Hawarden
Castle
MOOR LA
RAKE LA
CHESTER RD
DIG LA
Hawarden
Park
Top
Park
Oaks
Farm
Broughton Brook
CH5
Higher
House
Tinkersdale
Cottage
Beeches
Wood
B5125
Hurst
Lodge
Squires
Thatch
Bilberry
Wood
Fishpond
Wood
Park
Farm
Moat
Farm
Well
Farm
Stoney-
Hill
Dobs
Hill
SERENITY
LA
Cherry Orchard
House
Fir
Wood
CHERRY ORCHARD RD
DIRTY MILE
A549
LLYS GOLYGFA'R MAES/
MEADOWVIEW CT
CHESTER RD
Silverwell
PH
Old
Warren
Warren Bank
Farm
Dobshill
Bannel
Farm
Rough Piece
Wood
Silverwell
Wood
A5104
MOLD RD
A55
Warren
Bank
Mast
The
Wood
Bryn Tygg
Farm
CH4
WARREN
HALL CT
Warren
Hall
COED TERFIN
FEDWEN ARIAN
Waters
Green
Penymynydd
Gravelhole
Wood
LEICESTER LA
Warren Dingle
FFORDD LAS
BELLA VISTA
1 FERNDALE CL
2 ALLERTON CL
3 WHITROCK RD
Mast
Bank
Farm
Bramley Hall
Farm
KINNERTON LA
BRAMLEY LA
Crab Mill
Farm
Mount
Farm
A550
YR EFAIL/
THE FORGE
CROSSWAYS
CHESTER RD
LOWER MOUNTAIN RD

59
50

49
40

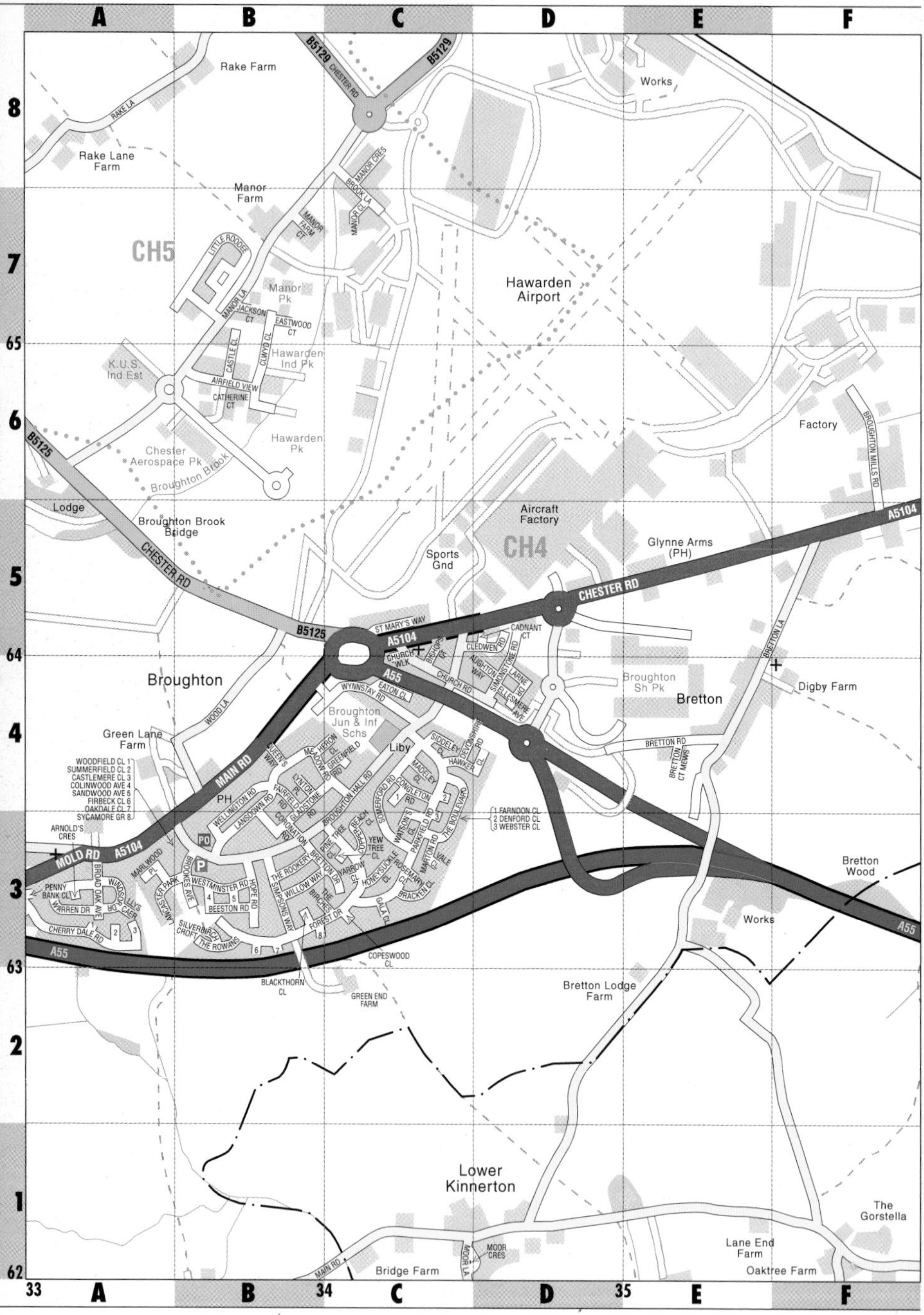
A
B
C
D
E
F
8
7
65
6
5
64
4
3
63
2
1
62
33
34
35
Rake Farm
RAKE LA
Rake Lane Farm
B5129
CHESTER RD
Works
Manor Farm
MANOR CRES
BROOK LA
MANOR CL
MANOR FARM CT
LITTLE ROODEE
CH5
Hawarden Airport
Manor Pk
MANOR LA
JACKSON CT
EASTWOOD CT
CLWYD CL
CASTLE CL
Hawarden Ind Pk
K.U.S. Ind Est
AIRFIELD VIEW
CATHERINE CT
B5125
Chester Aerospace Pk
Broughton Brook
Hawarden Pk
Factory
BROUGHTON MILLS RD
Lodge
Broughton Brook Bridge
Aircraft Factory
A5104
CH4
Sports Gnd
Glynne Arms (PH)
ST MARY'S WAY
CADNANT CT
CLEDWEN RD
CHURCH WLK
BISHOPS CT
SIMONSTONE RD
AUGHTON WAY
LARNE RD
CHURCH RD
ELLESMERE AVE
A55
WYNNSTAY RD
EATON CL
Broughton
Broughton Jun & Inf Schs
Broughton Sh Pk
Bretton
BRETTON LA
Digby Farm
WOOD LA
Green Lane Farm
Liby
SIDDELEY CL
DEVONSHIRE RD
HAWKER CL
BRETTON RD
BRETTON CT MEWS
MAIN RD
QUEEN'S WAY
MEADOW CL
HERON CL
GREENFIELD RD
WOODFIELD CL 1
SUMMERFIELD CL 2
CASTLEMERE CL 3
COLINWOOD AVE 4
SANDWOOD AVE 5
FIRBECK CL 6
OAKDALE CL 7
SYCAMORE GR 8
PH
LYNTON PL
FAIRFIELD RD
GLADSTONE RD
BROUGHTON HALL RD
SOMERFORD RD
MADELEY CL
CONGLETON RD
WELLINGTON RD
LANSDOWN RD
CORONATION RD
BEACH GROVE
PINE TREE CL
YEW TREE CL
WATSON'S CL
PARKFIELD RD
THE BOULEVARD
1 FARNDON CL
2 DENFORD CL
3 WEBSTER CL
ARNOLD'S CRES
PO
P
MOLD RD
MARLWOOD PL
LANCASTER PARK
BROOKES AVE
WESTMINSTER RD
HOPE RD
BEESTON RD
THE ROOKERY
BRETTON DR
YARROW CL
HONEYSUCKLE CL
ROSEMARY CL
MARTON RD
VALE
BRACKEN CL
Bretton Wood
PENNY BANK CL
BROAD OAK AVE
WINDSOR DR
LLYS CAER
WARREN DR
CHERRY DALE RD
SIMPSONS WAY
WILLOW WAY
THE BIRCHES
FOREST DR
GALA CL
SILVERBIRCH CROFT
THE ROWANS
Works
COPESWOOD CL
BLACKTHORN CL
GREEN END FARM
Bretton Lodge Farm
Lower Kinnerton
The Gorstella
Lane End Farm
MOOR CRES
MOOR LA
MAIN RD
Bridge Farm
Oaktree Farm

49
60

41
52

CH1
CH4
CHESTER
(DEVA)
Saltney
Lache
River Dee/Afon Dyfrdwy
HIGH ST
CHESTER RD
CHESTER ST
A5104
B5129
SALTNEY FERRY RD
A55
A483 WREXHAM RD
Ferry House
Mill Farm
Top Farm
Border House
Well House Farm
Hope's Place
Saltney Ferry Prim Sch
St David's High Sch
Parc Ddiwydiannol Y Ffin/ The Borders Ind Pk
Brymau Four Est
Brymau Three Est
Brymau Two Est
Brymau One Est
Chesterbank Bsns Pk
Central Trad Est
Saltney Bsns Ctr
Facit Glen Ind Est
St Davids' Ret Pk
Sandy Lane Farm
Greenlane Crossing
Bretton Hall
The Lache Eyes
Balderton Brook
Bretton Wood
Common Farm
Decoy Farm
Balderton
Balderton Lodge
Gorstella
Roughhill
Two Mile House
LACHE LA
Balderton Dr
MONTROSE CT 1
CHURCHSIDE WLK 2
GLAN ABER DR 3
DONNINGTON WAY 4
F6
1 GUILDFORD CL
2 DOWNSFIELD RD
3 SUNBURY CRES
4 ABINGDON CRES
5 LLYS RHUDDLAN/ RHUDDLAN CT
A B C D E F
8 7 6 5 4 3 2 1
65 64 63 62
36 37 38

61
52

51
42
For full street detail of the highlighted area see page 144.

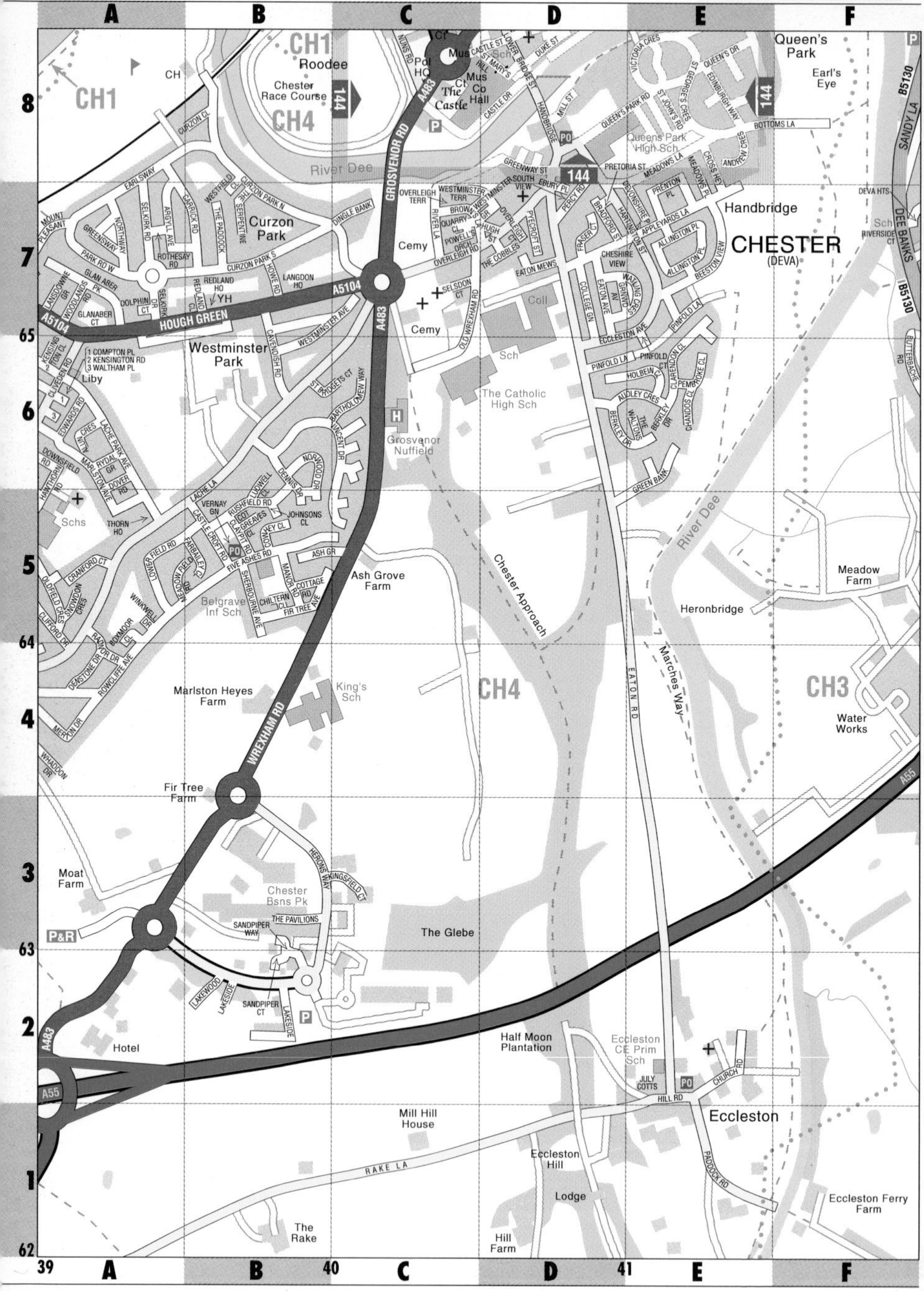

43

Cheshire STREET ATLAS

121
44

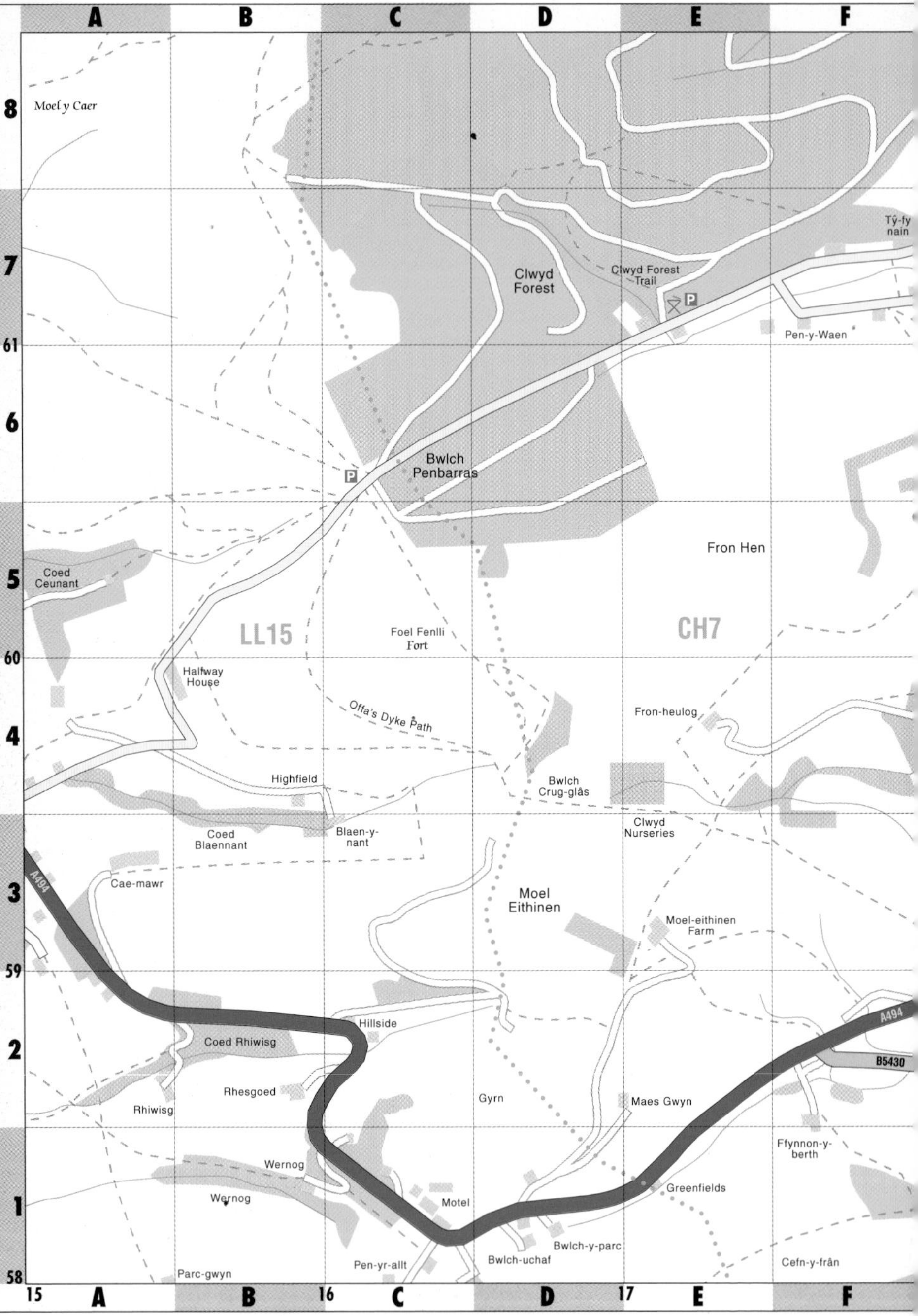

121
126

45
56

A
B
C
D
E
F
Tafarn-y-Gelyn
BRYN ARTRO AVE
A494
Coed y Fedw
8
Brick-kiln Plantation
Caravan Park
BRYN EITHEN
Bryn-Bowlio
7
Pen-y-bryn
Nant
ROCK VIEW
Maeshafn
Moel Findeg
61
Fron Hên
PH
6
FFORDD MAESHAFAN
YH
PARKLANDS
TY'N-LLAN
CAE DERWEN
Llanferres
Ysgol Bro Famau-Llanferres Unit
PH
RECTORY LA
Pentre-cerrig-mawr
Glan-y-gors
Big Covert
Pentre-cerrig-bach
Mount Pleasant
5
River Alyn/Afon Alun
Gwyndy
60
CH7
The Nant Plymog
Plymog
Bryn-yr-ardd
4
Pant Du
Hendre Foeles
Bryn-yr-orsedd
Bryn-yr-odyn
3
Iwerddon
Ty-isa
59
FOUR CROSSES
Fron-Deg
2
Llwyn-y-frân
Pwyll-helyg
Pen-y-coed
Valley Lodge
Llanerch
Greenacres
1
Gorscyffion
B5430
58
19
20

127
56

55
46

A
B
C
D
E
F
8
7
61
6
5
60
4
3
59
2
1
58
21
22
23
Fron Ucha
Bryngwyn
GLYNDWR RD
Pentre-bâch
FFORDD PENTRE BACH
Hendre Isa
Tower Wood
Plâs-Onn
Ty Gwernen
Hendre Ucha
Bryngwyn Farm
FRON HEULOG TERR
Fron
Owain Glyndwr Inn (PH)
Moel Findeg
FFORDD GLYNDWR
America Farm
Penrallt Farm
Bryn-Goleu
Rhos Ithel
FFORDD Y PENTRE
TAN-Y-RHOS
AEL-Y-BRYN
GER-Y-PISTYLL
Nercwys
FFORDD PEN Y BRYN
FFORDD MAESHAFAN
Pant-y-Bettws
Nercwys Prim Sch
SCHOOL TERR
PH
PH
Tir-y-coed Farm
Freezland
CH7
HENFFORDD
Gelli
FFORDD LLEWELYN
Llewelyn
Tir y Coed
Ty'n-yr-ynn
Ty-melyn
Tŷ-coch
Hendre Foelas
Woodland Cottage
FFORDD CAE NEWYDD
Trefrwd
FFORDD PLAS UCHA
Plas Ucha
Glan Terrig
Plas Nant-y-Glyn
Coed Gwern-rhiw
FFORDD TALWYRN
Nercwys Mountain
Talwrn
Pwll Farm
Gwern Rhiw
River Terrig
Ddadau Farm
Erw-goed
Graig Goch Ucha
Ty-draw

55
63

47
58

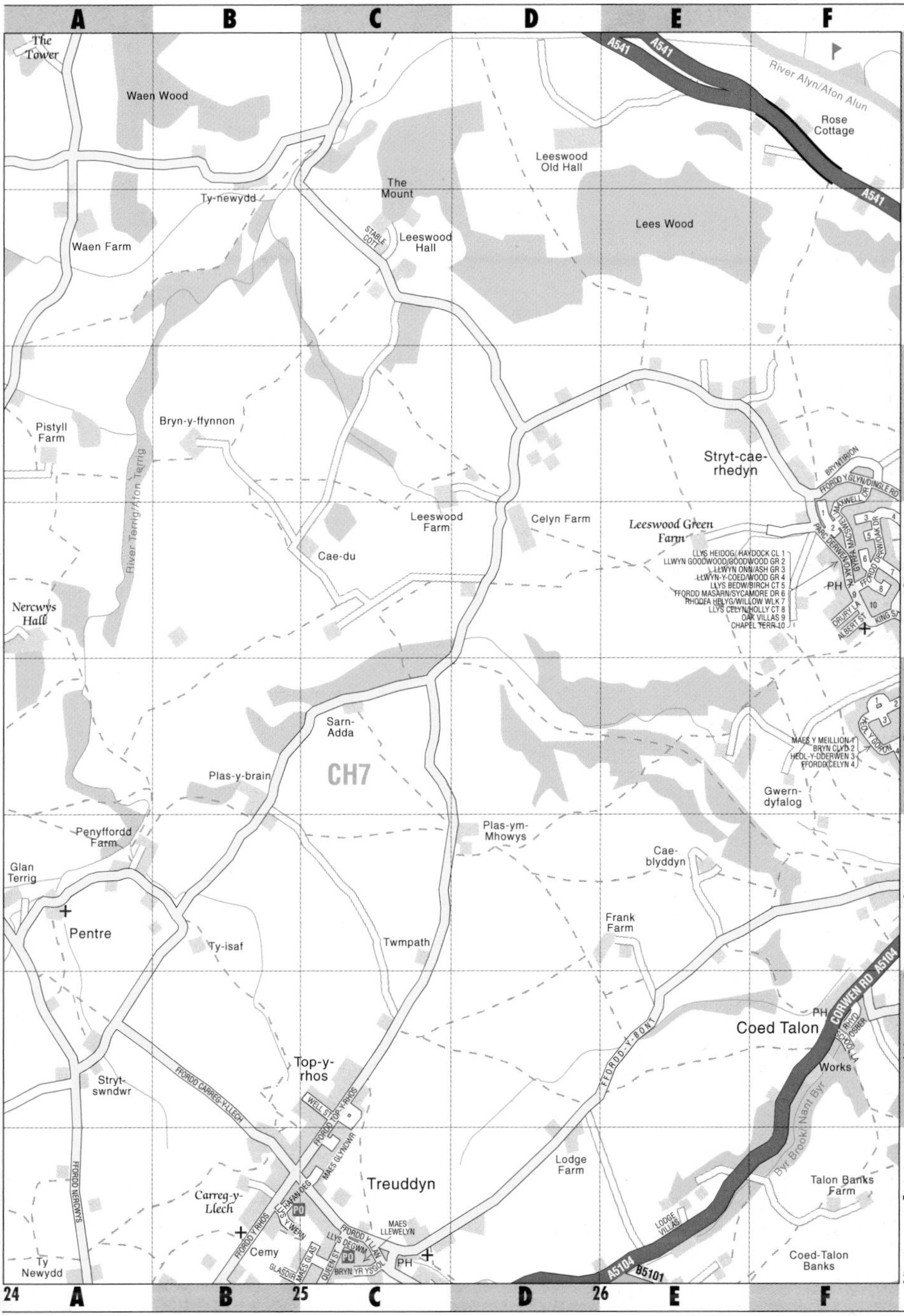
A
B
C
D
E
F
The Tower
Waen Wood
A541
River Alyn/Afon Alun
Rose Cottage
Leeswood Old Hall
The Mount
Ty-newydd
Lees Wood
Waen Farm
STABLE COTT
Leeswood Hall
Pistyll Farm
Bryn-y-ffynnon
Stryt-cae-rhedyn
BRYNTIRION
FFORDD Y GLYN/DINGLE RD
MAXWELL DR
GYRFA MACSWELL
PARC DERWEN/OAK PK
FFORDD DERW/OAK DR
River Terrig/Afon Terrig
Leeswood Farm
Celyn Farm
Leeswood Green Farm
Cae-du
LLYS HEIDOG/HAYDOCK CL 1
LLWYN GOODWOOD/GOODWOOD GR 2
LLWYN ONN/ASH GR 3
LLWYN-Y-COED/WOOD GR 4
LLYS BEDW/BIRCH CT 5
FFORDD MASARN/SYCAMORE DR 6
RHODFA HELYG/WILLOW WLK 7
LLYS CELYN/HOLLY CT 8
OAK VILLAS 9
CHAPEL TERR 10
PH
DRURY LA
ALBERT ST
KING ST
Nercwys Hall
Sarn-Adda
CH7
HEOL Y GORON
MAES Y MEILLION 1
BRYN CLYD 2
HEOL-Y-DDERWEN 3
FFORDD CELYN 4
Plas-y-brain
Gwern-dyfalog
Penyffordd Farm
Plas-ym-Mhowys
Cae-blyddyn
Glan Terrig
Pentre
Frank Farm
Ty-isaf
Twmpath
CORWEN RD
A5104
PH
Coed Talon
RHYD OSBER
SCHOOL LA
Top-y-rhos
Stryt-swndwr
FFORDD CARREG-Y-LLECH
FFORDD-Y-BONT
Works
WELL ST
FFORDD TOP-Y-RHOS
MAES GLYNDWR
Byr Brook/Nant Byr
Lodge Farm
Talon Banks Farm
Treuddyn
Carreg-y-Llech
FFORDD NERCWYS
HAFAN DEG
PO
LLYS Y WERN
FFORDD Y RHOS
MAES LLEWELYN
FFORDD Y LLAN
LLYS DEGWM
LODGE VILLAS
Cemy
PO
PH
Ty Newydd
GLASDIR
MAES GLAS
QUEEN ST
BRYN YR YSGOL
A5104
B5101
Coed-Talon Banks
8
7
61
6
5
60
4
3
59
2
1
58
24
25
26

64
58

57
48

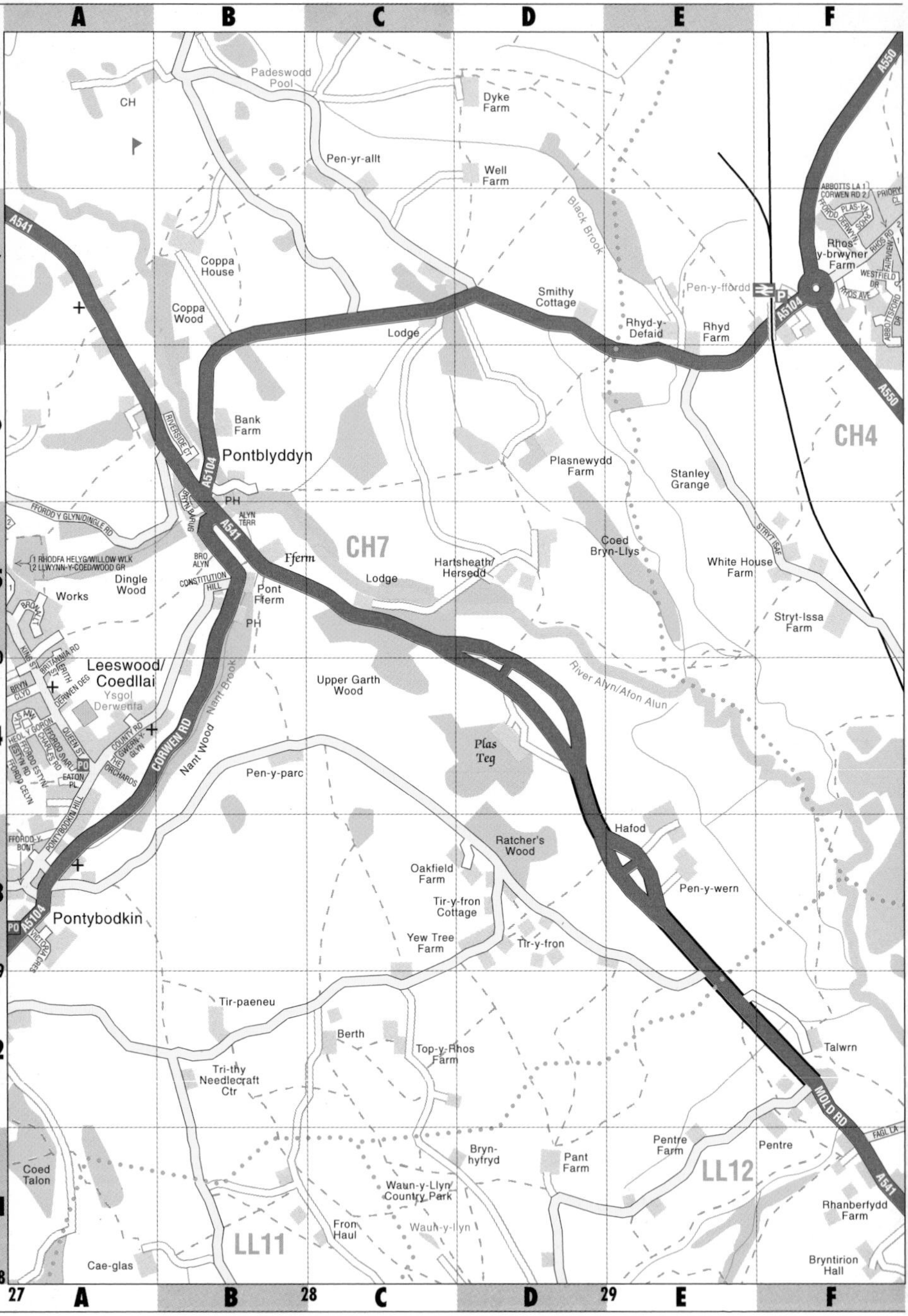
Padeswood Pool
CH
Dyke Farm
Pen-yr-allt
Well Farm
Black Brook
A541
Coppa House
Coppa Wood
Smithy Cottage
Pen-y-ffordd
Rhyd-y-Defaid
Rhyd Farm
Lodge
A5104
A550
Rhos-y-brwyner Farm
ABBOTTS LA
CORWEN RD
PRIORY CL
RHOS RD
FAIRVIEW
WESTFIELD DR
RHOS AVE
ABBOTTSFORD DR
Bank Farm
Pontblyddyn
RIVERSIDE CT
Plasnewydd Farm
Stanley Grange
CH4
PH
FFORDD Y GLYN/DINGLE RD
BRYN BARUG
ALYN TERR
CH7
Fferm
Coed Bryn-Llys
STRYT ISAF
White House Farm
1 RHODFA HELYG/WILLOW WLK
2 LLWYNN-Y-COED/WOOD GR
Dingle Wood
BRO ALYN
CONSTITUTION HILL
Lodge
Hartsheath/ Hersedd
Works
Pont Fferm
Stryt-Issa Farm
PH
Leeswood/ Coedllai
Ysgol Derwenfa
Upper Garth Wood
River Alyn/Afon Alun
Nant Brook
CORWEN RD
Nant Wood
Plas Teg
Pen-y-parc
COUNTY RD
THE ORCHARDS
EATON PL
PO
PONTYBODKIN HILL
Hafod
Ratcher's Wood
Oakfield Farm
Pen-y-wern
Tir-y-fron Cottage
Pontybodkin
Yew Tree Farm
Tir-y-fron
Tir-paeneu
Berth
Top-y-Rhos Farm
Talwrn
Tri-thy Needlecraft Ctr
MOLD RD
Pentre Farm
Pentre
FAGL LA
Bryn-hyfryd
Pant Farm
LL12
Coed Talon
Waun-y-Llyn Country Park
Rhanberfydd Farm
Fron Haul
Waun-y-llyn
LL11
Cae-glas
Bryntirion Hall
A
B
C
D
E
F
8
7
61
6
5
60
4
3
59
2
1
58
27
28
29

57
65

49
60
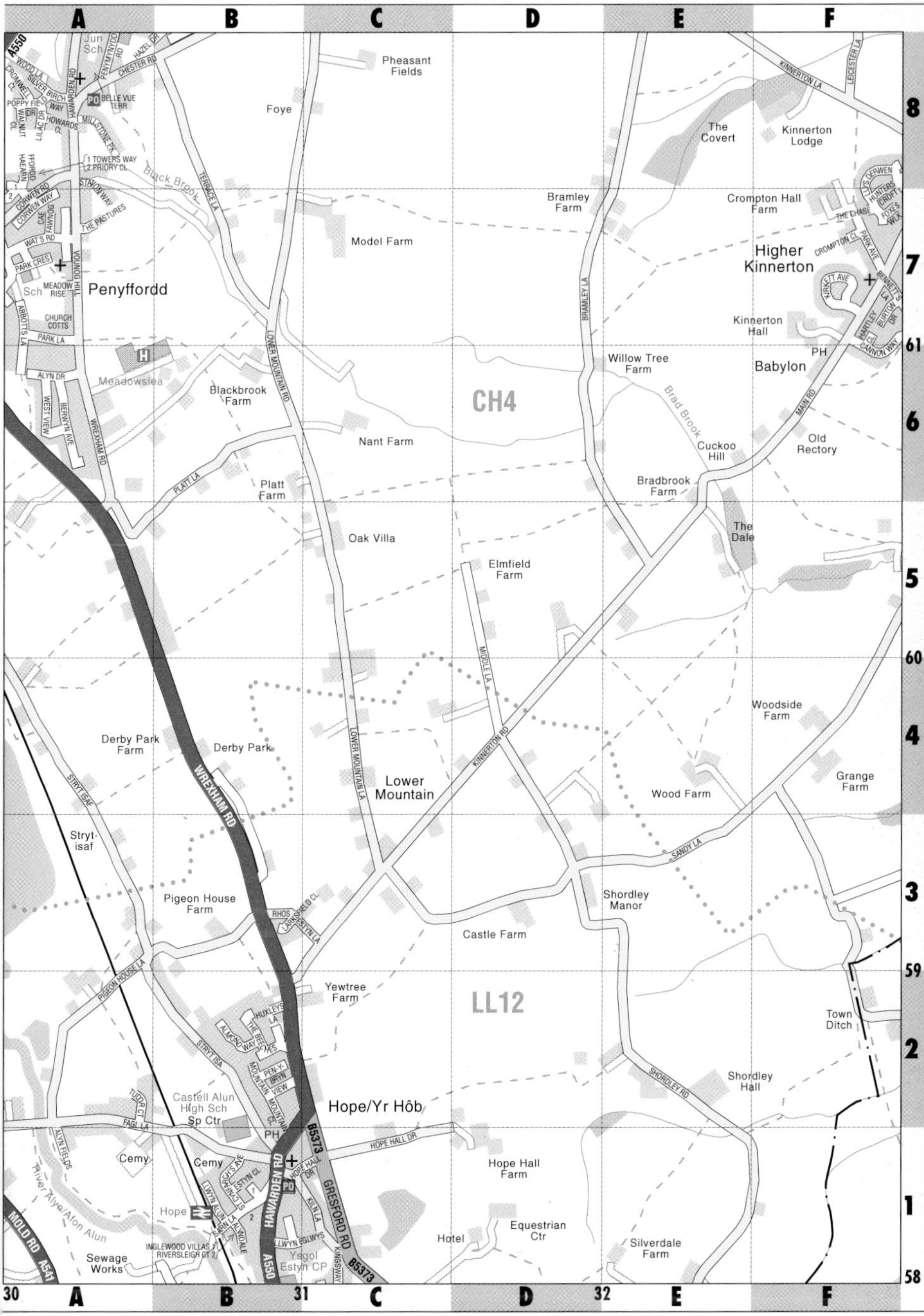
A
B
C
D
E
F
8
7
61
6
5
60
4
3
59
2
1
58
30
31
32
Penyfforddd
Jun Sch
Sch
Foye
Pheasant Fields
Model Farm
Bramley Farm
The Covert
Kinnerton Lodge
Crompton Hall Farm
Higher Kinnerton
Kinnerton Hall
Willow Tree Farm
Babylon
PH
Meadowslea
Blackbrook Farm
CH4
Nant Farm
Cuckoo Hill
Old Rectory
Bradbrook Farm
Platt Farm
Oak Villa
The Dale
Elmfield Farm
Woodside Farm
Derby Park Farm
Derby Park
Lower Mountain
Wood Farm
Grange Farm
Stryt-isaf
Pigeon House Farm
Shordley Manor
Castle Farm
Yewtree Farm
LL12
Town Ditch
Shordley Hall
Castell Alun High Sch
Sp Ctr
Hope/Yr Hôb
Cemy
Hope Hall Farm
Hope
Equestrian Ctr
Hotel
Sewage Works
Ysgol Estyn CP
Silverdale Farm
River Alyn/Afon Alun
Black Brook
Brad Brook
WREXHAM RD
KINNERTON RD
KINNERTON LA
LOWER MOUNTAIN RD
LOWER MOUNTAIN LA
BRAMLEY LA
MIDDLE LA
TERRACE LA
PLATT LA
SANDY LA
SHORDLEY RD
MAIN RD
STRYT ISAF
PIGEON HOUSE LA
HOPE HALL DR
HAWARDEN RD
GRESFORD RD
MOLD RD
A550
A541
B5373
CHESTER RD
HAZEL DR
PENYMYNYDD RD
SILVER BIRCH WAY
HOWARDS CL
MILLSTONE PK
BELLE VUE TERR
1 TOWERS WAY
2 PRIORY CL
STATION WAY
THE PASTURES
CORWEN RD
CORWEN WAY
WAT'S RD
PARK CRES
MEADOW RISE
VOUNOG HILL
CHURCH COTTS
PARK LA
ABBOTTS LA
ALYN DR
WEST VIEW
BERWYN AVE
LEICESTER LA
CROMPTON CL
THE CHASE
PARK AVE
KIRKETT AVE
BENNETT'S LA
HARTLEY CL
BURTON DR
CANNON WAY
HUNTERS CROFT
FOXES WLK
DERWEN
RHOS
LARKSFIELD CL
PENTYN LA
HUXLEYS LA
ALMOND WAY
PEN-Y-BRYN
MOUNTAIN VIEW
MOUNTAIN CT
TUDOR CT
FAGL LA
ALYN FIELDS
LLWYN ALUN
LLWYN EGLWYS
KILN LA
KINGSWAY
INGLEWOOD VILLAS 1
RIVERSLEIGH CT 2
ALWIDALE
PO
H
PH
66
60

59
50

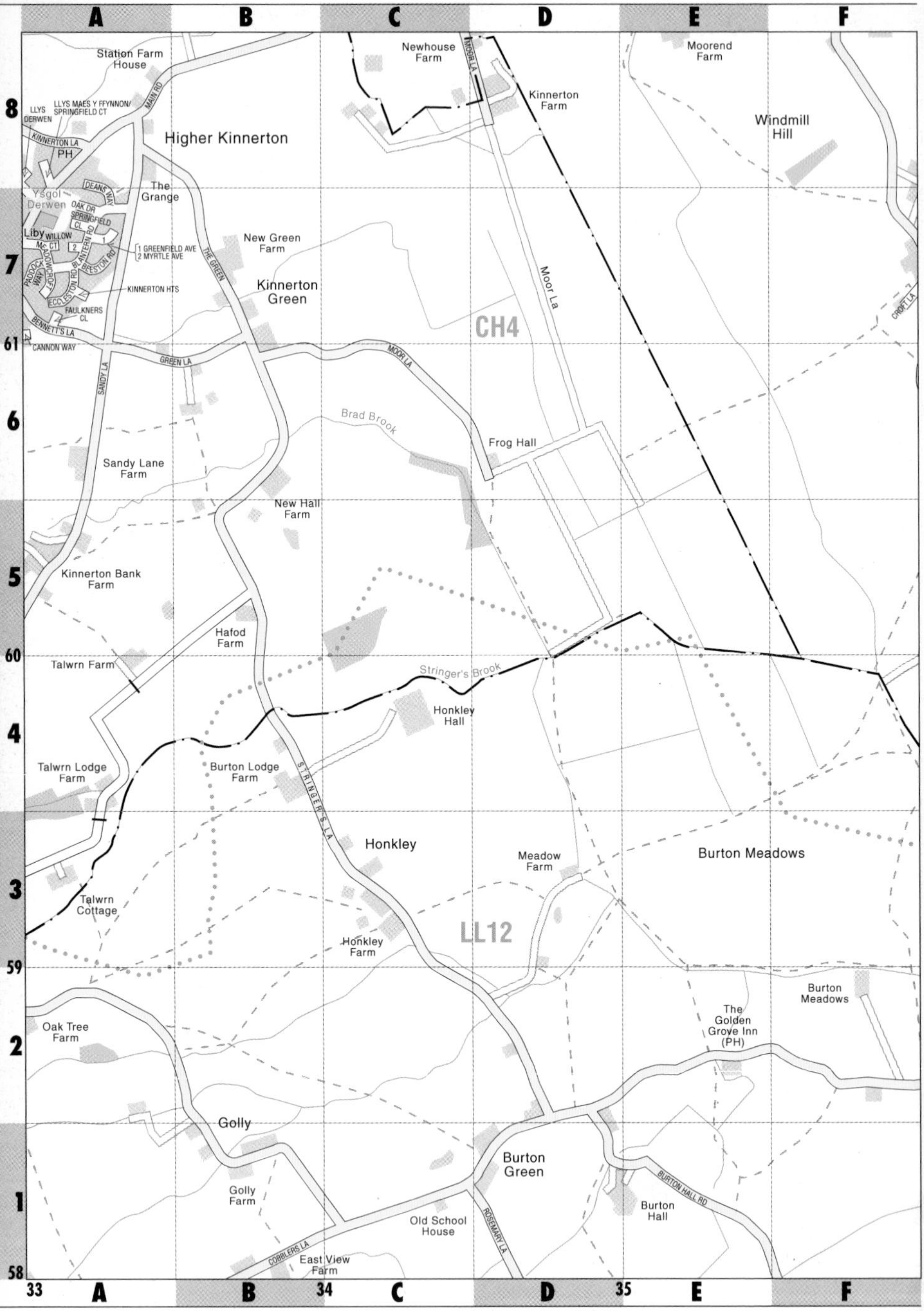
A
B
C
D
E
F
8
7
61
6
5
60
4
3
59
2
1
58
33
34
35
Station Farm House
LLYS DERWEN
LLYS MAES Y FFYNNON/ SPRINGFIELD CT
MAIN RD
KINNERTON LA
PH
Higher Kinnerton
Ysgol Derwen
DEANS WAY
The Grange
OAK DR
SPRINGFIELD CL
Liby
WILLOW
Mc CT
BLANTERN RD
BEESTON RD
1 GREENFIELD AVE
2 MYRTLE AVE
MEADOWCROFT
PADDOCK WAY
ECCLESTON RD
KINNERTON HTS
FAULKNERS CL
BENNETT'S LA
CANNON WAY
THE GREEN
New Green Farm
Kinnerton Green
GREEN LA
SANDY LA
Newhouse Farm
MOOR LA
Kinnerton Farm
Moorend Farm
Windmill Hill
Moor La
CH4
CROFT LA
MOOR LA
Brad Brook
Frog Hall
Sandy Lane Farm
New Hall Farm
Kinnerton Bank Farm
Hafod Farm
Talwrn Farm
Stringer's Brook
Honkley Hall
Talwrn Lodge Farm
Burton Lodge Farm
STRINGER'S LA
Honkley
Meadow Farm
Burton Meadows
Talwrn Cottage
LL12
Honkley Farm
Burton Meadows
The Golden Grove Inn (PH)
Oak Tree Farm
Golly
Burton Green
Golly Farm
BURTON HALL RD
Burton Hall
Old School House
ROSEMARY LA
COBBLERS LA
East View Farm

59
67

51
62

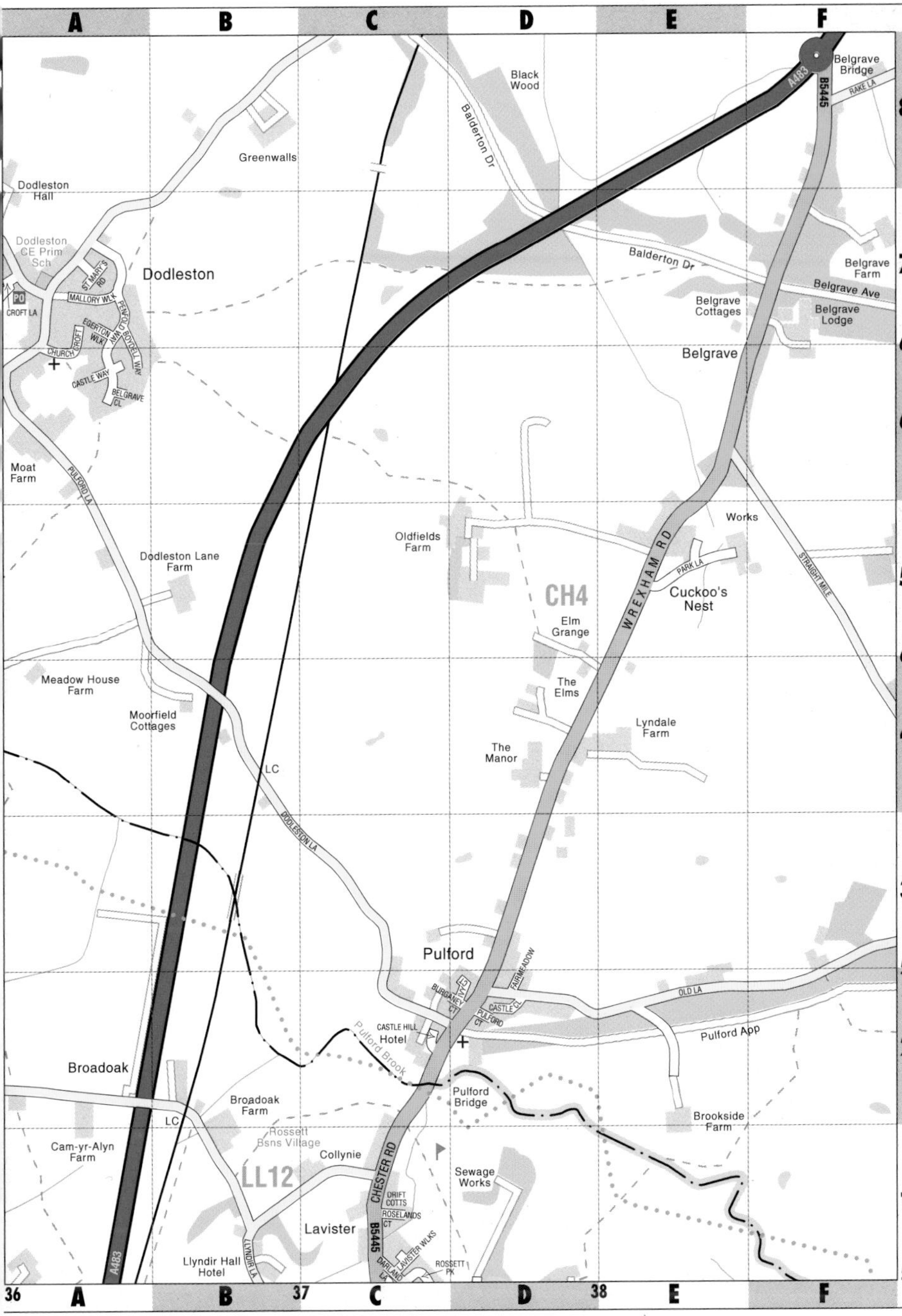
A
B
C
D
E
F
Black Wood
Belgrave Bridge
A483
B5445
RAKE LA
Balderton Dr
Greenwalls
Dodleston Hall
Dodleston CE Prim Sch
Dodleston
ST MARY'S RD
MALLORY WLK
PENFOLD WAY
PO
CROFT LA
EGERTON WLK
CROFT
BOYDELL WAY
CHURCH
CASTLE WAY
BELGRAVE CL
Balderton Dr
Belgrave Farm
Belgrave Ave
Belgrave Cottages
Belgrave Lodge
Belgrave
Moat Farm
PULFORD LA
Oldfields Farm
Works
Dodleston Lane Farm
PARK LA
STRAIGHT MILE
CH4
Cuckoo's Nest
WREXHAM RD
Elm Grange
Meadow House Farm
The Elms
Moorfield Cottages
Lyndale Farm
The Manor
LC
DODLESTON LA
Pulford
FAIRMEADOW
BURGANEY CT
IVY CT
CASTLE CL
OLD LA
PULFORD CT
CASTLE HILL
Hotel
Pulford Brook
Pulford App
Broadoak
Pulford Bridge
Broadoak Farm
Brookside Farm
LC
Rossett Bsns Village
Cam-yr-Alyn Farm
Collynie
CHESTER RD
Sewage Works
LL12
DRIFT COTTS
ROSELANDS CT
Lavister
B5445
LAVISTER WLKS
Llyndir Hall Hotel
LLYNDIR LA
DARLAND LA
ROSSETT PK
8
7
61
6
5
60
4
3
59
2
1
58
36
37
38

68
62

61
52

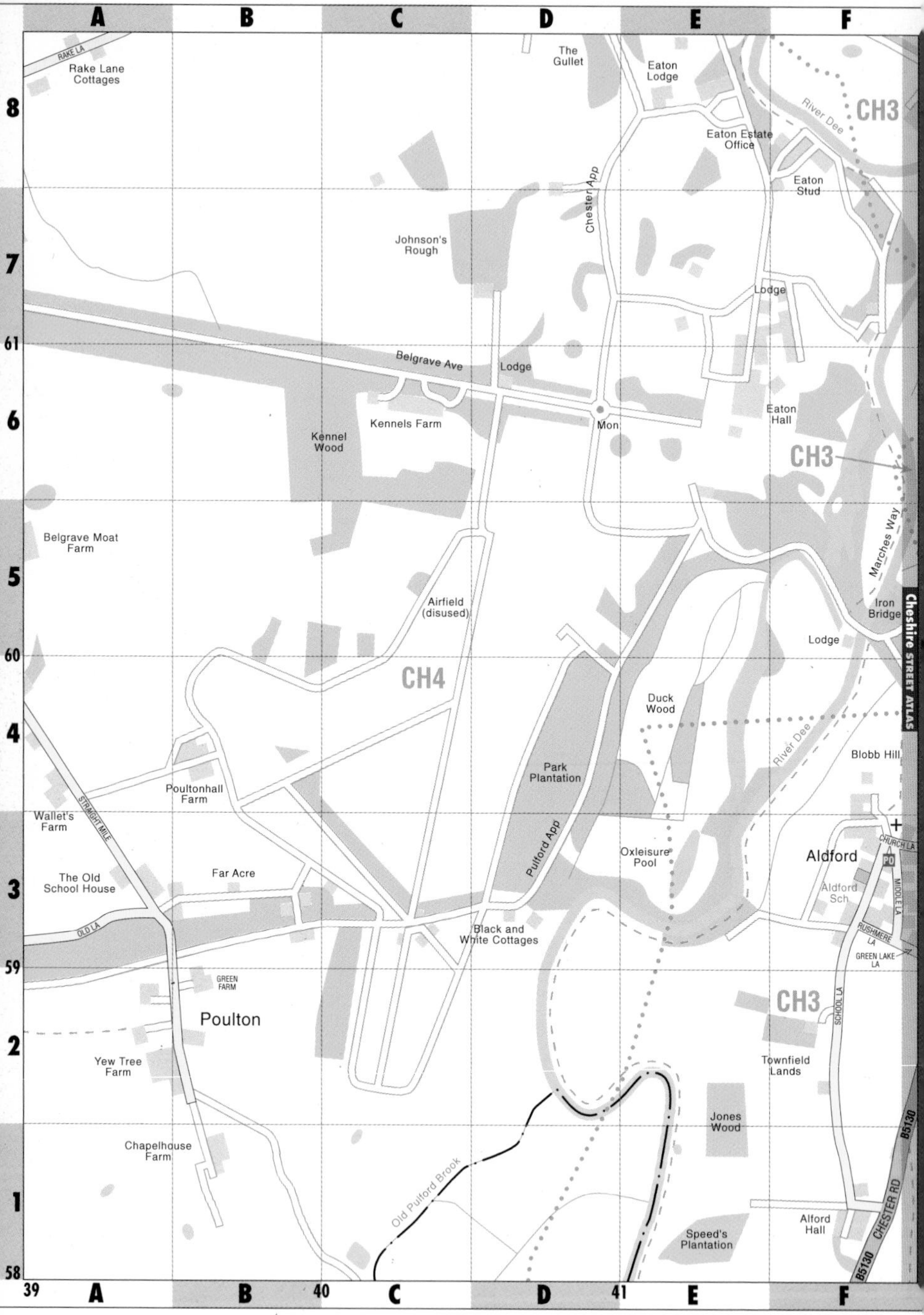
A
B
C
D
E
F
8
7
61
6
5
60
4
3
59
2
1
58
39
40
41
RAKE LA
Rake Lane Cottages
The Gullet
Eaton Lodge
CH3
River Dee
Eaton Estate Office
Eaton Stud
Chester App
Johnson's Rough
Lodge
Belgrave Ave
Lodge
Kennels Farm
Kennel Wood
Mon
Eaton Hall
CH3
Belgrave Moat Farm
Marches Way
Airfield (disused)
Iron Bridge
CH4
Lodge
Duck Wood
River Dee
Blobb Hill
Park Plantation
Poultonhall Farm
Wallet's Farm
STRAIGHT MILE
Pulford App
Oxleisure Pool
Aldford
CHURCH LA
PO
Aldford Sch
MIDDLE LA
The Old School House
Far Acre
OLD LA
Black and White Cottages
RUSHMERE LA
GREEN LAKE LA
GREEN FARM
Poulton
CH3
SCHOOL LA
Yew Tree Farm
Townfield Lands
B5130
Jones Wood
Chapelhouse Farm
Old Pulford Brook
CHESTER RD
Alford Hall
Speed's Plantation
B5130
Cheshire STREET ATLAS

61
69

127 56 64

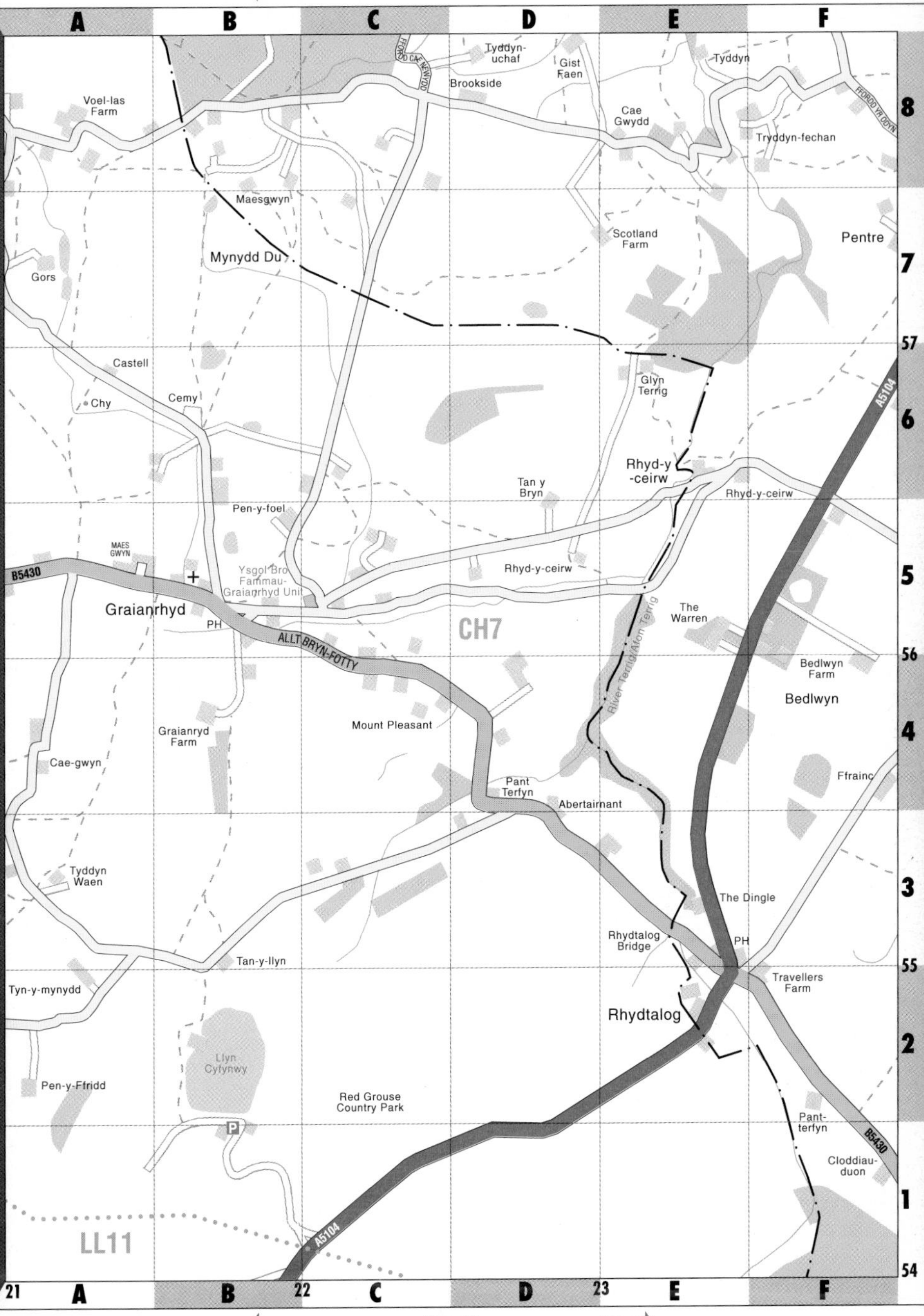

127 127 64

63
57

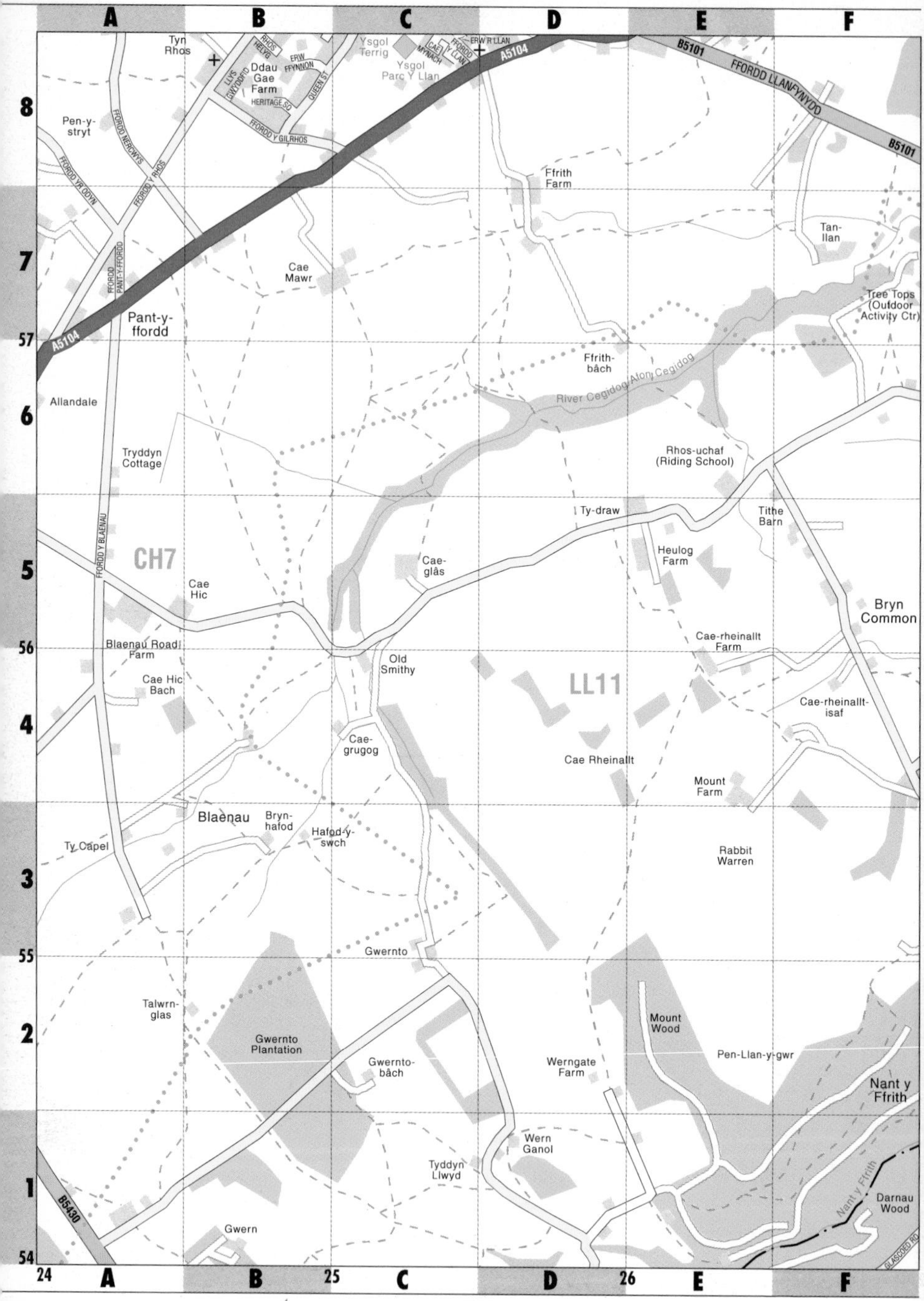
A
B
C
D
E
F
8
7
57
6
5
56
4
3
55
2
1
54
24
25
26
Tyn Rhos
Ddau Gae Farm
Ysgol Terrig
Ysgol Parc Y Llan
A5104
B5101
FFORDD LLANFYNYDD
Pen-y-stryt
FFORDD NERCWYS
FFORDD YR ODYN
FFORDD Y RHOS
FFORDD Y GILRHOS
HERITAGE SQ
QUEEN ST
ERW FFYNNON
Ffrith Farm
Tan-llan
Cae Mawr
Pant-y-ffordd
Tree Tops (Outdoor Activity Ctr)
Ffrith-bâch
River Cegidog/Afon Cegidog
Allandale
Tryddyn Cottage
Rhos-uchaf (Riding School)
Ty-draw
Tithe Barn
CH7
FFORDD Y BLAENAU
Cae-glâs
Heulog Farm
Cae Hic
Bryn Common
Blaenau Road Farm
Old Smithy
Cae-rheinallt Farm
Cae Hic Bach
LL11
Cae-rheinallt-isaf
Cae-grugog
Cae Rheinallt
Mount Farm
Blaenau
Bryn-hafod
Hafod-y-swch
Ty Capel
Rabbit Warren
Gwernto
Talwrn-glas
Mount Wood
Gwernto Plantation
Gwernto-bâch
Werngate Farm
Pen-Llan-y-gwr
Nant y Ffrith
Wern Ganol
Tyddyn Llwyd
Nant y Ffrith
Darnau Wood
B5430
Gwern
GLASCOED RD

63
70

58
66

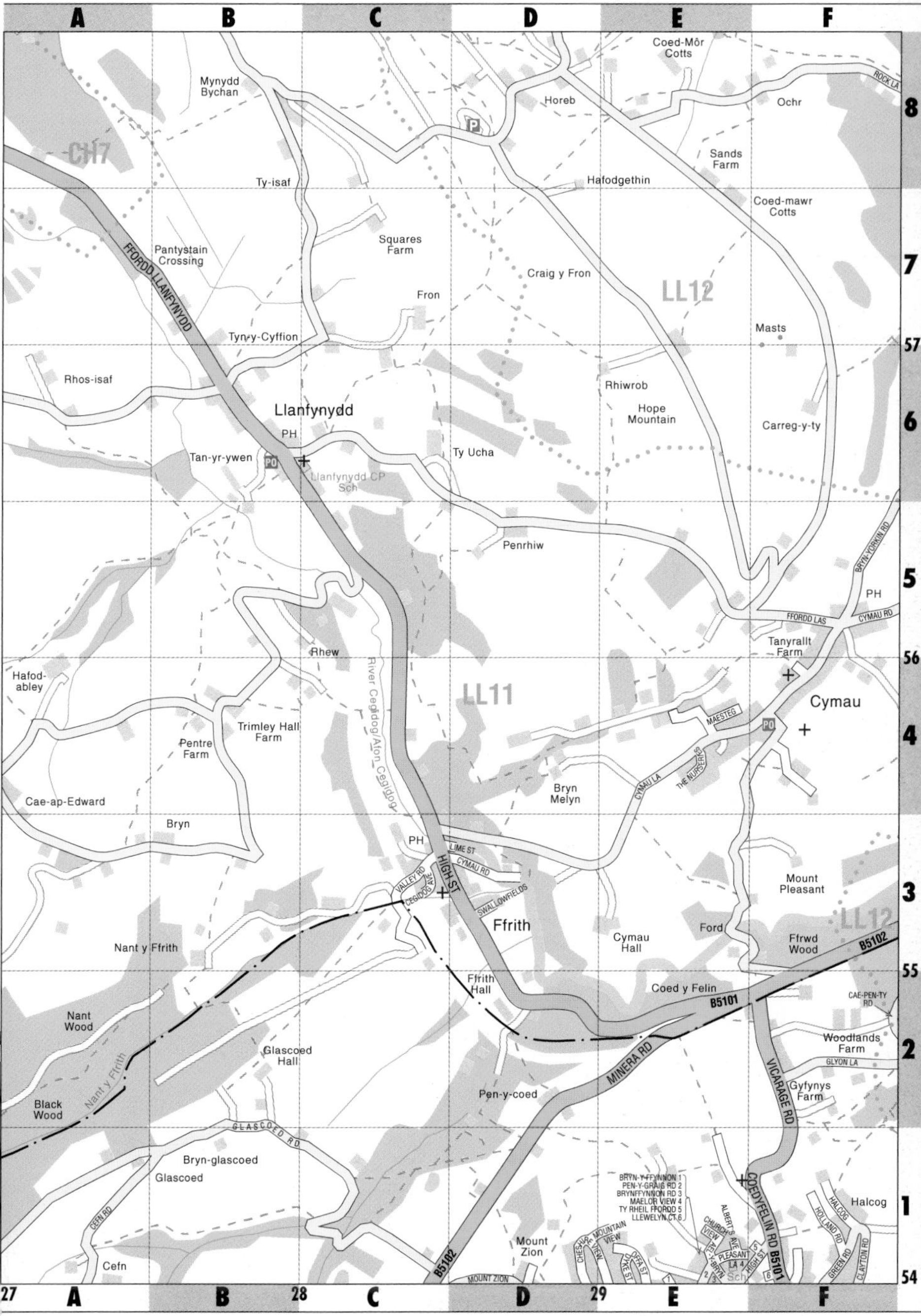
A
B
C
D
E
F
Coed-Môr Cotts
Mynydd Bychan
Horeb
Ochr
ROCK LA
CH7
Sands Farm
Ty-isaf
Hafodgethin
Coed-mawr Cotts
Squares Farm
Pantystain Crossing
FFORDD LLANFYNYDD
Craig y Fron
LL12
Fron
Masts
Tyn-y-Cyffion
Rhos-isaf
Rhiwrob
Hope Mountain
Llanfynydd
PH
Carreg-y-ty
Tan-yr-ywen
PO
Ty Ucha
Llanfynydd CP Sch
Penrhiw
BRYN-YORKIN RD
PH
FFORDD LAS
CYMAU RD
Tanyrallt Farm
Rhew
River Cegidog/Afon Cegidog
Hafod-abley
LL11
Cymau
MAESTEG
PO
Trimley Hall Farm
Pentre Farm
CYMAU LA
THE NURSERIES
Bryn Melyn
Cae-ap-Edward
Bryn
PH
LIME ST
CYMAU RD
HIGH ST
VALLEY RD
CEGIDOG AVE
SWALLOWFIELDS
Mount Pleasant
Ffrith
Ford
LL12
Nant y Ffrith
Cymau Hall
Ffrwd Wood
B5102
Ffrith Hall
Coed y Felin
CAE-PEN-TY RD
Nant Wood
B5101
Woodlands Farm
Glascoed Hall
MINERA RD
GLYON LA
VICARAGE RD
Nant y Ffrith
Gyfynys Farm
Black Wood
Pen-y-coed
GLASCOED RD
Bryn-glascoed
Glascoed
BRYN-Y-FFYNNON 1
PEN-Y-GRAIG RD 2
BRYNFFYNNON RD 3
MAELOR VIEW 4
TY RHEIL FFORDD 5
LLEWELYN CT 6
COEDYFELIN RD B5101
Halcog
CEFN RD
MOUNTAIN VIEW
HALCOG
HOLLAND RD
Mount Zion
CHURCH VIEW
ALBERT'S AVE
PLEASANT LA
GREEN RD
CLAYTON RD
Cefn
B5102
MOUNT ZION
Sch
8
7
57
6
5
56
4
3
55
2
1
54
27
28
29

71
66

65
59

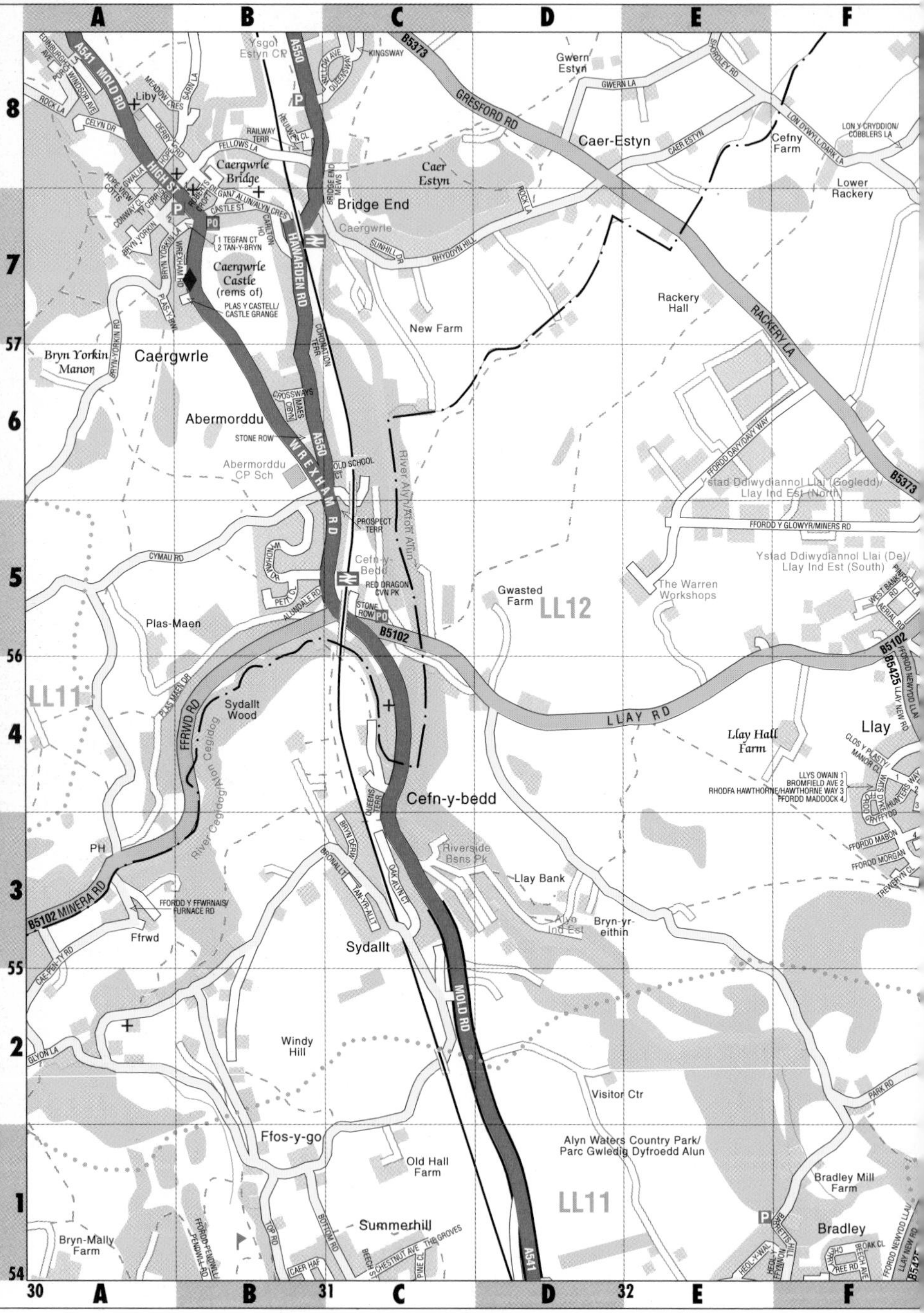
A
B
C
D
E
F
8
7
57
6
5
56
4
3
55
2
1
54
30
31
32
A541 MOLD RD
A550
B5373
GRESFORD RD
Ysgol Estyn CP
KINGSWAY
Gwern Estyn
GWERN LA
Caer-Estyn
CAER ESTYN
Cefny Farm
LON DYWYLL/DARK LA
LON Y CRYDDION/ COBBLERS LA
Lower Rackery
Liby
MEADOW CRES
SARN LA
ROCK LA
CELYN DR
RAILWAY TERR
FELLOWS LA
Caergwrle Bridge
Caer Estyn
Bridge End
Caergwrle
HIGH ST
CASTLE ST
GANT ALUN/ALYN CRES
CARLTON HO
1 TEGFAN CT
2 TAN-Y-BRYN
SUNHILL DR
RHYDDYN HILL
ROCK LA
HAWARDEN RD
Caergwrle Castle (rems of)
PLAS Y CASTELL/ CASTLE GRANGE
New Farm
Rackery Hall
RACKERY LA
Bryn Yorkin Manor
Caergwrle
BRYN-YORKIN RD
CORONATION TERR
CROSSWAYS
Abermorddu
STONE ROW
WREXHAM RD
Abermorddu CP Sch
OLD SCHOOL CT
River Alyn/Afon Alun
FFORDD DAVY/DAVY WAY
Ystad Ddiwydiannol Llai (Gogledd)/ Llay Ind Est (North)
FFORDD Y GLOWYR/MINERS RD
PROSPECT TERR
CYMAU RD
Cefn-y-Bedd
RED DRAGON CVN PK
Ystad Ddiwydiannol Llai (De)/ Llay Ind Est (South)
The Warren Workshops
Gwasted Farm
LL12
Plas-Maen
ALUNDALE RD
STONE ROW
B5102
WEST BANK RD
AERIAL RD
B5425
FFORDD NEWYDD LLAI/ LLAY NEW RD
LL11
PLAS MAEN DR
Sydallt Wood
FFRWD RD
LLAY RD
Llay
Llay Hall Farm
River Cegidog/Afon Cegidog
Cefn-y-bedd
QUEENS TERR
LLYS OWAIN 1
BROMFIELD AVE 2
RHODFA HAWTHORNE/HAWTHORNE WAY 3
FFORDD MADDOCK 4
PH
BRYN DERW
BRONALLT
TAN-YR-ALLT
OAK ALYN CT
Riverside Bsns Pk
Llay Bank
FFORDD MABON
FFORDD MORGAN
B5102 MINERA RD
FFORDD Y FFWRNAIS/ FURNACE RD
Ffrwd
Sydallt
Alyn Ind Est
Bryn-yr-eithin
CAE-PEN-TY RD
MOLD RD
GLYON LA
Windy Hill
Visitor Ctr
PARK RD
Ffos-y-go
Old Hall Farm
Alyn Waters Country Park/ Parc Gwledig Dyfroedd Alun
LL11
Bradley Mill Farm
Summerhill
THE GROVES
Bradley
Bryn-Mally Farm
FFORDD PENDWLL/ PENDWLL RD
TOP RD
BOTTOM RD
CAER HAF
CHESTNUT AVE
PINE CL
A541
HEOL-Y-WAL
BEECH AVE
OAK CL

60
68

A
B
C
D
E
F
8
7
57
6
5
56
4
3
55
2
1
54
33
34
35
Rackery Wood
Rackery Farm
Rackery
LON Y CRYDDION/COBBLERS LA
Llyntro Farm
Burton House
BURTON HALL RD
ROSEMARY LA
Fields Farm
Maesglas/ Greenfields
ROSEWAY
STONEWALLS
BARNFELD
BURTON RD
JOHN'S CT 1
RHES Y POPLYS/POPLAR ROW 2
Burton
Burton Tower
LON DYWYLL/DARK LA
Bank Farm
Croes Howell Court
Strathalyn
Chapel House Farm
LON UCHAF/HIGHER LA
Croes Howell Hall
CROESHOWELL HILL
LLAY RD
B5102
A483
Yew Tree Farm
Chapel Cottages
LON Y CAPEL/CHAPEL LA
PH
Ystad Ddiwydiannol Llai (Gogledd)/ Llay Ind Est (North)
STRAIGHT MILE
RACKERY LA
B5102
Home Farm
1 FFORDD YGLOWYR/MINERS RD
2 Ystad Ddiwydiannol Llai (De)/Llay Ind Est (South)
3 PINFOLD LA
4 FFORDD EURON/LABURNUM WAY
5 GELLI DERLLWY/ELMANOAK GR
6 GELLI'R EURMEN/LINDEN GR
7 GELLI'R GOLLEN FFRENGIG/WALNUT GR
8 CLOS Y CRIAFOL/ROWAN CL
9 OAKFIELD PK HOME EST
The Homestead
River Alyn/Afon Alun
LLAY RD
OLD MDW CT
Park Inf & Jun Sch
MEADOW RISE
GELLI'R PINWYDD/ PINE GR
Maes y Rhedyn
LON-Y-GEGIN/GEGIN LA
MARFORD HILL
MARFORD HTS
B5445
BEECH LA
SCHOOL RD
ST MARTINS MEWS
ASH GR
WILLOW DR
FFORDD GWENLLIAN
GRESFORD RD
Singret Farm
Sewage Works
SPRINGFIELD LA
RHODFA FFORDD LAS/ RIDGEWAY AVE
Marford Wood
SECOND AVE
SEVENTH AVE
EIGHTH AVE
Liby
FOURTH AVE
THIRD AVE
1 LLAY PL AVE
2 RHODFA PLAS LLAI/LLAY HALL AVE
3 RHODFA'R DDERWEN/OAK TREE AVE
4 CHWECHED RHODFA/SIXTH AVE
5 BROMFIELD AVE
LL12
Singret
RHODFA TY NEWYDD/ NEW HOUSE AVE
LABURNUM CT
FFORDD NEWYDD LLAI/LLAY NEW RD
Gresford Lodge
BEECH TREE AVE
DINGLE PL
Butt's Hill
MAYFIELD CT
VICTORY PL
WATS DYKE WAY
LON DYWODOG/SANDY LA 1
CAVENDISH CL 2
FARRIERS WLK 3
BELGRAVE CT 4
RHODFA'R SYCAMOWYDDEN/SYCAMORE DR 5
HILLTOP FLATS 6
QUARRY BROW
TURNPIKE LA
WOODLANDS RD
HILLTOP
STRYD Y CYNGOR/COUNCIL ST
RHODFA DDEGI TENTH AVE
LLAY CT
CROWN PL
PENTRE ST
LON PENTRE/PENTRE LA
RHODFA'R POPLYS/ POPLAR AVE
GRESFORD PK
REDLAND CL
WHITEWAY
THE CONIFERS
Pant
MARFORD HILL
B5445
WYNNSTAY LA
The Rofft Sch
VALE VIEW
PENYBRYN
GREENWAY VIEW 1
PARKFIELD 2
WINCHESTER WAY
PANT LA
HOLLYFIELD
CLAYPIT LA
SANDROCK RD
MEADOWS VIEW
RHODFA MAYVILLE/MAYVILLE AVE
CHURCH GN
PH
THE GR
HOLLY CT
PANT OLWEN
ORCHARD
CHESTNUT
SILVERBIRCH DR
THORNLEIGH DR
WILLOW DR
BLACKTHORN CL
All Saints Prim Sch
SCHOOL HILL
SPRINGFIELD CT
NARROW LA
PARC ANNEFIELD/ ANNEFIELD PK
RAYNHAM AVE
POPLAR DR
HILLOCK LA
Cemy
Alyn Waters Country Park
Cemy
LAKE VIEW TERR
HIGH ST
ORCHARD VIEW
BURTON RISE
NAYLAND AVE
LL11
CHESTER RD
PARC BODWYN/BODWYN PK
KATHLEEN CT
EATON GRANGE
PARK RD
PONT-Y-CAPEL
DIAMOND COTTS 1
PARSONAGE CL 2
NEWTOWN 3
CHAPEL COTTS 4
OAKFIELD COTTS 5
MONTROSE TERR 6
CLAPPERS LA
B5373
THE NURSERIES
TREWYTHEN PK
RHODFA'R DDERMEN/OAK DR 2
BIRCH DR 1
FFORDD Y DDRAENEN WEN/ HAWTHORN RD
BRAMBLE CL 3
CILGANT YR EITHIN/GORSE CRES 4
CLOS Y FASARNEN/MAPLE CL 5
CEDAR CL 6
ELDER CL 7
FFORDD HELYGEN MAIR/MYRTLE RD 8
CLOS Y MERYW/JUNIPER CL 9
WESTMINSTER DR 10
LON PONT Y CAPEL/PONT Y CAPEL LA
Bryn-Alyn
Liby
TREWYTHEN COTTS
Gresford
MAXWELL CL
Gatehouse Farm
VICARAGE LA
Cvn Pk
OLD WREXHAM RD
PIKEY LA
BLACKLEY HALL
The Beeches
B5445
A483
Caia Farm
Carthagena Farm
CARTHAGENA LA

73
68

67
61

A
B
C
D
E
F
8
7
57
6
5
56
4
3
55
2
1
54
36
37
38
A483
B5445
B5102
Pulford Brook
CH4
Cam-yr-Alyn
LLYNDIR LA
DARLAND CT
DARLAND LA
COTTAGE CL
ROSSETT PK
OAKS
The Darland
Darland Hall
Darland
Sports Ctr
Darland High Sch
PARK VIEW
WAVERLEY CRES
CROMAR CRES
DARLAND VIEW
THE SMITHY
THE ORCHARD
Hotel
THE LIMES
CHAPEL LA
St Peters CW Prim Sch
TREVALYN HALL VIEW
GAMFORD LA
Gamford House
DARLAND LA
Rossett
SUNNY VILLAS
WILLIAMS WAY
PH
FFORDD HOLT/HOLT RD
1 MOSS GN
2 RODENS CL
TREVALYN WAY
EATON CL
WEST WAY
PARK CT
ELM CT
BURTON CL
THE COPSE
STATION RD
CHESTER RD
GUN ST
HALKYN TERR
P
PO
CAMPBELL CL
GROSVENOR CRES
ALYN DR
Lane Farm
Trevalyn Farm
NARROW LA
HARWOOD'S LA
Marford Mill
Trevalyn Hall
Trevalyn
MOUNTAIN VIEW
HARWOODS CL
BROAD LA
PH
Meadow Farm
MANOR LA
River Alyn/Afon Alun
Cooksbridge Farm
H
Trevalyn
ROSSETT RD
THE OLD CARRIAGE YD
VILLAGE WALKS
Cooks Bridge
LL12
LON COXIDOX LA
Crabmill Farm
DAISY LA
Marford Hall
MARFORD HILL
Marford
Allington Farm
Hem House
Pistyll House Farm
Cox Wood
Coxwood Farm
SUNNYRIDGE AVE
Moorside Farm
Corner House
PISTYLL HILL
Wavertree Farm
Parkside
Lower Parks Farm
HOSELEY LA
MAREILIAN AVE
STANCLIFFE AVE
PARK LA
Parkside Farm
HUDSONS HILL
Park Leigh Farm
B5102
HILLOCK LA
WYNNSTAY LA
Hoseley House
Horsley Gorse
Lodge Farm
LL13
VICARAGE LA
Hoseley Bank Farm
The Parks
The Elms

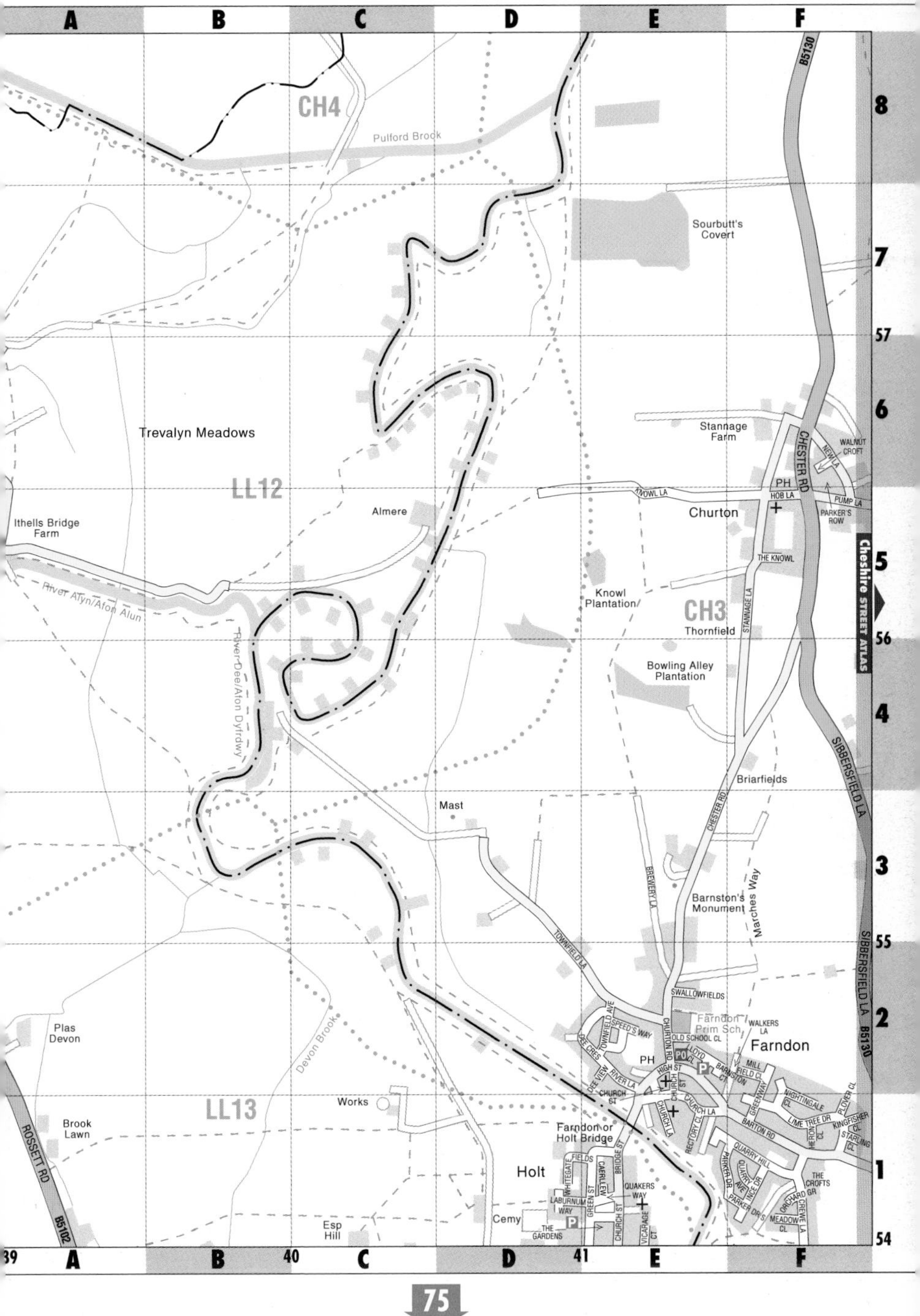
A
B
C
D
E
F
CH4
Pulford Brook
B5130
Sourbutt's Covert
Trevalyn Meadows
LL12
Almere
Ithells Bridge Farm
River Alyn/Afon Alun
River Dee/Afon Dyfrdwy
Stannage Farm
CHESTER RD
WALNUT CROFT
NEW LA
PH
HOB LA
KNOWL LA
PUMP LA
PARKER'S ROW
Churton
THE KNOWL
Knowl Plantation
CH3
Thornfield
STANNAGE LA
Bowling Alley Plantation
Cheshire STREET ATLAS
Briarfields
SIBBERSFIELD LA
Mast
CHESTER RD
BREWERY LA
Barnston's Monument
Marches Way
TOWNFIELD LA
SWALLOWFIELDS
Farndon Prim Sch
WALKERS LA
Farndon
Plas Devon
Devon Brook
Works
LL13
Brook Lawn
ROSSETT RD
B5102
Farndon or Holt Bridge
Holt
Esp Hill
Cemy
THE GARDENS
LABURNUM WAY
WHITEGATE FIELDS
GREEN ST
CAERLLEW
BRIDGE ST
CHURCH ST
QUAKERS WAY
VICARAGE CT
PH
HIGH ST
CHURCH ST
CHURCH LA
RECTORY CL
CHURTON RD
OLD SCHOOL CL
LLOYD CL
BARNSTON CT
MILL FIELD CL
GREENWAY
NIGHTINGALE CL
PLOVER CL
KINGFISHER CL
LIME TREE DR
HERON CL
STARLING CL
BARTON RD
QUARRY HILL
QUARRY AVE
INCE DR
PARKER DR
PARKER DR S
ORCHARD GR
THE CROFTS
MEADOW CL
CREWE LA
SPEED'S WAY
TOWNFIELD AVE
DEE CRES
DEE VIEW
RIVER LA
CHURCH ST
B5130
8
7
57
6
5
56
4
3
55
2
1
54
39
40
41

127
64

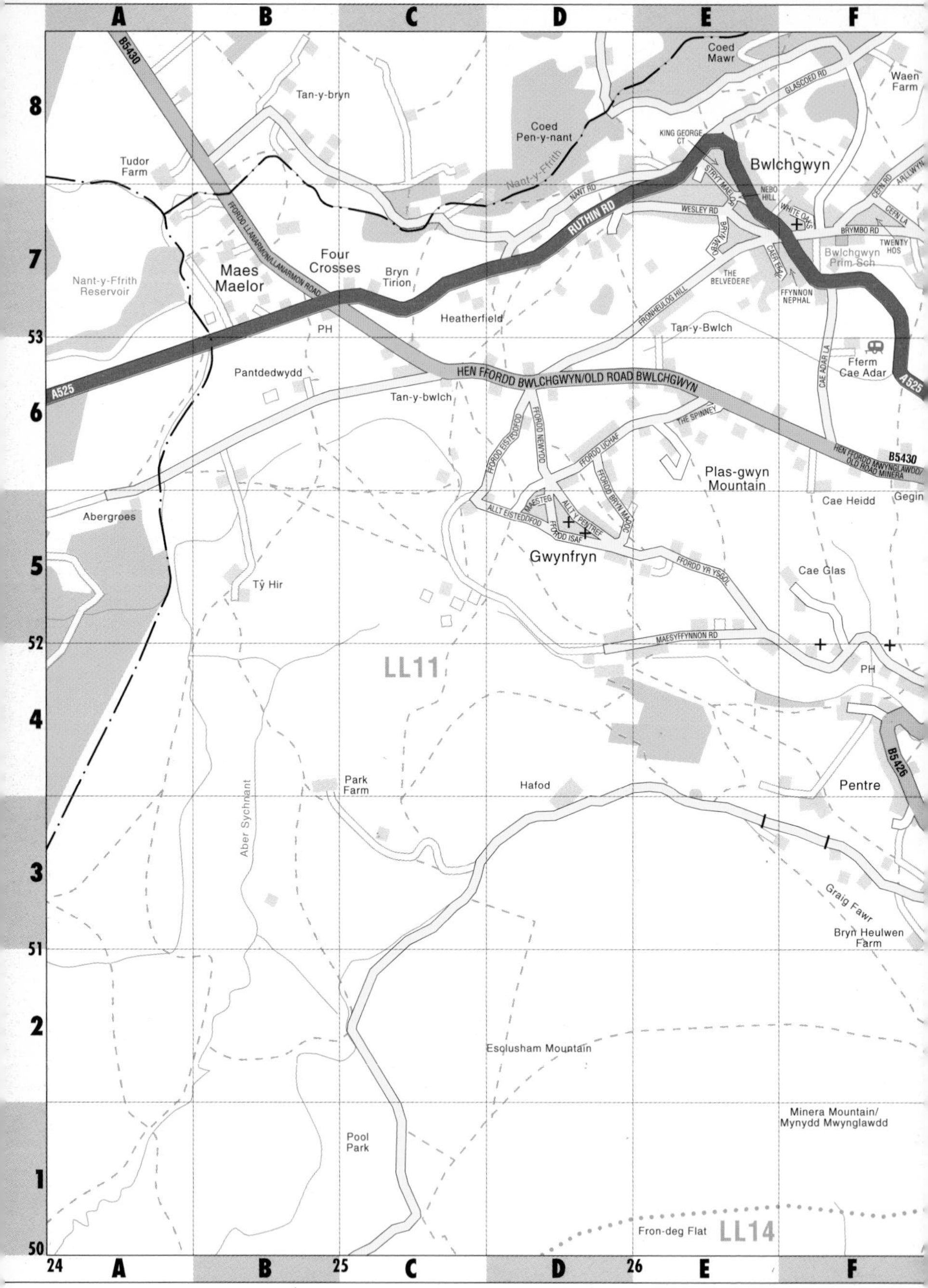
B5430
Tan-y-bryn
Coed Mawr
GLASCOED RD
Waen Farm
Coed Pen-y-nant
Nant-y-Ffrith
KING GEORGE CT
Bwlchgwyn
Tudor Farm
NANT RD
STRYT MAELOR
NEBO HILL
RUTHIN RD
WESLEY RD
WHITE OAKS
BRYMBO RD
TWENTY HOS
Bwlchgwyn Prim Sch
FFORDD LLANARMON/LLANARMON ROAD
Maes Maelor
Four Crosses
Bryn Tirion
Nant-y-Ffrith Reservoir
THE BELVEDERE
FFYNNON NEPHAL
FRONHEULOG HILL
Heatherfield
PH
Tan-y-Bwlch
CAE ADAR LA
Fferm Cae Adar
A525
Pantdedwydd
HEN FFORDD BWLCHGWYN/OLD ROAD BWLCHGWYN
Tan-y-bwlch
THE SPINNEY
FFORDD EISTEDDFOD
FFORDD NEWYDD
FFORDD UCHAF
HEN FFORDD MWYNGLAWDD/OLD ROAD MINERA
Plas-gwyn Mountain
Cae Heidd
Gegin
Abergroes
MAESTEG
ALLT EISTEDDFOD
ALLT Y PENTREF
FFORDD ISAF
FFORDD BRYN MADOC
Gwynfryn
FFORDD YR YSGOL
Cae Glas
Tŷ Hir
MAESYFFYNNON RD
LL11
PH
B5426
Park Farm
Hafod
Pentre
Aber Sychnant
Graig Fawr
Bryn Heulwen Farm
Esclusham Mountain
Minera Mountain/ Mynydd Mwynglawdd
Pool Park
Fron-deg Flat
LL14

127
77

65
72

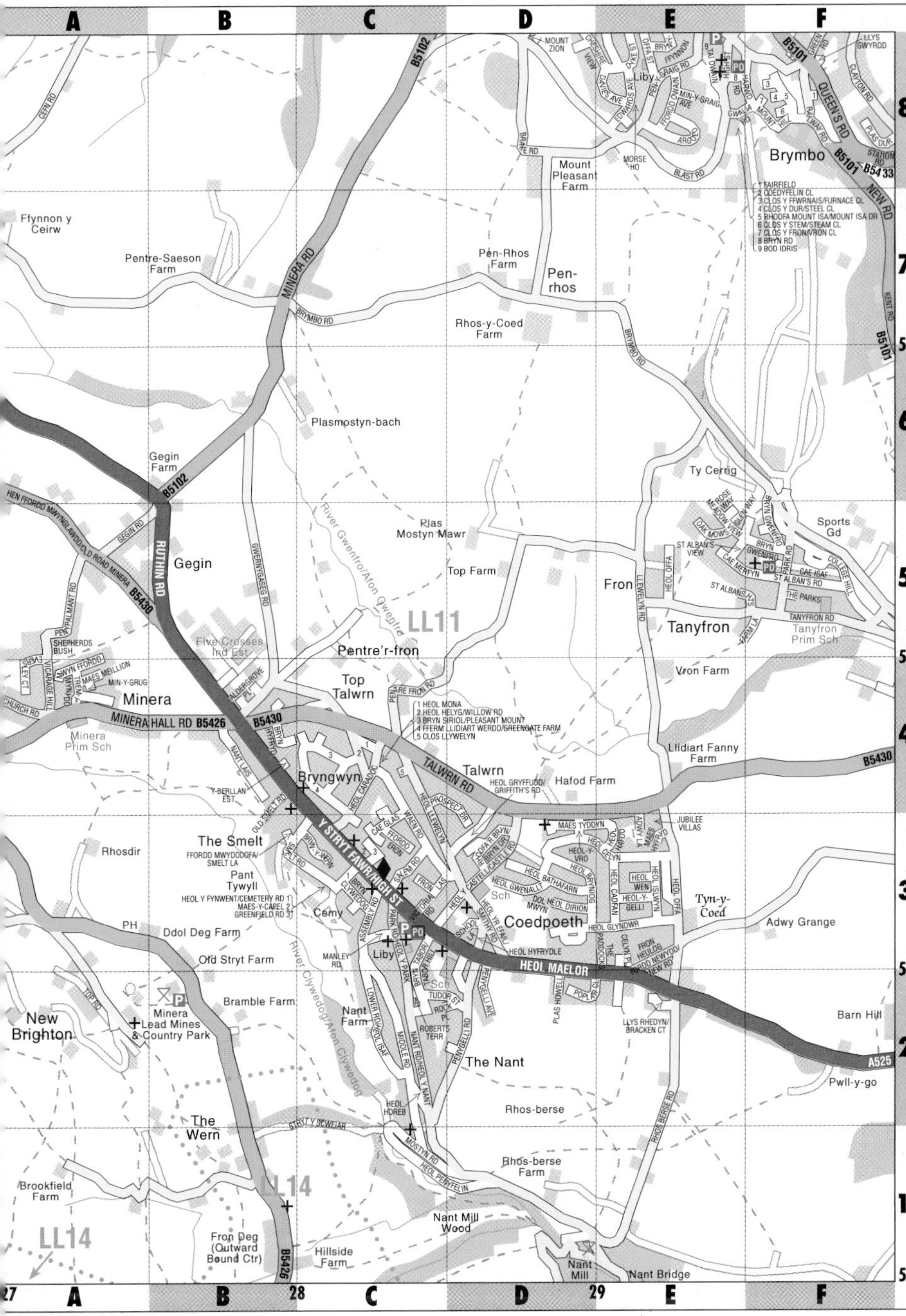
A
B
C
D
E
F
8
7
53
6
5
52
4
3
51
2
1
50
27
28
29
Ffynnon y Ceirw
Pentre-Saeson Farm
MINERA RD
B5102
BRYMBO RD
Pen-Rhos Farm
Pen-rhos
Rhos-y-Coed Farm
Mount Pleasant Farm
MOUNT ZION
Liby
Brymbo
MORSE HO
BLAST RD
QUEEN'S RD
B5101
NEW RD
STATION RD
B5433
LLYS GWYRDD
CLAYTON RD
PLAS DUR
1 FAIRFIELD
2 COEDYFELIN CL
3 CLOS Y FFWRNAIS/FURNACE CL
4 CLOS Y DUR/STEEL CL
5 RHODFA MOUNT ISA/MOUNT ISA DR
6 CLOS Y STEM/STEAM CL
7 CLOS Y FRON/VRON CL
8 BRYN RD
9 BOD IDRIS
KENT RD
BRYMBO RD
Plasmostyn-bach
Gegin Farm
Gegin
RUTHIN RD
B5430
HEN FFORDD MWYNGLAWDD/OLD ROAD MINERA
GEGIN RD
GWERNYGASEG RD
River Gwenfro/Afon Gwenfro
Plas Mostyn Mawr
Top Farm
LL11
Ty Cerrig
Sports Gd
Fron
Tanyfron
Tanyfron Prim Sch
TANYFRON RD
ST ALBAN'S RD
ST ALBAN'S VIEW
CAE MERFYN
COLLEGE HILL
THE PARKS
LLEWELYN RD
HEOL OFFA
Five Crosses Ind Est
Pentre'r-fron
Top Talwrn
Vron Farm
Minera
Minera Prim Sch
MINERA HALL RD B5426
B5430
SHEPHERDS BUSH
VICARAGE HILL
CHURCH RD
MAES MEILLION
MIN-Y-GRUG
ALDERGROVE PL
1 HEOL MONA
2 HEOL HELYG/WILLOW RD
3 BRYN SIRIOL/PLEASANT MOUNT
4 FFERM LLIDIART WERDD/GREENGATE FARM
5 CLOS LLYWELYN
Llidiart Fanny Farm
B5430
Bryngwyn
Talwrn
TALWRN RD
HEOL GRYFFUDD/GRIFFITH'S RD
Hafod Farm
Y-BERLLAN EST
OLD SMELT RD
Rhosdir
The Smelt
FFORDD MWYDODDFA/SMELT LA
Pant Tywyll
HEOL Y FYNWENT/CEMETERY RD 1
MAES-Y-CAPEL 2
GREENFIELD RD 3
Y STRYT FAWR/HIGH ST
Cerny
MAES TYDDYN
JUBILEE VILLAS
Coedpoeth
Sch
Tyn-y-Coed
Adwy Grange
PH
Ddol Deg Farm
Old Stryt Farm
MANLEY RD
Liby
HEOL MAELOR
HEOL HYFRYDLE
HEOL GLYNDWR
Bramble Farm
New Brighton
Minera Lead Mines & Country Park
Nant Farm
River Clywedog/Afon Clywedog
ROBERTS TERR
LLYS RHEDYN/BRACKEN CT
Barn Hill
The Nant
A525
Pwll-y-go
HEOL HOREB
STRYT Y SCWEIAR
MOSTYN RD
HEOL PENYFELIN
Rhos-berse
RHOS BERSE RD
The Wern
Rhos-berse Farm
Brookfield Farm
LL14
Nant Mill Wood
LL14
Fron Deg (Outward Bound Ctr)
Hillside Farm
B5426
Nant Mill
Nant Bridge

71

D6
1 FFORDD Y BANNAU/BEACON RD
2 CLOS Y GWEUNDIA/HEATHWOOD CL
3 ERW HEULOG/SUNNYACRE
4 WILLOW LEA CL
5 CLYWEDOG CL
6 FERNDALE RISE

66

D7
1 BRYN AWEL CT
2 GREENWOOD AVE
3 TAI CAPEL
4 AURELIUS HO
5 LLYS YR ORSAF/STATION CT
6 ROSEBINE VIEW

D8
1 GREENFIELD TERR
2 CLAREMONT COTTS
3 CLOS Y RHAGLAW/REGENT CL
4 LON CARLTON/CARLTON DR
5 FFORDD MENAI/MENAI WAY
6 MAESTAG
7 RHODFA GELE/GELE AVE

A4
1 CHAPEL CT
2 ZION COTTS
3 BRIDGE CT
4 GWENFRA COTTS
5 NELSON TERR
6 WESTERN VILLAS

B4
1 CORONATION COTTS
2 VULCAN COTTS
3 GLADWYN TERR
4 STURGES WLK
5 THE BRAMBLES
6 SCHOOL LA

71

C3
1 GORPHWSFA
2 CORONATION TERR
3 IMPERIAL TERR
4 GREENFIELD TERR
5 CLEMENT HO
6 ALEXANDER HO
7 SOAR CHAPEL
8 WESTON VIEW
9 LABURNUS GR

79

C3
10 WILSON HO
11 GERDDI'R BERSE/BERSE GDNS
12 PLEASANT VILLAS
13 DUNALE VILLAS

For full street detail of the highlighted area see page 145.

A5
1 PRINCES CL
2 BROXTON TERR
3 WEST VIEW
4 MOUNTAIN VIEW
5 FFORDD TREFALDWYN
6 FFORDD MEIRIONNYDD
7 FFORD MORGANNWYG
8 WESTLEIGH WAY

B5
1 GARDD ESTYN
2 GERDDI SUSSEX/SUSSEX GDNS
3 CWRT PENTREF/VILLAGE CT

B6
1 SMITHY CL
2 LAVISTER GDNS
3 GRASMERE WAY
4 NEWBRIGG RD

B7
1 FFORDD ARLEY/ARLEY RD
2 CLIGNANT AVONDALE/AVONDALE CRES
3 GLAN-Y-WIBER/ADDERLEY BANK
4 MAES-YR-HAF
5 FFORDD ALMER

67

C6
1 HEOL LLAWHADEN
2 RANSCOMBE CRES
3 FERNHAM DR
4 WHITEFRIARS
5 GREYFRIARS

74

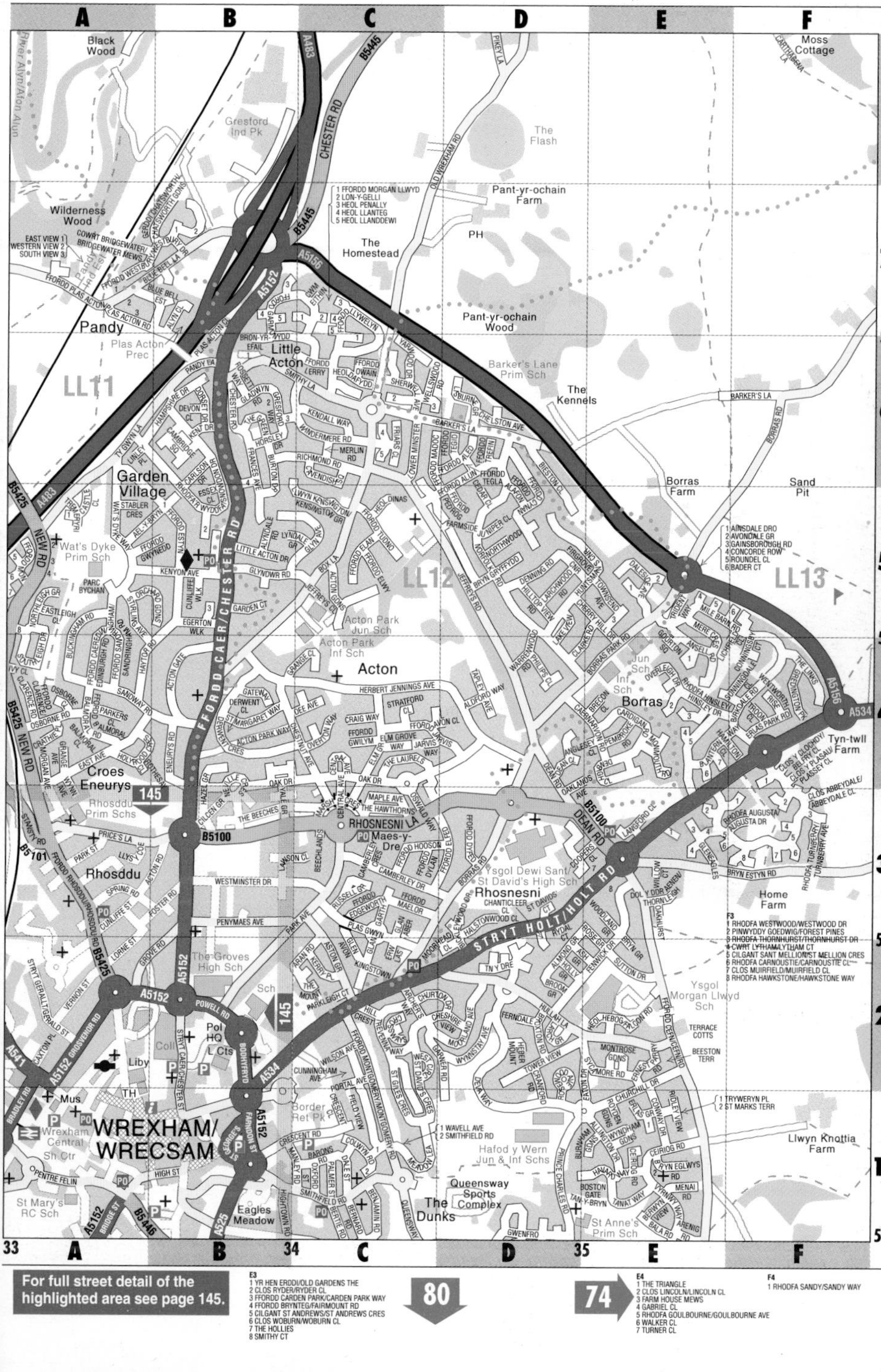

For full street detail of the highlighted area see page 145.

E3
1 YR HEN ERDDI/OLD GARDENS THE
2 CLOS RYDER/RYDER CL
3 FFORDD CARDEN PARK/CARDEN PARK WAY
4 FFORDD BRYNTEG/FAIRMOUNT RD
5 CILGANT ST ANDREWS/ST ANDREWS CRES
6 CLOS WOBURN/WOBURN CL
7 THE HOLLIES
8 SMITHY CT

80

74

E4
1 THE TRIANGLE
2 CLOS LINCOLN/LINCOLN CL
3 FARM HOUSE MEWS
4 GABRIEL CL
5 RHODFA GOULBOURNE/GOULBOURNE AVE
6 WALKER CL
7 TURNER CL

F4
1 RHODFA SANDY/SANDY WAY

73
68

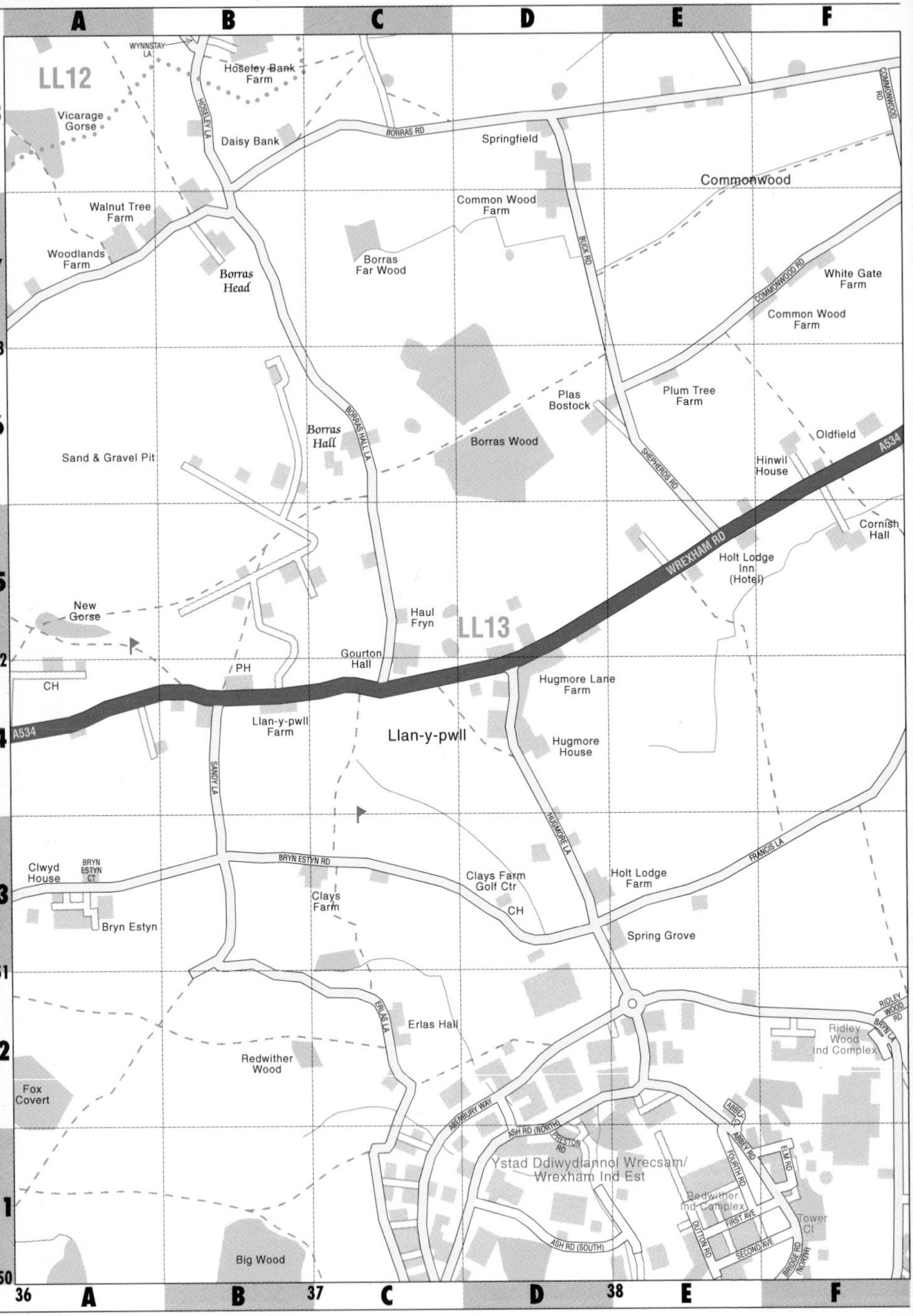
A
B
C
D
E
F
8
7
53
6
5
52
4
3
51
2
1
50
36
37
38
LL12
LL13
WYNNSTAY LA
Hoseley Bank Farm
Vicarage Gorse
HOSELEY LA
Daisy Bank
BORRAS RD
Springfield
COMMONWOOD RD
Commonwood
Walnut Tree Farm
Common Wood Farm
Woodlands Farm
Borras Head
Borras Far Wood
BUCK RD
White Gate Farm
COMMONWOOD RD
Common Wood Farm
Plas Bostock
Plum Tree Farm
Borras Hall
BORRAS HALL LA
Borras Wood
Oldfield
A534
Sand & Gravel Pit
SHEPHERDS RD
Hinwil House
Cornish Hall
WREXHAM RD
Holt Lodge Inn (Hotel)
New Gorse
Haul Fryn
Gourton Hall
PH
CH
Hugmore Lane Farm
A534
Llan-y-pwll Farm
Llan-y-pwll
Hugmore House
SANDY LA
HUGMORE LA
BRYN ESTYN RD
FRANCIS LA
Clwyd House
BRYN ESTYN CT
Clays Farm Golf Ctr
Holt Lodge Farm
Clays Farm
CH
Bryn Estyn
Spring Grove
ERLAS LA
RIDLEY WOOD RD
Erlas Hall
BRYN LA
Ridley Wood Ind Complex
Redwither Wood
Fox Covert
ABENBURY WAY
ASH RD (NORTH)
PRESTON RD
ABBEY CL
ABBEY RD
ELM RD
FOURTH RD
Ystad Ddiwydiannol Wrecsam/ Wrexham Ind Est
Bedwither Ind Complex
FIRST AVE
DUTTON RD
Tower Cl
ASH RD (SOUTH)
SECOND AVE
BRIDGE RD (NORTH)
Big Wood

73
81

69
76

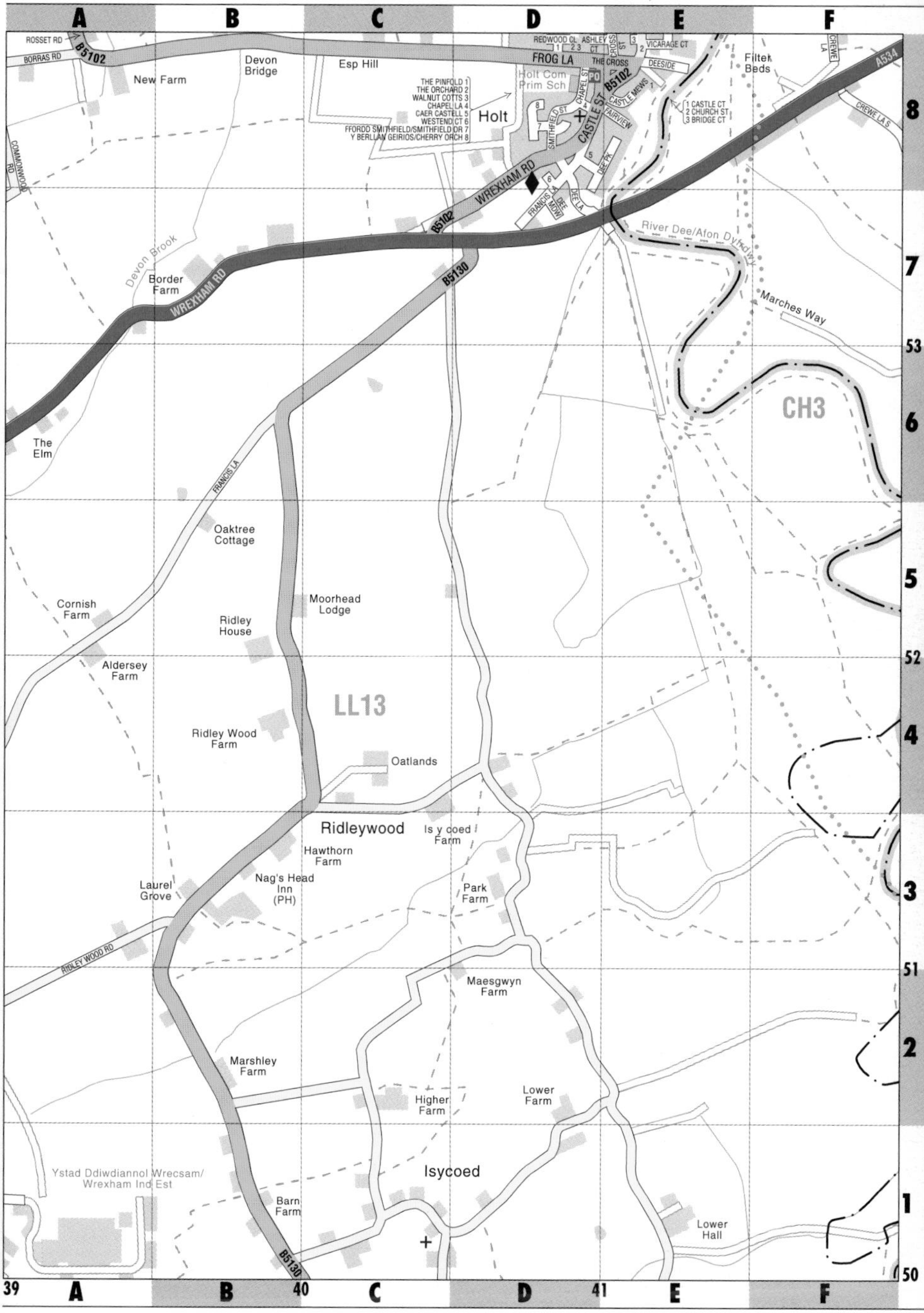
A
B
C
D
E
F
8
7
53
6
5
52
4
3
51
2
1
50
39
40
41
ROSSET RD
BORRAS RD
B5102
COMMONWOOD RD
New Farm
Devon Bridge
Esp Hill
REDWOOD CL
ASHLEY CT
CROSS ST
VICARAGE CT
FROG LA
THE CROSS
DEESIDE
Holt Com Prim Sch
PO
THE PINFOLD 1
THE ORCHARD 2
WALNUT COTTS 3
CHAPEL LA 4
CAER CASTELL 5
WESTEND CT 6
FFORDD SMITHFIELD/SMITHFIELD DR 7
Y BERLLAN GEIRIOS/CHERRY ORCH 8
Holt
SMITHFIELD ST
CHAPEL ST
CASTLE ST
CASTLE MEWS
FAIRVIEW
DEE PK
WREXHAM RD
FRANCIS LA
DEE MDW
DEE LA
1 CASTLE CT
2 CHURCH ST
3 BRIDGE CT
Filter Beds
CREWE LA
CREWE LA S
A534
River Dee/Afon Dyfrdwy
Devon Brook
Border Farm
WREXHAM RD
B5130
Marches Way
CH3
The Elm
Oaktree Cottage
Cornish Farm
Moorhead Lodge
Ridley House
Aldersey Farm
LL13
Ridley Wood Farm
Oatlands
Ridleywood
Is y coed Farm
Hawthorn Farm
Laurel Grove
Nag's Head Inn (PH)
Park Farm
RIDLEY WOOD RD
Maesgwyn Farm
Marshley Farm
Higher Farm
Lower Farm
Ystad Ddiwdiannol Wrecsam/ Wrexham Ind Est
Isycoed
Barn Farm
Lower Hall

82
76

75

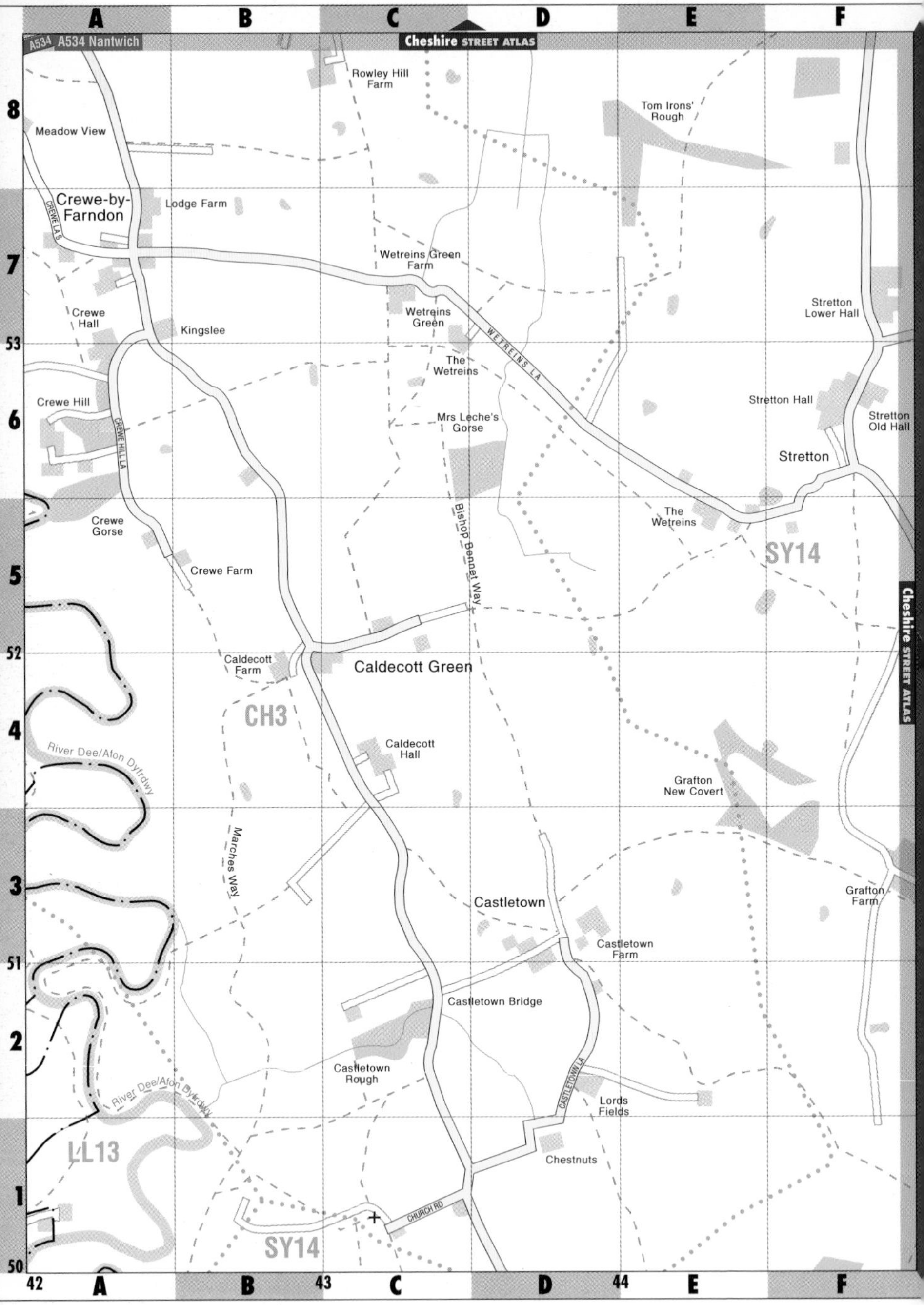
A534 Nantwich
Cheshire STREET ATLAS
Rowley Hill Farm
Tom Irons' Rough
Meadow View
Crewe-by-Farndon
Lodge Farm
CREWE LAS
Wetreins Green Farm
Crewe Hall
Kingslee
Wetreins Green
Stretton Lower Hall
WETREINS LA
The Wetreins
Crewe Hill
Mrs Leche's Gorse
Stretton Hall
Stretton Old Hall
CREWE HILL LA
Stretton
Crewe Gorse
Bishop Bennet Way
The Wetreins
SY14
Crewe Farm
Caldecott Farm
Caldecott Green
CH3
Caldecott Hall
River Dee/Afon Dyfrdwy
Grafton New Covert
Marches Way
Castletown
Grafton Farm
Castletown Farm
Castletown Bridge
Castletown Rough
CASTLETOWN LA
Lords Fields
River Dee/Afon Dyfrdwy
LL13
Chestnuts
CHURCH RD
SY14
A B C D E F
8 7 53 6 5 52 4 3 51 2 1 50
42 43 44

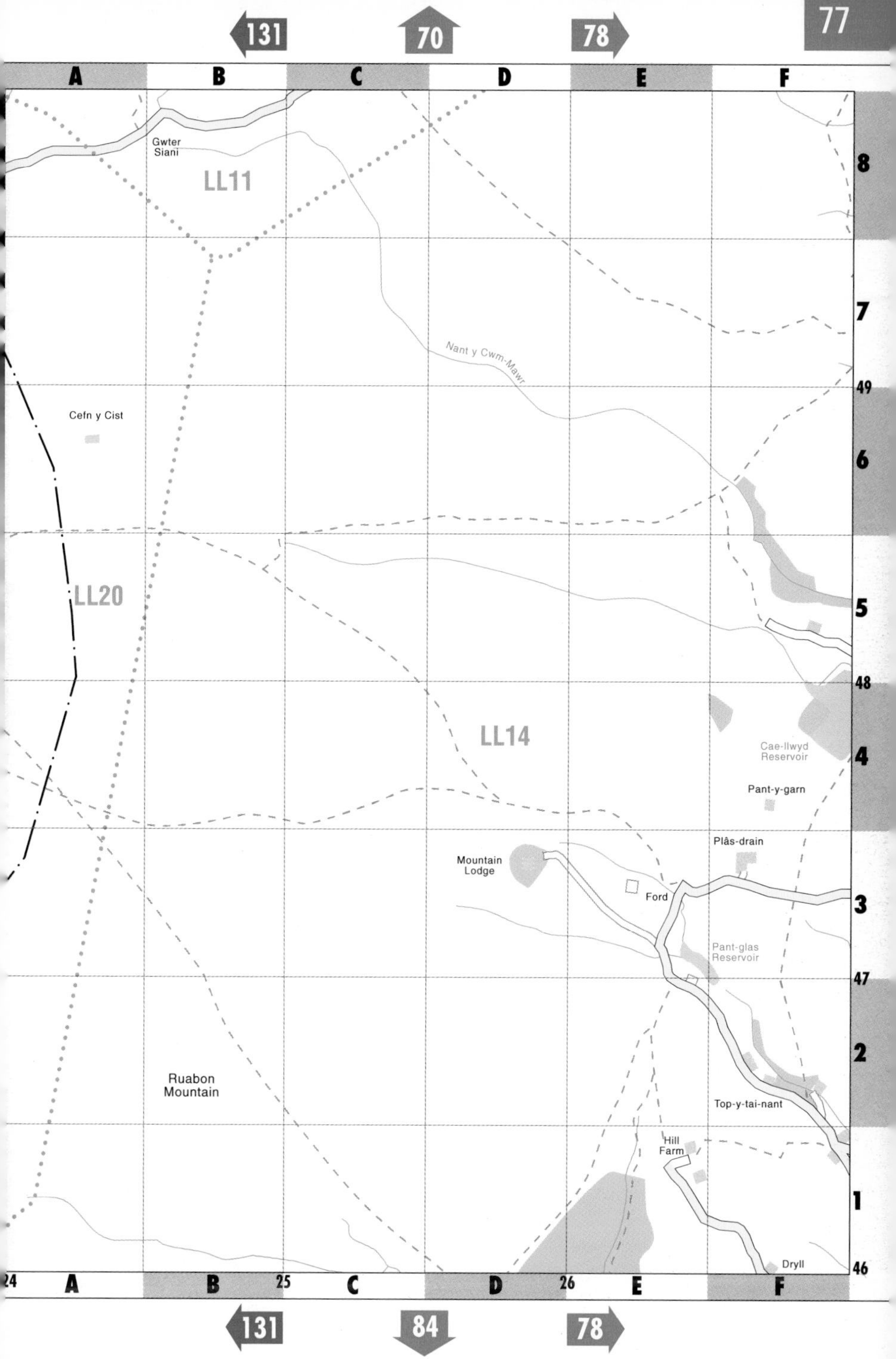
131
70
78
A
B
C
D
E
F
8
7
49
6
5
48
4
3
47
2
1
46
24
25
26
Gwter Siani
LL11
Nant y Cwm-Mawr
Cefn y Cist
LL20
LL14
Cae-llwyd Reservoir
Pant-y-garn
Plâs-drain
Mountain Lodge
Ford
Pant-glas Reservoir
Ruabon Mountain
Top-y-tai-nant
Hill Farm
Dryll
131
84
78

77
71

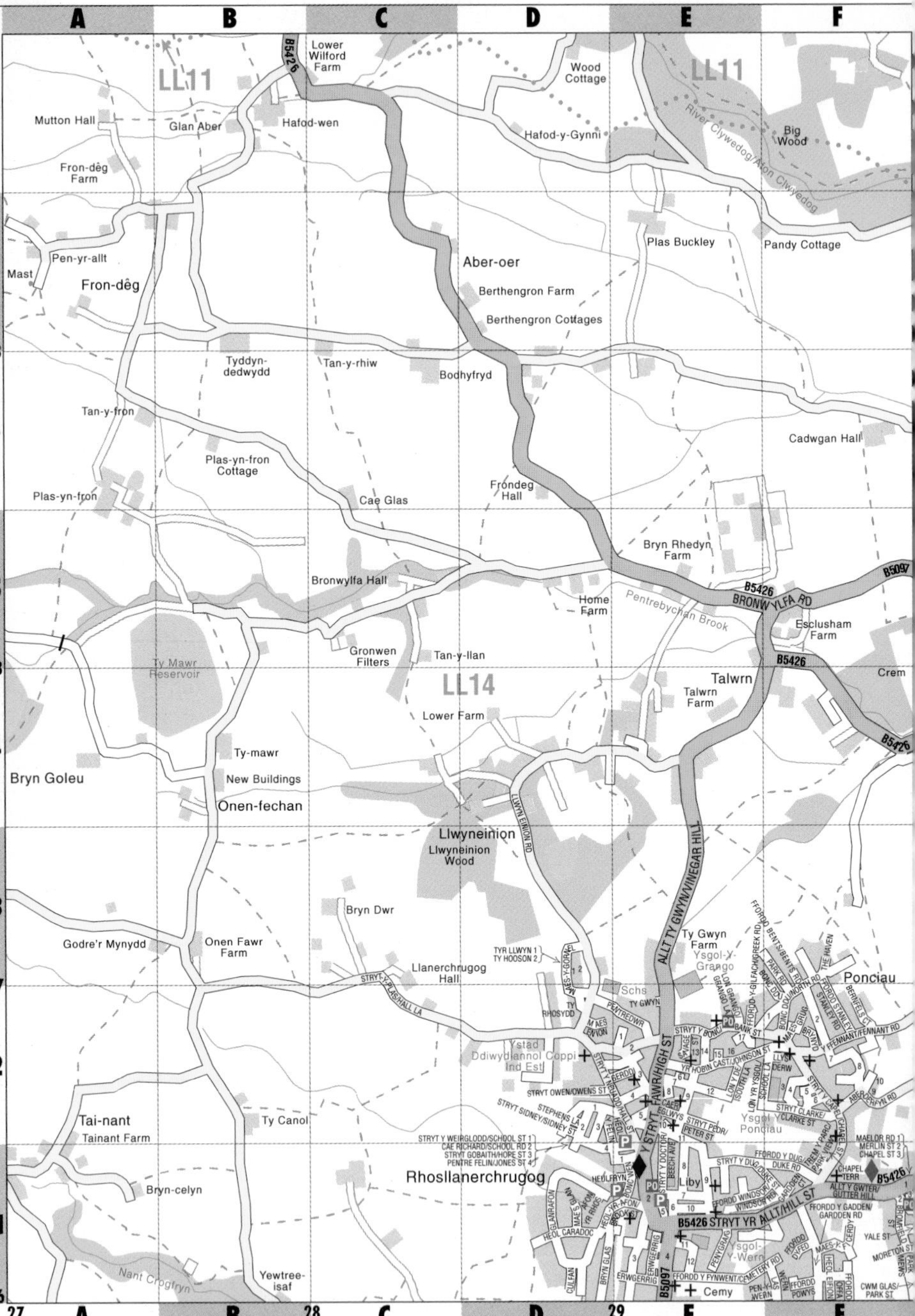

77
85

E1
1 STRYT YR EFAIL/SMITH ST
2 STRYT Y FARCHNAD/MARKET ST
3 STRYT OSBORNE/OSBORNE ST
4 STRYT Y GOF/CHURCH ST
5 RHES Y CIGYDD/BUTCHERS ROW
6 STRYT Y BRENLN/KING ST
7 FFORDD Y TYWYSOB/PRINCES RD
8 RHODFA'R POPLYS/POPLAR AVE
9 STRYT Y FRENHINES/QUEEN ST

E1
10 STRYT CYNLAS/CYNLAS ST
11 LON Y WERN/WERN LA
12 STRYT FICTORIA/VICTORIA ST

E2
1 LLWYDIARTH
2 HEOL-Y-MYNYDD/MOUNTAIN ST
3 STRYT Y CAMBELIAID/CAMPBELL ST
4 STRYT YR ALARCH/SWAN ST
5 STRYT FECHAN/ROBERTS LA

E2
6 FFORDD PENRI/PENRY ST
7 STRYT PEARSON/PEARSON ST
8 LLYS PENUEL
9 STRYT NEWYDD/NEW ST
10 STRYT Y CIGYDD/BUTCHER ST
11 STRYT LYDAN/BROAD ST
12 STRYT Y BEDYDDWYR/BAPTIST ST
13 TY WESLEY
14 HEOL AWSTRALIA/AUSTRALIA ST
15 CRAIGLE
16 TROEDLE
17 LON DELPH/DELPH LA

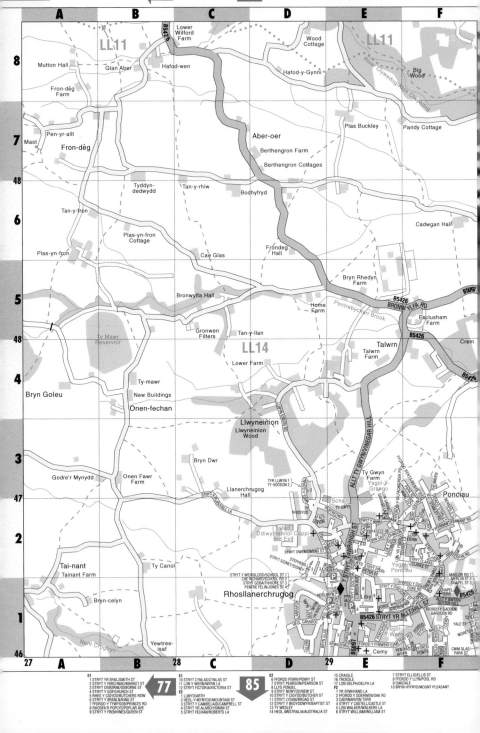

F2
1 YR ERW/HAND LA
2 FFORDD Y DDERWEN/OAK RD
3 CAERNARVON TERR
4 STRYT Y CASTELL/CASTLE ST
5 LON WALKER/WALKERS LA
6 STRYT WILLIAM/WILLIAM ST
7 STRYT ELLIS/ELLIS ST
8 FFORDD Y LLYN/POOL RD
9 OAKDALE
10 BRYN HYFRYD/MOUNT PLEASANT

72
80

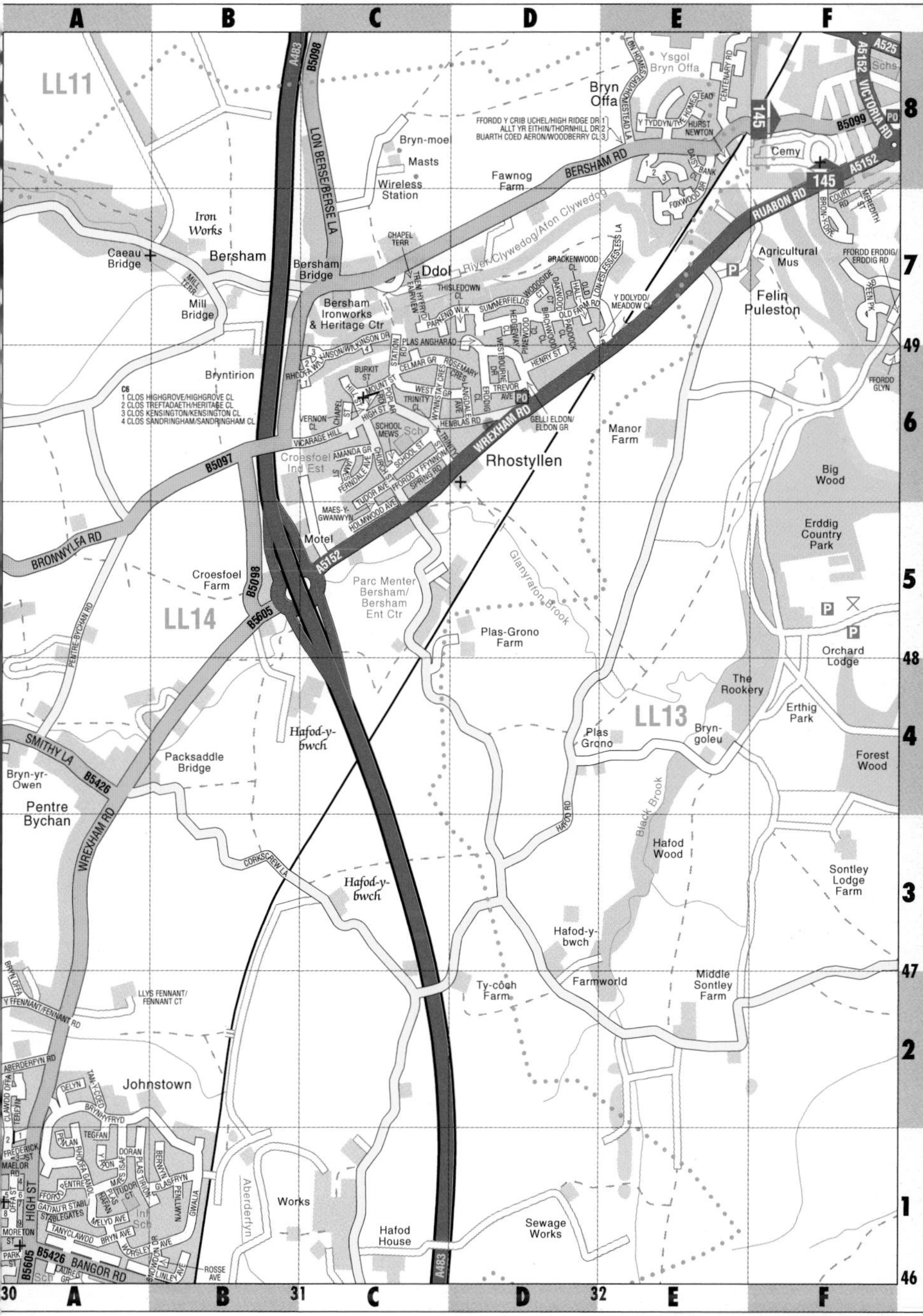

A1
1 CHARLES ST
2 VICTORIA AVE
3 HAFOD-Y-GLYN
4 OFFA CT
5 MERLIN ST
6 LLYS HAFOD
7 MERLIN CT
8 YALE ST
9 MILLARS CT

86
80
For full street detail of the highlighted area see page 145.

79
73

D7
1 RHODFA GWDIG/GOODWICK DR
2 RHODFA CEINEWYDD/NEWQUAY DR
3 GELLE GOODWOOD/GOODWOOD GR
4 CLOS CARTMEL/CARTMEL CL

For full street detail of the highlighted area see page 145.

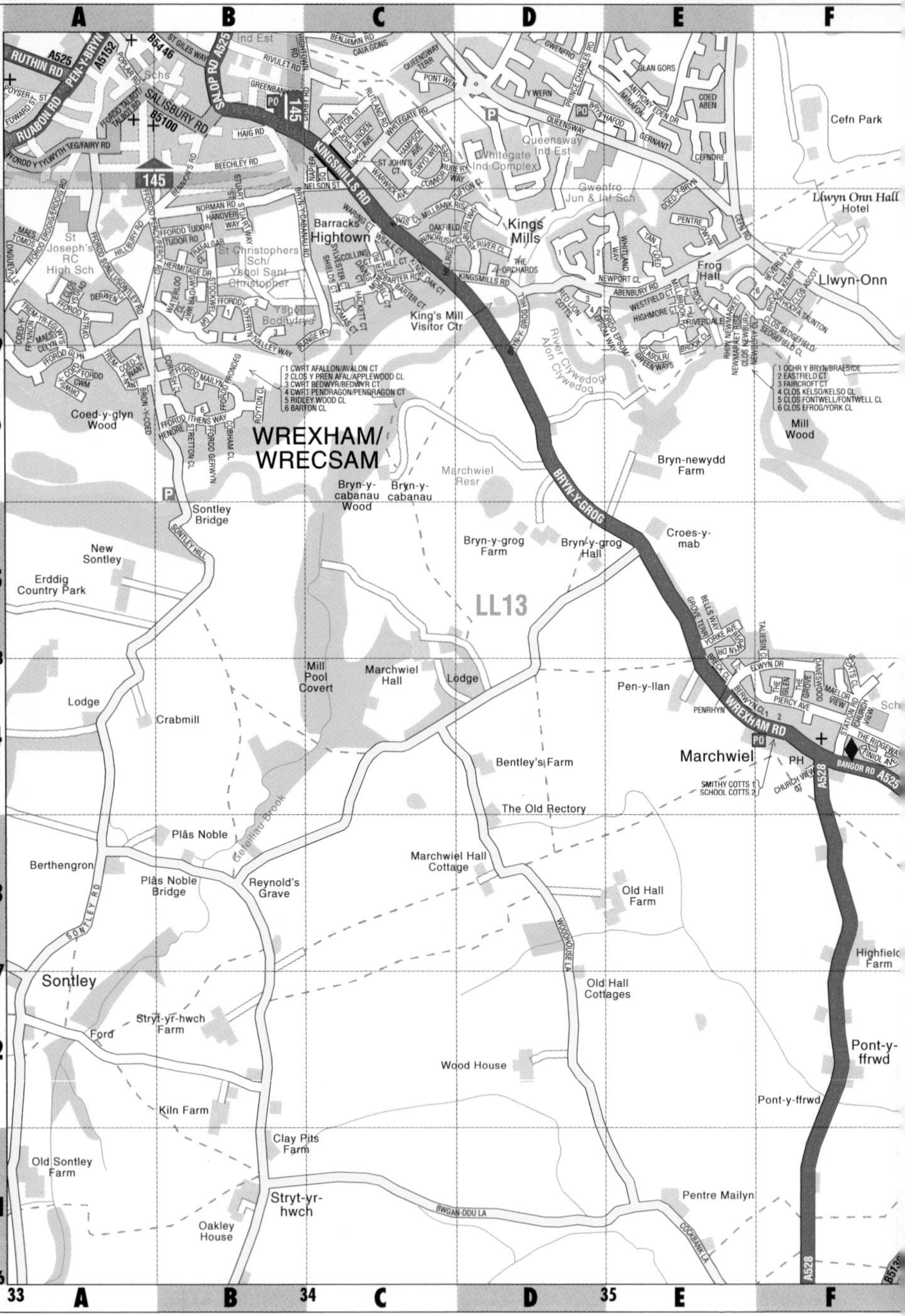

74
82

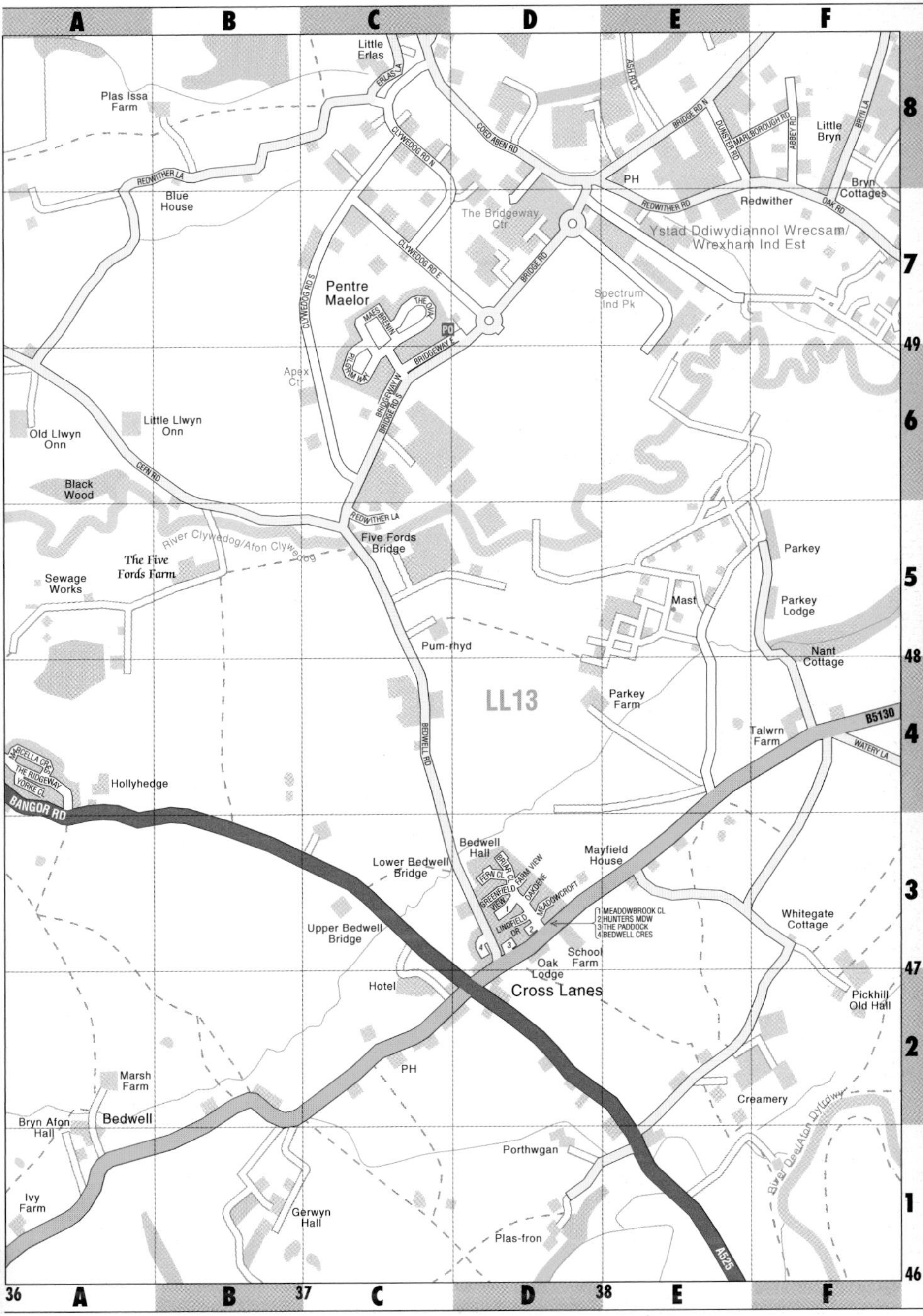
A
B
C
D
E
F
8
7
49
6
5
48
4
3
47
2
1
46
36
37
38
Little Erlas
ERLAS LA
Plas Issa Farm
REDWITHER LA
Blue House
CLYWEDOG RD N
COED ABEN RD
ASH RD S
BRIDGE RD N
DUNSTER RD
MARLBOROUGH RD
ABBEY RD
BRYN LA
Little Bryn
PH
REDWITHER RD
Redwither
OAK RD
Bryn Cottages
The Bridgeway Ctr
Ystad Ddiwydiannol Wrecsam/ Wrexham Ind Est
CLYWEDOG RD E
BRIDGE RD
Pentre Maelor
CLYWEDOG RD S
MAES BRENIN
THE OVAL
PO
PILGRIM WAY
BRIDGEWAY E
BRIDGEWAY W
BRIDGE RD S
Spectrum Ind Pk
Apex Ctr
Old Llwyn Onn
Little Llwyn Onn
CEFN RD
Black Wood
REDWITHER LA
Five Fords Bridge
River Clywedog/Afon Clywedog
The Five Fords Farm
Sewage Works
Parkey
Mast
Parkey Lodge
Pum-rhyd
Nant Cottage
LL13
Parkey Farm
BEDWELL RD
B5130
Talwrn Farm
WATERY LA
MARCELLA CRES
THE RIDGEWAY
YORKE CL
Hollyhedge
BANGOR RD
Bedwell Hall
Lower Bedwell Bridge
Mayfield House
FERN CL
BRIAR CL
FARM VIEW
OAKDENE
GREENFIELD VIEW
MEADOWCROFT
LINDFIELD DR
1 MEADOWBROOK CL
2 HUNTERS MDW
3 THE PADDOCK
4 BEDWELL CRES
Upper Bedwell Bridge
Whitegate Cottage
School Farm
Oak Lodge
Hotel
Cross Lanes
Pickhill Old Hall
PH
Marsh Farm
Creamery
Bryn Afon Hall
Bedwell
River Dee/Afon Dyfrdwy
Porthwgan
Ivy Farm
Gerwyn Hall
Plas-fron
A525

88
82

81
75

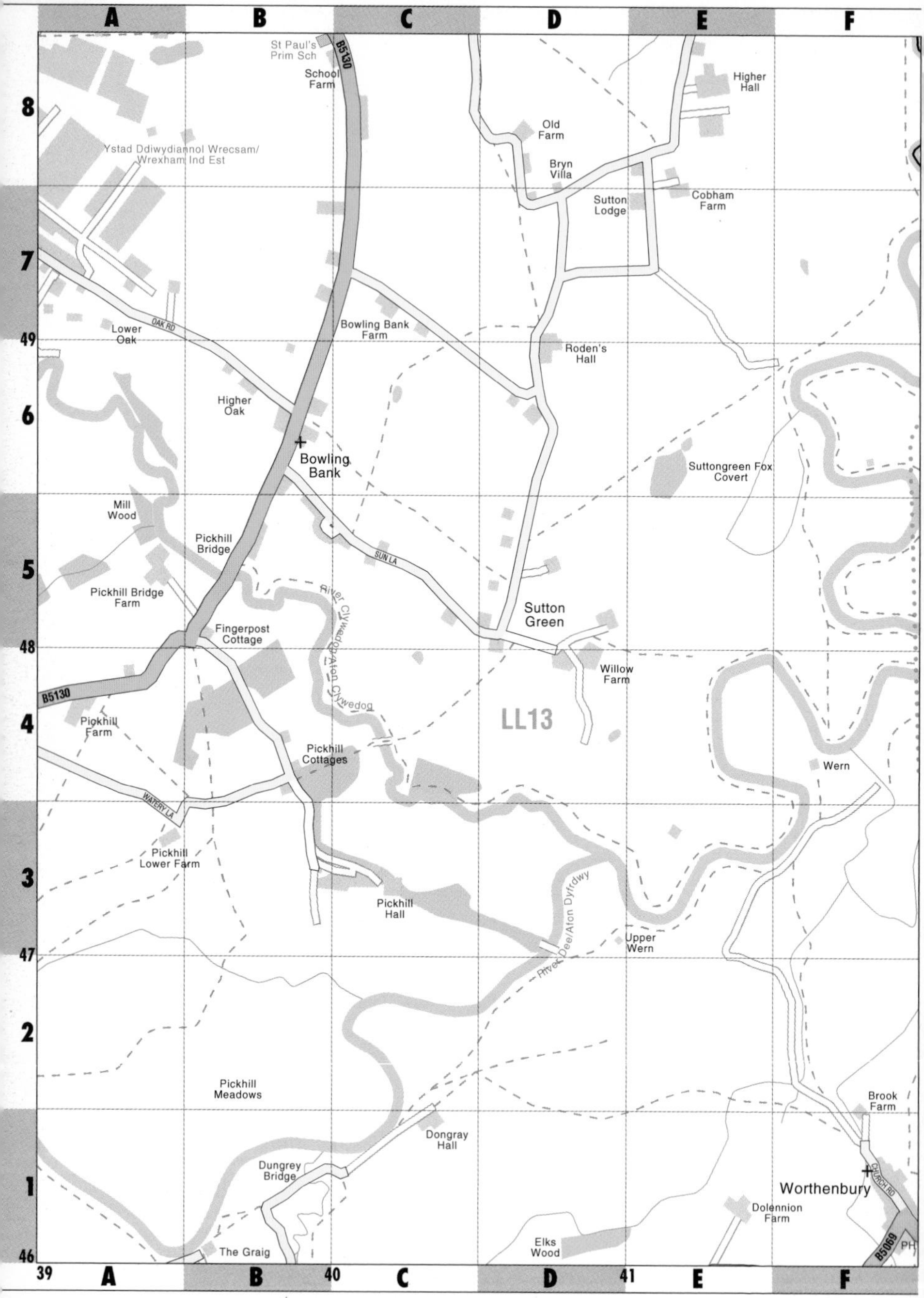
A
B
C
D
E
F
8
7
49
6
5
48
4
3
47
2
1
46
39
40
41
St Paul's Prim Sch
B5130
School Farm
Higher Hall
Old Farm
Bryn Villa
Ystad Ddiwydiannol Wrecsam/ Wrexham Ind Est
Sutton Lodge
Cobham Farm
Lower Oak
OAK RD
Bowling Bank Farm
Roden's Hall
Higher Oak
Bowling Bank
Suttongreen Fox Covert
Mill Wood
Pickhill Bridge
SUN LA
Pickhill Bridge Farm
River Clywedog/Afon Clywedog
Sutton Green
Fingerpost Cottage
Willow Farm
B5130
LL13
Pickhill Farm
Pickhill Cottages
Wern
WATERY LA
Pickhill Lower Farm
Pickhill Hall
River Dee/Afon Dyfrdwy
Upper Wern
Pickhill Meadows
Brook Farm
Dongray Hall
Dungrey Bridge
Worthenbury
CHURCH RD
Dolennion Farm
Elks Wood
The Graig
B5069
PH

81
89

76

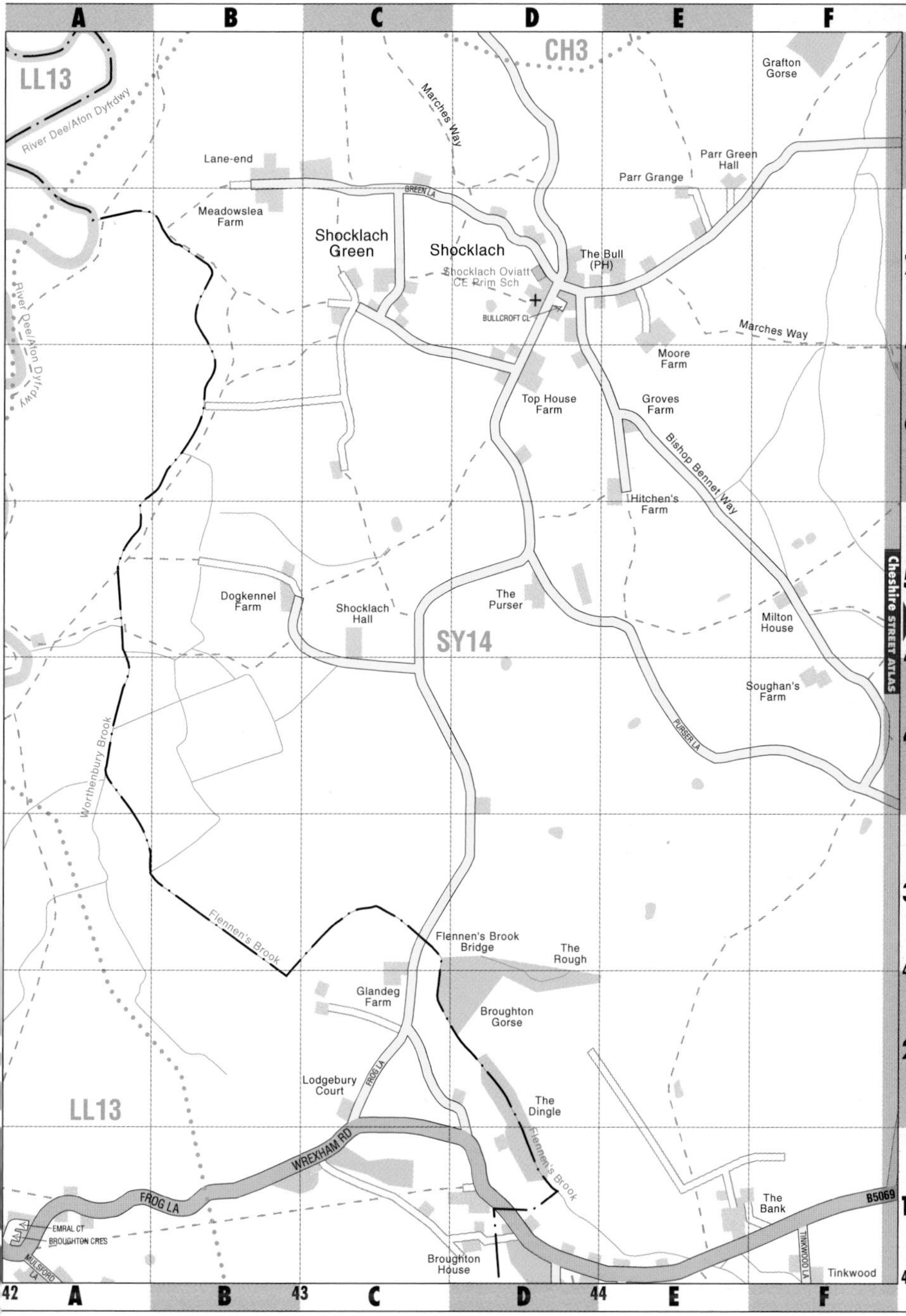
A
B
C
D
E
F
8
7
6
5
4
3
2
1
49
48
47
46
42
43
44
LL13
CH3
SY14
River Dee/Afon Dyfrdwy
Marches Way
Grafton Gorse
Lane-end
Meadowslea Farm
Parr Green Hall
Parr Grange
GREEN LA
Shocklach Green
Shocklach
The Bull (PH)
Shocklach Oviatt CE Prim Sch
BULLCROFT CL
Moore Farm
Top House Farm
Groves Farm
Bishop Bennet Way
Hitchen's Farm
Dogkennel Farm
Shocklach Hall
The Purser
Milton House
Soughan's Farm
PURSER LA
Worthenbury Brook
Cheshire STREET ATLAS
Flennen's Brook
Flennen's Brook Bridge
The Rough
Glandeg Farm
Broughton Gorse
Lodgebury Court
FROG LA
The Dingle
WREXHAM RD
FROG LA
EMRAL CT
BROUGHTON CRES
MULSFORD LA
Broughton House
The Bank
B5069
TINKWOOD LA
Tinkwood

90

131
77

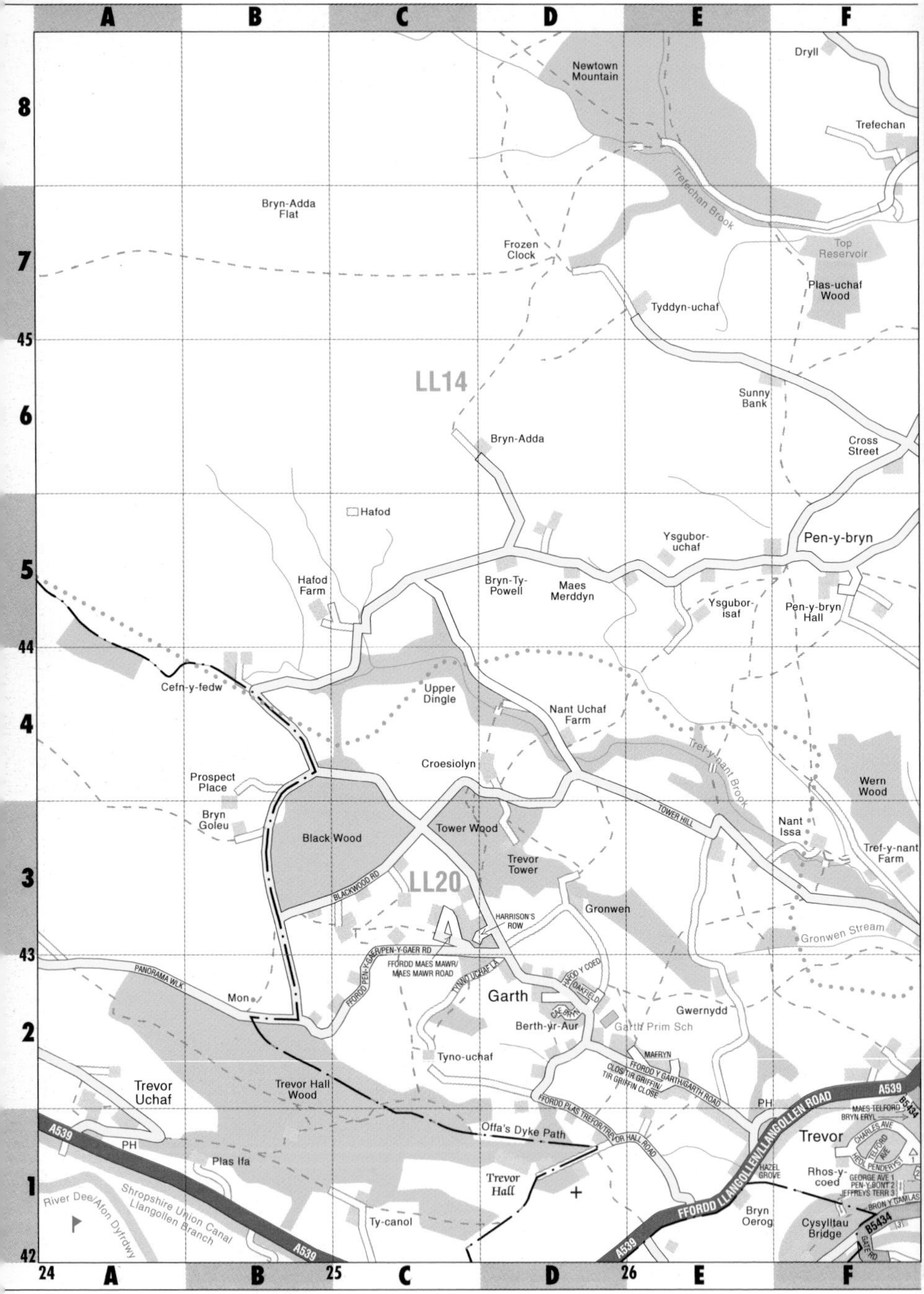
A
B
C
D
E
F
8
7
45
6
5
44
4
3
43
2
1
42
24
25
26
Newtown Mountain
Dryll
Trefechan
Trefechan Brook
Bryn-Adda Flat
Frozen Clock
Top Reservoir
Plas-uchaf Wood
Tyddyn-uchaf
LL14
Sunny Bank
Bryn-Adda
Cross Street
Hafod
Ysgubor-uchaf
Pen-y-bryn
Hafod Farm
Bryn-Ty-Powell
Maes Merddyn
Ysgubor-isaf
Pen-y-bryn Hall
Cefn-y-fedw
Upper Dingle
Nant Uchaf Farm
Tref-y-nant Brook
Prospect Place
Croesiolyn
Wern Wood
Bryn Goleu
Tower Wood
TOWER HILL
Nant Issa
Black Wood
Trevor Tower
Tref-y-nant Farm
LL20
BLACKWOOD RD
HARRISON'S ROW
Gronwen
Gronwen Stream
FFORDD PEN-Y-GAER/PEN-Y-GAER RD
FFORDD MAES MAWR/ MAES MAWR ROAD
PANORAMA WLK
TYNNO UCHAF LA
HAFOD Y COED
OAKFIELD
Mon
Garth
Gwernydd
Berth-yr-Aur
Garth Prim Sch
MAFRYN
Tyno-uchaf
CLOS TIR GRIFFIN/ TIR GRIFFIN CLOSE
FFORDD Y GARTH/GARTH ROAD
Trevor Uchaf
Trevor Hall Wood
PH
A539
FFORDD PLAS TREFOR/TREVOR HALL ROAD
FFORDD LLANGOLLEN/LLANGOLLEN ROAD
MAES TELFORD
BRYN ERYL
B5434
Offa's Dyke Path
Trevor
CHARLES AVE
TELFORD AVE
HEOL PENDERYST
Plas Ifa
Trevor Hall
HAZEL GROVE
Rhos-y-coed
GEORGE AVE
PEN-Y-BONT
JEFFREYS TERR
River Dee/Afon Dyfrdwy
Shropshire Union Canal Llangollen Branch
Ty-canol
Bryn Oerog
Cysylltau Bridge
BRON Y GAMLAS
GATE RD

131
94

78
86

C1
1 CROSS KEYS PL
2 KENFIG PL

95
86

85
79

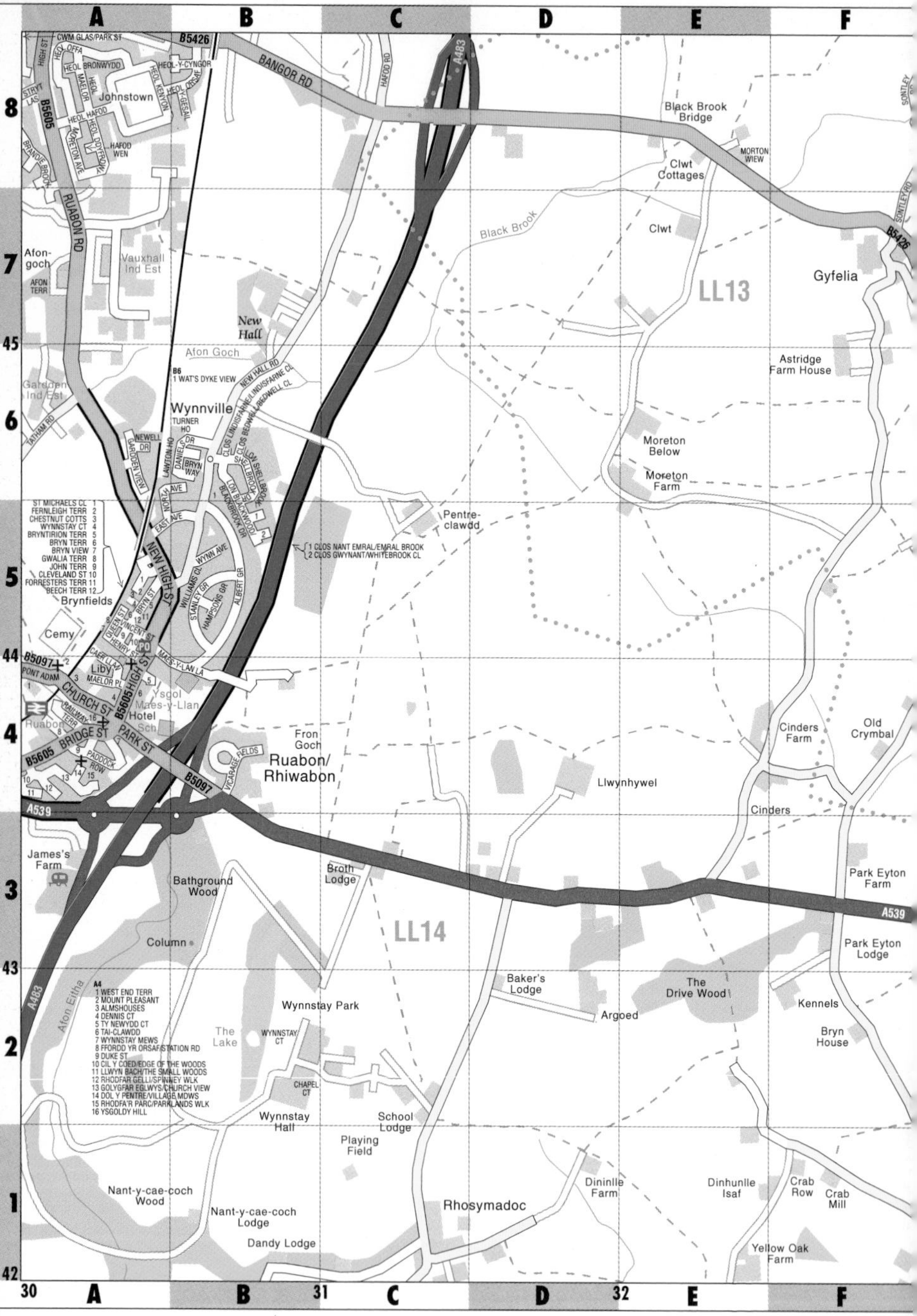
A
B
C
D
E
F
8
7
45
6
5
44
4
3
43
2
1
42
30
31
32
B5426
BANGOR RD
A483
HAFOD RD
CWM GLAS/PARK ST
HIGH ST
HEOL OFFA
HEOL BRONWYDD
HEOL-Y-CYNGOR
MAELOR
Johnstown
STRYT LAS
B5605
HEOL HAFOD
MORETON AVE
HAFOD WEN
RUABON RD
Black Brook Bridge
MORTON WIEW
Clwt Cottages
Clwt
Black Brook
SONTLEY RD
Gyfelia
LL13
Afon-goch
AFON TERR
Vauxhall Ind Est
New Hall
Afon Goch
B6
1 WAT'S DYKE VIEW
NEW HALL RD
Garden Ind Est
TATHAM RD
Wynnville
TURNER HO
Astridge Farm House
Moreton Below
Moreton Farm
Pentre-clawdd
ST MICHAELS CL 1
FERNLEIGH TERR 2
CHESTNUT COTTS 3
WYNNSTAY CT 4
BRYNTIRION TERR 5
BRYN TERR 6
BRYN VIEW 7
GWALIA TERR 8
JOHN TERR 9
CLEVELAND ST 10
FORRESTERS TERR 11
BEECH TERR 12
1 CLOS NANT EMRAL/EMRAL BROOK
2 CLOS GWYNANT/WHITEBROOK CL
NEW HIGH ST
EAST AVE
NORTH AVE
WYNN AVE
WILLIAMS CL
STANLEY GR
HAMPSONS GR
ALBERT GR
BLACKBROOK DR
Brynfields
Cemy
B5097
PONT ADAM
CHURCH ST
Liby
MAELOR PL
HIGH ST
PO
MAES-Y-LLAN LA
Ysgol Maes-y-Llan
Hotel
Sch
Ruabon
RAILWAY TERR
BRIDGE ST
PARK ST
PADDOCK ROW
VICARAGE FIELDS
Fron Goch
Ruabon/ Rhiwabon
Llwynhywel
Cinders Farm
Old Crymbal
Cinders
A539
James's Farm
Bathground Wood
Broth Lodge
Park Eyton Farm
LL14
Column
Park Eyton Lodge
A4
1 WEST END TERR
2 MOUNT PLEASANT
3 ALMSHOUSES
4 DENNIS CT
5 TY NEWYDD CT
6 TAI-CLAWDD
7 WYNNSTAY MEWS
8 FFORDD YR ORSAF/STATION RD
9 DUKE ST
10 CIL Y COED/EDGE OF THE WOODS
11 LLWYN BACH/THE SMALL WOODS
12 RHODFAR GELLI/SPINNEY WLK
13 GOLYGFAR EGLWYS/CHURCH VIEW
14 DOL Y PENTRE/VILLAGE MDWS
15 RHODFA'R PARC/PARKLANDS WLK
16 YSGOLDY HILL
Afon Eitha
Baker's Lodge
The Drive Wood
Kennels
Wynnstay Park
Argoed
Bryn House
The Lake
WYNNSTAY CT
CHAPEL CT
Wynnstay Hall
School Lodge
Playing Field
Nant-y-cae-coch Wood
Nant-y-cae-coch Lodge
Dandy Lodge
Rhosymadoc
Dininlle Farm
Dinhunlle Isaf
Crab Row
Crab Mill
Yellow Oak Farm

85
96

80
88

A
B
C
D
E
F
Cockbank Farm
Cock Bank
COCKBANK LA
A528
B5130
PENTRE NANT LA
8
The Groves
The Willows
SONTLEY RD
Well Wood
Yorke's Dingles
Stone Bridge
Craft Ctr
CH
White House
7
Plassey
Plas Eyton
Fedw-goed
Eyton CW Prim Sch
B5426
Eyton House
Pen-y-fron
Shropshire Cottages
PH
EYTON GR
45
Eyton
Brook Cottage
Eyton Grange
6
Crabtree Green
Eyton Bank
Crymbal Farm
Huntsman's Hollow
EYTONHALL LA
Manor Farm
Lower Park Eyton
Sall's Wood
5
Eytonhall Wood
The Crimbles
Round Wood
LL13
Old Hall Wood
44
Caldecott's Wood
Old Hall
Nant-y-Lladron Bridge
Nant-y-Lladron
4
Asney Cottage
Park Eyton
Long Wood
Asney Cottage
Fields Farm
A539
A528
3
Maes-Gwaelod Farm
Cae-gwydd
TWINING HILL
River Dee/Afon Dyfrdwy
Drury's Plantation
43
Talfryn Cot
Rose Hill
Plas-Goulbourn
Overton Bridge
2
Cefnydd
PH
Yewtree
Kiln Cottages
LL14
Erbistock
Erbistock Hall
Min-yr-afon
Erbistock Gorse
1
Top Farm
Bryn Farm
BRYN BARNS
Erbistock Mill
Morris Wood
Groves Farm
Bryn Pen-y-lan
Nanterral
42
33
34
35

97
88

87
81

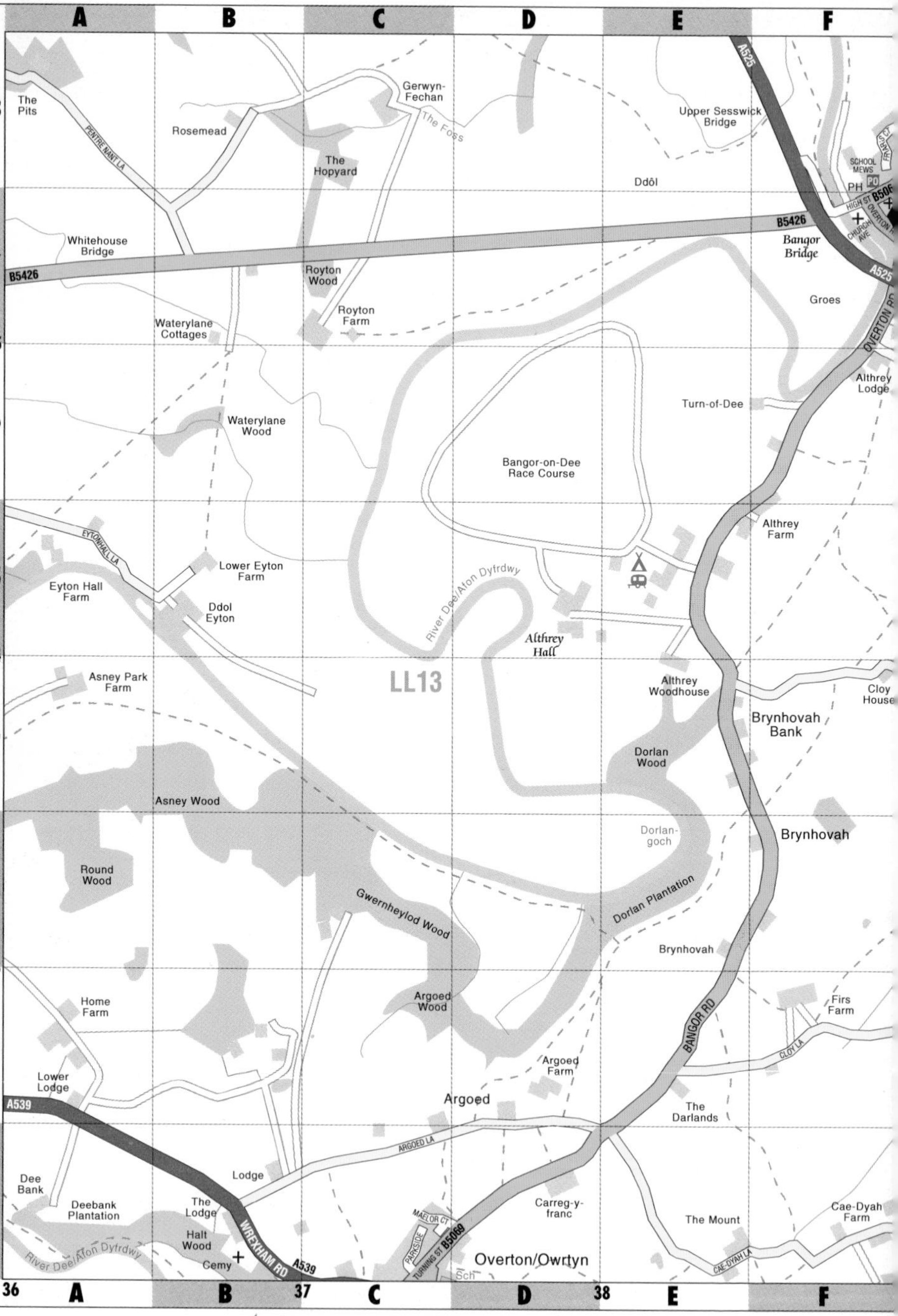
A
B
C
D
E
F
8
7
45
6
5
44
4
3
43
2
1
42
36
37
38
The Pits
PENTRE NANT LA
Rosemead
Gerwyn-Fechan
The Foss
The Hopyard
Upper Sesswick Bridge
Ddôl
A525
SCHOOL MEWS
PO
PH
HIGH ST
B5069
OVERTON RD
CHURCH AVE
B5426
Bangor Bridge
Whitehouse Bridge
B5426
Royton Wood
Royton Farm
Groes
Waterylane Cottages
OVERTON RD
Althrey Lodge
Turn-of-Dee
Waterylane Wood
Bangor-on-Dee Race Course
Althrey Farm
EYTONHALL LA
Lower Eyton Farm
River Dee/Afon Dyfrdwy
Eyton Hall Farm
Ddol Eyton
Althrey Hall
Asney Park Farm
LL13
Althrey Woodhouse
Cloy House
Brynhovah Bank
Dorlan Wood
Asney Wood
Dorlan-goch
Brynhovah
Round Wood
Gwernheylod Wood
Dorlan Plantation
Brynhovah
Home Farm
Argoed Wood
Firs Farm
BANGOR RD
CLOY LA
Argoed Farm
Lower Lodge
Argoed
The Darlands
A539
ARGOED LA
Dee Bank
Lodge
Deebank Plantation
The Lodge
MAELOR CT
Carreg-y-franc
The Mount
Cae-Dyah Farm
Halt Wood
WREXHAM RD
PARKSIDE
B5069
TURNING ST
Cemy
A539
Overton/Owrtyn
Sch
CAE-DYAH LA
River Dee/Afon Dyfrdwy

87
98

82
90

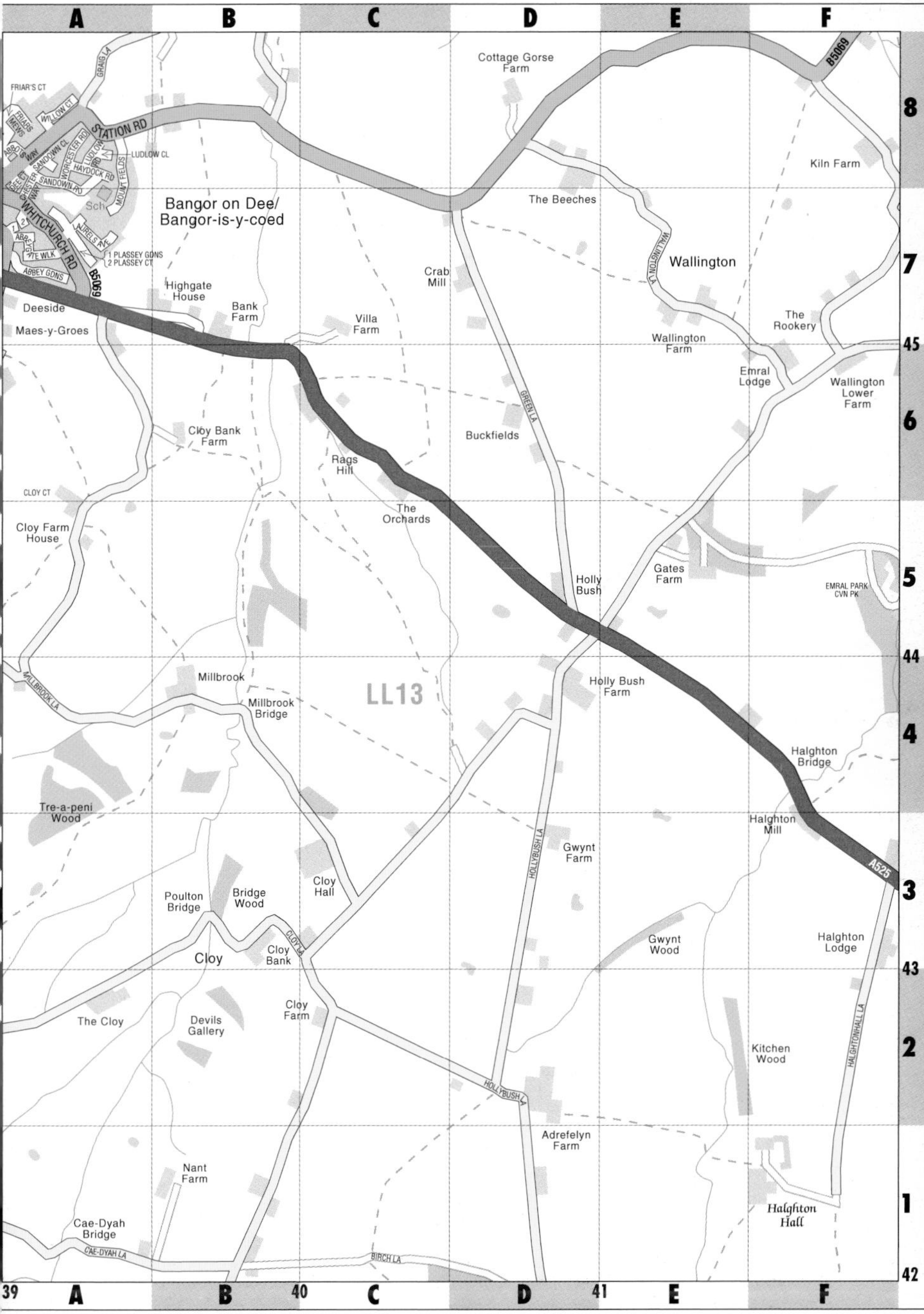
A
B
C
D
E
F
8
7
6
5
4
3
2
1
45
44
43
42
39
40
41
FRIAR'S CT
FRIARS MEWS
WILLOW CT
GRAIG LA
STATION RD
ABBOTS WAY
SANDOWN CL
WORCESTER RD
LUDLOW RD
LUDLOW CL
HAYDOCK RD
MOUNT FIELDS
SANDOWN RD
Sch
CHESTER WAY
WHITCHURCH RD
ABBEYGATE WLK
ABBEY GDNS
1 PLASSEY GDNS
2 PLASSEY CT
B5069
Bangor on Dee/
Bangor-is-y-coed
Cottage Gorse Farm
Kiln Farm
The Beeches
WALLINGTON LA
Wallington
Crab Mill
Highgate House
Bank Farm
Villa Farm
Deeside
Maes-y-Groes
The Rookery
Wallington Farm
Emral Lodge
Wallington Lower Farm
GREEN LA
Cloy Bank Farm
Buckfields
Rags Hill
CLOY CT
The Orchards
Cloy Farm House
Gates Farm
Holly Bush
EMRAL PARK CVN PK
MILLBROOK LA
Millbrook
Millbrook Bridge
LL13
Holly Bush Farm
Halghton Bridge
Tre-a-peni Wood
Halghton Mill
HOLLYBUSH LA
Gwynt Farm
A525
Cloy Hall
Poulton Bridge
Bridge Wood
Cloy
CLOY LA
Cloy Bank
Gwynt Wood
Halghton Lodge
Cloy Farm
The Cloy
Devils Gallery
Kitchen Wood
HALGHTONHALL LA
HOLLYBUSH LA
Adrefelyn Farm
Nant Farm
Halghton Hall
Cae-Dyah Bridge
CAE-DYAH LA
BIRCH LA

99
90

89
83

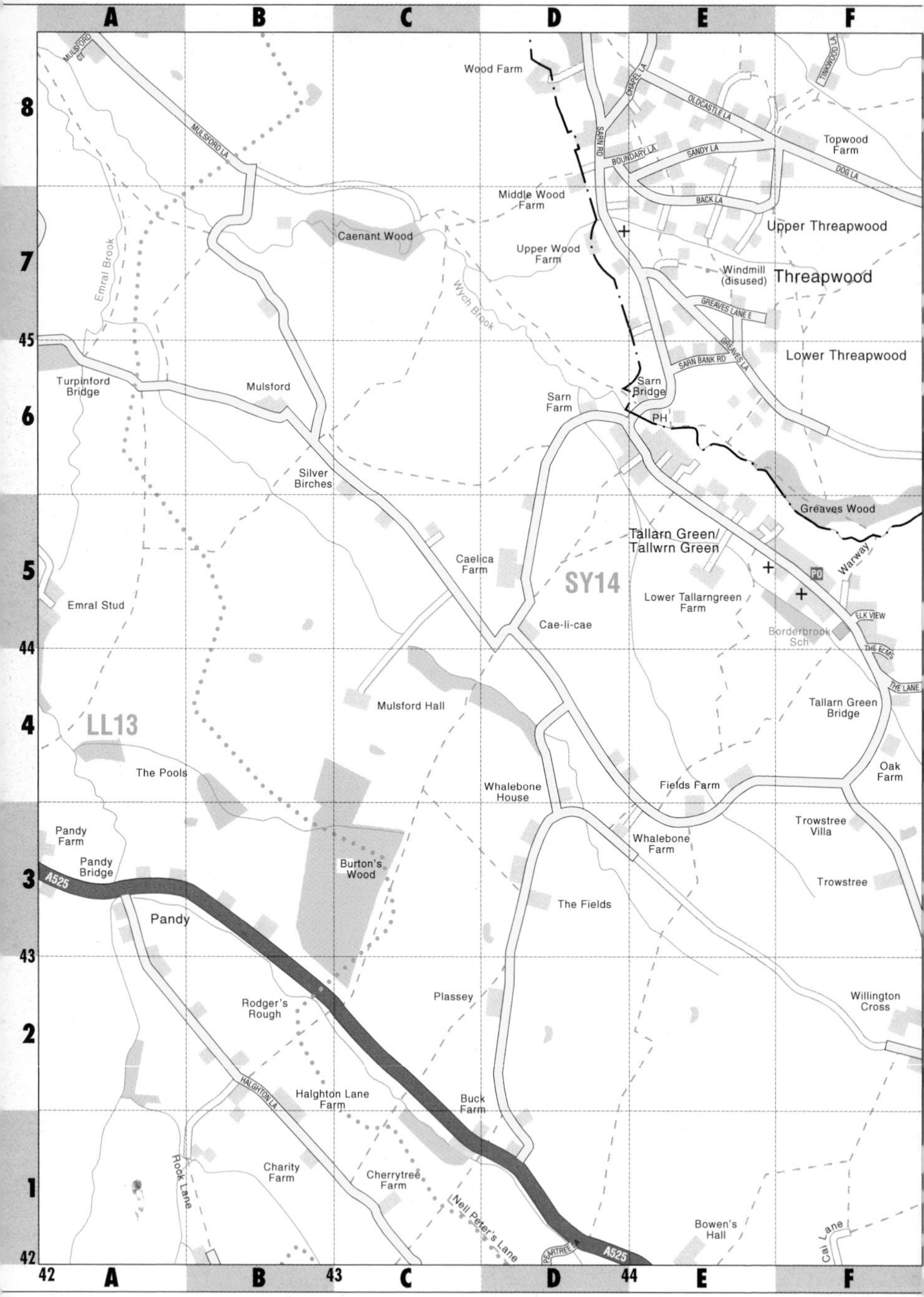
A
B
C
D
E
F
8
7
45
6
5
44
4
3
43
2
1
42
42
43
44
MULSFORD CT
MULSFORD LA
Wood Farm
CHAPEL LA
OLDCASTLE LA
TINKWOOD LA
SARN RD
BOUNDARY LA
SANDY LA
Topwood Farm
DOG LA
BACK LA
Middle Wood Farm
Caenant Wood
Upper Wood Farm
Upper Threapwood
Windmill (disused)
Threapwood
Emral Brook
Wych Brook
GREAVES LANE E
GREAVES LA
Lower Threapwood
SARN BANK RD
Turpinford Bridge
Mulsford
Sarn Farm
Sarn Bridge
PH
Silver Birches
Greaves Wood
Tallarn Green/
Tallwrn Green
Warway
Caelica Farm
SY14
PO
Lower Tallarngreen Farm
ELK VIEW
Emral Stud
Cae-li-cae
Borderbrook Sch
THE ELMS
THE LANE
Mulsford Hall
Tallarn Green Bridge
LL13
The Pools
Oak Farm
Whalebone House
Fields Farm
Pandy Farm
Trowstree Villa
Whalebone Farm
Pandy Bridge
Burton's Wood
A525
Trowstree
Pandy
The Fields
Rodger's Rough
Plassey
Willington Cross
HALGHTON LA
Halghton Lane Farm
Buck Farm
Rock Lane
Charity Farm
Cherrytree Farm
Nell Peter's Lane
Bowen's Hall
PEARTREE LA
Cai Lane

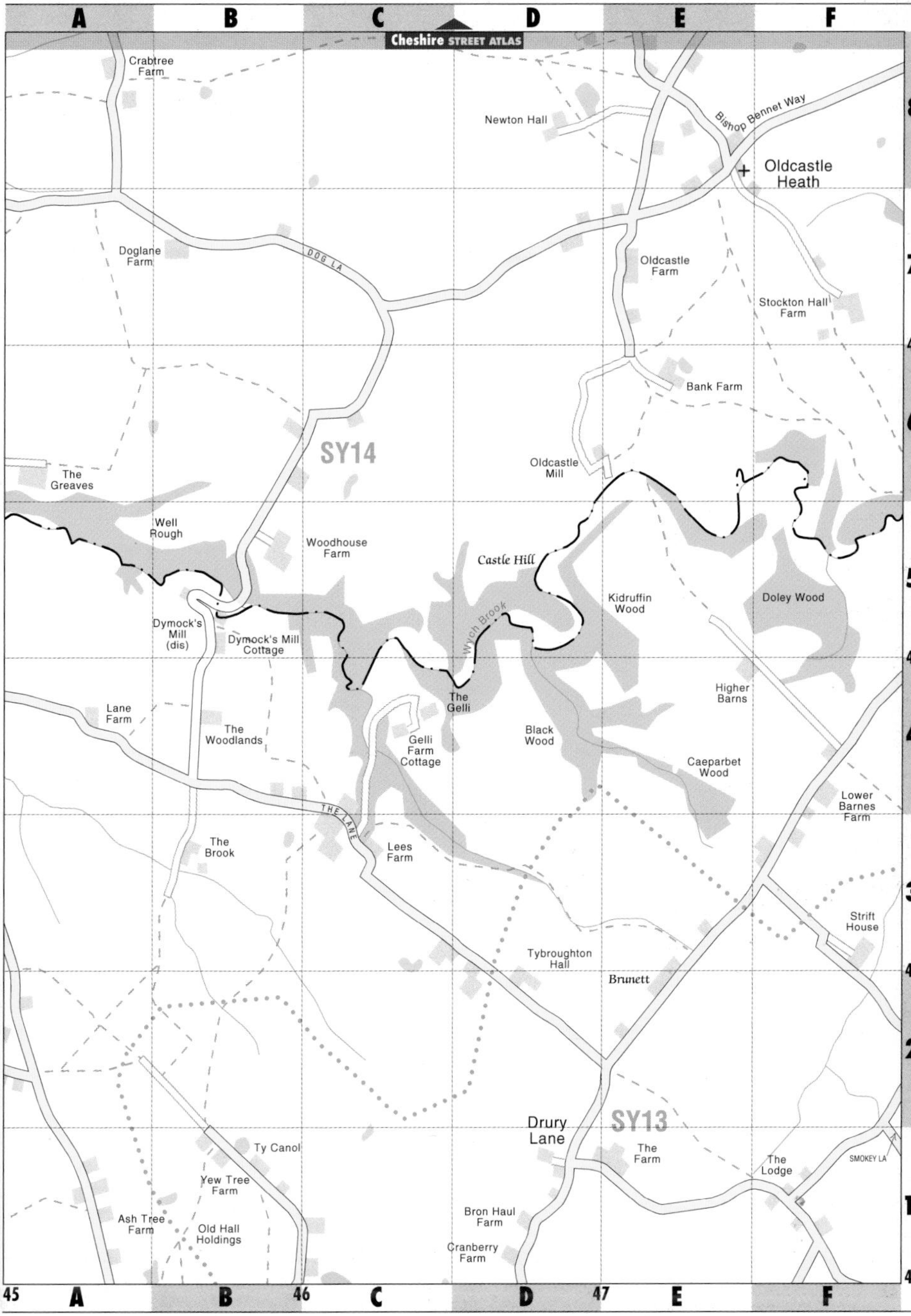
A
B
C
D
E
F
Cheshire STREET ATLAS
Crabtree Farm
Newton Hall
Bishop Bennet Way
Oldcastle Heath
8
Doglane Farm
DOG LA
Oldcastle Farm
Stockton Hall Farm
7
45
Bank Farm
6
SY14
Oldcastle Mill
The Greaves
Well Rough
Woodhouse Farm
Castle Hill
Kidruffin Wood
Doley Wood
5
Dymock's Mill (dis)
Dymock's Mill Cottage
Wych Brook
44
The Gelli
Higher Barns
Lane Farm
The Woodlands
Gelli Farm Cottage
Black Wood
4
Caeparbet Wood
Lower Barnes Farm
THE LANE
The Brook
Lees Farm
3
Strift House
Tybroughton Hall
Brunett
43
2
Drury Lane
SY13
Ty Canol
The Farm
The Lodge
SMOKEY LA
Yew Tree Farm
1
Ash Tree Farm
Old Hall Holdings
Bron Haul Farm
Cranberry Farm
42
45
46
47

91
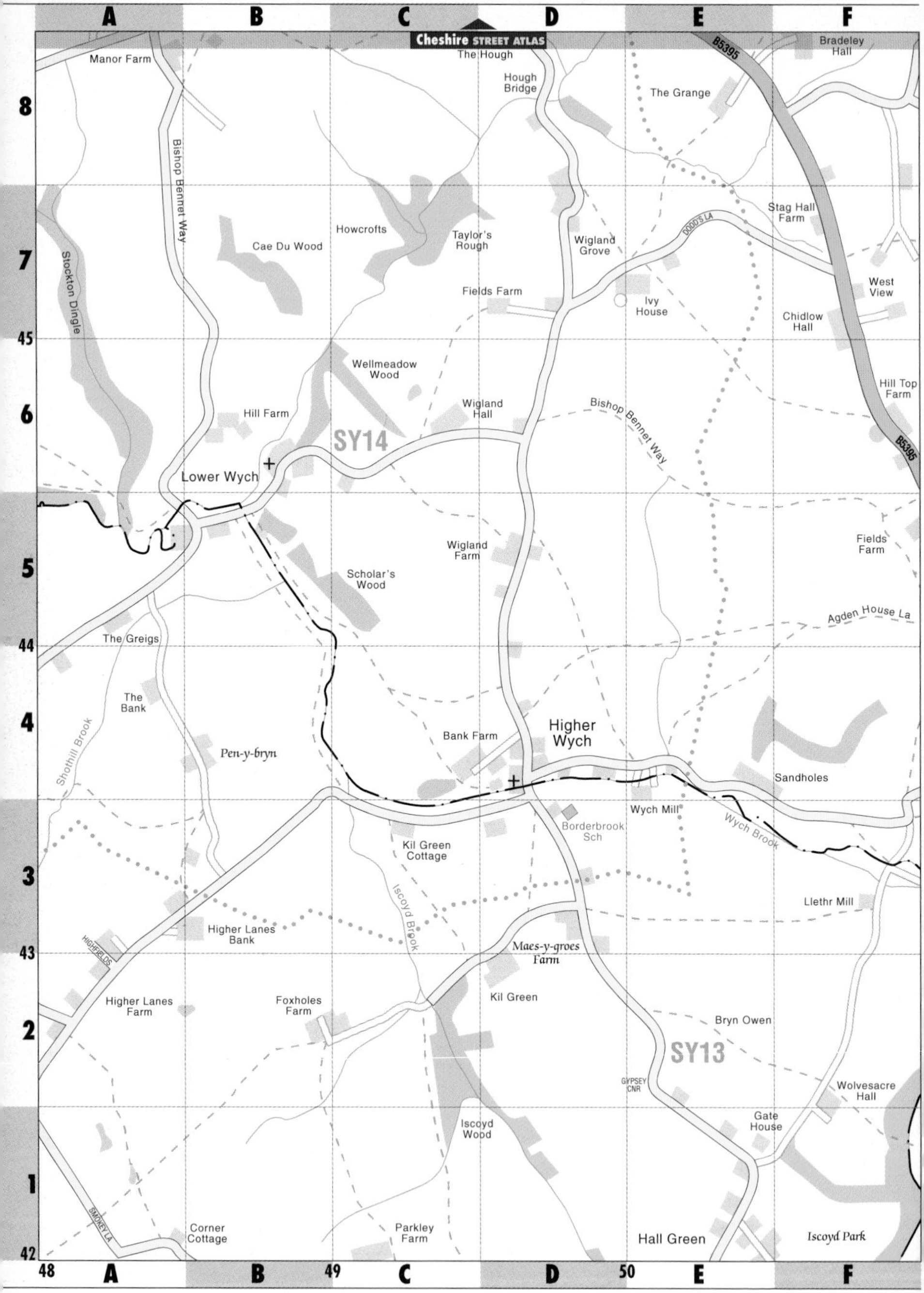
A
B
C
D
E
F
Cheshire STREET ATLAS
Manor Farm
The Hough
Hough Bridge
The Grange
Bradeley Hall
B5395
8
Bishop Bennet Way
7
Stockton Dingle
Cae Du Wood
Howcrofts
Taylor's Rough
Wigland Grove
DODD'S LA
Stag Hall Farm
West View
Fields Farm
Ivy House
Chidlow Hall
45
Wellmeadow Wood
Hill Top Farm
6
Hill Farm
Wigland Hall
Bishop Bennet Way
SY14
B5395
Lower Wych
5
Wigland Farm
Fields Farm
Scholar's Wood
Agden House La
44
The Greigs
The Bank
4
Shothill Brook
Pen-y-bryn
Bank Farm
Higher Wych
Sandholes
Wych Mill
Borderbrook Sch
Wych Brook
3
Kil Green Cottage
Iscoyd Brook
Llethr Mill
Higher Lanes Bank
43
HIGHFIELDS
Maes-y-groes Farm
Kil Green
Higher Lanes Farm
Foxholes Farm
Bryn Owen
2
SY13
GYPSEY CNR
Wolvesacre Hall
Iscoyd Wood
Gate House
1
SMOKEY LA
Corner Cottage
Parkley Farm
Hall Green
Iscoyd Park
42
48
49
50
91
102

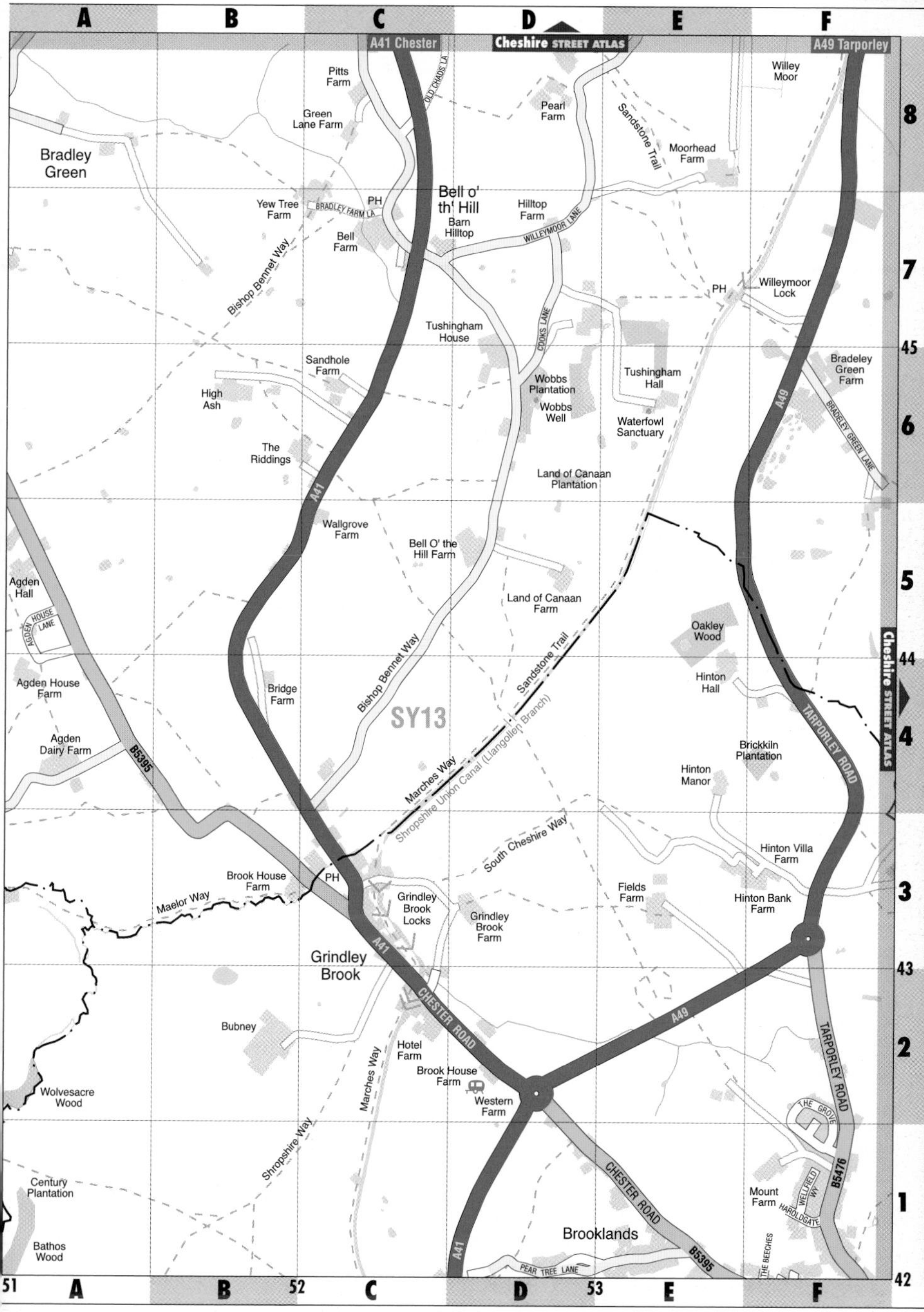
A
B
C
D
E
F
A41 Chester
Cheshire STREET ATLAS
A49 Tarporley
Pitts Farm
Willey Moor
Pearl Farm
Green Lane Farm
Sandstone Trail
Moorhead Farm
OLD CHADS LA
Bradley Green
Yew Tree Farm
BRADLEY FARM LA
PH
Bell o' th' Hill
Barn Hilltop
Hilltop Farm
WILLEYMOOR LANE
Bell Farm
Bishop Bennet Way
PH
Willeymoor Lock
Tushingham House
COOKS LANE
Sandhole Farm
Wobbs Plantation
Tushingham Hall
Bradeley Green Farm
High Ash
Wobbs Well
Waterfowl Sanctuary
A49
BRADLEY GREEN LANE
The Riddings
Land of Canaan Plantation
A41
Wallgrove Farm
Bell O' the Hill Farm
Agden Hall
AGDEN HOUSE LANE
Land of Canaan Farm
Oakley Wood
Bishop Bennet Way
Sandstone Trail
Hinton Hall
Agden House Farm
Bridge Farm
SY13
TARPORLEY ROAD
Agden Dairy Farm
B5395
Brickkiln Plantation
Marches Way
Shropshire Union Canal (Llangollen Branch)
Hinton Manor
South Cheshire Way
Hinton Villa Farm
Brook House Farm
PH
Fields Farm
Hinton Bank Farm
Maelor Way
Grindley Brook Locks
Grindley Brook Farm
Grindley Brook
A41
CHESTER ROAD
A49
Bubney
TARPORLEY ROAD
Hotel Farm
Marches Way
Brook House Farm
Western Farm
Wolvesacre Wood
THE GROVE
Shropshire Way
CHESTER ROAD
B5476
WELLFIELD WY
Century Plantation
Mount Farm
HAROLDGATE
Bathos Wood
Brooklands
A41
B5395
THE BEECHES
PEAR TREE LANE
8
7
45
6
5
44
4
3
43
2
1
42
51
52
53
A
B
C
D
E
F

135
84

135
104

A7
1 MAES YR YSGOL
2 ALMA RD
3 SCHOOL LA
4 METHODIST HL
5 WOODLANDS GR

B8
1 DOLYDD LA
2 HEOL GRAIGFAB
3 HEOL CEFNYDD
4 HEOL BERWYN
5 HEOL BENNION

C8
1 KYNASTON PL
2 EMMANUEL GR
3 THE REST
4 FFORDD KAYTON
5 FFORDD OFFA

85
96

D8
1 SHORT LA
2 HILL ST
3 CHAPEL ST

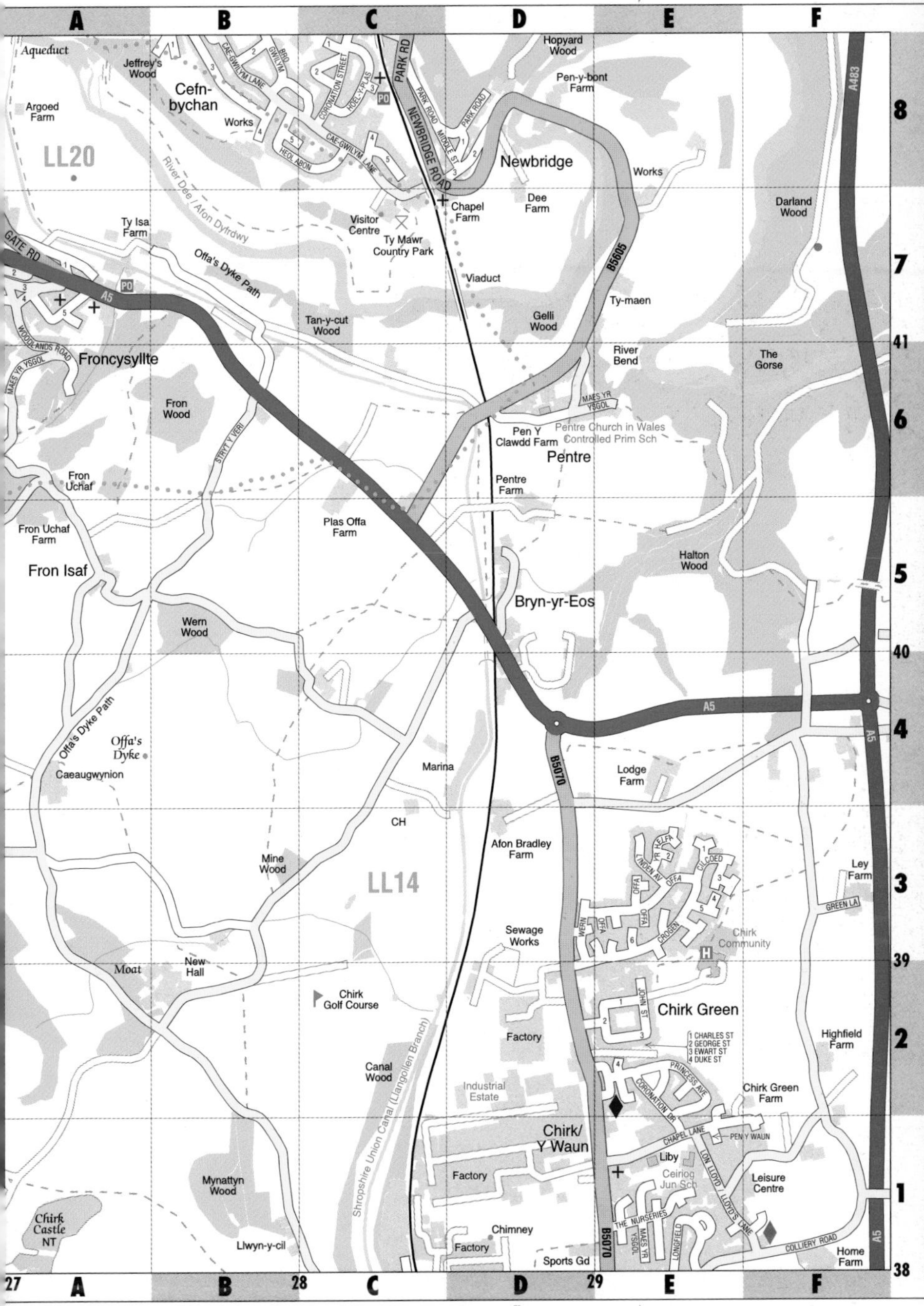

105
96

E3
1 DERWEN
2 HELFA BACH
3 RICHMOND GD
4 ASH GR
5 SYCAMORE DR
6 CROGEN

95
86

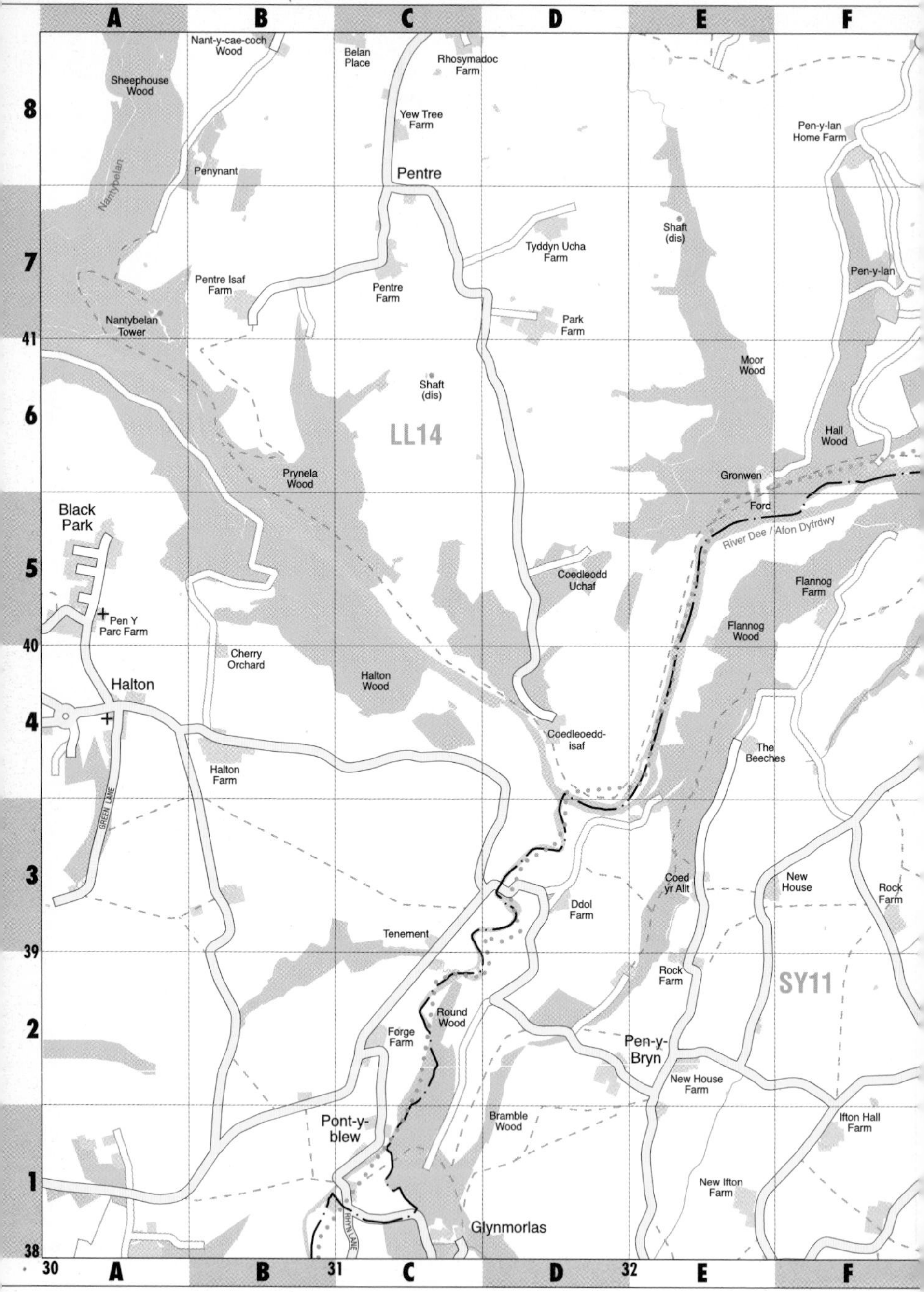
A
B
C
D
E
F
8
7
41
6
5
40
4
3
39
2
1
38
30
31
32
Nant-y-cae-coch Wood
Belan Place
Rhosymadoc Farm
Sheephouse Wood
Yew Tree Farm
Pen-y-lan Home Farm
Penynant
Pentre
Nantybelan
Shaft (dis)
Tyddyn Ucha Farm
Pen-y-lan
Pentre Isaf Farm
Pentre Farm
Nantybelan Tower
Park Farm
Moor Wood
Shaft (dis)
LL14
Hall Wood
Prynela Wood
Gronwen
Black Park
Ford
River Dee / Afon Dyfrdwy
Coedleodd Uchaf
Flannog Farm
Pen Y Parc Farm
Flannog Wood
Cherry Orchard
Halton
Halton Wood
Coedleoedd-isaf
Halton Farm
The Beeches
GREEN LANE
Coed yr Allt
New House
Rock Farm
Ddol Farm
Tenement
Rock Farm
SY11
Round Wood
Forge Farm
Pen-y-Bryn
New House Farm
Bramble Wood
Pont-y-blew
Ifton Hall Farm
New Ifton Farm
RHYN LANE
Glynmorlas

95
106

87
98

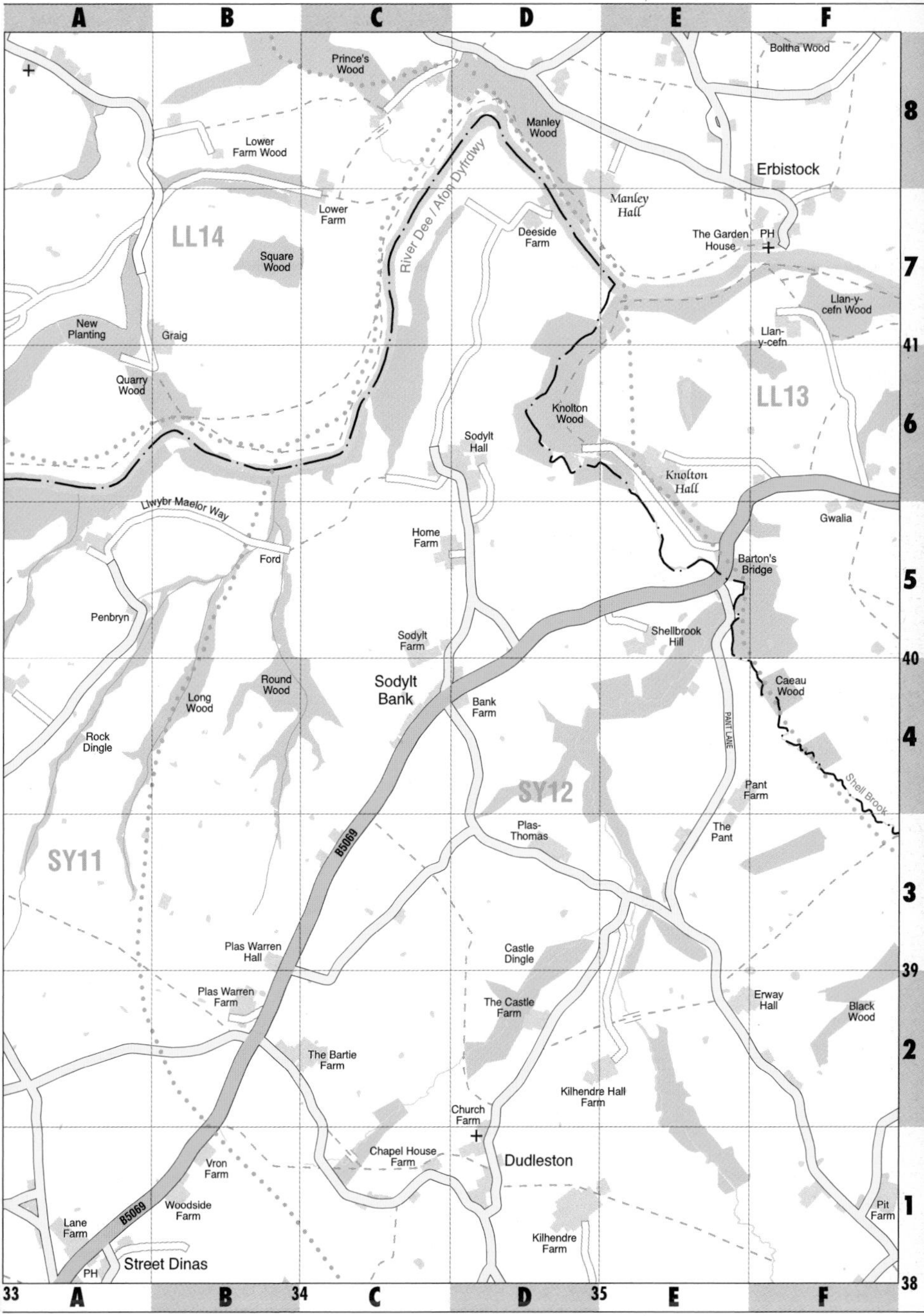
A
B
C
D
E
F
8
7
41
6
5
40
4
3
39
2
1
38
33
34
35
Prince's Wood
Boltha Wood
Manley Wood
Lower Farm Wood
Erbistock
Lower Farm
Manley Hall
River Dee / Afon Dyfrdwy
LL14
Deeside Farm
The Garden House
PH
Square Wood
Llan-y-cefn Wood
New Planting
Graig
Llan-y-cefn
Quarry Wood
LL13
Knolton Wood
Sodylt Hall
Knolton Hall
Llwybr Maelor Way
Gwalia
Home Farm
Ford
Barton's Bridge
Penbryn
Sodylt Farm
Shellbrook Hill
Sodylt Bank
Caeau Wood
Round Wood
Long Wood
Bank Farm
Rock Dingle
PANT LANE
SY12
Shell Brook
Pant Farm
Plas-Thomas
The Pant
B5069
SY11
Plas Warren Hall
Castle Dingle
Plas Warren Farm
Erway Hall
The Castle Farm
Black Wood
The Bartie Farm
Kilhendre Hall Farm
Church Farm
Chapel House Farm
Dudleston
Vron Farm
Woodside Farm
Pit Farm
Lane Farm
Kilhendre Farm
Street Dinas

107
98

97

C8
1 OLD SCHOOL MS
2 PLAS MADOC
3 DARK LA
4 SUNDORNE
5 PEEL CL
6 HANMER CL
7 MILL CT
8 CWRT BRYN Y PYS
9 MILLWOOD RI

88

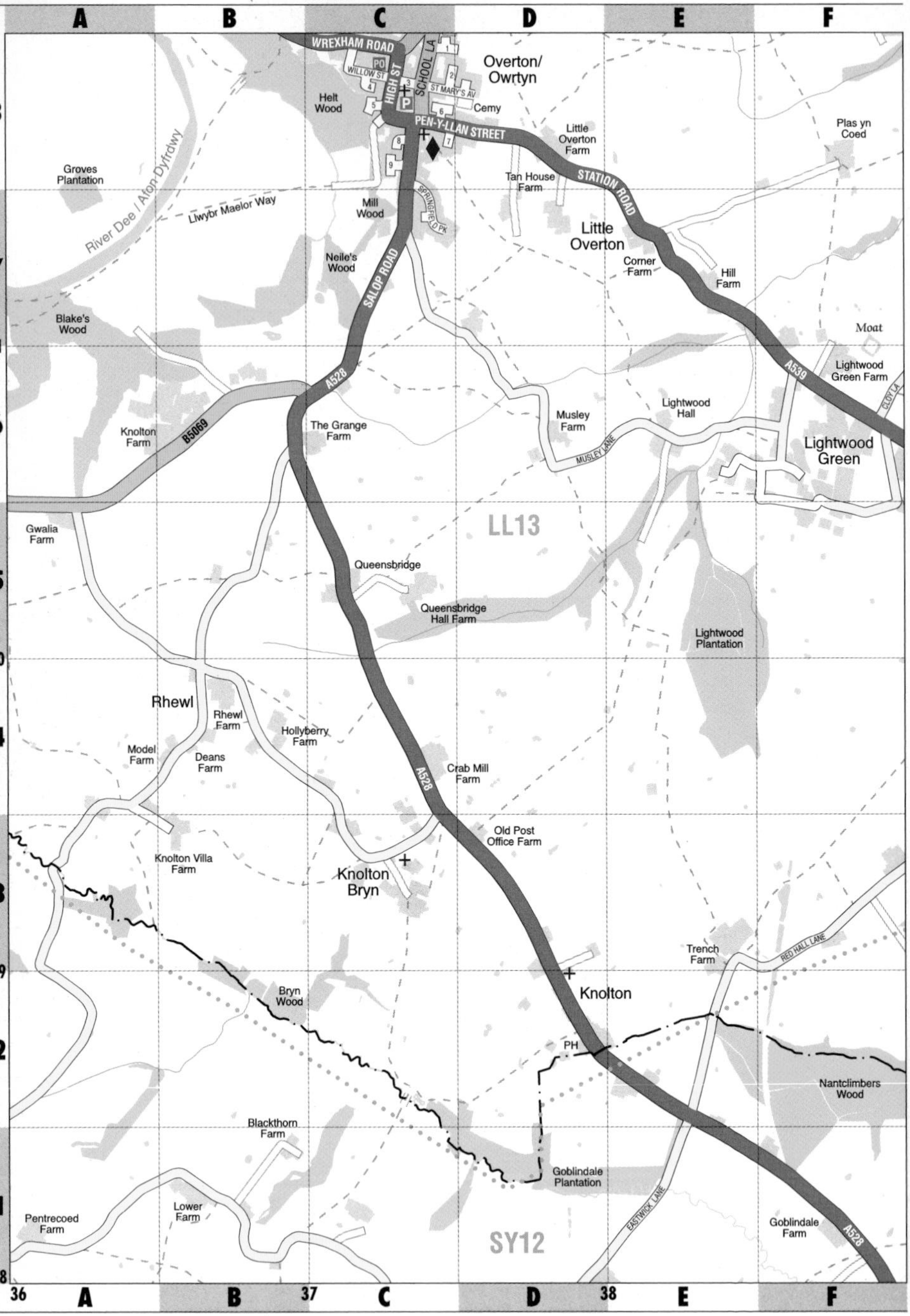

97

108

89
100

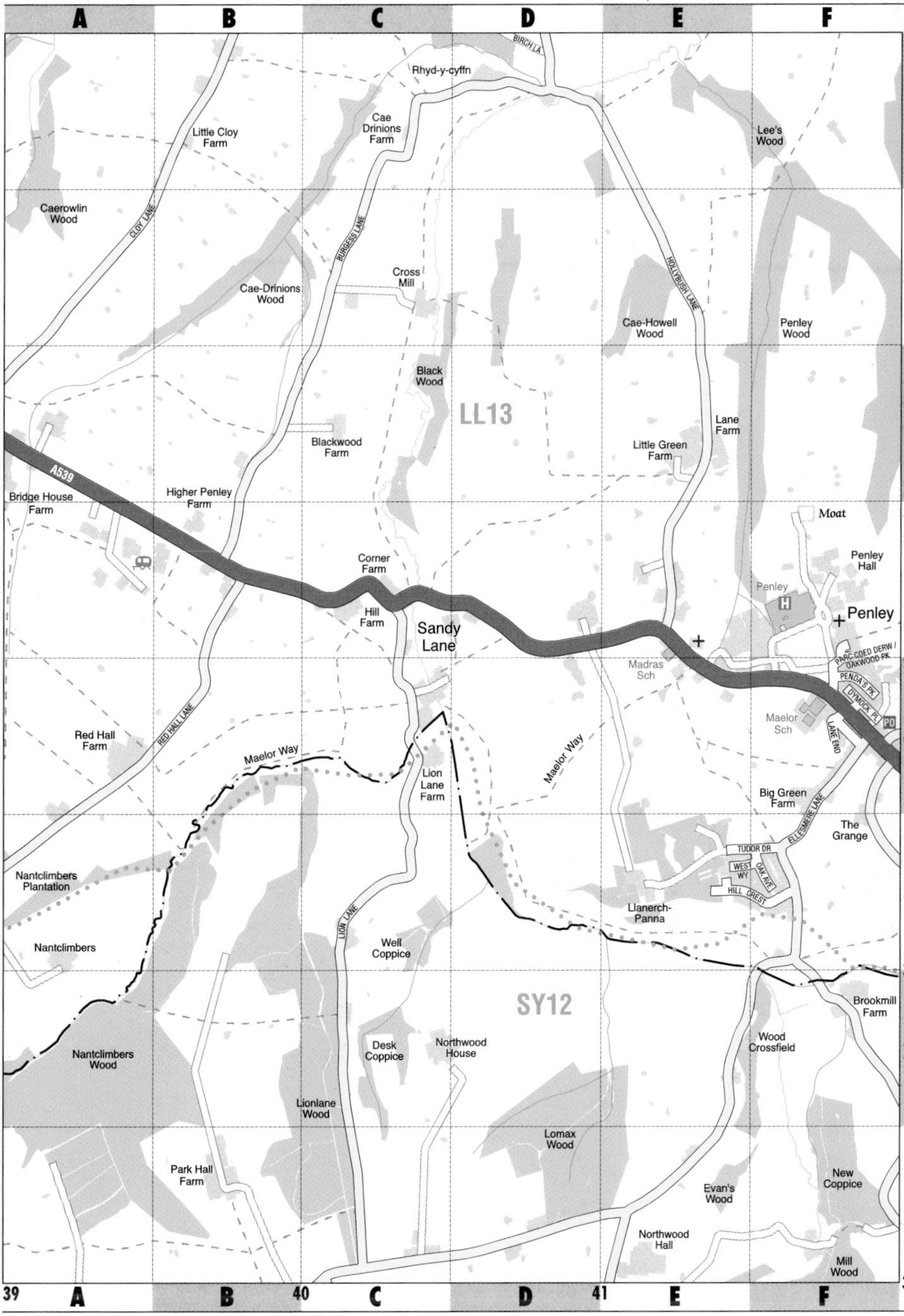

109
100

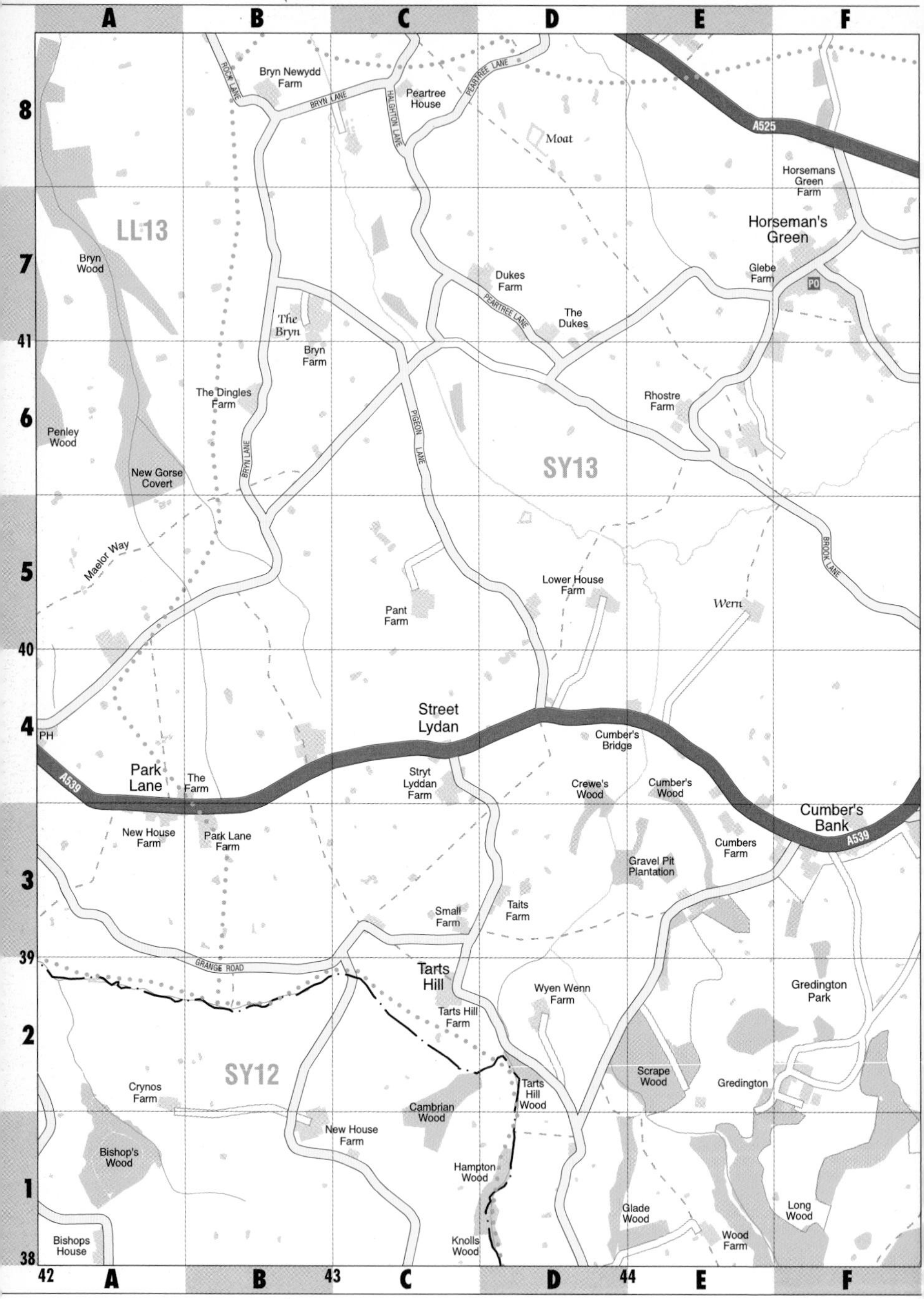
A
B
C
D
E
F
8
7
41
6
5
40
4
3
39
2
1
38
42
43
44
Bryn Newydd Farm
ROCK LANE
BRYN LANE
HALGHTON LANE
Peartree House
PEARTREE LANE
Moat
A525
Horsemans Green Farm
Horseman's Green
LL13
Bryn Wood
Glebe Farm
PO
Dukes Farm
PEARTREE LANE
The Dukes
The Bryn
Bryn Farm
The Dingles Farm
Rhostre Farm
PIGEON LANE
Penley Wood
New Gorse Covert
BRYN LANE
SY13
Maelor Way
BROOK LANE
Lower House Farm
Wern
Pant Farm
Street Lydan
PH
Cumber's Bridge
Park Lane
The Farm
A539
Stryt Lyddan Farm
Crewe's Wood
Cumber's Wood
Cumber's Bank
A539
New House Farm
Park Lane Farm
Cumbers Farm
Gravel Pit Plantation
Small Farm
Taits Farm
GRANGE ROAD
Tarts Hill
Wyen Wenn Farm
Gredington Park
Tarts Hill Farm
SY12
Tarts Hill Wood
Scrape Wood
Crynos Farm
Gredington
Cambrian Wood
New House Farm
Bishop's Wood
Hampton Wood
Glade Wood
Long Wood
Bishops House
Knolls Wood
Wood Farm

91
102

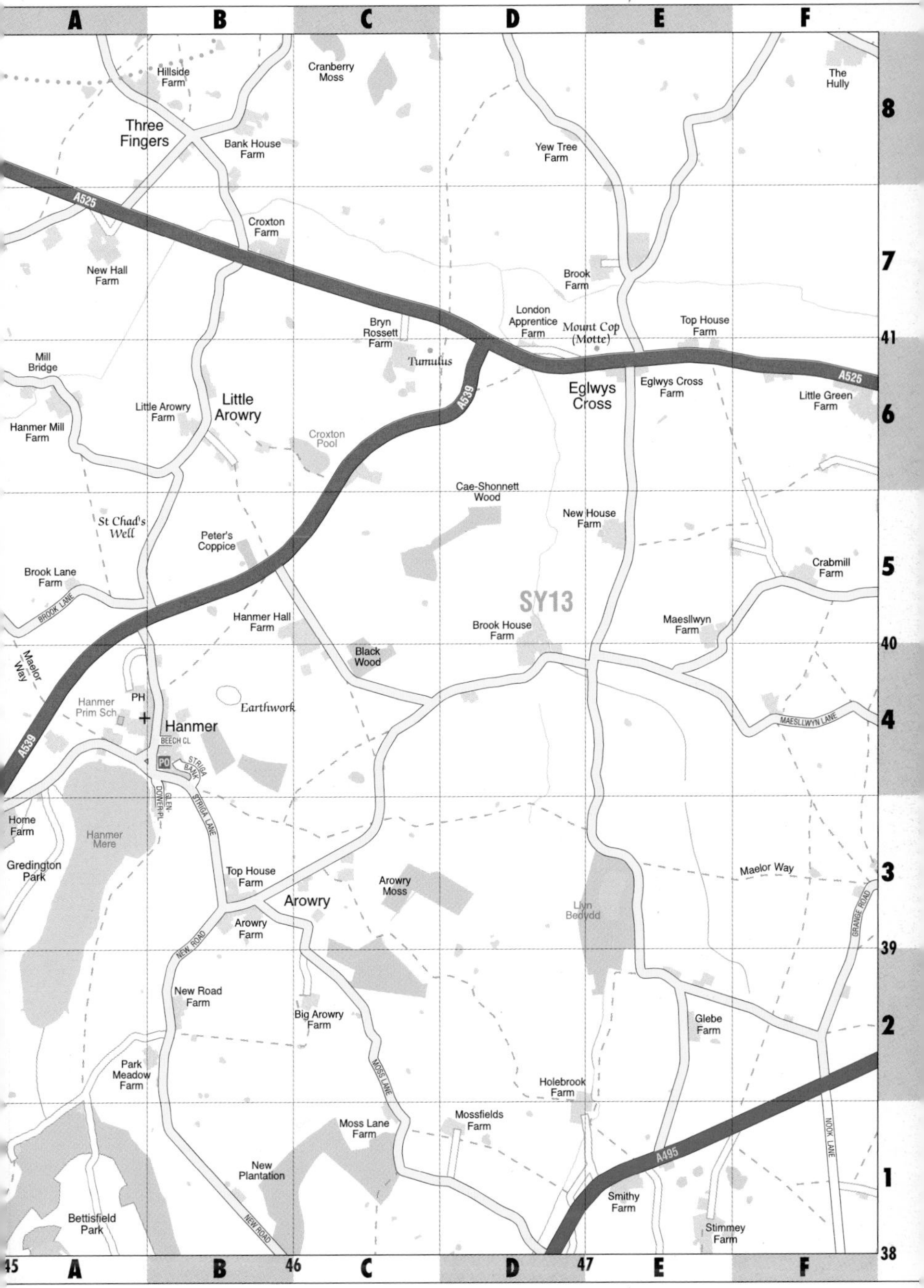

111
102

101
92

A B C D E F

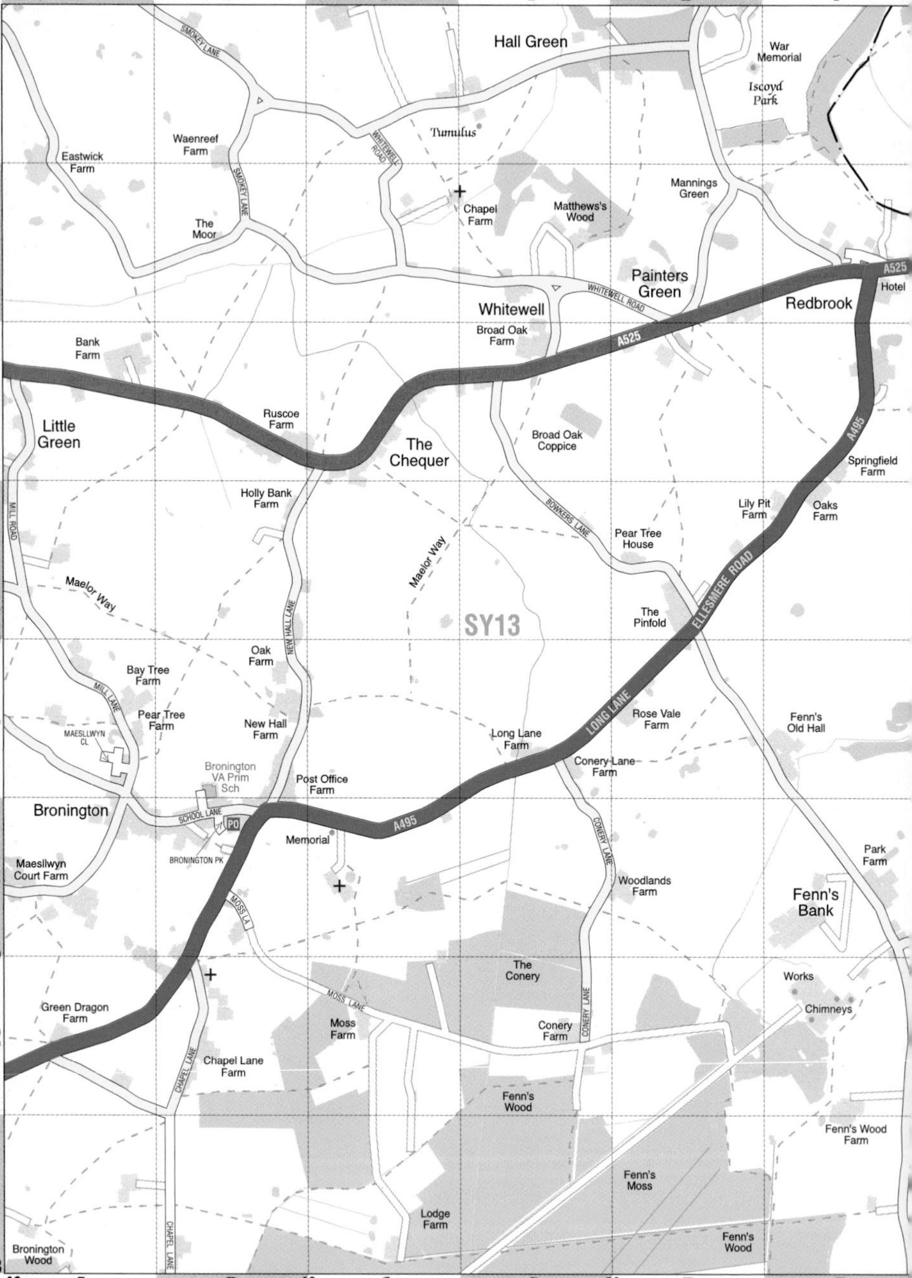

A B C D E F

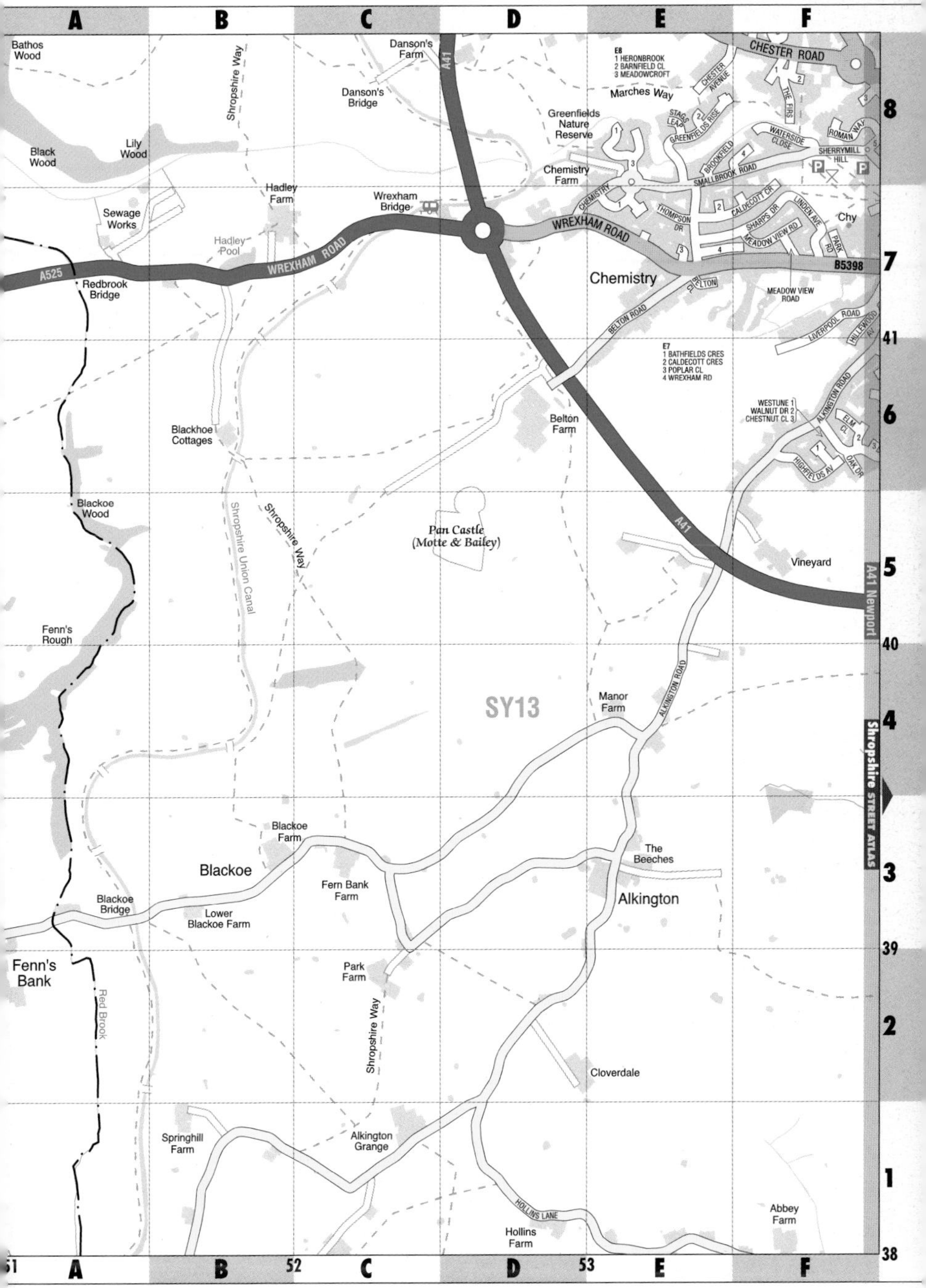
F8
1 BRYN ESTYN AV
2 GREENFIELDS
3 ST ALKMOND MDW
4 WESTBROOK AV
5 YARDINGTON
A
B
C
D
E
F
Bathos Wood
Danson's Farm
A41
E8
1 HERONBROOK
2 BARNFIELD CL
3 MEADOWCROFT
CHESTER ROAD
CHESTER AVENUE
THE FIRS
Shropshire Way
Danson's Bridge
Marches Way
8
Greenfields Nature Reserve
STAGS LEAP
GREENFIELDS RISE
WATERSIDE CLOSE
ROMAN WAY
Black Wood
Lily Wood
BROOKFIELD
SHERRYMILL HILL
Chemistry Farm
SMALLBROOK ROAD
Hadley Farm
Wrexham Bridge
CHEMISTRY
THOMPSON DR
CALDECOTT CR
LINDEN AVE
Chy
Sewage Works
SHARPS DR
MEADOW VIEW RD
PARK RD
WREXHAM ROAD
Hadley Pool
WREXHAM ROAD
A525
Redbrook Bridge
Chemistry
BELTON
BELTON CL
B5398
7
MEADOW VIEW ROAD
BELTON ROAD
LIVERPOOL ROAD
HILLEWOOD AV
41
E7
1 BATHFIELDS CRES
2 CALDECOTT CRES
3 POPLAR CL
4 WREXHAM RD
ALKINGTON ROAD
WESTUNE 1
WALNUT DR 2
CHESTNUT CL 3
Belton Farm
6
Blackhoe Cottages
ELM CL
HIGHFIELDS AV
OAK DR
Blackoe Wood
Shropshire Union Canal
Shropshire Way
Pan Castle (Motte & Bailey)
A41
Vineyard
5
A41 Newport
Fenn's Rough
40
Manor Farm
SY13
ALKINGTON ROAD
4
Shropshire STREET ATLAS
Blackoe Farm
The Beeches
Blackoe
Fern Bank Farm
3
Alkington
Blackoe Bridge
Lower Blackoe Farm
39
Fenn's Bank
Park Farm
Red Brook
Shropshire Way
2
Cloverdale
Springhill Farm
Alkington Grange
1
Abbey Farm
HOLLINS LANE
Hollins Farm
38
51
52
53

135 94

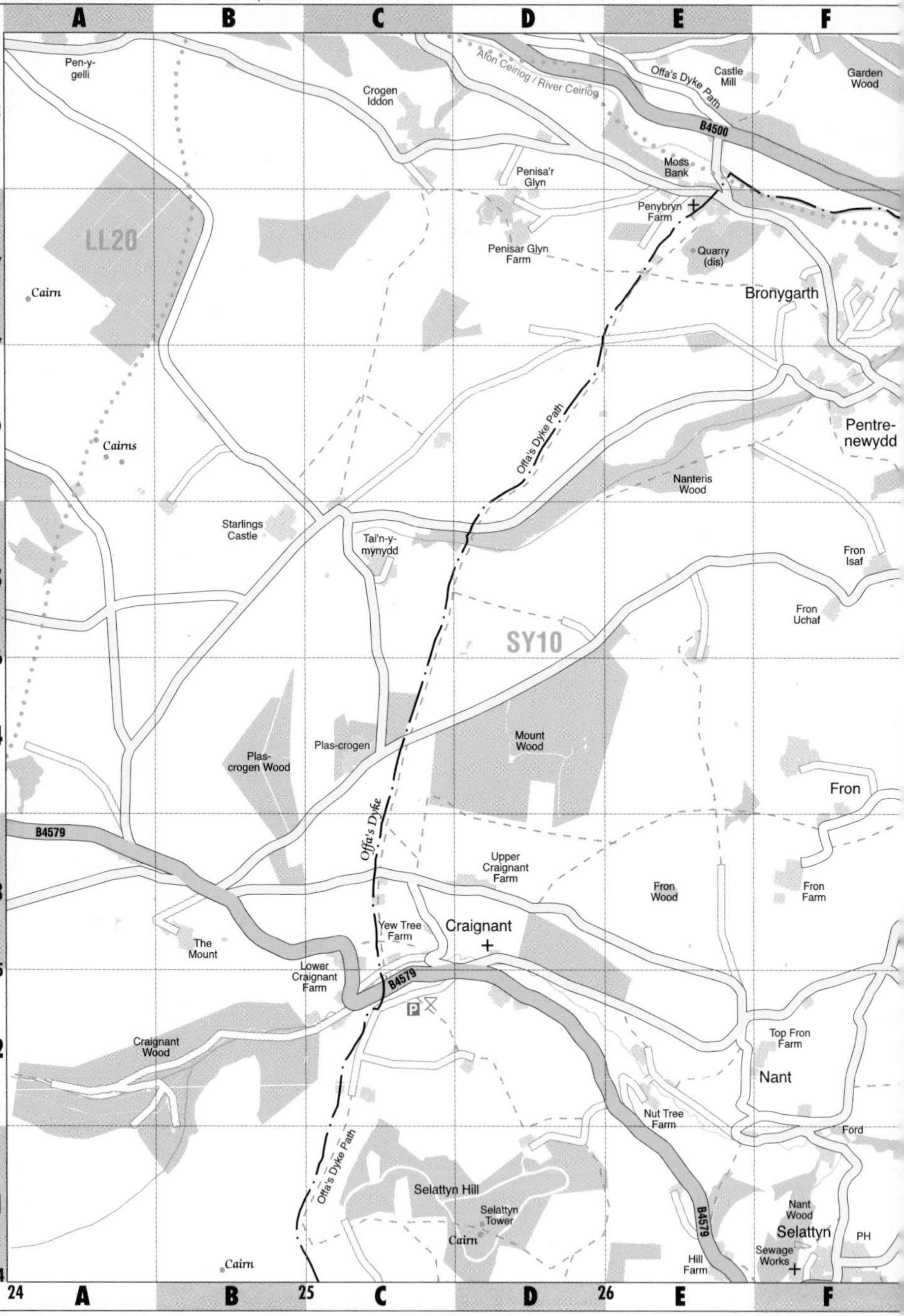
A B C D E F
8 7 37 6 5 36 4 3 35 2 1 34
24 25 26
Pen-y-gelli
Crogen Iddon
Afon Ceiriog / River Ceiriog
Offa's Dyke Path
Castle Mill
Garden Wood
B4500
Moss Bank
Penisa'r Glyn
Penybryn Farm
Quarry (dis)
Penisar Glyn Farm
LL20
Cairn
Bronygarth
Pentre-newydd
Cairns
Nanteris Wood
Starlings Castle
Tai'n-y-mynydd
Fron Isaf
Fron Uchaf
SY10
Mount Wood
Plas-crogen
Plas-crogen Wood
Offa's Dyke
Fron
B4579
Upper Craignant Farm
Fron Wood
Fron Farm
Yew Tree Farm
Craignant
The Mount
Lower Craignant Farm
P
Top Fron Farm
Craignant Wood
Nant
Nut Tree Farm
Ford
Selattyn Hill
Selattyn Tower
Nant Wood
Selattyn
PH
Sewage Works
Hill Farm
Cairn

95
106

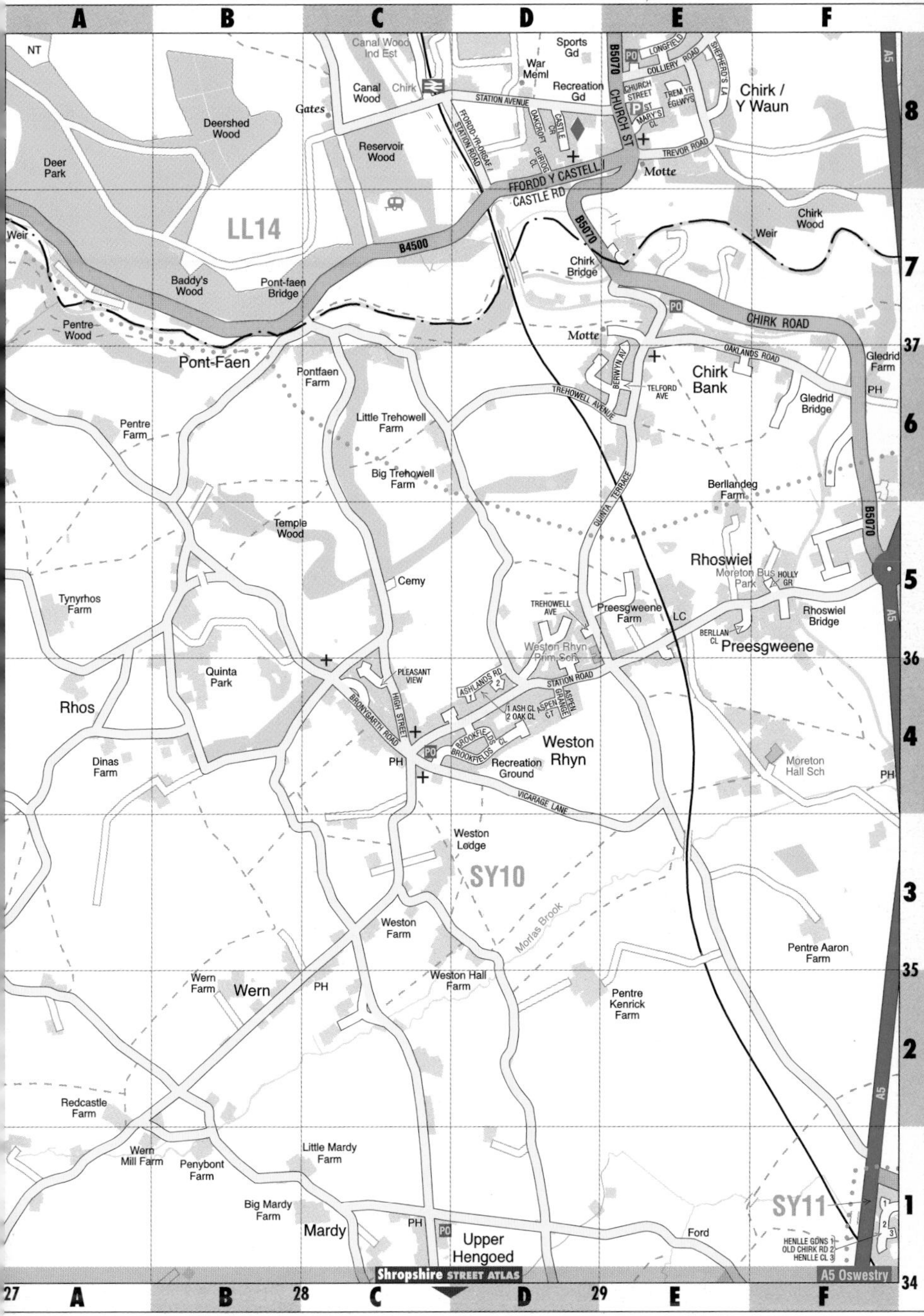
A
B
C
D
E
F
NT
Canal Wood Ind Est
Sports Gd
B5070
LONGFIELD
COLLIERY ROAD
SHEPHERD'S LA
War Meml
Canal Wood
Chirk
Recreation Gd
CHURCH STREET
TREM YR EGLWYS
Chirk / Y Waun
Gates
STATION AVENUE
ST MARY'S CL
CHURCH ST
Deershed Wood
FFORDD-YR-ORSAF / STATION ROAD
OAKCROFT
CASTLE CR
CEIRIOG CL
TREVOR ROAD
Reservoir Wood
Deer Park
FFORDD Y CASTELL / CASTLE RD
Motte
LL14
Chirk Wood
Weir
B4500
Baddy's Wood
Pont-faen Bridge
Chirk Bridge
Pentre Wood
CHIRK ROAD
Pont-Faen
OAKLANDS ROAD
Gledrid Farm
BERWYN AV
TELFORD AVE
Chirk Bank
Pontfaen Farm
TREHOWELL AVENUE
PH
Pentre Farm
Little Trehowell Farm
Gledrid Bridge
Big Trehowell Farm
Berllandeg Farm
QUINTA TERRACE
Temple Wood
Rhoswiel
Moreton Bus Park
HOLLY GR
Cemy
Tynyrhos Farm
TREHOWELL AVE
Preesgweene Farm
LC
Rhoswiel Bridge
BERLLAN CL
Preesgweene
Weston Rhyn Prim Sch
Quinta Park
PLEASANT VIEW
ASHLANDS RD
STATION ROAD
Rhos
BRONYGARTH ROAD
HIGH STREET
1 ASH CL
2 OAK CL
ASPEN CT
ASPEN GRANGE
Weston Rhyn
Dinas Farm
BROOKFIELDS CL
BROOKFIELDS
Recreation Ground
Moreton Hall Sch
VICARAGE LANE
Weston Lodge
SY10
Morlas Brook
Weston Farm
Pentre Aaron Farm
Wern Farm
Wern
Weston Hall Farm
Pentre Kenrick Farm
Redcastle Farm
A5
Wern Mill Farm
Penybont Farm
Little Mardy Farm
Big Mardy Farm
SY11
Mardy
PO
Upper Hengoed
Ford
HENLLE GDNS 1
OLD CHIRK RD 2
HENLLE CL 3
A5 Oswestry
8
7
37
6
5
36
4
3
35
2
1
34
27
28
29

106

A B C D E F
8 7 6 5 4 3 2 1
37 36 35 34
30 31 32
Brynkinalt
Lady's Bridge
LL14
Llwybr Maelor Way
Saw Mill Farm
Glynmorlas
Pen-y-banc Farm
Bramble Wood
Pentre
Pentre Farm
Old Ifton Farm
The Maltings Barn
B5069
Works
Little Ifton Farm
Ifton Heath
Ifton Heath Prim Sch
SY11
F7
1 KINGSBURY
2 WOODBURY
3 COOPERS FIELD
Rhyn
RHYN LANE
Rhyn Park
Ford
The Vach Farm
Fach
NEFOD LANE
Bower Farm
OVERTON ROAD
SCHOOL LANE
COOPERS LANE
BAYTREE CL
ELLESMERE ROAD
Garden Village
HOMESTEAD AV
CHERRY TREE DR
LABURNAM CL
COTTAGE FIELDS
COTTAGE LANE
THIMBLE LA
A5
Rhos-y-llan Wood
PH
BERWYN DR
GREEN LANE
CEDAR CL
St Martin's
Rhosllan Farm
TREVOR AV
CHURCH CL
Bank Top Industrial Estate
Nefod
Escob Farm
THE HOLLIES
CHURCH
PUDDLE LA
LANE
Crosslanes Farm
Rhyn Park Sch
B5070
Church Farm
F6
1 WILLOW CL
2 HAWTHORN CL
3 SYCAMORE CL
Brook House Farm
St Martin's Moor
MOORS LANE
Wiggington Farm
St Martin's Moor Bridge
St Martin's Moor
Waterside Farm
Sarn
Pen-y-bryn
Henlle Hall
Sycamore Farm
Henlle Home Farm
Henlle Park
Wat's Dyke
ST MARTIN'S
SY10
Maes-y-Graig
Preeshenlle
PREESHENLLE LANE
Bronygadfa Farm
Weir
Preeshenlle Farm
Ebnal Hall
Rhos y Gadfa Farm
Rhosygadfa
RHYD GALEO
PENYCAE CL
PENYCAE AVE
RHEWL LANE
Ebnal Lodge
BRYNAFON CL
PERRY VW
Rhewl
B5009
OLD CHIRK ROAD
DAYWELL CRES
PERRY ROAD
SCHOOL LA
FERNHILL AV
Top House Farm

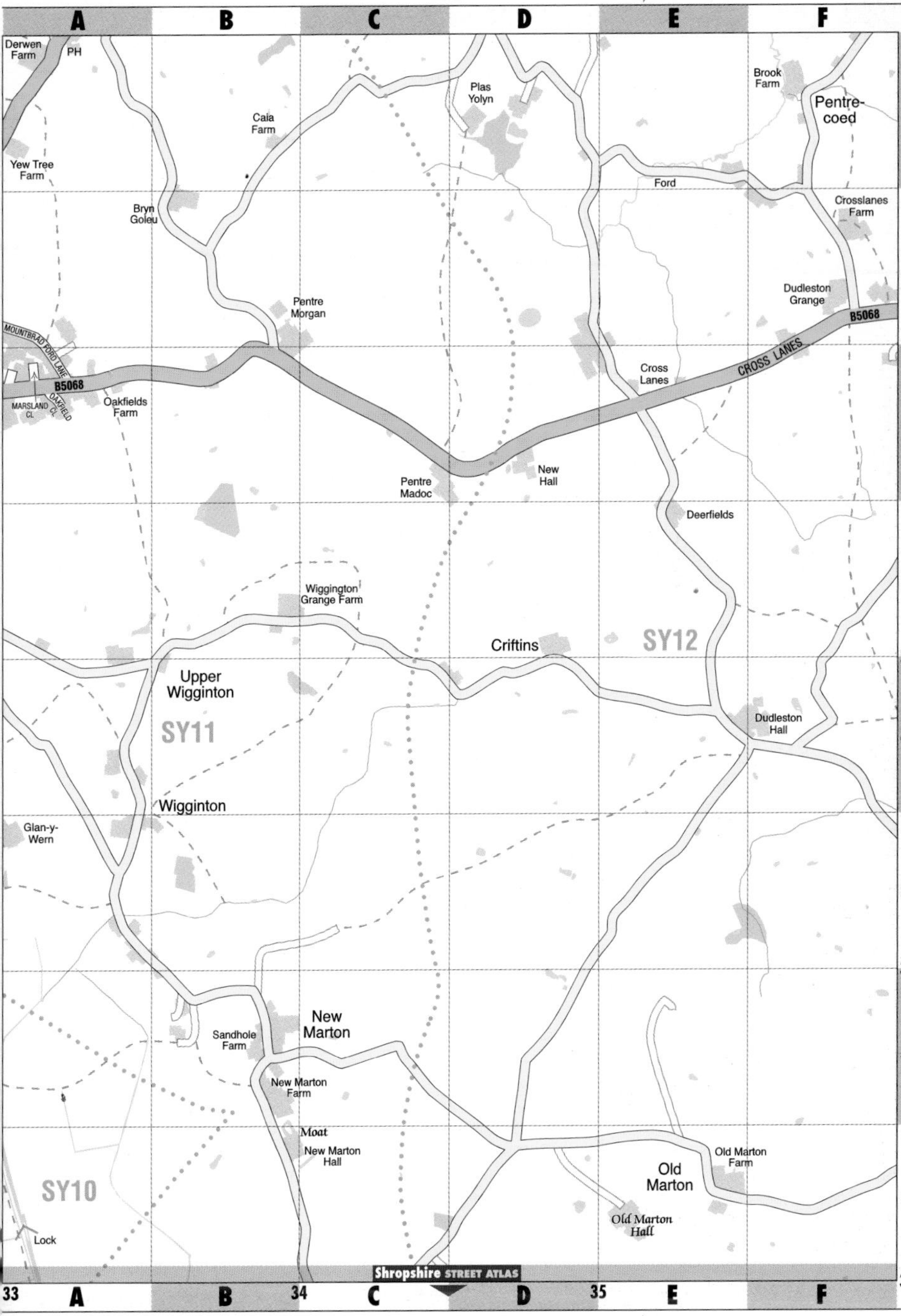
A
B
C
D
E
F
8
7
6
5
4
3
2
1
37
36
35
34
33
34
35
Derwen Farm
PH
Yew Tree Farm
Caia Farm
Plas Yolyn
Brook Farm
Pentre-coed
Ford
Crosslanes Farm
Bryn Goleu
Dudleston Grange
Pentre Morgan
B5068
MOUNTBRADFORD LANE
B5068
CROSS LANES
Cross Lanes
MARSLAND CL
OAKFIELD CL
Oakfields Farm
New Hall
Pentre Madoc
Deerfields
Wiggington Grange Farm
Criftins
SY12
Upper Wigginton
SY11
Dudleston Hall
Wigginton
Glan-y-Wern
New Marton
Sandhole Farm
New Marton Farm
Moat
New Marton Hall
Old Marton Farm
Old Marton
Old Marton Hall
SY10
Lock

107
98

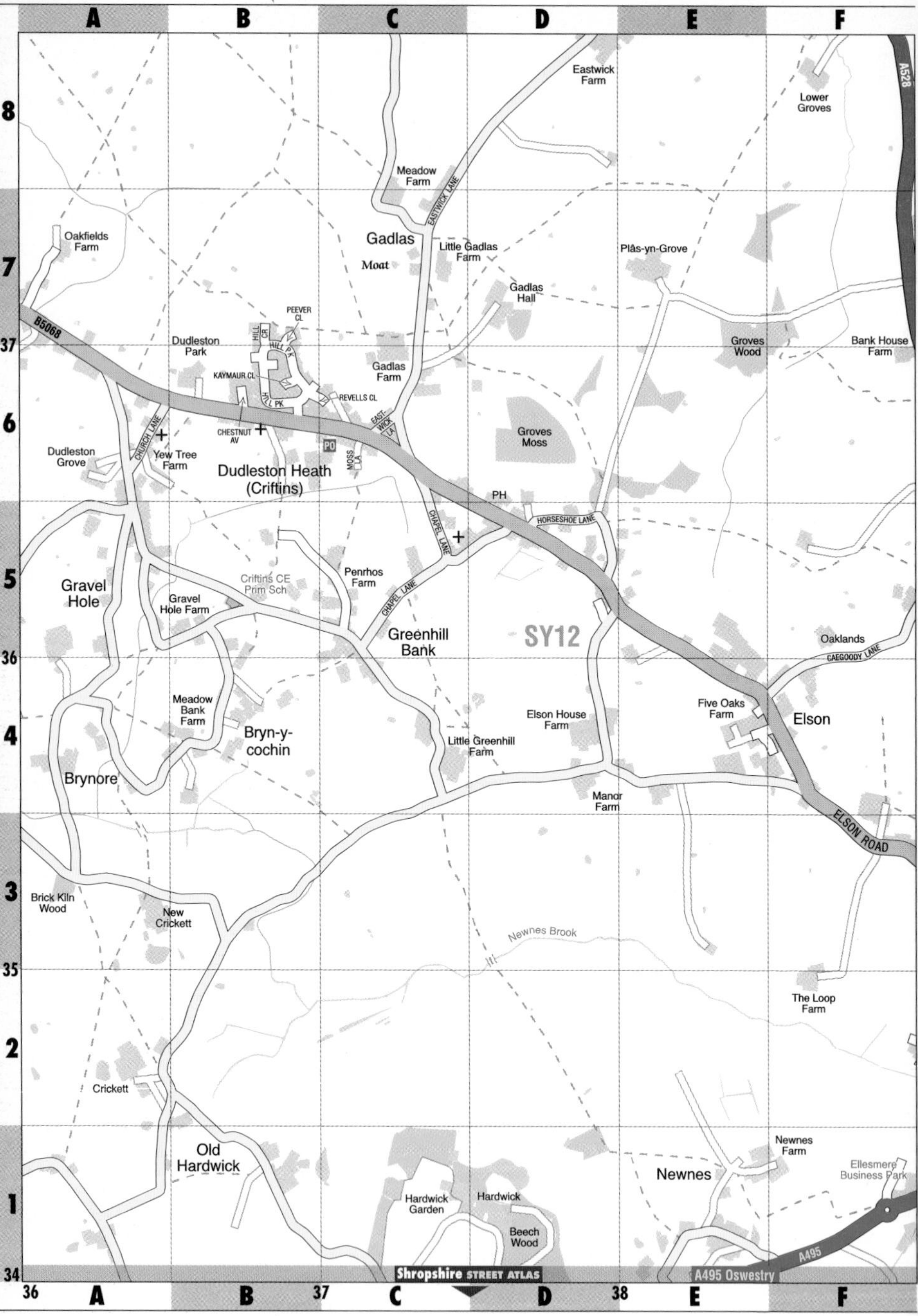
A
B
C
D
E
F
8
7
37
6
5
36
4
3
35
2
1
34
36
37
38
Eastwick Farm
A528
Lower Groves
Meadow Farm
EASTWICK LANE
Oakfields Farm
Gadlas
Moat
Little Gadlas Farm
Plâs-yn-Grove
Gadlas Hall
PEEVER CL
HILL CR
HILL PK
B5068
Dudleston Park
Groves Wood
Bank House Farm
KAYMAUR CL
Gadlas Farm
REVELLS CL
HILL PK
EAST-WICK LA
Groves Moss
CHESTNUT AV
CHURCH LANE
PO
Dudleston Grove
Yew Tree Farm
MOSS LA
Dudleston Heath (Criftins)
PH
HORSESHOE LANE
CHAPEL LANE
Gravel Hole
Penrhos Farm
Criftins CE Prim Sch
Gravel Hole Farm
CHAPEL LANE
SY12
Greenhill Bank
Oaklands
CAEGOODY LANE
Meadow Bank Farm
Elson House Farm
Five Oaks Farm
Elson
Bryn-y-cochin
Little Greenhill Farm
Brynore
Manor Farm
ELSON ROAD
Brick Kiln Wood
New Crickett
Newnes Brook
The Loop Farm
Crickett
Old Hardwick
Newnes Farm
Newnes
Ellesmere Business Park
Hardwick Garden
Hardwick
Beech Wood
A495
A495 Oswestry

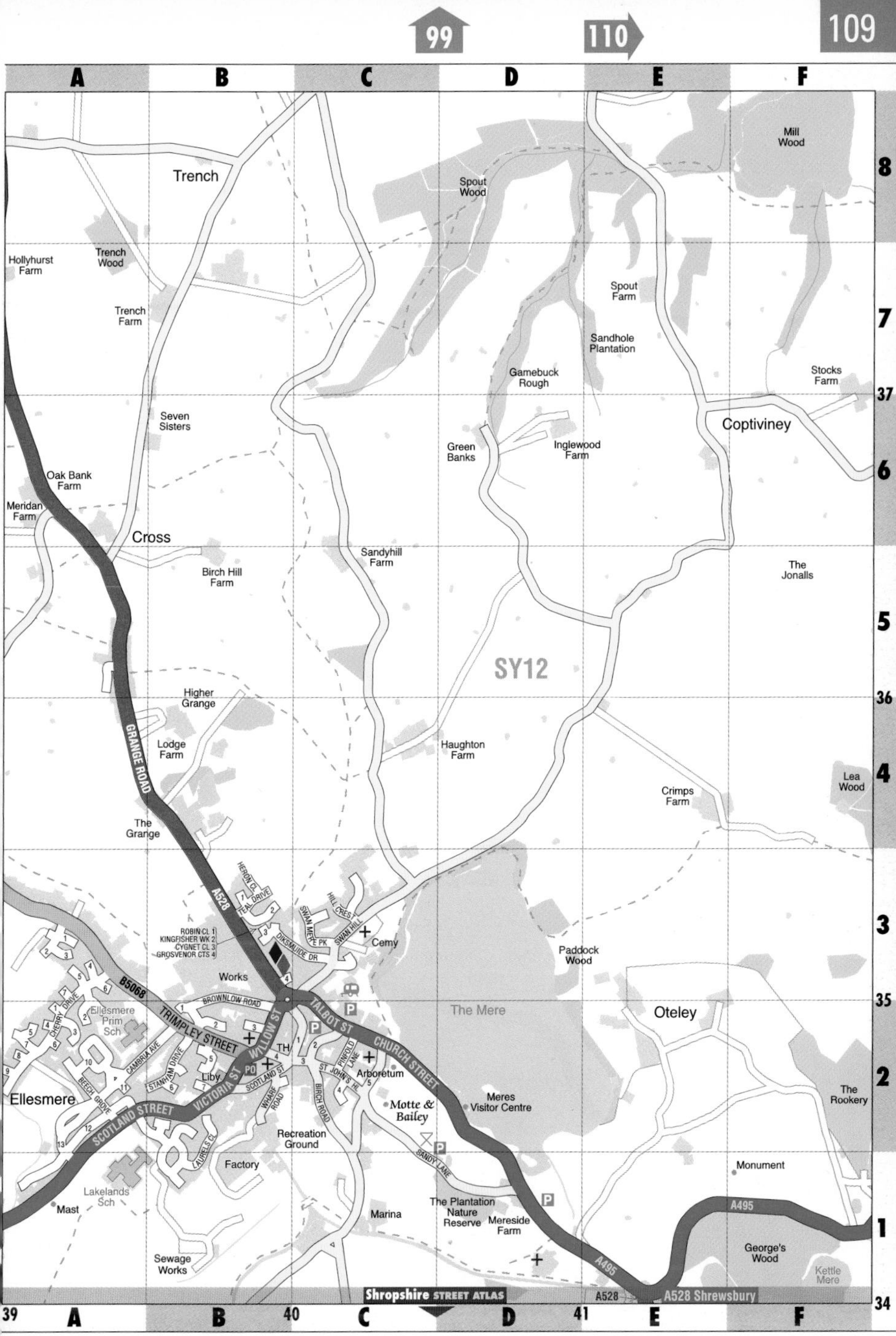

A2
1 LARCH CL
2 LIME CL
3 FIRTREE CL
4 ROWAN CL
5 MULBERRY AV
6 LABURNAM DR
7 ALMOND DR
8 PINE CL
9 MAGNOLIA DR
10 OAK DR
11 THE GREENWAY
12 OSWESTRY RD
13 BEECH DR

A3
1 HOLLY CL
2 THE HAWTHORNS
3 BRACKEN RI
4 MAPLE AV
5 ELM CL
6 CEDAR AV
7 SPRUCE CL

B2
1 BROWNLOW CR
2 BROWNLOW PK
3 WILLOW CR
4 MARKET ST
5 TRIMPLEY CT
6 STANHAM CL
7 SYCAMORE CR

C2
1 CROSS ST
2 WATERGATE ST
3 HIGH ST
4 ST JOHN'S CL
5 CHURCH HL

110

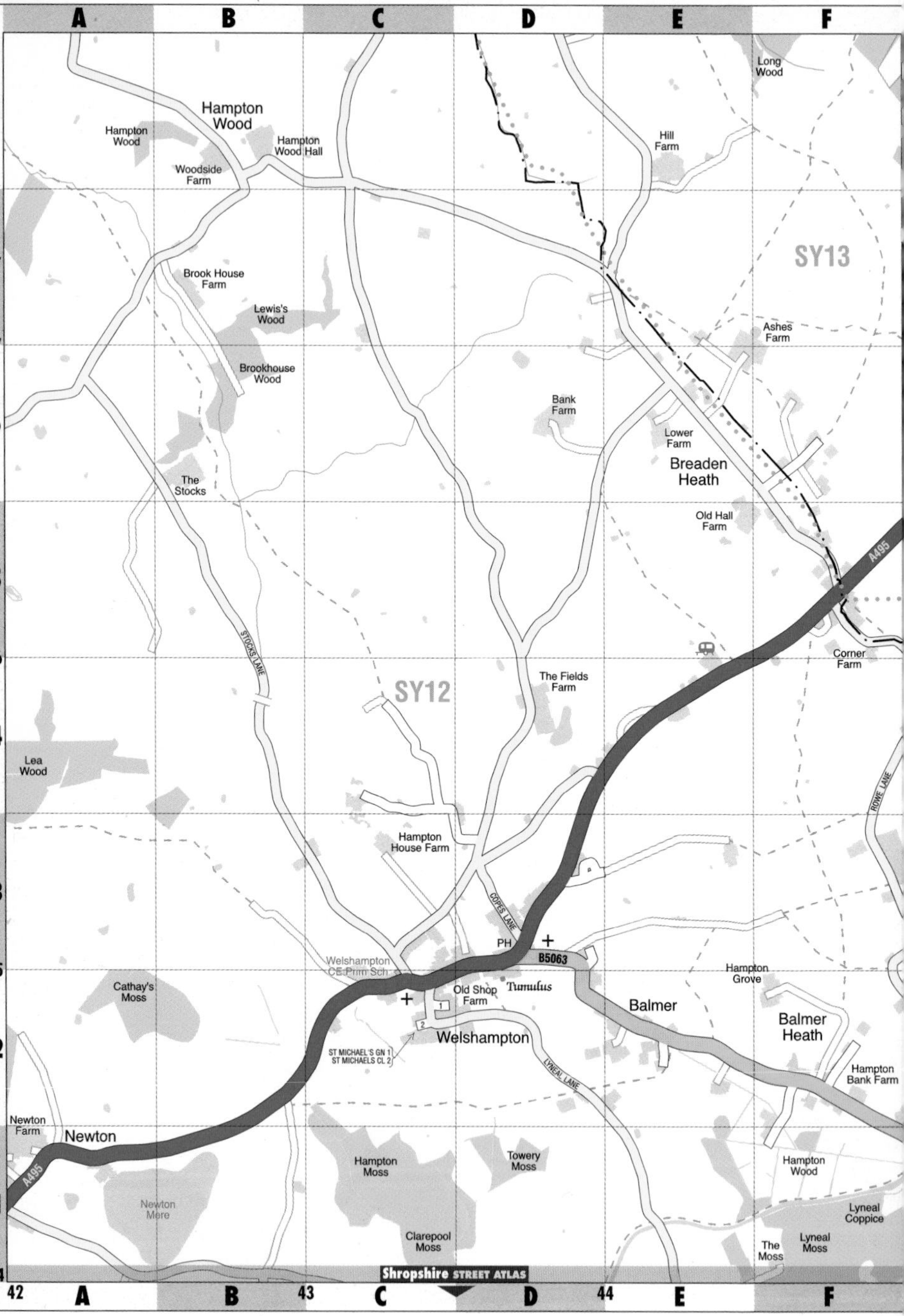
A
B
C
D
E
F
8
7
37
6
5
36
4
3
35
2
1
34
42
43
44
Hampton Wood
Hampton Wood
Hampton Wood Hall
Woodside Farm
Long Wood
Hill Farm
SY13
Brook House Farm
Lewis's Wood
Brookhouse Wood
Ashes Farm
Bank Farm
Lower Farm
Breaden Heath
The Stocks
Old Hall Farm
A495
STOCKS LANE
Corner Farm
The Fields Farm
SY12
Lea Wood
ROWE LANE
Hampton House Farm
COPES LANE
PH
B5063
Welshampton CE Prim Sch
Cathay's Moss
Old Shop Farm
Tumulus
Balmer
Hampton Grove
Balmer Heath
Welshampton
ST MICHAEL'S GN 1
ST MICHAELS CL 2
LYNEAL LANE
Hampton Bank Farm
Newton Farm
Newton
Hampton Moss
Towery Moss
Hampton Wood
Newton Mere
Lyneal Coppice
Clarepool Moss
The Moss
Lyneal Moss

101
112

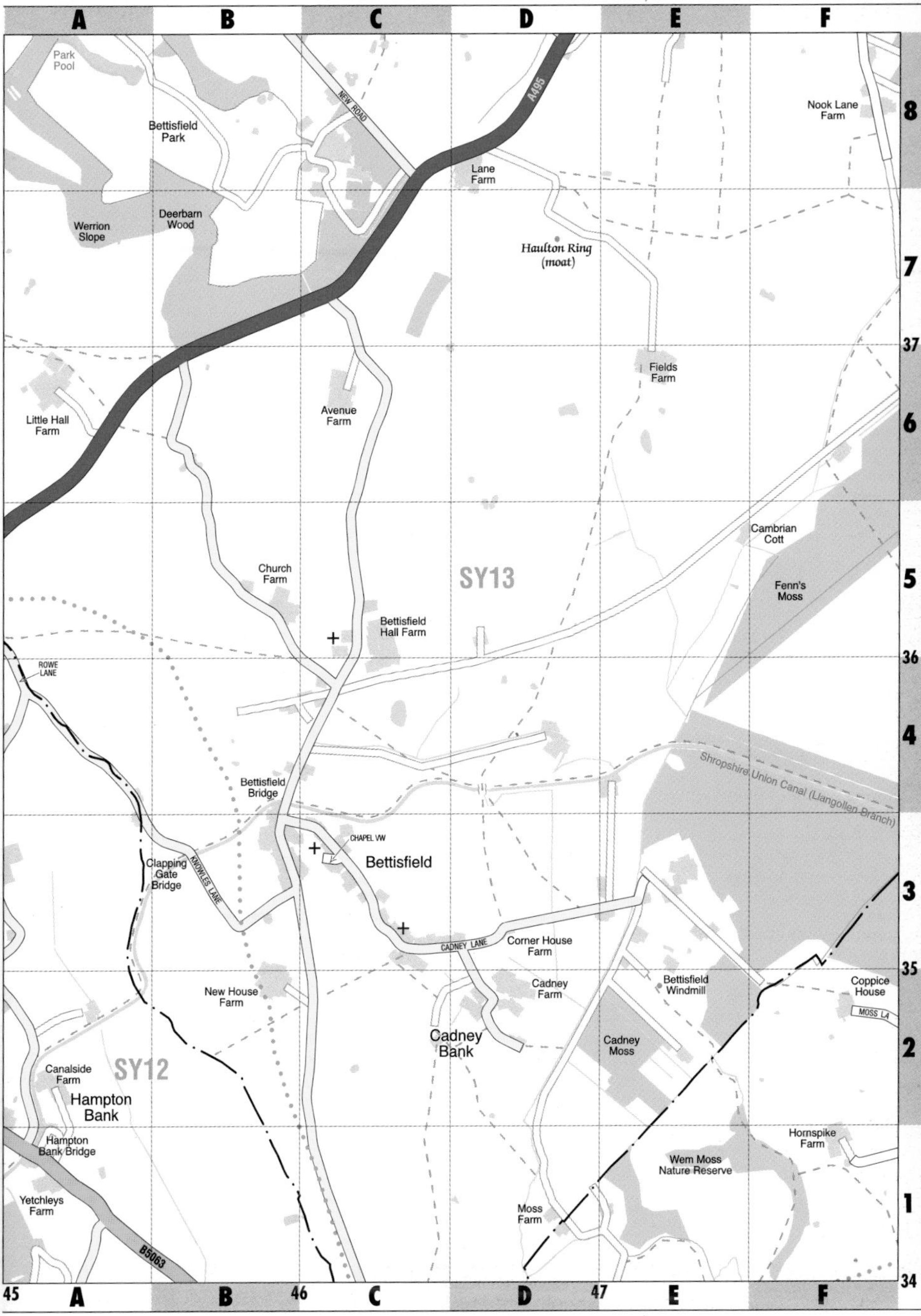
A
B
C
D
E
F
8
7
37
6
5
36
4
3
35
2
1
34
45
46
47
Park Pool
Bettisfield Park
NEW ROAD
A495
Nook Lane Farm
Lane Farm
Werrion Slope
Deerbarn Wood
Haulton Ring (moat)
Fields Farm
Little Hall Farm
Avenue Farm
Cambrian Cott
Church Farm
SY13
Fenn's Moss
Bettisfield Hall Farm
ROWE LANE
Shropshire Union Canal (Llangollen Branch)
Bettisfield Bridge
CHAPEL VW
Bettisfield
Clapping Gate Bridge
KNOWLES LANE
CADNEY LANE
Corner House Farm
Cadney Farm
New House Farm
Bettisfield Windmill
Coppice House
MOSS LA
Cadney Bank
Cadney Moss
Canalside Farm
SY12
Hampton Bank
Hampton Bank Bridge
Hornspike Farm
Wem Moss Nature Reserve
Yetchleys Farm
Moss Farm
B5063

115
112

111
102

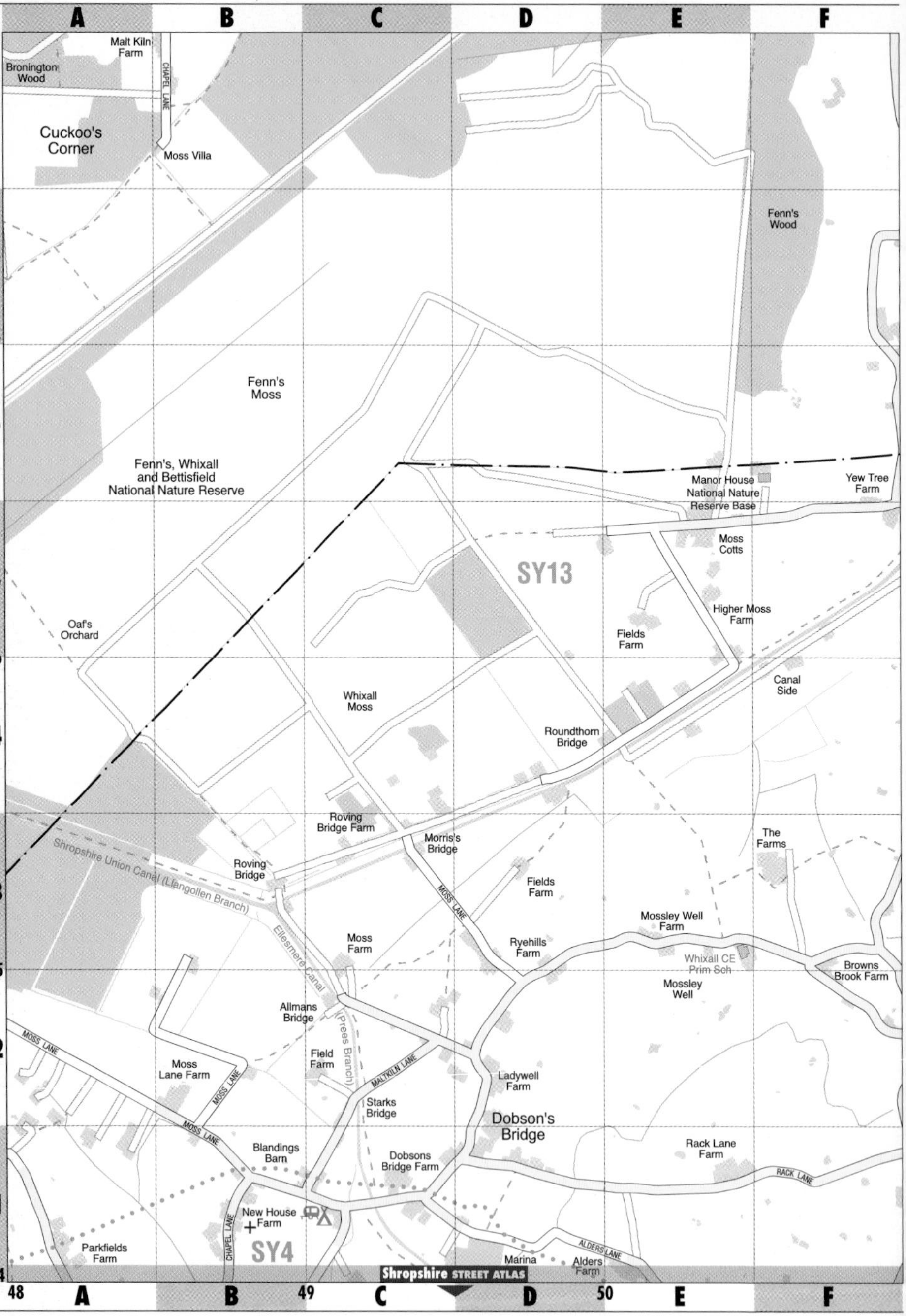
A
B
C
D
E
F
8
7
37
6
5
36
4
3
35
2
1
34
48
49
50
Malt Kiln Farm
Bronington Wood
CHAPEL LANE
Cuckoo's Corner
Moss Villa
Fenn's Wood
Fenn's Moss
Fenn's, Whixall and Bettisfield National Nature Reserve
Manor House National Nature Reserve Base
Yew Tree Farm
Moss Cotts
SY13
Higher Moss Farm
Oaf's Orchard
Fields Farm
Whixall Moss
Canal Side
Roundthorn Bridge
Roving Bridge Farm
Morris's Bridge
The Farms
Shropshire Union Canal (Llangollen Branch)
Roving Bridge
Fields Farm
MOSS LANE
Mossley Well Farm
Moss Farm
Ryehills Farm
Whixall CE Prim Sch
Browns Brook Farm
Ellesmere Canal
Mossley Well
Allmans Bridge
(Prees Branch)
MOSS LANE
Field Farm
MALTKILN LANE
Moss Lane Farm
MOSS LANE
Ladywell Farm
Starks Bridge
MOSS LANE
Dobson's Bridge
Blandings Barn
Dobsons Bridge Farm
Rack Lane Farm
RACK LANE
New House Farm
CHAPEL LANE
SY4
Parkfields Farm
Marina
ALDERS LANE
Alders Farm

103

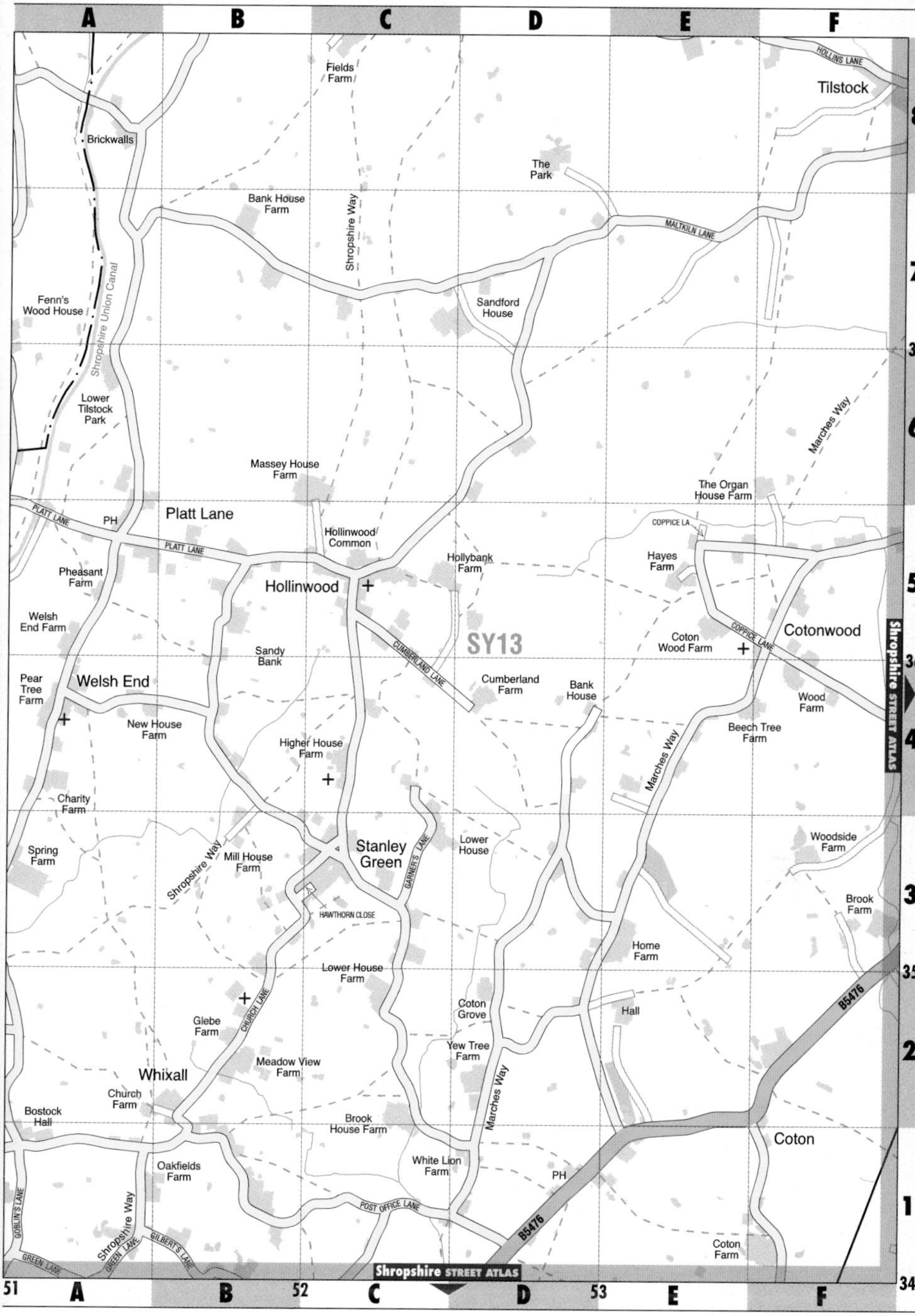

Shropshire STREET ATLAS

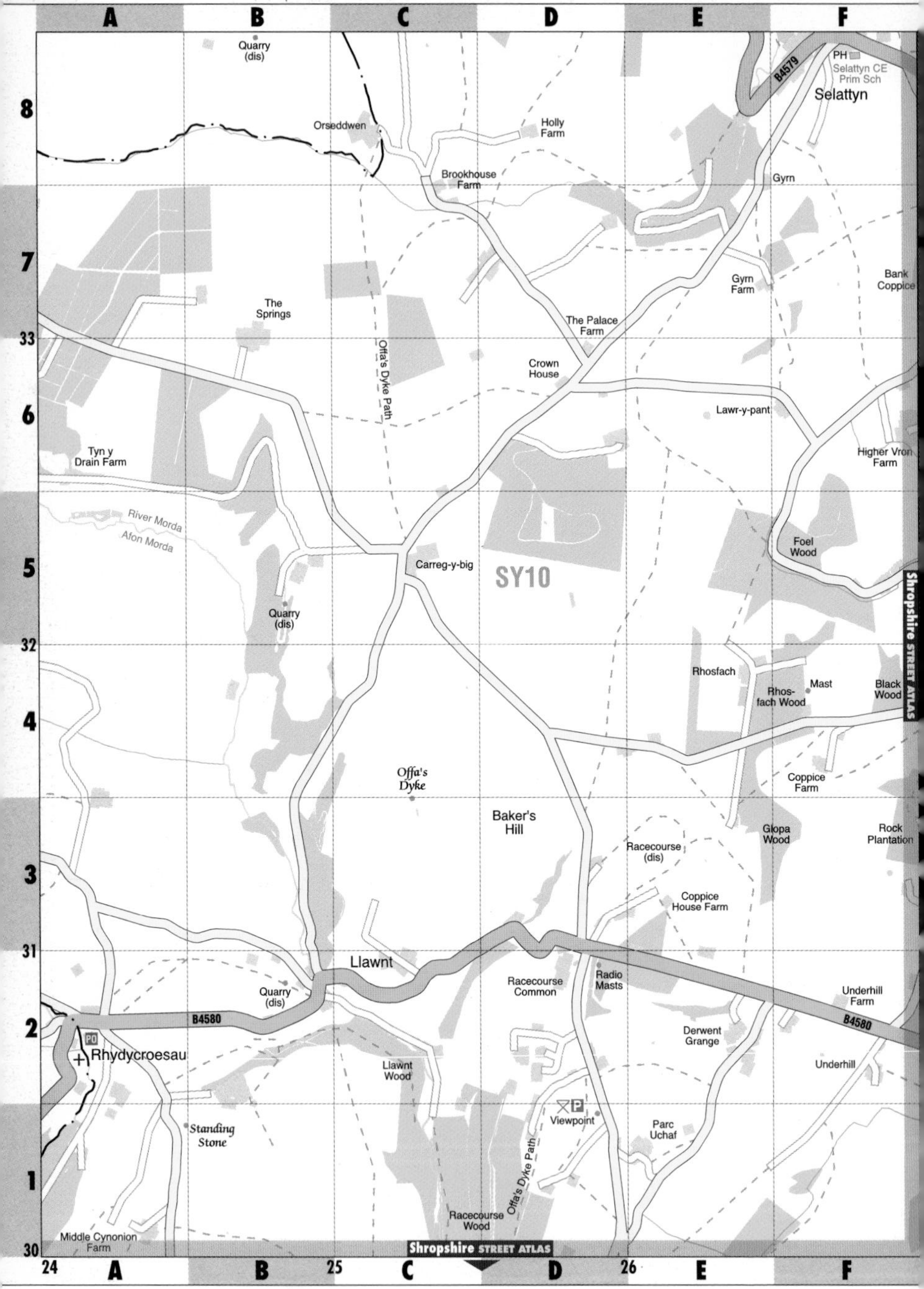
A
B
C
D
E
F
8
7
33
6
5
32
4
3
31
2
1
30
24
25
26
Quarry (dis)
Orseddwen
Holly Farm
Brookhouse Farm
PH
Selattyn CE Prim Sch
Selattyn
B4579
Gyrn
Gyrn Farm
Bank Coppice
The Springs
Offa's Dyke Path
The Palace Farm
Crown House
Lawr-y-pant
Tyn y Drain Farm
Higher Vron Farm
River Morda
Afon Morda
Foel Wood
Carreg-y-big
SY10
Quarry (dis)
Rhosfach
Mast
Rhos-fach Wood
Black Wood
Offa's Dyke
Baker's Hill
Coppice Farm
Glopa Wood
Rock Plantation
Racecourse (dis)
Coppice House Farm
Llawnt
Racecourse Common
Radio Masts
Underhill Farm
Quarry (dis)
B4580
PO
Rhydycroesau
Derwent Grange
B4580
Underhill
Llawnt Wood
Viewpoint
Standing Stone
Parc Uchaf
Offa's Dyke Path
Racecourse Wood
Middle Cynonion Farm
Shropshire STREET ATLAS

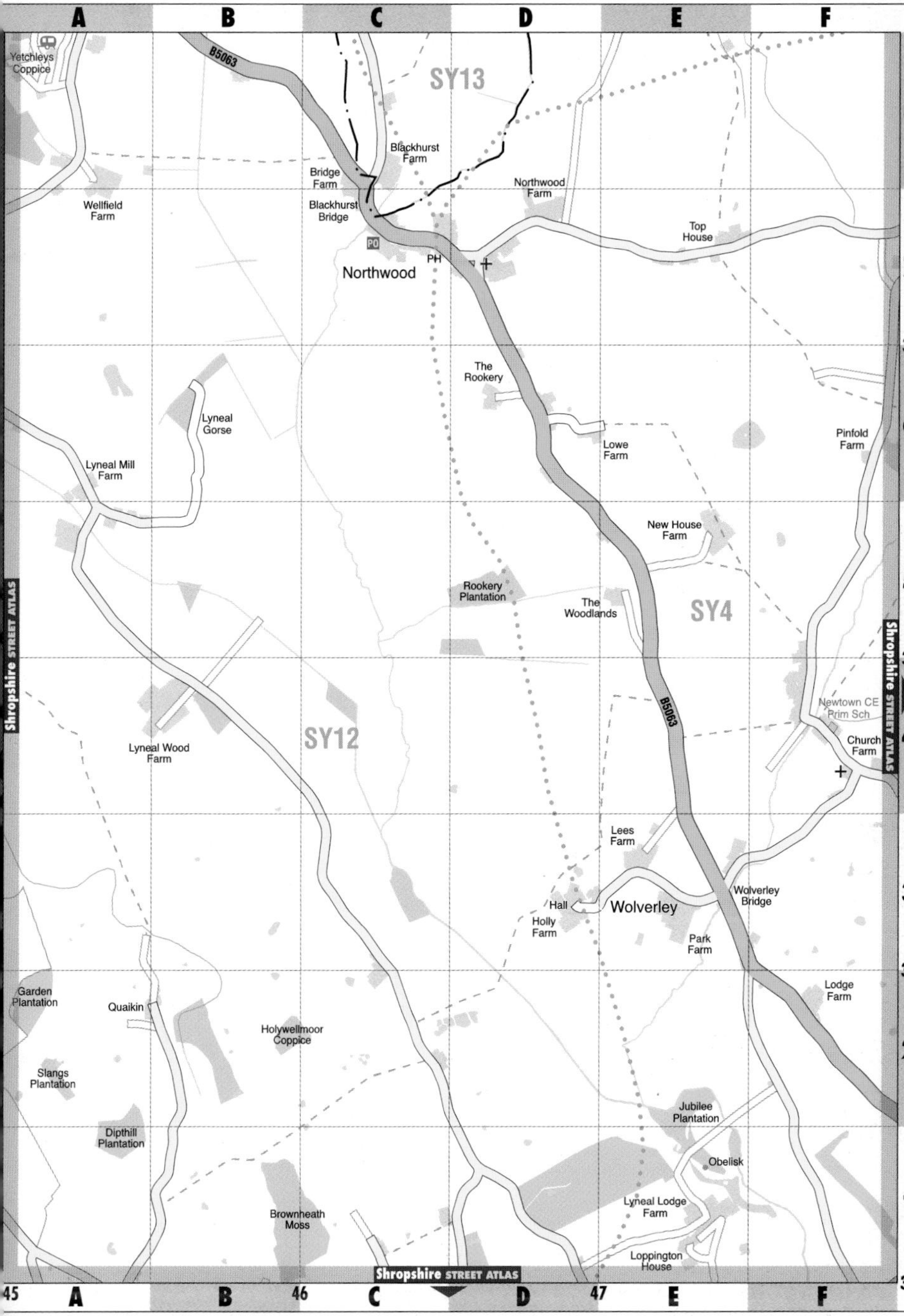
A
B
C
D
E
F
Yetchleys Coppice
B5063
SY13
8
Blackhurst Farm
Bridge Farm
Northwood Farm
Wellfield Farm
Blackhurst Bridge
Top House
PO
PH
Northwood
7
33
The Rookery
Lyneal Gorse
6
Lowe Farm
Pinfold Farm
Lyneal Mill Farm
New House Farm
5
Rookery Plantation
The Woodlands
SY4
32
Newtown CE Prim Sch
B5063
SY12
4
Lyneal Wood Farm
Church Farm
Lees Farm
3
Hall
Wolverley
Wolverley Bridge
Holly Farm
Park Farm
31
Garden Plantation
Quaikin
Lodge Farm
Holywellmoor Coppice
2
Slangs Plantation
Jubilee Plantation
Dipthill Plantation
Obelisk
1
Lyneal Lodge Farm
Brownheath Moss
Loppington House
Shropshire STREET ATLAS
30
45
46
47

14

15

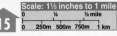

Scale: 1⅓ inches to 1 mile
0 ¼ ½ mile
0 250m 500m 750m 1 km

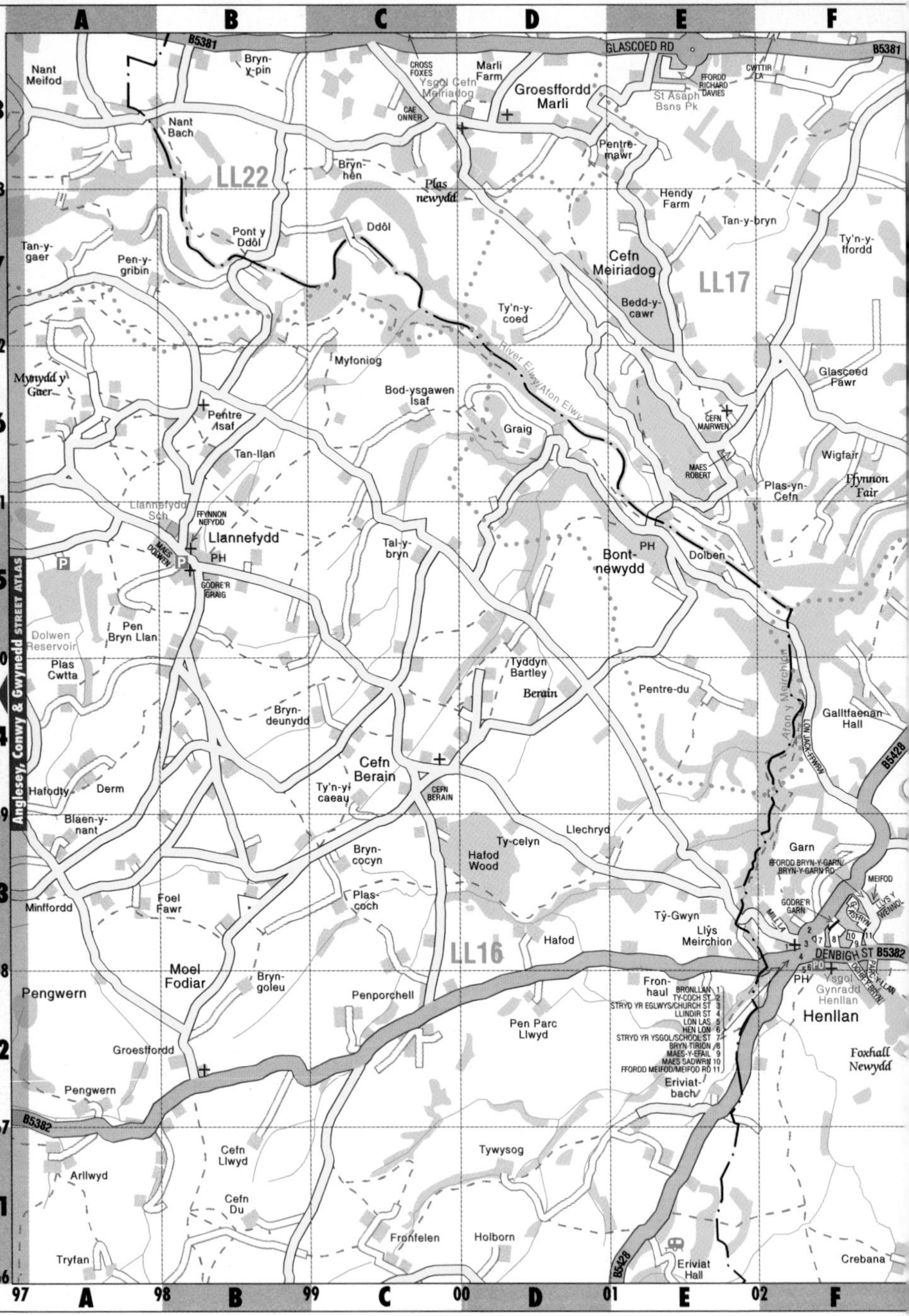

Scale: 1⅓ inches to 1 mile
0 ¼ ½ mile
0 250m 500m 750m 1 km

16
17
23

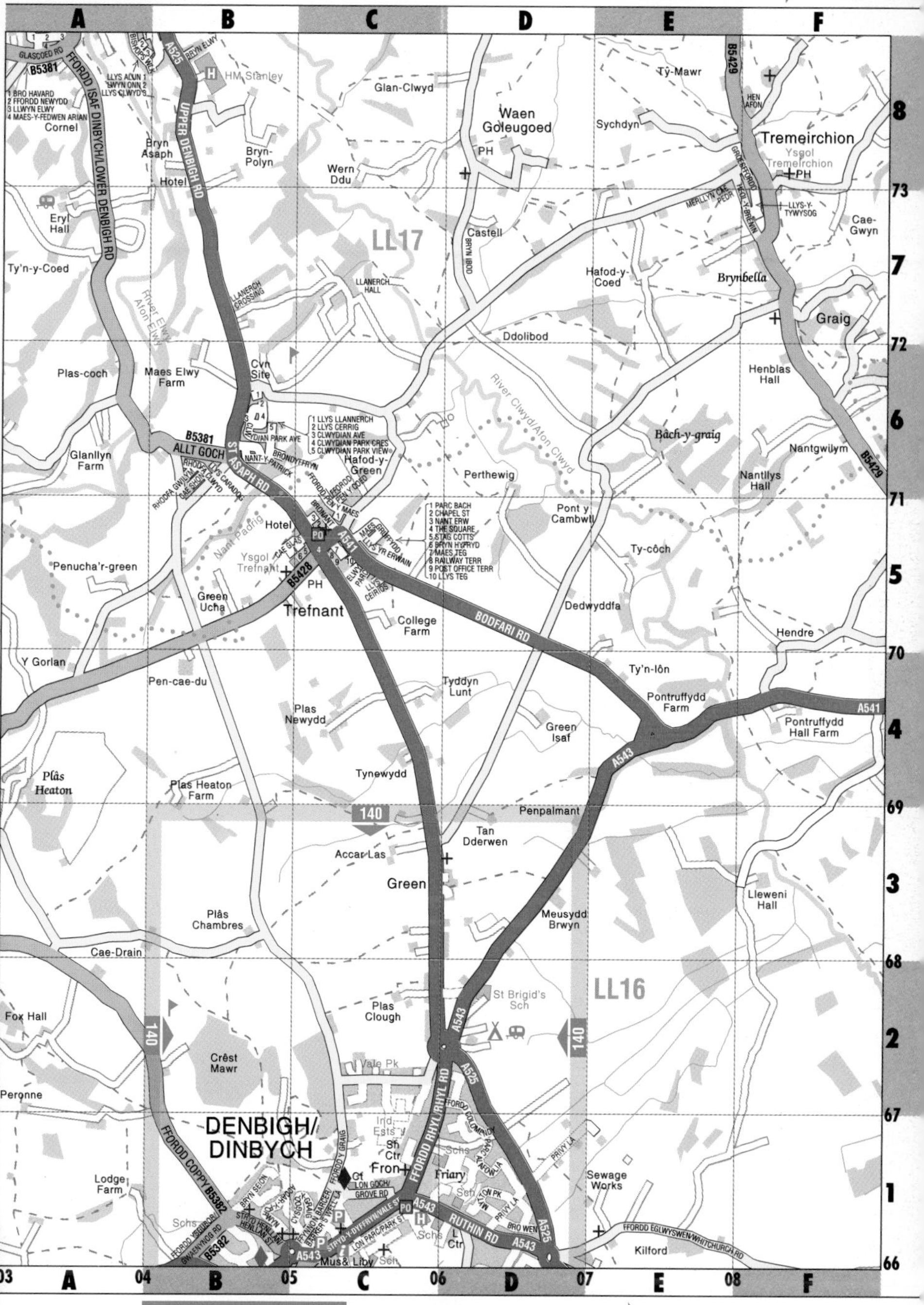

For full street detail of the highlighted area see page 140.
120
32

Scale: 1⅓ inches to 1 mile

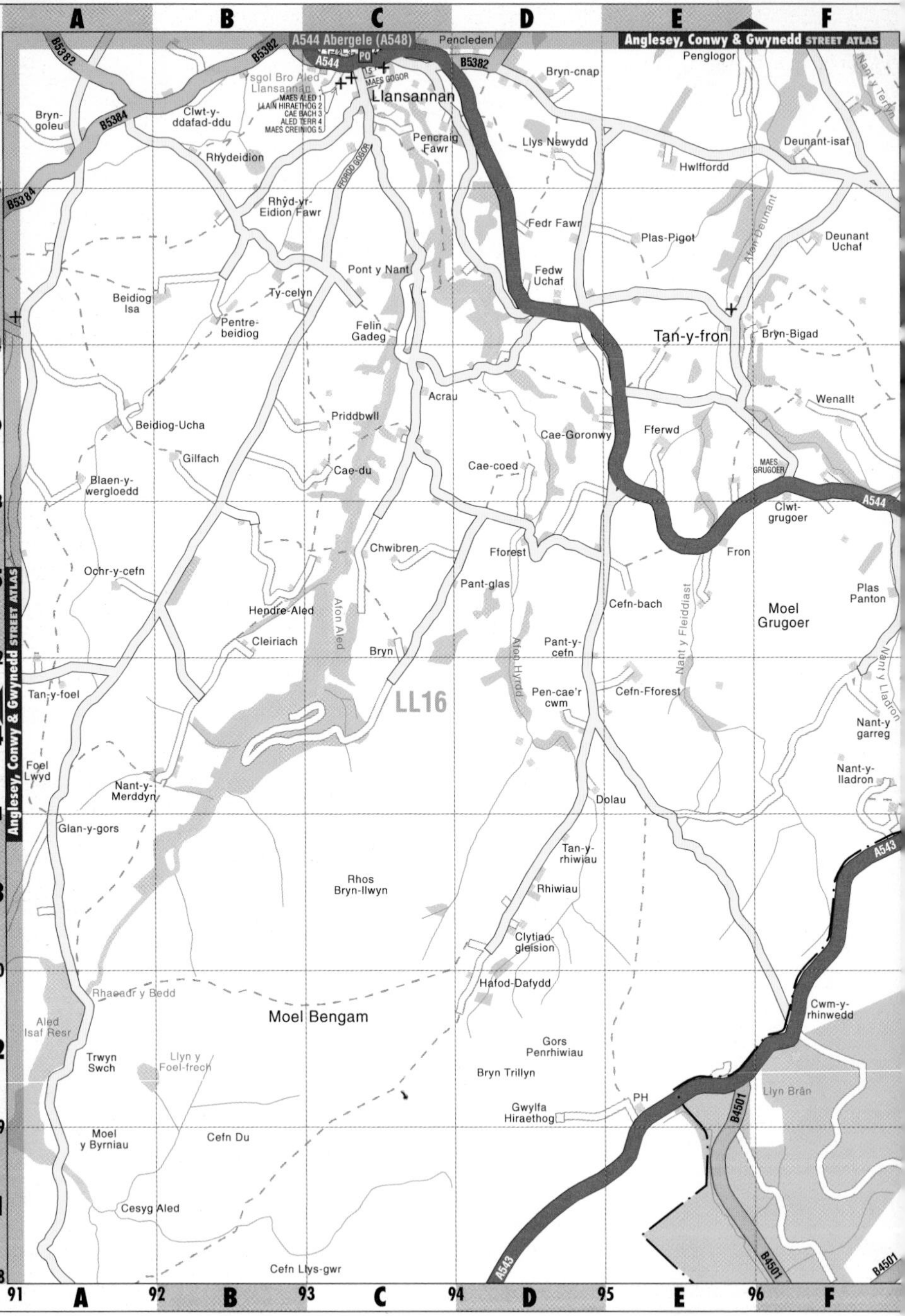

116
120

Scale: 1⅓ inches to 1 mile

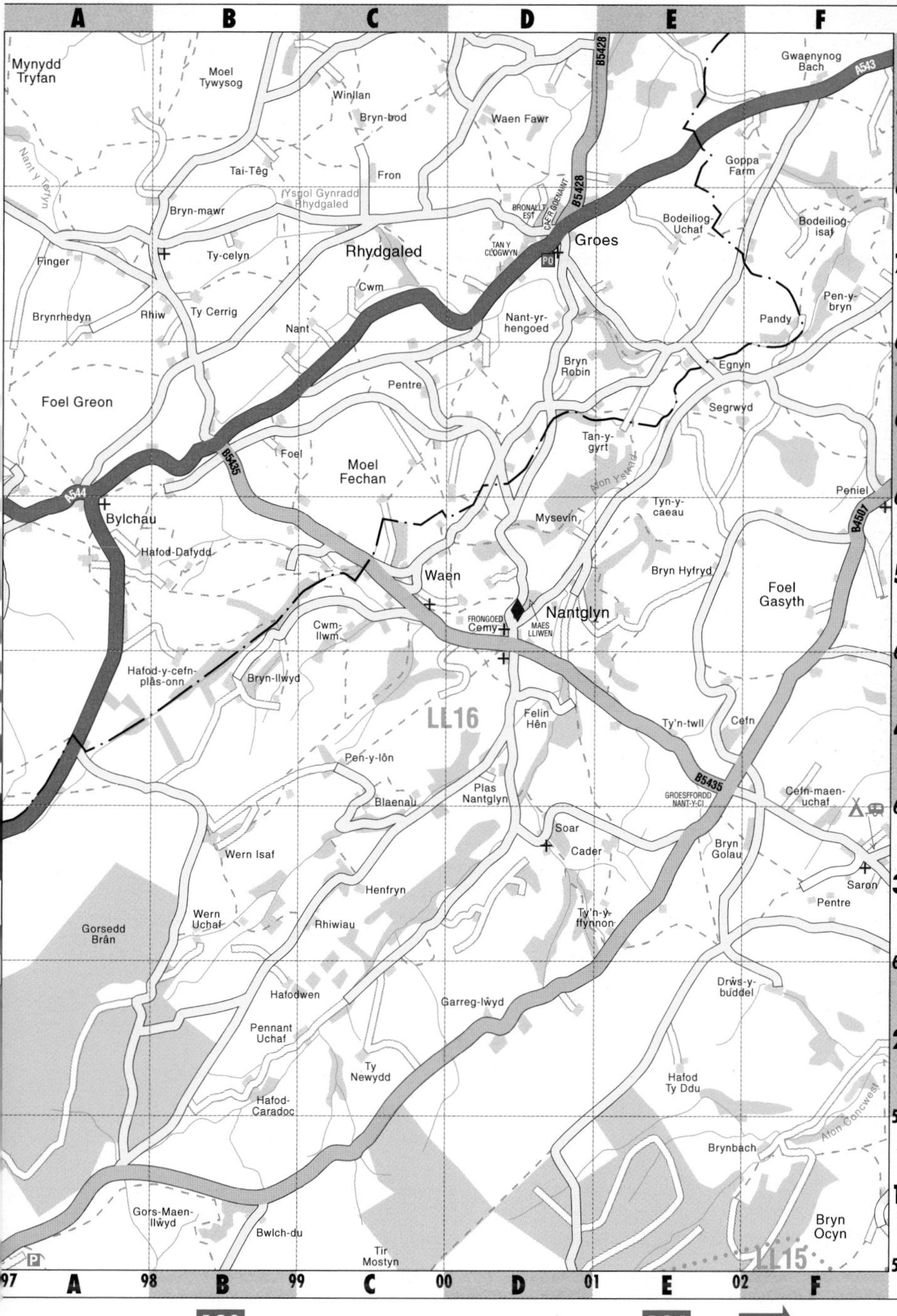

123
124
120

119
117
For full street detail of the highlighted area see page 140.

Scale: 1⅓ inches to 1 mile
0 ¼ ½ mile
0 250m 500m 750m 1 km

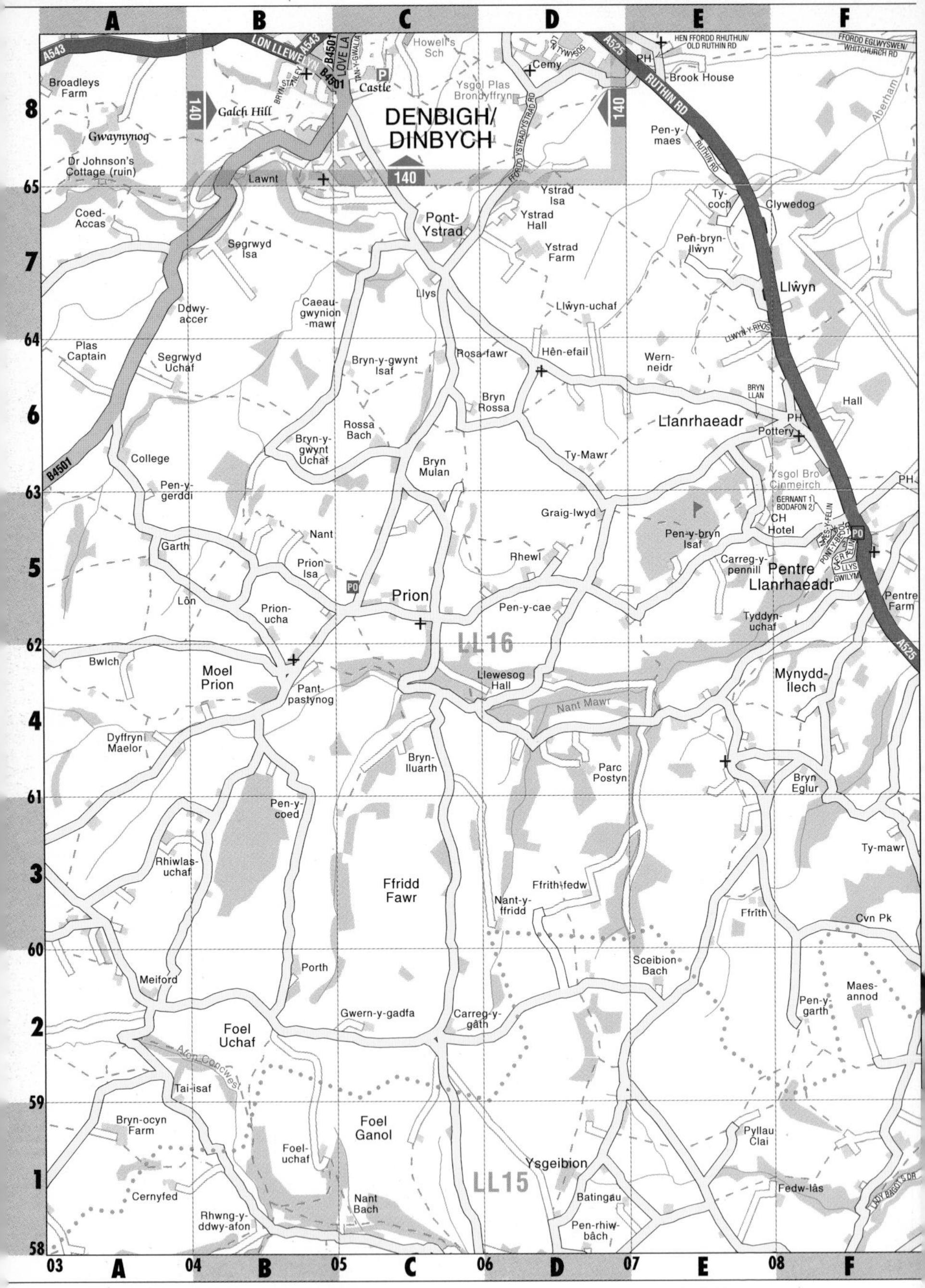

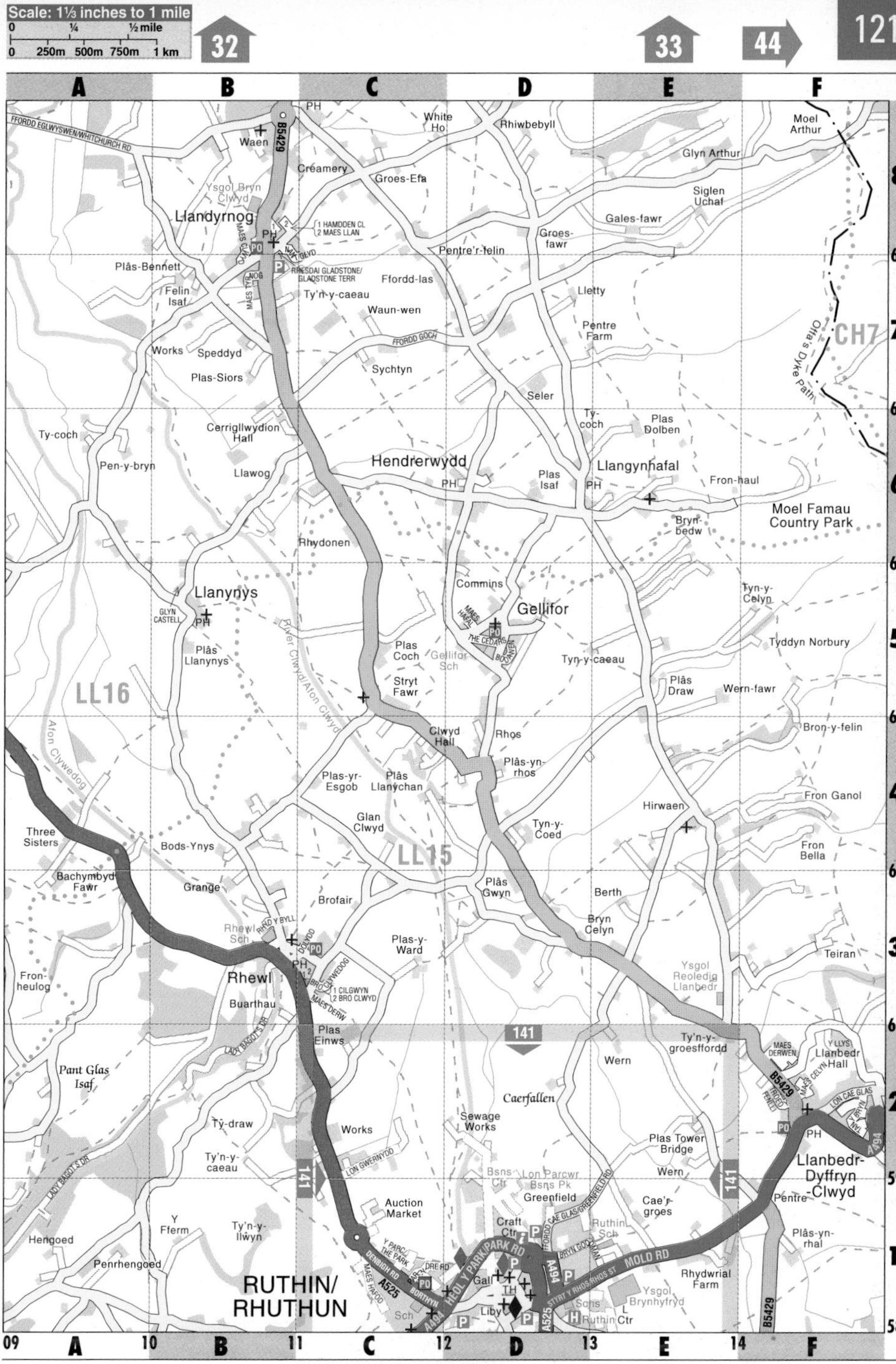

For full street detail of the highlighted area see page 141.

118

Scale: 1⅓ inches to 1 mile
0 ¼ ½ mile
0 250m 500m 750m 1 km

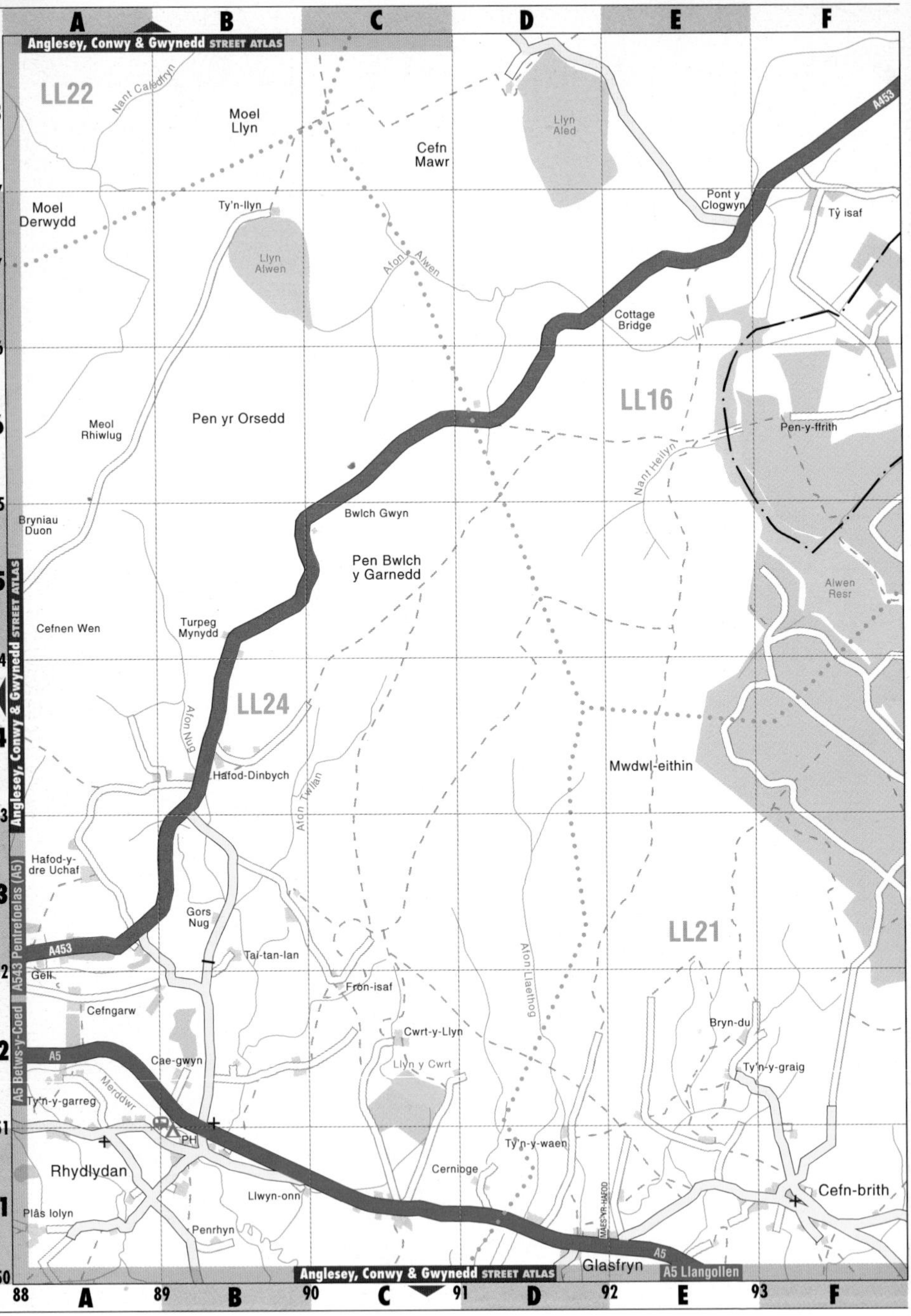

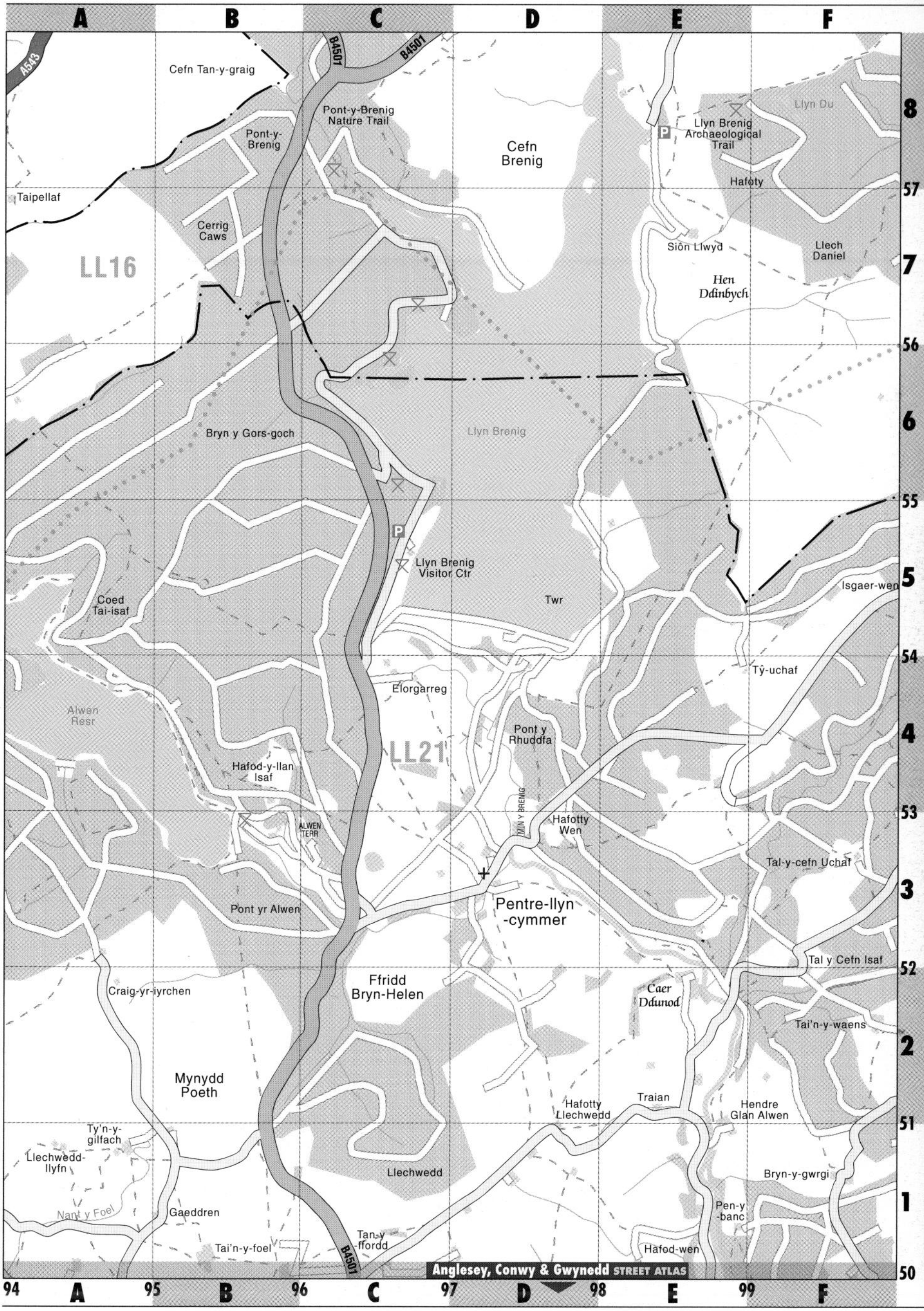
A
B
C
D
E
F
A543
B4501
Cefn Tan-y-graig
Pont-y-Brenig Nature Trail
Pont-y-Brenig
Cefn Brenig
Llyn Brenig Archaeological Trail
Llyn Du
Hafoty
Taipellaf
Cerrig Caws
LL16
Siôn Llwyd
Llech Daniel
Hen Ddinbych
Bryn y Gors-goch
Llyn Brenig
Llyn Brenig Visitor Ctr
Twr
Isgaer-wen
Coed Tai-isaf
Tŷ-uchaf
Elorgarreg
Alwen Resr
Pont y Rhuddfa
LL21
Hafod-y-llan Isaf
MIN Y BRENIG
Hafotty Wen
ALWEN TERR
Tal-y-cefn Uchaf
Pont yr Alwen
Pentre-llyn -cymmer
Tal y Cefn Isaf
Craig-yr-iyrchen
Ffridd Bryn-Helen
Caer Ddunod
Tai'n-y-waens
Mynydd Poeth
Hafotty Llechwedd
Traian
Hendre Glan Alwen
Ty'n-y-gilfach
Llechwedd-llyfn
Llechwedd
Bryn-y-gwrgi
Nant y Foel
Gaeddren
Pen-y -banc
Tai'n-y-foel
Tan-y -ffordd
Hafod-wen
8
57
7
56
6
55
5
54
4
53
3
52
2
51
1
50
94
95
96
97
98
99

Scale: 1⅓ inches to 1 mile
0 ¼ ½ mile
0 250m 500m 750m 1 km

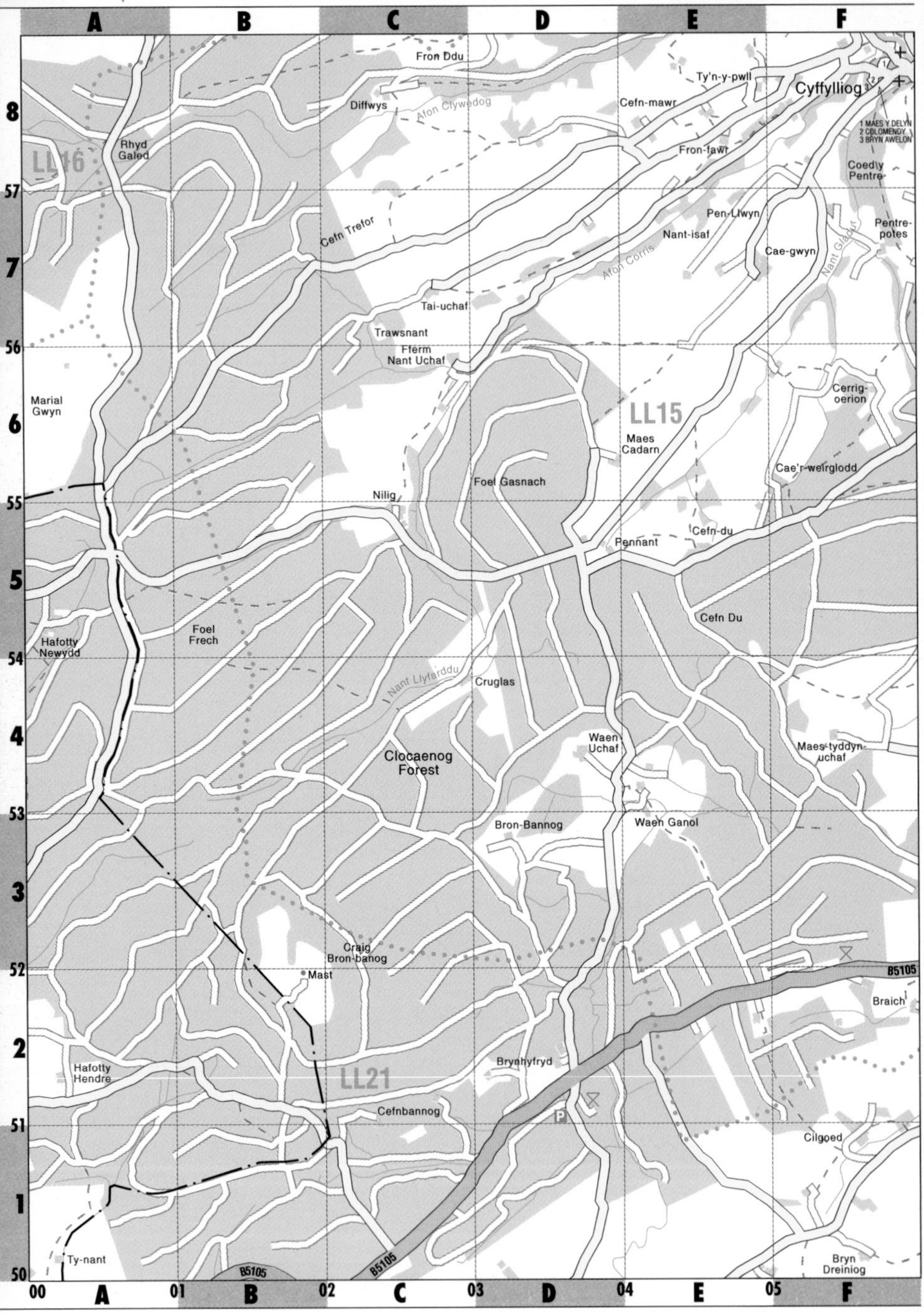

For full street detail of the highlighted area see page 141.

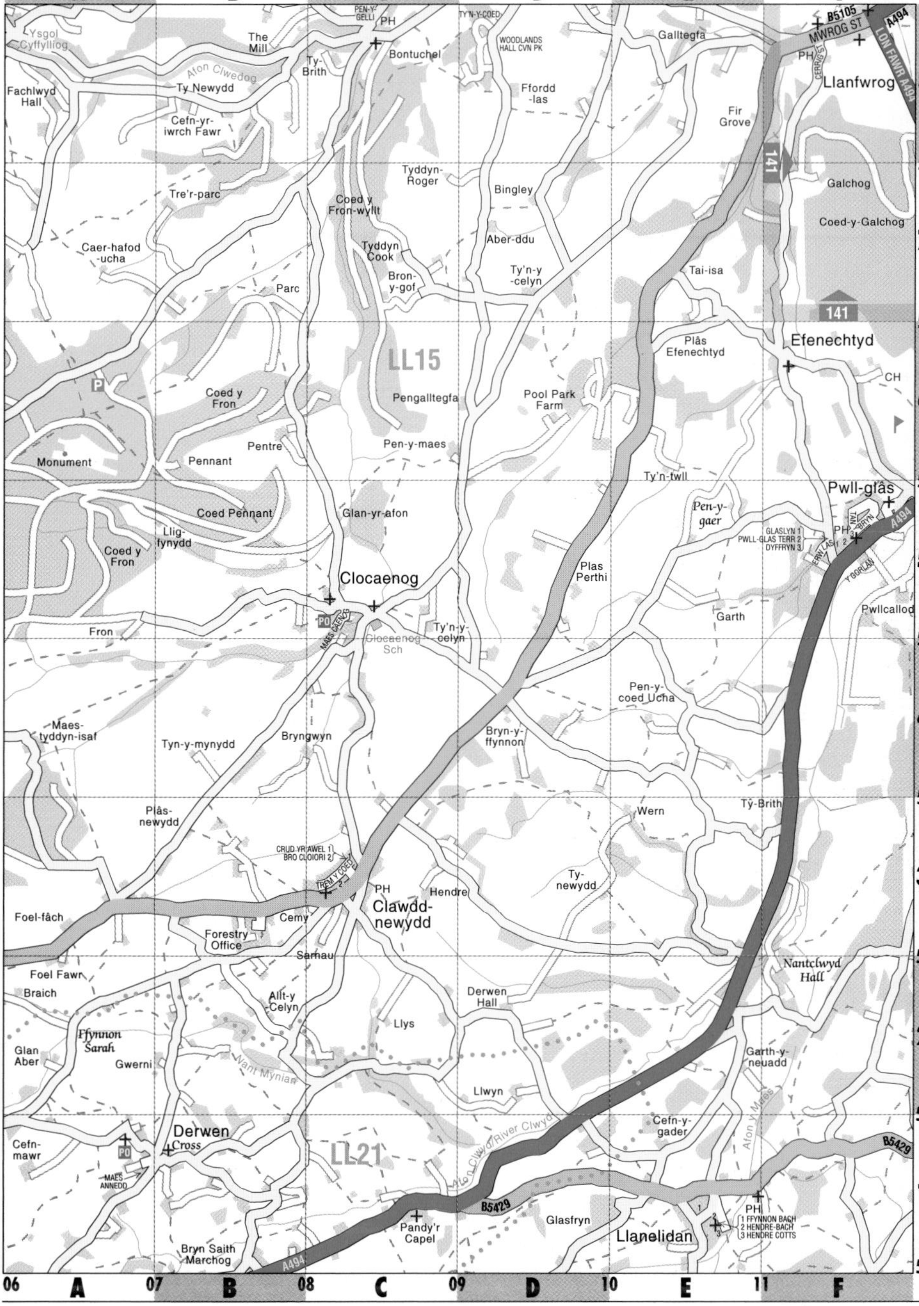

125
121
54

Scale: 1⅓ inches to 1 mile
0 ¼ ½ mile
0 250m 500m 750m 1 km

125
130

Scale: 1⅓ inches to 1 mile
0 ¼ ½ mile
0 250m 500m 750m 1 km

55
For full street detail of the highlighted area see page 63.
56
64

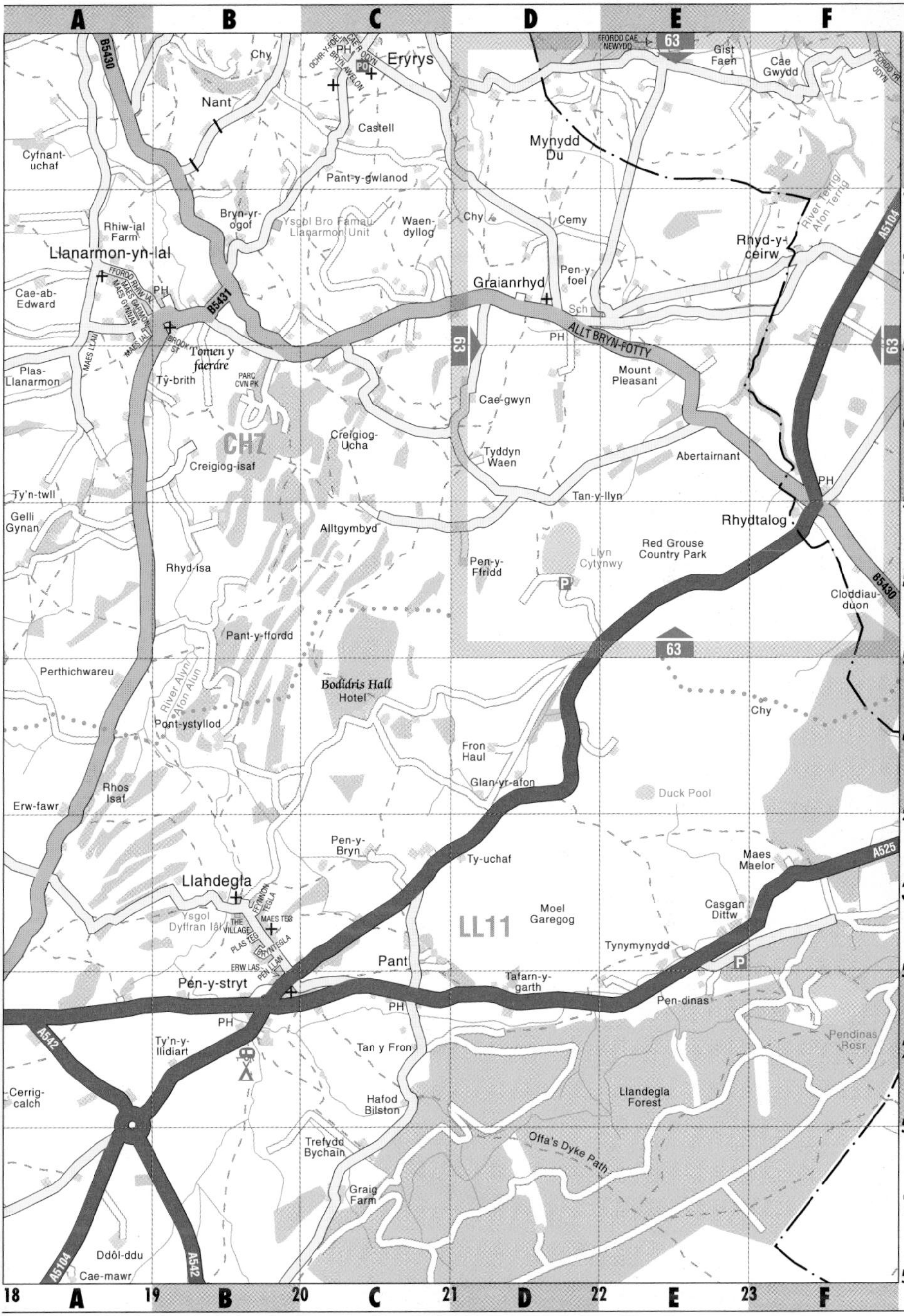

131
70

124

Scale: 1⅓ inches to 1 mile

0 ¼ ½ mile

0 250m 500m 750m 1 km

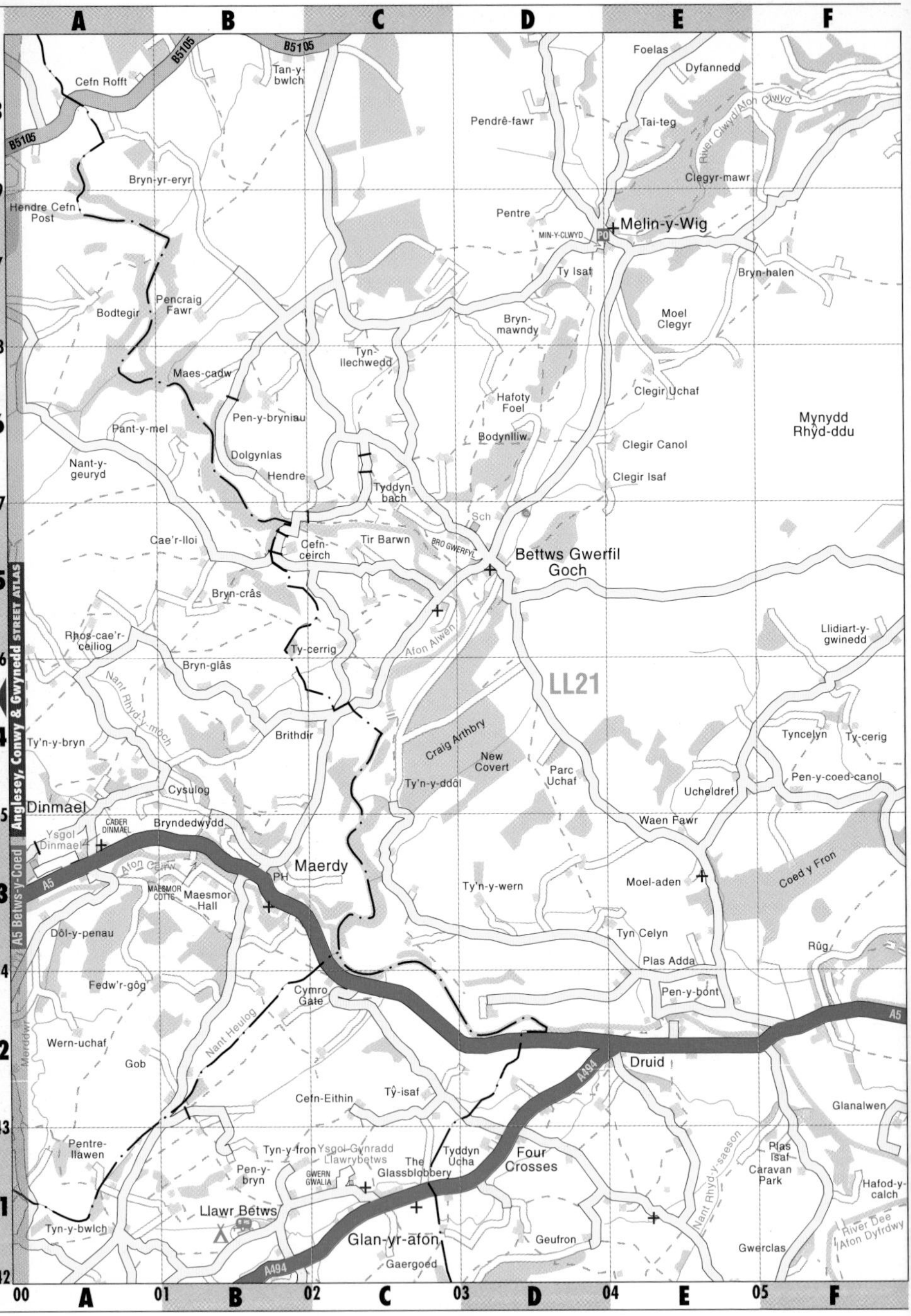

132

Scale: 1⅓ inches to 1 mile

0 ¼ ½ mile

0 250m 500m 750m 1 km

125

130

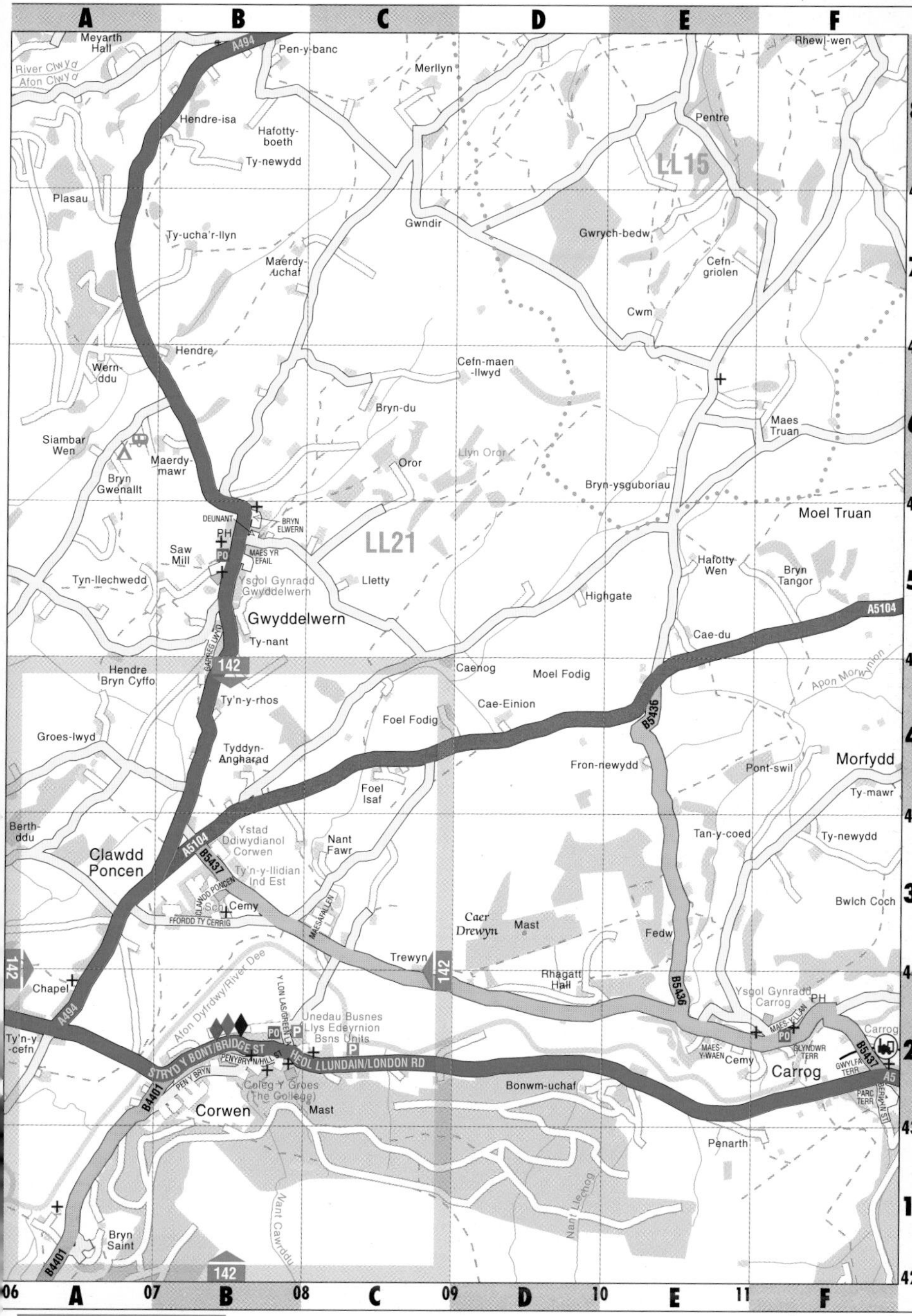

For full street detail of the highlighted area see page 142.

133

130

129
126

Scale: 1⅓ inches to 1 mile
0 ¼ ½ mile
0 250m 500m 750m 1 km

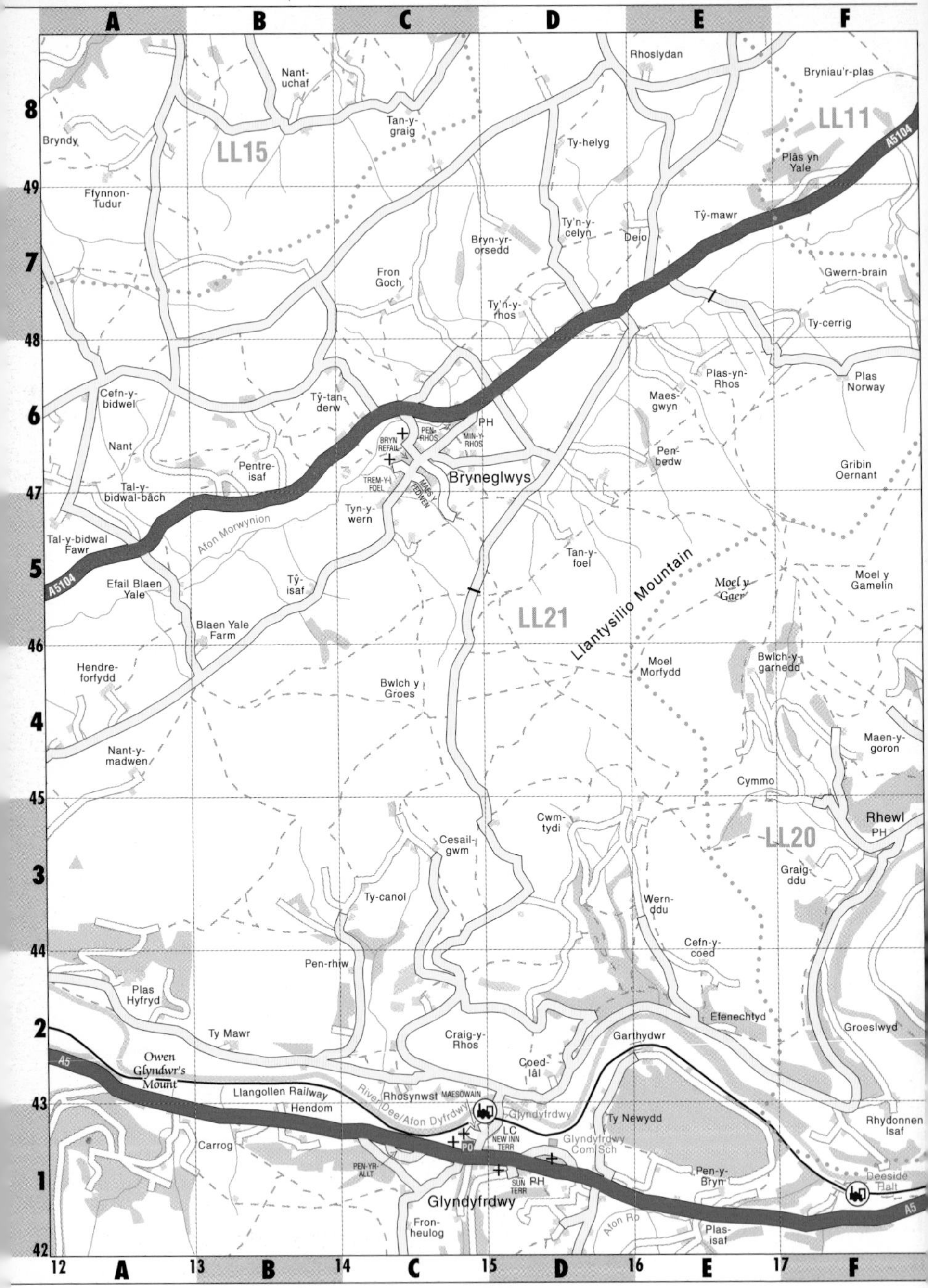

129
134

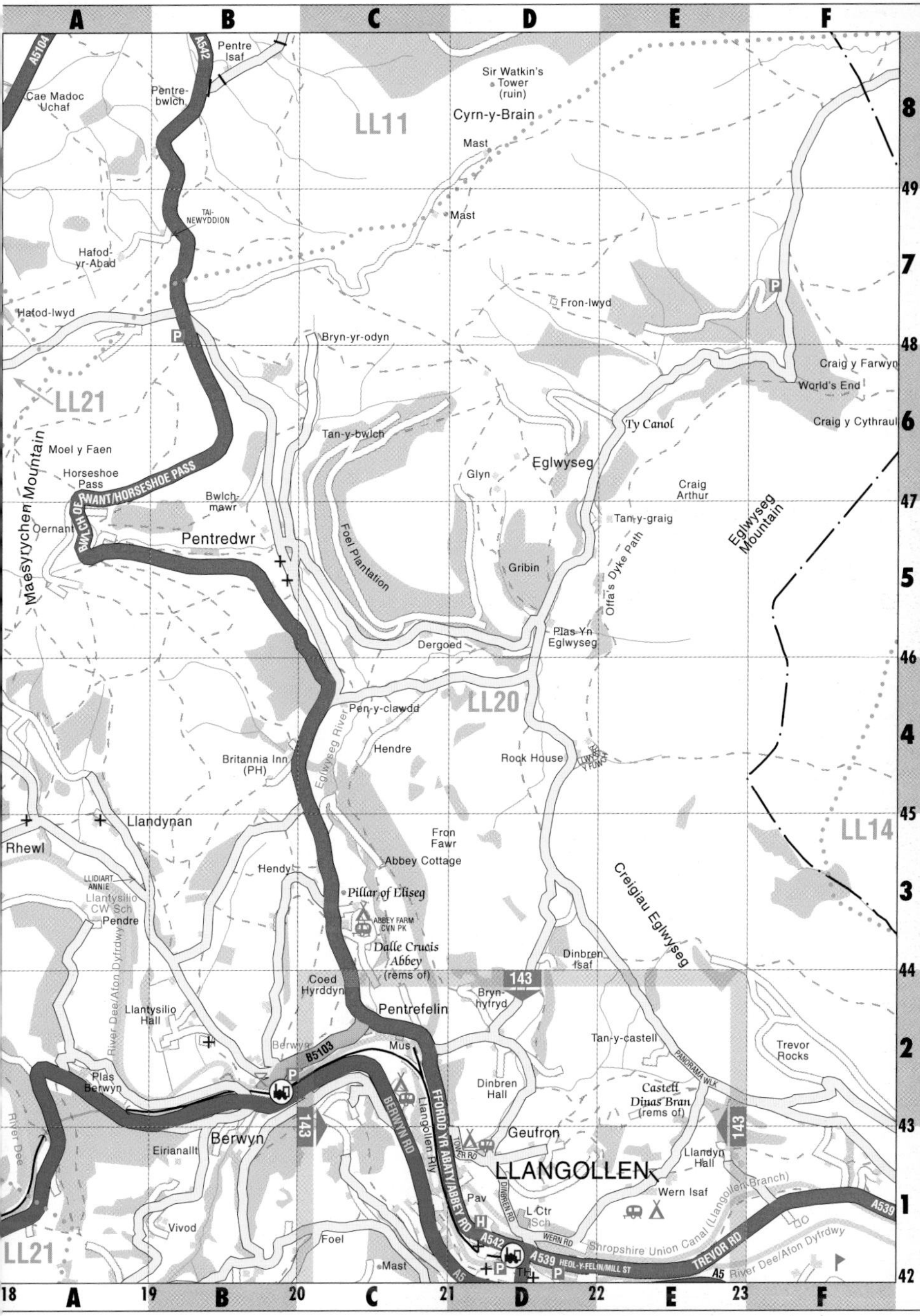
A
B
C
D
E
F
A5104
A542
Pentre Isaf
Pentre-bwlch
Cae Madoc Uchaf
Sir Watkin's Tower (ruin)
Cyrn-y-Brain
LL11
Mast
TAI-NEWYDDION
Mast
Hafod-yr-Abad
Fron-lwyd
Hafod-lwyd
Bryn-yr-odyn
LL21
Craig y Farwyn
World's End
Craig y Cythraul
Ty Canol
Moel y Faen
Tan-y-bwlch
Maesyrychen Mountain
Horseshoe Pass
BWLCH OR RWANT/HORSESHOE PASS
Bwlch-mawr
Glyn
Eglwyseg
Craig Arthur
Oernant
Pentredwr
Tan-y-graig
Eglwyseg Mountain
Foel Plantation
Gribin
Offa's Dyke Path
Plas Yn Eglwyseg
Dergoed
LL20
Pen-y-clawdd
Eglwyseg River
Hendre
Britannia Inn (PH)
Rock House
Llandynan
LL14
Rhewl
Fron Fawr
Abbey Cottage
Hendy
LLIDIART ANNIE
Llantysilio CW Sch
Creigiau Eglwyseg
Pillar of Eliseg
ABBEY FARM CVN PK
Pendre
Dalle Crucis Abbey (rems of)
Dinbren Isaf
River Dee/Afon Dyfrdwy
Coed Hyrddyn
143
Bryn-hyfryd
Llantysilio Hall
Pentrefelin
Tan-y-castell
Trevor Rocks
Berwyn
Mus
B5103
PANORAMA WLK
Plas Berwyn
Dinbren Hall
Castell Dinas Bran (rems of)
BERWYN RD
FFORDD YR ABATY/ABBEY RD
Llangollen Rly
River Dee
Eirianallt
Berwyn
Geufron
TOWER RD
Llandyn Hall
LLANGOLLEN
Pav
DINBREN RD
Wern Isaf
Shropshire Union Canal (Llangollen Branch)
A539
L Ctr
Sch
Vivod
WERN RD
TREVOR RD
River Dee/Afon Dyfrdwy
LL21
Foel
Mast
A542
A539 HEOL-Y-FELIN/MILL ST
TH
A5
8
49
7
48
6
47
5
46
4
45
3
44
2
43
1
42
18
19
20
21
22
23

128

Scale: 1⅓ inches to 1 mile
0 ¼ ½ mile
0 250m 500m 750m 1 km

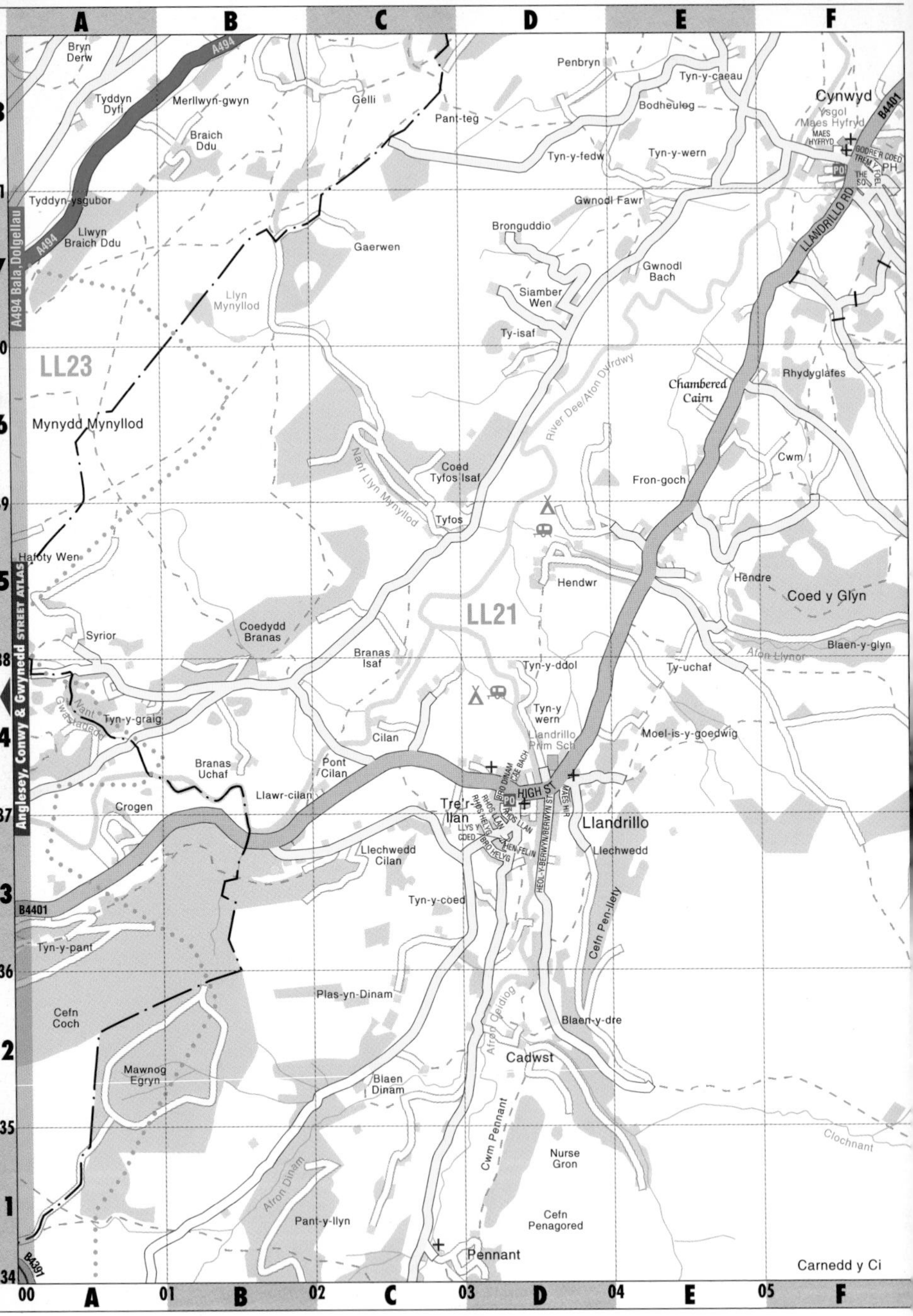

136

Scale: 1⅓ inches to 1 mile
0 ¼ ½ mile
0 250m 500m 750m 1 km

129
134

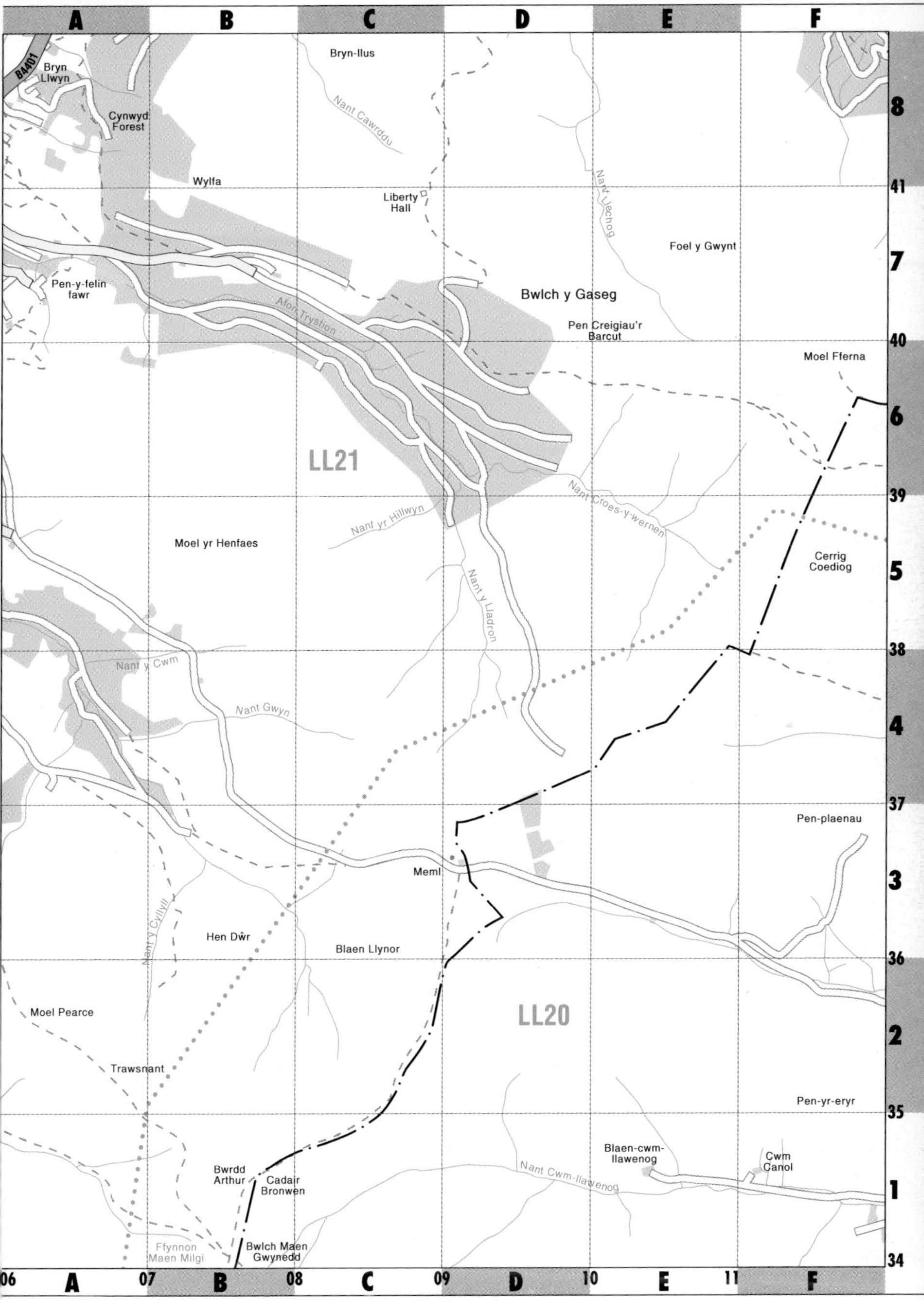

137
134

133
130

Scale: 1⅓ inches to 1 mile
0 ¼ ½ mile
0 250m 500m 750m 1 km

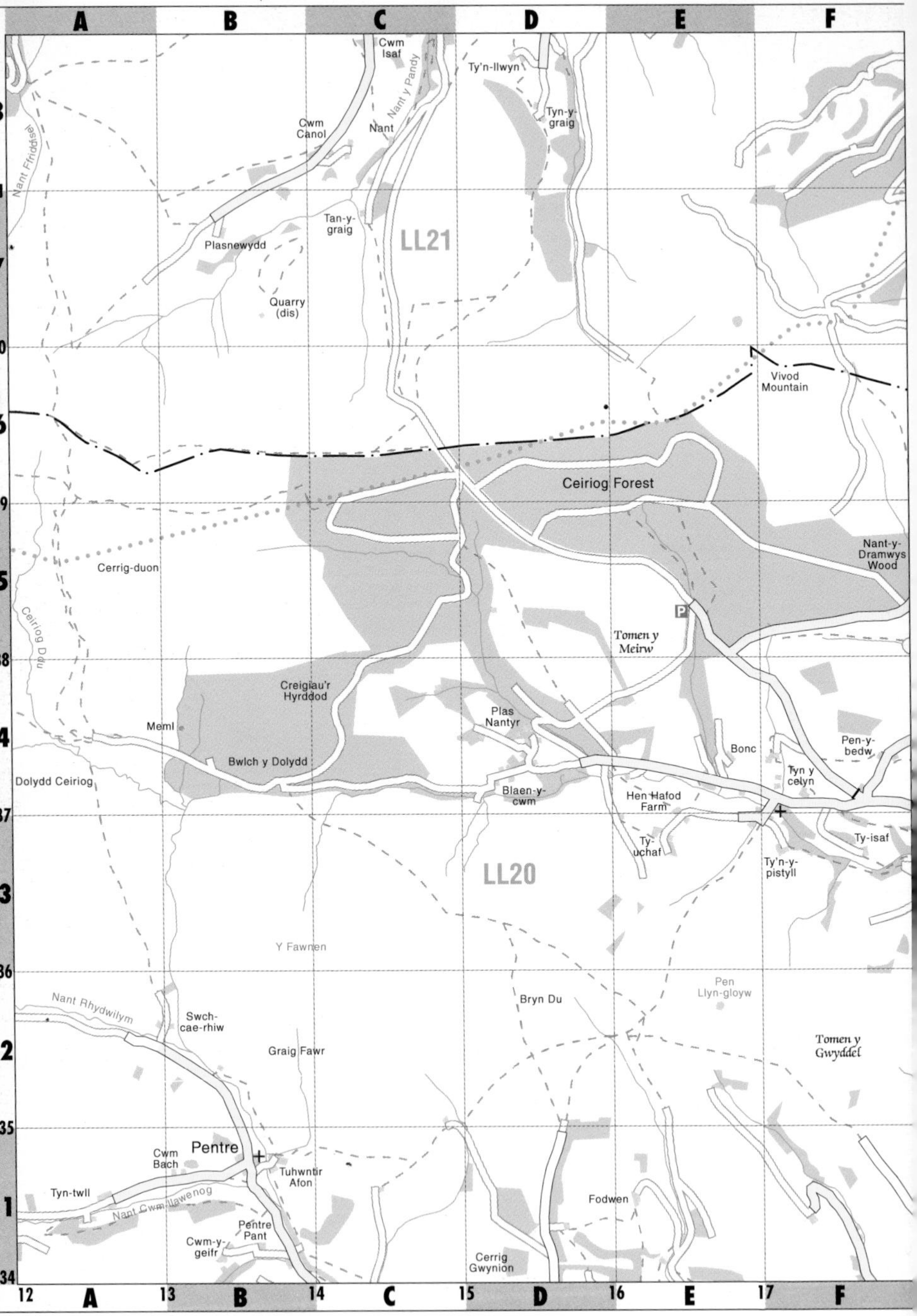

133
138

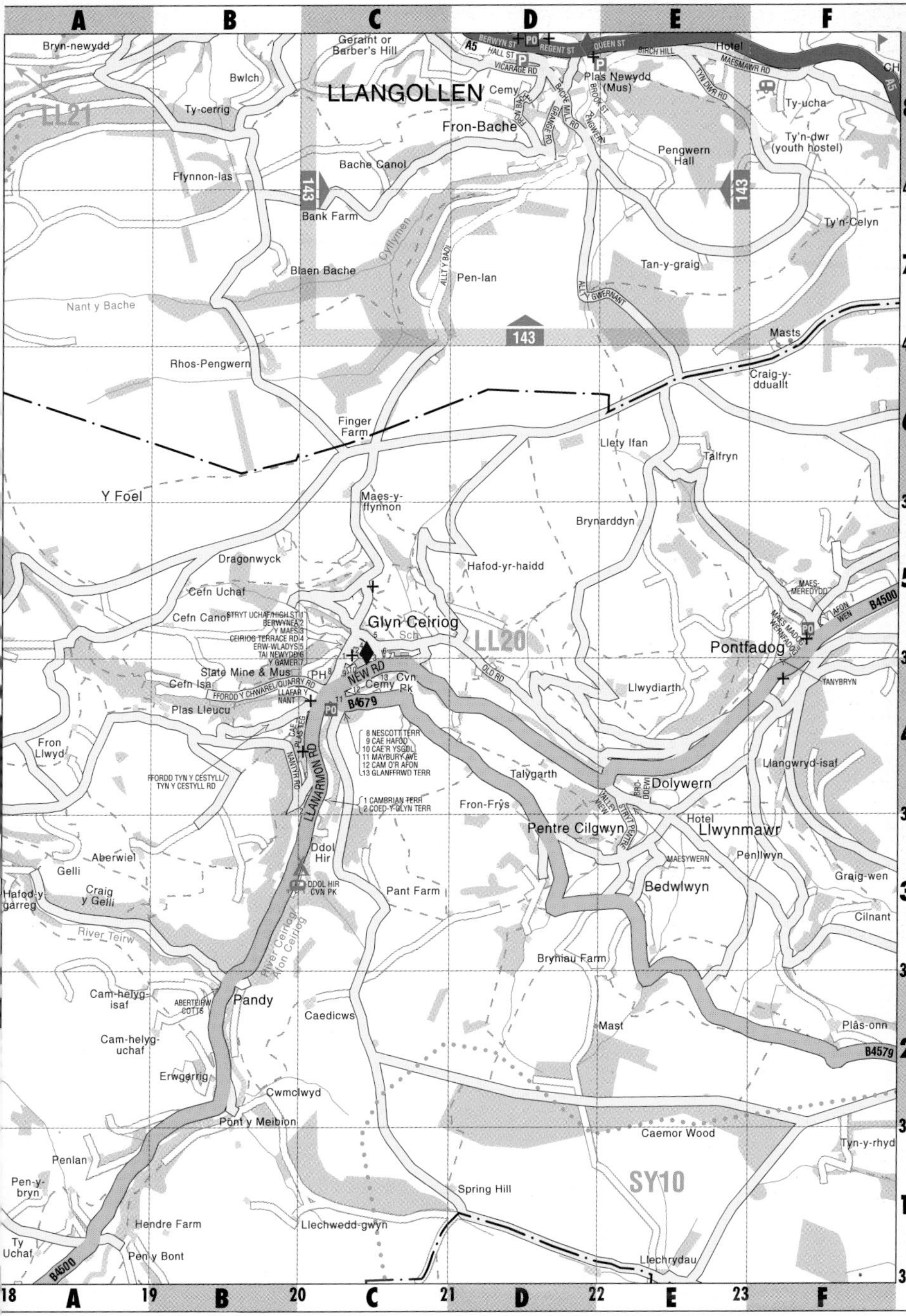
A
B
C
D
E
F
LLANGOLLEN
Bryn-newydd
Bwlch
Ty-cerrig
LL21
Geraint or Barber's Hill
Cemy
Fron-Bache
Bache Canol
Ffynnon-las
Bank Farm
Blaen Bache
Nant y Bache
Cyflymen
ALLT Y BADI
Pen-lan
143
BERWYN ST
PO
REGENT ST
QUEEN ST
HALL ST
VICARAGE RD
A5
BIRCH HILL
MAESMAWR RD
TYN DWR RD
BACHE MILL RD
GRANGE RD
BROOK ST
PENGWERN
Plas Newydd (Mus)
Hotel
Ty-ucha
Ty'n-dwr (youth hostel)
Pengwern Hall
Ty'n-Celyn
Tan-y-graig
ALLT Y GWERNANT
Masts
Craig-y-dduallt
Rhos-Pengwern
Finger Farm
Y Foel
Llety Ifan
Talfryn
Maes-y-ffynnon
Brynarddyn
Dragonwyck
Hafod-yr-haidd
Cefn Uchaf
Cefn Canol
STRYT UCHAF/HIGH ST 1
BERWYN 2
Y MAES 3
CEIRIOG TERRACE RD 4
ERW-WLADYS 5
TAI NEWYDD 6
Y GAMER 7
Glyn Ceiriog
Sch
LL20
Slate Mine & Mus
PH
NEW RD
Cemy
Cvn Pk
OLD RD
Cefn Isa
FFORDD Y CHWAREL/QUARRY RD
LLAFAR Y NANT
Plas Lleucu
B4579
PO
8 NESCOTT TERR
9 CAE HAFOD
10 CAE'R YSGOL
11 MAYBURY AVE
12 CAM O'R AFON
13 GLANFFRWD TERR
CAE PLAS TEG
NANTYR RD
LLANARMON RD
FFORDD TYN Y CESTYLL/TYN Y CESTYLL RD
Fron Llwyd
1 CAMBRIAN TERR
2 COED-Y-GLYN TERR
Llwydiarth
MAES-MEREDYDD
AFON WEN
B4500
MAES MADOG
WERNIFADOG
Pontfadog
TANYBRYN
Talygarth
Fron-Frŷs
Dolywern
Valley View
STRYT PENTRE
Pentre Cilgwyn
Hotel
Llwynmawr
Llangwryd-isaf
Penllwyn
MAESYWERN
Ddol Hir
DDOL HIR CVN PK
Aberwiel
Gelli
Craig y Gelli
Hafod-y-garreg
River Teirw
Pant Farm
Bedwlwyn
Graig-wen
Cilnant
River Ceiriog/Afon Ceiriog
Bryniau Farm
Cam-helyg-isaf
ABERTEIRW COTTS
Pandy
Caedicws
Cam-helyg-uchaf
Mast
Plâs-onn
B4579
Erwgerrig
Cwmclwyd
Pont y Meibion
Caemor Wood
Tyn-y-rhyd
Penlan
Pen-y-bryn
SY10
Spring Hill
Hendre Farm
Llechwedd-gwyn
Ty Uchaf
Pen y Bont
B4500
Llechrydau
8
41
7
40
6
39
5
38
4
37
3
36
2
35
1
34
18
19
20
21
22
23

132

Scale: 1⅓ inches to 1 mile
0 ¼ ½ mile
0 250m 500m 750m 1 km

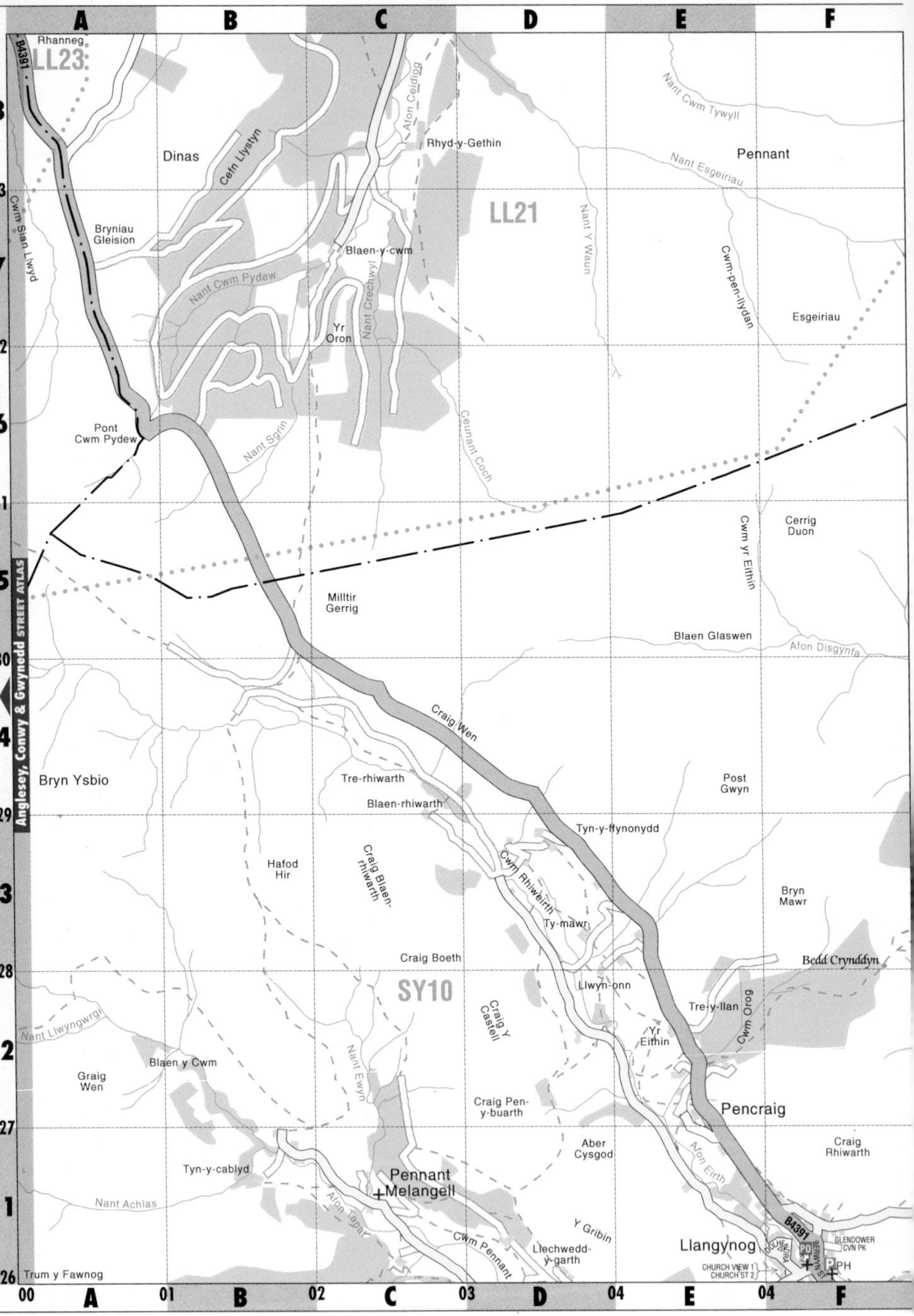

Scale: 1⅓ inches to 1 mile
0 ¼ ½ mile
0 250m 500m 750m 1 km

133
138

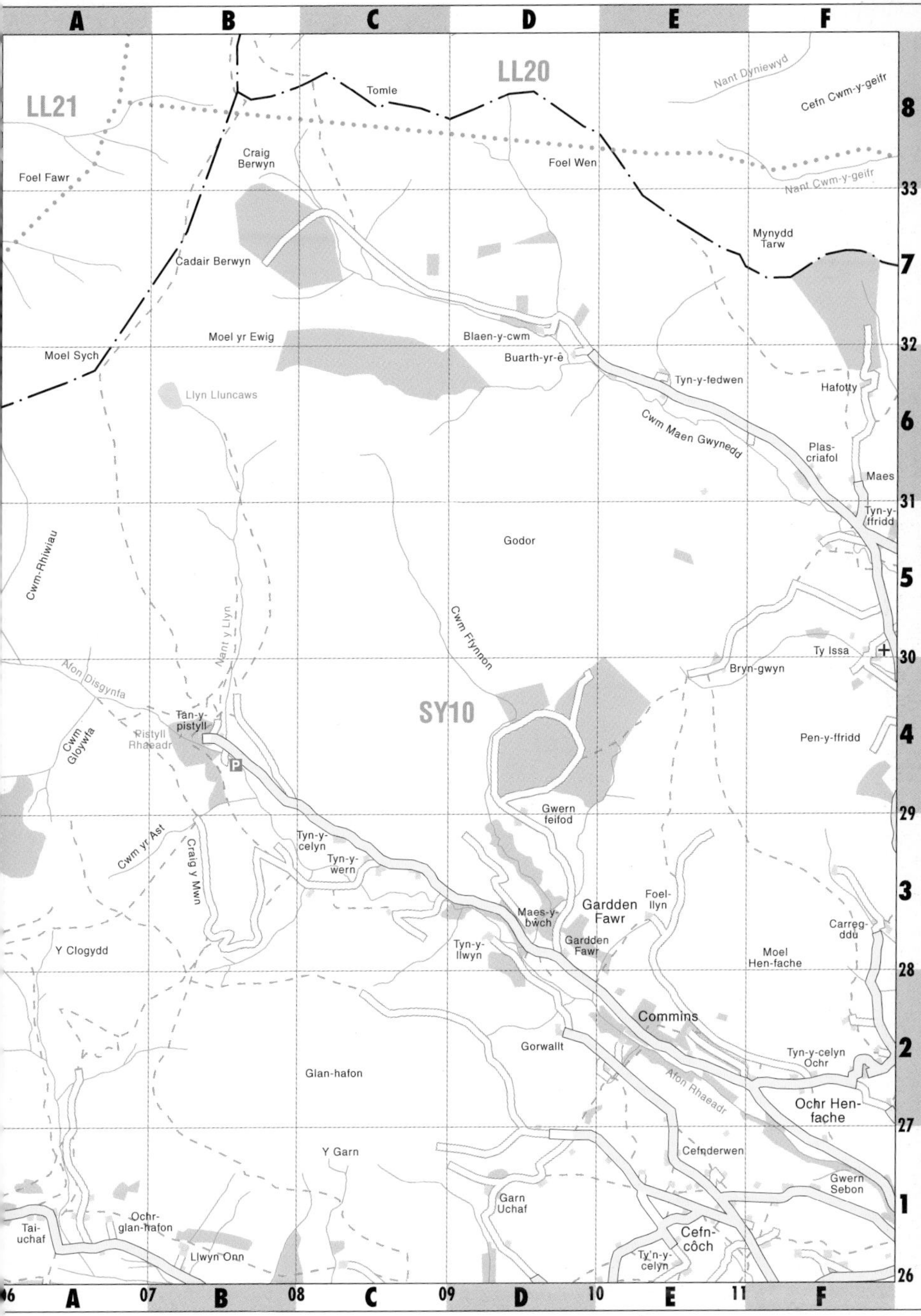

138

137
134

Scale: 1⅓ inches to 1 mile
0 ¼ ½ mile
0 250m 500m 750m 1 km

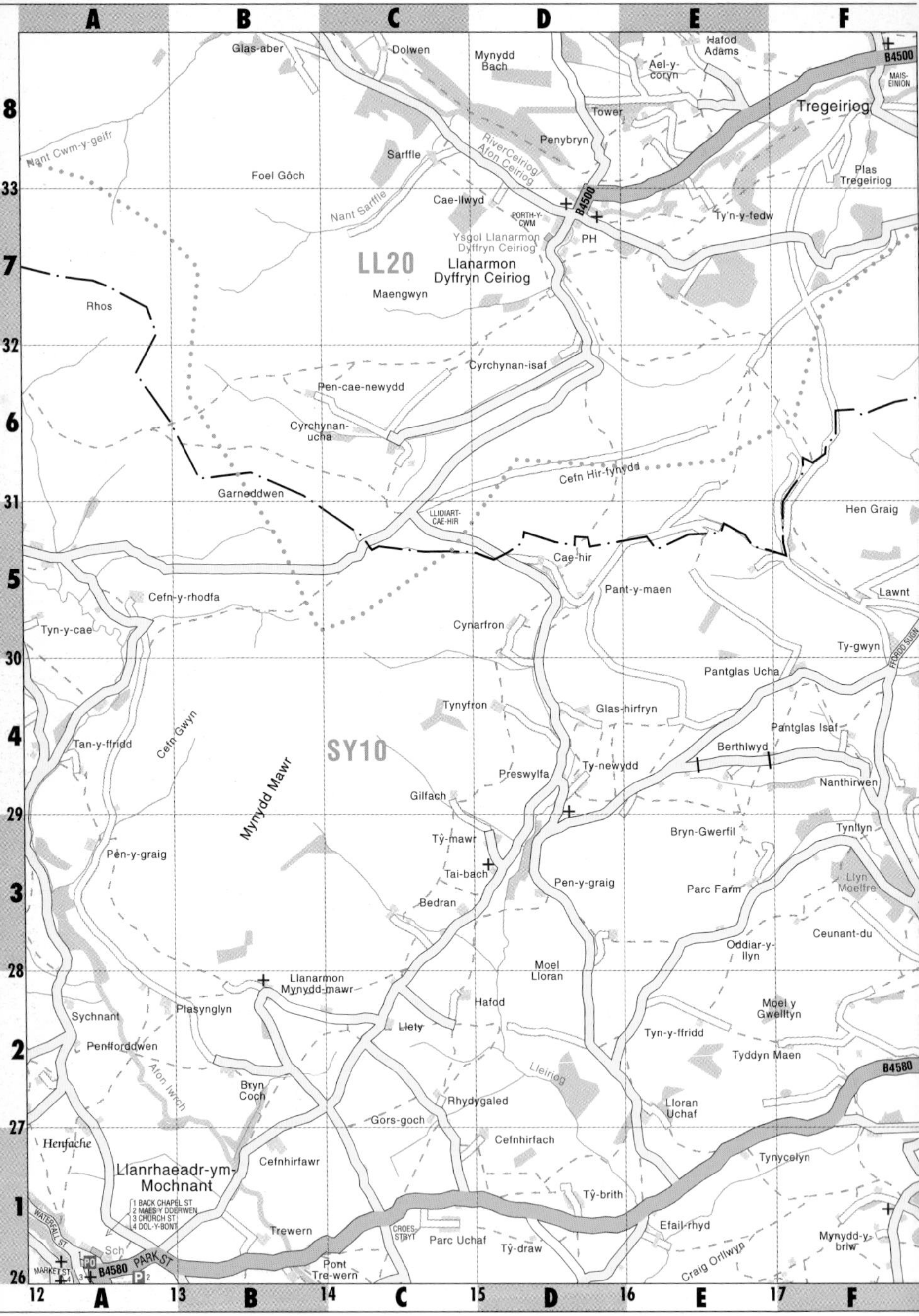

137

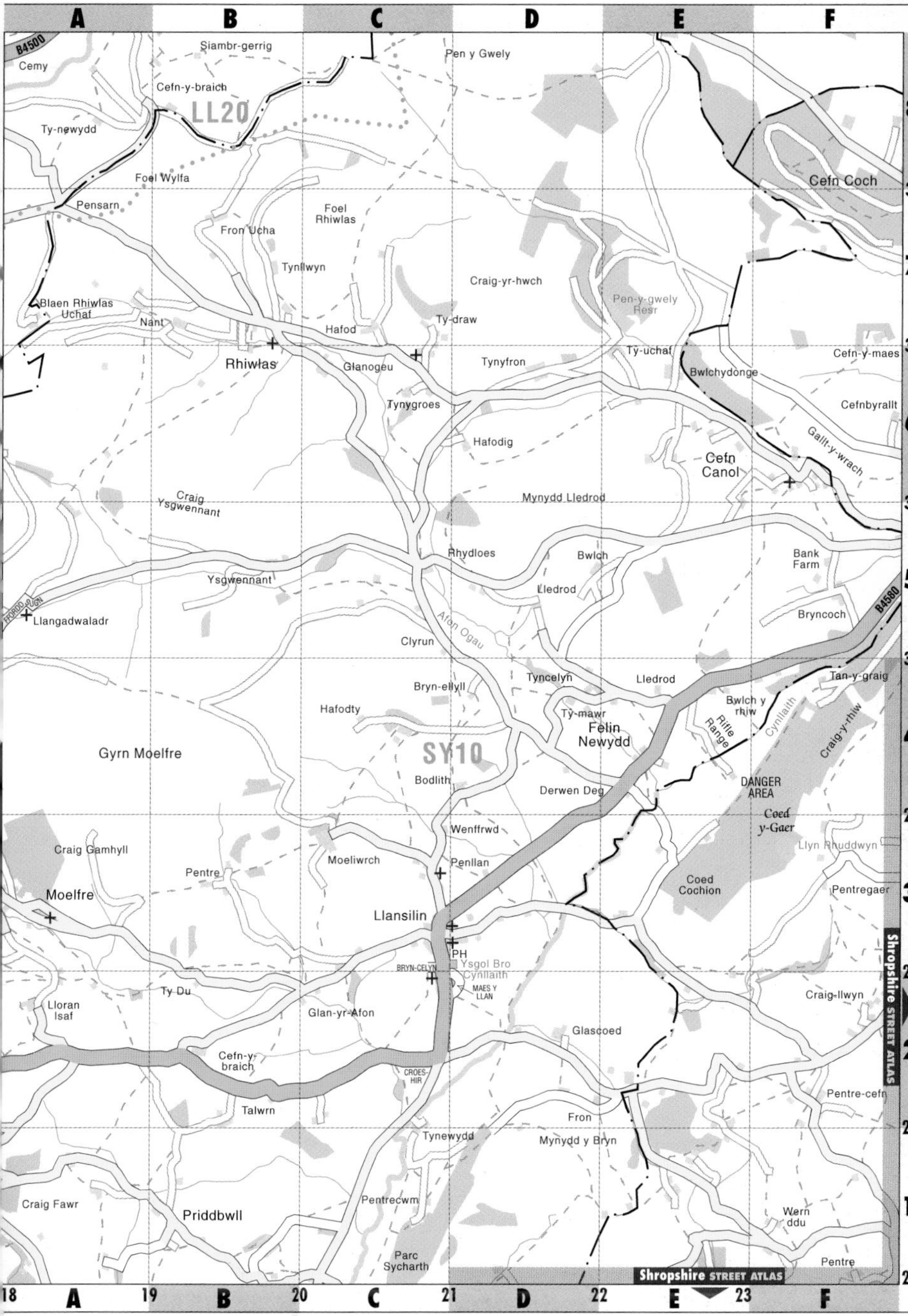
A
B
C
D
E
F
B4500
Cemy
Siambr-gerrig
Pen y Gwely
Cefn-y-braich
LL20
Ty-newydd
8
Foel Wylfa
Cefn Coch
33
Pensarn
Foel
Rhiwlas
Fron Ucha
Tynllwyn
7
Craig-yr-hwch
Pen-y-gwely
Resr
Blaen Rhiwlas
Uchaf
Nant
Ty-draw
Hafod
32
Ty-uchaf
Cefn-y-maes
Rhiwlas
Glanogeu
Tynyfron
Bwlchydonge
Tynygroes
Cefnbyrallt
6
Hafodig
Gallt-y-wrach
Cefn
Canol
Craig
Ysgwennant
Mynydd Lledrod
31
Rhydloes
Bwlch
Bank
Farm
5
Ysgwennant
Lledrod
FFORDD PUGH
Llangadwaladr
Bryncoch
B4580
Afon Ogau
Clyrun
30
Tyncelyn
Lledrod
Tan-y-graig
Bryn-ellyll
Bwlch y
rhiw
Hafodty
Ty-mawr
Cynllaith
Rifle
Range
Felin
Newydd
Craig-y-rhiw
Gyrn Moelfre
SY10
4
Bodlith
DANGER
AREA
Derwen Deg
Coed
y-Gaer
29
Wenffrwd
Llyn Rhuddwyn
Craig Gamhyll
Moeliwrch
Penllan
Pentre
Coed
Cochion
Pentregaer
Moelfre
3
Llansilin
PH
Ysgol Bro
Cynllaith
BRYN-CELYN
MAES Y
LLAN
28
Ty Du
Craig-llwyn
Lloran
Isaf
Glan-yr-Afon
Glascoed
2
Cefn-y-
braich
CROES-
HIR
Pentre-cefn
Talwrn
Fron
27
Tynewydd
Mynydd y Bryn
Craig Fawr
Pentrecwm
1
Priddbwll
Wern
ddu
Parc
Sycharth
Pentre
26
Shropshire STREET ATLAS
18
19
20
21
22
23

117 117 117

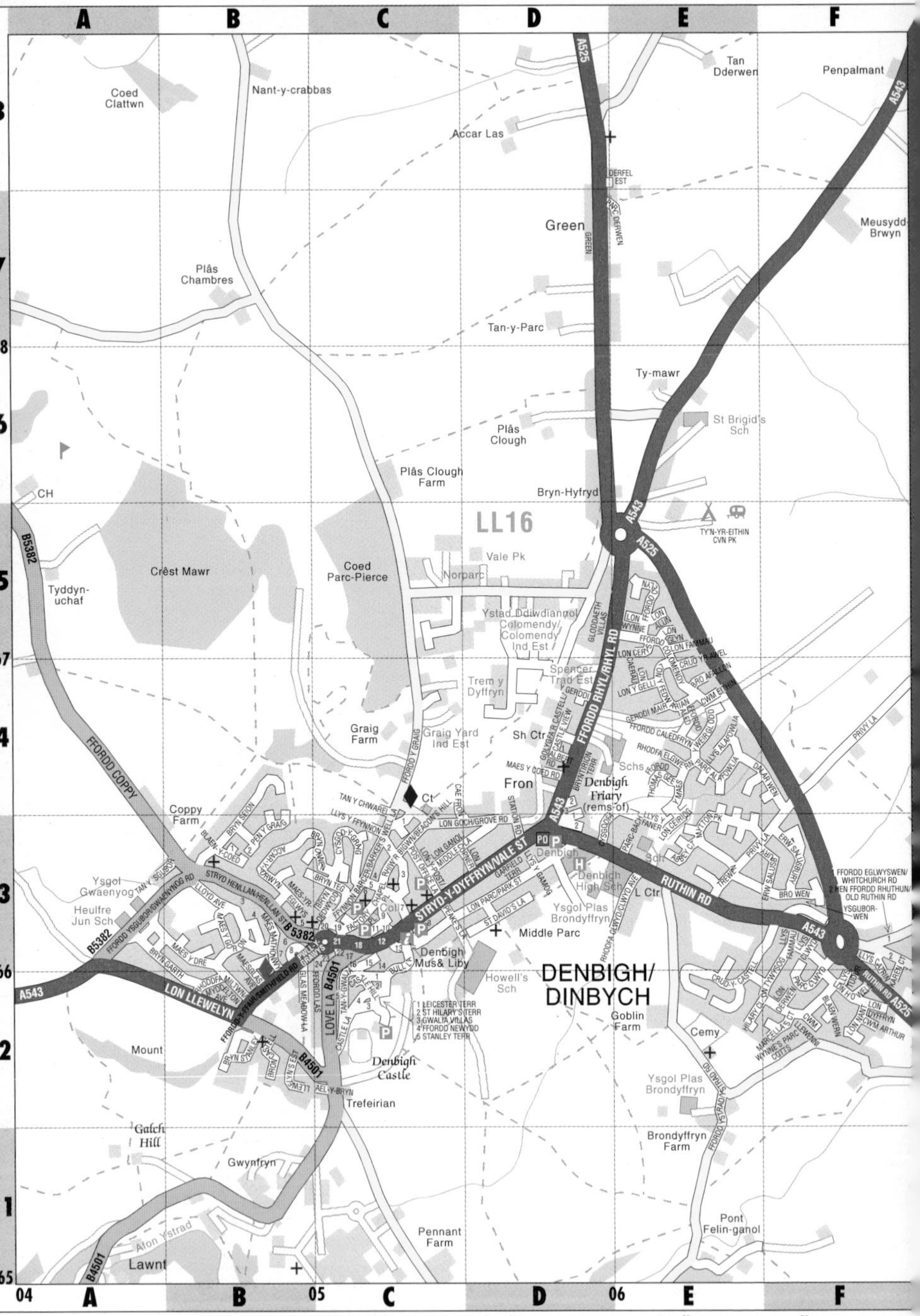

B3
1 BRON-Y-CREST
2 CRUD Y GWYNT
3 PENNANT FLATS
4 BOD NANT
5 LLWYN MAIR
6 LLYS Y GRAWYS
7 MAES-HYFRYD
8 BOWERS VILLAS

120

C3
1 LLYS THOMAS JONES
2 FFYNNON CHARNELL/ CHARNELL'S WELL
3 LON ABRAM/ABRAHAM'S LA
4 EDGAR'S TERR
5 STRYD Y DWR/WATER ST
6 GREENBANK TERR
7 LON SWAN/CHAPEL ST
8 MELLING'S LA

120

C3
9 LON CROWN/CROWN LA
10 CROWN SQ
11 LON GEFN/BACK ROW
12 STRYD FAWR/HIGH ST
13 SGWAR Y NEUADD/HALL SQ
14 TEMPLE BAR SQ
15 LON BROMBIL/BROOMHILL LA
16 TROED Y RHIW
17 HEIGAD/HIGHGATE

120

C3
18 LLAIN PORTLAND/PORTLAND PL
19 NEUADD PANTWN/PANTON HALL
20 LLAIN HENLLAN/HENLLAN PL
21 BRIDGE ST
22 MOUNT PLEASANT
23 BRYN SIRIOL
24 BRYNFFYNNON TERR

D3
1 FFORDD-Y-DYFFRYN/VALE RD
2 FFORDD PIGOD/PIGOT RD

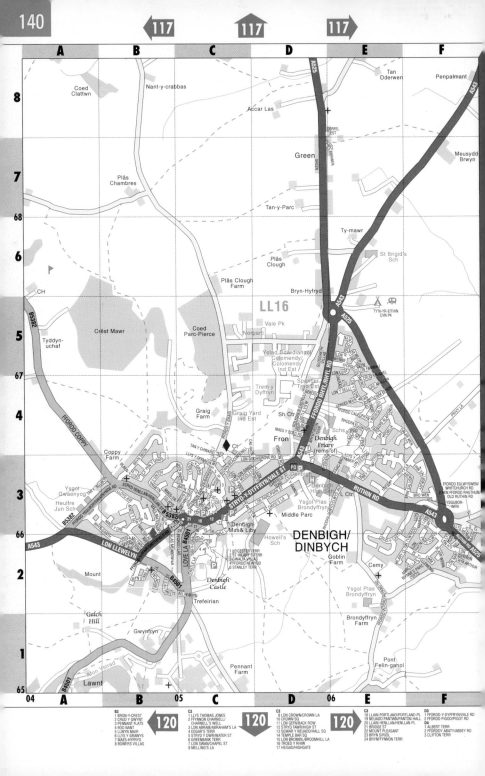

D4
1 ALBERT TERR
2 FFORDDY ABATY/ABBEY RD
3 CLIFTON TERR

121
121
121

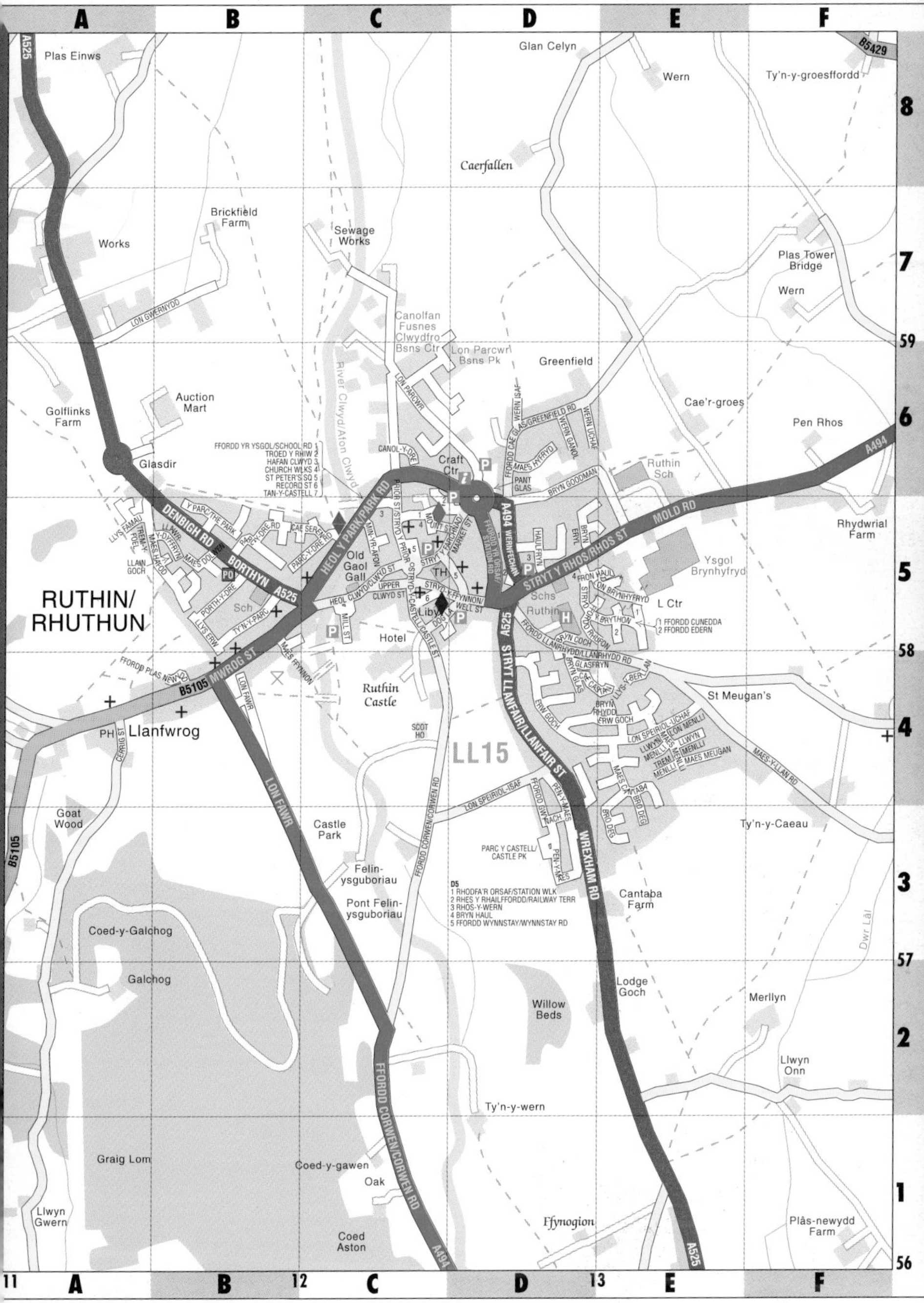
A
B
C
D
E
F
8
7
59
6
5
58
4
3
57
2
1
56
11
12
13
RUTHIN/
RHUTHUN
LL15
Plas Einws
Glan Celyn
Wern
Ty'n-y-groesffordd
Caerfallen
Brickfield
Farm
Works
Sewage
Works
Plas Tower
Bridge
Wern
LON GWERNYDD
Canolfan
Fusnes
Clwydfro
Bsns Ctr
Lon Parcwr
Bsns Pk
Greenfield
Cae'r-groes
Pen Rhos
Golflinks
Farm
Auction
Mart
Glasdir
River Clwyd/Afon Clwyd
FFORDD YR YSGOL/SCHOOL RD 1
TROED Y RHIW 2
HAFAN CLWYD 3
CHURCH WLKS 4
ST PETER'S SQ 5
RECORD ST 6
TAN-Y-CASTELL 7
Craft
Ctr
Ruthin
Sch
Rhydwrial
Farm
DENBIGH RD
BORTHYN
HEOL Y PARC/PARK RD
MOLD RD
STRYT Y RHOS/RHOS ST
Old
Gaol
Gall
TH
Ysgol
Brynhyfryd
L Ctr
1 FFORDD CUNEDDA
2 FFORDD EDERN
Schs
Ruthin
Sch
Liby
Hotel
Ruthin
Castle
MWROG ST
FFORDD PLAS NEWYDD
LON FAWR
St Meugan's
Llanfwrog
PH
SCOT
HO
STRYT LLANFAIR/LLANFAIR ST
MAES-Y-LLAN RD
Goat
Wood
Castle
Park
LON SPEIRIOL-ISAF
Ty'n-y-Caeau
Felin-
ysguboriau
Pont Felin-
ysguboriau
PARC Y CASTELL/
CASTLE PK
D5
1 RHODFA'R ORSAF/STATION WLK
2 RHES Y RHAILFFORDD/RAILWAY TERR
3 RHOS-Y-WERN
4 BRYN HAUL
5 FFORDD WYNNSTAY/WYNNSTAY RD
WREXHAM RD
Cantaba
Farm
Dwr Lâl
Coed-y-Galchog
Galchog
Lodge
Goch
Merllyn
Willow
Beds
Llwyn
Onn
Ty'n-y-wern
FFORDD CORWEN/CORWEN RD
Graig Lom
Coed-y-gawen
Oak
Llwyn
Gwern
Coed
Aston
Ffynogion
Plâs-newydd
Farm
A525
A494
B5105
B5429

125
125
126
126

128 129 129

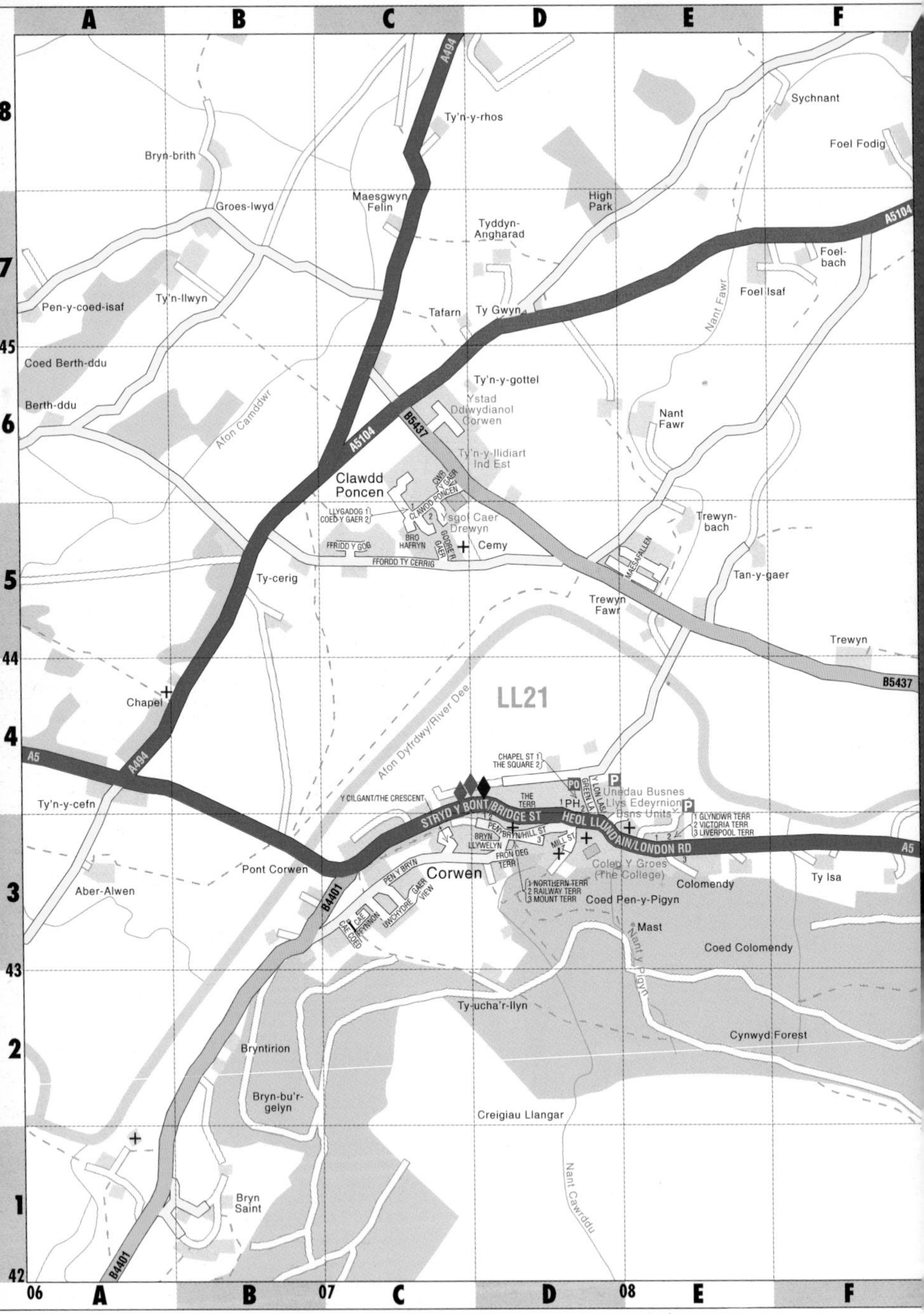

128 133 129

131
131
131
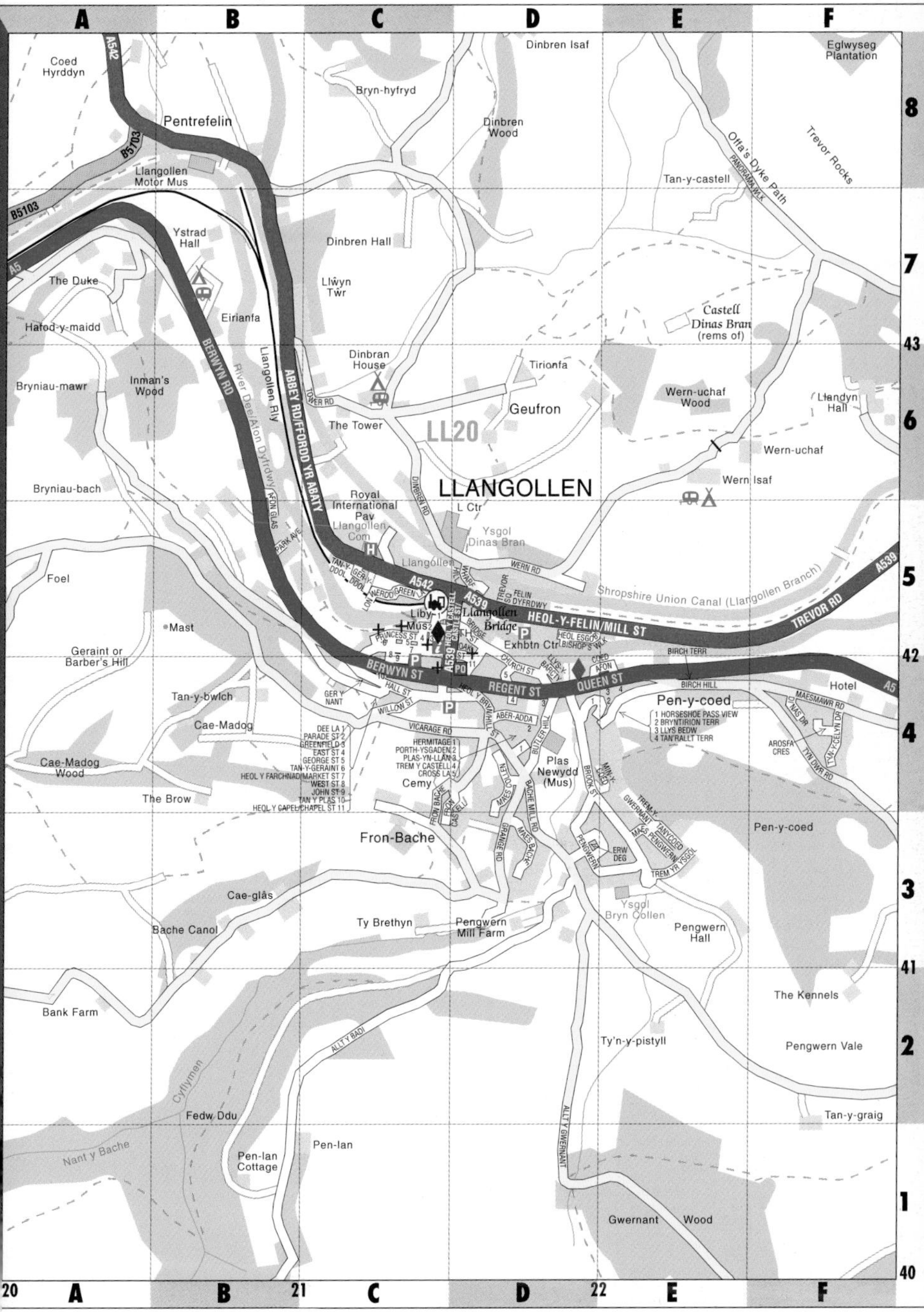

135
135
135

One-way streets

House numbers
1 59
HIGH ST

Scale: 5⅓ inches to 1 mile
0 110 yards 220 yards
0 125 m 250 m

42 42 42

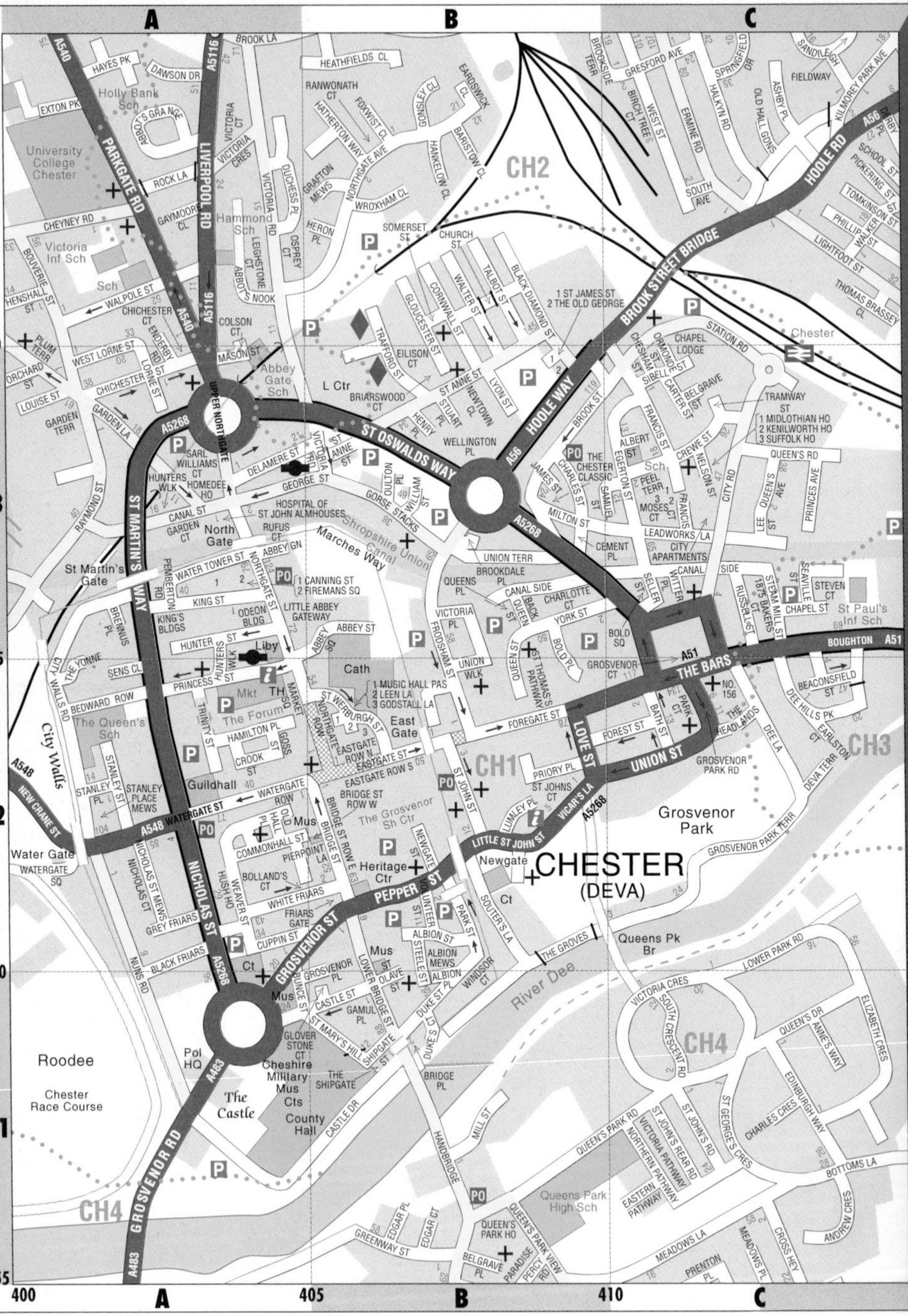

52 52 52

B2
1 STRYT Y DUG/DUKE ST
2 STRYT YR ARGLWYDD/LORD ST
3 STRYT ARGYLE/ARGYLE ST
4 SGWAR Y FRENHINES/QUEENS SQ
5 FFORDD RHOSDDU/RHOSDDU RD
6 STRYT Y SYFWR/QUEENS ST
7 STRYT Y PRIORDY/PRIORY ST
8 ALLT Y FICERDY/VICARAGE HILL
9 ALLT Y DREF/TOWN HILL

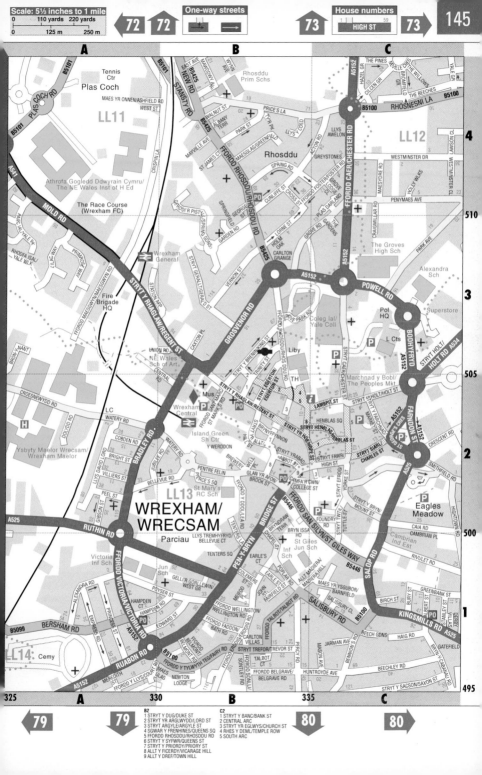

C2
1 STRYT Y BANC/BANK ST
2 CENTRAL ARC
3 STRYT YR EGLWYS/CHURCH ST
4 RHES Y DEML/TEMPLE ROW
5 SOUTH ARC

Index

Church Rd **6** Beckenham BR2.......... **53** C6

Place name	Location number	Locality, town or village	Postcode district	Page and grid square
May be abbreviated on the map	Present when a number indicates the place's position in a crowded area of mapping	Shown when more than one place has the same name	District for the indexed place	Page number and grid reference for the standard mapping

Public and commercial buildings are highlighted in magenta. **Places of interest** are highlighted in blue with a star★

Abbreviations used in the index

Acad	**Academy**	Comm	**Common**	Gd	**Ground**	L	**Leisure**	Prom	**Promenade**
App	**Approach**	Cott	**Cottage**	Gdn	**Garden**	La	**Lane**	Rd	**Road**
Arc	**Arcade**	Cres	**Crescent**	Gn	**Green**	Liby	**Library**	Recn	**Recreation**
Ave	**Avenue**	Cswy	**Causeway**	Gr	**Grove**	Mdw	**Meadow**	Ret	**Retail**
Bglw	**Bungalow**	Ct	**Court**	H	**Hall**	Meml	**Memorial**	Sh	**Shopping**
Bldg	**Building**	Ctr	**Centre**	Ho	**House**	Mkt	**Market**	Sq	**Square**
Bsns,Bus	**Business**	Ctry	**Country**	Hospl	**Hospital**	Mus	**Museum**	St	**Street**
Bvd	**Boulevard**	Cty	**County**	HQ	**Headquarters**	Orch	**Orchard**	Sta	**Station**
Cath	**Cathedral**	Dr	**Drive**	Hts	**Heights**	Pal	**Palace**	Terr	**Terrace**
Cir	**Circus**	Dro	**Drove**	Ind	**Industrial**	Par	**Parade**	TH	**Town Hall**
Cl	**Close**	Ed	**Education**	Inst	**Institute**	Pas	**Passage**	Univ	**University**
Cnr	**Corner**	Emb	**Embankment**	Int	**International**	Pk	**Park**	Wk, Wlk	**Walk**
Coll	**College**	Est	**Estate**	Intc	**Interchange**	Pl	**Place**	Wr	**Water**
Com	**Community**	Ex	**Exhibition**	Junc	**Junction**	Prec	**Precinct**	Yd	**Yard**

Translations Welsh – English

Aber	**Estuary, confluence**	Cwm	**Valley**	Lôn	**Lane**	Rhiw	**Hill, incline**
Afon	**River**	Cwrt	**Court**	Maes	**Open area, field, square**	Rhodfa	**Avenue**
Amgueddfa	**Museum**	Dinas	**City**	Môr	**Sea**	Sgwâr	**Square**
Bro	**District, area**	Dôl	**Meadow**	Mynydd	**Mountain**	Stryd	**Street**
Bryn	**Hill**	Eglwys	**Church**	Oriel	**Gallery**	Swyddfa post	**Post office**
Cae	**Field**	Felin	**Mill**	Parc	**Park**	Tref, Tre	**Town**
Caer	**Fort**	Fferm	**Farm**	Parc busnes	**Business park**	Tŷ	**House**
Canolfan	**Centre**	Ffordd	**Road, way**	Pen	**Top, end**	Uchaf	**Upper**
Capel	**Chapel**	Gelli	**Grove**	Pentref	**Village**	Ysbyty	**Hospital**
Castell	**Castle**	Gerddi	**Gardens**	Plas	**Mansion, place**	Ysgol	**School**
Cilgant	**Crescent**	Gorsaf	**Station**	Pont	**Bridge**	Ystad, stad	**Estate**
Clòs	**Close**	Heol	**Road**	Prifysgol	**University**	Ystad ddiwydiannol	**Industrial estate**
Coed	**Wood**	Isaf	**Lower**	Rhaeadr	**Waterfall**	Ystrad	**Vale**
Coleg	**College**	Llan	**Church, parish**	Rhes	**Terrace, row**		
		Llyn	**Lake**				

Translations English – Welsh

Avenue	**Rhodfa**	Estuary	**Aber**	Mansion	**Plas**	Station	**Gorsaf**
Bridge	**Pont**	Farm	**Fferm**	Meadow	**Dôl**	Street	**Stryd**
Business Park	**Parc busnes**	Field	**Cae**	Mill	**Felin**	Terrace	**Rhes**
Castle	**Castell**	Fort	**Caer**	Mountain	**Mynydd**	Top, end	**Pen**
Centre	**Canolfan**	Gallery	**Oriel**	Museum	**Amgueddfa**	Town	**Tref, tre**
Chapel	**Capel**	Gardens	**Gerddi**	Parish	**Plwyf eglwys, llan,**	University	**Prifysgol**
Church	**Eglwys**	Grove	**Gelli**	Park	**Parc**	Upper	**Uchaf**
City	**Dinas**	Hill	**Bryn, rhiw**	Place	**Plas, maes**	Vale	**Ystrad, glyn, dyffryn**
Close	**Clòs**	Hospital	**Ysbyty**	Post office	**Swyddfa post**	Valley	**Cwm**
College	**Coleg**	House	**Tŷ**	River	**Afon**	Village	**Pentref**
Court	**Cwrt**	Industrial estate	**Ystad ddiwydiannol**	Road	**Heol, ffordd**	Waterfall	**Rhaeadr**
Crescent	**Cilgant**	Lake	**Llyn**	School	**Ysgol**	Way	**Ffordd**
District	**Bro**	Lane	**Lôn**	Sea	**Môr**	Wood	**Coed**
Estate	**Ystad, stad**	Lower	**Isaf**	Square	**Sgwâr, maes**		

Index of localities, towns and villages

A

Abbot's Meads 42 B4
Abermorddu 66 B6
Aber-oer 78 D7
Acrefair 85 A3
Acton 73 C4
Afon Eitha 85 D7
Afon-gôch 10 E5
Afon-wen 24 C4
Aldford 62 F3
Alkington 103 E3
Alltami 47 F8
Arowry 101 C3
Aston 39 B3

B

Babell 20 B1
Babylon 59 F6
Bache 42 C5
Bagillt 22 C3
Balderton 51 C1
Balmer 110 E2
Balmer Heath 110 F2
Bangor on Dee / Bangor-is-y-coed 89 B7
Bedwell 81 A2
Bedwlwyn 135 E3
Belgrave 61 E6
Bellan 46 A7
Bell o' th' Hill 93 C7
Bersham 79 B7
Berth-ddu 35 F7
Berthengam 10 F4
Berwyn 131 B1
Bettisfield 111 C3
Bettws Gwerfil Goch 128 D5
Big Mancot 39 D3
Blackoe 103 B3
Black Park 96 A5
Blacon 41 F3
Blaenau 64 B3
Bodelwyddan 14 E4
Bodfari 23 A1
Bont-newydd 116 E5
Borras 73 E4
Boughton 43 A2
Boughton Heath 53 A8
Bowling Bank 82 B6
Bradley 72 F8
Bradley Green 93 A8
Breaden Heath 110 E6
Bretton 50 E4
Bridge End 66 C7
Broadoak 61 A2
Bronington 102 A3
Bronygarth 104 F7
Brooklands 93 E1
Broughton 50 B4
Brymbo 71 F8
Bryn Common 64 F5
Bryneglwys 130 C6
Brynford 20 F1
Bryn-goleu 24 F1
Bryngwyn 71 C4
Brynhovah Bank 88 F4
Bryn-Merllyn 22 C3
Bryn Offa 79 E8
Brynore 108 A4
Bryn-Pen-y-lan 87 A1
Brynteg 72 A6
Bryn-y-baal 47 D6
Bryn-y-cochin 108 B4
Bryn yr Eithin 24 C2
Bryn-yr-Eos 95 D5
Buckley / Bwcle 48 B6
Buckley Mountain 48 A6
Burntwood Pentre 48 E6
Burton 67 F7
Burton Green 60 D1
Bwlchgwyn 70 F8
Bylchau 119 A5

C

Cadney Bank 111 C2
Cadole 45 F2
Cadwst 132 D2
Caego 72 D3
Caer-Estyn 66 D8
Caergwrle 66 A6
Caerwys 24 B6
Calcoed 20 D2
Caldecott Green 76 C4
Carmel 20 D5
Carrog 129 F2
Castletown 76 C3
Cefn 35 B1
Cefn Berain 116 C4
Cefn-brith 122 F1
Cefn-bychan 95 B8
Cefn Canol 139 E6
Cefn-côch 137 E1
Cefn-mawr 85 C1
Cefn-y-bedd 66 C4
Celyn-Mali 34 F1
Chemistry 103 E7
Chester 144 B2
Chirk Bank 105 E6
Chirk Green 95 E2
Chirk / Y Waun 105 E8
Christleton 53 F8
Churton 69 E5
Cilcain 44 F7
Clawdd-newydd 125 C3
Clawdd Poncen 142 C6
Clocaenog 125 C5
Cloy 89 B3
Cock Bank 87 E8
Coed Efa 72 B4
Coedpoeth 71 D3
Coed Talon 57 F2
Connah's Quay 38 F6
Corwen 142 C3
Coton 113 F1
Cotonwood 113 F5
Craignant 104 D3
Crewe-by-Farndon 76 A7
Croes Eneurys 73 A4
Croes-wian 24 A8
Cross 109 A6
Cross Lanes 81 D2
Cuckoo's Nest 61 E5
Cumber's Bank 100 F3
Curzon Park 52 B7
Cwm 17 B7
Cyffylliog 124 F8
Cymau 65 F4
Cynwyd 132 F8

D

Darland 68 D8
Ddol CH7 24 E3
Ddol LL14 79 C7
Denbigh / Dinbych 140 D2
Derwen 125 B1
Dinmael 128 A4
Dobs Hill 49 A4
Dobson's Bridge 112 D2
Dodleston 61 B7
Dolphin 26 D8
Dolywern 135 E4
Dre-gôch 32 C5
Druid 128 E2
Drury 48 F5
Drury Lane 91 D1
Dudleston 97 D1
Dudleston Heath (Criftins) 108 B6
Dyserth 8 E3

E

Eagles Meadow 145 C2
Eccleston 52 E1
Efenechtyd 125 F6
Eglwys Cross 101 E6
Eglwyseg 131 D6
Ellesmere 109 A2
Elson 108 F4
Erbistock 97 F8
Eryrys 127 C8
Ewloe 38 F1
Ewloe Green 38 F7
Eyton 87 D6

F

Farndon 69 F2
Felin Puleston 79 F7
Fenn's Bank 102 F3
Ffos-y-go 66 B1
Ffrith 65 D3
Ffynnongroyw 5 C1
Flint Mountain 28 A1
Flint / Y Fflint 28 C6
Flookersbrook 42 E4
Foryd 6 E5
Four Crosses LL11 70 B7
Four Crosses LL21 128 D1
Fron 104 F4
Fron-Bache 143 C3
Froncysyllte 95 A6
Fron-dêg 78 A7
Fron Isaf 95 A5

G

Gadlas 108 C7
Gadlys 22 A1
Garden City 39 E7
Garden Village 73 A6
Garneddwen 25 E2
Garreg 19 D8
Garth 84 D2
Gegin 71 B5
Geinas 32 B8
Gelli 11 B1
Gellifor 121 D5
Geufron 143 D6
Glan-y-don 12 D4
Glanyrafon CH7 45 F4
Glan-yr-afon CH8 10 F8
Glan-yr-afon LL21 128 C1
Glasdir 5 B1
Glasfryn 122 E1
Glyn Ceiriog 135 C5
Glyndyfrdwy 130 C1
Glynmorlas 106 C8
Golftyn 38 D8
Gorsedd 20 A6
Graianrhyd 63 B5
Graig 117 F7
Graig-fechan 126 C5
Gravel Hole 108 A5
Green 140 D7
Greenfield / Maes-Glas 21 D7
Greenhill Bank 108 C5
Gresford 67 E1
Grindley Brook 93 C3
Groes 119 D7
Groesffordd Marli 116 D8
Gronant 4 A3
Guilden Sutton 43 E5
Gwaenysgor 9 D7
Gwernaffield / Y-Waun 45 E5
Gwernymynydd 46 B2
Gwersyllt 72 E7
Gwersyllt Hill 72 C7
Gwespyr 4 D3
Gwibnant 12 D3
Gwyddelwern 129 B5
Gwynfryn 70 D5
Gyfelia 86 F7

H

Halkyn / Helygain 26 E1
Hall Green 102 D8
Halton 96 A4
Hampton Bank 111 A2
Hampton Wood 110 B8
Handbridge 52 E7
Hanmer 101 B4
Hawarden / Penarlâg 49 C8
Hendre 35 C4
Hendrerwydd 121 C6
Henllan 116 F2
Higher Kinnerton 59 F7
Higher Shotton 39 A3
Higher Wych 92 D4
Hightown 80 C7
Hollinwood 113 C5
Holt 69 D1
Holway 20 F5
Holywell / Treffynnon 21 A6
Honkley 60 C3
Hoole 43 A3
Hoole Bank 43 C7
Hoole Park 42 F3
Hope / Yr Hôb 59 C2
Horseman's Green 100 F7
Huntington 53 A5

I

Ifton Heath 106 F7
Isycoed 75 C1

J

Johnstown 79 B2

K

Kelsterton 29 B2
King's Mills 80 D7
Kinmel Bay / Bae Cinmel 6 D6
Kinnerton Green 60 B7
Knolton 98 D2
Knolton Bryn 98 C3

L

Lache 51 F5
Lane End 48 D4
Lavister 61 C1
Lawnt 140 A1
Leadmill 47 A5
Leeswood / Coedllai 58 A4
Lightwood Green 98 F6
Little Acton 73 B6
Little Arowry 101 B6
Little Green 102 A6
Little Mancot 39 E2
Little Mountain 48 F3
Little Overton 98 D7
Littleton 43 E1
Lixwm / Licswm 25 D3
Llanarmon Dyffryn Ceiriog 138 D7
Llanarmon-Yn-Ial 127 A7
Llanasa 10 C8
Llanbedr Dyffryn Clwyd 121 F2
Llandegla 127 B3
Llandrillo 132 D3
Llandynan 131 B3
Llandyrnog 121 B8
Llanelidan 125 E1
Llanfair Dyffryn Clwyd 126 B6
Llanferres 55 B6
Llanfwrog 141 A4
Llanfynydd 65 B6
Llangollen 143 D6
Llangwyfan 33 A1
Llangynhafal 121 E6
Llangynog 136 E1
Llannefydd 116 B5
Llannerch-y-môr 12 F3
Llanrhaeadr 120 E6
Llanrhaeadr-ym-Mochnant 138 A1
Llansannan 118 C8
Llansilin 139 C3
Llanynys 121 5
Llan-y-pwll 74 C4
Llawndy 4 F4
Llawnt 114 C2
Llawr Betws 128 B1
Llay 66 F4
Lloc 19 E6
Llong 47 E2
Llwyneinion 78 D3
Llwynmawr 135 E3
Llwyn-Onn 80 F7
Llyn-y-pandy 45 E8
Loggerheads 45 D1
Lower Kinnerton 50 D1
Lower Mountain 59 C4
Lower Threapwood 90 F6
Lower Wych 92 B6

M

Maerdy 128 B3
Maeshafn 55 E7
Maes Maelor 70 B7
Maes Pennant 12 C4
Mancot Royal 39 E2
Marchwiel 80 E4
Mardy 105 C1
Marford 68 A4
Marian 10 B4
Meliden / Gallt Melyd 8 E7
Melin-y-Wig 128 E7
Mickle Trafford 43 E8
Milwr 21 C1
Minera 71 A4
Moel-y-crio 35 D8
Mold / Yr Wyddgrug 46 F4
Morfa Rhuddlan 6 A1
Morfydd 129 F4
Moss 72 A8
Mostyn 12 B5
Mount Pleasant 27 E4
Mwdwl-eithin 20 D5
Mwynbwll 35 B2
Mynydd Isa 47 C6

N

Naid-y-march 20 C3
Nannerch 34 C8
Nant 104 F2
Nantglyn 119 D5
Nefod 106 B5
Nercwys 56 F6
Newbridge 95 D8
New Brighton CH7 47 D8
New Brighton LL11 71 A2
New Broughton 72 C4
New Marton 107 C2
Newnes 108 E1
New Rhosrobin 72 F7
Newton CH2 42 F5
Newton SY12 110 A1
Northop Hall 38 B4
Northop / Llan-eurgain 37 B5
Northwood 115 C7

O

Oakenholt 28 E3
Ochr Hen-fache 137 F2
Oldcastle Heath 91 F8
Old Hardwick 108 B1
Old Marton 107 E1
Old Rhosrobin 72 F6
Onen-fechan 78 B4
Oteley 109 E2
Overton Bridge 87 F2
Overton / Owrtyn 98 D8

P

Padeswood 48 A1
Painters Green 102 E7
Pandy LL11 73 A7
Pandy LL13 90 A3
Pandy LL20 135 B2
Pant CH8 19 E1
Pant LL12 67 E3
Pant LL14 85 E8
Pantasaph 20 C4
Pant-du 55 F4
Pant-y-ffordd 64 A7
Pantymwyn 45 C6
Pant y Wacco 19 E6
Park Lane 100 A4
Pencraig 136 E2
Pen-ffordd-llan 19 C7
Pen-Goch Hill 28 A6
Penley 99 F5
Pennant 132 D1
Pennant Melangell 136 C1
Pen Rhewl 16 A1
Pen-rhos 71 D7
Pentre CH5 39 D4
Pentre CH7 43 F6
Pentre CH7 57 A3
Pentre LL11 70 F4
Pentre LL14 95 D6
Pentre LL14 96 C8
Pentre LL20 134 B1
Pentre SY11 106 E8
Pentre-bâch 56 D8
Pentre Broughton 72 A7
Pentre Bychan 79 A3
Pentre-celyn 126 C4
Pentre Cilgwyn 135 D3
Pentre-coed 107 F8
Pentre-dwr 131 B5
Pentrefelin 143 B8
Pentre Ffwrndan 28 D5
Pentre Halkyn 26 D6
Pentre Llanrhaeadr 120 F5
Pentre-llyn-cymmer 123 D3
Pentre Maelor 81 C7
Pentre-newydd 104 F6
Pen-Uchar Plwyf 25 F5
Pen-y-bryn LL14 84 F5
Pen-y-Bryn SY11 96 E2
Penycae 85 B7
Pen-y-cefn 18 E3
Pen-y-coed 143 E4
Pen-y-Felin 34 A8
Penyffordd CH4 59 A7
Pen-y-ffordd CH8 11 E8
Pen-y-graig 94 F6
Pen-y-maes 21 D5
Penymynydd 49 B2
Pen yr Henblas 26 B6
Pen-y-stryt 127 B2
Picton 5 A1
Piper's Ash 43 C4
Pistyll Rhaeadr 137 B4
Plas Coch 145 A4
Plas Madoc 85 D3
Platt Lane 113 B5
Ponciau 78 F3
Pontblyddyn 58 B6
Pont-Cysyllte 85 A1
Pontfadog 135 E5
Pont-Faen 105 B6
Pont-y-blew 96 C1
Pontybodkin 58 A3
Pont-Ystrad 120 C7
Poulton 62 B2
Preesgweene 105 F5
Preeshenlle 106 B2
Prenbrigog 47 F5
Prestatyn 3 C4
Prion 120 C5
Puddington 30 F8
Pulford 61 C3
Pwll-clai 26 B8
Pwll-glâs CH7 45 E6
Pwll-glâs LL15 125 F5

Q

Queensferry 39 C5

R

Redbrook 102 F7
Rhes-y-cae 26 B2
Rhewl LL13 98 B4
Rhewl LL15 121 B3
Rhewl SY10 106 B1

Rhewl fawr 11 B8
Rhewl-Mostyn 12 A5
Rhiwlas 139 B6
Rhos CH7 ....18 F1
Rhos SY10 ....105 A4
Rhosddu 145 B4
Rhosesmor 36 B6
Rhosllanerchrugog 78 D1
Rhosnesni 73 D3
Rhosrhedyn 72 B4
Rhostyllen 79 D6
Rhoswiel 105 E5
Rhosymadoc 86 C1
Rhosymedre 85 D2
Rhuallt 17 C3
Rhuddlan 7 D2
Rhydgaled 119 C7
Rhydlydan 122 A1
Rhydtalog 63 E2
Rhyd-wen 8 A8
Rhyd-y-ceirw 63 E6
Rhydycroesau 114 A2
Rhyd-y-meudwy 126 A2
Rhydymwyn 35 F2
Rhyl / Y Rhyl 7 B8
Rhyn 106 B7
Ridleywood 73 C3
Rossett 68 B7
Roughhill 51 E1
Rowton 53 E5
Ruabon / Rhiwabon 86 B4
Ruthin / Rhuthun 141 A5

S

Saighton 53 E1
St Asaph / Llanelwy 16 C1
St George / Llansan-Siôr 14 B4
St Martin's 106 F5
St Martin's Moor 106 D4
Saith Ffynnon 20 B7
Saltney 51 D6
Sandycroft 40 B2
Sandy Lane 99 C5
Saughall 41 B8
Sealand 40 E6
Selattyn 114 F8
Shocklach 83 D7
Shocklach Green 83 C7
Shotton 39 B5
Shotwick 31 B4
Singret 67 C4
Sodylt Bank 97 C4
Sontley 80 A2
Soughton / Sychdyn 37 B2
Southsea 72 A4
Spon Green 48 D3
Stanley Green 113 C3
Street Dinas 97 A1
Street Lydan 100 C4
Stretton 76 F6
Stryt-cae-rhedyn 57 E6
Stryt-Issa 85 D8
Stryt-yr-hwch 80 B1
Summerhill 66 C1
Sydallt 66 C3

T

Tafarn-y-Gelyn 55 B8
Tai-nant 78 A2
Talacre 5 B6
Tallarn Green / Tallwrn Green 90 E5
Talwrn LL11 ....71 D4
Talwrn LL14 ....78 E4
Tanlan 5 B2
Tanlan Banks 5 A3
Tanyfron LL11 ....71 E5
Tan-y-fron LL16 ....118 E7
Tarts Hill 100 C2
Tatham 85 F5
The Chequer 102 C6
The Dunks 73 C1
The Nant 71 D2
The Roe 16 A2
The Smelt 71 B3
The Wauns 72 E8
The Wern 71 B2
Threapwood 90 F7
Three Fingers 101 A8
Top Talwrn 71 C4
Top-y-rhos 57 C2
Towyn 6 B3
Trefnant 117 C5
Tregeiriog 138 F8
Trelawnyd 10 A4
Trelogan 10 F5
Tremeirchion 117 F8
Tre-Mostyn 11 E4
Trench 109 B8
Tre'r-llan 132 C4
Treuddyn 57 C1
Trevalyn 68 D6
Trevor 84 F1
Trevor Uchaf 84 A2
Two Mills 31 E8
Tynewydd 1 E4
Tyn-y-bwlch 128 A1
Tynymorfa 4 D5

U

Upper Hengoed 105 D1
Upper Threapwood 90 F7
Upper Wigginton 107 B4
Upton 42 D6
Upton Heath 42 F8

V

Vicarscross 43 E2

W

Waen 119 C5
Waen Aberwheeler 32 A7
Wallington 89 E7
Welshampton 110 D2
Welsh End 113 A4
Wepre 38 D2
Wern 105 B2
Wern-y-gaer 35 F6
Westminster Park 52 B6
Weston Rhyn 105 D4
Whelston 22 A5
Whitewell 102 D7
Whitford / Chwitffordd 11 F1
Whixall 113 B2
Wigginton 107 B4
Windmill 26 A3
Wolverley 115 E3
Woodbank 31 F6
Worthenbury 82 F1
Wrexham / Wrecsam 145 B2
Wynnville 86 B6

Y

Ysceifiog 25 A3

Index of streets, important buildings and places of interest

1875 Bakers Ct CH1, CH3 ....144 C3

A

Aarons Rd LL11 ....72 C5
Abbey Cl LL13 ....74 E2
Abbey Ct
Denbigh / Dinbych LL16 ....140 E3
Greenfield / Maes-Glas CH8 .21 C7
Abbeydale Cl / Clos Abbeydale LL13 ....73 F3
Abbey Dr LL19 ....4 C3
Abbey Farm Cvn Pk LL20 ....131 C3
Abbey Farm Mus & Visitor Ctr* CH8 ....21 C7
Abbeyford Cvn Pk LL22 ....6 A4
Abbey Gate Sch CH2 ....144 A3
Abbeygate Wlk LL13 ....89 A7
Abbey Gdns LL13 ....89 A7
Abbey Gn CH1 ....144 A3
Abbey Rd Rhuddlan LL18 ....15 F8
Wrexham / Wrecsam LL13 ..74 E1
Wrexham / Wrecsam LL13 ..81 F8
Abbey Rd / Ffordd Abaty [2] LL16 ....140 D4
Abbey Rd / Ffordd yr Abaty LL20 ....143 B6
Abbey Sq CH1 ....144 B3
Abbey St Chester CH1 ....144 B3
Rhyl / Y Rhyl LL18 ....7 A7
Abbey View Cvn Pk CH8 ....4 C4
Abbey View Trad Est CH8 ....21 D8
Abbots Cl CH6 ....22 C2
Abbots Ct CH2 ....42 C4
Abbot's Dr CH2 ....42 C4
Abbot's Grange CH2 ....144 A4
Abbots Knoll CH2 ....42 C4
Abbots Lane CP Sch CH4 .59 A7
Abbot's Nook CH2 ....144 A4
Abbots Pk CH2 ....42 C4
Abbot St / Stryt Yrabad LL11 ....145 B2
Abbots Way LL13 ....89 A8
Abbots Wlk CH8 ....21 C5
Abbottsford Dr CH4 ....58 F7
Abbotts La CH4 ....59 A7
Abenbury Rd LL13 ....80 E7
Abenbury Way LL13 ....74 D2
Aber-Adda LL20 ....143 D4
Aber Clwyd LL18 ....6 E6
Aberconway Rd LL19 ....3 C2
Aber Cres CH7 ....37 B5
Aber Ct LL19 ....8 F8
Aberdaron Dr CH1 ....41 E3
Aberderfyn Rd
Johnstown LL14 ....79 A2
Rhosllanerchrugog LL14 ....78 F2
Abergele Rd / Ffordd Abergele LL18 ....15 B8
Aber Las CH6 ....28 B4
Aberllanerch Dr CH7 ....48 A6
Abermorddu CP Sch LL12 ....66 B6
Aber Park Ind Est CH6 ....27 F7
Aber Pk Ind Est CH6 ....28 A7
Aber Rd Flint / Y Fflint CH6 .27 F7
Prestatyn LL19 ....3 B3
Aberteirw Cotts LL20 ....135 B2
Aber View CH5 ....38 C8
Abingdon Cres [4] CH4 ....51 F6
Abraham's La / Lon Abram [3] LL16 ....140 C3
Acacia Cl CH7 ....47 A3
Acacia Ct / Llys Acasia LL12 ....67 A5
Accar-y-Forwyn LL16 ....140 B3
Acorn Bsns Pk CH6 ....27 F7
Acorn Cl / Llys Derw CH7 ....48 E4
Acresfield Prim Sch CH2 .42 F8
Acres La CH2 ....43 A8
Acton Gate LL11 ....73 B4
Acton Gdns LL12 ....73 C5
Acton Park Inf Sch LL12 ..73 C4
Acton Park Jun Sch LL12 .73 C5
Acton Park Way LL12 ....73 B4
Acton Rd LL11 ....145 C4
Adder Hill CH3 ....53 B7
Adderley Bank / Glan-y-wiber [3] LL12 ....73 B7
Adelaide Rd CH1 ....41 D4
Adele Ave LL19 ....2 D2
Admiral's Wlk LL18 ....7 F1
Advance Pk LL14 ....85 C1
Adwy La LL11 ....71 E3
Adwy Wynt CH6 ....28 B4
Ael-y-Bryn Brymbo LL11 ....65 E1
Denbigh / Dinbych LL16 ....140 C2
Ael Y Bryn CH7 ....46 E3
Ael-y-Bryn Nercwys CH7 ..56 E6
Wrexham / Wrecsam LL11 ..73 B5
Ael-y-Ffynnon CH8 ....21 A5
Aerial Rd LL12 ....66 F5
Afondale CH6 ....27 F6
Afoneitha Rd / Ffordd Afoneitha LL14 ....85 D7
Afon Glas LL20 ....143 B6
Afon Terr LL14 ....86 A7
Afon View CH5 ....38 C8
Afon Wen LL20 ....135 F5
Afonwen Craft and Antique Ctr* CH7 ....24 C3
Afon yr Rhos LL14 ....78 D1
Agden House La SY13 ....93 A5
Agenora Cl CH5 ....38 C8
Ainsdale Cl CH7 ....48 A5
Ainsdale Dro LL12 ....73 E5
Airfield View CH4 ....50 B6
Air View Cvn Camp CH8 ....5 A6
Albany Terr LL11 ....145 B4
Albert Ave CH6 ....28 C5
Albert Gr LL14 ....86 B5
Albert Pl CH5 ....38 F8
Albert Rd LL16 ....140 D4
Albert's Ave LL11 ....65 E1
Albert St Chester CH1 ....144 C3
Leeswood / Coed Llai CH7 ..57 F5
Rhyl / Y Rhyl LL18 ....7 C7
Wrexham / Wrecsam LL13 ....145 C1
Albert Terr [1] LL16 ....140 D4
Albion Mews CH1 ....144 B2
Albion Pl CH1 ....144 B1
Albion St CH1 ....144 B2
Alder Ave CH5 ....39 B3
Alderberry Rd CH5 ....48 F7
Alder Cl LL11 ....72 F8
Alder Ct LL18 ....7 F8
Alder Gr CH2 ....43 B4
Aldergrove Pl LL11 ....71 B4
Alderley Pl CH1 ....41 E6
Alderney Ho CH2 ....43 B4
Alders La SY13 ....112 D1
Aldford Rd CH2 ....42 F6
Aldford Sch CH3 ....62 F3
Aldford Way LL12 ....73 D4
Aled LL14 ....85 E4
Aled Ave LL18 ....7 C6
Aled Cres CH6 ....27 F4
Aled Gdns LL18 ....6 C5
Aled Terr LL16 ....118 C8
Aled Way CH4 ....51 D5
Alexander Ho [6] LL11 ....72 C3
Alexandra Ct / Llys Alexandra CH7 ....48 C4
Alexandra Dr LL19 ....8 E8
Alexandra Rd
Rhyl / Y Rhyl LL18 ....1 C5
Wrexham / Wrecsam LL13 ....145 A1
Alexandra Rd / Ffordd Alecsandra CH7 ....47 A4
Alexandra Sch LL12 ....145 C3
Alexandra St CH5 ....39 B6
Alkington Rd SY13 ....103 F6
Allans Cl CH5 ....39 C5
Allerton Cl CH4 ....49 B1
Allington Cres LL12 ....67 D1
Allington Dr LL13 ....73 E1
Allington Pl CH4 ....52 E7
Allitts Pk LL18 ....7 D6
All Saints' CE Inf Sch CH2 ....43 A3
All Saints Prim Sch LL12 .67 D2
Alltami Rd Alltami CH7 ....47 F7
Buckley / Bwcle CH7 ....48 A6
Allt Bryn-Fotty CH7 ....63 C5
Allt Copperas / Copperas Hill LL14 ....85 D7
Allt Eisteddfod LL11 ....70 D5
Allt Goch
Flint / Y Fflint CH6 ....28 A6
Trefnant LL17 ....117 B6
Allt-Goch La CH6, CH7 ....28 B2
Allt Madiera / Madiera Hill LL13 ....145 B1
Allt Ty Gwyn / Vinegar Hill LL14 ....78 E3
Allt y Badi LL20 ....143 C2
Allt Y Ddol / Meadow Rise LL12 ....67 B5
Allt y Dref / Town Hill [9] LL13 ....145 B2
Allt y Ficeroy / Vicarage Hill [8] LL13 ....145 B2
Allt Y Golch CH8 ....20 D6
Allt Y Graig LL18 ....8 F5
Allt y Gwernant LL20 ....143 D1
Allt y Gwter / Gutter Hill LL14 ....78 F1
Allt Y Pentref LL11 ....70 D5
Allt-y-Plas CH8 ....26 D5
Allt Yr Eithin / Thornhill Dr LL14 ....79 E8
Allt Y Twr / Tower Hill LL14 ....85 A2
Alma Rd Froncysyllte LL20 ..94 F7
[2] Llangollen Rural LL20 ..95 A7
Alma St CH2 ....42 F2
Almond Dr [7] SY12 ....109 A2
Almond Gr LL13 ....73 D2
Almond Way LL12 ....59 B2
Almshouses [3] LL14 ....86 A4
Alpraham Cres CH2 ....42 E6
Alun Cl CH7 ....37 F4
Alun Cres CH4 ....52 A6
Alundale Rd LL12 ....66 B5
Alun Sch CH7 ....46 F3
Alvis Rd CH5 ....40 B3
Alwen LL14 ....85 E3
Alwen Ave CH7 ....47 E5
Alwen Dr Bagillt CH6 ....22 B3
Connah's Quay CH5 ....38 E6
Alwen Terr LL21 ....123 C3
Alwyn Cl CH7 ....46 E6
Alwyn Gdns CH2 ....42 F8
Alyn Cl LL11 ....73 B7
Alyn Cres / Cilgant Alun LL12 ....66 B7
Alyndale LL12 ....59 B1
Alyndale Ave CH7 ....47 D4
Alyndale Rd Saltney CH4 ..51 D6
Wrexham / Wrecsam LL12 ..73 B5
Alyn Dr Penyffordd CH4 ....59 A6
Rossett LL12 ....68 B7
Alyn Fields LL12 ....59 A1
Alyn Ind Est LL12 ....66 D3
Alyn Mdw CH7 ....46 F5
Alyn Pk CH5 ....48 F8
Alyn Rd CH7 ....48 B4
Alyn St CH7 ....47 A5
Alyn Terr CH7 ....58 B5
Alyn Waters Ctry Pk / Parc Gwledig Dyfroedd Alun* LL11 ....66 D1
Amanda Gr LL14 ....79 C6
Ambleside CH2 ....43 A6
Ambleside Cl CH5 ....38 C7
Ambrose Terr CH7 ....47 A4
Andrew Cres CH4 ....144 C1
Anfield Cl CH5 ....38 D4
Anglesey Cl LL12 ....73 E4
Annefield Pk / Parc Annefield LL12 ....67 E2
Anne's Way CH4 ....144 C1
Ansell Rd LL13 ....73 E4
Antelope Ind Pk CH7 ....35 F2
Anthony Eden Dr LL13 ....80 E8
Anvil Pottery* LL16 ....120 F6
Apex Ctr LL13 ....81 C6
Appleby Dr CH5 ....39 C2
Appleton Rd CH2 ....42 E6
Applewood Cl / Clos y Pren Afal LL13 ....80 B7
Appleyards La CH4 ....52 E7
Aquarium Cres LL18 ....7 A7
Aquarium St LL18 ....7 A7
Aragon Gn CH1 ....41 E6
Aran Cl CH7 ....47 E6
Aran Rd LL12 ....73 C2
Archers Gn LL19 ....2 E2
Archers Way CH1 ....42 A2
Archer's Way LL13 ....73 C2
Archimedes Ctr LL13 ....72 E2
Archway CH7 ....47 A3
Arderne Ho CH2 ....42 F7
Arenig Cl LL11 ....72 D5
Arenig Rd LL13 ....73 E1
Arfon Ave LL19 ....2 B1
Arfon Gr LL18 ....7 B6
Arfryn LL11 ....72 B4
Argoed Brymbo LL11 ....71 E8
Kinmel Bay / Bae Cinmel LL18 ....6 D3
Argoed Ave CH7 ....47 C7
Argoed High Sch / Ysgol Uwchradd Argoed CH7 ..47 E6
Argoed La LL13 ....88 C
Argoed Rd / Ffordd Argoed CH7 ....48 B5
Argoed View CH7 ....47 C7
Argyle St / Stryt Argyle [3] LL11 ....145 B2
Argyll Ave CH4 ....52 A7
Arkle Ct [3] CH3 ....43 B2
Arley Cl CH2 ....42 F6
Arley Rd / Ffordd Arley [1] LL12 ....73 B7
Arllwyn LL11 ....70 F8
Arnhem Way CH3 ....53 B5
Arnold Gdns LL18 ....6 C5
Arnold Gr CH5 ....38 F2
Arnold's Cres CH4 ....50 A3
Arosfa Cres LL20 ....143 F4
Arradon Ct CH2 ....42 E5

Arran Dr LL18 7 D5
Arrowcroft Rd CH3 43 F5
Arthur St CH1 42 A2
Artillery Row LL18 14 E4
Ascot Dr LL18 7 D5
Ashbourne Ave LL11 72 D8
Ashburn Way LL13 80 D7
Ashby Pl CH2 144 C4
Ash Cl
Weston Rhyn SY10 105 D4
Wrexham / Wrecsam LL11 72 C8
Ash Ct LL18 7 E7
Ash Dr CH7 48 B6
Ashfield Cres Blacon CH1 41 D5
Connah's Quay CH5 39 D2
Ashfield Rd [3] CH5 39 B6
Ashfield Rd / Maes yr Onnen LL11 145 A4
Ash Gr Acrefair LL14 85 D3
Bagillt CH6 22 E1
Chester CH4 52 B5
[4] Chirk / Y Waun LL14 95 E3
Connah's Quay CH5 39 B6
Kinmel Bay / Bae Cinmel LL18 6 D5
Llay LL12 67 B4
Mold / Yr Wyddgrug CH7 46 E5
Mynydd Isa CH7 47 E5
Prestatyn LL19 3 B2
Wrexham / Wrecsam LL13 73 D2
Ash Grove / Llwyn Onn CH7 57 F5
Ash Hay La CH2 43 C8
Ash La CH5 39 D1
Ashlands Rd SY10 105 D4
Ashlar Ct CH5 39 C1
Ash Lawn Ct CH2 42 C4
Ashlea Cl CH5 39 D2
Ashleigh Cl CH4 51 E6
Ashly Ct / Cwrt Ashly LL17 16 A1
Ashmount Ent Pk CH6 27 F6
Ashmount Ind Ctr CH6 28 A7
Ashmuir Cl CH1 41 E3
Ash Rd (North) LL13 74 D1
Ash Rd S LL13 81 E8
Ash Rd (South) LL13 74 D1
Ash View Alltami CH7 47 F8
Connah's Quay CH5 39 A4
Ashwood Ct CH2 43 A3
Asiatic Cotts CH5 40 B3
Aspen Cl CH5 38 D7
Aspen Ct SY10 105 D4
Aspen Gr
Kinmel Bay / Bae Cinmel LL18 6 D5
Saughall CH1 41 B7
Aspen Grange SY10 105 D4
Aspen Way CH2 43 B4
Aspen Wlk LL18 7 F8
Assembly Rd LL11 71 C3
Astley Ct LL18 6 D6
Aston Gr LL12 73 C2
Aston Hill CH5 39 B3
Aston Mead CH5 39 B3
Aston Park Rd
Connah's Quay CH5 39 A4
Connah's Quay CH5 39 B4
Aston Rd CH5 39 C4
Athrofa Gogledd Ddwyrain Cymru / North East Wales Inst of H Ed The LL11 145 A4
Atis Croft CH6 28 C5
Atlea LL11 72 C3
Auckland Rd CH1 41 D4
Auden Cl CH5 48 E7
Audley Cres CH4 52 E6
Aughton Way CH4 50 D4
Augusta Cl CH1 41 F6
Augusta Dr / Rhoda Augusta LL13 73 F3
Aurelius Ho [4] LL11 72 D7
Austen Cl CH5 48 E8
Australia St / Heol Awstralia [14] LL14 78 E2
Avalon Ct / Cwrt Afallon LL13 80 B7
Avenue The
Hawarden / Penarlâg CH5 49 C8
Mold / Yr Wyddgrug CH7 47 A4
Prestatyn LL19 3 C2
Prestatyn LL19 9 B8
Avon Cl LL12 73 C4
Avon Ct
Connah's Quay CH5 38 D6
Mold / Yr Wyddgrug CH7 47 A3
Avondale Cres / Clignant Avondale [2] LL12 73 B7
Avondale Dr LL18 7 F7
Avondale Gr LL12 73 E5
Avondale Rd CH7 48 D4
Avonlea Cl CH4 51 E4
Awelfryn LL14 85 D7
Awelon LL22 6 B3
Awelon Mor LL19 2 F3
Awel-y-Mor CH8 21 D5

B

Babbage Rd CH5 40 A4
Bache Ave CH2 42 C5
Bache Dr CH2 42 D5
Bachefield Ave CH3 53 A6
Bache Hall Ct CH2 42 C5
Bache Hall Est CH2 42 C5
Bachelor's Ct CH3 53 A8
Bachelor's La CH3 53 A8
Bache Mill Rd LL20 143 D4
Bache Sta CH2 42 D5
Back Chapel St SY10 138 A1
Back La SY14 90 E7
Back Queen St CH1 144 B3
Back Row / Lon Gefn [11] LL16 140 C3
Bader Ct LL13 73 F5
Badgers Cl CH3 53 E7
Badgers Rise / Bryn-y-Broch CH5 38 D5
Bagillt Rd CH8 21 E7
Bailey Bridge Cl CH2 42 D4
Bakery Fields LL11 72 B5
Bala Ave CH8 21 E7
Bala Rd LL13 73 E1
Ballater Cres CH3 43 B2
Ballerat Cl CH1 41 D4
Balmoral Cl
Flint / Y Fflint CH6 27 E6
Wrexham / Wrecsam LL11 73 A4
Balmoral Gr [2] LL18 7 A6
Balmoral Pk CH1 42 B3
Balmoral Rd / Ffordd Balmoral LL11 73 A4
Banastre Ave LL19 3 A2
Bangor Cres LL19 8 F8
Bangor-on-Dee race course LL13 88 D6
Bangor Rd Johnstown LL14 86 B8
Overton / Owrtyn LL13 88 E2
Bank Cl CH2 42 E5
Bank La CH7 48 F6
Bank Pl CH8 21 B4
Bank Rd CH5 29 D1
Bank Row CH7 48 D3
Banks Rd CH5 39 D1
Bank St LL11 72 A4
Bank St / Stryt y Banc [1] LL13 145 C2
Bank St / Stryt y Bonc LL14 78 E2
Bank Top Ind Est SY11 106 C5
Bank Villas CH7 46 F5
Bannel La
Buckley / Bwcle CH4, CH7 48 E3
Penymynydd CH4, CH5 49 A3
Baptist Row CH7 48 D4
Baptist St / Stryt y Bedyddwyr [12] LL14 78 E2
Baristow Cl CH2 144 B4
Barkby Ave LL19 3 B4
Barker's La
Wrexham / Wrecsam LL12, LL13 73 D6
Wrexham / Wrecsam LL13 73 F6
Barker's Lane Prim Sch LL13 73 D6
Barker's Well La / Ffynnon Barcer LL16 140 C3
Barkhill Rd CH3 43 B3
Barley Croft CH3 53 A7
Barmouth Cl CH5 38 D7
Barnefelde La LL12 67 F7
Barnes Cl CH1 41 F6
Barnfield Cl [2] SY13 103 E8
Barnfield / Maes Yr Ysgubor LL13 145 C1
Barnston Ct CH3 69 E2
Barnwood Dr CH4 51 F6
Barnyard The CH5 39 B3
Barons Cl CH6 28 A6
Barons Ct CH2 42 C4
Barons Rd LL13 73 C1
Barony Way CH4 51 E4
Barrel Well Hill CH2 42 F1
Barretts Hill LL11 66 F1
Barrfield Cl [2] LL18 7 F2
Barrfield Rd / Ffordd Barrfield [5] LL18 7 F2
Barry Rd N [9] LL18 7 A6
Barry Rd S LL18 7 A6
Bars The CH1, CH3 144 C2
Barter Ct LL13 80 C7
Barter Rd LL13 80 C7
Bartholomew Way CH4 52 C6
Bartlet Cl CH5 39 F6
Barton Cl LL13 80 B6
Barton Rd CH3 69 F1
Basingwerk Ave CH8 21 C8
Bastion Cl LL19 3 A4
Bastion Gdns LL19 3 A3
Bastion Rd LL19 3 A3
Bathfields Cres [1] SY13 103 E7
Bath Rd / Ffordd Faddon LL13 145 B1
Bath St CH1 144 C2
Bath St / Stryd Y Baddon [3] LL18 7 B8
Bay Trad Est LL18 6 D5
Baytree Cl SY11 106 F6
Beach Ave LL19 3 B3
Beach Cl Prestatyn LL19 3 A4
Talacre CH8 5 A5
Beach Rd E LL19 3 A4
Beach Rd W LL19 2 F4
Beacon Rd LL11 72 D6
Beacon Rd / Ffordd y Bannau [1] LL11 72 D6
Beaconsfield Rd [7] CH5 39 A6
Beaconsfield St CH3 144 C2
Beacon's Hill / Rhiw'r Bigwn LL16 140 C3
Beaumaris Cl CH7 48 C6
Beaumaris Rd CH5 38 C7
Beaumont Cl CH4 51 E6
Beaver Cl CH4 51 E5
Becketts La CH7 48 A3
Beckett's La CH3 53 B8
Bedford St LL18 7 B7
Bedford Way CH7 46 E5
Bedward Row CH1 144 A2
Bedwell Cl / Clos Bedwell LL14 86 B6
Bedwell Cres LL13 81 D3
Bedwell Rd LL13 81 C4
Bedwyr Ct / Cwrt Bedwyr LL13 80 B7
Bee Bank LL20 94 F7
Beech Ave Gresford LL12 67 E2
Rhyl / Y Rhyl LL18 7 D8
Wrexham / Wrecsam LL11 72 F8
Beech Ave / Stryt y Doctor LL14 78 E1
Beech Cl SY13 101 B4
Beechcroft Cl CH6 22 B3
Beech Dr
[13] Ellesmere SY12 109 A2
Mold / Yr Wyddgrug CH7 46 E5
Beeches The Chester CH2 43 A6
Ewloe CH5 48 F7
Holywell / Treffynnon CH8 21 B2
Hope / Yr Hôb LL12 59 B2
Whitchurch Urban SY13 93 F1
Wrexham / Wrecsam LL12 145 C4
Beech Gdns LL13 145 C1
Beech Gr Bagillt CH6 22 E1
Chester CH2 43 A3
Ellesmere SY12 109 A2
Mynydd Isa CH7 47 E5
Beech La LL12 67 F4
Beechlands LL12 73 C3
Beechlands Ave CH3 43 A1
Beechley Rd LL13 145 C1
Beechmuir CH1 41 E3
Beech Rd
Connah's Quay CH5 39 A3
Drury CH7 48 F5
Beech St LL11 72 C8
Beech Terr LL14 86 A5
Beech Tree Ave LL12 67 A3
Beechtree Rd / Ffordd Ffawydden CH7 48 B5
Beechway CH2 42 C6
Beechwood Ave CH5 38 D7
Beechwood Cl CH7 46 E6
Beechwood Rd
Rhyl / Y Rhyl LL18 1 C5
Saltney CH4 51 E5
Beeston Rd
Broughton CH4 50 B3
Higher Kinnerton CH4 60 A7
Beeston Terr LL13 73 E2
Beeston View CH4 52 E7
Belfry Cl / Clos y Clochdy LL13 73 F4
Belgrave Ave CH4 51 E6
Belgrave Cl CH4 61 A6
Belgrave Ct LL12 67 F3
Belgrave Inf Sch CH4 52 B5
Belgrave Pl CH4 144 B1
Belgrave Rd CH3 53 B8
Belgrave Rd / Ffordd Belgrave LL13 145 B1
Belgrave St CH1 144 C3
Bellard Dr CH2 43 A4
Bella Vista CH4 49 A1
Bell Ct LL13 80 C7
Bellevue Ct / Llys Tremhyfryd LL13 145 B1
Bellevue La CH3 43 E4
Bellevue Rd LL13 145 B2
Belle Vue Terr CH4 59 A8
Bells Way LL13 80 E5
Belmont Ave CH5 38 F6
Belmont Cres CH7 48 C6
Belmont Dr CH4 51 C6
Belmont Rd LL13 145 B1
Belton Cl SY13 103 E7
Belton Rd SY13 103 E7
Belvedere Cl CH5 39 D5
Belvedere Dr Blacon CH1 41 E4
Wrexham / Wrecsam LL11 72 E2
Belvedere The LL11 70 E7
Benjamin Rd LL13 80 C8
Benllech Cl CH5 38 C7
Bennett's La
Connah's Quay CH5 39 C1
Higher Kinnerton CH4 60 A7
Bennett's Rd LL11 72 B8
Bennett's Row CH6 28 D4
Bennion's Rd LL13 145 C1
Bently Ave LL11 72 D8
Benton Dr CH2 42 C4
Bents Rd / Ffordd Bents LL14 78 F3
Berkley Dr CH4 52 E6
Berllan Ave LL18 7 E1
Berllan Cl SY10 105 E5
Berllan La CH8 4 E3
Bernard Rd LL13 73 C1
Bernfels Ct LL14 78 F2
Bernsdale Cl CH5 40 A3
Berse Gdns / Gerddi'r Berse [11] LL11 72 C3
Berse La / Lon Berse
Rhostyllen LL14 79 C8
Wrexham / Wrecsam LL11 72 C1
Berse Rd LL11 72 D2
Bersham Ent Ctr / Parc Menter Bersham LL14 79 C5
Bersham Ironworks & Heritage Ctr* LL14 79 C7
Bersham Rd
Wrexham / Wrecsam LL13, LL14 145 A1
Wrexham / Wrecsam LL13, LL14 79 D8
Wrexham / Wrecsam, New Broughton LL11 72 B3
Berthlog CH8 10 F4
Bertie Rd LL13 73 C1
Berwyn LL14 79 B1
Berwyn Ave
Penyffordd CH4 59 A6
Weston Rhyn LL14 105 E6
Berwyn Cl Bryn-y-baal CH7 47 E6
Buckley / Bwcle CH7 48 C4
Marchwiel LL13 80 E4
Berwyn Cres
Kinmel Bay / Bae Cinmel LL18 6 E6
Prestatyn LL19 2 E3
Berwyn Dr Marchwiel LL13 80 E5
St. Martin's SY11 106 E5
Berwynfa LL20 135 C5
Berwyn Rd LL20 143 B6
Berwyn St Carrog LL21 129 F2
Llangollen LL20 143 C4
Llangynog SY10 136 F1
Berwyn Sta* LL20 131 B2
Berwyn St / Heol-y-Berwyn LL21 132 D4
Berwyn View LL13 73 E1
Bethania Rd / Ffordd Bethania LL14 85 B3
Bethel Pl CH5 38 E8
Bethesda St LL19 4 A4
Bettws Gwerfil Goch Sch LL21 128 D5
Betws Ave LL18 6 E6
Beverley Cl LL13 80 F7
Beverley Dr LL19 2 E2
Bewley Ct CH3 53 A7
Bickerton Dr LL11 72 D6
Bickleywood Dr LL13 73 D3
Bidston Cl CH2 42 D5
Bieston Cl LL13 73 D6
Bilberry Cl CH4 49 A1
Birch Cl CH7 48 C4
Birch Croft CH5 39 E2
Birch Ct [6] CH5 38 D8
Birch Ct / Llys Bedw CH7 57 F5
Birch Dr LL12 67 F2
Birches The CH4 50 B3
Birchfield Cres CH5 39 B3
Birch Gr Prestatyn LL19 9 B8
Rhyl / Y Rhyl LL18 7 E8
Birch Heath La CH3 53 F8
Birch Hill LL20 143 E4
Birch La
Maelor South LL13 99 D8
Overton / Owrtyn LL13 89 C1
Birchmuir CH1 41 E3
Birch Rd Chester CH4 51 F5
Ellesmere SY12 109 C2
Birch Ridge CH6 27 E5
Birch Rise Chester CH2 42 D6
Connah's Quay CH5 39 B1
Birch St LL13 145 C1
Birch Terr LL20 143 E4
Birch Tree Cl LL11 72 B5
Birch Tree Ct CH2 144 C4
Birchwood Cl LL14 79 D7
Birkdale Ave CH7 48 A5
Birkdale Rd LL13 73 F4
Bishops' Blue Coat CE High Sch The CH3 53 A7
Bishops Ct CH4 50 C4
Bishopsfield Ct CH2 42 F3
Bishops Gate CH2 43 A3
Bishop St CH2 42 F3
Bishops Wlk LL17 16 B1
Bishop's Wlk / Heol Esgob LL20 143 D5
Bishopswood Rd LL19 9 B8
Bistre Ave CH7 48 B4
Bistre Cl CH7 48 A5
Black Brook CH7 37 A1
Blackbrook Ave CH5 39 C2
Blackbrook Dr / Lon Blackwood LL14 86 B5
Black Diamond St CH1 144 B4
Black Friars CH1 144 A2
Blacklane Rd LL11 72 A8
Black Lane Sch LL11 72 A7
Blackley Hall LL12 67 A1
Blackthorn Cl
Broughton CH4 50 B3
Huntington CH3 53 A5
Marford LL12 67 F2
Blackwood Rd LL20 84 C3
Blacon Ave CH1 42 A5
Blacon Hall Jun Sch CH1 41 E5
Blacon High Sch CH1 41 C3
Blacon Inf Sch CH1 41 E5
Blacon Point Rd CH1 41 E3
Blaencoed CH8 21 C6
Blaen Wern
Denbigh / Dinbych LL16 140 F2
Gwernymynydd CH7 46 B2
Blaen-y-Coed LL16 140 B3
Blake Cl CH1 41 F6
Blantern Rd CH4 60 A7
Blantern Way LL13 73 E4
Blast Rd LL11 71 E8
Blenheim Cl CH5 39 A1
Blenheim Ho CH1 42 B3
Blessed Edward Jones RC Sch LL18 7 D6
Bluebell Cl CH3 53 B6
Blue Bell Est LL11 73 B7
Blue Bell La LL11, LL12 73 B7
Bodafon LL16 120 F5
Bodannerch Dr LL18 7 C8
Bodawen LL15 121 D5
Bodelwyddan Ave LL18 6 E5
Bodelwyddan Castle* LL22 14 F2
Bodfari Prim Sch LL16 23 A1
Bodfari Rd LL16 117 D5
Bodfor St / Stryd Bodfor [7] LL18 7 B7
Bod Hamer LL18 17 A7
Bodhyfryd Mostyn CH8 12 B4
Wrexham / Wrecsam LL12, LL13 145 C3
Bod Idris LL11 71 E8
Bod Llewelyn LL18 7 F6
Bodlondeb CH6 28 B4
Bodlyn LL14 85 D4
Bod Nant [4] LL16 140 B3
Bodnant Ave LL19 3 C3
Bodnant Gr CH5 38 D6
Bodnant Inf Sch LL19 3 B3
Bodnant Jun Sch LL19 3 B3
Bod Offa Dr CH7 47 F4
Bodrhyddan Ave / Rhodfa Bodrhyddan LL18 7 F1
Bodrhyddan Hall* LL18 8 D2
Bodtegwel Terr LL22 14 A6
Bodwyn Pk / Parc Bodwyn LL12 67 E2
Bodylltyn Terr LL14 85 D2
Bold Pl CH1 144 B3
Bold Sq CH1 144 C3
Bolesworth Rd CH2 42 F6
Boleyn Cl CH1 41 E6
Bolingbroke Hts CH6 28 A7
Bollam Cl CH5 38 C8
Bolland's Ct CH1 144 A2
Bonc Ddu LL14 78 F2
Bonc Ddu / North Rd LL14 78 F2
Bonc Wen LL14 78 E1
Borderbrook Sch
Drury Lane SY14 92 D3
Tallarn Green / Tallwrn Green SY14 90 F5
Border Ret Pk LL13 73 C1
Borders Ind Pk The / Parc Diwydiannol Y Ffin CH4 51 C7
Border Way CH3 43 C1
Borough Gr CH6 28 B6
Borras Hall La LL13 74 C6
Borras Park Inf Sch LL12 73 E4
Borras Park Jun Sch LL12 73 E4
Borras Park Rd LL12 73 E4
Borras Rd Llan-y-pwll LL13 74 C8
Wrexham / Wrecsam, Borras LL13 73 F6
Wrexham / Wrecsam, Rhosnesni LL12 73 D3
Borthyn LL15 141 B5
Borthyn Prim Sch LL15 141 B5
Boston Gate LL13 73 E1
Bosworth Gr LL19 3 C2
Bottom Rd LL11 72 C8
Bottoms La CH4 52 F8
Boughton CH3 42 F2
Boughton Ave LL18 7 C8
Boughton Hall Ave CH3 43 A1
Boughton Hall Dr CH3 43 B1
Boughton Heath Prim Sch CH3 53 B8
Boughton Lodge [2] CH3 43 A1
Boulevard The
Broughton CH4 50 C3
Prestatyn LL19 2 C1
Rhyl / Y Rhyl LL18 7 E5
Boundary La Chester CH4 51 E6
Threapwood SY14 90 E8
Bouverie St CH1 144 A4
Bowen's La LL14 85 B1
Bowers Rd LL14 85 A4
Bowers Villas [8] LL16 140 B3
Bowery The CH1 40 D4
Bowkers La SY13 102 D5
Bowlers Ct [1] CH5 39 B6
Box La LL12 73 C5
Boxmoor Cl CH4 52 A5
Boydell Way CH4 61 A6
Bracken Cl CH4 50 C3
Bracken Ct / Llys Rhedyn LL11 71 E2
Brackendale Rd CH5 39 D4
Bracken Rise [3] SY12 109 A3
Brackens The CH7 48 A3
Brackenwood Cl LL14 79 D7
Bradeley Gn La SY13 93 F6
Bradford St CH4 52 D7
Bradley Farm La SY14 93 C7
Bradley Rd LL13 145 A2
Bradshaw Ave CH4 51 B7
Braeside Ave CH5 39 C2
Braeside / Ochr Y Bryn LL13 80 E7
Brae The LL19 9 A6
Brake Rd Brymbo LL11 71 D8
Wrexham / Wrecsam LL11 72 B8
Bramble Cl
Buckley / Bwcle CH7 48 C3
Chester CH3 53 A7
Marford LL12 67 F2

Brambles The
Connah's Quay CH5 ... 39 B6
5 Wrexham / Wrecsam LL11 ... 72 B4
Bramley La
Higher Kinnerton CH4 ... 59 D7
Penymynydd CH4 ... 49 E1
Bramley Way CH5 ... 48 F8
Bran LL14 ... 85 D4
Brandie Brook LL14 ... 86 A8
Brandie Cotts LL14 ... 85 F8
Brandon Ct 2 LL18 ... 7 C8
Brandon Gr LL12 ... 68 B7
Bray Rd CH4 ... 51 F6
Breamar Cl CH3 ... 43 C3
Breck Cl LL13 ... 80 E4
Brecon Cl LL12 ... 73 E4
Breeze Hill CH5 ... 38 F7
Brennus Pl CH1 ... 144 A3
Brentwood Rd CH1 ... 41 E5
Breton Cl CH2 ... 42 E5
Bretton Ct Mews CH4 ... 50 E4
Bretton Dr CH4 ... 50 B3
Bretton La CH4 ... 50 F5
Bretton Rd CH4 ... 50 E4
Brewery La CH3 ... 69 E3
Brewery Pl LL13 ... 145 B2
Briar Cl LL13 ... 81 D3
Briar Dr CH7 ... 48 C4
Briarswood LL11 ... 72 F6
Briarswood Ct CH1 ... 144 B3
Brickbarn Cl CH7 ... 48 B5
Brickfield La CH3 ... 43 F2
Brickfields CH7 ... 48 D4
Brick Kiln Gate CH7 ... 18 C2
Bridge Bsns Pk LL18 ... 7 B6
Bridge Ct Chester CH2 ... 43 A2
3 Wrexham / Wrecsam LL11 ... 72 A4
Bridge Dr CH3 ... 53 D7
Bridge End Mews LL12 ... 66 C8
Bridgegate Rd LL18 ... 7 E8
Bridgeman Rd CH1 ... 41 E3
Bridge Pl CH1 ... 144 B1
Bridge Rd LL13 ... 81 D7
Bridge Rd N LL13 ... 81 E8
Bridge Rd S LL13 ... 81 C6
Bridge Road / Ffordd Y Bont LL19 ... 3 A3
Bridge St Chester CH1 ... 144 B2
Connah's Quay CH5 ... 39 A7
21 Denbigh / Dinbych LL16 ... 140 C3
Holt LL13 ... 69 E1
Llangollen LL20 ... 143 D5
Mold / Yr Wyddgrug CH7 ... 47 A5
Penycae LL14 ... 85 B7
7 Rhyl / Y Rhyl LL18 ... 7 A6
Ruabon / Rhiwabon LL14 ... 86 A4
Saltney CH4 ... 51 D7
Wrexham / Wrecsam LL13 ... 145 B2
Wrexham / Wrecsam, Southsea LL11 ... 72 A4
Bridge St Row E CH1 ... 144 B2
Bridge St Row W CH1 ... 144 B2
Bridge St / Stryd Y Bont LL21 ... 142 D4
Bridge St / Stryt Y Bont LL14 ... 85 D8
Bridge Terr CH3 ... 43 B2
Bridge View CH5 ... 39 F7
Bridgewater Dr CH3 ... 43 C2
Bridgewater Mews / Cwrt Bridgewater LL13 ... 73 A7
Bridgeway Ctr The LL13 ... 81 D7
Bridgeway E LL13 ... 81 C6
Bridgeway W LL13 ... 81 C6
Brighton Rd / Ffordd Brighton LL18 ... 7 C7
Brighton Terr CH6 ... 21 F6
Bright St LL13 ... 145 A2
Brig-Y-Don LL19 ... 2 D2
Brisbane Rd CH1 ... 41 C4
Bristol Cl CH1 ... 41 C4
Britannia Rd CH7 ... 58 A4
Broadacre Cl CH6 ... 22 C2
Broad La LL12 ... 68 E6
Broadmead CH3 ... 43 C2
Broad Oak Ave CH4 ... 50 A3
Broad Oak Cl CH5 ... 38 D6
Broadoaks LL12 ... 68 C8
Broad St / Stryt Lydan 11 LL14 ... 78 E2
Broadway
Connah's Quay CH5 ... 38 E6
Ewloe CH5 ... 38 E2
Broadway E CH2 ... 42 E5
Broadway The LL19 ... 2 E1
Broadway W CH2 ... 42 D5
Bro Afallon LL16 ... 140 E4
Bro Alun CH7 ... 46 F5
Bro Alyn CH7 ... 58 B5
Bro Awelon LL14 ... 85 B7
Bro Berllan 1 LL18 ... 7 F1
Bro Cloiori LL15 ... 125 C3
Bro Clwyd LL15 ... 121 C3
Bro Clywedog LL15 ... 121 C3
Bro-Ddewi LL20 ... 135 E4
Bro Deg Flint / Y Fflint CH6 ... 27 F5
Rhyl / Y Rhyl LL18 ... 7 F6
Ruthin / Rhuthin LL15 ... 141 E3
Bro Dinam LL21 ... 132 D4
Bro Gwerfyl LL21 ... 128 D5
Bro Gwilym
Cefn-Mawr LL14 ... 85 B1
Bro Gwilym *continued*
Cefn-mawr LL14 ... 95 B8
Bro Hafryn LL21 ... 142 C5
Bro Havard LL17 ... 16 A1
Bro Helyg LL21 ... 132 D3
Bro Lleweni LL16 ... 32 B7
Bromfield Ave LL12 ... 67 A4
Bromfield Cl CH7 ... 47 A3
Bromfield Gr LL12 ... 145 C4
Bromfield La CH7 ... 47 A3
Bromfield Pk CH7 ... 47 A3
Bromfield St LL14 ... 78 F1
Bronallt Cefn-y-Bedd LL12 ... 66 C3
Leeswood / Coedllai CH7 ... 58 A5
Bronalt LL14 ... 85 E7
Bron Alyn LL12 ... 67 B3
Bronant
Lixwm / Licswm CH8 ... 25 E2
Trefnant LL16 ... 117 C5
Bron Castell LL16 ... 140 B2
Broncoed Bsns Pk CH7 ... 47 A2
Broncoed Ind Est CH7 ... 46 F2
Broncoed La CH7 ... 46 F3
Broncoed Pk CH7 ... 47 A3
Bron Deg LL18 ... 8 F2
Brondyffryn LL17 ... 117 B6
Bronhallt Est LL16 ... 119 D7
Bron Haul Bagillt CH6 ... 21 F5
Dyserth LL18 ... 9 A3
Rhyl / Y Rhyl LL18 ... 7 F7
Trelawnyd LL18 ... 9 F4
Bronington Pk SY13 ... 102 B3
Bronington VA Prim Sch SY13 ... 102 B4
Bronllan LL16 ... 116 F3
Bron Llwyn CH6 ... 28 B4
Bronte Gr CH5 ... 48 E8
Bronwen Ave LL18 ... 6 D5
Bronwylfa Rd
Rhostyllen LL14 ... 79 A5
Wrexham / Wrecsam LL14 ... 78 F5
Bronwylfa Sq LL17 ... 16 B1
Bron-y-clwyd LL15 ... 126 B6
Bron-y-Coed LL13 ... 80 A6
Bron-y-Crest 1 LL16 ... 140 B3
Bron-y-Dre LL13 ... 79 F7
Bron Y Gamlas LL20 ... 85 A1
Bronygarth Rd SY10 ... 105 C4
Bron Y Nant CH7 ... 47 A4
Bron-y-nant LL13 ... 145 A3
Bron-yr-Efail LL12 ... 73 B6
Bron-yr-Eglwys CH7 ... 47 C5
Bron-y-Wern CH6 ... 22 C2
Brook Ave / Rhodfa Nant LL22 ... 6 B2
Brook Cl LL13 ... 80 E6
Brook Ct CH1 ... 42 B3
Brookdale Ave
Connah's Quay CH5 ... 38 E6
Flint / Y Fflint CH6 ... 27 F5
Brookdale Pl CH1 ... 144 B3
Brookdale Rd LL18 ... 7 D7
Brooke Ave CH2 ... 42 F8
Brooke Cl CH5 ... 48 E8
Brookes Ave
Broughton CH4 ... 50 B3
Rhyl / Y Rhyl LL18 ... 7 B5
Brookfield SY13 ... 103 E8
Brookfield Cl SY10 ... 105 D4
Brookfield Dr CH2 ... 42 E4
Brookfields SY10 ... 105 C4
Brookhill Way CH7 ... 48 B7
Brook La Broughton CH5 ... 50 C7
Chester CH2 ... 42 E4
Hanmer SY13 ... 100 F5
Brooklands Camp LL18 ... 2 B1
Brookleigh Ave CH5 ... 39 D2
Brook Park Ave LL19 ... 3 B3
Brook Rd CH5 ... 39 A6
Brookside Chester CH3 ... 53 A8
Garden City CH5 ... 39 E7
Northop Hall CH7 ... 37 F4
Brookside Cres CH7 ... 37 F4
Brookside Terr CH2 ... 144 C4
Brook St
Buckley / Bwcle CH7 ... 48 D4
Chester CH1 ... 144 B3
Llanarmon-yn-Ial CH7 ... 127 B7
Llangollen LL20 ... 143 D4
Northop / Llan-eurgain CH7 ... 37 A5
Rhosymedre LL14 ... 85 D2
Brook St / Glan Yr Afon LL13 ... 145 B2
Brook St / Heol-yr-Afon LL14 ... 78 D1
Brook St / Heol yr Afon LL14 ... 78 E1
Brook Street Bridge CH1, CH2 ... 144 C4
Brook St / Stryd-y-Nant 21 CH7 ... 46 F4
Brook Terr CH7 ... 46 E5
Broomfield Ind Est CH7 ... 47 A3
Broom Gr LL13 ... 73 D2
Broomhill La / Lon Brombil 15 LL16 ... 140 C3
Broughton Cres SY14 ... 83 A1
Broughton Hall Rd CH4 ... 50 C4
Broughton Inf Sch CH4 ... 50 C4
Broughton Jun Sch CH4 ... 50 C4
Broughton Mills Rd CH4 ... 50 F6
Broughton Rd LL11 ... 72 A5
Broughton Sh Pk CH4 ... 50 E4
Bro Wen LL16 ... 140 F3
Browning Cl CH1 ... 41 F6
Brownlow Cres 1 SY12 ... 109 B2
Brownlow Pk 2 SY12 ... 109 B2
Brownlow Rd SY12 ... 109 B2
Browns Holiday Pk LL22 ... 6 A3
Brown's La
Cefn-Mawr LL14 ... 85 C2
Chester CH4 ... 52 C7
Brow The LL11 ... 72 B7
Broxton Rd LL13 ... 73 D2
Broxton Terr 2 LL11 ... 73 A5
Brunswick Rd CH7 ... 48 C4
Brunswood Gn CH5 ... 48 F8
Brushwood Ave CH6 ... 27 E5
Bryan Gr CH7 ... 47 D5
Brymau Four Est CH4 ... 51 D7
Brymau One Est CH4 ... 51 E7
Brymau Three Est CH4 ... 51 D7
Brymau Two Est CH4 ... 51 E7
Brymbo Rd
Bwlchgwyn LL11 ... 71 C7
Tanyfron LL11 ... 71 E6
Bryn Aber Bagillt CH6 ... 22 C2
Holywell / Treffynnon CH8 ... 21 A5
Bryn Aelwyd Ucha CH8 ... 20 D6
Bryn Afon
Greenfield / Maes-Glas CH8 ... 21 B7
Penycae LL14 ... 85 D7
Rhuddlan LL18 ... 7 E8
Brynafon Cl SY10 ... 106 B1
Bryn-a-Glyn LL11 ... 72 F4
Bryn Arthur LL17 ... 16 B2
Bryn Artro Ave CH7 ... 55 B8
Bryn Aur Caerwys CH7 ... 24 C7
Lloc CH8 ... 19 F6
Bryn Ave Johnstown LL14 ... 79 A1
Kinmel Bay / Bae Cinmel LL18 ... 6 E6
Rhyl / Y Rhyl LL18 ... 7 E8
Bryn Awel Gwaenysgor LL18 ... 9 C7
Pentre Halkyn CH8 ... 26 D6
Wrexham / Wrecsam LL11 ... 72 B4
Bryn Awel Ct 1 LL11 ... 72 D7
Bryn Awelon
BuckleyBuckley / Bwcle CH7 ... 47 F4
Buckley / Bwcle CH7 ... 48 A4
Cyffylliog LL15 ... 124 F8
Eryrys CH7 ... 127 C8
Gronant LL19 ... 4 A3
Mold / Yr Wyddgrug CH7 ... 47 A6
Bryn Barns LL14 ... 87 A1
Bryn Barug CH7 ... 58 B6
Bryn Cae Pl CH5 ... 38 E8
Bryn-Celyn SY10 ... 139 C3
Bryn Celyn Nannerch CH7 ... 34 C7
Wrexham / Wrecsam LL11 ... 72 A8
Bryn Cerrig CH8 ... 25 D3
Bryn Clwyd CH7 ... 47 D6
Bryn Clyd CH7 ... 58 A4
Bryn Clywedog LL11 ... 71 C3
Bryn Coch LL15 ... 141 D5
Bryn Coch Cres CH7 ... 46 E3
Bryn Coch La CH7 ... 45 D6
Bryn Coch La / Lon Bryn Coch CH7 ... 46 F3
Bryn Coch Uchaf / Upper Bryn Coch CH7 ... 46 D3
Bryn Coed
St Asaph / Llanelwy LL17 ... 16 B2
Wrexham / Wrecsam LL11 ... 72 C7
Bryn Coed Pk LL18 ... 7 E6
Bryn-Coed-Wepre CH5 ... 38 C4
Bryn Cres LL18 ... 15 F8
Bryn Ct LL19 ... 8 F8
Bryn Cwnin Rd LL18 ... 7 F5
Bryn Dedwydd
Bodelwyddan LL18 ... 14 F4
Denbigh / Dinbych LL16 ... 140 C3
Nannerch CH7 ... 34 D7
Bryn Derw
Cefn-y-Bedd LL12 ... 66 C3
Flint / Y Fflint CH6 ... 28 B4
Bryn Derwen CH7 ... 47 E4
Bryn Deva Com Prim Sch CH5 ... 38 D8
Bryn Dr CH5 ... 39 C2
Bryndraw Terr LL13 ... 145 B2
Bryn Dr / Rhodfa'r Bryn LL11 ... 71 D3
Bryn Dyffryn CH8 ... 20 F6
Bryn Dyrys CH6 ... 22 C2
Bryn Eglwys CH6 ... 28 A1
Bryn Eglwys Rd LL13 ... 73 E1
Bryn Eitha LL14 ... 85 C7
Bryn Eithen CH7 ... 55 A7
Bryn Eithin
Connah's Quay CH5 ... 38 C5
Gwernymynydd CH7 ... 46 A1
Pentre Halkyn CH8 ... 26 D5
Bryneithin Ave LL19 ... 3 B2
Bryn Elian Gr LL18 ... 6 E3
Bryn Elwern LL21 ... 129 B5
Bryn Elwy LL17 ... 117 B8
Bryn Eryl
Ruthin / Rhuthin LL15 ... 141 D5
Trevor LL20 ... 84 F1
Bryn Estyn Ave 1 SY13 ... 103 F8
Bryn Estyn Ct LL13 ... 74 A3
Bryn Estyn Rd
Llan-y-pwll LL13 ... 74 B3
Wrexham / Wrecsam LL13 ... 73 F3
Bryn Felin CH8 ... 26 D6
Brynffynnon Terr
24 Denbigh / Dinbych LL16 ... 140 C3
Holywell / Treffynnon CH8 ... 20 F5
Brynffynnon Terr LL14 ... 85 B2
Brynford Hill CH8 ... 21 A2
Brynford Prim Sch CH8 ... 20 F1
Brynford Rd
Holywell / Treffynnon CH8 ... 21 B3
Pentre Halkyn CH8 ... 26 D6
Brynford St CH8 ... 21 B4
Bryn Garmon CH7 ... 46 F5
Bryn Garth
Denbigh / Dinbych LL16 ... 140 A3
Pen-y-ffordd CH8 ... 11 C8
Bryn Glas
Flint / Y Fflint CH6 ... 27 F4
Pentre-celyn LL15 ... 126 C5
Rhosllanerchrugog LL14 ... 78 D1
Ruthin / Rhuthin LL15 ... 141 D4
Wrexham / Wrecsam LL11 ... 72 C7
Bryn Gobaith LL17 ... 16 B2
Bryn Goleu LL11 ... 72 B5
Bryn Gollen CH7 ... 35 E3
Bryn Goodman LL15 ... 141 D6
Bryn Gr LL13 ... 73 E2
Bryn Gryffydd LL12 ... 73 D5
Bryn Gwenfro LL11 ... 71 F5
Bryn Gwyn CH6 ... 28 B4
Bryn-Gwyn La CH7 ... 38 A5
Bryn Hadydd Sch LL18 ... 7 E8
Bryn Hafod Rhuddlan LL18 ... 7 F2
Wrexham / Wrecsam LL13 ... 80 E8
Bryn Haul
4 Ruthin / Rhuthin LL15 ... 141 D5
Wrexham / Wrecsam LL11 ... 72 F7
Bryn Hedd LL11 ... 72 B4
Brynhedydd Bay LL18 ... 1 F5
Brynhedydd Cl LL18 ... 1 F5
Brynhedydd Rd LL18 ... 1 F5
Bryn Helig CH6 ... 28 B4
Bryn Heulog Acrefair LL14 ... 85 B3
Cefn-Mawr LL14 ... 85 C2
Mold / Yr Wyddgrug CH7 ... 46 E4
Ysceifiog CH8 ... 25 A4
Bryn Hilyn La CH7 ... 47 A3
Brynhyfryd LL14 ... 79 A2
Bryn Hyfryd
Coedpoeth LL11 ... 71 B4
Connah's Quay CH5 ... 38 C6
Dyserth LL18 ... 8 F3
Soughton / Sychdyn CH7 ... 37 A1
Trefnant LL16 ... 117 C5
Brynhyfryd Ave LL18 ... 7 C7
Bryn Hyfryd / Mount Pleasant 10 LL14 ... 78 F2
Bryn Ibod LL17 ... 117 D7
Brynisa Rd LL11 ... 72 B5
Bryn Issa Ho LL13 ... 145 B2
Bryn La Hanmer SY13 ... 100 B6
New Brighton CH7 ... 47 C7
Wrexham / Wrecsam LL13 ... 74 F2
Wrexham / Wrecsam LL13 ... 81 F7
Bryn Llan LL16 ... 120 E6
Brynllys LL19 ... 9 A6
Bryn-Llys 9 LL18 ... 7 F7
Brynllys E LL19 ... 9 A6
Brynllys W LL19 ... 9 A6
Bryn Llywelyn LL21 ... 142 D3
Bryn Maelor LL11 ... 72 B4
Brynmally Pk LL11 ... 72 A8
Bryn Mawr CH7 ... 48 B4
Bryn Mawr Rd CH8 ... 21 B5
Bryn Mor Gronant LL19 ... 4 B3
Pen-y-ffordd CH8 ... 11 C8
Brynmor Ave LL18 ... 7 D6
Bryn Mor Dr CH6 ... 27 F5
Bryn Morfa LL18 ... 14 F5
Bryn Mwsogl / Moss Hill LL11 ... 72 B8
Bryn Nebo LL11 ... 70 E7
Bryn Noddfa CH7 ... 46 E5
Bryn Offa Johnstown LL14 ... 79 A2
Mynydd Isa CH7 ... 47 C4
Bryn Onnen
Denbigh / Dinbych LL16 ... 140 C3
Flint / Y Fflint CH6 ... 28 B4
Bryn Parc LL19 ... 4 B2
Bryn Pl LL12 ... 67 B3
Bryn Rd Brymbo LL11 ... 71 E8
Bryn-y-baal CH7 ... 47 E6
Buckley / Bwcle CH7 ... 48 A6
Connah's Quay CH5 ... 38 D8
Flint / Y Fflint CH6 ... 28 A5
Mynydd Isa CH7 ... 47 D5
Towyn LL22 ... 6 A4
Wrexham / Wrecsam LL11 ... 72 A8
Bryn Refail LL21 ... 130 C6
Bryn Rhedyn LL11 ... 72 B4
Bryn Rhosyn
Pantymwyn CH7 ... 45 D6
St Asaph / Llanelwy LL17 ... 16 A1
Bryn Rhyd CH7 ... 37 A5
Bryn Rhydd LL15 ... 141 E4
Bryn Rodyn CH8 ... 26 F2
Bryn Seion LL16 ... 140 B3
Bryn Seion La CH7 ... 37 A1
Bryn Siriol
23 Denbigh / Dinbych LL16 ... 140 C3
Flint / Y Fflint CH6 ... 28 C5
Bryn Siriol / Pleasant Mount LL11 ... 71 C4
Bryn St LL14 ... 86 A5
Bryn Stanley LL16 ... 140 B2
Bryn Tabor / Tabor Hill LL11 ... 71 C3
Bryn Teg
Denbigh / Dinbych LL16 ... 140 C3
Holywell / Treffynnon CH8 ... 21 D5
6 Prestatyn LL19 ... 3 B2
Soughton / Sychdyn CH7 ... 37 A1
Towyn LL22 ... 6 B3
Brynteg Cres LL11 ... 72 B5
Bryntegla LL11 ... 127 B3
Bryn Terr Acrefair LL14 ... 85 B3
Ruabon / Rhiwabon LL14 ... 86 A5
Bryn The CH6 ... 27 F5
Bryntirion CH7 ... 57 F6
Bryn Tirion Henllan LL16 ... 116 F3
Lixwm / Licswm CH8 ... 25 E3
Rhewl-Mostyn CH8 ... 12 B5
Bryntirion Ave
Prestatyn LL19 ... 3 B1
Rhyl / Y Rhyl LL18 ... 7 D8
Bryntirion Ct LL19 ... 3 B1
Bryntirion Dr LL19 ... 3 B1
Bryntirion Rd CH6 ... 22 C1
Bryntirion Terr
Denbigh / Dinbych LL16 ... 140 D4
Llangollen LL20 ... 143 E4
Ruabon / Rhiwabon LL14 ... 86 A5
Bryn Utca LL11 ... 72 F6
Bryn View LL14 ... 86 A5
Bryn Way LL14 ... 86 B6
Brynwood Dr CH7 ... 48 B3
Bryn-y-Baal Rd CH7 ... 47 D6
Bryn-y-Barcot LL14 ... 85 C7
Bryn-y-Broch / Badgers Rise CH5 ... 38 D5
Bryn-y-Cabanau Rd LL13 ... 80 C7
Bryn-y-Coed
Holywell / Treffynnon CH8 ... 21 B6
Penycae LL14 ... 85 C7
Brynydd LL14 ... 78 F2
Bryn-y-Felin Dyserth LL18 ... 8 F3
Holywell / Treffynnon CH8 ... 21 B5
Brynyffynnon LL11 ... 145 B2
Bryn-y-Ffynnon LL11 ... 71 E8
Brynyffynnon Rd / Ffordd Brynffynnon LL14 ... 85 C7
Bryn-y-Foel CH7 ... 36 A6
Bryn y Gaer Rd / Ffordd Bryn y Gaer LL11 ... 72 B7
Bryn-y-Garn Rd / Ffordd Bryn-y-Garn LL16 ... 116 F3
Bryn-y-Grog LL13 ... 80 D6
Bryn-y-Grog Hill LL13 ... 80 D7
Bryn-y-Gwynt
Holywell / Treffynnon CH8 ... 21 C5
Pentre Halkyn CH8 ... 26 E5
Bryn Yorkin LL12 ... 66 A7
Bryn Yorkin La LL12 ... 66 A7
Bryn-Yorkin Rd LL12 ... 66 A6
Bryn-yr-Onnen LL11 ... 72 B5
Bryn Yr Ysgol CH7 ... 57 C1
Bryn-y-Wern LL11 ... 71 C3
Buarth Coed Aeron / Woodberry Cl LL14 ... 79 E8
Buckingham Ave CH3 ... 43 B2
Buckingham Rd LL11 ... 73 A5
Buckley Ave LL18 ... 7 A6
Buckley Southdown Com Prim Sch CH7 ... 48 A5
Buckley Sta CH7 ... 48 F3
Buck Rd LL13 ... 74 D7
Buddugfa / Victory Pl LL12 ... 67 B3
Bulkeley St CH3 ... 43 A1
Bullcroft Cl SY14 ... 83 D7
Bull La LL16 ... 140 C3
Bumper's La CH1 ... 41 F1
Bunce St CH1 ... 144 A1
Burganey Ct CH4 ... 61 D2
Burgedin Terr 4 LL18 ... 7 E1
Burgess Dr CH1 ... 41 A5
Burgess La LL13 ... 99 C7
Burges St CH2 ... 42 F3
Burkit St LL14 ... 79 C6
Burlington Cres LL18 ... 7 D6
Burlington Dr LL19 ... 2 E1
Burnham Gdns LL13 ... 73 E1
Burnham Rd CH4 ... 51 F6
Burns Cl CH5 ... 48 E7
Burns Dr LL18 ... 1 D5
Burns Way CH1 ... 41 E6
Burntwood Ct CH7 ... 48 E6
Burntwood Rd CH7 ... 48 E6
Burton Cl LL12 ... 68 A7
Burton Dr
Higher Kinnerton CH4 ... 59 F7
Wrexham / Wrecsam LL12 ... 73 B6
Burton Hall Rd LL12 ... 60 E1
Burton Rd Blacon CH1 ... 41 E5
Rossett LL12 ... 67 F7
Burton Rise LL12 ... 67 E2
Burton Terr / Teras Burton LL14 ... 85 B3
Bury St LL13 ... 145 C1
Bush Rd CH3 ... 53 E7
Butchers Row / Rhes y Cigydd 5 LL14 ... 78 E1
Butcher St / Stryt y Cigydd 10 LL14 ... 78 E2
Butler Hill LL20 ... 143 D4
Butler St CH5 ... 39 B5
Butterbache Rd CH3 ... 53 A6
Butterbur Cl CH3 ... 53 A6
Buttermere Cl CH5 ... 38 C7
Butterton Rd LL18 ... 7 A7
Buxton Ct 2 LL18 ... 7 B6
Buxton La CH8 ... 26 D5
Bwgan-Ddu La LL13 ... 80 D1
Bwlchgwyn Prim Sch LL11 ... 70 F7
Bwlch Oernant / Horseshoe Pass LL20 ... 131 A6
Bwlch Y Ddeufryn CH7 ... 45 E6
Bye Pass The CH3 ... 43 E2
Byre Units LL13 ... 72 E2
Byron Cl Blacon CH1 ... 41 F6
Connah's Quay CH5 ... 38 D5
Ewloe CH5 ... 48 E8
Byron St LL18 ... 10 A4
Bythom Cl CH3 ... 53 E7
By-Way The LL14 ... 85 A2

C

Cable Ct CH5 38 E8
Cable St CH5 38 E8
Cader Ave LL18 6 D4
Cader Dinmael LL21 128 A3
Cadnant Ave LL19 3 B4
Cadnant Cl CH1 41 D3
Cadnant Ct CH4 50 D5
Cadnant Dr CH6 22 B3
Cadney La SY13 111 C3
Cadole Rd CH7 45 F5
Cadwalader LL18 6 E4
Cae Adar La LL11 70 F6
Cae Bach Llandrillo LL21 132 D4
Llansannan LL16 118 C8
Cae Bedw LL14 85 B3
Cae Berwyn CH7 37 B1
Cae Blodau LL18 6 D4
Cae Bracty CH7 46 F4
Cae Bryn Garth LL20 84 D2
St Asaph / Llanelwy LL17 16 B1
Cae Bychan CH6 28 B4
Cae Castan LL15 141 D4
Cae-Coch La LL14 85 C2
Cae Coed LL21 142 C3
Cae Daniel LL14 85 E8
Cae Dderwen / Oakleigh
LL14 85 D7
Cae Delyn CH7 24 B7
Cae Derw
Flint / Y Fflint CH6 28 B5
Pentre Halkyn CH8 26 D6
Cae Derwen CH7 55 B6
Cae-Dyah La LL13 88 E1
Cae Eithn CH8 25 D4
Cae Fawnog CH4 59 A7
Cae Ffynnon LL21 142 C3
Cae Fron LL16 140 C4
Cae Gabriel LL14 85 D8
Cae Glas Coedpoeth LL11 71 C3
Mold / Yr Wyddgrug CH7 46 D3
Soughton / Sychdyn CH7 37 B1
Trefnant LL16 117 C5
Cae-Glo Cefn-Mawr LL14 85 C2
Wrexham / Wrecsam LL11 72 F4
Cae-Glo La LL14 85 C2
Caegoody La SY12 108 F4
Caego Terr LL11 72 C3
Cae Gruffydd LL18 7 F7
Cae-gwilym La LL14 95 B8
Cae-Gwilym La /
Lon-Cae-Gwilym LL14 85 B1
Cae Gwynedd CH8 21 B7
Cae Haf CH7 38 A4
Cae Hafod LL20 135 C4
Cae Helyg CH8 26 D6
Cae Hir Flint / Y Fflint CH6 28 B5
Mold / Yr Wyddgrug CH7 46 D4
Cae Isa CH7 47 C8
Cae Isaf LL11 71 F5
Cae Llys Cl CH5 38 C5
Cae Masarn CH8 26 D5
Cae-Mefus CH8 21 A4
Cae Merfyn LL11 71 E5
Cae Mor LL22 6 A3
Cae Mynach CH7 64 C8
Cae Onner LL22 116 C8
Cae Pedr LL17 117 E7
Cae Pentre LL11 72 B6
Cae-Pen-Ty Rd LL12 66 A3
Cae Petit CH6 28 B5
Cae Plas Teg LL20 135 C4
Caer Castell LL13 75 D8
Caer Efail Bwlchgwyn LL11 70 E7
Pentre-celyn LL15 126 C5
Caer Eglwys LL14 78 E2
Caer Estyn LL12 66 E8
Cae'r Felin LL16 120 F5
Cae'r Felin / Millfields
LL11 72 B3
Cae'r Ffynnon
Bagillt CH6 21 F5
Rhosesmor CH7 36 A5
Cae'r Fron CH8 21 B3
Cae'r Goenaint LL16 119 D7
Cae'r Gog CH7 45 C6
Caergwrle Sta LL12 66 B7
Caer Haf LL11 66 B1
Cae Rhug La CH7 45 E6
Cae Richard / School Rd
LL14 78 D2
Caer Llan LL14 86 A4
Caerllew LL13 69 E1
Caer-Mul CH7 45 F5
Cae'r Nant LL19 3 B3
Caernarvon Cl CH5 39 B5
Caernarvon Rd LL12 73 E4
Caernarvon Terr 3 LL14 78 F2
Cae'r Odyn CH7 127 C8
Caer Onnen CH8 26 D6
Caerphilly Rd CH7 48 C6
Cae'r Rhos CH7 36 A5
Cae'r Ysgol LL20 135 C4
Caesar Ave CH6 28 C5
Cae Seren LL15 141 C5
Cae Shon LL17 117 B6
Cae Uchaf LL18 7 D8
Cae-y-Dderwen CH8 21 B7
Caia Gdns LL13 80 C8
Caia Rd LL13 145 C2
Cairndale Ave CH5 38 D7
Cairns Cres CH1 41 D4
Cairnton Cres CH8 21 D7
Caldbeck Cres CH5 38 C7
Caldecott Cres 2 SY13 103 E7
Caldlas Cl CH5 38 C4
Caldy Ave CH5 38 D6
Caldy Cl CH2 42 D5
Caldy Valley Rd CH3 53 B7
Calthorpe Dr LL19 9 B8
Camberley Cres LL12 73 C3
Camberley Dr LL12 73 C3
Cambria Ave SY12 109 A2
Cambrian Ave CH3 43 B2
Cambrian Bsns Pk CH7 47 B2
Cambrian Ct
Connah's Quay CH5 38 E7
Mold / Yr Wyddgrug CH7 47 A2
Cambrian Dr LL19 9 B8
Cambrian Ind Est LL13 145 C1
Cambrian Pl LL13 145 C1
Cambrian Rd CH1 42 B2
Cambrian Terr LL20 135 C4
Cambrian Way CH5 39 A2
Cambrian Wlk LL18 7 F5
Cambridge Rd CH2 42 F5
Cambridge Sq LL11 73 B6
Camfa'r Cwn / College St
LL13 145 B2
Cam o'r Afon LL20 135 C4
Campbell Cl LL12 68 B7
Campbell St / Stryt y
Cambeliaid 3 LL14 78 E2
Campion Cl CH3 53 A6
Camrose Cl CH5 38 C4
Canadian Ave CH2 43 A3
Canal Side CH1 144 C3
Canal St CH1 144 A3
Canal Wood Ind Est
LL14 105 C8
Canberra Way CH1 41 D4
Canning St CH1 144 A3
Cannon Way CH4 59 F6

Canolfan = centre

Canolfan Ambrose Lloyd Ctr
15 CH7 46 F4
Canolfan Fusnes Clwydfro
Bsns Ctr LL15 141 C6
Canol Y Bryn CH7 47 E6
Canol-y-Dre LL15 141 C6
Canon Dr CH6 22 C1
Canterbury Dr LL19 8 F8
Canterbury Rd CH1 41 F5
Canton Garage Ind Est
CH8 21 E6
Capeland Cl CH4 51 E5
Capenhurst La CH1 31 F7
Capper's Hill LL11 72 C5
Caradoc Rd LL19 3 B3
Caradog Terr LL17 16 A1
Carden Park Way / Ffordd
Carden Park 3 LL13 73 E3
Carden Rd LL11 72 B8
Cardiff Way LL19 8 F8
Cardigan Rd LL12 73 E4
Carlines Ave
Connah's Quay CH5 39 A2
Ewloe CH5 38 F2
Carlisle Ave LL18 1 E5
Carlisle Rd CH1 41 E5
Carlson Dr LL11 73 B6
Carlton Ave CH4 51 D6
Carlton Cl CH2 43 E8
Carlton Dr / Lon Carlton
LL11 72 D8
Carlton Grange LL11 145 B3
Carlton Ho LL12 66 B7
Carlton Pl CH2 43 A4
Carlton Villas LL13 145 B1
Carlton Way LL18 7 E5
Carmel Cl CH1 41 D3
Carmel Rd CH8 20 C6
Carnoustie Cl / Rhodfa
Carnoustie 6 LL13 73 F3
Caroline Ho CH1 41 E6
Carreg Heilin La / Ffordd
Carreg Heilin LL18 8 F4
Carrick Rd CH4 52 B7
Carrog Sta* LL21 129 F2
Carter St CH1 144 C3
Carthagena La LL12 67 E1
Cartmel Cl / Clos Cartmel 4
LL13 80 D7
Carton Rd CH7 47 D4
Cartref LL11 72 B6
Cassandra Ct 10 LL19 3 B2
Castell Alun High Sch
LL12 59 B2
Castell Dinas Bran*
LL20 143 E7
Castle Cl Broughton CH4 50 B6
Pulford CH4 61 D2
Wrexham / Wrecsam LL11 73 A5
Castle Cres LL14 105 D8
Castle Croft Rd CH4 52 B5
Castle Ct LL13 75 E8
Castle Dr CH1 144 B1
Castle Dyke St CH6 28 B7
Castle Grange / Plas Y
Castell LL12 66 B7
Castle Hill
Denbigh / Dinbych LL16 140 C2
Pulford CH4 61 C2
Castle Hill St CH5 39 B4
Castle La LL16 140 C2
Castlemere Cl CH4 50 A3
Castle Mews LL13 75 E8
Castle Park Ave CH5 38 C5
Castle Pk / Parc Y Castell
LL15 141 D3
Castle Rd CH6 28 B7
Castle Rd / Ffordd Y Castell
LL14 105 D7
Castle Rd / Heol Y Castell
LL11 71 D3
Castle Rise CH5 49 D8
Castle St Caergwrle LL12 66 B7
Chester CH1 144 B1
Flint / Y Fflint CH6 28 B7
Holt LL13 75 D8
Castle St / Ffordd-y-Castell
LL18 7 E1
Castle St / Heol y Castell
LL20 143 D5
Castle St / Stryd-y-Castell
LL15 141 C5
Castle St / Stryt y Castell 4
LL14 78 F2
Castletown La CH3 76 D2
Castletown Rd LL11 72 B7
Castle View / Golygfa'r
Castell LL16 140 D4
Castle Way CH4 61 A6
Cathcart Gn CH3 43 F5
Cathedral Church of Christ &
the Blessed Virgin Mary*
CH1 144 B2
Cathedral Wlk LL17 16 B1
Catheralls Ind Est CH7 48 B7
Catherine Ave LL19 2 D2
Catherine Ct CH5 50 B6
Catherine Dr CH5 39 A2
Catherine St CH1 42 B2
Catholic High Sch The
CH4 52 D6
Caughall Rd CH2 42 E8
Cavalier Dr CH1 41 E6
Cavendish Cl LL12 67 F3
Cavendish Rd CH4 52 B6
Cavendish Sq LL12 73 C6
Cawdor Dr CH3 43 A2
Caxton Pl LL11 145 B3
CC Bsns Pk LL18 6 D3
Cecil St CH3 43 A1
Cedar Ave
Connah's Quay CH5 29 C1
6 Ellesmere SY12 109 A3
Garden City CH5 40 A7
Rhyl / Y Rhyl LL18 7 E7
Cedar Cl
Connah's Quay CH5 40 A7
Marford LL12 67 F2
St. Martin's SY11 106 E5
Wrexham / Wrecsam, Acton
LL12 73 D5
Wrexham / Wrecsam, Bradley
LL11 72 F8
Cedar Cl / Clos Cedrwydden
CH7 48 B5
Cedar Ct 4 CH5 38 D8
Cedar Dr Chester CH2 43 B4
Wrexham / Wrecsam LL11 72 C8
Cedar Gdns CH5 39 A3
Cedar Gr Chester CH2 43 B4
Mold / Yr Wyddgrug CH7 46 E5
Cedar Mews CH1 41 E4
Cedar Mews / Heol y
Cedrwydd LL11 72 C8
Cedar Pk CH3 43 C2
Cedars The LL15 121 D5
Cedars The / Y Cedrwydd
CH7 47 E4
Cefna Cl CH5 38 C5
Cefn Berain LL16 116 C4
Cefn Bychan Rd CH7 45 C5
Cefndre LL13 80 E8
Cefndy Rd LL18 7 C6
Cefndy Road Employment Pk
LL18 7 C5
Cefn La Bagillt CH6, CH8 26 F8
Bwlchgwyn LL11 70 F7
Holywell / Treffynnon CH6,
CH8 21 E1
Cefn Mairwen LL17 116 E6
Cefn Parc LL14 85 C8
Cefn Rd Bwlchgwyn LL11 71 A8
Connah's Quay CH5 38 D8
Wrexham / Wrecsam LL13 81 A6
Wrexham / Wrecsam, Llwyn-Onn
LL13 80 E7
Wrexham / Wrecsam,
Pentre Broughton LL11 72 A7
Cefn Rd / Ffordd Cefn
LL13 73 E2
Cefn-y-Bedd Sta LL12 66 C5
Cefn-y-Gwrych LL19 9 A7
Cegidog Ave LL11 65 C3
Ceg-Y-Ffordd LL19 2 D2
Ceiriog Cl LL14 105 D8
Ceiriog Jun Sch LL14 95 E1
Ceiriog Rd LL13 73 E1
Ceiriog Terrace Rd
LL20 135 C5
Celandine Cl CH3 53 A7
Celmar Gr LL14 79 C6
Celtic Ind Est LL11 72 B8
Celtic St CH5 39 A7
Celyn Ave CH5 38 E7
Celyn Cl Carmel CH8 20 C6
Wrexham / Wrecsam LL11 72 D6
Celyn Cres CH4 51 D5
Celyn Dr LL12 66 A8
Celyn La CH8 20 C6
Celyn Pk CH8 20 C6
Celyn Pl LL11 71 E3
Cement Pl CH1 144 B3
Cemetery Rd / Ffordd y
Fynwent LL14 78 E1
Cemetery Rd / Heol Y
Fynwent LL11 71 C3
Cemlyn Cl CH1 41 E3
Centenary Rd LL13 79 E8
Central Arc 2 LL13 145 C2
Central Ave Prestatyn LL19 3 A2
Wrexham / Wrecsam LL12 73 C4
Central Dr CH5 39 B4
Central Prec CH7 48 B4
Central Rd LL13 145 A3
Central Trad Est CH4 51 E7
Ceri Ave LL19 2 D2
Cerney Rd LL11 72 A8
Cerrig St LL15 141 A4
Cestrian St CH5 38 F8
Chain Maker's Row CH4 51 E7
Challinor St CH3 43 A1
Chambers La CH7 47 D5
Chancel Dr CH6 22 C1
Chandos Cl CH4 52 E6
Chanticleer Cl LL13 73 D3
Chantry Ct CH1 41 E2
Chapel Cotts LL12 67 D2
Chapel Ct
Connah's Quay CH5 38 E8
Ruabon / Rhiwabon LL14 86 B2
1 Wrexham / Wrecsam
LL11 72 A4
Chapel House La CH64 31 A7
Chapel La
Bronington SY13 102 B1
Chester CH3 43 A1
Chirk / Y Waun LL14 95 E1
Ellesmere Rural SY12 108 C5
Holt LL13 75 D8
Rossett LL12 68 C7
Saighton CH3 53 E1
Threapwood SY14 90 E8
Whixall SY4 112 B1
Woodbank CH1 31 E8
Chapel La / Lon Y Capel
LL12 67 B6
Chapel Lodge CH1 144 C3
Chapel Mews
Ffynnongroyw CH8 5 D1
Wrexham / Wrecsam LL11 72 E7
Chapel Pl LL16 140 C3
Chapel Rd Prestatyn LL19 2 F3
Wrexham / Wrecsam LL11 72 C3
Chapel Row CH8 5 D1
Chapel St
3 Cefn-mawr LL14 95 D8
Chester CH3 144 C3
Connah's Quay CH5 38 E8
Corwen LL21 142 D4
Holt LL13 75 D8
Penycae LL14 85 B7
Rhosllanerchrugog LL14 78 F1
Rhostyllen LL14 79 C6
Trefnant LL16 117 C5
Trelawnyd LL18 10 A4
Wrexham / Wrecsam LL13 145 B1
Chapel St / Heol-y-Capel
CH7 24 B6
Chapel St / Heol y Capel
LL20 143 D4
Chapel St / Lon Swan 7
LL16 140 C3
Chapel St / Lon Y Capel 1
CH6 28 A6
Chapel St / Stryd Y Capel
LL14 85 B3
Chapel St / Stryd-y-Capel
18 Mold / Yr Wyddgrug
CH7 46 F4
Rhosymedre LL14 85 C2
Chapel St / Stryt y Capel
LL14 78 F2
Chapel Terr Bagillt CH6 22 B3
Gronant LL19 4 B3
Leeswood / Coed Llai CH7 57 F5
Rhosllanerchrugog LL14 78 F1
Rhostyllen LL14 79 C7
Chapel View SY13 111 C3
Charles Ave LL20 84 F1
Charles Cres CH4 144 C1
Charles Dr CH6 28 B5
Charles Rd CH2 42 C8
Charles Rd / Ffordd Siarl
CH7 58 A4
Charles St Chester CH1 144 B3
Chester, Hoole Park CH2 42 F3
Chirk / Y Waun LL14 95 E2
1 Johnstown LL14 79 A1
Mold / Yr Wyddgrug CH7 46 F2
Charles St / Stryt Siarl
LL13 145 C2
Charleston Ave LL19 2 C1
Charlesville Rd LL18 6 E5
Charlotte Ct CH1 144 B3
Charlotte St CH1 42 B2
Charlton Ct CH2 43 A4
Charmleys La 2 CH5 39 B6
Charnell's Well / Ffynnon
Charnell 2 LL16 140 C3
Charterhall Dr CH2 42 F2
Chaser Ct CH1 41 F3
Chase The CH4 59 F7
Chatsworth Cl LL19 9 B8
Chatsworth Dr
Chester CH2 43 A5
Wrexham / Wrecsam LL11 72 D6
Chatsworth Gdns / Gerddi
Chatsworth LL12 73 B7
Chatsworth Ho CH1 42 B3
Chatsworth Rd LL18 7 B6
Chaucer Cl Blacon CH1 41 E6
Ewloe CH5 48 E7
Chelford Cl CH1 41 F1
Chelford Mews 4 CH3 43 B2
Chelston Ave LL13 73 D6
Cheltenham Ave LL18 7 E7
Chemistry SY13 103 D7
Chemistry La CH5 39 E4
Cheriton Cl CH5 38 C4
Cherry Cl LL19 2 B1
Cherry Dale Rd CH4 50 A3
Cherry Dr
Ellesmere SY12 109 A2
Mynydd Isa CH7 47 D6
Cherry Field / Maes Ceirios
LL11 72 C4
Cherry Gdns CH3 43 A1
Cherry Grove Prim Sch
CH3 43 A1
Cherry Grove Rd CH3 43 A1
Cherry Hill Dr LL12 73 E5
Cherry Orchard Rd CH4 49 E5
Cherry Orch / Y Berllan
Geirios LL13 75 D8
Cherry Rd CH3 43 A1
Cherry Tree Dr SY11 106 F6
Cherry Tree Rd LL11 66 F1
Cherry Tree Wlk LL18 7 E7
Chesham St CH1 144 C3
Cheshire La CH7 48 B6
Cheshire Military Mus*
CH1 144 A1
Cheshire View
Brymbo LL11 65 D1
Chester CH4 52 E7
Wrexham / Wrecsam LL13 73 D2
Chester Aerospace Pk
CH4 50 B6
Chester Ave SY13 103 E8
Chester Ave / Rhodfa Caer
LL18 6 D4
Chesterbank Bsns Pk
CH4 51 D7
Chester Bsns Pk CH4 52 B3
Chester Cl
Connah's Quay CH5 39 B6
Prestatyn LL19 2 F1
Chester Classic The
CH1 144 B3
Chester FC (Deva Stadium)
CH1 41 E1
Chester race course CH1 88 D6
Chester Rd
Broughton CH4, CH5 50 D5
Buckley / Bwcle CH7 48 E4
Churton CH3 69 F6
Connah's Quay CH6 29 A3
Gresford LL12 67 D2
Hawarden / Penarlâg CH5 49 B4
Huntington CH3 53 A6
Mold / Yr Wyddgrug CH7 47 A4
Oakenholt CH6 28 D5
Penymynydd CH4 49 B1
Rossett LL12 68 B7
Saltney CH4 51 C6
Sandycroft CH5 40 A2
Whitchurch SY13 93 E1
Whitchurch Urban SY13 93 C2
Wrexham / Wrecsam, Little Acton
LL12 73 B6
Chester Rd (East)
Connah's Quay, Pentre
CH5 39 E4
Connah's Quay, Queensferry
CH5 39 D5
Chester Rd / Ffordd Caer
Wrexham / Wrecsam,
Garden Village LL11, LL12 73 B5
Wrexham / Wrecsam
LL11 145 C4
Chester Rd (West) CH5 39 B6
Chester Ret Pk CH1 42 A3
Chester St Chester CH4 51 F7
Rhyl / Y Rhyl LL18 7 C8
St Asaph / Llanelwy LL17 16 C1
Chester Sta CH1 144 C3
Chester St / Heol Caer
CH6 28 B7
Chester St / Stryd Gaer
CH7 46 F4
Chester St / Stryt Caer
LL13 145 C3
Chesterton Ave CH5 48 E8
Chesterton Ct CH2 42 D4
Chester Toy & Doll Mus*
CH1 144 B2
Chester Way LL13 89 A7
Chester West Employment Pk
CH1 41 E2
Chester Zoological Gdns*
CH2 42 D8
Chestnut Ave
Ellesmere Rural SY12 108 B6
Gwersyllt LL11 66 C1
Wrexham / Wrecsam LL12 73 C4
Chestnut Cl Chester CH2 43 A3
Flint / Y Fflint CH6 27 F5
Gresford LL12 67 E2
Soughton / Sychdyn CH7 47 A8
Whitchurch SY13 103 F6
Chestnut Cotts LL14 86 A5
Chestnut Cres CH5 48 F7
Chestnut Ct
7 Connah's Quay CH5 38 D8
Rhyl / Y Rhyl LL18 7 E8
Chestnut Ct / Cwrt
Castanwydd LL11 72 C7

Chestnut Gr CH5 ....39 C2
Chestnut Rd
Mold / Yr Wyddgrug CH7 ...46 D4
Wrexham / Wrecsam LL11 ..72 F8
Chetwyn Ct LL12 ....67 E3
Cheviot Cl LL11 ....72 C6
Chevron Cl CH1 ....41 E4
Chevron Hey CH1 ....41 E4
Chevrons Ct / Llys Ceibren CH5 ....39 B5
Chevrons Rd CH5 ....39 C4
Chevrons Way CH5 ....39 B5
Cheyney Rd CH1 ....42 B3
Chichester Ct CH1 ....144 A3
Chichester Dr LL19 ....2 F1
Chichester St CH1 ....144 A3
Chiltern Cl Chester CH4 ....52 B5
Connah's Quay CH5 ....38 D6
Wrexham / Wrecsam LL11 ..72 D6
Chirk Castle* LL14 .....94 F1
Chirk Castle (NT)* LL14 95 A1
Chirk Cl CH2 ....42 F6
Chirk Com Hospl LL14 ....95 F3
Chirk Rd LL14 ....105 E7
Chirk Sta LL14 ....105 C8
Christina Ave LL19 ....2 C1
Christleton High Sch CH3 ....53 F7
Christleton Prim Sch CH3 ....53 E8
Christleton Rd CH3 ....43 A1
Christleton Sports Ctr CH3 ....53 F8
Church Ave LL13 ....88 F7
Church Cl
Buckley / Bwcle CH7 ....48 C6
Greenfield / Maes-Glas CH8 .21 C8
Northop Hall CH7 ....37 F4
St. Martin's SY11 ....106 E5
Church College Cl CH1 ...42 B3
Church Cotts
Hawarden / Penarlâg CH5 ..49 D8
Penyffordd CH4 ....59 A7
Church Croft CH4 ....61 A6
Church Ct CH3 ....69 E2
Church Gn LL12 ....67 D3
Church Hall Cl CH1 ....41 F4
Church Hill
Connah's Quay CH5 ....38 E8
5 Ellesmere SY12 ....109 C2
Churchill Cl CH5 ....49 A8
Churchill Dr LL13 ....73 E1
Church La Aldford CH3 ....62 F3
Chester CH2 ....42 D7
Ellesmere Rural SY12 .....108 A6
Ewloe CH5 ....38 F3
Farndon CH3 ....69 E1
Guilden Sutton CH3 ....43 F5
Gwernaffield / Y-Waun CH7 .45 F6
Hawarden / Penarlâg CH5 ..49 D8
Mold / Yr Wyddgrug CH7 ...46 F5
Prestatyn LL19 ....3 B2
St. Martin's SY11 ....106 E5
Whixall SY13 ....113 B2
Church Mdw CH7 ....35 E2
Church Rd Broughton CH4 .50 C4
Buckley / Bwcle CH7 ....48 C5
Connah's Quay CH5 ....38 E8
Eccleston CH4 ....52 E2
Minera LL11 ....71 A4
Northop / Llan-eurgain CH7 .37 B5
Saughall CH1 ....41 A8
Shocklach CH3 ....76 C1
Worthenbury LL13 ....82 F1
Wrexham / Wrecsam, Brynteg LL11 ....72 B5
Wrexham / Wrecsam, Southsea LL11 ....72 A4
Churchside Wlk CH4 .....51 F7
Church St Chester CH1 ...144 B4
Chirk / Y Waun LL14 ....105 E8
Connah's Quay CH5 ....29 D1
Ellesmere SY12 ....109 C2
Farndon LL13 ....69 E2
Llangollen LL20 ....143 D4
Llangynog SY10 ....136 F1
Llanrhaeadr-ym-Mochnant SY10 ....138 A1
Penycae LL14 ....85 B7
Rhostyllen LL14 ....79 C6
Rhuddlan LL18 ....7 E1
Ruabon / Rhiwabon LL14 ...86 A4
St George / Llansan-Sior LL22 ....14 A4
Church St / Heol-yr-Eglwys CH6 ....28 A6
Church St / Stryd yr Eglwys LL16 ....116 F3
Church St / Stryd-yr-Eglwys LL14 ....85 C2
Church St / Stryd Yr Eglwys
2 Rhuddlan LL18 ....7 B8
Wrexham / Wrecsam LL11 ..72 D8
Church St / Stryt y Gof 4 LL14 ....78 E1
Church St / Stryt Yr Eglws 3 LL13 ....145 C2
Church Terr CH8 ....26 B2
Church View
Bodelwyddan LL18 ....14 F4
Brymbo LL11 ....65 E1
Connah's Quay CH5 ....39 F3
Llangynog SY10 ....136 F1
Marchwiel LL13 ....80 F4
Wrexham / Wrecsam LL11 ..72 A7
Church View Ct LL13 .....80 F4
Church View / Golygfar Eglwys 13 LL14 ....86 A4
Church Walks LL19 ....3 B2
Churchward Cl CH2 ....42 D4
Church Way CH1 ....41 E5
Church Wlk Bagillt CH6 ...22 C2
Broughton CH4 ....50 C5
Church Wlks
Christleton CH3 ....53 E8
Ruthin / Rhuthin LL15 .....141 C5
Churton Dr LL13 ....73 C2
Churton Rd Chester CH3 ...43 A2
Farndon CH3 ....69 E2
Rhyl / Y Rhyl LL18 ....7 C8
Churton St CH3 ....43 A2
Chwarel Wynne Slate Mine & Mus* LL20 ....135 B4
Chweched Rhodfa / Sixth Ave LL12 ....67 A4
Cilcain Rd CH7 ....45 B7
Cilcen LL11 ....72 C8
Cilcen Gr LL12 ....145 C4
Cilcoed LL14 ....95 E3
Cilfan CH6 ....27 F6
Cilgant Alun / Alyn Cres LL12 ....66 B7
Cilgant Eglwys Wen LL18 .15 A4
Cilgant Sant Mellion / St Mellion Cres 5 LL13 ....73 F3
Cilgant St Andrews / St Andrews Cres 5 LL13 ...73 E3
Cilgant Yr Eithin / Gorse Cres LL12 ....67 F2
Cilgwyn LL15 ....121 C3
Cil Y Bont LL19 ....3 B3
Cil Y Coed / Edge Of The Woods 10 LL14 ....86 A4
Cinder Cl CH3 ....43 F5
Cinder La CH3 ....43 F5
Circle The
Kinmel Bay / Bae Cinmel LL18 ....6 C5
Prestatyn LL19 ....3 C2
Circular Dr Chester CH4 ...51 F4
Ewloe CH5 ....38 E2
City Apartments CH1 ...144 C3
City Rd CH1 ....144 C3
City Walls Rd CH1 ....144 A2
Clair Ave CH5 ....40 A3
Clappers La LL12 ....67 D2
Clare Ave CH2 ....43 A3
Clare Ho CH1 ....41 E6
Claremont Ave CH5 ....49 A8
Claremont Cotts 2 LL11 .72 D8
Clarence Ave CH3 ....43 B2
Clarence Rd / Ffordd Clarence LL11 ....73 A4
Clarence St CH5 ....39 B5
Clarendon Ave LL11 ....72 F4
Clarendon Cl CH4 ....52 E6
Clarke Rd LL12 ....73 D4
Clarke St / Stryt Clarke LL14 ....78 F2
Clawdd Offa LL14 ....79 A2
Clawdd Poncen LL21 ....142 C5
Clay La CH5 ....39 C4
Claypit La LL12 ....67 F3
Claypit Rd CH4 ....52 B5
Claypits La CH3 ....53 F5
Clayton Ct CH7 ....46 E4
Clayton Dr LL19 ....9 B8
Clayton Rd Brymbo LL11 ...71 F8
Mold / Yr Wyddgrug CH7 ...46 E4
Wrexham / Wrecsam LL11 ..72 A8
Cleaver Rd CH1 ....41 E4
Cledwen Dr CH7 ....47 E5
Cledwen Rd CH4 ....50 D5
Cleggs Cl CH3 ....53 B7
Clement Dr LL18 ....7 F6
Clement Ho 5 LL11 ....72 C3
Cleveland Gr CH5 ....39 E6
Cleveland St LL14 ....86 A5
Cleves Cl CH1 ....41 D6
Clifford Dr CH4 ....51 F5
Clifton Ave LL18 ....7 D7
Clifton Cl LL13 ....80 D7
Clifton Dr CH1 ....41 E3
Clifton Gr LL18 ....7 D7
Clifton Park Ave CH5 ....38 D8
Clifton Park Rd LL18 ....7 D8
Clifton Terr 3 LL16 .....140 D4
Clignant Avondale / Avondale Cres 2 LL12 ...73 B7
Clive Ave LL19 ....2 C2
Cliveden Rd CH4 ....51 F5
Clivedon Rd CH5 ....38 D6
Clocaenog Sch LL15 ....125 C5
Clos Abbeydale / Abbeydale Cl LL13 ....73 F3
Clos Aberconwy LL19 ....3 D2
Clos Ascot LL13 ....80 F7
Clos Bedwell / Bedwell Cl LL14 ....86 B6
Clos Bodnant LL19 ....3 B3
Clos Cartmel / Cartmel Cl 4 LL13 ....80 D7
Clos Cedrwydden / Cedar Cl CH7 ....48 B5
Clos Celynnen / Holly Cl CH7 ....48 B5
Clos Coed CH5 ....39 E4
Clos Coed Ywen / Yew Tree Cl LL17 ....16 B2
Clos Deganwy LL18 ....14 F4
Clos Derw / Oak Cl LL17 .16 B2
Clos Dinas Bran LL18 ....14 F4
Clos Dinbych LL18 ....14 F4
Clos Dol-y-Coed LL19 ....8 E8
Clos Efrog / York Cl LL13 ....80 F7
Close The
Connah's Quay CH5 ....39 B1
Greenfield / Maes-Glas CH8 .21 C8
Mold / Yr Wyddgrug CH7 ...46 E3
Prestatyn LL19 ....3 C2
Saughall CH1 ....41 A8
Clos Fforddisa LL19 ....3 B1
Clos Fontwell / Fontwell Cl LL13 ....80 E7
Clos Gladstone LL18 ....7 D8
Clos Glanaber / Glan Aber Cl LL11 ....72 E6
Clos Gwaun Deau LL19 ....2 F2
Clos Gwynant / Whitebrook Cl LL14 ....86 B5
Clos Highgrove / Highgrove Cl 1 LL14 ....79 C6
Clos Kelso / Kelso Cl LL13 ....80 E7
Clos Kensington / Kensington Cl 3 LL14 ...79 C6
Clos Lincoln / Lincoln Cl 2 LL13 ....73 E4
Clos Lindisfarne / Lindisfarne Cl LL14 .....86 B6
Clos Lindum / Lindum Cl CH7 ....47 C7
Clos Llywellyn LL11 ....71 C4
Clos Meadway / Meadway Cl LL11 ....72 E8
Clos Meithrin / Nursery Cl LL19 ....3 A2
Clos Morfudd LL18 ....7 F6
Clos Muirfield / Muirfield Cl 7 LL13 ....73 F3
Clos Nant Emral / Emral Brook LL14 ....86 B5
Clos Newbury / Newbury Cl LL13 ....80 E7
Clos Pry Copyn LL19 ....2 F2
Clos Ryder / Ryder Cl 2 LL13 ....73 E3
Clos Sandringham / Sandringham Cl 4 LL14 ....79 C6
Clos Sedgefield / Sedgefield Cl LL13 ....80 F7
Clos Teg Fan LL18 ....7 F6
Clos Tir Griffin / Tir Griffin Cl LL20 ....84 E2
Clos Treftadaeth / Heritage Cl 2 LL14 ....79 C6
Clos Woburn / Woburn Cl 6 LL13 ....73 E3
Clos-y-Berllan LL18 ....7 F2
Clos Y Capel CH7 ....48 C5
Clos y Clochdy / Belfry Cl LL13 ....73 F4
Clos Y Criafol / Rowan Cl LL12 ....67 A5
Clos Y Dur / Steel Cl LL11 ....71 F8
Clos Y Fasarnen / Maple Cl LL12 ....67 F2
Clos Y Ffwrnais / Furnace Cl LL11 ....71 F8
Clos Y Fron / Vron Cl LL11 ....71 F8
Clos Y Gelli / Hazelwood Cl CH5 ....38 D5
Clos y Gweundia / Heathwood Cl 2 LL11 ...72 D6
Clos Y Meillion CH5 ....48 F8
Clos Y Meryw / Juniper Cl LL12 ....67 F2
Clos Y Pererin / Pilgrims Cl CH7 ....37 A5
Clos y Plasau / Plassey Cl LL13 ....73 F4
Clos Y Plasty / Manor Cl LL12 ....66 F4
Clos y Pren Afal / Applewood Cl LL13 ....80 B7
Clos Yr Allt / Hill Cl 2 LL14 ....85 C7
Clos y Rhaglaw / Regent Cl 3 LL11 ....72 D8
Clos Yr Ucheldir / Highlands Cl 6 LL18 ....7 F2
Clos Y Stem / Steam Cl LL11 ....71 F8
Clos Ystrad LL13 ....80 A7
Clover La CH4 ....51 F5
Clover Pl CH4 ....51 F5
Cloy Ct LL13 ....89 A6
Cloy La Overton LL13 ....98 F6
Overton / Owrtyn LL13 .....89 B3
Clwyd Ave
Greenfield / Maes-Glas CH8 ....21 D6
Mynydd Isa CH7 ....47 E4
Rhyl / Y Rhyl LL18 ....7 B6
Clwyd Ave / Rhodfa Clwyd
Denbigh / Dinbych LL16 ...140 E3
Dyserth LL18 ....8 F1
Prestatyn LL19 ....3 B2
Rhuddlan LL18 ....7 E2
Clwyd Bank LL18 ....6 E5
Clwyd Cl CH4 ....50 B6
Clwyd Cres CH7 ....47 C7
Clwyd Ct Prestatyn LL19 .....8 F8
Wrexham / Wrecsam LL11 ..72 F5
Clwyd Forest Trail* CH7 54 E7
Clwyd Gdns LL18 ....6 C5
Clwyd Gr CH7 ....48 A4
Clwydian Ave LL17 ....117 B6
Clwydian Park Ave LL17 .117 B6
Clwydian Park Cres LL17 ....117 B6
Clwydian Park View LL17 ....117 B6
Clwyd Pk LL18 ....6 E3
Clwyd Ret Pk LL18 ....7 E4
Clwyd St CH5 ....39 B4
Clwyd St / Heol Clwyd
9 Rhyl / Y Rhyl LL18 ....7 B7
Ruthin / Rhuthin LL15 .....141 C5
Clwyd Wen LL13 ....80 C8
Clydesdale Rd CH7 ....48 F5
Clydfan CH8 ....20 C6
Clywedog Cl 5 LL11 .....72 D6
Clywedog Rd E LL13 .....81 C7
Clywedog Rd N LL13 .....81 C8
Clywedog Rd S LL13 .....81 C7
Coachhouse Mews LL15 .126 C8
Coatings By Pass Rd CH5 .29 F2
Coatings Two CH5 ....29 E2
Cobblers La / Lon Y Cryddion LL12 ....67 A8
Cobbles The CH4 ....52 D7
Cobblestone Ct CH2 ....43 E8
Cobden Rd LL13 ....145 A2
Cobham Cl LL13 ....80 B6
Cockbank La LL13 ....87 E8
Coed Aben LL13 ....80 E8
Coed Aben Rd LL13 ....81 D8
Coed Afon LL20 ....143 E4
Coed Ave LL18 ....6 F2
Coed Bach CH6 ....27 F5
Coed Efa La LL11 ....72 B4
Coed Mawr Cvn Site CH7 .45 D7
Coed Mor CH8 ....11 C8
Coed Mor Dr LL19 ....3 B1
Coed Onn Rd CH6 ....28 B4
Coed Richard LL14 ....85 C3
Coed Terfin CH4 ....49 A2
Coed-y-Bryn LL13 ....80 E7
Coedyfelin Cl LL11 ....71 F8
Coedyfelin Rd LL11 ....65 F1
Coed-y-Ffynnon LL13 ....80 A7
Coed-y-Fron CH8 ....21 A4
Coed Y Gaer LL21 ....142 C5
Coed-y-Glyn Terr LL20 ..135 C4
Coed-y-Graig LL14 ....85 E7
Coed Y Graig CH4 ....49 A2
Coed-y-Nant
Penycae LL14 ....85 D7
Wrexham / Wrecsam LL13 ..80 A6
Coetiau Postol / Vicarage La LL18 ....7 E1
Colchester Sq CH4 ....51 F5

Coleg = college

Coleg Garddwriaeth Cymru / Welsh Coll of Horticulture CH7 ....36 F6
Coleg Glannau Dyfrdwy / Deeside Coll of F Ed CH5 ....29 B1
Coleg Ial / Yale Coll LL12 ....145 B3
Coleg Llysfasi LL15 .....126 C3
Coleg Y Groes / The College LL21 ....142 D3
Coleg Y Rhyl Coll LL18 .....7 C5
Colehill Pl CH5 ....29 D1
Colemere St LL13 ....145 B1
Coleridge Cl CH1 ....42 A5
Coleshill Lea CH6 ....28 A7
Coleshill Rd CH6 ....22 D1
Coleshill St
Flint / Y Fflint CH6 ....28 A6
Holywell / Treffynnon CH8 ..21 B4
Colin Dr LL18 ....7 F6
Colinwood Ave CH4 ....50 B3
College Gn CH4 ....52 D7
College Hill LL11 ....71 F5
College of Law (Christleton Hall) CH3 ....53 D8
College St / Camfa'r Cwn LL13 ....145 B2
College The / Coleg Y Groes LL21 ....142 D3
College View CH5 ....29 C1
Colliers La CH7 ....47 E4
Colliery La CH5 ....39 D3
Colliery Rd
Chirk / Y Waun LL14 ....95 F1
Wrexham / Wrecsam LL11 ..72 F4
Wrexham / Wrecsam, Southsea LL11 ....72 A4
Collins Ct LL13 ....80 C7
Colomendy LL15 ....124 F8
Colomendy Ind Est / Ystad Ddiwdiannol Colomendy LL16 ....140 D5
Colson Ct CH2 ....144 A4
Coltsfoot Cl CH3 ....53 B5
Columbine Cl CH3 ....53 A6
Colwyn Rd LL13 ....73 C1
Commonhall St CH1 ....144 A2
Commonwood Rd LL13 ...74 F7
Compton Pl CH4 ....52 A6
Concorde Row LL13 ....73 E5
Conery La SY13 ....102 D2
Congleton Rd CH4 ....50 C4
Conifers The LL12 ....67 E3
Coniston Cl CH5 ....38 C6
Coniston Dr LL19 ....2 F3
Coniston Rd CH2 ....42 F5
Connah's Quay High Sch CH5 ....29 C1
Connah's Quay Rd CH7 ...37 D5
Connaught Ave 9 CH5 ...39 B6
Conningsby Ct LL13 ....73 F4
Conniston Dr CH7 ....48 D5
Connor Cres LL13 ....80 C8
Constitution Hill CH7 .....58 B5
Conway Ave CH7 ....48 D3
Conway Cl Caergwrle LL12 .66 A7
Flint / Y Fflint CH6 ....27 F4
Saltney CH4 ....51 D5
Wrexham / Wrecsam LL11 ..72 E8
Conway Ct CH5 ....38 C7
Conway Dr LL13 ....73 E1
Conway St CH7 ....46 F3
Conwy Ave / Rhodfa Conwy 7 LL18 ....7 F1
Conwy Ct 5 LL18 ....7 E1
Conwy Gr LL19 ....3 A2
Conwy St LL18 ....7 C8
Cooks La SY13 ....93 D6
Coopers Cl LL13 ....73 D3
Cooper's Croft CH3 ....53 A7
Coopers Field 3 SY11 ..106 F7
Coopers La SY11 ....106 F6
Cooper's La CH5 ....29 D1
Copes La SY12 ....110 D3
Copeswood Cl CH4 ....50 C3
Coppack Cl CH5 ....38 C5
Coppafield Cl CH7 ....48 D4
Coppa View CH7 ....48 C4
Copperas Hill / Allt Copperas LL14 ....85 D7
Copper Beach Cl CH4 ...50 C3
Coppergate The CH5 .....39 C1
Coppice La SY13 ....113 E5
Coppice The CH5 ....38 F2
Coppins Cl CH3 ....43 A2
Copse The Ewloe CH5 .....48 F8
Rossett LL12 ....68 A7
Corbett Ave CH8 ....5 A5
Corkscrew La LL14 ....79 B3
Cornish Cl LL13 ....80 B6
Cornist Dr CH6 ....27 F6
Cornist La CH6 ....27 D6
Cornist Park Prim Sch CH6 ....27 E6
Cornist Rd CH6 ....27 F6
Cornwall Rd Chester CH2 ..42 F7
Connah's Quay CH5 ....39 B4
Cornwall St CH1 ....144 B4
Coronation Cl LL18 ....14 E4
Coronation Cotts 1 LL11 .72 B4
Coronation Dr LL14 ....95 E2
Coronation Rd
Broughton CH4 ....50 B3
Wrexham / Wrecsam LL11 ..72 C3
Coronation St
Cefn-Mawr LL14 ....85 C1
Cefn-mawr LL14 ....95 C8
Chester CH4 ....51 F7
Coronation Terr
Caergwrle LL12 ....66 B7
2 Wrexham / Wrecsam LL11 ....72 C3
Corporation St CH6 ....28 B7
Corun Y Bryn CH5 ....38 C5
Corwen Cl CH5 ....38 C6
Corwen Rd
Penyffordd CH4 ....59 A7
Pontybodkin CH7 ....58 B4
Corwen Rd / Ffordd Corwen LL15 ....141 C3
Corwen Way CH4 ....59 A7
Cosy Nook CH7 ....37 A5
Cotebrook Dr CH2 ....42 E7
Cotes Pl CH1 ....41 E3
Cotgreaves Cl CH4 ....52 B5
Cotswold Cl CH2 ....42 F6
Cottage Cl LL12 ....68 C8
Cottage Fields SY11 .....106 F6
Cottage Gdns CH7 ....48 D4
Cottage La
Connah's Quay CH5 ....39 D2
St. Martin's SY11 ....106 F6
Cottage Rd CH4 ....52 B5
Cotterill Cl CH5 ....38 D5
Council Houses
Wrexham / Wrecsam, Moss LL11 ....72 A8
Wrexham / Wrecsam, Pentre Broughton LL11 .....72 A7
Council St / Stryd Y Cyngor LL12 ....67 B3
Council Terr LL18 ....7 C6
Countess Ct CH1 ....42 B5
Countess of Chester Hospl CH2 ....42 B6
Countess Way CH2 ....42 C5
County Dr LL18 ....7 D8
County Rd CH7 ....58 A4
Courbet Dr CH5 ....38 C8
Courtland Dr CH5 ....39 A3
Courtney Rd CH4 ....51 E5
Court Rd LL13 ....145 A1
Courtyard The CH5 ....39 C6
Cousens Way CH1 ....42 B4
Coventry Dr LL18 ....7 C7
Coventry Gr LL19 ....2 E2
Cowhey Cl CH4 ....52 B5
Cox La / Lon Cox LL12 ...68 B5
Crabwall Pl CH1 ....41 F5
Craigle 15 LL14 ....78 E2
Craig Melyd LL19 ....9 A6
Craigmillar Rd LL12 .....145 C3
Craig Way LL12 ....73 C4
Craithie Rd CH3 ....43 A2
Cramer Ct LL18 ....7 B6
Cranbrook Cl CH5 ....38 E6

Crane La LL14 85 B1
Crane St LL14 85 B1
Crane The LL14 85 B1
Cranford Ct CH4 52 A5
Cranford Rd LL13 73 D2
Cranleigh Cres CH1 42 B4
Crathie Pl LL11 73 A4
Crawford's Wlk CH2 42 F3
Crecas La CH8 20 E5
Crescent Cl LL13 73 C1
Crescent Ct 2 LL18 7 B7
Crescent Rd
Rhyl / Y Rhyl LL18 7 B7
Wrexham / Wrecsam LL13 73 C1
Crescent Sq 16 LL18 7 B7
Crescent The Chester CH2 42 D4
Rhyl / Y Rhyl LL18 7 C7
Crescent The / Y Cilgant LL21 142 C3
Crewe Hill La CH3 76 A6
Crewe La CH3 69 F1
Crewe La S CH3 76 A7
Crewe St CH1 144 C3
Crib-y-Gwynt CH8 10 F4
Crib Yr Argau / Moss Valley Brow LL11 72 C4
Criccieth Cl CH7 48 C7
Criftins CE Prim Sch SY12 108 B5
Crippa Ave LL11 72 B4
Crispin La LL11 145 A4
Cristionnydd La / Lon Cristionnydd LL14 85 C6
Cristionydd LL14 85 C7
Croes Atti La CH6 28 C5
Croesfoel Ind Est LL14 79 C6
Croes-Hir SY10 139 C2
Croeshowell Hill LL12 67 D6
Croeshowell La LL12 67 D7
Croesnewydd Rd LL13 72 E2
Croes Stryt SY10 138 C1
Croft Ave CH5 38 E6
Crofters Pk CH5 40 A3
Crofters Way
Connah's Quay CH5 39 E2
Saughall CH1 40 F8
Croft La CH4 61 A7
Crofts The CH3 69 F1
Croft The Chester CH2 42 D5
Connah's Quay CH5 39 B3
Crogen 6 LL14 95 E3
Cromar Cres LL12 68 C8
Crompton Cl CH4 59 F7
Cromwell Ave CH7 48 A6
Cromwell Cl
Hawarden / Penarlâg CH5 38 F1
Penyffordd CH4 59 A8
Crook St CH1 144 A2
Crosfield CH8 21 B7
Cross Foxes LL22 116 C8
Cross Gn CH2 42 E6
Cross Hey CH4 144 C1
Cross Keys CH7 36 B6
Cross Keys Pl 1 LL14 85 C1
Cross La Llangollen LL20 143 D4
Wrexham / Wrecsam LL11 72 A6
Cross Lanes SY12 107 E6
Crossley Cres CH2 43 B5
Cross Rds / Groesffyrdd CH8 21 B4
Cross St Chester CH2 42 F2
1 Ellesmere SY12 109 C2
Holt LL13 75 E8
Holywell / Treffynnon CH8 21 B4
Rhuddlan LL18 7 E1
Wrexham / Wrecsam LL11 145 B4
Wrexham / Wrecsam, New Broughton LL11 72 B4
Cross The Holt LL13 75 E8
7 Mold / Yr Wyddgrug CH7 46 F4
Cross Tree Ct CH7 48 D8
Crosstree La CH5 49 D8
Cross Tree Rise CH5 49 D8
Crossway CH5 38 F2
Crossways Caergwrle LL12 66 B6
Connah's Quay, Big Mancot CH5 39 E3
Connah's Quay, Shotton CH5 39 B5
Penymynydd CH4 49 A1
Wrexham / Wrecsam LL13 73 C2
Crown Est CH8 19 B5
Crown La / Lon Crown 9 LL16 140 C3
Crown Pl LL12 67 A3
Crown Sq 10 LL16 140 C3
Crud-y-Castell LL16 140 E2
Crud Y Gwynt 2 LL16 140 B3
Crud-y-Gwynt CH7 47 E4
Crud Yr Awel
Clawdd-newydd LL15 125 C3
Denbigh / Dinbych LL16 140 E4
Prestatyn LL19 2 E1
Crugan Ave LL18 6 D6
Culfan LL14 78 D1
Cumberland La SY13 113 C5
Cunliffe St
Mold / Yr Wyddgrug CH7 46 F3
Wrexham / Wrecsam LL11 145 B4
Cunliffe Wlk LL11 73 B5
Cunningham Ave LL13 73 C2
Cuppin St CH1 144 A2
Curzon Cl CH4 52 B8
Curzon Pk N CH4 52 B7
Curzon Pk S CH4 52 B7
Curzon St CH4 51 F7
Custom House Lane Cty Prim Sch CH5 38 F7
Cwat Erwain CH4 51 E7
Cwmalis Rd LL20 94 E6
Cwm Arthur LL16 140 F2
Cwm Cl CH7 47 D4
Cwm Eithin
Denbigh / Dinbych LL16 140 E4
Wrexham / Wrecsam LL12 73 C7
Cwm Eithion CH6 28 B4
Cwm Glas / Park St LL14 78 F1
Cwm Llewenni LL16 140 F2
Cwm Rd / Ffordd-y-Cwm
Cwm LL18 17 A8
Dyserth LL18 8 F2
Cwrt Afallon / Avalon Ct LL13 80 B7
Cwrt Ashly / Ashly Ct LL17 16 A1
Cwrt Bedwyr / Bedwyr Ct LL13 80 B7
Cwrt Berllan LL19 8 E8
Cwrt Brenig CH7 48 D4
Cwrt Bridgewater / Bridgewater Mews LL13 73 A7
Cwrt Bryn Y Pys 8 LL13 98 C8
Cwrt Castanwydd / Chestnut Ct LL11 72 C7
Cwrt Dowell LL19 3 A2
Cwrt Leighton / Leighton Ct CH5 38 E8
Cwrt Lytham / Lytham Ct 4 LL13 73 F3
Cwrt Onnen CH5 39 E2
Cwrt Pendragon / Pendragon Ct LL13 80 B7
Cwrt Pentref / Village Ct 3 LL11 73 B5
Cwrt Seion LL19 9 A6
Cwrt-y-gwindy 1 LL18 7 E1
Cwrt-y-Plas LL18 8 E4
Cwr Y Gaer LL21 142 C6
Cwttir La LL17 15 E1
Cwybr Fawr LL18 7 E3
Cygnet Cl SY12 109 B3
Cylch-y-Nant / Nant Cl 1 LL18 7 F2
Cyman Cl CH1 41 D3
Cymau La LL11 65 E4
Cymau Rd LL11 65 D3
Cynlas
Kinmel Bay / Bae Cinmel LL18 6 D3
Wrexham / Wrecsam LL11 72 B4
Cynlas St / Stryt Cynlas 10 LL14 78 E1
Cypress Gr LL18 7 E8
Cysgodfa LL16 140 D3
Cysgod-y-Graig LL16 140 C3

D

Dafydd Cl CH7 47 E6
Daisy Bank Cl LL14 79 E8
Daisy Hill Rd CH7 48 C4
Daisy La LL12 68 E4
Daisy Rd LL11 72 B5
Dalar Wen LL16 140 F4
Dale Ct LL11 72 C3
Dale Dr CH2 42 D8
Dale Rd
Connah's Quay CH5 39 A4
Wrexham / Wrecsam LL11 72 C4
Daleside
BuckleyBuckley / Bwcle CH7 47 F4
Chester CH2 42 D8
Daleside Ave LL12 73 E5
Dale St Chester CH3 43 A1
Wrexham / Wrecsam LL13 73 C1
Dalle Crucis Abbey* LL20 131 C3
Dalton Cl CH1 41 E3
Dane Cl Chester CH4 51 F5
Wrexham / Wrecsam LL11 72 D6
Dane Gr CH2 43 F8
Daneswood LL13 80 F4
Daniel Ct CH5 39 A7
Daniel Dr LL18 7 F5
Daniell Way CH3 53 A7
Daniel Owen Prec 5 CH7 46 F4
Daniels Dr LL14 86 B6
Darby Rd LL11 72 B5
Dark La 3 LL13 98 C8
Dark La / Lon Dywyll
Hope / Yr Hôb LL12 66 F8
Llay LL12 67 A7
Darland Cl LL12 68 C8
Darland High Sch LL12 68 C8
Darland La Darland LL12 68 C8
Trevalyn LL12 68 E7
Darland View LL12 68 C8
Darwen Dr CH4 49 B1
Darwen Terr 2 LL18 7 F1
Darwin Rd CH1 41 C4
Daulwyn Rd CH7 48 E6
Davids Cl LL19 3 A1
Davies Ave LL11 71 E8
Davies Ct LL13 80 C7
Davies's Cotts CH7 47 F8
Davy Way / Ffordd Davy LL12 66 E6
Dawn Cl CH7 48 B3
Dawpool Cl CH2 42 D5
Dawson Cl LL19 3 A1
Dawson Cres LL19 3 A1
Dawson Ct LL19 3 A1
Dawson Dr Chester CH2 144 A4
Prestatyn LL19 3 A1
Daytona Dr CH7 38 B4
Daywell Cres SY11 106 A1
Ddol Awel CH7 46 D4
Ddol Hir Cvn Pk LL20 135 C3
Ddol Hyfryd LL19 4 A3
Ddreiniog Rd CH8 20 C6
Dean Cl LL13 73 D4
Deanery Cl CH2 42 C4
Dean Rd LL13 73 E3
Dean's Ave CH5 38 E7
Deansbury Cl CH6 27 E6
Deans Cl Bagillt CH6 22 C1
Chester CH2 42 D6
Deans Pl CH5 38 F7
Deans Way CH4 60 A8
Dean's Wlk LL17 16 A1
Dee Ave LL12 73 C4
Dee Banks Chester CH3 53 A8
Huntington CH3 52 F7
Dee Banks Sch CH3 53 A7
Dee Cotts CH6 28 C6
Dee Cres CH3 69 E2
Dee Ct LL13 89 A8
Dee Fords Ave CH3 43 A1
Dee Hills Pk CH3 144 C2
Dee La Chester CH1, CH3 144 C2
Holt LL13 75 D7
Llangollen LL20 143 C5
Dee Mdws LL13 75 D7
Dee Pk LL13 75 D8
Dee Point Cty Inf Sch CH1 41 D3
Dee Point Cty Jun Sch CH1 41 D3
Dee Rd
Connah's Quay CH5 38 F6
Garden City CH5 39 F7
Talacre CH8 5 A6
Dee Road Inf Sch CH5 38 F7
Deeside LL13 75 E8
Deeside Coll of F Ed / Coleg Glannau Dyfrdwy CH5 29 B1
Deeside Com Hospl / Ysbyty Cymuned Glannau Dyfrdwy CH5 39 B4
Deeside Cres CH1 40 E5
Deeside Ent Ctr CH5 39 B6
Deeside Halt* LL21 130 F1
Deeside Ind Pk / Parc Diwydiannol Glannau Dyfrdwy CH5 30 E2
Deeside La CH1 40 D4
Dee Valley Ct / Llys Dyffryn Dyfrdwy LL14 85 B3
Dee View
Connah's Quay CH5 39 C4
Ewloe CH5 38 F2
Farndon CH3 69 E2
Dee View Cotts CH8 5 B1
Dee View Rd CH5 29 E1
Deganwy Cl CH7 48 C7
Degas Cl CH5 38 C8
Deiniol Ave LL13 80 F4
Deiniol Prim Sch LL13 80 F4
Deiniol's Rd CH5 39 E2
Delamere Ave
Buckley / Bwcle CH7 48 D4
Wrexham / Wrecsam LL11 72 D8
Delamere St CH1 144 A3
Delfryn LL14 85 D7
Dell The
Guilden Sutton CH3 43 F5
Prestatyn LL19 3 A1
Delph La / Lon Delph 17 LL14 78 E2
Delph Rd LL14 85 C4
Delta Ct CH4 51 B6
Delves Wlk CH3 53 B7
Delvine Dr CH2 42 D6
Delyn LL14 79 A2
Delyn Rd CH8 21 C7
Demage La CH2 42 D8
Demage La S CH2 42 D7
Denbigh Castle* LL16 140 C2
Denbigh Circ LL18 6 E3
Denbigh Cl
Buckley / Bwcle CH7 48 C7
Wrexham / Wrecsam LL12 73 E4
Denbigh Com Coll LL16 140 C3
Denbigh Friary (rems of)* LL16 140 D4
Denbigh High Sch LL16 140 D3
Denbigh Infmy LL16 140 D3
Denbigh L Ctr* LL16 140 E3
Denbigh Mus & Liby* LL16 140 C3
Denbigh Rd
Mold / Yr Wyddgrug CH7 46 E6
Ruthin / Rhuthin LL15 141 B5
Denbigh Row CH8 5 C1
Denbigh St Chester CH1 42 B3
Henllan LL16 116 F3
Denford Cl CH4 50 C4
Denhall Cl CH2 42 E5
Denmore Ave LL18 1 E5
Denning Rd LL12 73 D5
Dennis Ct 4 LL14 86 A4
Dennis Dr CH4 52 B5
Denson Dr CH5 39 A2
Denstone Dr CH4 52 A4
Dentith Dr CH1 41 E5
Derby Rd Caergwrle LL12 66 A8
Wrexham / Wrecsam LL13 80 C8
Derby Terr CH8 21 E7
Derby Villas LL13 145 C1
Derfel Est LL16 140 E8
Dergoed LL11 72 B5
Deric Cl LL19 2 C2
Derwen 1 LL14 95 E3
Derwen Cl CH5 38 E8
Derwen Ct LL13 80 A7
Derwen Deg CH7 58 A4
Derwen Dr LL18 7 E4
Derwent Cl Prestatyn LL19 2 F3
Wrexham / Wrecsam LL12 73 B4
Derwent Cres LL12 73 B4
Derwen Terr LL16 23 A1
Derwent Rd CH2 43 A5
Derwen Villas CH7 46 F3
Deunant LL21 129 B5
Deva Ave
Connah's Quay CH5 38 D7
Holywell / Treffynnon CH8 21 B5
Saltney CH4 51 D6
Deva Bsns Pk CH5 40 A8
Deva Cl CH6 28 C5
Deva Cres LL18 1 D5
Deva Ct CH2 42 F2
Deva La CH2 42 C6
Deva Link CH1 42 A3
Deva Stad (Chester City FC) CH1 41 E1
Deva Terr CH3 144 C2
Deva Way LL13 73 D1
Devon Cl
Connah's Quay CH5 38 D6
Wrexham / Wrecsam LL11 73 B6
Devon Rd CH2 42 F5
Devonshire Pl CH4 52 E7
Devonshire Rd CH4 50 C4
Dewi Ave CH8 21 A4
Diamond Cotts LL12 67 D2
Diane Dr LL18 7 D5
Dicksons Dr CH2 42 D4
Didsbury Ave CH8 5 A6
Dig La CH5 49 D7
Diksmuide Dr SY12 109 B3
Dinas LL14 85 E3
Dinas Ave LL18 6 C5
Dinas Cl CH1 41 D3
Dinas Dr LL20 143 F4
Dinbren Rd LL20 143 C6
Dinghouse CH7 48 E6
Dinghouse Wood CH7 48 E6
Dingle Bank CH4 52 C7
Dingle Pl LL12 67 B3
Dingle Road / Ffordd Y Glyn CH7 58 A5
Dirty Mile
Buckley / Bwcle CH7 48 F4
Hawarden / Penarlâg CH5 49 A4
Disraeli Cl CH5 49 A8
Dixon's Ho CH3 53 E8
Dobshill Hospl CH5 49 A3
Dock Rd
Connah's Quay CH5 38 F8
Connah's Quay CH5 39 A8
Dock Road Workshops CH5 39 A7
Dodds Ct CH5 39 A4
Dodd's Dr CH5 38 F7
Dodd's La
Lower Wych SY13, SY14 92 E7
Wrexham / Wrecsam LL11 72 E7
Dodleston CE Prim Sch CH4 61 A7
Dodleston La CH4 61 C3
Dog La
Ruthin / Rhuthin LL15 141 C5
Threapwood SY14 91 C7
Dol Acton LL11 72 F5
Dol Awel CH5 38 F1
Dolfechlas Rd CH7 35 E3
Dolhendra SY10 136 F1
Dol Mwyn LL11 71 D3
Dolphin Ct CH4 52 A7
Dol-y-Bont SY10 138 A1
Dolydd LL15 121 C3
Dolydd Bychain / Little Mdws LL11 72 E8
Dolydd La Cefn-Mawr LL14 85 B1
1 Cefn-mawr LL14 95 B8
Dolydd Rd Cefn-Mawr LL14 85 B1
Wrexham / Wrecsam LL13 145 A2
Dol Y Pentre / Village Mdws 14 LL14 86 A4
Donald Ave LL18 7 D5
Donne Pl CH1 41 F6
Donnington Way CH4 51 F7
Doran LL14 79 A1
Dorchester Cl LL18 7 E4
Dorchester Rd CH4 51 F5
Doren Ave LL18 7 F5
Dorfold Way CH2 42 E6
Dorin Park Sch CH2 42 D6
Dorset Dr LL11 73 B6
Dorset Pl CH2 43 A5
Dorset Rd CH2 42 F7
Douglas Pl CH4 51 E6
Dover Rd CH4 52 A6
Dovey Cl
Connah's Quay CH5 38 D6
Flint / Y Fflint CH6 27 F4
Downham Pl CH1 41 E4
Downsfield Rd CH4 52 A6
Downswood Ct CH2 42 C4
Downswood Dr CH2 42 C4
Dreflan CH7 46 E5
Drift Cotts LL12 61 C1
Drive A CH5 31 A2
Drive B CH5 31 A2
Drive C CH5 31 A2
Drive D CH5 31 A1
Drome Rd CH5 31 A2
Drovers La / Lon-y-Porthmyn CH7 24 B7
Druid Ho LL14 85 D3
Drury Com Prim Sch CH7 48 F5
Drury La
Buckley / Bwcle CH7 48 E5
Hawarden / Penarlâg CH5 49 A5
Leeswood / Coed Llai CH7 57 F5
Drury Lane Ind Est CH7 48 E6
Drury New Rd CH7 48 E5
Drws-y-Coed LL13 80 A6
Dryden Cl CH5 48 E8
Duchess Pl CH2 144 A4
Duckers La CH5 39 E2
Dudleston Pk SY12 108 B7
Duffryn Cl CH7 48 D4
Duke Rd / Ffordd y Dug LL14 78 F1
Duke's Ct CH1 144 B1
Duke's Field Dr CH7 48 C5
Duke St Chester CH1 144 B1
Chirk / Y Waun LL14 95 E2
Flint / Y Fflint CH6 28 A6
9 Ruabon / Rhiwabon LL14 86 A4
Soughton / Sychdyn CH7 37 B1
Duke St / Stryt y Dug
Rhosllanerchrugog LL14 78 E1
1 Wrexham / Wrecsam LL11 145 B2
Dukesway CH2 42 E7
Duke Wlk 5 CH6 28 A6
Dulas Ave / Rhodfa Dulas LL18 6 D4
Dulas Ct CH2 42 E8
Dulas Pk LL18 6 D4
Dulverton Ave CH3 43 C2
Dunale Villas 13 LL11 72 C3
Dunbar Cl CH5 29 D1
Dundas St CH5 39 D5
Dunham Way CH2 42 F6
Dunkeson's Cvn Camp LL19 4 A4
Dunlin Ave CH5 38 D8
Dunster Rd LL13 81 E8
Durban Ave CH3 53 D7
Durham Dr LL19 2 F1
Durham Rd CH1 41 F5
Durlston Dr LL19 2 E1
Durrant Cl LL18 7 E5
Dutton Rd LL13 74 E1
Dwyfor Ave CH7 47 D5
Dwyfor Ct LL19 8 E8
Dyfed Dr CH5 39 D4
Dyffryn LL15 125 F5
Dyffryn Teg LL17 17 C2
Dyke St LL11 71 E8
Dylan Cl CH5 48 E7
Dymock Pl LL13 99 F4
Dyserth Hall Mews LL18 8 E4
Dyserth Rd Blacon CH1 41 D3
Rhuddlan LL18 15 F8
Dyserth Rd / Ffordd Dyserth LL18, LL19 8 C6
Dyserth Waterfall* LL18 8 F3

E

Eardswick Cl CH2 144 B4
Earle's Cres CH5 39 E3
Earle's Ct LL13 145 B1
Earle St LL13 145 B1
Earl Rd / Heol Yr Iarll 2 CH7 46 F4
Earls Lea CH6 28 A7
Earls Oak CH2 42 D7
Earl's Port CH1 42 B2
Earl St CH6 28 A7
Earlston Ct CH3 144 C2
Earlsway CH4 52 A8
Earlswood Ave LL19 2 C2
East Ave Prestatyn LL19 3 C2
Ruabon / Rhiwabon LL14 86 A5
Wrexham / Wrecsam LL11 73 A4
East Cl Mynydd Isa CH7 47 C4
Prestatyn LL19 2 B2
Eastern Pathway CH4 144 C1
Eastfield Ct LL13 80 E7
Eastfields Gr CH1 41 A8
Eastgate Row N CH1 144 B2
Eastgate Row S CH1 144 B2
Eastgate St CH1 144 B2
East Gn CH5 40 A6
Eastleigh Cl LL11 73 A5
East Par LL18 7 B8
East St LL20 143 C5
East View
New Brighton CH7 47 C7
Wrexham / Wrecsam LL11 73 A7
Eastville Ave LL18 1 E5
Eastwick La SY12 98 E1
Eastwood Ct CH4 50 B7
Eaton Ave Chester CH4 52 D7
Connah's Quay CH5 38 F6
Rhyl / Y Rhyl LL18 1 E5
Eaton Cl Broughton CH4 50 C4
Rossett LL12 68 C7
Eaton Dr LL13 73 E2
Eaton Gr CH4 51 E6
Eaton Grange LL12 67 F2
Eaton Mews CH4 52 D7
Eaton Pl CH7 58 A4
Eaton Rd CH4 52 E4

Ebury Pl CH4 .....52 D7
Eccleston Ave CH4 .....52 D6
Eccleston CE Prim Sch CH4 .....52 E2
Eccleston Rd CH4 .....60 A7
Echo Cl CH4 .....51 E5
Eden Ave LL19 .....3 B2
Edgar Ct CH4 .....144 B1
Edgar Pl CH4 .....144 B1
Edgar's Terr 4 LL16 .....140 C3
Edgbaston Rd LL18 .....1 F5
Edge Gr CH2 .....42 F2
Edge of The Woods / Cil Y Coed 10 LL14 .....86 A4
Edgewood CH3 .....53 A8
Edinburgh Ave LL12 .....66 A8
Edinburgh Rd / Ffordd Caeredin LL11 .....73 A4
Edinburgh Way CH4 .....144 C1
Edison Ct LL13 .....72 E2
Edmund St CH7 .....46 F3
Edna St CH2 .....42 F3
Edward Henry St LL18 .....7 A7
Edward Rd CH8 .....11 E4
Edwards Ave LL11 .....71 E8
Edward's Holiday Camp LL22 .....6 A3
Edwards Rd CH4 .....52 A6
Edward St LL13 .....145 B1
Edwin Dr CH6 .....28 B5
Egerton Dr CH2 .....42 D5
Egerton Rd CH1 .....41 E5
Egerton St CH1 .....144 C3
Egerton Street Cty Inf Sch CH1 .....144 C3
Egerton St / Stryt Egerton LL11 .....145 B2
Egerton Wlk
Dodleston CH4 .....61 A7
Wrexham / Wrecsam LL11 .....73 B5
Eglwys Cl CH7 .....48 A4
Eglwysfan LL14 .....85 C2
Eighth Ave LL12 .....67 A4
Eilison Ct CH1 .....144 B3
Eirian Ave LL18 .....6 E4
Elder Cl LL12 .....67 F2
Elder Dr CH4 .....51 E5
Eldon Gr / Gelli Eldon LL14 .....79 D6
Eleri Cl LL18 .....7 D5
Eleventh Ave LL12 .....67 B4
Elfed Dr CH7 .....48 A5
Elfed High Sch CH7 .....48 B5
Elgin Cl CH3 .....43 B3
Elidie Cl CH5 .....38 C8
Eliot Cl CH5 .....48 E8
Elizabeth Cres CH4 .....144 C1
Elizabeth Ct CH5 .....38 D8
Elk View SY14 .....90 F5
Ellesmere Ave
Broughton CH4 .....50 D4
Chester CH2 .....42 D5
Ellesmere Bsns Pk SY12 .....108 F1
Ellesmere La LL13 .....99 F3
Ellesmere Prim Sch SY12 .....109 A2
Ellesmere Rd
Bronington SY13 .....102 E5
Mynydd Isa CH7 .....47 E4
St. Martin's SY11 .....106 E6
Ellice Way LL13 .....72 E2
Elliot Ho CH1 .....42 A5
Ellis Ave LL18 .....7 A6
Ellis St / Stryt Ellis 7 LL14 .....78 F2
Elmanoak Gr / Gelli Derllwy LL12 .....67 A5
Elm Ave
Connah's Quay CH5 .....38 E7
Flint / Y Fflint CH6 .....27 F6
Elm Cl 5 Ellesmere SY12 .....109 A3
Whitchurch SY13 .....103 F6
Elm Cotts LL11 .....72 C4
Elm Croft CH5 .....39 E2
Elm Ct LL12 .....68 A7
Elm Dr
Mold / Yr Wyddgrug CH7 .....46 E5
Northop Hall CH7 .....37 F4
Elm Gr
Buckley / Bwcle CH7 .....48 B3
Rhyl / Y Rhyl LL18 .....7 D8
Saltney CH4 .....51 E5
Wrexham / Wrecsam LL12 .....73 C4
Elm Grove Way LL12 .....73 C4
Elmir CH1 .....41 E3
Elm Rd
Connah's Quay CH5 .....39 A3
Wrexham / Wrecsam LL13 .....74 F1
Elm Sq CH4 .....51 F6
Elms The Ewloe CH5 .....48 F7
Tallarn Green / Tallwrn Green SY14 .....90 F5
Elmsway Dr LL19 .....3 B1
Elm Way CH5 .....38 E2
Elm Wlk CH7 .....47 E5
Elm Wlk / Rhodfa'r Llwyfen LL12 .....67 B4
Elmwood Ave CH2 .....42 F4
Elmwood Cl CH5 .....39 B4
Elson Rd SY12 .....108 F3
Elstree Ave CH3 .....43 B3
Elwy Ave / Rhodfa Elwy LL18 .....8 F1
Elwy Circ LL18 .....6 E4
Elwy Cl CH7 .....47 E5
Elwy Cres
Flint / Y Fflint CH6 .....27 F4
St Asaph / Llanelwy LL17 .....16 A1
Elwy Dr LL18 .....7 D8
Elwyn Dr LL13 .....80 F4
Elwy Parc LL16 .....117 C5
Elwy St LL18 .....7 B7
Elwy Terr LL17 .....16 B1
Embassy Cl CH1 .....41 C4
Emlyn Gr LL18 .....7 A7
Emmanuel Gr 2 LL14 .....95 C8
Empress Rd LL13 .....145 A1
Emral Brook / Clos Nant Emral LL14 .....86 B5
Emral Ct SY14 .....83 A1
Emral Park Cvn Pk LL13 .....89 F5
Encil-y-Creyr Cvn Pk CH7 .....24 C4
Enderby Rd CH1 .....144 A3
Endsleigh Cl CH2 .....42 E8
Endsleigh Gdns CH2 .....42 E8
Eneurys Rd LL11 .....73 B4
Engineer Pk CH5 .....40 A4
Engine Hill LL18 .....14 F2
Englefield Ave
Connah's Quay CH5 .....38 D7
Saltney CH4 .....51 D6
Englefield Cres CH7 .....47 D5
Englefield Dr CH6 .....28 C5
Englefield Rd CH8 .....21 C8
Epsom Way / Ffordd Epsom LL13 .....80 E7
Epworth Cl LL11 .....72 B8
Epworth Rd LL18 .....7 E4
Erddig Cl LL14 .....79 D6
Erddig Country Pk* LL13 .....79 F5
Erddig Rd / Ffordd Erddig
Wrexham / Wrecsam LL13 .....79 F7
Wrexham / Wrecsam LL13 .....80 A7
Erith St CH7 .....58 A4
Erlas Gr LL13 .....73 E1
Erlas La
Wrexham / Wrecsam LL13 .....74 C2
Wrexham / Wrecsam LL13 .....81 C8
Erlas Park Rd LL13 .....73 F4
Ermine Rd CH2 .....144 C4
Ernest Parry Rd LL13 .....73 E2
Ernest St LL18 .....7 C6
Erw Deg Acrefair LL14 .....85 C3
Llangollen LL20 .....143 D3
Erw Fach CH7 .....47 D6
Erw Ffynnon CH7 .....64 B8
Erw Gaer LL11 .....72 A8
Erwgerrig LL14 .....78 E1
Erw Goch LL15 .....141 D4
Erw Goed CH7 .....47 D6
Erw Heulog / Sunnyacre 3 LL11 .....72 D6
Erw Lan LL17 .....16 A2
Erw Las Caerwys CH7 .....24 B6
Llandegla LL11 .....127 B2
Pwll-glas LL15 .....125 F5
Rhosllanerchrugog LL14 .....85 E8
Rhyl / Y Rhyl LL18 .....7 F6
Wrexham / Wrecsam LL12 .....73 C2
Erw Lwyd LL14 .....85 D8
Erw'r Fron CH7 .....46 B2
Erw'r Llan CH7 .....64 C8
Erw Salusbury LL16 .....140 F3
Erw Wen LL18 .....9 F4
Erw-wladys LL20 .....135 C5
Esless La / Lon Esless LL14 .....79 E7
Essex Cl LL11 .....73 B5
Essex Rd CH2 .....43 A5
Estuary View CH5 .....39 A2
Estyn Cl LL12 .....59 B1
Estyn Rd / Ffordd Estyn CH7 .....58 A4
Ethelda Dr CH2 .....43 A5
Etna Rd CH7 .....48 D6
Eton Pk LL18 .....7 E1
Etterick Pk CH3 .....43 A2
Eurgain Ave / Rhodfa Eurgain CH5 .....38 C6
Evansleigh Dr CH5 .....40 A3
Evans St CH6 .....28 A7
Eversley Cl LL18 .....7 F5
Eversley Ct Chester CH2 .....42 C4
Minera LL11 .....71 A4
Eversley Pk CH2 .....42 C4
Ewart St
Chirk / Y Waun LL14 .....95 E2
Saltney CH4 .....51 B7
Ewloe Barns Ind Est CH7 .....38 B1
Ewloe Castle* CH5 .....38 D4
Ewloe Green Cty Prim Sch CH5 .....38 E1
Ewloe Pl CH7 .....48 B6
Ewood Gr LL11 .....72 E7
Exeter Cl LL19 .....2 E2
Exeter Pl CH1 .....41 F5
Expressway Bsns Pk CH5 .....39 E5
Exton Pk CH1 .....144 A4
Eyton CW Prim Sch LL13 .....87 B7
Eyton Gr LL13 .....87 B7
Eytonhall La LL13 .....88 A5

F

Facit Glen Ind Est CH4 .....51 F7
Factory Pl LL16 .....140 C3
Factory Rd CH5 .....40 A3
Fagl La LL12 .....59 A2
Faircroft Ct LL13 .....80 E7
Fairfield LL11 .....71 F8
Fairfield Ave
Ffynnongroyw CH8 .....5 C1
Rhyl / Y Rhyl LL18 .....7 C8
Fairfield Rd
Broughton CH4 .....50 B4
Chester CH2 .....43 A4
Connah's Quay CH5 .....39 D5
Drury CH7 .....48 F5
Fairfield St LL13 .....145 B1
Fairford Rd CH4 .....51 F6
Fairhaven CH8 .....21 D5
Fairholme Prep Sch LL17 .....16 B2
Fairlands Cres LL18 .....7 F1
Fairmeadow CH4 .....61 D2
Fairmount Rd / Ffordd Brynteg 4 LL13 .....73 E3
Fairoaks Cres / Y Doerwen Deg LL12 .....67 A5
Fairoaks Dr CH5 .....38 C6
Fairview Holt LL13 .....75 E8
Penyffordd CH4 .....58 F7
Fairview Ave LL19 .....3 A1
Fairview Cl CH7 .....24 B6
Fairview Cres LL19 .....3 A1
Fairview Gdns LL11 .....72 D6
Fairview / Trem Hyfryd LL14 .....79 C7
Fairway CH5 .....40 A2
Fairway Cl CH5 .....38 D5
Fairy Rd / Ffordd y Tylwyth Teg LL13 .....145 B1
Falcon Rd / Heol Hebog LL13 .....73 E2
Fammau View Dr CH4 .....49 A1
Farbailey Cl CH4 .....52 B5
Farfield Ave CH5 .....38 E7
Farm Cl CH7 .....48 B4
Farm Dr CH5 .....29 C1
Farmfield Cl CH5 .....39 B5
Farm House Mews 3 LL13 .....73 E4
Farm La LL11 .....71 F5
Farm Rd
Buckley / Bwcle CH7 .....48 B4
Garden City CH5 .....39 E7
Farmside LL12 .....73 D5
Farm View LL13 .....81 D3
Farmworld* LL13 .....79 D2
Farndon Cl CH4 .....50 C4
Farndon Prim Sch CH3 .....69 E2
Farndon St LL13 .....145 C2
Farnsworth Ct LL18 .....1 D5
Farriers Wlk LL12 .....67 F3
Faulkners Cl CH4 .....60 A7
Faulkners La CH3 .....53 D8
Faulkner St CH2 .....42 F3
Feathers Lea CH6 .....28 A7
Feathers St CH6 .....28 A7
Fedwen Arian CH4 .....49 A2
Felin Dyfrdwy LL20 .....143 D5
Fellows La LL12 .....66 B8
Fennant Ct / Llys Fennant LL14 .....79 A2
Fennant Rd / Y Ffennant
Johnstown LL14 .....79 A2
Rhosllanerchrugog LL14 .....78 F2
Fenwick Dr LL13 .....73 E2
Ferguson Ave LL19 .....2 D3
Fern Ave / Rhodfda Rhedyn 7 LL19 .....3 B2
Fern Bank CH7 .....38 B4
Fern Cl Cross Lanes LL13 .....81 D3
Flint / Y Fflint CH6 .....27 F5
2 Rhyl / Y Rhyl LL18 .....7 F8
Fern Ct 3 CH5 .....38 D8
Ferndale LL13 .....73 D2
Ferndale Ave LL14 .....79 C6
Ferndale Cl CH4 .....49 B1
Ferndale Rise 6 LL11 .....72 D6
Fern Gr CH5 .....39 A3
Fernham Dr 3 LL13 .....73 C6
Fernhill Ave SY11 .....106 B1
Fernhill Rd CH1 .....41 E6
Fernlea Ct CH1 .....40 F8
Fernleigh Terr LL14 .....86 A5
Fernside Rd CH5 .....39 A4
Fern Way LL18 .....7 E8
Fern Wlk 1 LL18 .....7 F8
Ferry Bank / Glan Y Fferi CH5 .....39 E6
Ferry Cl CH5 .....40 A6
Ferry La CH1 .....41 C1
Festival Gdns* LL19 .....2 D3
Fferm Llidiart Werdd / Greengate Farm LL11 .....71 C4

Ffordd = road, way

Ffordd Aber Mostyn CH8 .....12 C4
Rhuddlan LL18 .....7 E2
Ffordd Abergele / Abergele Rd LL18 .....15 B8
Ffordd Aelwyd CH8 .....20 D6
Ffordd Aeron LL11 .....71 C3
Ffordd Afoneitha / Afoneitha Rd LL14 .....85 D7
Ffordd Alafon LL12 .....73 D5
Ffordd Alecsandra / Alexandra Rd CH7 .....47 A4
Ffordd Aled
Denbigh / Dinbych LL16 .....140 E4
Wrexham / Wrecsam LL12 .....73 D6
Ffordd Almer 5 LL12 .....73 B7
Ffordd Alun LL12 .....73 D6
Ffordd Angharad CH7 .....24 B6
Ffordd Anwyl LL18 .....7 E8
Ffordd Argoed CH7 .....47 B5
Ffordd Argoed / Argoed Rd CH7 .....48 B5
Ffordd Arley / Arley Rd 1 LL12 .....73 B7
Ffordd Balmoral / Balmoral Rd LL11 .....73 A4
Ffordd Barrfield / Barrfield Rd 5 LL18 .....7 F2
Ffordd Belgrave / Belgrave Rd LL13 .....145 B1
Ffordd Bents / Bents Rd LL14 .....78 F3
Ffordd Bethania / Bethania Rd LL14 .....85 B3
Ffordd Beuno CH8 .....20 E6
Ffordd Brenig CH7 .....47 E5
Ffordd Brighton / Brighton Rd LL18 .....7 C7
Ffordd Brigog CH7 .....47 E4
Ffordd Bruton LL18 .....7 F6
Ffordd Bryn Estyn CH7 .....46 D4
Ffordd Brynffynnon / Brynyffynnon Rd LL14 .....85 C7
Ffordd Bryniau LL18, LL19 .....9 A5
Ffordd Bryn Madoc LL11 .....70 D5
Ffordd Bryn Melyd LL19 .....9 A6
Ffordd Brynteg / Fairmount Rd 4 LL13 .....73 E3
Ffordd Bryn y Gaer / Bryn y Gaer Rd LL11 .....72 B7
Ffordd Bryn-y-Garn / Bryn-y-Garn Rd LL16 .....116 F3
Ffordd Cae Felln LL19 .....8 E8
Ffordd Cae Glas LL18 .....7 F2
Ffordd Cae Glas / Greenfield Rd LL15 .....141 D6
Ffordd Cae Llwyn CH5 .....38 C5
Ffordd Cae Newydd CH7 .....56 C3
Ffordd Caer / Chester Rd
Wrexham / Wrecsam, Garden Village LL11, LL12 .....73 B5
Wrexham / Wrecsam LL11 .....145 C4
Ffordd Caeredin / Edinburgh Rd LL11 .....73 A4
Ffordd Calcoed CH8 .....20 C2
Ffordd Caledfryn LL16 .....140 E4
Ffordd Carden Pk / Carden Park Way 3 LL13 .....73 E3
Ffordd Carreg Heilin / Carreg Heilin La LL18 .....8 F4
Ffordd Carreg-y-Llech CH7 .....57 B2
Ffordd Cefn / Cefn Rd LL13 .....73 E2
Ffordd Celyn
Denbigh / Dinbych LL16 .....140 E5
Leeswood / Coed Llai CH7 .....57 F4
Soughton / Sychdyn CH7 .....37 B2
Ffordd Clarence / Clarence Rd LL11 .....73 A4
Ffordd Colomendy LL16 .....140 E5
Ffordd Coppy LL16 .....140 A4
Ffordd Corwen / Corwen Rd LL15 .....141 C1
Ffordd Craiglun LL18 .....6 F3
Ffordd Cunedda LL15 .....141 E5
Ffordd Cwm LL13 .....80 A6
Ffordd Cynan LL12 .....73 D5
Ffordd Davy / Davy Way LL12 .....66 E6
Ffordd Dawel CH7 .....37 A1
Ffordd Ddyfrdwy CH8 .....12 C4
Ffordd Derwen LL18 .....7 D5
Ffordd Derw / Oak Dr CH7 .....57 F5
Ffordd Derwyn CH4 .....58 F7
Ffordd Dewi LL18 .....7 F1
Ffordd Dolgoed CH7 .....46 E3
Ffordd Dwyfor CH8 .....21 B7
Ffordd Dyfed
Rhosllanerchrugog LL14 .....78 F1
Wrexham / Wrecsam LL12 .....73 D3
Ffordd Dylan LL12 .....73 C3
Ffordd Dyserth / Dyserth Rd LL18, LL19 .....8 C6
Ffordd Edern LL15 .....141 E5
Ffordd Edgeworth LL12 .....73 C3
Ffordd Edwin CH7 .....37 A5
Ffordd Eglwyswen / Whitchurch Rd
Denbigh / Dinbych LL16 .....117 E1
Llandyrnog LL16 .....121 A8
Ffordd Eisteddfod LL11 .....70 D6
Ffordd Elan
Rhyl / Y Rhyl LL18 .....7 F8
Wrexham / Wrecsam LL12 .....73 C5
Ffordd Eldon CH7 .....37 B2
Ffordd Elfed LL12 .....73 D3
Ffordd Elwy LL12 .....73 C5
Ffordd Epsom / Epsom Way LL13 .....80 E7
Ffordd Erddig / Erddig Rd
Wrexham / Wrecsam LL13 .....79 F7
Wrexham / Wrecsam LL13 .....80 A7
Ffordd Estyn LL11 .....73 B5
Ffordd Estyn / Estyn Rd CH7 .....58 A4
Ffordd Euron / Laburnum Way LL12 .....67 A5
Ffordd Faddon / Bath Rd LL13 .....145 B1
Ffordd Fawr / Main Rd LL11 .....72 F6
Ffordd Fer
Holywell / Treffynnon CH8 .....21 B5
Mynydd Isa CH7 .....47 D5
Ffordd Ffawydden / Beechtree Rd CH7 .....48 B5
Ffordd Ffrainc LL18 .....8 E2
Ffordd Ffrith LL19 .....2 F3
Ffordd Ffynnon
Carmel CH8 .....20 D6
Dyserth LL18 .....8 F1
Ewloe CH5 .....48 F8
Prestatyn LL19 .....8 F8
Rhuddlan LL18 .....7 E2
Ffordd Ffynnon / Well La LL18 .....9 C7
Ffordd Foel / Foel Rd LL18 .....9 A3
Ffordd Foster / Foster Rd LL11 .....145 C4
Ffordd Frondeg LL13 .....80 B6
Ffordd Ganol Rhuddlan LL18 .....7 F2
Soughton / Sychdyn CH7 .....37 B1
Ffordd Garmonydd LL12 .....73 B7
Ffordd Gelfft CH5 .....38 C6
Ffordd Gerwyn LL13 .....80 B6
Ffordd Glanrafon / Glanrafon Rd 25 CH7 .....46 F4
Ffordd Gledlom CH8 .....25 D3
Ffordd Glyn
Mold / Yr Wyddgrug CH7 .....46 D3
Wrexham / Wrecsam LL13 .....80 A6
Ffordd Glyndwr
Flint / Y Fflint CH6 .....28 B5
Nercwys CH7 .....56 B6
Northop / Llan-eurgain CH7 .....37 A5
Ffordd Goch LL16 .....121 C7
Ffordd Gogor LL16 .....118 C8
Ffordd Gryffydd LL12 .....66 F4
Ffordd Gwelfor CH8 .....21 C4
Ffordd Gwenllain LL12 .....67 B4
Ffordd Gwilym
Prestatyn LL19 .....8 F6
Wrexham / Wrecsam LL12 .....73 C4
Ffordd Gwynach LL15 .....141 D4
Ffordd Gwynedd
Northop / Llan-eurgain CH7 .....37 A5
Rhosllanerchrugog LL14 .....85 F8
Wrexham / Wrecsam LL11 .....73 A5
Ffordd Haearn CH4 .....59 A8
Ffordd Hafod / Hafod Rd CH7 .....46 A3
Ffordd Helygen Mair / Myrtle Rd LL12 .....67 F2
Ffordd Hendre
Prestatyn LL19 .....8 F6
Wrexham / Wrecsam LL13 .....80 B6
Ffordd Hengoed CH7 .....46 E3
Ffordd Hiraddug / Hiraddug Rd LL18 .....9 A3
Ffordd Hiraethog CH8 .....12 C4
Ffordd Holt / Holt Rd LL12 .....68 C7
Ffordd Hooson LL12 .....73 C3
Ffordd Idwal LL19 .....2 E3
Ffordd Ifor LL14 .....85 D7
Ffordd Iorwerth LL12 .....67 B4
Ffforddisa LL19 .....3 A1
Ffordd Isaf LL11 .....70 D5
Ffordd Isaf Dinbych / Lower Denbigh Rd LL17 .....117 A8
Ffordd Isar Foel / Lower Foel Rd LL18 .....9 A2
Ffordd Jarvis LL12 .....73 C4
Ffordd Kayton 4 LL14 .....95 C8
Fforddlas LL19 .....3 C1
Ffordd Las Cymau LL11 .....65 F5
Denbigh / Dinbych LL16 .....140 C2
Penymynydd CH4 .....49 A1
Rhyl / Y Rhyl LL18 .....7 C6
Soughton / Sychdyn CH7 .....37 B1
Ffordd Lerry LL12 .....73 C6
Ffordd Llanarmon / Llanarmon Rd LL11 .....70 B7
Ffordd Llanarth CH5 .....38 C7
Ffordd Llanelwy / St Asaph Rd LL18 .....8 F2
Ffordd Llanerch LL14 .....85 D7
Ffordd Llaneurgain / Northop Rd CH6 .....28 A4
Ffordd Llanfynydd CH7, LL11 .....65 B7
Ffordd Llangollen / Llangollen Rd LL14, LL20 .....85 C3
Ffordd Llanrhydd / Llanrhydd Rd LL15 .....141 D5
Ffordd Llewelyn
Flint / Y Fflint CH6 .....28 B5
Nercwys CH7 .....56 E4
Ffordd Llidiart LL20 .....94 F7
Ffordd Llyn Goch LL18 .....9 C6
Ffordd Llys Nant / Nant Hall Rd LL19 .....3 B2
Ffordd Llywelyn LL12 .....73 C7
Ffordd Mabon LL12 .....66 F3
Ffordd Maddock LL12 .....67 A3
Ffordd Madoc LL12 .....73 C6
Ffordd Maelor LL12 .....73 C3
Ffordd Maesgwyn / Maesgwyn Rd LL11 .....145 A3
Ffordd Maeshafan CH7 .....55 F6
Ffordd Maes Mawr / Maes Mawr Road LL20 .....84 C3
Ffordd Maes Yr Haf LL19 .....2 E1
Ffordd Mailyn LL13 .....80 B6
Ffordd Marian LL19 .....4 B3
Ffordd Masarn / Sycamore Dr CH7 .....57 F5
Ffordd Meifod / Meifod Rd LL16 .....116 F3
Ffordd Meirionnydd LL11 .....72 F5
Ffordd Mellion CH5 .....38 C5

Ffordd Menai / Menai Way 5 LL11 72 D8
Ffordd Mon LL11 73 A5
Ffordd Montgomery / Montgomery Rd LL13 73 C1
Ffordd Morgan LL12 66 F3
Ffordd Morgan Llwyd LL12 73 C7
Ffordd Morgannwg 7 LL11 73 A5
Ffordd Morley / Morley Rd LL18 7 C7
Ffordd Morris LL18 7 F1
Ffordd Mwydodofa / Smelt La LL11 71 B3
Ffordd Mynachlog / Monastery Rd CH8 20 C4
Ffordd Mynydd Isa / Lower Mountain Rd LL14 85 D8
Ffordd Myr y Parc / Park Wall Rd LL11 72 E8
Ffordd Nant
Kinmel Bay / Bae Cinmel LL18 6 F3
Rhuddlan LL18 7 F2
Ffordd Nant-y-Gaer / Nantygaer Rd LL12 67 B4
Ffordd Nercwys CH7 57 A1
Ffordd Neuadd CH8 20 D6
Ffordd Newydd
Connah's Quay CH5 38 C4
Denbigh / Dinbych LL16 140 C2
Gwynfryn LL11 70 D6
Mold / Yr Wyddgrug CH7 46 D3
St Asaph / Llanelwy LL17 117 A8
Ffordd Newydd Llai / Llay New Rd
Llay LL12 67 A3
Wrexham / Wrecsam LL11 72 F8
Ffordd Newydd / New Rd
Cefn-Mawr LL14, LL20 85 A1
Coedpoeth LL11 71 E3
Rhuddlan LL18 7 F1
Ffordd Offa
5 Cefn-mawr LL14 95 C8
Mynydd Isa CH7 47 D4
Rhosllanerchrugog LL14 85 F8
Rhyl / Y Rhyl LL18 7 F6
Ffordd Ogwen CH7 47 E5
Ffordd Onnen LL19 3 D3
Ffordd Owain
Brymbo LL11 71 E8
Wrexham / Wrecsam LL12 73 C6
Ffordd Owen CH7 37 A6
Ffordd Pandarus CH8 12 C4
Ffordd Pant Gwyn CH5 38 C6
Ffordd Pantycelyn LL19 8 E8
Ffordd Pant Y Celyn LL19 2 E1
Ffordd Pant-y-Ffordd CH7 64 A7
Ffordd Parc Bodnant LL19 3 B3
Ffordd Parc Castell LL18 14 F4
Ffordd Parc-y-Fron / Fron Park Rd CH8 21 A4
Ffordd Pedrog LL12 73 D5
Ffordd Pel-y-Dryn CH5 48 F8
Ffordd Pendwll / Pendwll Rd LL11 72 B8
Ffordd Pendyffryn LL19 3 B2
Ffordd Pennant
Mold / Yr Wyddgrug CH7 46 E6
Mostyn CH8 12 C4
Prestatyn LL19 8 F6
Ffordd Penrhwlfa LL19 2 E1
Ffordd Penrhwylfa LL19 8 F8
Ffordd Penri / Penry St 6 LL14 78 E2
Ffordd Pentre
Carmel CH8 20 D6
Johnstown LL14 79 A1
Mold / Yr Wyddgrug CH7 47 A4
Ffordd Pentre Bach CH7 56 D8
Ffordd Pen Y Bryn CH7 56 F6
Ffordd Pen Y Coed LL16 117 C5
Ffordd Pen-y-gaer / Pen-y-gaer Rd LL20 84 C2
Ffordd Pen Y Maes LL16 117 C5
Ffordd Pen-y-Maes / Pen-y-Maes Rd CH8 21 D5
Ffordd Percy / Percy Rd LL13 80 B7
Ffordd Pigod / Pigot Rd 2 LL16 140 D3
Ffordd Plas Acton / Plas Acton Rd LL11 73 A7
Ffordd Plas Bennion / Plas Bennion Rd LL14 85 D5
Ffordd Plas Newydd LL15 141 B4
Ffordd Plas Trefor / Trevor Hall Rd LL20 84 D1
Ffordd Plas Ucha CH7 56 E3
Ffordd Powell LL11 72 C3
Ffordd Powys LL14 78 F1
Ffordd Rhiw Ial CH7 127 A7
Ffordd Rhosddu / Rhosddu Rd
5 Wrexham / Wrecsam LL11 145 B2
Wrexham / Wrecsam, Rhosddu LL11 145 B4
Ffordd Rhufon LL15 141 D5
Ffordd Rhyl / Rhyl Rd LL16 140 D4
Ffordd Richard Davies LL17 116 E8
Ffordd Russell / Russell Rd LL18 7 C8
Ffordd Sandringham / Sandringham Rd LL11 73 A4
Ffordd Sant Marc / St Mark's Rd LL11 145 B2
Ffordd Siarl LL17 16 A1
Ffordd Siarl / Charles Rd CH7 58 A4
Ffordd Smithfield / Smithfield Dr LL13 75 D8
Ffordd Sonlli / Sontley Rd LL13 80 A7
Ffordd Stanley / Stanley Rd LL14 78 F2
Ffordd Sugn SY10 139 A5
Ffordd Talargoch
Dyserth LL18, LL19 8 F5
Prestatyn LL19 9 A7
Ffordd Talbot / Talbot Rd LL13 145 B1
Ffordd Talwyrn CH7 56 E2
Ffordd Tanrallt LL19 9 A6
Ffordd Tegid Ewloe CH5 48 E8
Wrexham / Wrecsam LL12 73 D6
Ffordd Tegla LL12 73 D6
Ffordd Terfyn LL18 14 C5
Ffordd Thomas Gee LL16 140 E4
Ffordd Tirion CH7 37 B1
Ffordd Top-y-Rhos CH7 57 C2
Ffordd Trefaldwyn 5 LL11 73 A5
Ffordd Treffynnon / Holywell Rd CH7 24 B7
Ffordd Trefin LL12 73 D6
Ffordd Trelawnyd / Newmarket Rd LL18 9 C4
Ffordd Trem Y Foel CH7 46 E3
Ffordd Tudno LL12 73 C5
Ffordd Tudor / Tudor Rd LL13 80 B7
Ffordd Ty Cerrig LL21 142 C5
Ffordd Ty Newydd LL19 8 F6
Ffordd Tyn y Cestyll / Tyn y Cestyll Road LL20 135 B4
Ffordd Uchaf LL11 70 D6
Ffordd Uchaf Foel / Upper Foel Rd LL18 9 A2
Ffordd Victoria / Victoria Rd 12 CH7 46 F4
Ffordd Walwen CH8 25 E3
Ffordd Wellington / Wellington Rd
Rhyl / Y Rhyl LL18 7 A7
Wrexham / Wrecsam LL13 145 B1
Ffordd Westbury / Westbury Dr LL12 73 B7
Ffordd William Morgan LL17 15 D1
Ffordd Windsor / Windsor Rd LL14 78 E1
Ffordd Wyn LL19 4 A3
Ffordd Wynnstay / Wynnstay Rd 5 LL15 141 D5
Fforddy Abaty / Abbey Rd 2 LL16 140 D4
Ffordd y Bannau / Beacon Rd 1 LL11 72 D6
Ffordd-y-Berllan LL22 6 B2
Ffordd Y Blaenau CH7 64 A5
Ffordd-y-Bont
Coed Talon CH7 57 E2
Pontybodkin CH7 58 A3
Ffordd Y Bont / Bridge Rd LL19 3 A3
Ffordd-y-Bryn / Mount Rd LL17 16 B2
Ffordd Y Castell / Castle Rd LL14 105 D7
Ffordd-y-Castell / Castle St LL18 7 E1
Ffordd y Chwarel / Quarry Road LL20 135 B4
Ffordd Y Crib Uchel / High Ridge Dr LL14 79 E8
Ffordd-y-cwm / Cwm Rd
Cwm LL18 17 A8
Dyserth LL18 8 F2
Ffordd y Dderwen / Oak Rd 2 LL14 78 F2
Ffordd y Ddol / Lea Rd LL13 145 B2
Ffordd Y Ddraenen Wen / Hawthorn Rd LL12 67 F2
Ffordd y Dug / Duke Rd LL14 78 F1
Ffordd-y-Dyffryn / Vale Rd 1 LL16 140 D3
Ffordd Y Dyffryn / Valley Way LL13 80 B7
Ffordd Y Felin Wynt / Windmill Rd CH7 48 B5
Ffordd-y-Ffair / Smithfield Rd LL16 140 B2
Ffordd-y-Ffynnon CH8 12 C4
Ffordd Y Ffynnon / Spring Rd LL14 79 C6
Ffordd Y Fran CH6 28 B4
Ffordd y Fynwent / Cemetary Rd LL14 78 E1
Ffordd-y-gaer LL11 72 F8
Ffordd y Gardden / Gardden Rd LL14 78 F1
Ffordd Y Garth / Garth Rd LL20 84 E2
Ffordd-y-Gilfach / Greek Rd LL14 78 E2
Ffordd Y Gilrhos CH7 64 B8
Ffordd Y Glowyr / Miners Rd LL12 66 F6
Ffordd Y Glyn CH8 21 B7
Ffordd Y Glyn / Dingle Rd CH7 58 A5
Ffordd Y Goedwig / Forest Rd LL12 67 B4
Ffordd Y Goedwig / Forest Wlk CH7 48 E4
Ffordd Y Graig
Denbigh / Dinbych LL16 140 C4
Lixwm / Licswm CH8 25 E2
Rhes-y-cae CH8 26 B2
Ffordd-y-Graig / Rock Rd LL14 85 C2
Ffordd-y-Llan CH7 44 F7
Ffordd Y Llan CH7 57 C1
Ffordd y Llyn / Pool Rd 8 LL14 78 F2
Ffordd-y-Pandy / Pandy La LL18 9 A4
Ffordd Y Pentre CH7 56 E6
Ffordd Y Poplys / Poplar Rd LL14 85 C7
Ffordd yr Abaty / Abbey Rd LL20 143 B6
Ffordd Yr Argau / Moss Valley Road LL11 72 C4
Ffordd-y-Rhaeadr / Waterfall Rd LL18 8 F3
Ffordd Y Rhos CH7 64 A7
Ffordd Yr Odyn CH7 64 A8
Ffordd-Yr-Orsaf / Station Rd LL14 105 D8
Ffordd Yr Orsaf / Station Rd
Prestatyn LL19 3 A3
8 Ruabon / Rhiwabon LL14 86 A4
Ruthin / Rhuthin LL15 141 D5
Ffordd-yr-Ucheldir / Highland's Rd LL18 7 E2
Ffordd Yr Ysgol LL11 70 E5
Ffordd Yr Ysgol / School Rd LL15 141 C5
Ffordd Ysgubor CH8 12 B4
Ffordd Ysgubor / Gwaenynog Rd LL16 140 A3
Ffordd Ystrad LL13 80 A7
Ffordd Ystrad / Ystrad Rd LL16 140 E2
Ffordd y Tylwyth Teg / Fairy Rd LL13 145 B1
Ffordd y Tywysob / Princes Rd 7 LL14 78 E1
Fforded Y Ffwrnais / Furnace Rd LL12 66 A3
Fforrd Hirwaun LL19 8 E8
Ffridd Y Gog LL21 142 C5
Ffrwd Rd LL12 66 B4
Ffynnon Bach LL15 125 E1
Ffynnon Barcer / Barker's Well La LL16 140 C3
Ffynnon Charnell / Charnell's Well 2 LL16 140 C3
Ffynnongroew Rd LL18 7 B7
Ffynnon Nefydd LL16 116 B5
Ffynnon Nephal LL11 70 F7
Ffynnon Tegla LL11 127 B3
Field Cl CH6 27 F5
Field Farm La CH7 48 A6
Field Farm Rd CH7 48 A6
Fielding Cl CH5 48 E8
Field Pk CH5 38 D4
Fieldside CH5 39 C2
Field Terr CH6 21 F5
Field View
Connah's Quay CH5 39 E3
Wrexham / Wrecsam LL13 73 C1
Fieldway CH2 42 E4
Fifth Ave
Flint / Y Fflint CH6 28 A4
Talacre CH8 5 A6
Fifth Ave / Pumed Rhodfa LL12 67 A4
Filkin's La CH3 43 A1
Finchett Ct CH1 42 B3
Finchett Dr CH1 42 B3
Finney Cl LL11 72 F4
Firbeck Cl CH4 50 B3
Firbrook Ave CH5 39 C2
Fir-Brook Ave CH5 38 F6
Firemans Sq CH1 144 A3
Fir Gr CH7 46 E5
Firgrove Cnr LL12 73 D5
Firs Sch CH2 42 E5
First Ave
Connah's Quay CH5 31 A2
Flint / Y Fflint CH6 28 A5
Pentre Maelor LL13 74 E1
Prestatyn LL19 2 F4
Wrexham / Wrecsam LL11 72 C7
First Ave / Rhodfa Gyntaf LL12 67 A4
Firs The
Mold / Yr Wyddgrug CH7 47 A2
Whitchurch SY13 103 F8
Fir Tree Ave CH4 52 B5
Firtree Cl 3 SY12 109 A2
Fir Tree La CH3 43 E2
Fir Tree Rd LL11 72 F8
Fir Trees Holiday Pk CH1 41 C2
Fishermans' Rd CH5 38 F8
Fisher Rd CH1 41 E4
Five Ashes Rd CH4 52 B5
Five Crosses Ind Est LL11 71 B5
Flag La N CH2 42 E8
Flag La S CH2 42 E8
Flaxfield Cl CH8 20 E3
Flaxmere Dr CH3 53 B8
Fleming Dr LL11 72 F4
Flint Castle* CH6 28 B7
Flint Cottage Hospl CH6 27 F6
Flint High Sch CH6 28 A4
Flintshire Retail Ctr CH6 28 A7
Flint Sta CH6 28 B7
Florita Cl CH5 38 C8
Foel Gron / Voel Gron CH6 22 C2
Foel Pk / Parc-y-Foel LL18 8 F2
Foel Rd / Ffordd Foel LL18 9 A3
Foel View Rd LL18 7 E6
Fontwell Cl / Clos Fontwell LL13 80 E7
Foregate St CH1 144 B2
Forest Dr CH4 50 C3
Forest Pines / Pinwyddy Goedwig 2 LL13 73 F3
Forest Rd / Ffordd Y Goedwig LL12 67 B4
Forest St CH1 144 C2
Forest Wlk / Ffordd Y Goedwig CH7 48 E4
Forge Cl LL11 72 A4
Forge Rd LL11 72 A4
Forge The / Yr Efail CH4 49 A1
Forge Way CH4 51 F4
Forresters Terr LL14 86 A5
Forum The CH1 144 A2
Foryd Rd LL18 6 D5
Foster Rd / Ffordd Foster LL11 145 C4
Foundry Rd LL13 145 C2
Four Crosses
Llanferres CH7 55 B2
Nannerch CH7 34 F1
Trelogan CH8 10 E5
Fourth Ave
Connah's Quay CH5 30 E2
Flint / Y Fflint CH6 28 A5
Llay LL12 67 A4
Talacre CH8 5 A6
Wrexham / Wrecsam LL11 72 C7
Fourth Rd LL13 74 E1
Fowler Rd CH1 41 D4
Foxcote Cl CH1 41 D5
Fox Cover CH3 43 F5
Fox Covert La CH2 43 B8
Foxes Cl CH5 39 E3
Foxes La CH5 39 F6
Foxes Wlk Chester CH3 53 A7
Higher Kinnerton CH4 59 F7
Foxglove Cl CH3 53 A6
Fox Lea CH1 41 A8
Foxwist Cl CH2 144 B4
Foxwood Dr LL14 79 E7
Foxwood Rise LL12 67 C4
Frances Ave
Rhyl / Y Rhyl LL18 7 D5
Wrexham / Wrecsam LL12 73 B6
Francis Ct CH1 144 C3
Francis La Holt LL13 75 B6
Holt LL13 75 D7
Francis Rd LL11 72 B8
Francis Row CH8 5 D1
Francis St CH1 144 C3
Franklyn Ave LL19 2 C1
Fraser Ct CH4 52 D7
Fraser Dr CH7 48 A4
Frederick St
Johnstown LL14 79 A1
Rhyl / Y Rhyl LL18 7 A5
Friars Cl LL12 73 C6
Friars Ct CH5 49 C8
Friar's Ct LL13 88 F8
Friars Gate CH1 144 B2
Friars Mews LL13 89 A8
Frodsham St CH1 144 B3
Frog La Holt LL13 75 D8
Worthenbury LL13, SY14 83 B1
Worthenbury SY14 83 C2
Wrexham / Wrecsam LL13 80 E7
Fron Bache LL20 143 C4
Fron Castell LL20 143 C4
Frondeg LL11 72 B5
Fron Deg Bagillt CH6 22 B4
Pantymwyn CH7 45 D6
Fron Deg Terr LL21 142 D3
Frongoed LL16 119 D5
Fron Haul
Ruthin / Rhuthin LL15 141 E5
St Asaph / Llanelwy LL17 16 C1
Fron Heulog
Coedpoeth LL11 71 E3
Hawarden / Penarlâg CH5 38 F1
Fronheulog Hill LL11 70 E7
Fron Heulog Terr CH7 56 D7
Fron Las Coedpoeth LL11 71 C3
Holywell / Treffynnon CH8 21 D5
Fron Park Rd / Ffordd Parc-y-Fron CH8 21 A4
Fron Rd CH5 38 F7
Fulbrooke CH8 21 C8
Furnace Cl / Clos Y Ffwrnais LL11 71 F8
Furnace Rd / Ffordd Y Ffwrnais LL12 66 A3
Furne Rd CH1 41 E4

G

Gabriel Cl 4 LL13 73 E4
Gadlys La Bagillt CH6 22 B3
Bagillt, Gadlys CH6 22 A1
Gaer View LL21 142 C3
Gainford Ave CH5 38 D7
Gaingc Rd LL22 6 A4
Gainsborough Rd LL12 73 E5
Gala Cl CH4 50 C3
Galaxy Gr LL11 72 C5
Gamfa Wen CH8 5 A6
Gamford La LL12 68 D7
Gamlin St LL18 7 B7
Gamul Pl CH1 144 B1
Gardd Eirlys CH7 47 E4
Gardd Eithin CH7 38 A4
Gardden Ct LL14 78 F1
Gardden Ind Est LL14 86 A6
Gardden Rd / Ffordd y Gardden LL14 78 F1
Gardden View LL14 86 A6
Gardd Estyn 1 LL11 73 B5
Gardd Francis LL14 85 C7
Gardd-y-Gwanwyn CH7 38 A4
Garden City Ind Est CH5 39 F8
Garden Ct Chester CH1 144 A3
Wrexham / Wrecsam LL12 73 B5
Garden Hs The* LL13 97 E7
Garden La CH1 144 A3
Garden Rd LL11 145 B3
Garden Row CH8 12 D4
Gardens The Holt LL13 69 E1
Wrexham / Wrecsam LL11 145 C3
Garden Terr
Chester, Boughton CH2 42 F2
Chester CH1 144 A3
Garden Village SY11 106 E6
Garden Way 3 CH5 39 A6
Gardner's Row CH6 28 D4
Gareth Cl LL18 7 D6
Garfield Terr LL16 140 D3
Garford Rd LL18 1 E5
Garner Rd LL13 73 D2
Garner's La SY13 113 C3
Garnett Ave LL18 7 B6
Garnett Dr LL19 2 B1
Garratt Cl CH5 38 E7
Garreg Lwyd LL21 129 B5
Garth Clarendon LL18 6 E3
Garth Dr CH2 42 C5
Garth Ganol CH6 28 B4
Garth La CH8 11 E8
Garth Morea LL18 6 E3
Garthorpe Ave CH5 38 E8
Garthorpe Cl CH5 38 E8
Garth Prim Sch LL20 84 D2
Garth Rd / Ffordd Y Garth LL20 84 E2
Garwyn Ave LL19 8 F7
Gas La / Lon Nwy CH7 47 A4
Gas Works La LL19 3 A2
Gatefield LL13 145 C1
Gate Rd Froncysyllte LL20 94 F8
Llangollen Rural LL20 95 A7
Gatesheath Dr CH2 42 E7
Gateway LL12 73 B4
Gatewen Rd LL11 72 D3
Gatiau'r Stabl / Stablegates LL14 79 A1
Gawer Pk CH2 42 C4
Gaymoore Cl CH2 144 A4
Gayton Cl Chester CH2 42 E5
Connah's Quay CH5 38 D6
Gegin La / Lon-y-Gegin LL12 67 C5
Gegin Rd LL11 71 A5
Gele Ave / Rhodfa Gele 7 LL11 72 D8
Gelli Derllwy / Elmanoak Gr LL12 67 A5
Gelli Dywod / Sandy Gr CH7 46 E3
Gelli Eldon / Eldon Gr LL14 79 D6
Gelli For LL18 7 F6
Gellifor Sch LL15 121 D5
Gelli Goodwood / Goodwood Gr 3 LL13 80 D7
Gelli'r Gollan Ffrengig / Walnut Gr LL12 67 A5
Gelli'r Pinwydd / Pine Gr LL12 67 B4
Gell'r Eurmen / Linden Gr LL12 67 A5
Gemig St LL17 16 B1
George Ave LL20 85 A1
George Kenyon Mews CH4 51 E6
George St Chester CH1 144 A3
Chirk / Y Waun LL14 95 E2
Llangollen LL20 143 C5
Wrexham / Wrecsam LL11 145 B4
Gerald St / Stryt Gerallt LL11 145 B3
Gerddi LL14 78 E2
Gerddi Chatsworth / Chatsworth Gdns LL12 73 B7
Gerddi Mair LL16 140 E4
Gerddi'r Berse / Berse Gdns 11 LL11 72 C3

Gerddi'r Pistyll / Spring Gdns LL11 145 B3
Gerddir Twr / Tower Gdns CH8 21 B4
Gerddi Sussex / Sussex Gdns 2 LL11 73 B5
Gernant
Pentre Llanrhaeadr LL16 120 F5
Wrexham / Wrecsam LL13 80 E8
Gerrards Ave CH3 43 A1
Ger-y-ddol LL20 143 C5
Ger-y-Llan CH7 46 B2
Ger y Nant
Llangollen LL20 143 C4
Rhosymedre LL14 85 D2
Ger-y-Pistyll CH7 56 E6
Geufron LL18 7 C7
Gibson St LL13 145 A2
Gilbert's La SY13 113 A1
Gillian Cl LL18 7 E5
Gillian Dr LL18 7 E5
Gipsy La Rhuddlan LL18 15 B8
Rhyl / Y Rhyl LL18 7 A1
Gladstone Ave CH1 42 B2
Gladstone Rd
Broughton CH4 50 B3
Chester CH1 42 B3
Gladstone St
4 Connah's Quay CH5 39 A6
Connah's Quay, Queensferry CH5 39 D5
17 Mold / Y Wyddgrug CH7 46 F4
Gladstone Terr CH5 39 F3
Gladstone Terr / Rhesdai Gladstone LL16 121 B8
Gladstone Way CH5 39 D2
Gladwyn Rd LL12 73 B6
Gladwyn Terr 3 LL11 72 B4
Glamis Cl CH3 43 A2
Glan Aber LL12 73 C3
Glan Aber Cl / Clos Glanaber LL11 72 E6
Glanaber Ct CH4 52 A7
Glan Aber Ct CH6 21 F5
Glan Aber Dr CH4 51 F7
Glan Aber Pk CH4 52 A7
Glanaber Trad Est LL18 7 D7
Glan Alun CH7 46 F4
Glandwr LL19 2 E2
Glandwr Cres LL18 6 E4
Glanffrwd Terr LL20 135 C4
Glan Ffyddion LL18 8 F3
Glan Garth LL12 73 C3
Glanglasfor 4 LL18 7 B7
Glan Gors
Flint / Y Fflint CH6 28 B4
Wrexham / Wrecsam LL13 80 E8
Glan-Llyn Rd LL11 72 E8
Glan Mor LL19 3 A3
Glanrafon LL14 78 D1
Glanrafon Rd / Ffordd Glanrafon 25 CH7 46 F4
Glan Sarno CH8 21 B3
Glan Traeth LL19 3 A3
Glan-y-Don CH8 21 E6
Glan Y Fferi / Ferry Bank CH5 39 E6
Glan Y Gors LL19 2 F2
Glan-Y-Gors LL19 2 F3
Glan-y-Morfa Ct CH5 38 F7
Glan Y Morfa Ind Est LL18 7 A5
Glan Yr Afon / Brook St LL13 145 B2
Glan yr Afon Terr CH8 10 F8
Glan-yr-Afon Terr LL17 16 B1
Glan Yr Eglwys CH7 37 A6
Glan-y-wiber / Adderley Bank 3 LL12 73 B7
Glascoed Ave LL18 6 C5
Glascoed Rd
Bodelwyddan LL22 14 E1
Ffrith LL11 65 B2
St Asaph / Llanelwy LL17 116 E8
Glascoed Way LL11 72 D6
Glasdir Ffynnongroyw CH8 5 B1
Treuddyn CH7 57 B1
Glasdir Terr CH7 24 B6
Glasfryn Henllan LL16 116 F3
Johnstown LL14 79 B1
Ruthin / Rhuthin LL15 141 D4
Glasfryn Ave LL19 9 A7
Glasfryn Terr LL11 72 C3
Glas-Goed CH7 44 F7
Glasll Wyn CH5 39 B4
Glaslyn Acrefair LL14 85 E3
Pwll-glas LL15 125 F5
Glas Meadow La LL16 140 B2
Glasolr / Greenways LL13 80 E6
Glassblobbery The* LL21 128 C1
Glastonbury Ave CH2 42 F7
Gleggs Cl CH3 53 B7
Glen Avon LL12 73 C2
Glendale Ave CH5 39 F3
Glendale Bsns Pk CH5 40 A3
Glendale Pk CH5 40 A3
Glendower Ct 1 LL18 7 C8
Glendower Cvn Pk SY10 136 F1
Glendower Pl SY13 101 B3
Gleneagles LL13 73 E3
Gleneagles Cl CH3 43 B3
Glenesk Ct CH5 39 F6
Glen Morfa LL22 6 B3
Glenside Cl CH1 41 D5
Glen The Blacon CH1 41 E5
Marchwiel LL13 80 F4
Glen Way LL11 71 E5
Globe Way CH7 48 D7
Gloddaeth Cres CH8 12 A5
Gloddaeth Villas LL16 140 D5
Gloucester Ave 8 CH5 39 B6
Gloucester Dr LL11 72 E3
Gloucester St CH1 144 B4
Glovers Loom CH3 53 B7
Gloverstone Ct CH1 144 B1
Glyn Abbott Ave CH8 21 D5
Glyn Ave Prestatyn LL19 3 B2
Rhyl / Y Rhyl LL18 7 E6
Wrexham / Wrecsam LL12 73 C5
Glyn Ave / Rhodfa Glyn 3 LL18 7 F2
Glyn Castell LL16 121 B5
Glyn Circ LL18 6 E4
Glyndwr Ct CH7 47 A3
Glyndwr Rd
Gwernymynydd CH7 46 B1
Nercwys CH7 56 B8
Wrexham / Wrecsam LL12 73 B5
Glyndwr Terr
Carrog LL21 129 F2
Corwen LL21 142 E3
Glyndyfrdwy Com Sch LL21 130 D1
Glyndyfrdwy Sta* LL21 130 D1
Glynnedale Pk CH5 39 A1
Glynne St
Connah's Quay, Queensferry CH5 39 D5
Connah's Quay, Wepre CH5 38 F7
Glynne Way CH5 49 D8
Glynteg CH7 46 F3
Glyon La LL11, LL12 65 F2
Goblin's La SY13 113 A1
Godre'r Coed
Cynwyd LL21 132 F8
Gwernymynydd CH7 46 B2
Godre'r Gaer LL21 142 C5
Godre'r Garn LL16 116 F3
Godre'r Graig LL16 116 B5
Godre'r Mynydd CH7 46 C2
Godre'r Waen CH6 28 A1
Godstall La CH1 144 B2
Gofer LL22 14 A7
Golden Gr LL18 7 D5
Golden Sands Holiday Camp LL18 6 C5
Golftyn Com Prim Sch CH5 38 D8
Golftyn Dr CH5 29 C1
Golftyn La
Connah's Quay CH5 38 C8
Connah's Quay CH7 38 B7
Golygfa'r Castell / Castle View LL16 140 D4
Golygfa'r Dyffryn / Vale View LL14 85 B3
Golygfar Eglwys / Church View 13 LL14 86 A4
Gonsley Cl CH2 144 B4
Goodwick Dr / Rhodfa Gwdig 1 LL13 80 D7
Goodwood Cl CH1 42 B2
Goodwood Gr CH7 38 A4
Goodwood Gr / Gelli Goodwood 3 LL13 80 D7
Goodwood Gr / Llwyn Goodwood CH7 57 F5
Gordon Ave Prestatyn LL19 3 A1
Rhyl / Y Rhyl LL18 7 A7
Gordon Terr CH7 47 A5
Gornel Ave CH5 38 E7
Gorphwsfa 1 LL11 72 C3
Gorphwysfa Ave LL19 3 A3
Gorse Cl CH4 49 B1
Gorse Cres / Cilgant Yr Eithin LL12 67 F2
Gorse Stacks CH1 144 B3
Gorse Way CH3 53 A6
Gors Rd LL22 6 B2
Gosforth Pl CH2 42 F3
Gosmore Rd CH7 47 C7
Goss St CH1 144 A2
Goulbourne Ave / Rhodfa Goulbourne 5 LL13 73 E4
Gourton Sq LL13 73 E4
Goya Cl CH5 38 C8
Grafton Mews CH2 144 B4
Graham Ave LL19 8 F7
Graham Dr LL18 7 D8
Graham Rd CH1 41 F3
Graig La LL13 89 A8
Graigwen Rd LL11 72 B6
Graig Yard Ind Est LL16 140 C4
Granaries Bsns Pk CH8 4 F4
Granby Ct CH5 38 D6
Grange Ave
Rhyl / Y Rhyl LL18 7 D7
Wrexham / Wrecsam LL11 73 A4
Grange Cl LL12 73 C4
Grange Ct Rhyl / Y Rhyl LL18 7 E7
Wrexham / Wrecsam LL11 72 F4
Grange La CH8 20 E5
Grange Rd
Bronington SY13 101 F3
Chester CH2 42 D4
Chester CH3 43 C2
Connah's Quay CH5 39 B4
Ellesmere Urban SY12 109 A4
Llangollen LL20 143 D3
Maelor South LL13 100 B2
Rhyl / Y Rhyl LL18 7 D7
Grange Rd W CH3 43 C2
Grangeside CH2 42 D7
Grange Villas CH3 53 F6
Grango La / Lon Grango LL14 78 E2
Granston Cl CH5 38 C4
Grant Dr CH5 39 A2
Granville Rd CH1 42 B3
Grasmere Cl
Connah's Quay CH5 38 C7
Prestatyn LL19 2 F3
Grasmere Cres CH7 48 D6
Grasmere Rd CH2 42 F5
Grasmere Way 3 LL12 73 B6
Grays Rd CH7 47 D4
Greaves La SY14 90 E6
Greaves La E SY14 90 E7
Gredington Pk LL13 73 F4
Greek Rd / Ffordd-y-Gilfach LL14 78 E2
Green LL16 140 D7
Greenacre Dr CH6 22 D2
Greenacre Rd CH4 51 F4
Greenacres Cvn Pk LL19 4 A4
Greenacres Farm Pk* CH5 39 D3
Green Ave LL18 6 F4
Greenbank CH4 52 E6
Green Bank CH4 52 E6
Greenbank Dr CH6 27 F5
Greenbank Rd
Chester CH2 43 A4
Connah's Quay CH5 39 A5
Greenbank St LL13 145 C1
Greenbank Terr 6 LL16 140 C3
Green Cl LL14 85 D2
Green End Farm CH4 50 C2
Green Farm CH4 62 B2
Greenfield LL20 143 C5
Greenfield Ave CH4 60 A7
Greenfield Bsns Ctr CH8 21 D8
Greenfield Bsns Pk CH8 21 E7
Greenfield Cres CH2 43 B5
Greenfield La CH2 43 B5
Greenfield / Maesglas LL11 145 B4
Greenfield Pl LL18 7 C7
Greenfield Prim Sch CH8 21 C7
Greenfield Rd
Broughton CH4 50 C4
Coedpoeth LL11 71 C3
Greenfield / Maes-Glas CH8 21 C7
Greenfield Rd / Ffordd Cae Glas LL15 141 D6
Greenfields 2 SY13 103 F8
Greenfields La CH3 53 F5
Greenfields Rise SY13 103 E8
Greenfield St
Holywell / Treffynnon CH8 21 B5
Rhyl / Y Rhyl LL18 7 C7
Greenfield Terr
1 Wrexham / Wrecsam, Gwersyllt LL11 72 D8
4 Wrexham / Wrecsam LL11 72 C3
Greenfield Valley Heritage Pk* CH8 21 C6
Greenfield View LL13 81 D3
Greengate Farm / Fferm Llidiart Werdd LL11 71 C4
Greenhill Ave CH5 39 A1
Green La
Bangor on Dee / Bangor-is-y-coed LL13 89 D6
Chester CH3 43 B3
Chester CH4 51 E4
Chirk / Y Waun LL14 95 F3
Connah's Quay CH5 39 B5
Ewloe CH5 38 D2
Higher Kinnerton CH4 60 B6
Saughall CH1 41 C7
Shocklach SY14 83 C7
St. Martin's SY11 106 E5
Whixall SY13 113 A1
Green La E CH5 40 D7
Green Lake La CH3 62 F3
Green La / Lon Werdd LL20 143 C5
Green Lane Est
Connah's Quay CH5 31 C1
Sealand CH5 40 C8
Green Lanes LL19 2 B2
Green La W CH5 31 B3
Green La / Y Lon Las LL21 142 D4
Green Mdws
Hawarden / Penarlâg CH5 49 A8
Wrexham / Wrecsam LL11 72 C3
Green Pk
Connah's Quay CH5 38 F7
Penymynydd CH4 49 A1
Wrexham / Wrecsam LL13 79 F7
Green Rd LL11 65 F1
Green Side CH7 46 E4
Green St LL13 69 E1
Greensway CH4 52 A7
Green The Gresford LL12 67 D3
Higher Kinnerton CH4 60 B7
Lixwm / Licswm CH8 25 D4
Northop / Llan-eurgain CH7 37 A5
Wrexham / Wrecsam LL12 73 B6
Greenville Ave CH5 38 E2
Greenway CH3 69 F1
Greenways / Glasolr LL13 80 E6
Greenway St CH4 144 B1
Greenway The 11 SY12 109 A2
Greenway View LL12 67 D3
Greenwood Ave
Chester CH4 52 D7
2 Wrexham / Wrecsam LL11 72 D7
Grenadin Cl LL11 72 B5
Grenville Ave / Rhodfa Grenville 5 LL18 7 F1
Grenville Lo LL18 14 F4
Gresford Ave CH2 144 C4
Gresford Ind Pk LL13 73 B8
Gresford Pk LL12 67 D3
Gresford Rd
Hope / Yr Hôb LL12 66 D8
Llay LL12 67 C4
Gresford Way LL12 73 B6
Grey Cl CH5 48 E8
Greyfriars 5 LL12 73 C6
Grey Friars CH1 144 A2
Greyhound Park Rd CH1 42 A3
Greyhound Pk CH1 42 A3
Greystones LL11 145 C4
Greystones Rd CH3 43 C1
Greythorne Cl LL12 67 D3
Griffin Cl CH1 41 F6
Griffiths Ct CH5 39 A5
Griffiths Rd LL11 72 D5
Griffith's Rd / Heol Gryffudd LL11 71 D3
Griffiths Sq CH7 46 F5
Grindley Bank CH2 43 F8
Groesfan LL14 85 C7
Groesffordd
Greenfield / Maes-Glas CH8 21 C8
Tremeirchion LL17 117 F8
Groesffordd Nant-y-ci LL16 119 E4
Groesffyrdd / Cross Rds CH8 21 B4
Gronant Hill LL19 4 A3
Gronant Rd Prestatyn LL19 3 C2
Prestatyn LL19 3 E3
Gronant St LL18 7 A7
Groome Ave LL18 7 D5
Groomscroft CH5 39 B1
Groomsdale La CH5 49 B8
Grosvenor Ave LL18 7 E7
Grosvenor Cotts SY12 109 B3
Grosvenor Cres LL12 68 B7
Grosvenor Ct CH1 144 C2
Grosvenor Dr CH7 48 B5
Grosvenor Mus* CH1 144 A1
Grosvenor Nuffield Hospl CH4 52 C6
Grosvenor Pk Rd CH1 144 C2
Grosvenor Pk Terr CH1, CH3 144 C2
Grosvenor Pl CH1 144 B1
Grosvenor Rd
Chester CH4 52 C7
Connah's Quay CH5 39 B5
Prestatyn LL19 2 F3
Rhyl / Y Rhyl LL18 1 D5
Wrexham / Wrecsam LL11 145 B3
Grosvenor Sh Ctr The CH1 144 B2
Grosvenor St
Chester CH1 144 A2
Mold / Yr Wyddgrug CH7 46 F4
Grove Ave CH3 43 B3
Grove Gdns CH3 43 E2
Grove Lodge Cl LL11 145 C4
Grove Park Ave LL18 7 D8
Grove Park Rd LL11 145 B3
Grove Rd LL11 145 C3
Grove Rd / Lon Goch LL16 140 D3
Groves High Sch The LL12 145 C3
Groves The Chester CH1 144 B2
Connah's Quay CH5 39 A7
Gwersyllt LL11 66 C1
Northop Hall CH7 37 F4
Grove Terr Marchwiel LL13 80 E5
3 Rhuddlan LL18 7 F1
Grove The
Holywell / Treffynnon CH8 21 B3
Marchwiel LL13 80 F4
Prestatyn LL19 9 A6
Rhyl / Y Rhyl LL18 7 C8
Whitchurch SY13 93 F2
Guernsey Ho CH2 43 B5
Guilden Gn CH3 43 E4
Guilden Sutton CE Prim Sch CH3 43 E5
Guilden Sutton La CH3 43 D5
Guildford Cl 1 CH4 51 F6
Gun St LL12 68 B7
Gurnard Pl LL18 7 E4
Gutter Hill / Allt y Gwter LL14 78 F1
Gwaenynog Rd / Ffordd Ysgubor LL16 140 A3
Gwalia Caergwrle LL12 66 A8
Johnstown LL14 79 B1
Gwalia Ave LL18 7 C6
Gwalia Rd Brymbo LL11 71 E8
Wrexham / Wrecsam LL11 72 A7
Gwalia Terr
Rhosymedre LL14 85 C2
Ruabon / Rhiwabon LL14 86 A5
Gwalia Villas LL16 140 C2
Gwel Afon CH8 20 F5
Gwelfryn LL19 3 A2
Gwellyn Ave LL18 6 E2
Gwel Y Mor LL19 4 B2
Gwel Y Mynydd CH7 48 A5
Gwenarth Dr LL18 7 E4
Gwenffrwd Rd CH8 21 A4
Gwenfra Cotts 4 LL11 72 A4
Gwenfro LL13 73 D1
Gwenfro Jun & Inf Sch LL13 80 D8
Gwenfro Units LL13 72 E2
Gwernaffield Rd CH7 46 E6
Gwern Gwalia LL21 128 C1
Gwern La LL12 66 D8
Gwernygaseg Rd LL11 71 B5
Gwern-y-Glyn CH7 58 A4
Gwernymynydd Sch CH7 46 B2
Gwersyllt Jun Sch LL11 72 E7
Gwersyllt Sta LL11 72 D7
Gwindy St LL18 7 E1
Gwydyr Way LL13 80 B7
Gwylan Ave CH5 38 E8
Gwylfa Terr LL21 129 F2
Gwyndy Terr 2 LL18 7 E1
Gwynedd Dr CH6 28 A6
Gwynedd Prim Sch CH6 28 A6
Gwynfa LL11 72 C4
Gwynfan LL14 85 F8
Gwynfryn Ave LL18 7 B6
Gwytherin Ave LL22 6 B4
Gypsey Cnr SY13 92 E2
Gyrfa Macswell / Maxwell Dr CH7 57 F5
Gyrfa Seymour / Seymour Dr 6 LL18 7 F1

H

Hackett Ct LL13 80 C7
Haddon Cl 5 LL18 7 B6
Hadfield Cl CH5 38 D5
Hadley Cres LL18 7 D8
Hadrian Dr CH1 41 E6
Hafan Clwyd LL15 141 C5
Hafan Deg
Holywell / Treffynnon CH8 20 F6
Mold / Yr Wyddgrug CH7 46 E3
Treuddyn CH7 57 B1
Hafan Yr Ewyn LL18 6 E4
Hafan Yr Heli LL18 6 F4
Hafod CH6 27 F6
Hafod Ave LL18 6 F2
Hafod Cl Blacon CH1 41 D3
Connah's Quay CH5 29 C1
Hafod Dr CH8 26 E5
Hafod Pk 1 CH5 38 D8
Hafod Pk / Parc Yr Hafod CH7 46 D4
Hafod Rd Prestatyn LL19 3 B3
Rhostyllen LL13 79 D3
Ruabon / Rhiwabon LL14 86 C8
Hafod Wen LL14 86 A8
Hafod-y-Bryn CH8 20 F1
Hafod-y-coed CH8 20 C6
Hafod Y Coed LL20 84 D2
Hafod-y Ddol CH8 12 D3
Hafod-y-Ddol Rd CH8 12 E3
Hafod-y-Glyn 3 LL14 79 A1
Hafod Y Mor LL19 3 B3
Hafod-y-Wern CH7 46 B2
Hafod y Wern Inf Sch LL13 73 D1
Hafod y Wern Jun Sch LL13 73 D1
Hafon Dirion LL18 7 A7
Haford Rd / Ffordd Hafod CH7 46 A3
Haig Rd LL13 145 C1
Halcog LL11 65 F1
Halghtonhall La LL13 89 F2
Halghton La
Hanmer SY13 100 C8
Pandy LL13 90 B2
Halkett Cl CH4 51 E5
Halkyn Hall CH8 26 D5
Halkyn Rd Chester CH2 144 C4
Flint / Y Fflint CH6 27 F4
Holywell / Treffynnon CH8 21 C2
Halkyn St CH6 28 A6
Halkyn St / Heol Helygain CH8 21 B4
Halkyn Terr LL12 68 B7
Halkyn View CH5 38 D5
Hall Farm Pk* LL18 15 D6
Hallfield Cl CH6 27 F6
Hall La CH5 38 E6
Hall La / Stryt-y-Plas LL14 78 C2
Hall Sq / Sgwar Y Neuadd 18 LL16 140 C3
Hall St LL20 143 C4
Hall St / Stryd Y Neuadd LL14 85 C7
Hall St / Stryt y Neuadd LL14 78 E2
Hall View LL11 72 C3
Hals Cl CH5 38 C8
Halstonwood Cl LL13 73 D3
Halton Rd CH2 42 F6
Hamdden Cl LL16 121 B8
Hamilton Ave CH5 40 A3
Hamilton Cl LL13 73 F4
Hamilton Pl CH1 144 A2
Hamilton Rd CH5 38 D8
Hamilton St CH2 42 F3
Hamlington Ave LL11 72 D6
Hammond Ct LL18 7 E5
Hammond Sch
Chester CH2 144 A4
Hoole Bank CH2 43 B7
Hampden Ct LL13 145 A1
Hampden Rd LL13 145 A1
Hampden Way LL14 85 E3

Hampshire Dr LL11 ….73 B6
Hampson Ave LL13 ….80 C8
Hampsons Gr LL14 ….86 B5
Hampton Ave CH5 ….39 E4
Hampton Rd CH4 ….51 F6
Hancock's La CH7 ….48 A3
Handbridge CH4 ….144 B1
Handford Rd CH2 ….42 F6
Hand La / Yr Erw 1
LL14 ….78 F2
Handsworth Cres LL18 ….7 E6
Hankelow Cl CH2 ….144 B4
Hanmer Cl
Buckley / Bwcle CH7 ….48 C3
6 Overton LL13 ….98 C8
Hanmer Prim Sch SY13 ….101 A4
Hanmer Terr CH6 ….22 B4
Hanover Way LL13 ….80 B7
Happy Days Holiday Camp
LL22 ….6 B4
Harbbour Cl CH2 ….42 E7
Harding Ave LL18 ….15 F8
Harding Rd CH2 ….42 B8
Hardwynn Dr LL19 ….8 F8
Hardy Ave LL18 ….1 D5
Harebell Cl CH3 ….53 A6
Hare La CH3 ….43 D3
Harington Cl CH2 ….42 C8
Harington Rd CH2 ….42 C8
Harlech Ave CH5 ….38 D7
Harlech Cl CH7 ….48 C7
Harlech Cres LL19 ….2 F1
Haroldgate SY13 ….93 F1
Harrison Dr LL18 ….6 D5
Harrison Gr CH5 ….40 A3
Harrison's Row LL20 ….84 D3
Harrowby Rd 1 CH7 ….46 F4
Hartford Mews 5 CH3 ….43 B2
Hartford Way CH1 ….42 A2
Harthill Rd CH1 ….41 E6
Hartington St CH4 ….52 E7
Hartley Cl CH4 ….59 F7
Harwd Rd LL11 ….71 F8
Harwoods Cl LL12 ….68 D6
Harwood's La LL12 ….68 C6
Haslin Cres CH3 ….53 D7
Hatchmere Dr CH3 ….53 B8
Hatherton Way CH2 ….144 B4
Hatton Rd CH1 ….41 E6
Haulfryn
Ruthin / Rhuthin LL15 ….141 D5
Soughton / Sychdyn CH7 ….37 A1
Havard Way LL13 ….73 E1
Haven The LL14 ….78 F3
Hawarden Airport CH4,
CH5 ….50 D7
Hawarden Bridge Sta
CH5 ….39 C8
Hawarden Castle* CH5 49 D7
Hawarden Dr CH7 ….48 F5
Hawarden High Sch CH5 ….39 A1
Hawarden Ind Pk CH4 ….50 B6
Hawarden Inf Sch CH5 ….49 D8
Hawarden Pk CH4 ….50 B6
Hawarden Rd
Caergwrle LL12 ….66 B7
Penymynydd CH4 ….49 A1
Hawarden Sta CH5 ….49 C8
Hawarden View CH7 ….48 E6
Hawarden Way CH5 ….39 E3
Hawker Cl CH4 ….50 C4
Hawkesbury Rd CH7 ….48 C5
Hawklane Cl CH5 ….38 C6
Hawkstone Way / Rhodfa
Hawkstone 8 LL13 ….73 F3
Hawthorn Ave
Connah's Quay CH5 ….38 E6
Mold / Yr Wyddgrug CH7 ….46 E5
Hawthorn Cl
Connah's Quay CH5 ….39 B3
2 St. Martin's SY11 ….106 F6
Hawthorne Ave CH7 ….48 C4
Hawthorne Ave / Rhodfa'r
Doraenen Wen LL14 ….85 C3
Hawthorne Cl SY13 ….113 C3
Hawthorne Way / Rhodfa
Hawthorne LL12 ….66 F4
Hawthorn Rd Chester CH4 ….52 A6
Christleton CH3 ….53 E7
Hawthorn Rd / Ffordd Y
Ddraenen Wen LL12 ….67 F2
Hawthorns The
2 Ellesmere Urban SY12 ….109 A3
Wrexham / Wrecsam LL12 ….73 C3
Hawthorn View CH5 ….40 A7
Haydn Cl LL18 ….6 E5
Haydock Cl CH1 ….42 B2
Haydock Cl / Llys Heidog
CH7 ….57 F5
Haydock Rd LL13 ….89 A8
Haydon Way CH5 ….39 F6
Hayes Pk CH1 ….144 A4
Hayfield Dr LL12 ….67 F2
Haymakers Cl CH4 ….51 F4
Haymakers Way CH1 ….41 A8
Haytor Rd LL11 ….73 A4
Hazel Ave / Rhoda'f Gollen
LL11 ….72 D7
Hazel Ct Flint / Y Fflint CH6 ….27 E5
Rhyl / Y Rhyl LL18 ….7 E8
Hazel Dr CH4 ….49 B1
Hazel Gr Gwersyllt LL11 ….72 D7
Mold / Yr Wyddgrug CH7 ….46 E5
Trevor LL20 ….84 E1
Wrexham / Wrecsam
LL11 ….145 C4
Hazel Rd CH4 ….51 F5
Hazelwood Cl / Clos Y Gelli
CH5 ….38 D5
Hazelwood Cres CH5 ….48 F7
Headlands The CH1,
CH3 ….144 C2
Health St 4 CH5 ….39 B6
Heath Bank CH3 ….43 D5
Heath Cl CH3 ….53 B8
Heathcote Cl CH2 ….42 C4
Heather Cres LL19 ….8 F8
Heather Ct CH3 ….53 A8
Heatherdale Cl LL11 ….72 D6
Heathfields Cl CH2 ….144 B4
Heath La CH3 ….53 A8
Heath Rd CH2 ….42 E7
Heath Terr CH2 ….42 E8
Heathwood Cl / Clos y
Gweundia 2 LL11 ….72 D6
Heber Mount LL13 ….73 D2
Hedgeway Cl LL14 ….79 D7
Heigad / Highgate 17
LL16 ….140 C3
Heinzel Pk CH6 ….27 F7
Helfa Bach 2 LL14 ….95 E3
Hen Afon LL17 ….117 F8
Hen-Afon Rd LL18 ….7 E6
Henblas
Flint Mountain CH6 ….28 A1
Mold / Yr Wyddgrug CH7 ….46 E4
Henblas Rd LL14 ….79 D6
Henblas Sq LL13 ….145 C2
Henblas St / Stryt Henblast
LL13 ….145 C2
Hendir CH6 ….28 A1
Hendre-bach LL15 ….125 E1
Hendre Cl LL18 ….7 F1
Hendre Cotts LL15 ….125 E1
Hendre Ct LL19 ….3 B2
Hendy Rd
Mold / Yr Wyddgrug CH7 ….46 C4
Mold / Yr Wyddgrug CH7 ….46 E4
Hen Felin LL21 ….132 D3
Henffordd
Mold / Yr Wyddgrug CH7 ….46 F5
Nercwys CH7 ….56 D5
Hen Ffordd Bwlchgwyn / Old
Road Bwlchgwyn LL11 ….70 D6
Hen Ffordd Mwynglawdd /
Old Road Minera LL11 ….71 A5
Hen Ffordd Rhuthun / Old
Ruthin Rd LL16 ….120 E8
Hen Fuarth CH8 ….21 B4
Hengoed / Old Wood
LL11 ….72 C4
Henley Ave CH5 ….38 F6
Henley Rd CH4 ….51 F6
Henllan Pl / Llain Henllan 20
LL16 ….140 C3
Henllan St / Stryd Henllan
LL16 ….140 B3
Henlle Cl SY11 ….105 F1
Henlle Gdns SY11 ….105 F1
Hen Lon LL16 ….116 F3
Henrietta St CH5 ….39 B6
Henry Pl CH1 ….144 B3
Henry's Ave LL18 ….14 E4
Henry St Rhostyllen LL14 ….79 D6
Ruabon / Rhiwabon LL14 ….86 A5
Henry Taylor St CH6 ….28 B6
Henry Wood Ct CH4 ….51 E6
Henshall St CH1 ….144 A4
Heol Abon LL20 ….95 B8
Heol Afon LL17 ….16 A1
Heol Awstralia / Australia St
14 LL14 ….78 E2
Heol Bathafarn LL11 ….71 D3
Heol Bennion 5 LL20 ….95 B8
Heol Berwyn 4 LL20 ….95 B8
Heol Bronwydd LL14 ….86 A8
Heol Bryniog LL11 ….71 D3
Heol Cadfan LL11 ….71 E3
Heol Caer / Chester St
CH6 ….28 B7
Heol Camlas LL11 ….72 C8
Heol Caradoc
Coedpoeth LL11 ….71 C4
Rhosllanerchrugog LL14 ….78 D1
Heol Cefn LL11 ….72 C8
Heol Cefnydd
Cefn-Mawr LL14 ….85 B1
3 Cefn-mawr LL14 ….95 B8
Heol Celyn LL11 ….71 E3
Heol Clwyd LL17 ….16 A1
Heol Clwyd / Clwyd St
9 Rhyl / Y Rhyl LL18 ….7 B7
Ruthin / Rhuthin LL15 ….141 C5
Heol Dafydd LL12 ….73 C6
Heol Ddwr / Water St
CH7 ….24 B6
Heol Ddyfrdwy LL14 ….86 A8
Heol Dinas LL12 ….73 C5
Heol Dirion LL11 ….71 D3
Heol Eifion LL14 ….78 F1
Heol Esgob LL17 ….15 F1
Heol Esgob / Bishop's Wlk
LL20 ….143 D5
Heol Fammau CH7 ….47 D6
Heol Fawr / High St
Caerwys CH7 ….24 B6
Holywell / Treffynnon CH8 ….21 B4
Heol Glyndwr LL11 ….71 E3
Heol Graigfab 2 LL14 ….95 B8
Heol Gryffudd / Griffith's Rd
LL11 ….71 D3
Heol Gwenallt LL11 ….71 D3
Heol Gwynfa / Paradise St 11
LL18 ….7 B7
Heol Hafod
Coedpoeth LL11 ….71 E3
Johnstown LL14 ….86 A8
Heol Hebog / Falcon Rd
LL13 ….73 E2
Heol Helygain / Halykn St
CH8 ….21 B4
Heol Helyg / Willow Rd
LL11 ….71 C4
Heol Hendre LL18 ….7 F1
Heol Horeb LL11 ….71 C2
Heol Hyfryd LL11 ….72 C8
Heol Hyfrydle LL11 ….71 D3
Heol Isaf / Lower Rd
LL11 ….71 C2
Heol Islwyn LL11 ….71 E3
Heol Kenyon LL14 ….86 A8
Heol Llanddewi LL12 ….73 C7
Heol Llanteg LL12 ….73 C7
Heol Llawhaden 1 LL12 ….73 C6
Heol Llewelyn LL11 ….71 C3
Heol Llugwy / Llugwy Rd
LL18 ….6 D4
Heol Llundain / London Rd
LL21 ….142 D3
Heol Mabon LL14 ….85 D7
Heol Maelor
Coedpoeth LL11 ….71 D3
Johnstown LL14 ….86 A8
Heol Mona LL11 ….71 C4
Heol Offa Coedpoeth LL11 ….71 E3
Johnstown LL14 ….86 A8
Tanyfron LL11 ….71 E5
Heol Orsaf LL14 ….86 B8
Heol Pedr LL11 ….72 C7
Heol Penally LL12 ….73 C7
Heol Penderyst LL20 ….84 F1
Heol Pen-y-Bal / Pen-y-Ball
St CH8 ….21 A4
Heol Penyfelin LL11 ….71 C1
Heol Sussex / Sussex St 17
LL18 ….7 B7
Heol Tywysog CH8 ….26 E5
Heol Wen LL11 ….71 E3
Heol-y-Berwyn / Berwyn St
LL21 ….132 D4
Heol-y-Brenin
Holywell / Treffynnon CH8 ….21 B5
Tremeirchion LL17 ….117 F7
Heol Y Brenin / King St
CH7 ….46 F5
Heol-y-Brenin / King St
CH7 ….47 A6
Heol-y-Bryn
Flint / Y Fflint CH6 ….28 B4
Penycae LL14 ….85 D7
Heol y Bryn / Hill St
LL20 ….143 D4
Heol-y-Capel / Chapel St
CH7 ….24 B6
Heol y Capel / Chapel St
LL20 ….143 D4
Heol Y Castell / Castle Rd
LL11 ….71 D3
Heol y Castell / Castle St
LL20 ….143 D5
Heol y Cedrwydd / Cedar
Mews LL11 ….72 C8
Heol-y-Coed LL11 ….72 C7
Heol-y-Cyngor LL14 ….86 B8
Heol-y-Dderwen CH7 ….57 F4
Heol-y-De / South St
CH7 ….24 B6
Heol y Farchnad / Market St
LL20 ….143 C5
Heol y Felin LL14 ….78 D2
Heol-y-felin / Mill St
LL20 ….143 D5
Heol-y-Fferm LL11 ….72 C8
Heol-y-Ffynnon LL11 ….72 F8
Heol Y Frenhines / Queen St
LL18 ….7 B7
Heol y Frenhines /
Queensway LL11 ….72 E8
Heol Y Fynwent / Cemetery
Rd LL11 ….71 C3
Heol-y-Gelli LL11 ….71 E3
Heol-y-Gogledd / North St
CH7 ….24 B7
Heol Y Goron CH7 ….57 F4
Heol-y-Llys 10 LL18 ….7 F7
Heol-y-Mynydd / Mountain
St 2 LL14 ….78 E2
Heol Y Nant / Nant Rd
LL11 ….71 C2
Heol-y-Parc LL11 ….72 E8
Heol Y Park / Park Rd
Coedpoeth LL11 ….71 C3
Ruthin / Rhuthin LL15 ….141 C5
Heol-yr-afon / Brook St
LL14 ….78 D1
Heol yr Afon / Brook St
LL14 ….78 E1
Heol Yr Efail / Smithy Rd
LL11 ….71 D3
Heol-yr-Eglwys LL11 ….72 C7
Heol-yr-Eglwys / Church St
CH6 ….28 A6
Heol Yr Iarll / Earl Rd 2
CH7 ….46 F4
Heol-y-Vro LL11 ….71 D3
Heol-y-Waen LL11 ….72 E8
Heol-y-Wal LL11 ….66 E1
Herbert Jennings Ave
LL12 ….73 C4
Hereford Pl CH1 ….42 A5
Hereward Rd CH3 ….43 B1
Heritage Cl / Clos
Treftadaeth 2 LL14 ….79 C6
Heritage Sq CH7 ….64 B8
Hermitage LL20 ….143 D4
Hermitage Ct CH1 ….41 A8
Hermitage Dr LL13 ….80 B7
Hermitage Rd CH1 ….41 B7
Heronbrook 1 SY13 ….103 E8
Heron Cl Broughton CH4 ….50 C4
Ellesmere Urban SY12 ….109 B3
Farndon CH3 ….69 F1
Heron Pl CH2 ….144 B4
Herons Way CH4 ….52 B3
Herriot Gr CH5 ….38 E1
Heulfre Jun Sch LL16 ….140 A3
Heulfryn LL14 ….78 E1
Heulfryn / Sunnyhill
LL11 ….72 C5
Heulwen Cl LL12 ….66 B8
Hewitt's La CH7 ….48 A4
Hewitt St CH2 ….42 F3
Hey La CH5 ….38 E1
Heywoods The CH2 ….42 C4
Hickmore Heys CH3 ….43 F5
Highbury Ave LL19 ….3 B3
Highbury Cl LL19 ….3 B4
Highbury Cres LL19 ….3 A3
Highcliffe Ave CH1 ….42 B4
Highcroft CH5 ….39 A5
Highcroft The CH5 ….38 C6
Higher Berse Rd LL11 ….72 A3
Higher Cl CH5 ….38 C7
Higher Common Cl CH7 ….48 C6
Higher Common Rd CH7 ….48 C6
Higher Common Way
CH7 ….48 C5
Higher Ferry CH1 ….51 B8
Higher La / Lon Uchaf
LL12 ….67 C6
Higher Shotton Farm
CH5 ….39 A5
Highfield
Hawarden / Penarlâg CH5 ….49 C8
Wrexham / Wrecsam LL11 ….72 A8
Highfield Ave CH7 ….47 E5
Highfield Com Prim Sch
CH1 ….41 F4
Highfield Dr CH7 ….48 C3
Highfield Pk LL18 ….7 D8
Highfield Rd Bagillt CH6 ….22 C3
Blacon CH1 ….41 D5
Wrexham / Wrecsam LL11 ….72 D5
Highfields SY13 ….92 A2
Highfields Ave SY13 ….103 F6
Highfield Villas CH7 ….46 F3
Highgate / Heigad 17
LL16 ….140 C3
Highgrove Cl / Clos
Highgrove 1 LL14 ….79 C6
Highland Ave CH5 ….39 A3
Highlands Cl / Clos Yr
Ucheldir 6 LL18 ….7 F2
Highland's Rd /
Ffordd-Yr-Ucheldir LL18 ….7 E2
High Meadow Ct / Llys Maes
Ucha CH6 ….27 F6
Highmere Dr CH5 ….38 C7
Highmore Ct LL13 ….80 E7
High Park Est CH7 ….45 F5
High Pk CH5 ….39 C1
High Ridge Dr / Ffordd Y
Crib Uchel LL14 ….79 E8
High St Bagillt CH6 ….22 C3
Bangor on Dee / Bangor-is-y-coed
LL13 ….88 F7
Brymbo LL11 ….71 E8
Caergwrle LL12 ….66 A8
Cefn-Mawr LL14 ….85 B1
Connah's Quay CH5 ….39 A7
3 Ellesmere SY12 ….109 C2
Farndon CH3 ….69 E2
Ffrith LL11 ….65 C3
Gresford LL12 ….67 D2
Johnstown LL14 ….79 A1
Llandrillo LL21 ….132 D4
Northop / Llan-eurgain CH7 ….37 A5
Overton LL13 ….98 C8
Rhostyllen LL14 ….79 C6
Rhosymedre LL14 ….85 C2
Rhuddlan LL18 ….7 E1
Ruabon / Rhiwabon LL14 ….86 A4
Saltney CH4 ….51 E7
St Asaph / Llanelwy LL17 ….16 B1
Trelawnyd LL18 ….10 A4
Weston Rhyn SY10 ….105 C4
Wrexham / Wrecsam, Gwersyllt
LL11 ….72 D8
Wrexham / Wrecsam,
Pentre Broughton LL11 ….72 A7
Wrexham / Wrecsam, Southsea
LL11 ….72 A4
High St / Heol Fawr
Caerwys CH7 ….24 B6
Holywell / Treffynnon CH8 ….21 B4
High St / Stryd Fawr
12 Denbigh / Dinbych
LL16 ….140 C3
Mold / Yr Wyddgrug CH7 ….46 F5
Prestatyn LL19 ….3 B2
High St / Stryt Fawr
LL13 ….145 C2
High St / Stryt Uchaf
LL20 ….135 C4
High St / Y Stryd Fawr
Dyserth LL18 ….8 F3
1 Rhyl / Y Rhyl LL18 ….7 B8
High St / Y Stryt Fawr
Coedpoeth LL11 ….71 C3
High St / Y Stryt Fawr
continued
Rhosllanerchrugog LL14 ….78 E2
Hightown Rd LL13 ….145 C2
Highvale CH5 ….38 C7
Highway The CH5 ….39 B1
Hilary Cl Chester CH3 ….43 B1
Denbigh / Dinbych LL16 ….140 E2
Hilbre Rd CH5 ….38 D8
Hillary Gr CH7 ….48 B4
Hillbury Rd LL13 ….80 A7
Hill Cl / Clos Yr Allt 2
LL14 ….85 C7
Hillcourt Ave CH6 ….22 D1
Hill Cres SY12 ….108 B7
Hill Crest
Ellesmere Urban SY12 ….109 C3
Penley LL13 ….99 E3
Wrexham / Wrecsam LL13 ….73 C2
Hillcrest Ct LL18 ….14 F2
Hill Ct LL13 ….80 C7
Hillewood Ave SY13 ….103 F6
Hillfield Rd CH5 ….39 B3
Hillock La LL12 ….67 F2
Hill Pk SY12 ….108 B6
Hill Rd CH4 ….52 E2
Hillrise LL13 ….80 C7
Hillsdown Dr CH5 ….38 D5
Hillside
Connah's Quay CH5 ….39 C1
Prestatyn LL19 ….3 C1
St Asaph / Llanelwy LL17 ….16 B1
Hillside Ave CH5 ….38 D7
Hillside Cres
Buckley / Bwcle CH7 ….48 B3
Mold / Yr Wyddgrug CH7 ….46 E6
Hillside Ct CH8 ….21 B5
Hillside Rd Blacon CH1 ….41 E4
Penymynydd CH4 ….49 A1
Hillside Way CH6 ….27 F5
Hills Lea CH6 ….28 A7
Hill St Cefn-Mawr LL14 ….85 B1
2 Cefn-mawr LL14 ….95 D8
Rhostyllen LL14 ….79 C6
Wrexham / Wrecsam, Brynteg
LL11 ….72 B6
Wrexham / Wrecsam,
Summer Hill LL11 ….72 C8
Hill St / Heol y Bryn
LL20 ….143 D4
Hill St / Penybryn LL21 ….142 D3
Hill St / Stryt Yr Allt
1 Penycae LL14 ….85 C7
Rhosllanerchrugog LL14 ….78 E1
Wrexham / Wrecsam LL11 ….145 B2
Hillsview Rd CH7 ….48 B3
Hilltop Cl CH5 ….38 E2
Hilltop Dr LL12 ….67 F3
Hilltop Flats LL12 ….67 F3
Hilltop Rd
Guilden Sutton CH3 ….43 F5
Rhyl / Y Rhyl LL18 ….7 E5
Hilltop View Rd LL12 ….73 D5
Hill View CH7 ….47 D6
Hilton Cl LL11 ….72 D8
Hilton Dr LL18 ….1 E5
Hinsley Dr / Rhodfa Hinsley
LL13 ….73 E4
Hiraddug Rd / Ffordd
Hiraddug LL18 ….9 A3
HM Stanley Hospl LL17 ….117 B8
Hobart Way CH1 ….41 C3
Hob La CH3 ….69 F5
Hoel Treffynnon / Holywell
St CH6 ….28 A7
Hoel y Dderwen / Oak St
LL20 ….143 D5
Hoel-y-plas LL14 ….95 C8
Hoel-y-Wern CH7 ….46 B2
Holbein Cl CH4 ….52 E6
Holborn Cres LL11 ….72 B5
Holkham The CH3 ….43 B1
Holland Park Dr LL18 ….7 E6
Holland Rd LL11 ….65 F1
Hollies The
Buckley / Bwcle CH7 ….48 C6
St. Martin's SY11 ….106 E5
7 Wrexham / Wrecsam
LL13 ….73 E3
Hollins La Ewloe CH5 ….48 F7
Whitchurch Rural SY13 ….103 D1
Hollowbrook Dr CH5 ….38 C6
Holly Bank Sch CH1 ….144 A4
Hollybush Cl LL11 ….72 F8
Hollybush La
Maelor South LL13 ….99 E7
Overton / Owrtyn LL13 ….89 D2
Overton / Owrtyn LL13 ….89 D3
Hollybush Terr LL11 ….72 F8
Holly Cl
Connah's Quay CH5 ….29 C1
1 Ellesmere SY12 ….109 A3
Mickle Trafford CH2 ….43 F8
Rhyl / Y Rhyl LL18 ….7 E8
Holly Cl / Clos Celynnen
CH7 ….48 B5
Holly Ct
5 Connah's Quay CH5 ….38 D8
Gresford LL12 ….67 D3
Holly Ct / Llys Celyn CH7 ….57 F5
Holly Dr
Mold / Yr Wyddgrug CH7 ….46 E5
Penymynydd CH4 ….49 B1
Hollyfield LL12 ….67 F3

Holly Gr
Connah's Quay CH5 39 B3
Wrexham / Wrecsam LL13 73 D2
Holly Grange SY10 105 F5
Holly Wlks LL12 145 C4
Holme Cl CH3 53 E7
Holm Oak LL11 145 B3
Holmwood Ave LL14 79 C5
Holt Rd / Ffordd Holt LL12 68 C7
Holt Rd / Stryt Holt LL13 73 D3
Holt's Com Prim Sch LL13 75 C7
Holt St / Stryt Holt LL13 145 C2
Holway Ct CH8 20 E6
Holway Rd CH8 20 E6
Holy Grange CH5 38 D7
Holyrood Cres LL11 73 A4
Holyrood Way CH3 43 B2
Holy Tree Cl / Llys Celyn CH5 38 E1
Holywell Cottage Hospl / Ysbyty Treffynnon CH8 21 B4
Holywell Cres LL18 6 E3
Holywell High Sch CH8 21 C5
Holywell Leisure Ctr* CH8 21 B4
Holywell Rd Ewloe CH5 38 E2
Flint / Y Fflint CH6 28 A7
St Asaph / Llanelwy LL17 16 E2
Holywell Rd / Ffordd Treffynnon CH7 24 B7
Holywell St / Hoel Treffynnon CH6 28 A7
Homedee Ho CH1 144 A3
Homestead Ave SY11 106 F6
Homestead La LL13 72 E1
Homestead La / Lon Homestead LL13, LL14 79 E8
Homestead The / Y Tyddyn LL14 79 E8
Honeysuckle Cl CH4 50 C3
Hoole Gdns CH2 43 B3
Hoole Ho CH2 43 B4
Hoole La CH2 43 A3
Hoole Rd CH2 42 F3
Hoole Way CH1 144 B3
Hope Hall Dr LL12 59 C1
Hope Pl LL18 7 B7
Hope Rd CH4 50 B3
Hope St Caergwrle LL12 66 A8
Chester CH4 51 F7
Wrexham / Wrecsam LL11 72 D7
Hope Sta LL12 59 B1
Hope St / Stryt Gobaith LL14 78 D2
Hope St / Stryt Yr Hob LL11 145 B2
Hope View Cotts LL12 66 A7
Hornbeam Ave / Rhoffa'r Teubren CH7 48 E4
Hornesby Cl CH5 38 C8
Horrocks Rd CH2 42 E5
Horseshoe La SY12 108 D5
Horseshoe Pass* LL20 131 A6
Horseshoe Pass / Bwlch Oernant LL20 131 A6
Horseshoe Pass View LL20 143 D4
Horsley Dr LL12 73 B6
Hoseley La LL12 68 A2
Hospital Of St John Almhouses CH1 144 A3
Hough Gn CH4 52 B7
Housesteads Dr CH2 42 F3
Housman Cl CH1 42 A5
Howard Rd CH4 51 D6
Howards Cl CH4 59 A8
Howard St CH5 38 F7
Howell Ave / Rhodfa Hywel 4 LL18 7 F2
Howell Dr LL18 7 F6
Howell's Sch LL16 140 D2
Howe Rd CH4 52 B7
HTM Bsns Pk LL18 15 D8
Hudsons Hill LL12 68 A2
Hughe's Row LL14 85 C3
Hugh St CH4 52 D7
Hugmore La LL13 74 D3
Hullah La LL13 73 D2
Hulleys Cl CH4 49 B1
Hunters Croft CH4 59 F7
Hunters Mdw LL13 81 D3
Hunter St CH1 144 A3
Hunters Way LL12 66 F4
Hunters Wlk
Chester CH1 144 A2
Chester CH1 144 A3
Huntington Com Prim Sch CH3 53 A5
Huntroyde Ave LL13 145 C1
Hunts Cl CH3 43 B1
Huntsman's Cnr LL12 73 E5
Hurlbutt's Dr CH5 39 D6
Hurst Newton LL14 79 E8
Hush Ho CH1 144 A2
Huxleys La LL12 59 B2
Hyfrydle LL18 8 E3
Hylas La / Lon Hylas LL18 15 F8
Hywelfa LL11 72 B5

I

Idwal LL14 85 D3
Ifton Heath Prim Sch SY11 106 E7
Imperial Ave CH1 41 C4
Imperial Terr 3 LL11 72 C3
Ince Dr CH3 69 F1
Ingham Cl CH3 43 A1
Inglewood Villas LL12 59 B1
Institute La CH7 38 A4
Irene Ave LL19 2 C1
Irving's Cres CH4 51 E6
Isabella Ct Ewloe CH5 38 E7
Sealand CH4 51 E6
Isfryn Rd E LL19 9 A7
Isfryn Rd S LL19 9 A7
Isglan Rd CH8 20 E8
Island Green Sh Ctr LL13 145 B2
Islwyn Ave LL18 7 D8
Is Terfyn LL17 16 A1
Is-y-Mynydd CH7 44 F7
Ithens Way LL13 80 B6
Iver Cl CH2 42 E7
Iver Rd CH2 42 E7
Ivy Cl LL11 73 A4
Ivy Cres CH7 46 E5
Ivy Ct
2 Connah's Quay CH5 38 D8
Pulford CH4 61 D2
Ivy Mews CH2 43 A5

J

Jackson Ct CH4 50 B7
Jaclyn Cl LL19 2 C2
James Pk / Parc Iago LL18 8 F3
James Pl CH2 42 F2
James St Chester CH1 144 B3
Rhostyllen LL14 79 C6
Jamieson Cl CH3 43 A2
Jarman Ave LL13 145 C1
Jarvis Way LL12 73 C4
Jasmine Cres CH7 46 E5
Jasmine Ct LL11 72 C4
Jefferson Rd CH5 39 A2
Jeffreys Cl LL12 73 C5
Jeffreys Rd LL12 73 D5
Jeffreys Terr LL20 84 F1
Jesmond Rd CH1 42 B2
JH Godwin Prim Sch CH1 41 D4
John's Ct LL12 67 F7
John's Dr LL18 14 F4
Johnsons Cl CH4 52 B5
Johnson St / Yr Hobin Cast LL14 78 E2
John St
Chirk / Y Waun LL14 95 E2
Llangollen LL20 143 C4
Rhyl / Y Rhyl LL18 7 A7
Ruabon / Rhiwabon LL14 86 A5
Wrexham / Wrecsam LL13 145 B1
Johnstown Inf Sch LL14 79 A1
Johnstown Jun Sch LL14 79 A1
John Summers High Sch CH5 39 C5
Jonathan's Way CH1 41 E5
Jones St / Pentre Felin LL14 78 D1
Jubilee Ct CH7 48 C4
Jubilee Dr CH8 26 F1
Jubilee Rd
Buckley / Bwcle CH7 48 C4
Wrexham / Wrecsam LL13 145 A2
Jubilee St CH5 39 B6
Jubilee Villas
Coedpoeth LL11 71 E3
10 Mold / Yr Wyddgrug CH7 46 F4
Julius Cl CH6 28 C5
July Cotts CH4 52 E2
Juniper Cl
Connah's Quay CH5 38 D7
Wrexham / Wrecsam LL12 73 D5
Juniper Cl / Clos Y Meryw LL12 67 F2
Juniper Ct CH2 43 B4
Juniper Way LL18 7 E8
Jupiter Dr CH1 41 E2
Jutland Ave LL11 72 D6

K

Karen Ct LL16 140 F2
Kathen Ct LL12 67 F2
Kaymaur Cl SY12 108 B6
Kearsley Ave CH5 39 A1
Kearsley Dr LL18 7 F5
Keats Cl CH5 48 F8
Keats Terr CH1 42 A5
Keens Rd LL17 16 A1
Kelso Cl / Clos Kelso LL13 80 E7
Kelsterton Ct CH5 29 C1
Kelsterton La
Connah's Quay CH6 29 B1
Flint / Y Fflint CH6, CH7 38 A8
Kelsterton Rd
Connah's Quay CH5, CH6 29 C2
Flint / Y Fflint CH6 29 A3
Kelvin Gr CH2 42 E4
Kempton Cl CH1 42 B2
Kendal Cl CH2 43 A6
Kendall Way LL12 73 C6
Kendal Rd LL18 6 E5
Kenfig Pl 2 LL14 85 C1
Kenilworth Ho CH1 144 C3
Kennedy Cl CH2 43 A5
Kennedy Dr CH5 39 D2
Kennington Cres CH5 39 D4
Kensington Ave CH5 39 A5
Kensington Cl CH4 52 A6
Kensington Cl / Clos Kensington 3 LL14 79 C6
Kensington Gn CH4 51 F6
Kensington Gr / Llwyn Kensington LL12 73 C5
Kensington Rd CH4 52 A6
Kenstone Cl CH7 47 A4
Kent Ave CH5 39 B5
Kent Cl CH4 49 B1
Kent Dr LL11 73 B6
Kent Gdns CH2 42 F5
Kentigern Ct LL17 16 B1
Kent Rd Brymbo LL11 71 F7
Chester CH2 42 F5
Connah's Quay CH5 38 D8
Wrexham / Wrecsam LL11 72 A6
Kenyon Ave LL11 73 B5
Kerfoot Ave LL18 7 E1
Kerfoot's Cvn Camp LL22 6 B4
Keristal Ave CH3 53 A7
Kerry Pl LL12 73 C2
Kestrel Cl CH5 38 D5
Keswick Cl CH2 43 A5
Ketlan Ct CH4 51 E7
Ketland Cl CH5 39 C6
Killins La CH5 39 A5
Kilmorey Park Rd CH2 42 F3
Kilmorey Pk CH2 42 F4
Kilmorey Pk Ave CH2 144 C4
Kiln Cl CH7 48 A5
Kiln Cl / Lon Odyn CH6 28 A6
Kiln La LL12 59 C1
Kimberley Terr CH2 42 F2
Kinard Dr LL18 7 C8
King Edward Bldgs 4 CH3 43 A1
King Edward Dr CH6 28 A5
King Edward St CH5 39 B6
Kingfisher Cl CH3 69 F1
Kingfisher Wlk SY12 109 B3
King George Ct LL11 70 E8
King George St CH5 39 A6
Kings Ave
Flint / Y Fflint CH6 28 B6
Greenfield / Maes-Glas CH8 21 C7
Rhyl / Y Rhyl LL18 7 B7
Kings' Ave / Rhodfa Brenin 2 LL19 3 B2
King's Bldgs CH1 144 A3
Kingsbury 1 SY11 106 F7
Kingsbury Cl CH6 27 E6
Kings Cl Chester CH4 51 F5
Wrexham / Wrecsam LL13 80 C7
King's Cres E CH3 43 A1
King's Cres W CH3 43 A1
Kings Croft CH5 29 D1
Kingsfield Ct CH4 52 C3
King's Jun Sch CH4 52 B4
King's La LL14 85 B2
Kings Lea Ho CH3 53 A8
Kingsley Ave LL18 7 C6
Kingsley Gdns CH3 53 B8
Kingsley Rd Chester CH3 53 B8
Garden City CH5 39 F7
Kingsmead CH2 42 C8
Kingsmills Rd LL13 80 C8
Kings Oak Ct LL13 80 C7
Kings Rd CH5 38 D8
King St Cefn-Mawr LL14 85 B2
Chester CH1 144 A3
Leeswood / Coedllai CH7 58 A4
King St / Heol Y Brenin CH7 46 F5
King St / Heol-y-Brenin CH7 47 A6
Kingston Dr CH5 38 D7
Kingston Rd 6 LL18 7 A7
Kingstown LL12 73 C2
King St / Stryt y Brenin LL11 145 B3
King St / Stryt y Brenin 6 LL14 78 E1
Kingsway Chester CH2 42 F5
Connah's Quay CH5 39 A6
Hope / Yr Hôb LL12 66 C8
Kinmel Bay / Bae Cinmel LL18 6 E2
Kingsway High Sch CH2 42 F5
Kingsway W CH2 42 E4
Kingswood La CH1 41 C8
Kinmel Cl LL18 6 D5
Kinmel Cres LL18 6 C5
Kinmel Dr
Bodelwyddan LL18 14 F3
Kinmel Bay / Bae Cinmel LL18 6 D5
Kinmel Park Ind Est LL18 14 F3
Kinmel St / Stryd Cilmael LL18 7 B7
Kinmel Terr 15 LL18 7 B7
Kinmel Way / Maes Cinmel LL22 6 B3
Kinnerton Cl CH4 51 E5
Kinnerton Hts CH4 60 A7
Kinnerton La
Higher Kinnerton CH4 59 F8
Penymynydd CH4 49 E1
Kinnerton Rd CH4, LL12 59 D4
Kipling Cl CH5 48 E8
Kipling Rd CH1 41 F5
Kirby Ave LL19 3 D3
Kirby Cl CH2 42 D5
Kirkett Ave CH4 59 F7
Kirkwood Cl CH3 43 A2
Kitchen St CH1 42 B1
Knights Gn CH6 28 B6
Knowle La CH7 48 C5
Knowles Ave
Prestatyn LL19 3 A1
Rhyl / Y Rhyl LL18 1 E5
Knowles La SY12 111 B3
Knowl La CH3 69 E5
Knowl The CH3 69 F5
Knowsley Ave LL18 7 D7
Knutsford Way CH1 41 F2
Kohima Cres CH3 53 B5
K.U.S. Ind Est CH5 50 A6
Kynaston Dr CH4 51 C7
Kynaston Pl 1 LL14 95 C8
Kynaston Rd LL19 2 C2

L

Laburnam Cl SY11 106 F6
Laburnam Dr 6 SY12 109 A2
Laburnum Ct LL12 67 B4
Laburnum Dr LL18 7 E8
Laburnum Gr CH4 51 E6
Laburnum Way LL13 69 D1
Laburnum Way / Ffordd Euron LL12 67 A5
Laburnus Gr 9 LL11 72 C3
Lache Hall Cres CH4 51 F4
Lache La
Chester, Roughill CH4 51 E3
Chester, Westminster Park CH4 52 B5
Roughhill CH4 51 D1
Lache Park Ave CH4 52 A6
Lache Prim Sch CH4 52 A5
Lady Bagot's Dr
Pentre Llanrhaeadr LL15 120 F1
Ruthin / Rhuthin LL15 121 A2
Lake Ave LL18 7 A6
Lakelands Sch SY12 109 A1
Lakeside CH4 52 B2
Lakeside Bsns Village CH5 38 F1
Lakeside Cl
Buckley / Bwcle CH7 48 B7
Chester CH2 42 F7
Gresford LL12 67 D2
Lake View LL12 73 D5
Lake View Terr LL12 67 D2
Lakewood CH4 52 B2
Lambpit St LL11, LL13 145 C2
Lambpit St / Stryt Yr Lampit LL14 85 C7
Lamb's La CH7 48 D4
Lancaster Dr CH3 43 B2
Lancaster Pk CH4 50 A3
Lancaster Terr LL14 85 C3
Lane End LL13 99 F4
Lane The SY13, SY14 91 C3
Langdale Ave
Buckley / Bwcle CH7 48 D5
Rhostyllen LL14 79 D6
Langdon Ho CH4 52 A7
Langford Cl LL13 73 E3
Langford Cres CH7 47 F4
Langford Dr LL18 6 D5
Langport Dr CH3 43 C2
Lansbury Gr LL11 72 B5
Lansdowne Gr CH4 52 A7
Lansdowne Rd CH5 29 D1
Lansdown Rd CH4 50 B4
Larch Ave CH5 39 B4
Larch Cl 1 SY12 109 A2
Larch Dr LL18 7 E8
Larches The CH5 48 F7
Larchfields CH1 41 A8
Larch Gr LL13 73 D2
Larch Way CH4 51 E6
Larchwood Rd LL12 73 D5
Larkmount Rd LL18 7 E7
Larksfield Cl LL12 59 B3
Larkspur Cl CH4 51 F4
Larne Dr CH4 50 D4
Laurel Cl LL12 67 F2
Laurel Ct LL18 7 E8
Laurel Dr CH7 48 C4
Laurel Gr Chester CH2 43 A3
Johnstown LL14 79 A1
Laurel Grove Mews LL22 6 B3
Laurels Ave LL13 89 A7
Laurels Cl SY12 109 B1
Laurels The LL12 73 C4
Lavender Ct 7 CH5 39 B6
Lavister Gdns 2 LL12 73 B6
Lavister Wlks LL12 61 C1
Lawn Dr CH2 42 D7
Lawn The LL18 7 C8
Lawnt-y-Pentre CH6 28 A1
Lawrence St CH5 40 A3
Laws Gdns CH3 53 A8
Lawson Cl LL12 145 C4
Law St CH2 42 F3
Lawton Ho LL14 86 A6
Lazy Acre Cvn Pk CH8 4 D4
Leaches Cl CH5 39 E3
Leaches La CH5 39 E3
Leadbrook Dr CH6 28 D3
Lead Mills / Melin Blwm CH7 47 A5
Lea Dr CH7 48 C4
Leadworks La CH1 144 C3
Leahurst Cl CH2 42 F4
Leahurst Way LL11 72 E8
Lea Rd / Ffordd y Ddol LL13 145 B2
Leaside Rd CH1 41 E6
Ledsham La CH5 49 B6
Leen La CH1 144 B2
Lee St CH1 144 C3
Leeswood Rd CH7 48 B4
Leete Ave CH7 35 F2
Leete Pk CH7 35 E3
Leicester La
Broughton CH4 49 F2
Higher Kinnerton CH4 59 F8
Leicester Terr LL16 140 C2
Leighstone Ct CH2 144 A4
Leighton Ct / Cwrt Leighton CH5 38 E8
Leonard Ave LL18 7 E6
Leonard St CH1 42 B3
Level Cotts CH5 48 F8
Level Rd Ewloe CH5 48 F8
Hawarden / Penarlâg CH5 38 F1
Lewis Terr CH8 5 D1
Lexham Green Cl CH7 48 C4
Leyfield Ct CH4 51 F5
Leyland Dr CH4 51 C6
Lichfield Cl LL13 73 F5
Lichfield Dr LL19 2 E2
Lichfield Rd CH1 41 F5
Lido Beach Cvn Pk LL19 2 F3
Lightfoot St CH2 42 F2
Lighthouse Bsns Pk LL19 3 A3
Lilac Ave LL18 7 E8
Lilac Dr CH4 59 A8
Lilac Way LL11 145 A3
Lime Ave LL12 67 E2
Lime Cl
Connah's Quay CH5 38 D7
2 Ellesmere SY12 109 A2
Lime Gr Chester CH2 43 A3
Saltney CH4 51 D6
Lime St LL11 65 D3
Limes The LL12 68 B7
Lime Tree Dr CH3 69 F1
Lincoln Cl / Clos Lincoln 2 LL13 73 E4
Lincoln Dr CH2 43 A5
Lincoln Rd Blacon CH1 41 F5
Connah's Quay CH5 39 A2
Lindale Cl CH5 38 C7
Linden Ave
Chirk / Y Waun LL14 95 E3
Connah's Quay CH5 38 D7
Whitchurch SY13 103 F7
Wrexham / Wrecsam LL13 80 C8
Linden Cl LL19 3 C2
Linden Ct CH5 38 D8
Linden Dr
Mold / Yr Wyddgrug CH7 46 D3
Prestatyn LL19 3 C1
Linden Gr Chester CH2 43 A4
Saltney CH4 51 D6
Linden Gr / Gelli'r Eurmen LL12 67 A5
Linden Wlk LL19 3 C2
Linderick Ave CH7 48 A5
Lindfield Dr LL13 81 D3
Lindfields CH4 51 F6
Lindisfarne Cl / Clos Lindisfarne LL14 86 B6
Lindum Cl / Clos Lindum CH7 47 C7
Links Av / Rhodfa Dolennau 4 LL18 7 F1
Links The
Gwernaffield / Y-Waun CH7 45 E5
Wrexham / Wrecsam LL13 73 F4
Linksway CH2 42 C7
Linley Ave LL14 79 B1
Linley Pl LL11 73 A6
Linthorpe Cl CH7 48 C5
Linthorpe Gdns CH7 48 D4
Linthorpe Rd CH7 48 C5
Linwood Cl CH4 49 B1
Lion La SY12 99 C3
Lisburne Gr LL13 73 D6
Little Abbey Gateway CH1 144 A3
Little Acton Dr LL12 73 B5
Little Heath Rd
Chester CH3 43 E1
Christleton CH3 53 E8
Little Mdws / Dolydd Bychain LL11 72 E8
Little Mountain Ind Est CH7 48 E4
Little Mountain Rd CH7 48 F3
Little Paddock LL18 6 E2
Little Roodee CH5 50 B7
Little St John St CH1 144 B2
Littleton La CH3 43 E2
Liverpool Rd
Buckley / Bwcle CH7, CH5 48 C7
Chester CH2 42 C6
Ewloe CH5 38 F2
Whitchurch SY13 103 F6
Liverpool Terr LL21 142 E3
Lixwm Cty Prim Sch CH8 25 D3
Llafar y Nant LL20 135 C4
Llain Goch LL15 141 B5
Llain Henllan / Henllan Pl 20 LL16 140 C3
Llain Hiraethog LL16 118 C8
Llain Portland / Portland Pl 18 LL16 140 C3

Llanarmon Rd LL20 ... 135 C4
Llanarmon Road / Ffordd Llanarmon LL11 ... 70 B7
Llanasa Rd LL19 ... 4 C2
Llanbedr Hall LL15 ... 121 F2
Llandaff Dr LL19 ... 2 E2
Llanddulas Avenue / Rhodfa Llandulas LL18 ... 6 E3
Llandore Cl CH5 ... 38 C4
Llandrillo Prim Sch LL21 ... 132 D4
Llandrillo Rd LL21 ... 132 F7
Llanerch Crossing LL17 ... 117 B7
Llanerch Hall LL17 ... 117 C7
Llanfair St / Stryt Llanfair LL15 ... 141 D4
Llanfynydd CP Sch LL11 ... 65 C6
Llangollen Com Hospl LL20 ... 143 C5
Llangollen Motor Mus* LL20 ... 143 B8
Llangollen Railway* LL21 ... 130 B2
Llangollen Road / Ffordd Llangollen LL14, LL20 ... 85 C3
Llangollen Sta* LL20 ... 143 C5
Llangollen Terr / Y Craig LL14 ... 85 C2
Llannefydd Sch LL16 ... 116 B5
Llanrhaeadr-ym-Mochnant CP Sch SY10 ... 138 A1
Llanrhydd Rd / Ffordd Llanrhydd LL15 ... 141 D5
Llantysilio CW Sch LL20 ... 131 A3
Llawr-y-Dyffryn LL15 ... 141 B5
Llay Ct LL12 ... 67 A3
Llay Hall Ave / Rhodfa Plas Llai LL12 ... 67 A4
Llay Ind Est (North) / Ystad Ddiwydiannol Llai (Gogledd) LL12 ... 66 F6
Llay Ind Est (South) / Ystad Ddiwydiannol Llai (De) LL12 ... 66 F5
Llay New Rd / Ffordd Newydd Llai
Llay LL12 ... 67 A3
Wrexham / Wrecsam LL11 ... 72 F8
Llay Pl Ave LL12 ... 67 A4
Llay Rd Cefn-y-Bedd LL12 ... 66 E4
Rossett LL12 ... 67 F6
Lleprog La CH6 ... 27 B6
Llewellyn St CH5 ... 39 A6
Llewelyn Ct Brymbo LL11 ... 65 F1
Rhyl / Y Rhyl LL18 ... 7 F6
Llewelyn Dr CH7 ... 47 E6
Llewelyn Rd LL11 ... 71 E5
Llewelyn's Est LL16 ... 140 B2
Llidiart Annie LL20 ... 131 A3
Llidiart-cae-hir LL20 ... 138 C5
Llindir St LL16 ... 116 F3
Lloyd Ave LL16 ... 140 B3
Lloyd Cl CH3 ... 69 E2
Lloyd Pl CH1 ... 41 E4
Lloyd's Cres CH8 ... 11 E4
Lloyds Hill CH7 ... 48 E6
Lloyd's La / Lon Lloyd LL14 ... 95 E1
Lloyd St CH6 ... 28 B7
Lluesty Hospl / Ysbyty Lluesty CH8 ... 21 B2
Llugwy Rd / Heol Llugwy LL18 ... 6 D4
Llwybr-Hir CH7 ... 18 E4
Llwybry y Fuwch LL20 ... 131 D4
Llwydiarth 1 LL14 ... 78 E2
Llwyn Aled CH8 ... 21 A4
Llwyn Alun LL12 ... 59 B1
Llwyn Bach CH7 ... 46 D3
Llwyn Bach / The Small Woods 11 LL14 ... 86 A4
Llwyn Bedw CH7 ... 45 F6
Llwyn Derw CH7 ... 47 D6
Llwyn Eglwys LL12 ... 59 B1
Llwyn Einion Rd LL14 ... 78 D4
Llwyn Eithin CH7 ... 46 E3
Llwyn Elwy LL17 ... 16 A1
Llwyn Goodwood / Goodwood Gr CH7 ... 57 F5
Llwyn Harlech LL18 ... 14 F4
Llwyn Helig / Willow Gr CH7 ... 48 B7
Llwyni Dr CH5 ... 38 C5
Llwyn-Ifor La CH8 ... 20 D8
Llwyn Kensington / Kensington Gr LL12 ... 73 C5
Llwyn Mair 5 LL16 ... 140 B3
Llwyn Menlli LL15 ... 141 E4
Llwyn Mesen LL19 ... 9 A6
Llwynon Cl CH7 ... 47 E5
Llwyn Onn
Flint Mountain CH6 ... 28 B2
Prestatyn LL18 ... 9 D7
St Asaph / Llanelwy LL17 ... 117 A8
Llwyn Onn / Ash Gr CH7 ... 57 F5
Llwyn Onn La CH7 ... 28 B2
Llwyn Rhuthun LL18 ... 14 F4
Llwyn-y-Coed / Wood Gr CH7 ... 57 F5
Llwyn-y-Rhos LL16 ... 120 E7
Llygadog LL21 ... 142 C5
Llyn Brenig Archaeological Trail* LL16 ... 123 E8
Llyn Brenig Visitor Ctr* LL21 ... 123 C5
Llyndir La LL12 ... 68 B8
Llys Acasia / Acacia Ct LL12 ... 67 A5
Llys Aderyn Du LL18 ... 8 A8
Llys Alafowlia LL16 ... 140 E4
Llys Alarch LL18 ... 8 A7
Llys Aled LL19 ... 2 E3
Llys Alexandra / Alexandra Ct CH7 ... 48 C4
Llys Alun Rhydymwyn CH7 ... 35 E3
St Asaph / Llanelwy LL17 ... 117 A8
Llys Alwen LL18 ... 7 F7
Llys Alyn
Connah's Quay CH5 ... 38 C4
Wrexham / Wrecsam LL11 ... 72 D8
Llys Ambrose CH7 ... 46 D3
Llys Ann CH7 ... 58 A4
Llys Argoed CH7 ... 47 D5
Llys Armon CH8 ... 25 D2
Llys Arthur LL22 ... 6 B3
Llys Awelon LL11 ... 145 C4
Llys Bedw LL20 ... 143 E4
Llys Bedw / Birch Ct CH7 ... 57 F5
Llys Bedwen LL18 ... 7 F8
Llys Ben CH7 ... 38 A4
Llys Berllan CH7 ... 47 F5
Llys Bodnant
1 Prestatyn LL19 ... 3 B2
3 Rhyl / Y Rhyl LL18 ... 7 F7
Llys Bran LL19 ... 2 E3
Llys Branwen LL18 ... 6 D4
Llys Brenig Ewloe CH5 ... 48 E8
Rhyl / Y Rhyl LL18 ... 7 F8
Llys Brunswick 1 LL18 ... 7 C7
Llys Bryn Eglwys CH7 ... 46 F5
Llys Buddug 3 LL19 ... 3 B2
Llys Cadnant 7 LL18 ... 7 F7
Llys Caer CH4 ... 50 A3
Llys Cae'r Glo CH7 ... 37 B1
Llys Canol CH8 ... 21 B4
Llys Caradoc LL22 ... 6 B3
Llys Caradog LL17 ... 117 B6
Llys Catrin
Denbigh / Dinbych LL16 ... 140 F3
Rhyl / Y Rhyl LL18 ... 7 F8
Llys Ceibren / Chevrons Ct CH5 ... 39 B5
Llys Ceirios LL16 ... 117 C5
Llys Celyn / Holly Ct CH7 ... 57 F5
Llys Celyn / Holy Tree Cl CH5 ... 38 E1
Llys Cerddin / Rowan Cl CH7 ... 48 D4
Llys Cerrig LL17 ... 117 B6
Llys Charles LL22 ... 6 B3
Llys Clwyd
Denbigh / Dinbych LL16 ... 140 F3
St Asaph / Llanelwy LL17 ... 117 A8
Llys Colomen LL18 ... 8 A7
Llys Cowlyd 6 LL18 ... 7 F7
Llys Cregyn LL18 ... 6 E5
Llys Cynan LL18 ... 6 E6
Llys Cynffig LL18 ... 6 E4
Llys Dafydd LL18 ... 6 E4
Llys Daniel Owen CH7 ... 46 E6
Llys David Lord LL13 ... 145 A2
Llys Dedwydd
Mynydd Isa CH7 ... 47 D5
Pentre Halkyn CH8 ... 26 D6
Rhyl / Y Rhyl LL18 ... 7 F8
Llys Degwm CH7 ... 57 C1
Llys Delyn 1 LL18 ... 7 F7
Llys Derw LL14 ... 78 F2
Llys Derw / Acorn Cl CH7 ... 48 E4
Llys Derwen
Higher Kinnerton CH4 ... 59 F8
Mold / Yr Wyddgrug CH7 ... 47 A4
Llys Dewi Gronant LL19 ... 4 A3
Pen-y-ffordd CH8 ... 11 C8
Rhyl / Y Rhyl LL18 ... 7 F8
Llys Dinas 2 LL18 ... 7 F7
Llys Dyffryn Dyfrdwy / Dee Valley Ct LL14 ... 85 B3
Llys Edmund Prys LL17 ... 15 C1
Llys Edward Gronant LL19 ... 4 B3
Towyn LL22 ... 6 B3
Llys Eglwys CH8 ... 21 C7
Llys Eirlys LL18 ... 7 F8
Llys Eithin CH7 ... 38 A4
Llys Elinor LL18 ... 6 E4
Llys Enfys
Gwernymynydd CH7 ... 46 A1
Rhosesmor CH7 ... 36 A5
Llys Eos LL18 ... 8 A8
Llys Erw LL15 ... 141 B5
Llysfaen Ave LL18 ... 6 D5
Llys Famau LL15 ... 141 A5
Llys Fammau
Denbigh / Dinbych LL16 ... 140 F3
Mynydd Isa CH7 ... 47 D5
Pantymwyn CH7 ... 45 C6
Llys Fennant / Fennant Ct LL14 ... 79 A2
Llys Glan Aber LL18 ... 7 C6
Llys Glanrafon LL18 ... 6 E6
Llys Glyndwr LL22 ... 6 B3
Llys Golygfa'r Maes / Meadowview Ct CH5 ... 49 B4
Llys Gwennol LL18 ... 8 A8
Llys Gwilym LL16 ... 120 F5
Llys Gwyddfid CH7 ... 64 B8
Llys Gwylan LL18 ... 8 A7
Llys Gwynant
Bryn-y-baal CH7 ... 47 E6
Rhyl / Y Rhyl LL18 ... 7 F7
Llys Gwyrdd LL11 ... 71 F8
Llys Hafod 6 LL14 ... 79 A1
Llys Heidog / Haydock Cl CH7 ... 57 F5
Llys Helyg LL18 ... 7 F8
Llys Helyg / Willow Cl CH7 ... 48 E4
Llys Hendre LL18 ... 7 F1
Llys Idris LL17 ... 16 B1
Llys Iorwg CH7 ... 46 F5
Llys Iwan LL19 ... 4 A3
Llys John Dafis CH7 ... 46 E6
Llys Llannerch LL17 ... 117 B6
Llys Llewelyn LL22 ... 6 B3
Llys Llydaw LL19 ... 2 E3
Llys Madoc LL22 ... 6 B3
Llys Maesteg CH8 ... 21 E6
Llys Maes Ucha / High Meadow Ct CH6 ... 27 F6
Llys Maes Y Ffynnon / Springfield Ct CH4 ... 60 A8
Llys Mai CH7 ... 48 A5
Llys Menden CH7 ... 46 D4
Llys Mervyn CH7 ... 46 E6
Llys Miaren 3 LL18 ... 7 F8
Llys Morgan LL18 ... 7 E6
Llys Mornant CH8 ... 5 D1
Llys Mostyn LL18 ... 10 A4
Llys Mymbr LL19 ... 2 E3
Llys Nercwys CH7 ... 47 A2
Llys Offa 5 LL19 ... 3 B2
Llys Ogwen LL19 ... 2 E3
Llys Owain LL12 ... 66 F4
Llys Owen
Ffynnongroyw CH8 ... 5 D1
Gronant LL19 ... 4 A3
Llys Padarn Ewloe CH5 ... 48 E8
4 Rhyl / Y Rhyl LL18 ... 7 F7
Llys Pant Derw CH5 ... 38 C6
Llys Pendefig LL18 ... 6 D5
Llys Pendre CH7 ... 24 B6
Llys Penuel 8 LL14 ... 78 E2
Llys Pen-y-Cefndy LL18 ... 7 D5
Llys Pen-y-Ffordd LL18 ... 7 F2
Llys Pen-y-Glyn CH6 ... 27 F1
Llys Peris 5 LL18 ... 7 F7
Llys Pont-y-Felin CH7 ... 47 A6
Llys Preswylfa CH7 ... 46 E4
Llys Rhedyn / Bracken Ct LL11 ... 71 E2
Llys Rhuddlan / Rhuddlan Ct 5 CH4 ... 51 F6
Llys Robin Goch LL18 ... 8 A7
Llys Sant Iago / St James Ct CH5 ... 29 D1
Llys Sion LL18 ... 7 F8
Llys Taf LL18 ... 7 F7
Llys Teg LL16 ... 117 C5
Llys Tegid LL18 ... 7 F7
Llys Thomas Jones 1 LL16 ... 140 C3
Llys Tomas Sant / St Thomas Ct CH6 ... 28 A1
Llys Tomos 6 CH5 ... 39 B6
Llys Trahearne LL18 ... 6 E4
Llys Tremhyfryd / Bellevue Ct LL13 ... 145 B1
Llys Trewithan LL17 ... 16 B2
Llys Tudela Cilnant CH7 ... 46 D4
Llys Tudor LL22 ... 6 B3
Llys Tudur
Denbigh / Dinbych LL16 ... 140 F2
Rhyl / Y Rhyl LL18 ... 7 F8
Llys Tywi LL18 ... 7 F7
Llys Vyrnwy LL19 ... 2 E3
Llys Wylfa CH7 ... 47 D5
Llys-y-Barcty LL20 ... 143 D4
Llys-y-Berllan
Greenfield / Maes-Glas CH8 ... 21 B7
Ruthin / Rhuthin LL15 ... 141 E4
Llys Y Castell LL18 ... 6 F3
Llys Y Coed LL21 ... 132 D3
Llys-y-Coed CH7 ... 47 A2
Llys y Coed LL11 ... 145 B4
Llys Y Faner LL16 ... 140 E3
Llys-y-Felin LL17 ... 16 B2
Llys Y Ffynnon LL16 ... 140 C3
Llys Y Foel Dyserth LL18 ... 8 F2
Mold / Yr Wyddgrug CH7 ... 47 A3
Llys-y-Fron CH7 ... 46 D4
Llys Y Gamog LL16 ... 140 D3
Llys Y Garreg CH7 ... 46 A6
Llys-y-Gerddi LL18 ... 7 D5
Llys-y-Goron CH7 ... 24 B7
Llys Y Grawys 6 LL16 ... 140 B3
Llys-y-Marchog LL18 ... 6 D5
Llys-y-Mor CH8 ... 20 D6
Llys-y-Nant
Mold / Yr Wyddgrug CH7 ... 47 A3
Pentre Halkyn CH8 ... 26 E5
Llys-y-Pentre CH7 ... 24 C4
Llys-yr-Awel CH7 ... 47 A3
Llys Yr Efail
Mold / Yr Wyddgrug CH7 ... 46 F4
Wrexham / Wrecsam LL11 ... 72 A4
Llys Yr Erwain LL16 ... 117 C5
Llys Yr Orsaf / Station Ct 5 LL11 ... 72 D7
Llys-yr-Wyddfa LL18 ... 7 F8
Llys-y-Tywysog
8 Rhyl / Y Rhyl LL18 ... 7 F8
Tremeirchion LL17 ... 117 F7
Llys Y Wennol LL16 ... 116 F3
Llys-y-Wennol CH8 ... 12 C2
Llys Y Wennol CH7 ... 38 A4
Llys-y-Wern CH7 ... 37 A1
Llys Y Wern CH7 ... 57 B1
Lodge Gdns CH2 ... 42 D6
Lodge Rd LL11 ... 72 F4
Lodge Villas CH7 ... 57 E1
Loggerheads Ctry Pk* CH7 ... 45 D2
Lon Abram / Abraham's La 3 LL16 ... 140 C3
Lon Aeron 6 LL18 ... 7 F8
Lon Alun LL16 ... 140 E5
Lon Alwen LL19 ... 3 B2
Lon Bedw LL18 ... 7 F8
Lon Berse / Berse La
Rhostyllen LL14 ... 79 C8
Wrexham / Wrecsam LL11 ... 72 C1
Lon Blackwood / Blackbrook Dr LL14 ... 86 B6
Lon Brombil / Broomhill La 15 LL16 ... 140 C3
Lon Bryn Coch / Bryn Coch La CH7 ... 46 F3
Lon Brynhyfryd LL15 ... 141 E5
Lon Brynli LL19 ... 2 E1
Lon Cadfan LL19 ... 8 E8
Lon Cae Del Ewloe CH5 ... 48 F8
Mold / Yr Wyddgrug CH7 ... 46 D4
Lon Cae Glas LL15 ... 121 F2
Lon-Cae-Gwilym / Cae Gwilym La LL14 ... 85 B1
Lon Caerau LL16 ... 140 E4
Lon Carlton / Carlton Dr LL11 ... 72 D8
Lon Ceiriog
Denbigh / Dinbych LL16 ... 140 E3
Prestatyn LL19 ... 8 E8
Lon Celyn CH5 ... 38 D7
Lon Celynnen LL18 ... 7 F7
Lon Cerys LL16 ... 140 E5
Lon Cilan CH7 ... 44 F8
Lon Copner LL16 ... 140 D3
Lon Cox / Cox La LL12 ... 68 B5
Lon Cristionnydd / Cristionnydd La LL14 ... 85 C6
Lon Crown / Crown La 9 LL16 ... 140 C3
Lon Cwybr LL18 ... 7 E2
Lon Cynan LL19 ... 2 E1
Lon Dderwen CH5 ... 38 D7
Lon Delph / Delph La 17 LL14 ... 78 E2
Lon Delyn LL19 ... 3 B3
Lon Derwen LL16 ... 140 F2
Lon Derw / Oak La LL17 ... 16 B2
London Rd
Soughton / Sychdyn CH7 ... 37 A1
Trelawnyd LL18 ... 10 A4
London Rd / Heol Llundain LL21 ... 142 D3
Lon Dyffryn LL16 ... 140 F2
Lon Dyfi LL19 ... 2 D2
Lon Dyrpeg / Turnpike La LL12 ... 67 F3
Lon Dywoddog / Sandy La LL12 ... 67 F3
Lon Dywyll / Dark La
Hope / Yr Hôb LL12 ... 66 F8
Llay LL12 ... 67 A7
Lon Eglyn 4 LL18 ... 7 F8
Lon Eirin LL22 ... 6 B2
Lon Eirlys LL19 ... 3 B3
Lon Elan LL19 ... 8 F7
Lon Esless / Esless La LL14 ... 79 E7
Lon Fammau LL16 ... 140 E5
Lon Fawr LL15 ... 141 B4
Long Acre LL18 ... 8 D3
Longacre Dr CH6 ... 22 D2
Lon Ganol / Middle La LL16 ... 140 C3
Longdale Dr CH1 ... 41 C5
Lon Gefn / Back Row 11 LL16 ... 140 C3
Longfellow Ave CH5 ... 48 E8
Longfield LL14 ... 95 E1
Longfield Ave CH2 ... 42 E7
Long La
Bronington SY13 ... 102 D4
Chester CH2 ... 42 F7
Wrexham / Wrecsam LL11 ... 72 A6
Lon Glyn LL16 ... 140 E5
Lon Goch / Grove Rd LL16 ... 140 D3
Lon Goed CH8 ... 20 E6
Lon Grango / Grango La LL14 ... 78 E2
Lon Groes CH6 ... 27 F6
Longueville LL13 ... 80 A7
Longview Rd LL11 ... 72 B7
Lon Gwernydd LL15 ... 141 A7
Lon Gwynant CH5 ... 48 E8
Lon Gwyndaf LL19 ... 2 E1
Lon Hafren LL18 ... 7 F7
Lon Hedyn LL18 ... 7 F8
Lon Heulog LL18 ... 6 D4
Lon Homestead / Homestead La LL13, LL14 ... 79 E8
Lon Howell LL16 ... 140 F2
Lon Hylas / Hylas La LL18 ... 15 F8
Lon Isaf CH7 ... 47 A4
Lon Islwyn LL19 ... 8 E8
Lon Jack-Ffwrn LL16 ... 116 F4
Lon Las LL16 ... 116 F3
Lon Lelog 5 LL18 ... 7 F8
Lon Llewelyn LL16 ... 140 B2
Lon Lloyd / Lloyd's La LL14 ... 95 E1
Lon Llwyni CH5 ... 38 C5
Lon Mafon LL18 ... 7 F8
Lon Menlli LL15 ... 141 E4
Lon Nant LL16 ... 140 F2
Lon Nwy / Gas La CH7 ... 47 A4
Lon Odyn / Kiln Cl CH6 ... 28 A6
Lon Olwen LL18 ... 6 D4
Lon Parc / Park St LL16 ... 140 D3
Lon Parcwr LL15 ... 141 C6
Lon Parcwr Bsns Pk LL15 ... 141 C6
Lon Penrhyn / Penrhyn Dr LL11 ... 72 E8
Lon Pentre / Pentre La LL12 ... 67 B3
Lon Pont Y Capel / Pont Y Capel La LL12 ... 67 B1
Lon Rhosyn 7 LL18 ... 7 F8
Lonsdale Ct CH4 ... 51 F4
Lon Shellbrook / Shellbrook Dr LL14 ... 86 B6
Lon Speiriol-Isaf LL15 ... 141 D4
Lon Speiriol-Uchaf LL15 ... 141 E4
Lon Swan / Chapel St 7 LL16 ... 140 C3
Lon Syr Herbert CH7 ... 24 B6
Lon Taliesin LL19 ... 2 E1
Lon Tilsli LL19 ... 8 E8
Lon Tywysog LL16 ... 140 F2
Lon Uchaf / Higher La LL12 ... 67 C6
Lon Walker / Walkers La 5 LL14 ... 78 F2
Lon Wen LL18 ... 7 F8
Lon Werdd / Green La LL20 ... 143 C5
Lon Wynne LL16 ... 140 E5
Lon-y-Berth CH7 ... 46 D3
Lon Y Capel / Chapel La LL12 ... 67 B6
Lon Y Capel / Chapel St 1 CH6 ... 28 A6
Lon Y Cryddion / Cobblers La LL12 ... 67 A8
Lon y De / South La LL14 ... 78 E2
Lon Y Fedw Arian LL16 ... 140 E4
Lon Y Felin / Mill La LL14 ... 85 B1
Lon-y-Fron CH8 ... 26 E5
Lon-y-Gegin / Gegin La LL12 ... 67 C5
Lon Y Gelli LL16 ... 140 E4
Lon-y-Gelli LL12 ... 73 C7
Lon-y-Gog CH7 ... 28 B1
Lon Y Mynydd CH8 ... 20 D2
Lon-y-Parc CH7 ... 46 E3
Lon-y-Pentref / Pentre La LL18 ... 7 F2
Lon Y Plas CH6 ... 27 F2
Lon-y-Porthmyn / Drovers La CH7 ... 24 B7
Lon-y-Post / Post Office La LL16 ... 140 C3
Lon Yr Orsaf CH7 ... 47 A4
Lon Yr Ysgol CH7 ... 24 B6
Lon yr Ysgol / School La LL14 ... 78 F2
Lon Ystrad LL18 ... 7 F7
Lon y Wern / Wern La 11 LL14 ... 78 E1
Lord St CH3 ... 42 F2
Lord St / Stryt Yr Arglwydd 2 LL11 ... 145 B2
Lorne St Chester CH1 ... 144 A3
Wrexham / Wrecsam LL11 ... 145 B3
Lothian Pk LL17 ... 16 B1
Louise St CH1 ... 144 A3
Love La
Denbigh / Dinbych LL16 ... 140 C2
Mold / Yr Wyddgrug CH7 ... 46 F5
Love St CH1 ... 144 B2
Lower Aston Hall La CH5 ... 39 B2
Lower Bank Terr LL18 ... 10 A4
Lower Bridge St CH1 ... 144 B1
Lower Brook St CH5 ... 29 D1
Lower Dee Mill Exhibition Ctr* LL20 ... 143 D5
Lower Dee View Rd CH8 ... 21 C7
Lower Denbigh Rd / Ffordd Isaf Dinbych LL17 ... 117 A8
Lower Field Rd CH4 ... 52 A5
Lower Mill Dr LL11 ... 72 C3
Lower Minster LL12 ... 73 C6
Lower Mountain La LL12 ... 59 C4
Lower Mountain Rd CH4 ... 59 B6
Lower Mountain Rd / Ffordd Mynydd Isa LL14 ... 85 D8
Lower Mumforth St CH6 ... 28 B7
Lower Park Rd CH4 ... 144 C2
Lower Rd / Heol Isaf LL11 ... 71 C2
Lower St LL17 ... 16 B1
Lower Sydney St CH6 ... 28 B7
Lowther Cl LL18 ... 6 E3
Lowther Ct LL18 ... 15 A4
Lucerne Cl CH3 ... 53 B6
Ludlow Cl LL13 ... 89 A8
Ludlow Rd
Bangor on Dee / Bangor-is-y-coed LL13 ... 89 A8
Blacon CH1 ... 42 A5
Ludwell Cl CH4 ... 52 B6
Luke St LL17 ... 16 B1
Lumley Pl CH1 ... 144 B2
Lumley Rd CH2 ... 42 C4
Lupin Dr CH3 ... 53 B6
Lyme Gr CH7 ... 48 D4
Lyndale Gr LL12 ... 73 C5
Lyndon Dr LL18 ... 6 E3

Lyneal La SY12 110 D2
Lynfield Cl CH5 38 D7
Lynton Cl CH4 51 F6
Lynton Pl CH4 50 B4
Lynton Wlk LL18 7 D8
Lynwood Dr LL18 7 D8
Lynwood Rd CH1 41 F5
Lyons Holiday Pk LL18 2 A1
Lyon St CH1 144 B3
Lyons Yd (Cvn Site) CH5 39 E4
Lytham Ct / Cwrt Lytham 4 LL13 73 F3

M

Machynlleth Way CH5 38 C6
McKeown Cl CH5 38 C5
Madeley Cl CH4 50 C4
Madiera Hill / Allt Madiera LL13 145 B1
Madras Sch LL13 99 E4
Madryn Ave LL18 7 D6
Maelor Ave / Rhodfa Maelor LL14 85 D8
Maelor Cl
Buckley / Bwcle CH7 48 C3
Wrexham / Wrecsam LL11 72 B7
Maelor Ct LL13 88 C1
Maelor Pl LL14 86 A4
Maelor Rd LL14 79 A1
Maelor Sch LL13 99 F4
Maelor Terr Acrefair LL14 85 B3
Wrexham / Wrecsam LL11 72 B5
Maelor View Brymbo LL11 65 E1
Marchwiel LL13 80 F4
Maengwyn Ave CH5 38 C7
Maesafallen LL21 142 E5
Maes Afon CH6 27 F6
Maes Alarch CH8 12 A5
Maes Alaw
Flint / Y Fflint CH6 28 B5
Rhuddlan LL18 7 E1
Maes Aled LL16 118 C8
Maes Alyn LL11 72 F6
Maes Annedd LL21 125 A1
Maes Arthur 2 LL18 7 F6
Maes Bache LL20 143 D3
Maes Bedwen LL18 7 E2
Maes Bodlonfa CH7 46 E4
Maes Brenin LL13 81 C7
Maes Bryn Melyd LL18 7 F6
Maes Caenog LL15 125 C5
Maes Cantaba LL15 141 E4
Maes Cefndy LL18 7 D6
Maes Ceirios / Cherry Field LL11 72 C4
Maes Celyn
Llanbedr Dyffryn Clwyd LL15 121 F2
Northop / Llan-eurgain CH7 36 F6
Wrexham / Wrecsam LL13 80 A7
Maes Cibyn LL12 66 B6
Maes Cinmel / Kinmel Way LL22 6 B3
Maes Clwyd
Llandyrnog LL16 121 B7
Rhyl / Y Rhyl LL18 7 F6
Maes Collen LL20 143 D4
Maes Creiniog LL16 118 C8
Maes Cwm 4 LL18 7 F6
Maes Cynfaen CH8 20 E2
Maes Derw LL15 121 C3
Maes Derwen
Llanbedr Dyffryn Clwyd LL15 121 F2
Rhuddlan LL18 7 E2
St Asaph / Llanelwy LL17 16 B2
Maes Derwydd LL14 85 C3
Maes Dolwen
Henllan LL16 116 B5
Ruthin / Rhuthin LL15 141 B5
Maes Eithen LL11 72 B5
Maes Emlyn
Pen-y-ffordd CH8 11 C8
Rhyl / Y Rhyl LL18 7 C8
Maes Enion LL14 78 D2
Maes Esgob LL18 8 E3
Maes Famau 1 LL18 7 F6
Maes Ffyddion LL18 7 E1
Maes Ffynnon LL15 141 B5
Maes Gaer 5 LL18 7 F6
Maes Garmon CH7 127 A7
Maes Glan LL14 78 D1
Maes Glas Dyserth LL18 8 E3
Ewloe CH5 48 F8
Flint / Y Fflint CH6 27 F6
Prestatyn LL19 3 B3
Trueddyn CH7 57 C1
Wrexham / Wrecsam LL13 145 A1
Maesglas Ave LL16 140 B3
Maesglas / Greenfield LL11 145 B4
Maes Glyndwr CH7 57 C1
Maes Gogor LL16 118 C8
Maes Gruffydd
Soughton / Sychdyn CH7 37 A1
Trefnant LL16 117 C5
Maes Grug LL14 78 F2
Maes Grugoer LL16 118 F6
Maes Gwalia CH7 37 B1
Maes Gwelfor CH8 26 D6
Maes Gwern CH7 46 F2
Maesgwyn LL18 6 D3
Maes Gwyn
Flint / Y Fflint CH6 28 C5
Llanarmon-yn-Lal CH7 63 A5
Maes Gwynfryn CH8 4 E3
Maesgwyn Rd / Ffordd Maesgwyn LL11 145 A3
Maes Gynnan CH7 127 A7
Maes Hafal LL15 121 D5
Maes Hafod LL15 141 B5
Maes Hedydd LL18 7 E7
Maes Helyg LL18 7 E1
Maes Hir LL21 132 D4
Maes Hiraddug LL18 9 A3
Maes Hyfryd
Coedpoeth LL11 71 E3
Cynwyd LL21 132 F8
Maes-hyfryd 7 LL16 140 B3
Maes Hyfryd LL18 8 E3
Maes-Hyfryd CH6 28 A5
Maes Hyfryd
Pentre-celyn LL15 126 C5
Ruthin / Rhuthin LL15 141 D6
St Asaph / Llanelwy LL17 16 D3
Wrexham / Wrecsam LL11 72 F6
Maes Ial CH7 127 A7
Maes Isaf Johnstown LL14 79 A1
Rhyl / Y Rhyl LL18 7 F6
Maes Llan
Gwernaffield / Y-Waun CH7 45 F6
Llanarmon-yn-Ial CH7 127 A7
Llandyrnog LL16 121 B8
Maes Llewelyn
Rhyl / Y Rhyl LL18 7 E6
Treuddyn CH7 57 C1
Maes Lliwen LL16 119 D5
Maesllwyn Cl SY13 102 A4
Maesllwyn La SY13 101 F4
Maes Lygan CH8 26 E5
Maes Madoc LL14 85 C3
Maes Madog LL20 135 F5
Maes Maenefa LL18 7 F6
Maes Mathonwy LL16 140 B3
Maesmawr Rd LL20 143 F4
Maes Mawr Rd / Ffordd Maes Mawr LL20 84 C3
Maes Meillion LL11 71 A4
Maes Menlli
Rhyl / Y Rhyl LL18 7 F6
Ruthin / Rhuthin LL15 141 E4
Maes-Meredydd LL20 135 F5
Maes Meugan LL15 141 E4
Maes Meurig LL19 8 F7
Maesmor Cotts LL21 128 B3
Maes Offa LL18 10 A4
Maes Onnen LL18 7 E2
Maesowain LL21 130 C1
Maes Owen
Bodelwyddan LL18 14 E4
Mold / Yr Wyddgrug CH7 46 E6
Maes Pengwern LL20 143 E3
Maes Rathbone LL17 16 D3
Maes Rhosyn
Rhuddlan LL18 7 E2
Towyn LL22 6 A2
Maes Rhydwen CH8 11 F1
Maes Robert LL17 116 E6
Maes Sadwrn LL16 116 F3
Maes Stanley LL18 14 E4
Maestag 6 LL11 72 D8
Maesteg Cymau LL11 65 E4
Gwynfryn LL11 70 D5
Wrexham / Wrecsam LL11 72 B5
Maes Teg
Flint / Y Fflint CH6 28 A4
Llandegla LL11 127 B3
Penycae LL14 85 C8
Trefnant LL16 117 C5
Maes Tegid LL19 3 A1
Maes Telford LL20 84 F2
Maes Tomos LL13 80 A7
Maes Tyddyn LL11 71 D3
Maes Tyrnog LL16 121 B7
Maes Uchaf CH5 38 C4
Maes Walwen CH6 21 E6
Maes Wepre CH5 38 C5
Maes Y Blanhigfa / The Nurseries CH6 27 F5
Maes-y-Bryn Rhuddlan LL18 7 F2
Trelogan CH8 10 F4
Maes-y-Capel LL11 71 C3
Maes-y-Coed
Flint / Y Fflint CH6 27 F6
Saltney CH4 51 E6
Wrexham / Wrecsam LL11 72 E7
Maes Y Coed Rd LL16 140 D4
Maes-y-Coed Terr CH7 24 B4
Maes y Dderwen SY10 138 A1
Maes Y Delyn LL15 124 F8
Maes-Y-Don Dr LL18 1 D5
Maes-y-Dre CH7 24 C7
Maes Y Dre LL16 140 B3
Maes-y-dre Gronant LL19 4 A3
Mold / Yr Wyddgrug CH7 46 E6
Maes-y-Dre Ave CH6 28 B5
Maesydre Rd LL12 145 C4
Maes-y-Dyffryn CH8 21 C7
Maes-y-Efail LL16 116 F3
Maes y Fedwen LL21 130 C6
Maes-y-Fedwen Arian LL17 117 A8
Maes-y-felin LL16 120 F5
Maesyffynnon Rd LL11 70 E5
Maes-y-Ficerdy LL14 78 F1
Maes-y-Foel LL18 8 F3
Maes-y-Gog LL18 8 A8
Maes-y-Gornel LL14 78 D3
Maes Y Goron LL16 140 B3
Maes-y-Graig LL16 23 B1
Maes-y-Groes LL19 3 B2
Maes-y-Gwanwyn LL14 79 C5
Maes-y-Lan La LL14 86 B4
Maes-y-Llan LL21 129 F2
Maes y Llan
Llansilin SY10 139 D2
Towyn LL22 6 A4
Maes-y-Llan Rd LL15 141 F4
Maes-y-Llys LL18 8 E3
Maes Y March CH7 46 E5
Maes Y Meillion CH7 57 F4
Maes-y-Nant LL14 85 B7
Maes Y Parc 3 LL18 7 F6
Maes Y Plwm CH8 20 E6
Maes-yr-Afon CH8 21 D5
Maes Yr Efail LL21 129 B5
Maes-yr-Eglwys LL16 140 B3
Maes-yr-Haf
Mold / Yr Wyddgrug CH7 46 E4
4 Wrexham / Wrecsam LL12 73 B7
Maes-yr-Hafod LL21 122 D1
Maes Yr Haul CH7 46 E3
Maes Yr Odyn CH8 21 B4
Maes yr Onnen / Ashfield Rd LL11 145 A4
Maes Yr Ysgol
Chirk / Y Waun LL14 95 E1
Flint / Y Fflint CH6 27 F6
Maes Yr Ysgubor / Barnfield LL13 145 C1
Maes-y-waen LL21 129 E2
Maesywern LL20 135 E4
Maes-y-wern CH7 46 B2
Mafryn LL20 84 E2
Magazine La CH7, CH5 38 C2
Magnolia Ct LL18 7 E7
Magnolia Dr 9 SY12 109 A2
Main Rd Broughton CH4 50 B4
Higher Kinnerton CH4 59 F6
Soughton / Sychdyn CH7 37 A1
Main Rd / Ffordd Fawr LL11 72 F6
Mainwaring Dr CH4 51 C7
Mairion Terr CH8 5 D1
Mais-Einion LL20 138 F8
Maitland Way CH1 41 D4
Makepeace Cl CH3 43 C3
Mallard Ct CH2 42 F7
Mallory Wlk CH4 61 A7
Mallow Cl CH3 53 A6
Mall The
16 Mold / Yr Wyddgrug CH7 46 F4
Prestatyn LL19 3 A4
Malt Ho The CH7 37 C6
Maltkiln La
Whitchurch Rural SY13 113 E7
Whixall SY13 112 C2
Malvern Dr LL11 72 D6
Malvern Rd CH1 42 A5
Manbry Cl CH5 38 C7
Mancot La CH5 39 D3
Mancot Royal Cl CH5 39 D3
Mancot Way CH5 39 E3
Manley Ct CH5 39 B7
Manley Rd Coedpoeth LL11 71 C3
Wrexham / Wrecsam LL13 73 C1
Manning La S CH2 43 A5
Mannings La CH2 43 B6
Mannings La S CH2 43 A5
Manod Rd LL19 9 A7
Manor Cl Broughton CH5 50 C7
Prestatyn LL19 3 C1
Manor Cl / Clos Y Plasty LL12 66 F4
Manor Cres CH4 50 C8
Manor Dr Bagillt CH6 22 E1
Buckley / Bwcle CH7 48 C4
Chester CH3 43 C1
Manor Farm Cl CH2 43 F8
Manor Farm Ct CH5 50 B7
Manor Gr LL11 72 E7
Manor House National Nature Reserve Base* SY13 112 E6
Manor Ind Est CH6 22 D2
Manor La Broughton CH5 50 B7
Marford LL12 68 B6
Manor Pk Broughton CH4 50 B7
Soughton / Sychdyn CH7 37 A1
Manor Pk / Park Manor CH6 22 E1
Manor Rd Chester CH4 52 B5
Sealand CH5 40 A6
Manor Way LL18 6 E5
Mansfield Ave CH5 48 F8
Maple Ave
4 Ellesmere SY12 109 A3
Rhyl / Y Rhyl LL18 7 E7
Wrexham / Wrecsam LL12 73 C3
Maple Cl / Clos Y Fasarnen LL12 67 F2
Maple Cres CH5 48 F8
Maple Dr LL14 85 C3
Maple Gr Chester CH2 43 B4
Saltney CH4 51 D5
Maplewood Gr CH1 41 B8
Mapplewood Ave CH5 39 F7
Marble Church* LL18 15 A3
Marble Church Gr LL18 15 A4
Marbury Ave CH7 48 C3
Marbury Rd CH3 43 C2
Marcella Cres LL13 81 A4
Marcella's Ct LL16 140 F2
Marchnad y Bobl / The Peoples Mkt LL13 145 C2
Mare Hey La CH5 38 E1
Mareilian Ave LL12 68 A2
Marford Hill LL12 68 A4
Marford Hts LL12 67 F5
Marian CH6 28 B4
Marian Dr CH3 53 B8
Marina Dr Chester CH2 42 E7
Connah's Quay CH5 39 B6
Marine Dr LL18 1 D5
Marine Flats CH3 53 E7
Marine Par LL18 1 D5
Marine Rd LL19 3 B3
Marine Rd E LL19 3 C4
Marion Rd LL19 2 D2
Mark Cl CH2 42 F2
Market Sq CH1 144 A2
Market Sq / Y Farchnad CH6 28 A7
Market St
4 Ellesmere SY12 109 B2
Llanrhaeadr-ym-Mochnant SY10 138 A1
Market St / Heol y Farchnad LL20 143 C5
Market St / Stryd Y Farchnad 5 LL18 7 B7
Market St / Stryt y Farchnad
2 Rhosllanerchrugog LL14 78 E1
Ruthin / Rhuthin LL15 141 C5
Wrexham / Wrecsam LL13 145 C2
Marlborough Ave
Ewloe CH5 48 F8
Hawarden / Penarlâg CH5 49 A8
Marlborough Ct 1 CH3 43 B2
Marlborough Gr LL18 6 F6
Marlborough Rd LL13 81 F8
Marlbrook LL14 85 D3
Marl Croft CH3 53 B7
Marleston Ct CH4 51 E1
Marley Way CH4 51 E7
Marl Heys CH2 42 E7
Marlow Ave CH2 42 F7
Marlowe Ave CH5 38 F6
Marlowe Cl CH1 42 A5
Marlow Terr 22 CH7 46 F4
Marlston Ave CH4 52 A6
Marlwood Pl CH4 50 A3
Marnel Dr CH5 39 E4
Marsh Cres LL12 73 C3
Marsh La CH6 28 B7
Marsh Rd Rhuddlan LL18 15 D8
Rhuddlan LL18 7 D1
Rhyl / Y Rhyl LL18 7 B6
Marsh View CH5 39 A7
Marsland Cl SY11 107 A6
Martin Cl CH2 42 C8
Martin Rd CH2 42 C8
Marton Rd CH4 50 C3
Masefield Dr CH1 41 E6
Mason Ave LL13 145 C1
Mason St CH2 144 A3
Matthais Rd LL11 72 B7
Matthew Cl CH2 42 F2
Maude St
Connah's Quay CH5 38 F7
Rhyl / Y Rhyl LL18 7 A7
Mawddwy Ave LL11 145 B4
Maxwell Ave CH5 39 E3
Maxwell Cl
Buckley / Bwcle CH7 48 C5
Gresford LL12 67 D1
Maxwell Dr / Gyrfa Macswell CH7 57 F5
Maybury Ave LL20 135 C4
Maydor Ave CH4 51 C7
Mayfeild Gr LL18 7 E8
Mayfield Ct LL12 67 A3
Mayfield Dr CH7 47 F4
Mayfield Mews CH7 48 A5
Mayfield Rd CH1 41 D5
Mayflower Dr / Rhodfa Blodyn Mai LL12 67 F2
May Terr LL17 16 B1
Maytree Ave CH3 43 B2
Mayville Ave LL11 145 B4
Mayville Ave / Rhodfa Mayville LL12 67 A3
Meadow Ave CH7 48 E6
Meadowbank CH8 20 F6
Meadow-Bank Cl CH6 27 F5
Meadowbrook Cl LL13 81 D3
Meadow Cl CH3 69 F1
Meadow Cl / Y Dolydd LL14 79 E7
Meadow Cres LL12 66 A8
Meadowcroft
Cross Lanes LL13 81 D3
Higher Kinnerton CH4 60 A7
3 Whitchurch Urban SY13 103 E8
Meadow Ct LL22 6 B2
Meadow Field Rd CH4 52 A5
Meadow La CH3 53 A5
Meadow Lea LL13 73 C1
Meadow Pl 4 CH7 46 F4
Meadow Rd CH4 50 C4
Meadow Rise CH4 59 A7
Meadow Rise / Allt Y Ddol LL12 67 B5
Meadowside
Connah's Quay CH5 39 A1
Mold / Yr Wyddgrug CH7 46 E6
Meadowside Mews CH1 42 B4
Meadows La
Chester CH4 144 C1
Prestatyn LL19 9 A8
Saughall CH1 41 A8
Meadowslea Hospl CH4 59 A6
Meadows Pl CH4 52 E7
Meadows The
Connah's Quay CH5 39 B5
Flint / Y Fflint CH6 28 A6
Prestatyn LL19 9 A8
Wrexham / Wrecsam LL11 72 D6
Meadows View LL12 67 F2
Meadowsway CH2 42 D8
Meadow View
Buckley / Bwcle CH7 48 F3
Sealand CH5 40 A6
Tanyfron LL11 71 E5
Meadowview Ct / Llys Golygfa'r Maes CH5 49 B4
Meadow View Rd SY13 103 F7
Meadow Villas CH8 21 C7
Meadway Cl / Clos Meadway LL11 72 E8
Mechanics' La CH5 39 E4
Medea Dr LL18 1 D5
Medlar Cl CH4 51 F5
Meg's La CH7 48 C3
Meifod LL16 116 F3
Meifod Pl LL13 145 B1
Meifod Rd / Ffordd Meifod LL16 116 F3
Melbourne Rd Blacon CH1 41 D4
Buckley / Bwcle CH7 48 B4
Melbreck Ave CH5 39 A1
Melford Pl CH5 38 D4
Meliden Rd LL19 9 A7
Melin Blwm / Lead Mills CH7 47 A5
Melin-y-Dre CH8 21 B7
Melkridge Cl CH2 43 A3
Melling's La 8 LL16 140 C3
Melrose Ave Chester CH3 43 B2
Connah's Quay CH5 39 B4
Melverly Dr CH1 41 C4
Melwood Cl CH4 49 A1
Melyd Ave Johnstown LL14 79 A1
Prestatyn LL19 9 A8
Menai Ave LL18 7 B6
Menai Rd LL13 73 E1
Menai Way / Ffordd Menai 5 LL11 72 D8
Mendip Cl LL11 72 D6
Mercer Way CH4 51 F6
Mercia Dr CH7 47 D5
Mercier Dr LL18 1 D5
Mercury Ct CH1 41 E2
Mercury Units LL18 6 D2
Mere Cres LL13 73 E5
Merecroft 1 CH3 43 A1
Meredith Cl LL18 7 D6
Meredith Cres LL18 7 D6
Meredith St LL13 145 A1
Meres Visitor Ctr* SY12 109 D2
Merfyn Way LL18 7 F6
Merion Cl LL18 7 D5
Merlin Ct 7 LL14 79 A1
Merlin Rd LL12 73 C6
Merlin St 5 LL14 79 A1
Merllyn LL17 117 E7
Merllyn Ave CH5 38 D7
Merllyn La CH6 22 C3
Merllyn Prim Sch CH6 22 C2
Merllyn Rd LL18 7 E7
Merton Dr CH4 52 A4
Merton House Sch CH2 42 C4
Merton Pl LL18 7 E4
Mertyn La CH8 20 D7
Methodist Hill 4 LL20 95 A7
Methven Dr LL19 2 C2
Meynell Pl CH1 42 A5
Michaels Rd LL18 7 E5
Micklegate CH2 43 E8
Mickle Trafford Village Sch CH2 43 E8
Middlecroft CH3 43 E5
Middle La Alford CH3 62 F3
Hope / Yr Hôb CH4, LL12 59 D4
Middle La / Lon Ganol LL16 140 C3
Middle Rd LL11 71 C2
Middle Row CH6 22 C2
Middle St LL14 95 C8
Midlothian Ho CH1 144 C3
Milborne Cl CH2 42 E5
Mile Barn Rd LL13 73 E5
Milford St CH7 46 F5
Millais Cl CH5 38 C8
Millars Ct 9 LL14 79 A1
Millbank Rd LL18 7 C7
Millbank Rise LL13 80 C7
Millbrook La LL13 89 A4
Millbrook Rd LL13 80 E7
Mill Cl CH2 42 D6
Mill Cotts CH3 53 D8
Mill Croft CH6 28 C5
Mill Ct 7 LL13 98 C8
Millers Ct CH7 48 B5
Mill Field Cl CH3 69 F2
Millfield La CH3 53 F1
Millfields / Cae'r Felin LL11 72 B
Mill La Bronington SY13 102 A
Buckley / Bwcle CH7 48 B
Chester CH2 42 D
Connah's Quay CH5 39 A
Henllan LL16 116 F
Penycae LL14 85 C
Mill Lane / Lon Y Felin LL14 85 B
Mill Rd SY13 102 A
Mill St Chester CH4 144 B
Corwen LL21 142 D

Mill St *continued*
Ruthin / Rhuthin LL15 ... 141 C5
St Asaph / Llanelwy LL17 ... 16 B2
Mill St / Heol-y-Felin
LL20 ... 143 D5
Millstone Pk CH4 ... 59 A8
Mill Terr Bersham LL14 ... 79 B7
Caerwys CH7 ... 24 C3
Rhydymwyn CH7 ... 35 C4
Mill View Prim Sch CH2 ... 42 E6
Mill View Rd CH5 ... 39 A6
Millwood Rise 9 LL13 ... 98 C8
Milmor Way LL19 ... 2 E2
Milton Rd CH1 ... 41 F6
Milton St CH1 ... 144 B3
Minafon LL13 ... 80 E8
Min Awel CH6 ... 28 B4
Minera Hall Rd LL11 ... 71 B4
Minera Lead Mines & Ctry Pk* LL11 ... 71 B2
Minera Prim Sch LL11 ... 71 A4
Minera Rd LL11 ... 65 E2
Miners Rd / Ffordd Y Glowyr
LL12 ... 66 F6
Minerva Ave CH1 ... 41 E2
Minerva Ct CH1 ... 41 E2
Minfordd Fields CH7 ... 46 B2
Minshalls Croft LL14 ... 85 B1
Min y Brenig LL21 ... 123 D3
Min-y-Clwyd LL21 ... 128 D7
Min-y-Coed LL20 ... 143 E4
Min-y-Graig Ave LL11 ... 71 E8
Min-y-Grug LL11 ... 71 A4
Min Y Morfa LL19 ... 2 F2
Min-y-Morfa LL22 ... 6 B3
Min-yr-Aber LL11 ... 72 F8
Min-yr-Afon LL15 ... 141 C5
Min-y-Rhos LL21 ... 130 C6
Mirral View CH8 ... 12 B5
Moel Famau Country Park* LL16 ... 121 F6
Moel Fammau Rd CH7 ... 47 C7
Moel Ganol
Mold / Yr Wyddgrug CH7 ... 46 D4
Mynydd Isa CH7 ... 47 D5
Moel Gron CH7 ... 47 D5
Moel Parc CH6 ... 28 B4
Moel View Dr CH7 ... 37 F4
Moel View Rd
Buckley / Bwcle CH7 ... 48 B3
Gronant LL19 ... 4 A4
Mynydd Isa CH7 ... 47 E4
Moelwyn Ave E LL18 ... 6 E5
Moelwyn Ave N LL18 ... 6 D6
Moelwyn Ave W LL18 ... 6 D5
Moelwyn Cl CH7 ... 47 E6
Mold Bsns Pk
Mold / Yr Wyddgrug CH7 ... 46 F2
Mold / Yr Wyddgrug CH7 ... 47 A2
Mold Com Hospl / Ysbyty Cymunedol Y Wyddgrug
CH7 ... 46 E5
Mold Ind Est CH7 ... 47 A2
Mold Mus & Art Gall*
CH7 ... 46 F4
Mold Rd Alltami CH7, CH5 ... 38 B1
Broughton CH4 ... 50 A3
Buckley / Bwcle CH7 ... 48 A5
Caergwrle LL12 ... 59 A1
Cefn-y-Bedd LL12 ... 66 C2
Connah's Quay CH5, CH7 ... 38 D6
Ewloe CH5 ... 38 E1
Mynydd Isa CH7 ... 47 D4
Ruthin / Rhuthin LL15 ... 141 E5
Wrexham / Wrecsam, Gwersyllt
LL11 ... 72 D6
Wrexham / Wrecsam
LL11 ... 145 A4
Mold Road Est LL11 ... 72 D7
Moldsdale Rd CH7 ... 47 A4
Mold Way CH5 ... 38 E2
Molineaux Rd LL18 ... 1 E5
Monastery Road / Ffordd Mynachlog CH8 ... 20 C4
Mona Terr LL18 ... 7 C7
Monet Cl CH5 ... 38 C8
Monger Rd LL13 ... 80 C7
Monmouth Gr LL19 ... 2 E2
Monmouth Rd LL12 ... 73 E4
Montgomery Rd / Ffordd Montgomery LL13 ... 73 C1
Montrose Ct CH4 ... 51 F7
Montrose Gdns LL13 ... 73 E2
Montrose Terr LL12 ... 67 D2
Monza Cl
Buckley / Bwcle CH7 ... 47 F4
Northop Hall CH7 ... 38 B4
Moor Ave CH8 ... 20 E6
Moor Cres CH4 ... 50 D1
Moor Croft CH7 ... 47 D7
Moorcroft Ave CH3 ... 43 B1
Moorcroft Cres CH3 ... 43 C4
Moorcroft Mews CH4 ... 51 C5
Moorefields CH7 ... 48 C4
Moorfield Ct CH5 ... 39 B3
Moorfield Rd CH5 ... 39 B1
Moorfields CH8 ... 20 F6
Moorhead Cl LL13 ... 73 D2
Moorhouse Cl CH2 ... 42 D5
Moorings The CH3 ... 53 E7
Moor La
Connah's Quay CH5 ... 39 F1
Hawarden / Penarlâg CH5 ... 49 E8
Higher Kinnerton CH4 ... 60 D8
Holywell / Treffynnon CH8 ... 20 F6
Lower Kinnerton CH4 ... 60 C6
Moorland Ave LL13 ... 73 D2
Moors La SY11 ... 106 D4

Moreton Ave LL14 ... 86 A8
Moreton Bsns Pk SY10 ... 105 E5
Moreton Hall Sch SY10 ... 105 F4
Moreton St LL14 ... 79 A1
Morfa Ave LL18 ... 6 C4
Morfa Bach LL18 ... 7 C7
Morfa Cl LL19 ... 2 E1
Morfa Clwyd Bsns Ctr
LL18 ... 7 B6
Morfa L Ctr* LL22 ... 6 C4
Morfa View LL18 ... 14 F4
Morgan Ave LL11 ... 73 A4
Morgan Cl CH1 ... 41 F6
Morgan Rd LL19 ... 2 D2
Morlan Pk LL18 ... 7 B8
Morley Ave CH5 ... 38 E6
Morley Cl CH2 ... 43 F8
Morley Rd LL19 ... 3 B3
Morley Rd / Ffordd Morley
LL18 ... 7 C7
Mornant Ave
Ffynnongroyw CH8 ... 5 D1
Prestatyn LL19 ... 3 B4
Mornington Cres CH7 ... 48 E5
Morris Ave LL19 ... 2 D2
Morse Ho LL11 ... 71 E8
Mortlake Cres CH3 ... 43 A1
Morton Rd CH1 ... 41 E4
Mortons Hoilday Camp
LL22 ... 6 A4
Morton Wiew LL13 ... 86 E8
Moses Ct CH1 ... 144 C3
Moss Bank CH2 ... 42 C4
Moss Gn LL12 ... 68 C7
Moss Gr CH4 ... 51 D6
Moss Hill / Bryn Mwsogl
LL11 ... 72 B8
Moss La
Bronington SY13 ... 102 B3
Ellesmere Rural SY12 ... 108 C6
Hanmer SY13 ... 101 C2
Mossley Ct CH5 ... 49 C8
Moss Rd LL11 ... 72 B7
Moss Valley Brow / Crib Yr Argau LL11 ... 72 C4
Moss Valley Road / Ffordd Yr Argau LL11 ... 72 C4
Moston Rd CH2 ... 42 D8
Mostyn Ave LL19 ... 3 C2
Mostyn Pl CH1 ... 41 E6
Mostyn Rd Coedpoeth LL11 ... 71 C1
Gronant LL19 ... 4 A3
Mostyn St CH5 ... 39 B6
Mounds Cvn Pk CH8 ... 4 D4
Mountain Cl LL12 ... 59 B2
Mountain Lane Com Prim Sch CH7 ... 48 C5
Mountain St / Heol-y-Mynydd 2 LL14 ... 78 E2
Mountain View
Brymbo LL11 ... 65 E1
Hope / Yr Hôb LL12 ... 59 B2
Saltney CH4 ... 51 E6
Trevalyn LL12 ... 68 D6
4 Wrexham / Wrecsam
LL11 ... 73 A5
Mountain View Ave CH7 ... 47 E5
Mountain View Cl CH5 ... 38 D4
Mount Bradford La
SY11 ... 107 A7
Mount Cl CH7 ... 47 D4
Mountfield Rd CH5 ... 39 B3
Mount Fields LL13 ... 89 A8
Mount Hill LL11 ... 71 F8
Mount Ida Rd LL19 ... 3 C1
Mount Isa Dr / Rhodfa Mount Isa LL11 ... 71 F8
Mount Pl CH2 ... 42 F2
Mount Pleasant
Cefn-Mawr LL14 ... 85 C1
22 Denbigh / Dinbych
LL16 ... 140 C3
2 Ruabon / Rhiwabon
LL14 ... 86 A4
Mount Pleasant Ave CH6 ... 28 A5
Mount Pleasant / Bryn Hyfryd 10 LL14 ... 78 F2
Mount Pleasant Rd CH7 ... 48 D6
Mount Pleasent CH4 ... 51 F7
Mount Rd LL18 ... 7 C7
Mount Road / Ffordd-Y-Bryn
LL17 ... 16 B2
Mount St Rhostyllen LL14 ... 79 C6
Ruthin / Rhuthin LL15 ... 141 C5
Wrexham / Wrecsam
LL13 ... 145 C2
Mount Tabor Cl CH4 ... 49 B2
Mount Terr LL21 ... 142 D3
Mount The Chester CH3 ... 42 F1
Holywell / Treffynnon CH8 ... 21 C2
Wrexham / Wrecsam LL12 ... 73 C2
Mount Wlk 8 CH6 ... 28 A6
Mount Zion LL11 ... 65 D1
Muirfield Cl / Clos Muirfield
7 LL13 ... 73 F3
Muirfield Rd CH7 ... 48 A5
Muir Rd CH1 ... 41 E3
Mulberry Ave 5 SY12 ... 109 A2
Mulsford Ct LL13 ... 90 A8
Mulsford La LL13, SY14 ... 90 B7
Mumforth Wlk 3 CH6 ... 28 A6
Music Hall Pass CH1 ... 144 B2
Musley La LL13 ... 98 D6
Muspratt Wlk 7 CH6 ... 28 A6
Mwrog St LL15 ... 141 B4
Mwyn Ffordd LL11 ... 71 A4
Myddelton Ave / Rhodfa Miltwn LL16 ... 140 B2

Mynydd Isa Jun Sch CH7 ... 47 D6
Myrica Gr CH2 ... 43 B3
Myrtle Ave CH4 ... 60 A7
Myrtle Gr CH2 ... 43 B3
Myrtle La CH8 ... 21 C4
Myrtle Rd CH7 ... 47 F5
Myrtle Rd / Ffordd Helygen Mair LL12 ... 67 F2
Mytton Pk LL16 ... 140 E3

N

Nannerch Prim Sch CH7 ... 34 D8
Nant Alyn Rd CH7 ... 35 E2
Nant Cl / Cylch-y-Nant 1
LL18 ... 7 F2
Nant Ddu Rd LL22 ... 14 A5
Nant-Ddu Terr LL22 ... 14 A6
Nant Derw CH7 ... 46 D4
Nant Dr LL19 ... 3 C3
Nant Eos CH8 ... 20 F6
Nant Erw LL16 ... 117 C5
Nant Garmon CH7 ... 46 E4
Nant Glyd LL16 ... 121 B8
Nant Glyn
Buckley / Bwcle CH7 ... 48 B3
Rhosymedre LL14 ... 85 D2
Nant Hall Rd / Ffordd Llys Nant LL19 ... 3 B2
Nant Lais LL11 ... 71 B4
Nant Mawr Cres CH7 ... 48 A4
Nant Mawr Ct CH7 ... 48 A3
Nant Mawr Rd CH7 ... 48 A3
Nant Mill* LL11 ... 71 D1
Nant Rd Bagillt CH6, CH8 ... 27 A6
Bwlchgwyn LL11 ... 70 D7
Connah's Quay CH5 ... 38 D8
Nant Rd / Heol Y Nant
LL11 ... 71 C2
Nant View Ct CH7 ... 48 A3
Nant Y Coed CH8 ... 21 C5
Nant-y-Coed CH7 ... 46 E3
Nant Y Crai La LL19 ... 4 A2
Nant-y-Faenol Rd LL18 ... 15 D4
Nantygaer Rd / Ffordd Nant-y-Gaer LL12 ... 67 B4
Nant Y Garth Pass LL15 ... 126 E2
Nant-y-Glyn CH6 ... 22 B3
Nant-y-Gro LL19 ... 4 B3
Nant-y-Patrick LL17 ... 117 B6
Nantyr Rd LL20 ... 135 B4
Naomi Cl CH1 ... 41 D5
Napier Rd CH2 ... 42 C8
Napier Sq LL13 ... 80 C8
Narrow La Brynford CH8 ... 20 E2
Gresford LL12 ... 67 E2
Trevalyn LL12 ... 68 E6
Nayland Ave LL12 ... 67 F2
Nebo Hill LL11 ... 70 E7
Nefod La SY11 ... 106 B6
Nefyn Cl CH5 ... 38 C7
Nelson St Chester CH1 ... 144 C3
Connah's Quay CH5 ... 39 B6
Wrexham / Wrecsam LL13 ... 80 C8
Nelson Terr 5 LL11 ... 72 A4
Nercwys Prim Sch CH7 ... 56 F5
Nescott Terr LL20 ... 135 C4
Neston Dr CH2 ... 42 E5
Neston View CH6 ... 22 C2
Netley Rd LL18 ... 7 B6
Neuadd Pantwn / Panton Hall 19 LL16 ... 140 C3
Neville Cres LL12 ... 145 C4
Neville Dr CH3 ... 43 B1
Neville Rd CH3 ... 43 B1
Nevin Rd CH1 ... 41 D3
Newbridge Rd LL14 ... 95 C8
Newbrigg Rd 4 LL12 ... 73 B6
Newbrighton Rd CH7 ... 47 B8
New Brighton Rd
Bagillt CH6 ... 21 F5
Soughton / Sychdyn CH7 ... 37 B1
Newbury Cl / Clos Newbury
LL13 ... 80 E7
Newbury Rd CH4 ... 51 F6
Newby Wlk CH5 ... 38 C8
New Crane Bank CH1 ... 42 B1
New Crane St CH1 ... 42 B1
Newell Dr LL14 ... 86 A6
Newgate St CH1 ... 144 B2
Newhall Ct CH2 ... 42 E6
New Hall La SY13 ... 102 B4
Newhall Rd CH2 ... 42 F6
New Hall Rd LL14 ... 86 B6
New High St LL14 ... 86 A5
New Home Farm Cotts
CH64 ... 31 A7
New House Ave / Rhodfa Ty Newydd LL12 ... 67 A3
New Inn Terr LL21 ... 130 D1
New La CH3 ... 69 F6
Newmarket Rd / Ffordd Trelawnyd LL18 ... 9 C4
Newmarket Rise / Rhiw Newmarket LL13 ... 80 E7
New Park Rd CH5 ... 39 A3
Newport Cl LL13 ... 80 E7
Newquay Dr / Rhodfa Ceinewydd 2 LL13 ... 80 D7
New Rd Brymbo LL11 ... 71 F7
Glyn Ceiriog LL20 ... 135 C4
Gwespyr CH8 ... 4 E2
Hanmer SY13 ... 101 B2
Holywell / Treffynnon CH8 ... 21 A5
Wrexham / Wrecsam, Brynteg
LL11 ... 72 B6
Wrexham / Wrecsam LL11 ... 73 A4

New Rd *continued*
Wrexham / Wrecsam, New Broughton LL11 ... 72 C3
Wrexham / Wrecsam, Pentre Broughton LL11 ... 72 A7
Wrexham / Wrecsam, Southsea LL11 ... 72 B4
Wrexham / Wrecsam, Summer Hill LL11 ... 72 C8
New Rd / Ffordd Newydd
Cefn-Mawr LL14, LL20 ... 85 A1
Coedpoeth LL11 ... 71 E3
Rhuddlan LL18 ... 7 F1
New Roskell Sq CH6 ... 28 B7
Newry Ct CH2 ... 42 D4
Newry Pk CH2 ... 42 D4
Newry Pk E CH2 ... 42 D4
New St CH5 ... 38 F7
New St / Stryd Newydd
CH7 ... 46 F4
New St / Stryt Newydd 9
LL14 ... 78 E2
Newthorne Pl LL19 ... 3 B3
Newthorn Pl CH7 ... 48 B4
Newton Cl CH7 ... 37 F4
Newton Dr CH7 ... 48 F5
Newton Hall Ct CH2 ... 42 F5
Newton Hall Dr CH2 ... 42 F5
Newton La CH2 ... 42 F4
Newton Lodge LL13 ... 145 B1
Newton Park View CH2 ... 42 D4
Newton Prim Sch CH2 ... 42 E4
Newton St LL13 ... 80 C8
Newtown LL12 ... 67 D2
Newtown CE Prim Sch
SY4 ... 115 F4
Newtown Cl CH1 ... 144 B3
New Union St 8 CH5 ... 38 D8
Nicholas Ct CH1 ... 144 A2
Nicholas St CH1 ... 144 A2
Nicholas St Mews CH1 ... 144 A2
Nickolson Cl CH2 ... 43 F8
Nield Ct CH2 ... 42 D7
Nightingale Cl CH3 ... 69 F1
Ninth Ave LL12 ... 67 A4
No. 156 CH1 ... 144 C2
Nook La SY13 ... 101 F1
Nook The Chester CH2 ... 42 E4
Connah's Quay CH5 ... 39 D2
Guilden Sutton CH3 ... 43 C4
Saltney CH4 ... 51 E6
Norbreck Dr LL18 ... 7 F5
Norfolk Ave 8 LL19 ... 3 B2
Norfolk Rd Chester CH2 ... 42 F4
Wrexham / Wrecsam LL12 ... 73 D5
Norham Ct LL11 ... 72 B8
Norley Dr CH3 ... 43 C1
Normanby Dr CH5 ... 38 D6
Norman Dr Prestatyn LL19 ... 3 D2
Rhyl / Y Rhyl LL18 ... 7 C7
Norman Rd LL13 ... 80 B7
Norman St CH5 ... 39 B5
Norman Way CH1 ... 41 E5
Norparc LL16 ... 140 C5
Norris Rd CH1 ... 41 E5
Norse Cl LL11 ... 72 D6
North Ave Prestatyn LL19 ... 3 A2
Rhyl / Y Rhyl LL18 ... 7 A7
Ruabon / Rhiwabon LL14 ... 86 A6
North Dr LL18 ... 7 E5
North East Wales Inst of H Ed The / Athrofa Gogledd Ddwyrain Cymru LL11 ... 145 A4
North East Wales Sch of Art
LL13 ... 145 B3
Northern Pathway CH4 ... 144 C1
Northern Terr LL21 ... 142 D3
Northgate Ave CH2 ... 144 B4
Northgate Row CH1 ... 144 B2
Northgate St CH1 ... 144 A3
North Gn CH5 ... 40 A6
Northleigh Gr LL11 ... 73 A5
Northop Cl CH5 ... 38 D5
Northop Hall Cty Prim Sch
CH7 ... 38 A4
Northop Rd CH7 ... 37 A5
Northop Rd / Ffordd Llaneurgain CH6 ... 28 A4
North Rd
Connah's Quay CH5 ... 29 F2
Holywell / Treffynnon CH8 ... 21 B4
North Rd / Bonc Ddu
LL14 ... 78 F2
North St Chester CH3 ... 43 A1
Connah's Quay CH5 ... 39 C5
Saltney CH4 ... 51 B7
Sandycroft CH5 ... 40 A3
North St / Heol-y-Gogledd
CH7 ... 24 B7
Northway CH4 ... 52 A7
Northwood LL12 ... 73 D5
Norton Ave Prestatyn LL19 ... 3 A3
Saltney CH4 ... 51 D6
Norton Rd CH3 ... 43 C2
Norwood Dr CH4 ... 52 B6
Nuns Rd CH1 ... 144 A1
Nurseries The
Chirk / Y Waun LL14 ... 95 E1
Cymau LL11 ... 65 E4
Gresford LL12 ... 67 E2
Nurseries The / Maes Y Blanhigfa CH6 ... 27 F5
Nursery Cl / Clos Meithrin
LL19 ... 3 A2

O

Oak Alyn Ct LL12 ... 66 C3
Oak Ave LL13 ... 99 F3
Oak Bank La CH2 ... 43 C6
Oak Cl Connah's Quay CH5 ... 38 C7
Gwersyllt LL11 ... 66 F1
Weston Rhyn SY10 ... 105 D4
Wrexham / Wrecsam LL11 ... 72 C8
Oak Cl / Clos Derw LL17 ... 16 B2
Oakcroft LL14 ... 105 D8
Oakdale 9 LL14 ... 78 F2
Oakdale Cl CH4 ... 50 B3
Oakdene LL13 ... 81 D3
Oak Dr
Buckley / Bwcle CH7 ... 48 B7
10 Ellesmere SY12 ... 109 A2
Higher Kinnerton CH4 ... 60 A7
Whitchurch SY13 ... 103 F6
Wrexham / Wrecsam LL12 ... 73 C4
Oak Dr / Ffordd Derw
CH7 ... 57 F5
Oak Dr / Rhodfa'r Ddermen
LL12 ... 67 F2
Oakenholt La CH6 ... 28 F1
Oakfield Garth LL20 ... 84 D2
Wrexham / Wrecsam LL13 ... 80 C7
Oakfield Ave CH2 ... 42 E8
Oakfield Cl SY11 ... 107 A6
Oakfield Cotts LL12 ... 67 D2
Oakfield Cvn Pk LL18 ... 6 C4
Oakfield Dr CH2 ... 42 E8
Oakfield Pk Home Est
LL12 ... 67 A5
Oakfield Rd Blacon CH1 ... 41 D4
Buckley / Bwcle CH7 ... 48 C4
Connah's Quay CH5 ... 39 A1
Oak Gr CH6 ... 22 D1
Oak Hill Dr LL19 ... 3 B1
Oak Hill La LL19 ... 3 B1
Oakhurst LL13 ... 73 E3
Oak La / Lon Derw LL17 ... 16 B2
Oakland Ave LL18 ... 7 A6
Oaklands CH3 ... 43 F4
Oaklands Ave LL13 ... 73 D4
Oaklands Rd LL14 ... 105 E6
Oaklea LL18 ... 6 E3
Oaklea Ave CH2 ... 42 F4
Oaklea Ct LL18 ... 7 E6
Oakleigh / Cae Dderwen
LL14 ... 85 D7
Oakley Rd CH5 ... 39 E2
Oak Mdws LL11 ... 71 E5
Oakmere Dr CH3 ... 53 B8
Oak Pk / Parc Derwen
CH7 ... 57 F5
Oak Rd Acrefair LL14 ... 85 D3
Chester CH4 ... 51 F5
Wrexham / Wrecsam LL13 ... 82 A7
Oak Rd / Ffordd y Dderwen
2 LL14 ... 78 F2
Oaks Dr The CH2 ... 42 D7
Oaks The Ewloe CH5 ... 48 F7
Penycae LL14 ... 85 D8
Oak St / Hoel y Dderwen
LL20 ... 143 D5
Oak Tree Ave / Rhodfa'r Dderwen LL12 ... 67 A4
Oaktree Bsns Pk CH7 ... 47 B2
Oak Tree Cl
Buckley / Bwcle CH7 ... 48 C5
Connah's Quay CH5 ... 39 A4
Oaktree Ct CH2 ... 43 A3
Oak Villas CH7 ... 57 F5
Oakville Ave LL18 ... 1 E5
Oakwood Cl CH7 ... 46 E6
Oakwood Ct LL14 ... 79 D7
Oakwood Pk / Parc Coed Derw LL13 ... 99 F4
Oakwood Rd LL18 ... 7 E8
Oakwood Villas CH5 ... 38 E6
Ochr-y-Bryn LL16 ... 116 F3
Ochr Y Bryn LL19 ... 9 A6
Och'r-y-Bryn CH8 ... 26 F2
Ochr Y Bryn / Braeside
LL13 ... 80 E7
Ochr-y-Foel CH7 ... 127 C8
Ochr Y Waen CH7 ... 48 A6
Odeon Bldg CH1 ... 144 A3
Offa LL14 ... 95 E3
Offa Ct 4 LL14 ... 79 A1
Offa St Brymbo LL11 ... 65 E1
Johnstown LL14 ... 79 A1
Ogwen LL14 ... 85 D3
Ogwen Ave LL18 ... 6 F5
Old Aston Hill CH5 ... 39 A3
Old Bank La CH7 ... 48 B3
Old Carriage Yd The
LL12 ... 68 A5
Oldcastle La SY14 ... 90 E8
Old Chads La SY13 ... 93 C8
Old Chester Rd Ewloe CH5 ... 38 F2
Holywell / Treffynnon CH8 ... 21 B3
Old Chirk Rd SY11 ... 105 F1
Old Farm Cotts CH1 ... 40 E3
Old Farm Rd LL14 ... 79 D7
Oldfield Cres CH4 ... 51 F5
Oldfield Dr CH3 ... 43 C2
Oldfield Prim Sch CH3 ... 43 C3
Old Foryd Rd LL18 ... 6 E6
Old Gaol Gall* LL15 ... 141 C5
Old Gardens The / Yr Hen Erddi 1 LL13 ... 73 E3

Oldgate Rd LL19 .... 2 C2
Old George The CH1 ..... 144 B3
Old Golf Rd LL18 .... 1 D5
Old Hall Cl LL14 .... 79 D7
Old Hall Gdns CH2 ...... 144 C4
Old Hall Pk CH3 .... 43 F5
Old Hall Pl CH1 .... 144 A2
Old Hall Rd CH5 .... 39 A1
Old La CH4 .... 61 E2
Old Liverpool Rd CH5 .... 38 E1
Old London Rd
Bagillt CH6 .... 22 B2
Bagillt CH6 .... 22 D1
Flint / Y Fflint CH6 .... 27 F6
Old Mdw Ct LL12 .... 67 A5
Old Mill Ct CH2 .... 42 D6
Old Mold Rd Ewloe CH5 ... 38 F2
Wrexham / Wrecsam LL11 .. 72 D7
Old Orchard The / Yr Hen Berllan CH5 .... 49 D8
Old Palace The LL17 ...... 16 B1
Old Paper Mill La CH6 .... 28 E3
Old Pearl La CH3 .... 43 B1
Old Quay CH8 .... 21 C7
Old Rd LL20 .... 135 D4
Old Road Bwlchgwyn / Hen Ffordd Bwlchgwyn LL11 .70 D6
Old Road Minera / Hen Ffordd Mwynglawdd LL11 .... 71 A5
Old Ruthin Rd / Hen Ffordd Rhuthun LL16 .... 120 E8
Old Sch Mews 1 LL13 .... 98 C8
Old School Cl CH3 .... 69 E2
Old School Ct
Caergwrle LL12 .... 66 C6
Ruabon / Rhiwabon LL14 ... 85 F5
Old Seals Way CH1 .... 42 A3
Old Smelt Rd LL11 .... 71 B4
Old Vicarage Cvn Pk The CH8 .... 11 E8
Old Walls LL17 .... 16 A2
Old Woman's La CH3 ..... 53 D7
Old Wood / Hengoed LL11 .... 72 C4
Old Wrexham Rd
Chester CH4 .... 52 C7
Gresford LL12 .... 67 D1
Wrexham / Wrecsam LL12 .. 73 D8
Olinda St LL18 .... 7 C8
Olivia Dr LL18 .... 1 D5
Onslow Rd CH1 .... 41 D4
'On The Air', The Broadcasting Mus & Vintage Sound Shop* CH1 ... 144 B2
Orchard Cl
Buckley / Bwcle CH7 .... 48 B4
Chester CH2 .... 42 D5
Connah's Quay CH5 .... 39 D3
Orchard Croft CH3 .... 43 E5
Orchard Ct
3 Chester CH3 .... 43 A1
Gresford LL12 .... 67 D2
Orchard Gdns LL11 .... 73 B5
Orchard Gr CH3 .... 69 F1
Orchard St CH1 .... 144 A3
Orchards The
Connah's Quay CH5 .... 38 C4
Leeswood / Coedllai CH7 ... 58 A4
Saltney CH4 .... 51 D6
Wrexham / Wrecsam LL13 .. 80 D7
Orchard The Chester CH3 .. 53 A8
Rossett LL12 .... 68 B7
Orchard View LL12 .... 67 D2
Orchard Way
Garden City CH5 .... 39 F7
Mold / Yr Wyddgrug CH7 ... 46 E6
Orchid Cl CH3 .... 53 B6
Orhcards The LL13 .... 75 D8
Oriel Ho CH2 .... 42 C4
Orme View Dr LL19 .... 9 B8
Ormonde Rd CH2 .... 42 C4
Ormonde St CH1 .... 144 C3
Orton Gr 10 LL18 .... 7 A6
Osborne Cl LL11 .... 73 A4
Osborne Gr 3 LL18 .... 7 A6
Osborne Rd LL11 .... 73 A4
Osborne St / Stryt Osborne 3 LL14 .... 78 E1
Osbourne Ct CH5 .... 38 E8
Osprey Ct CH2 .... 144 A4
Oswald Way LL12 .... 73 C3
Oswestry Rd 12 SY12 .... 109 A2
Oulton Ave CH2 .... 42 E7
Oulton Pl CH1 .... 144 B3
Oval The LL13 .... 81 C7
Overdale Ave CH7 .... 47 E4
Overlea Cres CH5 .... 39 C2
Overlea Dr CH5 .... 39 C2
Overleigh Ct CH4 .... 52 D7
Overleigh Dr
BuckleyBuckley / Bwcle CH7 .47 F5
Wrexham / Wrecsam LL13 .. 73 E4
Overleigh Rd CH4 .... 52 C7
Overleigh St Mary's CE Prim Sch CH4 .... 52 D6
Overleigh Terr CH4 .... 52 C7
Overton Ave LL19 .... 2 F2
Overton Cl CH7 .... 48 C4
Overton Rd
Bangor on Dee / Bangor-is-y-coed LL13 .... 88 F7
St. Martin's SY11 .... 106 E6
Overton Way LL12 .... 73 C4
Overwood La CH1 .... 41 C4
Owain Glyndwr LL18 .... 6 E4
Owain Gwynedd LL18 ...... 6 E4
Owen Cl Blacon CH1 ...... 41 E6
Rhyl / Y Rhyl LL18 .... 7 D5
Owen's Holiday Camp LL22 .... 6 A3
Owens St / Stryt Owen LL14 .... 78 D2
Owens Terr CH8 .... 5 B1
Owen Terr LL15 .... 126 B6
Owl Ind Est The CH5 ..... 40 B6
Oxford Gr 13 LL18 .... 7 B7
Oxford Rd CH4 .... 51 F6
Oxford St LL13 .... 73 C1

P

Padarn Cl CH4 .... 51 D5
Paddock Cl LL14 .... 79 D7
Paddock Rd CH4 .... 52 E1
Paddock Row LL14 .... 86 A4
Paddocks The LL11 .... 71 E3
Paddock The Chester CH4 .52 B7
Connah's Quay CH5 .... 39 D2
Cross Lanes LL13 .... 81 D3
Prestatyn LL19 .... 9 A7
St Asaph / Llanelwy LL17 ... 16 B1
Paddock Way
Gwernymynydd CH7 .... 46 B1
Higher Kinnerton CH4 ...... 60 A7
Padeswood Dr CH7 .... 48 E2
Padeswood Rd N CH7 .... 48 B4
Padeswood Rd S CH7 .... 48 B2
Palace Ave LL18 .... 7 A7
Palace Cl CH6 .... 27 E6
Palatine Cl CH1 .... 41 D6
Palgrave Cl CH1 .... 42 A5
Palins Holiday Camp LL18 .6 C4
Palmeira Gdns LL19 .... 3 B1
Palmer St LL13 .... 73 C1
Palmerston Cres CH5 ..... 48 F8
Palmerstone Cl CH1 ...... 42 B4
Pandy Ind Est LL11 .... 73 A7
Pandy La LL11 .... 73 B6
Pandy La / Ffordd-y-Pandy LL18 .... 9 A4
Panorama Wlk Garth LL20 .84 A2
Llangollen LL20 .... 143 E8
Pantasaph Franciscan Friary* CH8 .... 20 C5
Pant Glas
Bodelwyddan LL17 .... 15 F2
Ruthin / Rhuthin LL15 .... 141 D6
Soughton / Sychdyn CH7 ... 37 A1
Pant Hill LL14 .... 85 E8
Pant Isa CH7 .... 37 A1
Pant La
Ellesmere Rural SY12 ...... 97 E4
Gresford LL12 .... 67 E3
Pant Olwen LL12 .... 67 E3
Panton Hall / Neuadd Pantwn 19 LL16 .... 140 C3
Panton Pl Chester CH2 .... 42 F3
Holywell / Treffynnon CH8 .. 21 B4
Panton Rd CH2 .... 42 F3
Pant Ucha CH7 .... 37 A1
Pant-y-Ffrith CH7 .... 35 F8
Pant Y Fownog Dr CH7 ... 47 F4
Paper Mill Cotts CH6 ..... 28 E3
Paper Mill La CH6 .... 28 E3
Parade St LL20 .... 143 C5
Parade The CH1 .... 41 E5
Paradise CH4 .... 144 B1
Paradise La CH5 .... 48 F8
Paradise St / Heol Gwynfa 11 LL18 .... 7 B7
Parc Aberconwy LL19 ...... 3 D2
Parc Alafowlia LL16 ...... 140 E4
Parc Alun CH7 .... 47 A5
Parc Annefield / Annefield Pk LL12 .... 67 E2
Parc-Bach LL16 .... 140 E3
Parc Bach LL16 .... 117 C5
Parc Bodwyn / Bodwyn Pk LL12 .... 67 E2
Parc Bron Deg LL18 .... 8 F2
Parc Bryn Castell CH5 .... 38 C4
Parc Bychan LL11 .... 73 A5
Parc Capel CH8 .... 25 D3
Parc Clwyd LL16 .... 140 F2
Parc Coed Derw / Oakwood Pk LL13 .... 99 F4
Parc Cvn Pk CH7 .... 127 B6
Parc Derwen LL16 .... 140 E7
Parc Derwen / Oak Pk CH7 .... 57 F5
Parc Diwydiannol Glannau Dyfrdwy / Deeside Ind Pk CH5 .... 30 E2
Parc Diwydiannol Y Ffin / Borders Ind Pk The CH4 .... 51 C7
Parc Dyffryn LL19 .... 3 A2
Parc Edith LL18 .... 7 E1
Parc Elen LL18 .... 6 E3
Parc Esmor LL18 .... 7 D8
Parc Fforddlas LL18 .... 7 C6
Parc Gorsedd CH8 .... 20 A6
Parc Gwelfor LL18 .... 8 F4
Parc Gwledig Dyfroedd Alun / Alyn Waters Ctry Pk* LL11 .... 66 D1
Parc Hafod CH7 .... 24 B7
Parc Hendy CH7 .... 46 D4
Parc Hiraddug LL18 .... 8 F3
Parc Hyde LL18 .... 6 E3
Parc Iago / James Pk LL18 .... 8 F3
Parc Ial / Yale Park LL11 .... 145 A3
Parc Issa CH7 .... 47 E6
Parc-Is-y-mynydd CH7 ... 44 F7
Parc Luned LL18 .... 6 E3
Parc Menter Bersham / Bersham Ent Ctr LL14 ... 79 C5
Parc Morfa LL18 .... 6 D4
Parc Offa LL18 .... 10 A4
Parc Talardy / Talardy Pk LL17 .... 16 A2
Parc Terr LL21 .... 129 F2
Parc Tref Y Nant / Tref-y-nant Pk LL14 .... 85 A2
Parc Tudur / Tudor Pk LL18 .... 6 F3
Parc Y Castell LL22 .... 6 C2
Parc Y Castell / Castle Pk LL15 .... 141 D3
Parc-y-Dre Rd LL15 ..... 141 B5
Parc-y-Foel / Foel Pk LL18 .... 8 F2
Parc-y-Llan Cilcain CH7 ... 44 F7
Henllan LL16 .... 116 F3
Llanfair Dyffryn Clwyd LL15 .... 126 B6
Parc-y-Lleng LL18 .... 7 E1
Parc / Y Parc The LL15 .. 141 B5
Parc Yr Hafod / Hafod Pk CH7 .... 46 D4
Park Ave
Bodelwyddan LL18 .... 14 E4
Carmel CH8 .... 20 E6
Connah's Quay, Mancot Royal CH5 .... 39 D2
Connah's Quay, Shotton CH5 .... 39 C6
Flint / Y Fflint CH6 .... 28 B6
Higher Kinnerton CH4 ...... 59 F7
Kinmel Bay / Bae Cinmel LL18 .... 6 E4
Llangollen LL20 .... 143 B5
Mold / Yr Wyddgrug CH7 ... 46 E5
Mynydd Isa CH7 .... 47 E5
Saltney CH4 .... 51 E6
Wrexham / Wrecsam LL12 .. 73 C3
Park Cres Carmel CH8 ..... 20 D6
Penyffordd CH4 .... 59 A7
Park Ct Chester CH1 ..... 144 C2
Rossett LL12 .... 68 B7
Park Dr Carmel CH8 .... 20 D6
Chester CH2 .... 43 A4
Rhyl / Y Rhyl LL18 .... 7 D7
Park Dr S CH2 .... 43 A4
Parkend Wlk LL14 .... 79 C7
Parker Dr CH3 .... 69 E1
Parker Dr S CH3 .... 69 F1
Parkers Cl LL11 .... 73 A4
Parker's Row CH3 .... 69 F6
Parkfield LL12 .... 67 D3
Parkfield Rd CH4 .... 50 C3
Parkgate Ct CH1 .... 42 B4
Parkgate Rd Blacon CH1 .. 42 A6
Woodbank CH1 .... 31 E7
Park Gr Caerwys CH7 ...... 24 C6
Connah's Quay CH5 .... 38 F6
Park Hall Rd CH8 .... 21 C7
Park Hill Ave LL11 .... 72 D8
Parkhill Rd CH5 .... 39 A7
Park House Mews 14 CH7 .... 46 F4
Park Jun & Inf Sch LL12 .. 67 A4
Park La
Holywell / Treffynnon CH8 .. 21 B4
Marford LL12 .... 68 C2
Penyffordd CH4 .... 59 A7
Pulford CH4 .... 61 E5
Parklands CH7 .... 55 B6
Parklands Wlk / Rhodfa'r Parc 15 LL14 .... 86 A4
Parkleigh Ct LL12 .... 73 C2
Park Manor / Manor Pk CH6 .... 22 E1
Park Mews LL14 .... 78 F1
Park Rd Bagillt CH6 .... 22 C1
Buckley / Bwcle CH7 .... 48 C5
Carmel CH8 .... 20 D6
Cefn-mawr LL14 .... 95 C8
Llay LL12 / LL11 .... 67 A2
Rhosllanerchrugog LL14 .... 78 F3
Rhosymedre LL14 .... 85 D2
Tanyfron LL11 .... 71 F5
Whitchurch SY13 .... 103 F7
Park Rd / Heol Y Park
Coedpoeth LL11 .... 71 C3
Ruthin / Rhuthin LL15 ..... 141 C5
Park Rd W CH4 .... 52 A7
Parkside
Buckley / Bwcle CH7 .... 48 B5
Overton / Owrtyn LL13 ..... 88 C1
Parkside Ave / Rhodfa Ger Y Parc CH5 .... 38 C6
Park St Chester CH1 ..... 144 B2
Johnstown LL14 .... 79 A1
Llanrhaeadr-ym-Mochnant SY10 .... 138 A1
Ruabon / Rhiwabon LL14 ... 86 A4
Wrexham / Wrecsam LL11 .145 B4
Park St / Cwm Glas LL14 .78 F1
Parks The
Connah's Quay CH5 .... 38 C6
Tanyfron LL11 .... 71 F5
Park St / Lon Parc LL16 .... 140 D3
Park The CH3 .... 53 E8
Park The / Y Parc CH7 ... 46 F4
Park View Caerwys CH7 ... 24 C3
Drury CH7 .... 48 F5
Northop / Llan-eurgain CH7 .37 C5
Rossett LL12 .... 68 C8
Parkview Ct CH5 .... 49 C8
Park View / Trem y Parc LL14 .... 78 F1
Park Villas 13 CH7 .... 46 F4
Park W CH1 .... 41 E2
Park Wall Rd / Ffordd Myr y Parc LL11 .... 72 E8
Parkway
Connah's Quay CH5 .... 30 E1
Mold / Yr Wyddgrug CH7 ... 46 F4
Parkway Bsns Ctr CH5 ... 30 E1
Park Wlk
Buckley / Bwcle CH7 .... 48 C5
Chester CH2 .... 42 E4
Parliament St LL18 .... 7 E1
Parry's Cotts CH5 .... 38 B1
Parsonage Cl LL12 .... 67 D2
Parsons La CH2 .... 42 B7
Pastures The CH4 .... 59 A7
Patagonia Ave LL18 .... 7 D7
Patrick Ave LL18 .... 7 E5
Patten Cl CH5 .... 48 E8
Pavilions The CH4 .... 52 B3
Peach Field CH3 .... 53 B7
Peake's La LL16 .... 140 C3
Pearlings The CH3 .... 43 B1
Pearl La Chester CH3 ...... 43 C1
Littleton CH3 .... 43 D1
Pearson St / Stryt Pearson 7 LL14 .... 78 E2
Pear Tree Cl CH5 .... 39 A4
Peartree La SY13 .... 100 D7
Pear Tree La SY13 .... 93 D1
Pear Tree Way CH2 .... 42 F6
Peckforton Way CH2 ..... 42 F6
Peel Cl 5 LL13 .... 98 C8
Peel St LL13 .... 145 A2
Peel Terr CH1 .... 144 C3
Peever Cl SY12 .... 108 B7
Pemba Dr CH7 .... 48 C5
Pemberton Rd CH1 ...... 144 A3
Pembroke Cl Chester CH4 .52 E6
Connah's Quay CH5 .... 39 D4
Pembroke Rd LL12 .... 73 E4
Pembry Rise CH5 .... 38 C8
Penarlag Cty Prim Sch CH5 .... 39 A2
Pencoed LL20 .... 85 A1
Penda's Pk LL13 .... 99 F4
Penderyn Way LL12 .... 67 A3
Pendine Way LL11 .... 72 D6
Pendragon Ct / Cwrt Pendragon LL13 .... 80 B7
Pendre Ave Prestatyn LL19 .. 3 C1
Rhyl / Y Rhyl LL18 .... 7 E6
Pendwll Rd / Ffordd Pendwll LL11 .... 72 B8
Pendyffryn Gdns LL19 ..... 3 B2
Pendyffryn Rd LL18 .... 7 D6
Pendyffryn Rd N LL18 ..... 7 E7
Penfold Hey CH2 .... 42 D7
Penfold Way CH4 .... 61 A7
Pengwern LL20 .... 143 D3
Pengwern Hall Coll LL18 .15 D6
Pengwladys Ave CH5 ..... 38 D5
Penisaf Ave LL22 .... 6 A3
Penisardre Rd LL19 .... 3 A2
Penlan LL14 .... 79 A1
Pen Lan LL22 .... 6 A3
Penlan Dr CH5 .... 39 C2
Penley Ave LL19 .... 2 E2
Penley Hospl LL13 .... 99 F5
Penley Rd CH7 .... 48 C3
Penllan LL19 .... 9 A6
Pen Llan LL11 .... 127 B3
Penllwyn LL14 .... 79 B1
Pen Lon CH6 .... 21 F6
Penmon Cl CH1 .... 41 D3
Pennant Flats 3 LL16 .... 140 B3
Pennant Gr LL19 .... 3 B3
Pennant St CH5 .... 38 F7
Penny Bank Cl CH4 .... 50 A3
Penrallt LL11 .... 72 A8
Penrho CH8 .... 12 D3
Penrhos LL11 .... 72 C8
Pen-rhos LL21 .... 130 C6
Penrhos Ct CH5 .... 38 C4
Penrhyn
Holywell / Treffynnon CH8 .. 21 D5
Marchwiel LL13 .... 80 E4
Penrhyn Dr / Lon Penrhyn LL11 .... 72 E8
Penry St / Ffordd Penri 6 LL14 .... 78 E2
Pensby Ave CH2 .... 42 D5
Pent Cotts LL12 .... 67 F3
Pentland Cl CH3 .... 43 A2
Pentre-Bychan Rd LL14 .. 79 A5
Pentre Church in Wales Controlled Prim Sch LL14 .... 95 E6
Pentredwr LL14 .... 78 E2
Pentre Felin LL13 .... 145 B2
Pentre Felin / Jones St LL14 .... 78 D1
Pentre Fron Rd LL11 ...... 71 C4
Pentre Gwyn LL13 .... 80 E7
Pentre Hill CH6 .... 27 F1
Pentre Ind Est CH5 .... 39 F4
Pentre La
Buckley / Bwcle CH7 .... 48 A6
Gronant LL19 .... 4 B2
Pentre La / Lon Pentre LL12 .... 67 B3
Pentre La / Lon-y-Pentref LL18 .... 7 F2
Pentre Nant La LL13 ...... 88 A8
Pentre Rd CH8 .... 26 F4
Pentre St LL12 .... 67 B3
Pen Tywyn LL19 .... 2 F2
Pen-y-Ball Hill CH8 ...... 21 A4
Pen-y-Ball St / Heol Pen-y-Bal CH8 .... 21 A4
Pen-y-Bont
Cefn-Mawr LL20 .... 85 A1
3 Rhuddlan LL18 .... 7 E1
Penybryn LL12 .... 67 B3
Pen Y Bryn LL21 .... 142 C3
Pen-y-Bryn
Flint / Y Fflint CH6 .... 28 B4
Hope / Yr Hôb LL12 .... 59 B2
Mold / Yr Wyddgrug CH7 ... 46 E6
Soughton / Sychdyn CH7 ... 37 A1
Wrexham / Wrecsam LL13 .145 B1
Penybryn / Hill St LL21 .142 D3
Penycae Ave SY10 .... 106 A1
Penycae Cl SY10 .... 106 A1
Penycae Inf Sch LL14 .... 85 D7
Penycae Jun Sch LL14 ... 85 D7
Pen-y-Cefndy LL18 .... 7 D5
Penycefn Rd CH7 .... 24 B6
Pen-y-Coed CH7 .... 34 D7
Pen-y-Coed Rd CH7 ...... 48 E6
Pen-y-Felin Rd CH7 ...... 34 C8
Penyffordd Jun Sch CH4 .59 A8
Penyffordd / Picton Rd CH8 .... 5 B1
Pen y ffordd Sta CH4 ..... 58 F7
Penyfron Rd CH7 .... 45 D7
Pen-y-gaer Rd / Ffordd Pen-y-gaer LL20 .... 84 C2
Pen-y-Garreg Cl CH7 .... 47 E5
Pen-y-Gelli LL15 .... 125 C8
Penygelli Ave LL11 .... 71 D2
Penygelli Prim Sch LL11 .71 D3
Penygelli Rd LL11 .... 71 D2
Pen-y-Glyn CH6 .... 22 B3
Penygraig LL14 .... 78 E1
Pen Y Graig LL16 .... 140 B3
Pen-y-Graig Rd LL11 ...... 71 E8
Pen Y Llan St CH5 .... 38 D8
Pen-y-llan St LL13 .... 98 C8
Pen-y-Llyn LL11 .... 72 E7
Pen-y-Llys LL18 .... 7 F7
Pen-y-lon CH7 .... 47 C4
Penymaes CH7 .... 47 D5
Pen Y Maes CH7 .... 48 A4
Pen-y-Maes Prestatyn LL19 .9 A6
Ruthin / Rhuthin LL15 ..... 141 D3
Penymaes Ave LL12 ...... 145 C4
Pen-y-Maes Ave LL18 ..... 7 F6
Pen-y-Maes Gdns CH8 ... 21 C4
Pen-y-Maes Rd / Ffordd Pen-y-Maes CH8 .... 21 D5
Penymynydd Rd CH4 ...... 49 A1
Pen-y-Nant CH6 .... 22 B3
Penypalmant Rd LL11 .... 71 A5
Pen y Parc Bglws CH7 ... 36 A8
Pen-y-Pentre CH7 .... 37 B1
Pen-yr-allt LL21 .... 130 C3
Pen Y Waun LL14 .... 95 E1
Pen-y-Wern LL14 .... 78 F1
Peoples Mkt The / Marchnad y Bobl LL13 .... 145 C2
Pepper St Chester CH1 ... 144 B2
Christleton CH3 .... 53 D8
Percival Cl CH2 .... 42 C8
Percival Rd CH2 .... 42 C8
Percy Rd Chester CH4 ..... 52 D7
Wrexham / Wrecsam LL13 .145 B1
Percy Rd / Ffordd Percy LL13 .... 80 B7
Peris LL14 .... 85 D7
Peris Ave LL22 .... 6 B4
Perrins Wlk 2 CH6 .... 28 A6
Perry Rd SY10 .... 106 B1
Perry View SY10 .... 106 B1
Perth-y-Terfyn Inf Sch CH8 .... 21 B4
Peters Cl LL19 .... 9 A8
Peter St / Stryt Pedr LL14 .... 78 E2
Petit Cl LL12 .... 66 B5
Philips Cl LL12 .... 73 D4
Philip's Rd LL11 .... 72 D6
Philip St CH5 .... 40 A1
Phillips Rd CH1 .... 41 D3
Phillip St CH2 .... 42 F3
Phoenix St CH5 .... 40 A3
Pickering St CH2 .... 144 C4
Pickmere Dr CH3 .... 53 B
Picton Gorse La CH2 ..... 43 B4
Picton / Picton Rd CH8 .... 5 A
Picton Rd / Penyffordd CH8 .... 5 B1
Picton Rd / Picton CH8 ..... 5 A1
Picton Rd (Picton) CH8 ... 11 B8
Pierce's Sq LL13 .... 145 B1
Pierce St CH5 .... 39 D
Piercy Ave LL13 .... 80 F4
Pierpoint La CH1 .... 144 B1
Pigeon House La LL12 .... 59 A
Pigeon La SY13 .... 100 C
Pigot Rd / Ffordd Pigod 2 LL16 .... 140 D
Pikey La Gresford LL12 .... 67 D
Wrexham / Wrecsam LL12 .. 73 D
Pilgrims Cl / Clos y Pererini CH7 .... 37 A
Pilgrim Way LL13 .... 81 C
Pillar of Eliseg* LL20 .131 C3

Pine Cl
8 Ellesmere SY12 109 A2
Gwersyllt LL11 66 C1
Wrexham / Wrecsam, Bradley LL11 72 F8
Pine Crest CH6 27 E5
Pine Gdns CH2 42 C6
Pine Gr Chester CH2 43 B4
Mynydd Isa CH7 47 E5
Pine Gr / Gelli'r Pinwydd LL12 67 B4
Pines The Ewloe CH5 48 F7
Wrexham / Wrecsam LL12 145 C4
Pine Tree Cl CH4 50 C3
Pinewood Ave CH5 38 E7
Pinewood Cl LL14 79 D7
Pinewood Rd CH7 48 F5
Pinfold Ct CH4 52 E6
Pinfold Ind Est CH7 48 B7
Pinfold La
Buckley / Bwcle CH7 48 A8
Chester CH4 52 D6
Chester CH4 52 E7
Ellesmere SY12 109 C2
Llay LL12 66 F5
Northop Hall CH7 38 A2
Northop Hall CH7 38 B3
Pinfold The LL13 75 D8
Pinfold Workshops
Buckley / Bwcle CH7 48 B7
Rhyl / Y Rhyl LL18 7 C5
Pingot Croft CH3 53 B7
Pinwyddy Goedwig / Forest Pines 2 LL13 73 F3
Pipers Ct CH2 43 B4
Pipers La Chester CH2 43 B4
Puddington CH64 31 A8
Pippins Cl CH5 39 A6
Pisgah Hill LL11 72 B7
Pistyll CH8 21 C2
Pistyll Hill LL12 68 A3
Pistyll Rhaeadr* SY10 137 B4
Pitmans La CH5 39 C1
Plas Acton Cl LL12 73 B7
Plas Acton Prec LL11 73 B7
Plas Acton Rd / Ffordd Plas Acton LL11 73 A7
Plas Alyn LL11 72 C7
Plas Angharad LL14 79 D7
Plas Ave LL19 3 B2
Plas Bach LL18 6 E5
Plas Bennion Rd / Ffordd Plas Bennlon LL14 85 D5
Plas Coch Rd LL11 72 F4
Plas Cyril LL18 7 C6
Plas Darland LL11 145 C4
Plas Dur LL11 71 F8
Plas Foryd LL18 6 E6
Plas Gorphwysfa LL19 3 A3
Plas Gwyn LL12 73 C3
Plas Hafan LL14 79 A1
Plas Howell LL11 71 D2
Plas Isaf LL14 85 D2
Plas Kynaston La LL14 85 C1
Plas Madoc 2 LL13 98 C8
Plas Maen Dr LL12 66 B4
Plas Newton La CH2 42 F5
Plas Newydd Dr LL19 2 D2
Plas Newydd (Mus)* LL20 143 D4
Plas Rd LL18 7 E7
Plassey Cl / Clos y Plasau LL13 73 F4
Plassey Ct LL13 89 A7
Plassey Gdns LL13 89 A7
Plas Teg LL11 127 B3
Plastirion LL22 6 A3
Plas Tirion LL14 79 A1
Plastirion Ave LL19 3 C2
Plastirion Ct 3 LL18 7 C8
Plastirion Dr LL19 3 C2
Plastirion Pk LL22 6 A3
Plas Uchaf Ave LL19 3 B1
Plas-y-Brenin
Rhuddlan LL18 7 F1
12 Rhyl / Y Rhyl LL18 7 B7
Plas-y-Bwl LL12 66 A7
Plas Y Castell / Castle Grange LL12 66 B7
Plas-yn-Llan LL20 143 D4
Plas-yn-Rhos CH4 58 F7
Platt La Penyffordd CH4 59 B6
Whixall SY13 113 B5
Pleasant La LL11 65 E1
Pleasant Mount / Bryn Siriol LL11 71 C4
Pleasant View
Froncysyllte LL20 94 F7
Penymynydd CH4 49 B1
Weston Rhyn SY10 105 C4
Wrexham / Wrecsam, Moss LL11 72 A8
Wrexham / Wrecsam, Pentre Broughton LL11 72 B6
Pleasant View Camp LL18 15 F8
Pleasant Villas 12 LL11 72 C3
Plemstall Cl CH2 43 F8
Plough La Christleton CH3 53 F7
Connah's Quay CH5 39 B4
Plover Cl CH3 69 F1
Plumley Cl CH3 43 C1
Plum Terr CH1 144 A3
Plymouth St CH5 39 A6
Point of Ayr Cvn Pk CH8 4 F6
Point of Ayr Gas Terminal Visitor Ctr* CH8 4 F4
Pont Adam LL14 85 F5
Pont Adam Cres LL14 85 F4
Pont Pentre CH7 47 B4
Pont Wen LL13 80 C8
Pont-y-Bedol LL16 120 F5
Pontybodkin Hill CH7 58 A3
Pont-y-Brenig Nature Trail* LL16 123 C8
Pont-y-Capel La LL12 67 C2
Pont Y Capel La / Lon Pont Y Capel LL12 67 B1
Pontydd LL22 6 A3
Pont-yr-Afon LL14 85 C7
Poolmouth Rd LL11 72 C5
Pool Rd / Ffordd y Llyn 8 LL14 78 F2
Poplar Ave CH5 39 B4
Poplar Ave / Rhodfa'r Poplys
Gresford LL12 67 E3
8 Rhosllanerchrugog LL14 78 E1
Poplar Cl Coedpoeth LL11 71 D2
Connah's Quay CH5 38 E6
3 Whitchurch SY13 103 E7
Poplar Dr LL12 67 F2
Poplar Gr Ewloe CH5 38 E2
Prestatyn LL19 2 F3
Poplar Rd Chester CH4 51 F5
Rhostyllen LL14 79 C6
Wrexham / Wrecsam LL13 145 B1
Poplar Rd / Ffordd Y Poplys LL14 85 C7
Poplar Row / Rhes Y Poplys LL12 67 F7
Poplars Dr LL18 7 D6
Poplars The CH5 48 F7
Poppy Field Dr CH4 59 A8
Porch La LL12 66 A8
Portal Ave LL13 73 C2
Porters Croft CH3 43 F5
Porth-y-cwm LL20 138 D7
Porth-y-Dre LL15 141 B5
Porth-y-Llys LL18 7 F7
Porth-ysgaden LL20 143 D4
Porth-y-Waen LL16 32 B7
Portland Pl / Llain Portland 18 LL16 140 C3
Post Office La
Pantasaph CH8 20 C4
Pantymwyn CH7 45 D6
Wem Rural SY13 113 C1
Post Office La / Lon-y-Post LL16 140 C3
Post Office Terr LL16 117 C5
Potters Way CH7 48 A5
Pottery Cotts CH5 38 C1
Powell Rd
Buckley / Bwcle CH7 48 A3
Wrexham / Wrecsam LL12 145 C3
Powell's Orch CH4 52 C7
Powys Cl
Buckley / Bwcle CH7 48 C6
Connah's Quay CH5 39 D4
Poyser St LL13 145 B1
Precinct Way The CH7 48 B4
Preeshenlle La SY10 106 B2
Pren Ave CH7 47 E4
Prenton Pl CH4 52 F7
Prescot St CH2 42 F3
Prestatyn High Sch
Prestatyn LL19 9 A8
Prestatyn LL19 3 A1
Prestatyn Hillside Nature Reserve* LL19 9 B8
Prestatyn Nova Ctr* LL19 2 F4
Prestatyn Rd LL19 3 D3
Prestatyn Sta LL19 3 A3
Presthaven Sands Holiday Camp LL19 4 B5
Preston Rd LL13 74 D1
Pretoria St CH4 52 D7
Price's La LL11 145 B4
Price's Row 8 CH7 46 F4
Primrose Cl
Huntington CH3 53 A6
Northop Hall CH7 38 B4
Primrose Hill
Connah's Quay CH5 38 F8
St George / Llansan-Sior LL22 14 B4
Primrose St CH5 38 E8
Primrose Way LL11 145 A3
Prince Charles Rd LL13 73 D1
Prince Edward Ave LL18 7 C7
Prince Of Wales Ave
Flint / Y Fflint CH6 28 B5
Holywell / Treffynnon CH8 21 C5
Prince of Wales Ct
Buckley / Bwcle CH7 48 D4
Wrexham / Wrecsam LL11 72 C8
Princes Ave Chester CH1 144 C3
Prestatyn LL19 9 A8
Princes Cl 1 LL11 73 A5
Princes Dr CH6 28 B5
Princes Pk LL18 15 F8
Princes Rd LL18 7 F1
Princes Rd / Ffordd y Tywysob 7 LL14 78 E1
Princess Ave
Buckley / Bwcle CH7 48 B4
Chirk / Y Waun LL14 95 E2
Princess Elizabeth Ave LL18 7 D8
Princess St Chester CH1 144 A2
Llangollen LL20 143 C5
Wrexham / Wrecsam LL13 145 A1
Princes St
Flint / Y Fflint CH6 28 B6
Rhyl / Y Rhyl LL18 7 B7
Prince's St CH5 38 E7
Prince William Ave CH5 40 B3
Prince William Ct CH5 39 A1
Prince William Gdns CH5 39 E2
Priors Cl CH5 39 A4
Prior St / Stryd Y Prior LL15 141 C5
Priory Cl Chester CH2 42 C4
Penyffordd CH4 59 A7
Priory La LL19 3 B2
Priory Pl CH1 144 B2
Priory St / Stryt y Priordy 7 LL11 145 B2
Privy La LL16 140 F4
Proffit Terr CH8 4 E3
Promenade LL19 3 A4
Promenade The LL18 6 C5
Promised Land La CH3 53 E5
Prospect Cl CH5 39 A2
Prospect Dr LL11 71 D4
Prospect Terr LL12 66 C5
Provan Way CH1 41 D5
Providence Ct CH8 21 D7
Puddington La CH64 30 E8
Puddle La SY11 106 E5
Pulford Ct CH4 61 D2
Pulford La CH4 61 A6
Pulford Rd CH1 41 E5
Pumed Rhodfa / Fifth Ave LL12 67 A4
Pump La CH3 69 F5
Purbeck Ave LL19 2 E2
Purser La SY14 83 E4
Pwll Glas CH7 46 E5
Pwll-glas Terr LL15 125 F5
Pwll-y-Bont LL19 8 F7
Pwll-y-Grawys LL16 140 B3
Pwll Y Hwyaden CH6 28 B4
Pyecroft St CH4 52 D7

Q

Quadrant The CH1 41 E2
Quakers Way LL13 69 E1
Quarry Ave CH3 69 F1
Quarry Bank LL16 23 B1
Quarry Brow LL12 67 F3
Quarry Cl Chester CH4 52 C2
Northop Hall CH7 37 F4
Quarry Hill CH3 69 F1
Quarry La Christleton CH3 53 E7
Connah's Quay CH5 38 E6
Quarry Rd LL11 72 B6
Quarry Rd / Ffordd y Chwarel LL20 135 B4
Quay Bsns Pk CH5 38 E8
Quay La CH5 38 E8
Quay Morfa CH5 38 F8
Quay St LL18 6 F6
Queens Ave CH6 28 B5
Queen's Ave
Chester CH1 144 C3
Connah's Quay CH5 38 D8
Sandycroft CH5 40 A3
Queensbury Dr CH6 27 F6
Queens Cres CH2 42 E7
Queens Ct LL19 3 A3
Queens Dr CH7 48 B4
Queen's Dr CH4 144 C1
Queens Ferry Cty Prim Sch CH5 39 C5
Queensferry Ind Est CH5 39 E4
Queen's La CH7 47 B3
Queens Park High Sch CH4 144 B1
Queen's Park Ho CH4 144 B1
Queen's Park Rd CH4 144 B1
Queen's Park View CH4 144 B1
Queens Pk CH7 46 E5
Queens Pl CH1 144 B3
Queens Rd CH3 43 B3
Queen's Rd Brymbo LL11 71 F8
Chester CH1 144 C3
Garden City CH5 39 F7
Greenfield / Maes-Glas CH8 21 C8
Queen's Sch (Lower) The CH2 42 C4
Queen's Sch The CH1 144 A2
Queen's Sq LL14 85 C2
Queens Sq / Sgwar y Frenhines 4 LL11 145 B2
Queen St Cefn-Mawr LL14 85 B1
Chester CH1 144 B2
Connah's Quay CH5 39 D5
Flint / Y Fflint CH6 28 B6
Leeswood / Coedllai CH7 58 A4
Llangollen LL20 143 E4
Ruabon / Rhiwabon LL14 86 A5
Treuddyn CH7 64 B8
Queens Terr LL12 66 C4
Queen St / Heol Y Frenhines LL18 7 B7
Queen St / Stryt y Frenhines 9 LL14 78 E1
Queen St / Stryt y Syfwr 6 LL11 145 B2
Queensway Chester CH2 42 F5
Connah's Quay CH5 39 A6
Hope / Yr Hôb LL12 66 C8
Prestatyn LL19 3 B2
Wrexham / Wrecsam LL13 80 D8
Queen's Way CH4 50 B4
Queensway / Heol y Frenhines LL11 72 E8
Queensway Ind Est LL13 80 D8
Queensway Terr LL13 80 C8
Queen's Wlk LL18 7 C8
Quinta Terr LL14 105 D5

R

Race Course The (Wrexham FC) LL11 145 A4
Rachel Dr LL18 7 F5
Rackery La LL12 66 F7
Rack La SY13 112 F1
Radford Cl CH5 39 A7
Radnor Cl CH5 39 D4
Radnor Dr CH4 52 A4
Raewood Ave Ewloe CH5 48 F8
Hawarden / Penarlâg CH5 49 A8
Raikes La
Mold / Yr Wyddgrug CH7 46 F8
Soughton / Sychdyn CH7 47 A7
Railway Rd Brymbo LL11 71 F8
Wrexham / Wrecsam LL11 72 F4
Railway Terr Bodfari LL16 23 B1
Caergwrle LL12 66 B8
Caerwys CH7 24 C3
Connah's Quay CH5 38 E8
Corwen LL21 142 D3
Padeswood CH7 48 B1
Rhosymedre LL14 85 C2
Ruabon / Rhiwabon LL14 86 A4
Sandycroft CH5 40 B3
Trefnant LL16 117 C5
Railway Ter / Rhes Y Rhailffordd 2 LL15 141 D5
Rake La Broughton CH5 50 A8
Eccleston CH4 52 C1
Hawarden / Penarlâg CH5 49 F7
Rake Way CH1 41 A8
Ramsden Ct CH4 51 F4
Range Rd LL13 80 C7
Ranscombe Cres 2 LL13 73 C6
Ranwonath Ct CH2 144 B4
Raven Sq CH6 28 A7
Rawson Rd CH1 41 E3
Raymond St CH1 144 A3
Raynham Ave LL12 67 E2
Rayon Rd CH8 21 D7
Record St LL15 141 C5
Rector Drew Sch CH5 49 D8
Rectors La CH5 39 F4
Rectory Cl Farndon CH3 69 E1
Flint / Y Fflint CH6 28 A5
Rectory Cl / Rheithordy Clos CH8 25 A4
Rectory La
Hawarden / Penarlâg CH5 49 D8
Llanferres CH7 55 B6
Red Dragon Cvn Pk LL12 66 C5
Red Grouse Ctry Pk* CH7 63 C2
Red Hall Ave CH5 38 F7
Red Hall La LL13 98 F3
Red Hall Prec CH5 38 D7
Red Hill LL17 16 B2
Redhill Rd CH4 51 F6
Red Hos CH7 46 D7
Redland Cl Chester CH4 52 A7
Gresford LL12 67 E3
Redland Ho CH4 52 B7
Red Lion Cotts LL13 80 D7
Red Lion Sq LL14 85 B2
Red Rd CH7 48 B6
Red St CH8 12 B5
Redwither Ind Complex LL13 74 E1
Redwither La
Marchwiel LL13 81 B8
Wrexham / Wrecsam LL13 81 C5
Redwither Rd LL13 81 E7
Redwood Cl Holt LL13 75 D8
Saltney CH4 51 E6
Redwood Dr LL18 7 E8
Reece Cl CH2 43 E8
Rees Ave LL18 7 D8
Reeves Rd CH3 53 B8
Regency Ct CH2 43 E8
Regent Cl / Clos y Rhaglaw 3 LL11 72 D8
Regent Rd LL18 7 D8
Regents Cl CH3 43 B2
Regent St LL20 143 D4
Regent St / Stryt y Rhaglaw LL11 145 A3
Renfrew Cl LL11 72 C7
Reservoir Terr CH2 42 F2
Rest The 3 LL14 95 C8
Revells Cl SY12 108 C6
Reynolds Rd CH6 22 E1
Rheithordy Clos / Rectory Cl CH8 25 A4
Rhes Bryn Teg CH8 11 B8
Rhesdai Gladstone / Gladstone Terr LL16 121 B8
Rhes Thomas / Thomas Row CH6 22 B4
Rhes-y-Cae Sch CH8 26 C3
Rhes y Cigydd / Butchers Row 5 LL14 78 E1
Rhes y Deml / Temple Row 4 LL13 145 C2
Rhes Y Poplys / Poplar Row LL12 67 F7
Rhes Y Rhailffordd / Railway Terr 2 LL15 141 D5
Rhewl Fawr Rd CH8 11 C8
Rhewl La SY10 106 B1
Rhewl Sch LL15 121 B3
Rhiw Newmarket / Newmarket Rise LL13 80 E7
Rhiw'r Bigwn / Beacon's Hill LL16 140 C3
Rhoda Augusta / Augusta Dr LL13 73 F3
Rhoda'f Gollen / Hazel Ave LL11 72 D7
Rhoddfa Miltwn / Middleton Ave LL16 140 B2
Rhoddfa Plas Coed 8 LL18 7 F7
Rhodfa Anwyl LL18 7 E2
Rhodfa Arthur LL18 9 F4
Rhodfa Bedwen LL19 3 D3
Rhodfa Blodyn Mai / Mayflower Dr LL12 67 F2
Rhodfa Bodrhyddan / Bodrhyddan Ave LL18 7 F1
Rhodfa Brenin / King's Ave 2 LL19 3 B2
Rhodfa Caer / Chester Ave LL18 6 D4
Rhodfa Canolblas (Avenue) LL18 14 E4
Rhodfa Carnoustie / Carnoustie Cl 6 LL13 73 F3
Rhodfa Ceinewydd / Newquay Dr 2 LL13 80 D7
Rhodfa Celyn LL19 3 D3
Rhodfa Cilcain CH7 46 D3
Rhodfa Clwyd LL17 117 B6
Rhodfa Clwyd / Clwyd Ave
Denbigh / Dinbych LL16 140 E3
Dyserth LL18 8 F1
Prestatyn LL19 3 B2
Rhuddlan LL18 7 E2
Rhodfa Conwy LL18 8 F4
Rhodfa Conwy / Conwy Ave 7 LL18 7 F1
Rhodfa Criccieth LL18 14 F4
Rhodfa Ddeg / Tenth Ave LL12 67 A3
Rhodfa Derwen LL19 3 D3
Rhodfa Dolennau / Links Ave 4 LL18 7 F1
Rhodfa Dulas / Dulas Ave LL18 6 D4
Rhodfa Elgwern LL16 140 E4
Rhodfa Elwy / Elwy Ave LL18 8 F1
Rhodfa Eurgain / Eurgain Ave CH5 38 C6
Rhodfa Ffordd Las / Ridgeway Ave LL12 67 F4
Rhodfa Ganol
Johnstown LL14 79 A1
Prestatyn LL19 8 F6
Rhodfa Gele / Gele Ave 7 LL11 72 D8
Rhodfa Ger Y Parc / Parkside Ave CH5 38 C6
Rhodfa Glenys LL17 16 B2
Rhodfa Glyn / Glyn Ave 3 LL18 7 F2
Rhodfa Gofer LL18 8 F4
Rhodfa Gop LL18 10 A4
Rhodfa Gorllewin / West Par LL18 7 A7
Rhodfa Goulbourne / Goulbourne Ave 5 LL13 73 E4
Rhodfa Graig LL19 8 F6
Rhodfa Grenville / Grenville Ave 5 LL18 7 F1
Rhodfa Gwdig / Goodwick Dr 1 LL13 80 D7
Rhodfa Gwilym LL17 117 B6
Rhodfa Gyntaf / First Ave LL12 67 A4
Rhodfa Hawkstone / Hawkstone Way 8 LL13 73 F3
Rhodfa Hawthorne / Hawthorne Way LL12 66 F4
Rhodfa Heilyn LL18 8 F4
Rhodfa Helyd / Willow Wlk CH7 57 F5
Rhodfa Hendre LL19 8 F6
Rhodfa Hinsley / Hinsley Dr LL13 73 E4
Rhodfa Hywell / Howell Ave 4 LL18 7 F2
Rhodfa Kempton LL13 80 F7
Rhodfa Llanddulas / Llanddulas Avenue LL18 6 E3
Rhodfa Maelor / Maelor Ave LL14 85 D8
Rhodfa Maen Gwyn LL18 7 F6
Rhodfa Maes Hir LL18 7 F6
Rhodfa Mayville / Mayville Ave LL12 67 A3
Rhodfa Mount Isa / Mount Isa Dr LL11 71 F8
Rhodfa Mynydd CH7 46 E3
Rhodfa Nant / Brook Ave LL22 6 B2
Rhodfa Padarn LL19 2 D3
Rhodfa Pedr LL18 8 F4
Rhodfa Plas LL19 8 F6
Rhodfa Plas Llai / Llay Hall Ave LL12 67 A4
Rhodfa'r Bryn / Bryn Dr LL11 71 D3

Rhodfa'r Ddermen / Oak Dr LL12 67 F2
Rhodfa'r Dderwen / Oak Tree Ave LL12 67 A4
Rhodfa'r Doraenen Wen / Hawthorne Ave LL14 85 C3
Rhodfa'r Garn LL12 67 B4
Rhodfar Gelli / Spinney Wlk 12 LL14 86 A4
Rhodfa Rhedyn / Fern Ave 7 LL19 3 B2
Rhodfa'r Llwyfen / Elm Wlk LL12 67 B4
Rhodfa Ronald / Ronaldsway LL18 14 F4
Rhodfa'r Orsaf / Station Wlk LL15 141 D5
Rhodfa'r Parc / Parklands Wlk 15 LL14 86 A4
Rhodfa'r Poplys / Poplar Ave
Gresford LL12 67 E3
8 Rhosllanerchrugog LL14 78 E1
Rhodfa'r Sycamowyddens / Sycamore Dr LL12 67 F3
Rhodfa'r Wyddfa / Snowdon Dr LL11 73 B5
Rhodfa Sandy / Sandy Way 1 LL13 73 F4
Rhodfa Sian LL18 8 F2
Rhodfa Taunton LL13 80 F7
Rhodfa Teyrn LL19 2 E3
Rhodfa Thomas / Thomas Ave LL18 8 F2
Rhodfa Thornhurst / Thornhurst Dr 3 LL13 73 F3
Rhodfa Ty Newydd / New House Ave LL12 67 A3
Rhodfa Victoria / Victoria Ave 4 LL19 3 B2
Rhodfa Wenlo CH8 21 B7
Rhodfa Westwood / Westwood Dr 1 LL13 73 F3
Rhodfa Wilkinson / Wilkinson Dr LL14 79 C6
Rhodfa Wyn LL19 2 E3
Rhoffa'r Teubren / Hornbeam Ave CH7 48 E4
Rhone Ct CH3 53 A8
Rhos Ave CH4 58 F7
Rhos Berse Rd LL11 71 E2
Rhosddu Ind Est LL11 72 F6
Rhosddu Prim Schs LL11 145 B4
Rhosddu Rd / Ffordd Rhosddu
5 Wrexham / Wrecsam LL11 145 B2
Wrexham / Wrecsam, Rhosddu LL11 145 B4
Rhos Estyn La LL12 59 B3
Rhos Helyg
Llandrillo LL21 132 D3
Treuddyn CH7 64 B8
Rhoslan CH8 21 C5
Rhos Llan LL21 132 D3
Rhosnesni La LL12 73 C3
Rhos Rd CH4 58 F7
Rhosrhedyn La LL11 72 B4
Rhosrobin Rd LL11 72 F6
Rhos St Sch LL15 141 D5
Rhos St / Stryt Y Rhos LL15 141 D5
Rhostyllen Com Prim Sch LL14 79 C6
Rhoswen CH6 28 B4
Rhoswydd / Rosewood LL11 72 C4
Rhosymedre Inf Sch LL14 85 D3
Rhosymedre Jun Sch LL14 85 D3
Rhos-y-wern 3 LL15 141 D5
Rhuddlan Castle* LL18 15 E8
Rhuddlan Ct / Llys Rhuddlan 5 CH4 51 F6
Rhuddlan Rd Blacon CH1 41 D3
Buckley / Bwcle CH7 48 C7
Rhyl / Y Rhyl LL18 7 E5
St George / Llansan-Sior LL22 14 C7
Rhyd Broughton La LL13 72 E2
Rhyddyn Hill LL12 66 C7
Rhyd Galeo SY11 106 A1
Rhyd Osber CH7 57 F2
Rhydwen Cl LL18 7 B5
Rhydwen Dr LL18 7 B6
Rhyd Y Byll LL15 121 B3
Rhydymwyn Rd CH7 45 F7
Rhyl Coast Rd
Prestatyn LL18 2 A1
Rhyl / Y Rhyl LL18 1 E5
Rhyl High Sch LL18 7 D7
Rhyl Rd LL18 7 F1
Rhyl Rd / Ffordd Rhyl LL16 140 D4
Rhyl Sta LL18 7 B7
Rhyn La SY11 96 C1
Rhyn Pk Sch SY11 106 C5
Rhys Ave LL18 6 C5
Richard Hts CH6 28 A7
Richards Croft CH3 53 A7
Richmond Cres CH3 43 C2
Richmond Gdns 3 LL14 95 E3
Richmond Mews CH2 42 F2
Richmond Rd
Connah's Quay CH5 38 F6
Wrexham / Wrecsam LL12 73 C6
Ridgehill Dr CH6 22 B3
Ridgeway Ave LL18 1 E5
Ridgeway Cl CH5 38 D6
Ridgeway La / Rhodfa Ffordd Las LL12 67 F4
Ridgeway The
Connah's Quay CH5 39 B1
Holywell / Treffynnon CH8 21 C1
Marchwiel LL13 80 F4
Northop Hall CH7 37 F4
Ridings The CH1 41 B8
Ridley View LL13 73 E1
Ridley Wood Cl LL13 80 B6
Ridley Wood Ind Complex LL13 74 F2
Ridley Wood Rd LL13 75 A3
Ring Rd Chester CH3 43 C3
Connah's Quay CH5 29 E2
Riverbank CH6 21 E5
River Cl LL13 80 D7
Riverdale LL13 80 E7
River La Chester CH4 52 C7
Farndon CH3 69 E2
Saltney CH4 51 E7
River Rd CH5 29 F1
Riverside Bsns Pk LL12 66 C3
Riverside Cl LL18 6 E5
Riverside Ct
Huntington CH3 52 F7
Pontblyddyn CH7 58 B6
Riverside Pk
Connah's Quay CH5 38 E8
Garden City CH5 39 F6
Riversleigh Ct LL12 59 B1
Riversmead CH3 53 A6
River St LL18 7 A7
River View Bagillt CH6 21 F5
Connah's Quay CH5 38 D8
Rivulet Rd LL13 145 C1
Roberts Croft LL12 66 B7
Roberts La / Stryt Fechan 5 LL14 78 E2
Robert's Rd LL11 72 B6
Roberts Terr Acrefair LL14 85 B3
Coedpoeth LL11 71 C2
Robert's Terr CH1 42 B1
Robin Cl SY12 109 B3
Robin Hood Holiday Camp LL18 2 A1
Robinsons Croft CH3 53 B7
Rochester Dr LL19 2 F1
Rockcliffe CH7 47 D6
Rock Cotts CH5 29 D1
Rock Hill LL14 85 C1
Rock Hos CH8 5 D1
Rock La
Caergwrle, Caer-Estyn LL12 66 D7
Caergwrle LL12 66 A8
Cefn-Mawr LL14 85 B2
Chester CH2 144 A4
Hanmer LL13 100 B8
Rocklife La CH6 29 A3
Rock Pl Cefn-Mawr LL14 85 B1
Coedpoeth LL11 71 D2
Rock Rd CH5 29 E1
Rock Rd / Ffordd-y-Graig LL14 85 C2
Rock View CH7 55 E7
Rockwood Rd LL11 72 B5
Rodens Cl LL12 68 C7
Roebourne Rise CH1 41 D4
Roe Parc LL17 16 A2
Roe The LL17 16 A2
Rofft Sch The LL12 67 F3
Roft Cl LL11 72 D6
Rogers La LL11 72 C6
Roland Ave LL18 6 D6
Roman Dr CH1 41 D6
Romans Way CH6 22 D1
Roman Way
Buckley / Bwcle CH7 48 B4
Whitchurch SY13 103 F8
Ronaldsway LL18 7 D5
Ronaldsway / Rhodfa Ronald LL18 14 F4
Rookery The CH4 50 B3
Rosebine View 6 LL11 72 D7
Rosedale Gdns LL18 7 F5
Rosedene Cl CH2 42 E8
Rose Gr LL13 73 E3
Rose Grange LL11 72 B4
Rosehill CH8 21 B4
Rose Hill Trelawnyd LL18 10 B4
Wrexham / Wrecsam LL11 72 B5
Rose Hill Ct CH5 38 F7
Rosehill Rd LL18 7 E5
Rose La CH7 47 E3
Roselands Ct LL12 61 C1
Rosemary Cl CH4 50 C3
Rosemary Cres LL14 79 D6
Rosemary La LL12 67 E8
Rosemary Wlk 6 CH6 28 A6
Rosemount Ave LL18 6 D6
Roseview Cres / Trem-y-Rhosyn LL18 6 E5
Roseway LL12 67 E7
Rose Way LL11 71 E5
Rosewood Ave
Chester CH2 42 D5
Wrexham / Wrecsam LL13 73 D2
Rosewood Gr Drury CH7 48 F5
Saughall CH1 41 B8
Rosewood / Rhoswydd LL11 72 C4
Rosse Ave LL14 79 B1
Rossett Bsns Village LL12 61 B1
Rossett Pk LL12 61 C1
Rossett Rd Holt LL13 69 A1
Trevalyn LL13 68 E5
Rossett Way LL12 73 B6
Rosslyn Cl CH5 40 A2
Rosslyn Rd CH3 43 B3
Rothesay Cl LL11 73 A4
Rothesay Rd CH4 52 A7
Roughlyn Cres CH4 51 E1
Roundel Cl LL13 73 E5
Round Hill Mdw CH3 53 B7
Roundwood Ave LL19 8 F7
Rowan Cl 4 SY12 109 A2
Rowan Cl / Clos Y Criafol LL12 67 A5
Rowan Cl / Llys Cerddin CH7 48 D4
Rowan Dr LL18 7 F5
Rowan Gr CH5 29 C1
Rowan Pk CH3 53 E7
Rowan Pl CH2 43 B4
Rowan Rd CH5 39 A3
Rowans The CH4 50 B3
Rowcliffe Ave CH4 52 A4
Rowden Cres 6 CH5 39 A6
Rowden St CH5 39 A6
Rowe La
Maelor South SY12 111 A4
Welshampton & Lyneal SY12 110 F4
Rowena Ct CH2 42 F3
Rowlands Rd LL11 72 B7
Rowley's Dr CH5 39 C6
Rowleys Pk CH5 39 C6
Rowton Bridge Rd CH3 53 E7
Rowton La CH3 53 F6
Royal Alexandra General Hospl LL18 1 C5
Royal Ct CH5 38 E8
Royal Dr CH6 27 E7
Royal International Pav* LL20 143 C5
Royal Welch Ave LL18 14 F4
Roy Ave LL19 2 B2
Royden Gdns LL13 73 E1
Royton Cl LL13 80 B6
Ruabon Rd
Ruabon / Rhiwabon LL14 86 A7
Wrexham / Wrecsam LL13 145 A1
Wrexham / Wrecsam LL13 79 F7
Ruabon Sta LL14 86 A4
Rubery Way LL13 80 D8
Ruby Hos CH7 35 F4
Ruby Terr LL17 16 B1
Rufus Ct CH1 144 A3
Rumney Cl CH5 38 C4
Rushfield Rd CH4 52 B5
Rushmere La CH3 62 F3
Rushton Dr CH2 42 E7
Russell Ct LL18 7 C8
Russell Dr LL19 2 D2
Russell Gdns LL18 7 C8
Russell Gr LL12 73 C3
Russell Rd / Ffordd Russell LL18 7 C8
Russell St Cefn-Mawr LL14 85 B2
Chester CH1, CH3 144 C3
Ruthin Cl CH7 48 C6
Ruthin Craft Ctr* LL15 141 D6
Ruthin Hospl LL15 141 D5
Ruthin Rd Bwlchgwyn LL11 70 D7
Denbigh / Dinbych LL16 120 E8
Minera LL11 71 B5
Mold / Yr Wyddgrug CH7 46 D3
Wrexham / Wrecsam LL11, LL13 72 E1
Ruthin Sch LL15 141 E6
Rutland Ct CH5 38 E6
Rutland Pl CH2 43 A5
Rutland Rd LL13 80 C8
Rydal Ct LL13 73 D3
Rydal Dr CH7 48 D6
Rydal Gr CH4 52 A6
Ryder Cl / Clos Ryder 2 LL13 73 E3
Ryeland St CH5 39 B7

S

Saighton CE Prim Sch CH3 53 E1
Saighton La CH3 53 F2
St Albans Hts LL11 71 F5
St Alban's Rd LL11 71 F5
St Alban's View LL11 71 E5
St Alkmond Mdw 3 SY13 103 F8
St Andrews Cl CH5 49 C8
St Andrews Cres / Cilgant St Andrews 5 LL13 73 E3
St Andrews Dr LL19 3 A1
St Andrew's Dr CH7 48 A5
St Andrews Wlk CH2 43 F8
St Anne's Ave LL19 8 E8
St Anne's RC Prim Sch LL13 73 E1
St Anne St CH1 144 B3
St Ann's St LL18 7 C7
St Anthony's RC Prim Sch CH4 51 E6
St Asaph Ave
Kinmel Bay / Bae Cinmel LL18 6 E3
Towyn LL22 14 E8
St Asaph Bsns Pk
Bodelwyddan LL17 15 D1
St Asaph / Llanelwy LL17 116 E8
St Asaph Cath* LL17 16 B1
St Asaph Dr LL19 8 F8
St Asaph L Ctr* LL17 16 C1
St Asaph Rd
Bodelwyddan LL18 14 C5
Lloc CH8 19 F6
Rhuddlan LL18 15 E6
St George / Llansan-Sior LL22 14 A5
Trefnant LL17 117 B6
St Asaph Rd / Ffordd Llanelwy LL18 8 F2
St Asaph Sch LL17 16 C1
St Asaph St LL18 7 C8
St Barbara's Ave LL18 14 E4
St Bartholomews Ct CH5 40 E6
St Brelade's Dr LL19 3 A1
St Bridgets Ct CH4 52 B6
St Brigid's Sch LL16 140 E6
St Catherines' Cl CH6 28 A6
St Chad's Rd CH1 41 F4
St Chads Way LL19 9 A8
St Christophers Cl CH2 42 D8
St Christophers Sch / Ysgol Sant Christopher LL13 80 B7
St Clare's RC Prim Sch CH4 52 A5
St Cynfarch's Ave LL12 59 B1
St Davids Cl CH6 28 B4
St David's Cl
Buckley / Bwcle CH7 48 A6
Ewloe CH5 38 F2
St Davids Cres LL12 67 A3
St David's Cres LL13 73 C2
St Davids' Ct LL13 73 D3
St David's Dr
Connah's Quay, Golftyn CH5 38 E7
Connah's Quay, Shotton CH5 39 B6
St David's High Sch CH4 51 C6
St David's High Sch / Ysgol Dewi Sant LL13 73 D3
St David's La
Denbigh / Dinbych LL16 140 D3
Mold / Yr Wyddgrug CH7 47 A5
St David's RC Sch CH7 47 A5
St Davids' Ret Pk CH4 51 D7
St David's Sq LL18 7 C6
St David's Terr CH4 51 C6
St David's Wlk 6 CH7 46 F4
St Elmo's Dr LL19 3 B1
St Ethelwold's Prim Sch CH5 39 B4
St Ethelwold's St CH5 39 B4
St George Prim Sch LL22 14 A4
St Georges Cres LL18 7 D8
St George's Cres
Chester CH4 144 C1
Wrexham / Wrecsam LL13 145 C2
St Georges Dr LL19 3 A1
St George's Rd LL22 14 A4
St Giles Cres LL13 73 C1
St Giles Inf Sch LL13 145 B1
St Giles Jun Sch LL13 145 B1
St Giles Way / Ffordd San Silyn LL13 145 C1
St Helens Pl 8 LL18 7 B7
St Hilary's Terr LL16 140 C2
St Ives Pk CH5 40 A3
St Ives Way CH5 40 A3
St James Ave CH2 42 F7
St James Cl CH5 49 C8
St James Ct LL11 145 B4
St James Ct / Llys Sant Iago CH5 29 D1
St James Dr LL19 3 A1
St James's CE Jun Sch CH2 43 A2
St James St CH1 144 B3
St Johns Cl
Hawarden / Penarlâg CH5 49 C8
Penymynydd CH4 49 B2
St John's Cl
Buckley / Bwcle CH7 48 B5
4 Ellesmere SY12 109 C2
St Johns Ct CH1 144 B2
St John's Ct LL13 80 C8
St John's Hill SY12 109 C2
St Johns Pk CH7 35 E2
St John's Rd CH4 144 C1
St John's Rear Rd CH4 144 C1
St John's St LL13 80 C8
St John St CH1 144 B2
St Joseph's RC High Sch LL13 80 A7
St Margaret's Ave LL19 8 E8
St Margaret's Dr LL18 7 D6
St Margaret's Row LL18 14 F4
St Margaret Way LL12 73 B4
St Mark's Ave CH5 38 D7
St Marks Rd CH4 51 F6
St Mark's Rd / Ffordd Sant Marc LL11 145 B2
St Marks Terr LL13 73 E1
St Martins Mews LL12 67 A4
St Martin's Rd SY10 106 C3
St Martin's Way CH1 144 A3
St Mary's Ave LL13 98 C8
St Mary's Camping Site LL19 4 B3
St Mary's CE Inf Sch CH2 42 E7
St Marys Cl CH7 37 F4
St Mary's Cl LL14 105 E8
St Mary's Ct LL18 7 C8
St Mary's Dr
Northop Hall CH7 37 F4
Rhyl / Y Rhyl LL18 7 D5
St Mary's Hill CH1 144 B
St Mary's Mews CH7 46 F
St Marys Prim Sch LL11 65 E
St Mary's Prim Sch LL14 86 A
St Mary's RC Prim Sch CH6 28 B
St Mary's RC Sch LL13 145 B
St Mary's Rd CH4 61 A
St Mary's Way CH4 50 C
St Mellion Cres / Cilgant Sant Mellion 5 LL13 73 F
St Mellor's Rd CH7 48 A
St Michaels Cl
Ruabon / Rhiwabon LL14 86 A
Welshampton & Lyneal SY12 110 C
St Michael's Cl CH7 24 B
St Michaels Cvn Pk LL22 6 B
St Michael's Dr CH7 24 C
St Michael's Gn SY12 110 C
St Olave St CH1 144 B
St Oswalds Way CH1, CH2 144 B
St Pauls Cl CH5 49 C
St Paul's Inf Sch CH3 144 C
St Paul's Prim Sch LL13 82 B
St Peters CW Prim Sch LL12 68 C
St Peter's Est CH8 21 C
St Peter's Pk CH7 37 A
St Peter's Sq LL15 141 C
St Peters Way CH2 43 F
St Richard Gwyn RC High Sch CH6 28 B
St Theresa's RC Prim Sch CH1 41 F
St Thomas Ct / Llys Tomas Sant CH6 28 A
St Thomas of Canterbury Blue Coat CE Jun Sch CH1 144 A
St Thomas's Pathway CH1 144 B
St Werburgh's & St Columba's RC Prim Sch CH2 42 F
St Werburgh St CH1 144 B
St Winefrides RC Sch LL17 16 A
St Winefride's RC Sch CH8 21 A
St Winefride's Well* CH8 21 B5
Saith-Aelwyd Pk CH8 20 D
Salem Rd LL11 71 C
Salisbury Ave CH4 51 E
Salisbury Cl LL13 145 C
Salisbury Dr LL19 2 F
Salisbury Rd LL13 145 C
Salisbury St Chester CH1 42 B
Connah's Quay CH5 39 B
Salop Rd Overton LL13 98 C
Wrexham / Wrecsam LL13 145 C
Salter's La CH2 43 C
Saltney Bsns Ctr CH4 51 F
Saltney Ferry Prim Sch CH4 51 B
Saltney Ferry Rd CH4 51 B
Saltney Terr CH4 51 B
Salusbury St CH6 28 B
Samuel St CH1 144 C
Sandbank Rd LL22 6 A
Sandfield Pl 6 LL18 7 A
Sandhurst Rd LL19 2 E
Sandiway LL19 2 C
Sandon Rd CH2 42 E
Sandown Cl LL13 89 A
Sandown Ct CH5 39 E
Sandown Rd
Bangor on Dee / Bangor-is-y-coed LL13 89 A
Connah's Quay CH5 39 A
Sandown Terr CH3 42 F
Sandpiper Ct CH4 52 E
Sandpiper Way CH4 52 E
Sandringham Ave
Chester CH3 43 A
Rhyl / Y Rhyl LL18 7 A
Sandringham Cl / Clos Sandringham 4 LL14 79 C
Sandringham Rd / Ffordd Sandringham LL11 73 A
Sandrock Rd
Christleton CH3 53 E
Marford LL12 67 F
Sandway Rd LL11 73 A
Sandwood Ave CH4 50 B
Sandy Bay Holiday Camp LL22 6 A
Sandycroft Cty Prim Sch CH5 39 E
Sandy Gr / Gelli Dywod CH7 46 E
Sandy La Bagillt CH6 22 A
Bagillt, Gadlys CH6 22 A
Chester CH3 43 A
Ellesmere Urban SY12 109 C
Garden City CH5 39 F
Hope / Yr Hôb CH4, LL12 59 E
Llan-y-pwll LL13 74 E

Sandy La *continued*
Prestatyn LL19 3 A3
Saighton CH3 53 C3
Saltney CH4 51 D6
Threapwood SY14 90 E8
Sandy La / Lon Dywoddog LL12 67 F3
Sandy Lane Bsns Pk LL19 3 A2
Sandy Way
Connah's Quay CH5 38 C6
Ewloe CH5 39 A1
Sandy Way / Rhodfa Sandy 1 LL13 73 F4
San Remo Ave LL22 6 A4
San Remo Chalet Pk LL22 6 A4
Sark Ho CH2 43 B4
Sarl Williams Ct CH1 144 A3
Sarn Bank Rd SY14 90 E6
Sarn La Caergwrle LL12 66 B8
Hope / Yr Hôb LL12 59 B1
Sarn Rd SY14 90 D8
Saronia Ct 9 LL19 3 B2
Saughall Rd CH1 41 E5
Saunders Way LL18 7 D5
Savage St LL14 78 E2
Saxon Rd LL11 72 D6
Saxon St LL13 145 C1
Saxon Way CH1 41 E6
Scholars Cl CH4 51 E6
School Cotts LL13 80 F4
School Hill LL12 67 D2
School La Aldford CH3 62 F2
Bronington SY13 102 B3
Coedpoeth LL11 71 D3
Coed Talon CH7 57 F2
Flint Mountain CH6 28 A1
Gobowen SY11 106 A1
Greenfield / Maes-Glas CH8 21 C7
Guilden Sutton CH3 43 E5
3 Llangollen Rural LL20 95 A7
Mickle Trafford CH2 43 E8
Overton LL13 98 C8
St. Martin's SY11 106 F7
6 Wrexham / Wrecsam LL11 72 B4
School La / Lon yr Ysgol LL14 78 F2
School Mews
Bangor on Dee / Bangor-is-y-coed LL13 88 F8
Rhostyllen LL14 79 C6
School Rd LL12 67 A4
School Rd / Cae Richard LL14 78 D2
School Rd / Ffordd Yr Ysgol LL15 141 C5
School Row CH8 5 C1
School St Chester CH2 42 F3
Rhostyllen LL14 79 C6
School St / Stryd yr Ysgol LL16 116 F3
School St / Stryt y Weirglodd LL14 78 D2
School Terr CH7 56 F5
Scotch Row CH5 39 E2
Scot Ho LL15 141 C4
Scotland St SY12 109 B2
Scots Rd CH5 39 D2
Scotts Cl LL13 80 F4
Seabank Dr LL19 2 E2
Seabank Rd LL18 7 A6
Seahill Rd CH1 40 F8
Sealand Ave
Garden City CH5 39 F7
Holywell / Treffynnon CH8 21 C4
Sealand Cty Prim Sch CH5 39 E6
Sealand Ind Est CH1 41 F2
Sealand Rd Blacon CH1 41 C3
Chester CH1 42 A2
Sealand Trad Pk CH1 41 F2
Sea Life Ctr* LL18 7 B8
Sea Rd LL19 2 F3
Seathwaite Way CH5 38 C6
Sea View Ct LL18 6 C5
Sea View Cvn Pk CH8 4 D3
Sea View Terr CH8 20 F5
Seaville St CH3 144 C3
Sebring Ave CH7 38 B4
Second Ave
Connah's Quay CH5 30 F3
Flint / Y Fflint CH6 28 A5
Llay LL12 67 A4
Prestatyn LL19 2 F4
Wrexham / Wrecsam, Gwersyllt Hill LL11 72 D7
Wrexham / Wrecsam LL13 74 E1
Sedgefield Cl / Clos Sedgefield LL13 80 F7
Sedgefield Rd CH1 42 B2
Sedum Cl CH3 53 A6
Sefton Rd CH2 43 A4
Selattyn CE Prim Sch SY10 114 F8
Selkirk Dr CH4 52 A7
Selkirk Rd CH4 52 A7
Seller St CH1 144 C3
Selsdon Cl CH7 48 A5
Selsdon Ct CH4 52 C7
Sens Cl CH1 144 A2
Serenity La CH5 49 B4
Serpentine The CH4 52 B7
Sevenacre Cl CH6 22 D2
Seven Sisters Rd LL19 3 A3
Seventh Ave LL12 67 A4
Seymour Dr / Gyrfa Seymour 6 LL18 7 F1
Sgwar y Frenhines / Queens Sq 4 LL11 145 B2
Sgwar Y Neuadd / Hall Sq 13 LL16 140 C3
Shaftesbury Ave CH3 43 C2
Shaftesbury Dr CH6 27 E6
Shaftsbury Ave LL11 72 D6
Shakespeare Ave CH5 48 F7
Shannon Cl CH4 51 E5
Sharps Dr SY13 103 F7
Shaun Cl LL18 7 E5
Shaun Dr LL18 7 E5
Shavington Ave CH2 42 F4
Shaw Cl CH5 48 E8
Shed La CH3 43 B2
Sheldon Ave CH3 43 B2
Shellbrook Dr / Lon Shellbrook LL14 86 B6
Shelley Cl CH5 48 E8
Shelley Rd CH1 41 F6
Shepherds Bush LL11 71 A5
Shepherd's La
Chester CH2 42 D5
Chirk / Y Waun LL14 105 E8
Shepherds Rd LL13 74 E6
Sherbourne Ave
Chester CH4 52 B5
Wrexham / Wrecsam LL11 72 E8
Sheridan Ave CH5 48 E8
Sheringham Cl CH4 51 E5
Sherrymill Hill SY13 103 F8
Sherwell Ave LL13 73 C6
Sherwood Ave LL18 2 B1
Sherwood Ct LL18 1 D5
Sherwood Rd CH1 41 E5
Shields Ct LL13 80 C7
Shipbrook Rd CH2 42 F6
Shipgate St CH1 144 B1
Shipgate The CH1 144 B1
Shire View CH7 46 F5
Shocklach Oviatt CE Prim Sch SY14 83 C7
Shocklach Rd CH2 42 F6
Sholing Dr LL18 7 F8
Shone's La LL12 67 A3
Shordley Cl LL12 68 C7
Shordley Rd LL12 59 E2
Shore Rd LL19 4 A4
Short La 1 LL14 95 D8
Shotton Inf Sch CH5 39 B6
Shotton La
Connah's Quay, Higher Shotton CH5 39 A4
Connah's Quay, Shotton CH5 39 B5
Shotton Sta CH5 39 B6
Shotton View CH5 39 A3
Shotwick La CH1 31 D6
Shotwick Rd CH5 30 F3
Shrewsbury Way CH4 51 F6
Sibbersfield La CH3 69 F4
Sibell St CH1 144 C3
Siddeley Cl CH4 50 C4
Sidney St / Stryt Sidney LL14 78 D2
Signal Ct CH2 42 F2
Silverbirch Croft CH4 50 B3
Silver Birch Cvn Pk CH8 4 D4
Silverbirch Dr LL12 67 F2
Silver Birch Way CH4 59 A8
Silverdale Ave CH7 48 F5
Silverdale Terr LL17 16 B1
Silvermuir CH1 41 E3
Silverstone Dr CH7 47 F4
Simonstone Rd CH4 50 D4
Simpson Rd CH2 42 C8
Simpsons Way CH4 50 B3
Sisson St LL18 7 C7
Sixth Ave
Connah's Quay CH5 30 E1
Flint / Y Fflint CH6 28 A5
Sixth Ave / Chwched Rhodfa LL12 67 A4
Skip's La CH3 53 F7
Slack La CH5 49 B5
Smallbrook Rd SY13 103 E7
Small Woods The / Llwyn Bach 11 LL14 86 A4
Smelt La / Ffordd Mwydodofa LL11 71 B3
Smelt Rd LL11 71 B3
Smithfield Dr / Ffordd Smithfield LL13 75 D8
Smithfield Rd LL13 73 C1
Smithfield Rd / Ffordd-y-Ffair LL16 140 B2
Smithfield St LL13 75 D8
Smith St / Stryt Efail 1 LL14 78 E1
Smithy Cl 1 LL12 73 B6
Smithy Cotts LL13 80 F4
Smithy Ct Christleton CH3 53 E7
8 Wrexham / Wrecsam LL13 73 E3
Smithy La Ewloe CH5 38 C1
Northop Hall CH7 37 F5
Pentre Bychan LL14 79 A4
Wrexham / Wrecsam LL12 73 B6
Smithy Pathway CH4 51 F4
Smithy Rd LL11 72 A4
Smithy Rd / Heol Yr Efail LL11 71 D3
Smithy The Chester CH2 42 E8
Rossett LL12 68 B7
Smokey La
Bronington SY13 102 B7
Drury Lane SY13 92 A1
Snowdon Ave
Bryn-y-baal CH7 47 E6
Connah's Quay CH5 38 D7
Snowdon Cres CH4 52 A5
Snowdon Dr LL14 79 B1
Snowdon Dr / Rhodfa'r Wyddfa LL11 73 B5
Soar Chapel 7 LL11 72 C3
Somerford Rd CH4 50 C4
Somerset Rd CH2 42 F5
Somerset St CH1 144 B4
Sontley Hill LL13 80 B5
Sontley Rd LL13 80 A3
Sontley Rd / Ffordd Sonlli LL13 80 A7
Sorrel Cl CH3 53 A6
Soughton Hall* CH7 37 B3
Souter's La CH1 144 B2
South Arc 5 LL13 145 C2
South Ave Chester CH2 144 C4
Prestatyn LL19 3 A1
Rhyl / Y Rhyl LL18 7 A6
South Bank Chester CH2 42 C4
Connah's Quay CH5 39 B4
South Crescent Rd CH4 144 C1
South Dr LL18 7 E4
South Fields Cl CH7 48 A5
South Gn CH5 40 A6
South Kinmel St / Stryd Cilmael 14 LL18 7 B7
South La CH7 48 A5
South La / Lon y De LL14 78 E2
Southlands Rd LL18 6 E6
Southleigh Dr LL11 73 A4
South Meadow Cl LL19 2 F2
Southsea Rd LL11 72 A4
South St CH3 43 A1
South St / Heol-y-De CH7 24 B6
South View
Buckley / Bwcle CH7 48 C3
Chester CH4 52 D7
Christleton CH3 53 F7
Wrexham / Wrecsam LL11 73 A7
South View Rd CH1 42 B2
South Way CH1 41 F4
Sovereign Way CH1 41 E2
Sparks Cl CH3 53 B7
Spectrum Ind Pk LL13 81 E7
Speed's Way CH3 69 E2
Speedwell Cl CH3 53 B5
Spencer Trad Est LL16 140 D4
Spenser Cl CH5 48 E8
Spinney The
Gwynfryn LL11 70 E6
Marford LL12 67 F5
Spinney Wlk / Rhodfar Gelli 12 LL14 86 A4
Spital Wlk CH2 42 F2
Spon Gn CH7 48 D3
Sportsman Terr CH7 24 C4
Spring Bank CH8 21 B6
Spring Dale CH5 39 A1
Springfield
Hawarden / Penarlâg CH5 49 C8
Wrexham / Wrecsam LL11 145 B4
Springfield Cl
Connah's Quay CH5 38 C6
Flint / Y Fflint CH6 27 F5
Higher Kinnerton CH4 60 A7
Springfield Ct LL12 67 D2
Springfield Ct / Llys Maes Y Ffynnon CH4 60 A8
Springfield Dr CH7 47 F4
Springfield La LL12 67 E4
Springfield Pk LL13 98 C7
Springfields
Holywell / Treffynnon CH8 20 F6
Mickle Trafford CH2 43 E8
Spring Gdns / Gerddi'r Pistyll LL11 145 B3
Spring Rd LL11 145 B4
Spring Rd / Ffordd Y Ffynnon LL14 79 C6
Spring St CH5 39 A7
Springwood Cl CH1 41 C4
Spruce Ave LL18 7 E8
Spruce Cl 7 SY12 109 A3
Square The
Christleton CH3 53 E8
Corwen LL21 142 D4
Cynwyd LL21 132 F8
Kinmel Bay / Bae Cinmel LL18 6 D5
Kinmel Bay / Bae Cinmel LL18 6 E4
Trefnant LL16 117 C5
Stable Cott CH7 57 C7
Stablegates / Gatiau'r Stabl LL14 79 A1
Stabler Cres LL11 73 A5
Stables Rd LL11 72 B8
Stables The CH3 43 F5
Stadium Way CH1 42 B3
Stafford Park Holiday Camp 1 LL18 7 B6
Stafford Rd CH5 39 F7
Stag Cotts LL16 117 C5
Stags Leap SY13 103 E8
Stainton Gr CH5 38 C8
Stamford Ct CH3 43 C2
Stamford Rd CH1 41 E6
Stamford Way
Ewloe CH7, CH5 38 C3
Holywell / Treffynnon CH8 21 C2
Stancliffe Ave LL12 68 A2
Standard Rd CH7 48 D6
Stanham Cl 6 SY12 109 B2
Stanham Dr SY12 109 B2
Stanley Est CH7 48 A4
Stanley Gr LL14 86 B5
Stanley Park Ave LL18 7 E6
Stanley Park Ct CH4 51 E5
Stanley Park Dr CH4 51 E5
Stanley Pk LL17 16 A1
Stanley Pl Chester CH1 144 A2
Connah's Quay CH5 39 A5
Stanley Place Mews CH1 144 A2
Stanley Rd CH7 48 A4
Stanley Rd / Ffordd Stanley LL14 78 F2
Stanley St Chester CH1 144 A2
19 Mold / Yr Wyddgrug CH7 46 F4
Wrexham / Wrecsam LL13 145 C1
Stanley Terr LL16 140 C2
Stanmore St LL18 7 A6
Stannage La CH3 69 F5
Stansty Chain Rd LL11 72 E5
Stansty Cl LL11 72 F4
Stansty Dr LL11 72 F4
Stansty Lodge La LL11 72 E5
Stansty Rd LL11 72 F4
Stanton Dr CH2 42 D5
Starkey La
Northop / Llan-eurgain CH7 37 B8
Northop / Llan-eurgain CH7 37 C8
Starkey Rd CH7 37 D6
Starling Cl CH3 69 F1
Station App LL11 145 A3
Station Ave LL14 105 D8
Station Cotts CH1 40 F7
Station Ct / Llys Yr Orsaf 5 LL11 72 D7
Station La
Guilden Sutton CH2 43 F7
Hawarden / Penarlâg CH5 49 C8
Station Rd Bagillt CH6 22 C3
Bangor on Dee / Bangor-is-y-coed LL13 89 A8
Chester CH1 144 C4
Connah's Quay CH5 39 D5
Denbigh / Dinbych LL16 140 D3
Greenfield / Maes-Glas CH8 21 D8
Hawarden / Penarlâg CH5 49 C8
Holywell / Treffynnon CH8 21 B5
Marchwiel LL13 80 F4
Overton LL13 98 D8
Rhostyllen LL14 79 C6
Rhuddlan LL18 15 E8
Rossett LL12 68 A7
Sandycroft CH5 40 A2
Talacre CH8 4 F4
Trevor LL20 85 A1
Weston Rhyn SY10 105 D4
Wrexham / Wrecsam LL11 72 A8
Station Rd / Ffordd-Yr-Orsaf LL14 105 D8
Station Rd / Ffordd Yr Orsaf
8 Ruabon / Rhiwabon LL14 86 A4
1 Ruthin / Rhuthin LL15 141 D5
Station Road / Ffordd Yr Orsaf LL19 3 A3
Station View CH2 42 F2
Station Way CH4 59 A8
Station Wlk / Rhodfa'r Orsaf 1 LL15 141 D5
Steam Cl / Clos Y Stem LL11 71 F8
Steam Mill St CH1, CH3 144 C3
Stearns Cl CH1 42 A5
Stearns Ho CH1 42 A5
Steel Cl / Clos Y Dur LL11 71 F8
Steele St CH1 144 B2
Stephen Gray Rd CH7 47 B3
Stephen Rd LL19 2 C2
Stephens La LL14 78 D2
Steven Ct CH3 144 C3
Stile End CH2 43 F8
Stirling Ave LL11 73 A5
Stirling Cl CH3 43 A2
Stocks Ave 5 CH3 43 A1
Stocks La Chester CH3 43 A1
Welshampton & Lyneal SY12 110 B5
Stockwell Gr LL13 80 B7
Stoneby Dr LL19 3 C1
Stone Croft CH3 53 B7
Stoneleigh Cl CH5 39 F6
Stone Pl CH2 42 F3
Stone Row Caergwrle LL12 66 B6
Cefn-y-Bedd LL12 66 C5
Mynydd Isa CH7 47 E2
New Brighton CH7 47 C7
Stones Holiday Camp LL22 6 A4
Stonewalls LL12 67 F7
Straight Mile
Eccleston CH4 61 F5
Llay LL12 67 C6
Strand Cl CH8 21 B5
Strand Cres CH8 21 B5
Strand La CH8 21 B5
Strand Pk CH8 21 B4
Strand Wlk CH8 21 B5
Stratford Cl LL12 73 C4
Stratford Rd CH1 41 E4
Strawberry Fields CH3 53 B7
Street The CH2 43 D8
Stretton Cl LL13 80 B6
Strickland St CH5 39 B5
Striga Bank SY13 101 B4
Striga La SY13 101 B4
Stringer's La LL12, CH4 60 B4
Stryd Bodfor / Bodfor St 7 LL18 7 B7
Stryd Cilmael / Kinmel St LL18 7 B7
Stryd Cilmael / South Kinmel St 14 LL18 7 B7
Stryd Fawr / High St
12 Denbigh / Dinbych LL16 140 C3
Mold / Yr Wyddgrug CH7 46 F5
Prestatyn LL19 3 B2
Stryd Gaer / Chester St CH7 46 F4
Stryd Henardd CH7 46 F4
Stryd Henllan / Henllan St LL16 140 B3
Stryd Newydd / New St CH7 46 F4
Stryd Wrecsam / Wrexham St CH7 46 F4
Stryd Y Baddon / Bath St 3 LL18 7 B8
Stryd Y Bont / Bridge St LL21 142 D4
Stryd Y Brython LL15 141 E5
Stryd Y Capel / Chapel St LL14 85 B3
Stryd-y-Capel / Chapel St
18 Mold / Yr Wyddgrug CH7 46 F4
Rhosymedre LL14 85 C2
Stryd-y-Castell / Castle St LL15 141 C5
Stryd Y Cyngor / Council St LL12 67 B3
Stryd y Dwr / Water St
5 Denbigh / Dinbych LL16 140 C3
Rhyl / Y Rhyl LL18 7 B7
Stryd-y-Dyffryn / Vale St LL16 140 D3
Stryd Y Farchnad / Market St 5 LL18 7 B7
Stryd-y-Ffynnon / Well St LL15 141 D5
Stryd-y-Nant / Brook St 21 CH7 46 F4
Stryd Y Neuadd / Hall St LL14 85 C7
Stryd Y Prior / Prior St LL15 141 C5
Stryd yr Eglwys / Church St LL16 116 F3
Stryd-yr-Eglwys / Church St LL14 85 C2
Stryd Yr Eglwys / Church St
2 Rhyl / Y Rhyl LL18 7 B8
Wrexham / Wrecsam LL11 72 D8
Stryd yr Ysgol / School St LL16 116 F3
Stryt Argyle / Argyle St 3 LL11 145 B2
Stryt Caer / Chester St LL13 145 C3
Stryt Clarke / Clarke St LL14 78 F2
Stryt Cynlas / Cynlas St 10 LL14 78 E1
Stryt Efrog / Yorke St LL13 145 C2
Stryt Egerton / Egerton St LL11 145 B2
Stryt Ellis / Ellis St 7 LL14 78 F2
Stryt Fawr / High St LL13 145 C2
Stryt Fechan / Roberts La 5 LL14 78 E2
Stryt Fictoria / Victoria St 12 LL14 78 E1
Stryt Gerallt / Gerald St LL11 145 B3
Stryt Gobaith / Hope St LL14 78 D2
Stryt Henblast / Henblas St LL13 145 C2
Stryt Holt / Holt Rd LL13 73 D3
Stryt Holt / Holt St LL13 145 C2
Stryt Isa LL12 59 B2
Stryt Isaf
Hope / Yr Hôb CH4, LL12 59 A4
Penyffordd CH4 58 F5
Stryt-Issa LL14 85 D8
Stryt Las LL14 85 F8
Stryt Llanfair / Llanfair St LL15 141 D4
Stryt Lydan / Broad St 11 LL14 78 E2
Stryt Maelor LL11 70 E8
Stryt Newydd / New St 9 LL14 78 E2
Stryt Osborne / Osborne St 3 LL14 78 E1
Stryt Owen / Owens St LL14 78 D2
Stryt Pearson / Pearson St 7 LL14 78 E2
Stryt Pedr / Peter St LL14 78 E2
Stryt Pentre LL20 135 E3

Stryt Siarl / Charles St LL13 145 C2
Stryt Sidney / Sidney St LL14 78 D2
Stryt Trefor / Trevor St LL13 145 B1
Stryt Twtil / Tuttle St LL13 145 C2
Stryt Uchaf / High St LL20 135 C4
Stryt William / William St 6 LL14 78 F2
Stryt y Banc / Bank St 1 LL13 145 C2
Stryt y Bedyddwyr / Baptist St 12 LL14 78 E2
Stryt y Bonc / Bank St LL14 78 E2
Stryt Y Bont / Bridge St LL14 85 D8
Stryt y Brenin / King St LL11 145 B3
Stryt y Brenln / King St 6 LL14 78 E1
Strytybydden LL11 72 C2
Stryt y Cambeliaid / Campbell St 3 LL14 78 E2
Stryt y Capel / Chapel St LL14 78 F2
Stryt y Castell / Castle St 4 LL14 78 F2
Stryt y Cigydd / Butcher St 10 LL14 78 E2
Stryt y Doctor / Beech Ave LL14 78 E1
Stryt y Dug / Duke St
Rhosllanerchrugog LL14 78 E1
1 Wrexham / Wrecsam LL11 145 B2
Stryt y Farchnad / Market St
2 Rhosllanerchrugog LL14 78 E1
Ruthin / Rhuthin LL15 141 C5
Wrexham / Wrecsam LL13 145 C2
Stryt y Frenhines / Queen St 9 LL14 78 E1
Stryt y Gof / Church St 4 LL14 78 E1
Stryt y Neuadd / Hall St LL14 78 E2
Stryt-y-plas / Hall La LL14 78 C2
Stryt y Priordy / Priory St 7 LL11 145 B2
Stryt Yrabad / Abbot St LL11 145 B2
Stryt yr Alarch / Swan St 4 LL14 78 E2
Stryt Yr Allt / Hill St
1 Penycae LL14 85 C7
Rhosllanerchrugog LL14 78 E1
Wrexham / Wrecsam LL11 145 B2
Stryt Yr Arglwydd / Lord St 2 LL11 145 B2
Stryt yr Efail / Smith St 1 LL14 78 E1
Stryt Yr Eglws / Church St 3 LL13 145 C2
Stryt y Rhaglaw / Regent St LL11 145 A3
Stryt Yr Hob / Hope St LL11 145 B2
Stryt Y Rhos / Rhos St LL15 141 D5
Stryt Yr Lampit / Lambpit St LL14 85 C7
Stryt Y Scweiar LL11, LL14 71 C2
Stryt y Syfwr / Queen St 6 LL11 145 B2
Stryt Y Veri LL20 95 B6
Stryt y Weirglodd / School St LL14 78 D2
Stuart Cl CH3 43 C3
Stuart Pl CH1 144 B3
Stuart St LL13 80 B7
Stuart Way LL13 80 B7
Stubbs Pl CH1 41 E3
Sturges Wlk 4 LL11 72 B4
Sudbury Cl 4 LL18 7 B6
Suffolk Ho CH1 144 C3
Sullivan's Rise CH5 38 E8
Summerdale Rd CH5 39 A4
Summerfield Cl CH4 50 A3
Summerfield Rd CH3 43 F5
Summerfields LL14 79 D7
Summerhill Rd LL11 72 D5
Summersville Cl CH5 38 D7
Sumner Rd CH1 41 E4
Sumpter Pathway CH2 42 F3
Sunbury Cres 3 CH4 51 F6
Sun Centre* LL18 1 C5
Sundawn Ave CH8 21 C4
Sundorne 4 LL13 98 C8
Sunhill Dr LL12 66 C7
Sun La LL13 82 C5
Sunningdale CH7 48 A6
Sunningdale Cl LL13 73 F4
Sunnside Cl CH6 21 F5
Sunnyacre / Erw Heulog 3 LL11 72 D6
Sunnyhill / Heulfryn LL11 72 C5
Sunny Ridge CH7 46 E6
Sunnyridge Ave LL12 67 F4
Sunny Sands Holiday Pk LL19 4 A4
Sunnyside Bagillt CH6 21 F5
Connah's Quay CH5 39 E2
Sunnyvale Holiday Camp LL18 6 E6
Sunny View LL11 72 C7
Sunny Villas LL12 68 A7
Sun Terr LL21 130 D1
Sun Valley Cvn Pk LL18 7 D1
Surrey Rd CH2 43 A5
Susan Gr LL19 2 F2
Sussex Gdns / Gerddi Sussex 2 LL11 73 B5
Sussex La LL18 7 B7
Sussex Rd CH2 42 F4
Sussex St / Heol Sussex 17 LL18 7 B7
Sussex Way CH2 42 F4
Sutherland Way CH3 43 B3
Sutton Cl
Connah's Quay CH5 38 C5
Mickle Trafford CH2 43 F8
Sutton Dr Chester CH2 42 E5
Wrexham / Wrecsam LL13 73 E2
Swain Ave CH7 48 D3
Swallowfields
Farndon CH3 69 E2
Ffrith LL11 65 D3
Swan Hill SY12 109 C3
Swan La CH7 46 C1
Swan Mere Pk SY12 109 C3
Swan St / Stryt yr Alarch 4 LL14 78 E2
Swan Wlk 4 CH6 28 A6
Swinchiard La CH6 28 A6
Swinchiard Wlk CH6 28 A6
Swinleys Hey CH3 53 A7
Swn Y Dail LL18 14 F4
Swn-y-Gwynt CH6 28 B4
Swn-y-Nant CH7 46 F3
Sycamore Ave CH5 38 E7
Sycamore Cl Ewloe CH5 48 F7
3 St. Martin's SY11 106 F6
Sycamore Cres
7 Ellesmere SY12 109 B2
Prestatyn LL19 3 B1
Sycamore Dr Chester CH4 51 F5
5 Chirk / Y Waun LL14 95 E3
Sycamore Dr / Ffordd Masarn CH7 57 F5
Sycamore Dr / Rhodfa'r Sycamowyddens LL12 67 F3
Sycamore Gr
Broughton CH4 50 B3
Rhyl / Y Rhyl LL18 7 D8
Sycamore Rd LL13 73 E2
Sycamore Terr CH8 21 C8
Sycamore Villas 3 CH7 46 F4
Sydenham Ave LL18 6 F6
Sydney Hall Ct CH5 38 C5
Sydney Rd CH1 42 B3
Sydney St CH6 28 A6
Sydney Wlk CH6 28 A6
Sylvan Mews CH1 41 E6
Sylvester Ct LL13 80 C7

T

Tabernacle St CH7 48 B4
Tabor Hill / Bryn Tabor LL11 71 C3
Tai Capel 3 LL11 72 D7
Tai-clawdd 6 LL14 86 A4
Tai Gwynedd LL14 85 B2
Tai Nestig CH7 45 F6
Tai Newydd LL20 135 C5
Tai-newyddion LL11 131 B7
Tai Owain LL11 71 E8
Tair Felin LL17 16 B2
Tai Tudors CH7 45 D6
Tai Tywyn Bsns Pk LL19 2 F3
Talacre Beach Cvn Pk CH8 5 A6
Talardy Pk / Parc Talardy LL17 16 A2
Talargoch Trad Est LL18 8 F5
Talbot Ct LL13 145 B1
Talbot Dr CH8 5 A6
Talbot Rd / Ffordd Talbot LL13 145 B1
Talbot St Chester CH1 144 B4
Ellesmere SY12 109 C2
Talfryn Cl CH5 29 D1
Talgarreg Dr CH5 38 C4
Taliesin Ave CH5 39 A6
Taliesin Cl LL13 80 F5
Taliesin Jun Sch CH5 39 A5
Talton Cres LL19 3 C2
Talton Ct LL19 3 C2
Talwrn Rd LL11 71 D4
Tanat Way LL13 73 E1
Tanrallt Ave LL18 6 F2
Tanrallt Rd CH8 4 E2
Tanrallt Terr LL19 9 A6
Tan'rallt Terr LL20 143 E4
Tanybryn LL20 135 F4
Tan-y-Bryn
Buckley / Bwcle CH7 48 A6
Caergwrle LL12 66 A7
Greenfield / Maes-Glas CH8 21 C8
Tan Y Bryn
Llanbedr Dyffryn Clwyd LL15 121 F2
Pwll-glas LL15 125 F5
Rhosllanerchrugog LL14 85 E8
Tan-y-Bryn
Soughton / Sychdyn CH7 37 A1
St Asaph / Llanelwy LL17 16 A1
Wrexham / Wrecsam LL13 73 E1
Tan-y-Cae CH7 34 D7
Tan-y-Castell LL15 141 C5
Tan Y Chwarel LL16 140 C4
Tanyclawdd LL14 79 A1
Tan y Clogwyn LL16 119 D7
Tanycoed LL20 143 E3
Tan-y-Coed Carmel CH8 20 D6
Johnstown LL14 79 A2
Mold / Yr Wyddgrug CH7 46 E4
Soughton / Sychdyn CH7 37 A1
Tan Y Coed LL13 80 E7
Tan-y-Ddol LL20 143 C5
Tan-y-Felin CH8 21 B7
Tan-y-fforest LL18 17 A7
Tanyfron Prim Sch LL11 71 F5
Tanyfron Rd Tanyfron LL11 71 F5
Wrexham / Wrecsam LL11 72 A5
Tan-y-Geraint LL20 143 C5
Tan-y-Graig CH7 46 D4
Tan-y-Gwalia LL16 140 C2
Tan Y Lloc La CH8 19 E6
Tan-y-Maes LL19 9 A6
Tan-y-Marian Cl LL19 4 B2
Tan y Plas LL20 143 C4
Tan-yr-Allt LL12 66 C3
Tan-Yr-Eglwys LL18 7 E1
Tan-Yr-Eglwys Rd LL18 7 E1
Tan-yr-Hafod CH7 45 F5
Tan-y-Rhos CH7 56 E6
Tan-yr-Ysgol CH7 37 A1
Tan Y 'sgubor LL16 140 B3
Tapley Ave LL12 73 D4
Tarleton St LL18 7 C8
Tarporley Rd SY13 93 F2
Tarquin Dr LL18 7 F5
Tarvin Rd
Chester, Boughton CH3 43 A2
Chester, Vicars cross CH3 43 E2
Tatham Rd LL14 85 F5
Tatton Cl CH4 51 E5
Taylors View CH5 39 B5
Taynton Cl CH5 38 C7
Teal Dr SY12 109 B3
Tecwyn Dr CH5 38 C8
Tegfan Johnstown LL14 79 A1
Rhosllanerchrugog LL14 85 F8
Tegfan Ct LL12 66 B8
Tegid LL14 85 D3
Tegid Way CH4 51 D5
Telford Ave Trevor LL20 84 F1
Weston Rhyn LL14 105 E6
Telford Way CH4 51 F6
Temperance Rd LL11 72 A4
Temple Bar Sq 14 LL16 140 C3
Temple Row / Rhes y Deml 4 LL13 145 C2
Temple Vale LL14 85 B1
Tennyson Wlk CH1 42 A5
Tenters La LL13 145 B1
Tenters Sq LL13 145 B1
Tenth Ave
Connah's Quay CH5 30 D3
Connah's Quay CH5 30 E3
Tenth Ave / Rhodfa Ddeg LL12 67 A3
Teras Burton / Burton Terr LL14 85 B3
Terence Ave LL18 7 B6
Terfyn LL14 79 A2
Terfyn Cotts LL18 14 C5
Terfyn Pella Ave LL18 2 B2
Terfyn Pella Camp LL18 2 B1
Terrace Cotts LL13 73 E2
Terrace La CH4 59 B7
Terrig Cres CH7 48 B4
Terrig St CH5 39 B4
Terrig Way LL11 72 D6
Terr The LL21 142 D4
Tewkesbury Cl CH2 42 F7
Thackeray Dr CH3 43 C3
Thimble La SY11 106 F6
Third Ave
Connah's Quay CH5 30 F1
Flint / Y Fflint CH6 28 A5
Llay LL12 67 A4
Prestatyn LL19 2 F4
Talacre CH8 5 A6
Wrexham / Wrecsam LL11 72 C7
Thirlmere Ct LL11 72 E8
Thirlmere Rd CH2 43 A5
Thisledown Cl LL14 79 D7
Thomas Ave CH5 48 E8
Thomas Ave / Rhodfa Thomas LL18 8 F2
Thomas Brassey Cl CH2 144 C4
Thomas Cl Blacon CH1 41 F6
Mickle Trafford CH2 43 F8
Thomas Cotts CH5 39 A1
Thomas Ct LL13 80 C7
Thomas Ho CH1 42 A5
Thomas Row / Rhes Thomas CH6 22 B4
Thomas St CH6 28 B7
Thompson Dr SY13 103 E7
Thornberry Cl CH1 41 B8
Thornfield Ave CH5 38 F6
Thornfields CH5 39 A4
Thornhill Cl CH4 49 F3
Thornhill Dr / Allt Yr Eithin LL14 79 E8
Thorn Ho CH4 52 A5
Thornhurst Dr / Rhodfa Thornhurst 3 LL13 73 F3
Thornleigh LL13 73 E3
Thornleigh Dr LL12 67 F2
Thornley Ave LL18 7 E6
Thornton Cl 3 LL18 7 B6
Thornton Dr CH2 42 D5
Thorpe St LL18 7 C7
Threos Cl CH5 38 C4
Thurston Rd CH4 51 E5
Tilers Cl CH7 48 B5
Timberfields Rd CH1 41 A8
Tinkwood La SY14 83 F1
Tintern Ave CH2 42 F6
Tip La LL19 2 F1
Tir Griffin Cl / Clos Tir Griffin LL20 84 E2
Tir Llwyd Ent Pk LL18 6 D2
Tir Llwyd Ind Est LL18 6 D1
Tir Wat CH7 47 E4
Titian Cl CH5 38 C8
Tivaton Cl CH5 38 D6
Tiverton Cl CH2 42 F5
Tn y Dre LL13 73 D2
Toft Cl CH4 51 E5
Toll Bar Rd CH3 53 C8
Tollemache Terr CH2 42 F2
Tomkinson St CH2 144 C4
Tomlins Terr CH1 41 E5
Toogood Cl CH2 43 F8
Top Rd Coedpoeth LL11 71 A2
Wrexham / Wrecsam LL11 72 C8
Totland Gr CH2 42 E4
Tower Cl LL13 74 F1
Tower Ct LL18 7 D5
Tower Gdns LL18 7 D5
Tower Gdns / Gerddir Twr CH8 21 B4
Tower Hill LL20, LL14 84 E3
Tower Hill / Allt Y Twr LL14 85 A2
Tower Rd Chester CH1 42 B2
Llangollen LL20 143 C6
Towers Way CH4 59 A8
Tower View Acrefair LL14 85 B3
Wrexham / Wrecsam LL13 73 D2
Townfield Ave CH3 69 E2
Townfield La Blacon CH1 41 F8
Farndon CH3 69 D2
Town Hill / Allt y Dref 9 LL13 145 B2
Townsend Ave LL12 73 E5
Towyn Cl LL19 2 E1
Towyn Jun Sch LL18 6 C4
Towyn Rd LL22 6 B4
Towyn Way E LL22 6 C2
Towyn Way W LL22 6 A2
Trafalgar Cl LL13 80 B7
Trafford St CH1 144 B3
Tram La CH7 48 C5
Tram Rd CH7 48 C6
Tramway St CH1 144 C3
Trebor Ave CH6 22 C1
Tre Borth LL19 3 A3
Treborth Rd CH1 41 D3
Treetops Ct LL18 7 F1
Tree Tops Cvn Pk CH8 5 A2
Trefnant Ave LL18 6 E4
Trefoil Cl CH3 53 B6
Trefor Ave LL18 6 C5
Tref-y-nant Pk / Parc Tref Y Nant LL14 85 A2
Tregele Cl CH1 41 D3
Trehearn Dr LL18 7 D8
Trehowell Ave SY10 105 D5
Trelawny Ave CH6 28 B6
Trelawnyd VP Sch LL18 9 F4
Trelawny Sq CH6 28 A7
Trelech CH5 38 C4
Trellewelyn Cl LL18 7 E6
Trellewelyn Rd LL18 7 E6
Trem Afon CH7 47 D5
Trem Cinmel LL22 6 B3
Trem Dolydd LL14 85 B1
Trem Elwy LL18 6 E5
Trem Eryri LL11 73 A5
Trem Hyfryd / Fairview LL14 79 C7
Trem Menlli LL15 141 E4
Trem-y-Berwyn LL14 85 D7
Trem-y-Bont LL18 6 E5
Trem y Castell LL20 143 D4
Trem-y-Castell LL22 6 A2
Trem Y Coed LL15 125 C3
Trem y Dyffryn LL16 140 D4
Trem-y-Dyffryn LL18 6 F3
Trem-y-Ffair LL18 6 D5
Trem-y-Foel LL21 130 C6
Trem Y Foel LL21 132 F8
Trem-y-Foel
Rhes-y-cae CH8 26 B2
Ruthin / Rhuthin LL15 141 A5
Soughton / Sychdyn CH7 47 A8
Trem-y-Foryd LL18 6 E5
Trem-y-Gardden LL14 85 E7
Trem-y-Geulan LL18 6 E5
Trem-y-Gwernant LL20 143 E3
Trem-y-Mynydd LL11 71 A4
Trem y Nant LL11 72 B7
Trem-y-Nant LL13 80 A6
Trem y Parc / Park View LL14 78 F1
Trem-yr-Afon LL18 6 E5
Trem Yr Edlwys LL14 105 E8
Trem-yr-Eglwys LL13 80 A7
Trem-yr-Harbwr LL18 6 E5
Trem-y-Rhosyn / Roseview Cres LL18 6 E5
Trem Yr Ysgol LL20 143 E3
Trevalyn Hall View LL12 68 C7
Trevalyn Hospl LL12 68 B5
Trevalyn Way LL12 68 C7
Trevenna Way LL13 73 C2
Trevor Ave
Rhostyllen LL14 79 D6
Rhuddlan LL18 7 F2
St. Martin's SY11 106 E5
Trevor Hall Rd / Ffordd Plas Trefor LL20 84 D1
Trevor Rd
Chirk / Y Waun LL14 105 E8
Llangollen LL20 143 F5
Prestatyn LL19 3 A3
Trevor Sq LL20 143 D5
Trevor St / Stryt Trefor LL13 145 B1
Trewen LL16 140 E3
Treweryn Cl LL12 66 F3
Trewythen Cotts LL12 67 E2
Trewythen Pk LL12 67 E2
Triangle The 1 LL13 73 E4
Trident Way LL13 73 E5
Trimpley Ct 5 SY12 109 B2
Trimpley St SY12 109 B2
Trinity Cl LL14 79 C6
Trinity Ct 10 LL18 7 B7
Trinity Rd CH8 21 C8
Trinity St Chester CH1 144 A2
Rhostyllen LL14 79 C6
Wrexham / Wrecsam LL11 145 B3
Tri-thy Needlecraft Ctr* CH7 58 B2
Troedle 16 LL14 78 E2
Troed Y Fenlli LL15 121 F2
Troed Y Rhiw
16 Denbigh / Dinbych LL16 140 C3
Ruthin / Rhuthin LL15 141 C5
Trofryn LL14 85 D7
Troon Cl LL13 73 F4
Tros-yr-Aber CH8 21 B7
Trueman's Ct CH5 49 C8
Trueman's Way
Connah's Quay CH5 39 C1
Hawarden / Penarlâg CH5 49 C8
Trum-yr-hydref CH7 38 A4
Tryweryn Pl LL13 73 E1
Tudor Ave
Flint / Y Fflint CH6 28 A4
Prestatyn LL19 3 C2
Rhostyllen LL14 79 C6
Rhyl / Y Rhyl LL18 7 D6
Tudor Cl
Connah's Quay CH5 39 B5
Holywell / Treffynnon CH8 21 A4
Northop Hall CH7 37 F4
Tudor Ct
Hope / Yr Hôb LL12 59 A2
Johnstown LL14 79 A1
9 Mold / Yr Wyddgrug CH7 46 F4
Tudor Dr LL13 99 E
Tudor Gn CH1 41 E6
Tudor Gr LL18 6 D5
Tudor Park / Parc Tudur LL18 6 F
Tudor Rd / Ffordd Tudor LL13 80 B
Tudor's Ave LL11 72 D8
Tudor St LL11 71 C
Tudor Way CH3 53 A
Turnberry Avenue (Rhodfa Turnberry) LL13 73 F
Turner Cl 7 LL13 73 E4
Turner Ho LL14 86 B
Turning St LL13 88 C
Turnpike La / Lon Dyrpeg LL12 67 F
Tuscan Way CH5 38 E
Tushingham Cl CH3 53 B
Tuttle St / Stryt Twtil LL13 145 C
Twain Cl CH5 48 E
Twenty Hos LL11 70 F
Twining Hill LL13 87 C
Two Mile Ind Est LL11 72 B

Ty = house

Ty Cerrig Dr LL12 66 A
Ty-Coch St LL16 116 F
Tyddyn Mesham CH6 22 D
Tyddyn St CH7 47 A
Ty Gwlfa LL19 3 A
Ty Gwyn LL14 78 E
Ty Gwyn La LL11 73 A
Ty Hooson LL14 78 D
Ty Mawr Ctry Pk* LL20 95 C7
Tyn Dwr Rd LL20 143 F
Ty Newydd Ct 5 LL14 86 A
Tynewydd Rd LL18 7 E
Ty-newydd Terr LL18 7 E
Ty'n-Llan CH7 55 B
Tynno Uchaf La LL20 84 C
Tyn Twll La CH6 21 F
Tyn-y-Celyn Dr LL20 143 F
Tyn y Cestyll Rd / Ffordd Tyn y Cestyll LL20 135 B
Ty'n-y-coed LL15 125 D
Ty'n-y-llidiart Ind Est LL21 142 C
Ty'n-y-Parc LL15 141 B
Ty'n-yr-eithin Cvn Pk LL16 140 E
Ty Rheil Ffordd LL11 65 F
Ty Rhosydd LL14 78 D
Tyr Llwyn LL14 78 D
Ty'r Pk LL11 145 B
Ty Wesley 13 LL14 78 E

Tywyn Ganol LL19 . . . . 2 F2
Tywyn Isaf LL19 . . . . 2 F3

U

Ullswater Cres CH2 . . . . . . 43 A6
Ullswater Rd CH7 . . . . 48 D6
Unedau Busnes Llys Edeyrnion Bsns Units LL21 . . . . 142 E4
Union Rd LL11 . . . . 145 B3
Union St CH1 . . . . 144 C2
Union Terr CH1 . . . . 144 B3
Union Wlk CH1 . . . . 144 B2
University College Chester CH1 . . . . 144 A4
Uplands Ave CH5 . . . . 38 E5
Upper Aston Hall La CH5 . 39 B1
Upper Bryn Coch / Bryn Coch Uchaf CH7 . . . . 46 D3
Upper Bryn Rd 9 CH5 . . . 38 D8
Upper Bryntirion Dr LL19 . . 3 B1
Upper Cambrian Rd CH1 . 42 B2
Upper Clwyd St LL15 . . . . 141 C5
Upper Denbigh Rd LL17 . 117 B8
Upper Downing Rd CH8 . . 11 F1
Upper Foel Rd / Ffordd Uchaf Foel LL18 . . . . 9 A2
Upper Northgate St CH1 . . . . 144 A3
Upper River Bank CH6 . . . 21 E6
Upton-by-Chester High Sch CH2 . . . . 42 F6
Upton Dr CH2 . . . . 42 C6
Upton La CH2 . . . . 42 D7
Upton Manor Cty Jun Sch CH2 . . . . 42 E8
Upton Pk CH2 . . . . 42 D6
Upton Westlea Prim Sch CH2 . . . . 42 E7
Uwchydre LL21 . . . . 142 C3
Uwch-y-Dre CH7 . . . . 46 B2
Uwch-y-Mor CH8 . . . . 26 D5
Uwch-y-Nant CH7 . . . . 47 D5

V

Vale Ave CH5 . . . . 48 F7
Vale Cl CH4 . . . . 50 C3
Vale Dr CH7 . . . . 47 D4
Vale Pk
Denbigh / Dinbych LL16 . . . 140 D5
Rhyl / Y Rhyl LL18 . . . . 7 C6
Vale Rd LL18 . . . . 7 C6
Vale Rd / Ffordd-y-Dyffryn 1 LL16 . . . . 140 D3
Vale Road Bridge LL18 . . . . 7 C7
Vale St / Stryd-y-Dyffryn LL16 . . . . 140 D3
Vale View Llay LL12 . . . . . . 67 B3
Wrexham / Wrecsam LL11 . . 72 B5
Vale View / Golygfa'r Dyffryn LL14 . . . . 85 B3
Vale View Terr LL18 . . . . 7 C7
Valley Ct LL11 . . . . 72 B6
Valley Dr CH2 . . . . 42 C5
Valley Rd LL11 . . . . 65 C3
Valley View LL20 . . . . 135 E4
Valley Way / Ffordd Y Dyffryn LL13 . . . . 80 B7
Vaughan Cl LL19 . . . . 3 A1
Vaughans La CH3 . . . . 53 A8
Vaughan St 3 LL18 . . . . 7 B7
Vaughan Way CH5 . . . . 38 D5
Vauxhall Ind Est LL14 . . . . 86 A7
Venable's Rd CH1 . . . . 41 F4
Venerable Edward Morgan RC Prim Sch CH5 . . . . 39 A5
Vermeer Cl CH5 . . . . 38 C8
Vernay Gn CH4 . . . . 52 B5
Vernon Cl Rhostyllen LL14 . . 79 C6
Saughall CH1 . . . . 41 A8
Vernon Rd CH1 . . . . 42 B2
Vernon St LL11 . . . . 145 B3
Vetches The CH3 . . . . 43 F5
Vezey St LL18 . . . . 7 C7
Vicarage Cl
Bodelwyddan LL18 . . . . 15 A4
Guilden Sutton CH3 . . . . 43 F5
Wrexham / Wrecsam LL11 . . 72 C8
Vicarage Dr CH6 . . . . 22 C1
Vicarage Fields LL14 . . . . . 86 B4
Vicarage Hill Minera LL11 . 71 A4
Rhostyllen LL14 . . . . 79 C6
Vicarage Hill / Allt y Ficeroy 8 LL13 . . . . 145 B2
Vicarage La Gresford LL12 . 67 E1
Weston Rhyn SY10 . . . . . . 105 D4
Vicarage La / Coetiau Postol LL18 . . . . 7 E1
Vicarage Rd Bagillt CH6 . . . 22 C2
Brymbo LL11 . . . . 65 F2
Chester CH2 . . . . 42 F3
Llangollen LL20 . . . . 143 C4
Vicars Cross Ct 2 CH3 . . . 43 B2
Vicars Cross Rd CH3 . . . . . 43 C2
Vicar's La CH1 . . . . 144 B2
Vickers Cl CH5 . . . . 39 C3
Victoria Ave
Buckley / Bwcle CH7 . . . . . . 48 C5
2 Johnstown LL14 . . . . 79 A1
Rhyl / Y Rhyl LL18 . . . . 7 A6
Victoria Ave / Rhodfa Victoria 4 LL19 . . . . 3 B2
Victoria Bsns Pk LL18 . . . . . 7 C6
Victoria Cres
Chester CH2 . . . . 144 A4
Chester, Queen's Park CH4 . . . . 144 C1
5 Connah's Quay CH5 . . . . . 39 A6
Pontybodkin CH7 . . . . 58 A3
Victoria Ct CH2 . . . . 144 A4
Victoria Inf Sch
Chester CH1 . . . . 144 A4
Wrexham / Wrecsam LL13 . . . . 145 A1
Victoria Jun Sch LL13 . . . 145 A1
Victoria La LL19 . . . . 2 F3
Victorian Sch & Mus* LL20 . . . . 143 C5
Victoria Park Ave LL19 . . . . . 2 F3
Victoria Pathway CH4 . . . 144 C1
Victoria Pk CH6 . . . . 21 E5
Victoria Pl Chester CH1 . . . 144 B3
Holywell / Treffynnon CH8 . . 21 B4
Victoria Rd Bagillt CH6 . . . . 21 F5
Buckley / Bwcle CH7 . . . . . . 48 C5
Chester CH1, CH2 . . . . 144 B3
Chester CH2 . . . . 144 A4
Coedpoeth LL11 . . . . 71 C3
Connah's Quay CH5 . . . . 39 A6
Mold / Yr Wyddgrug CH7 . . . 47 A4
Prestatyn LL19 . . . . 2 E3
Rhyl / Y Rhyl LL18 . . . . 7 C6
Saltney CH4 . . . . 51 D6
Wrexham / Wrecsam, Brynteg LL11 . . . . 72 B5
Wrexham / Wrecsam LL13 . . . . 145 A1
Victoria Rd / Ffordd Victoria 12 CH7 . . . . 46 F4
Victoria Rd W LL19 . . . . 2 C2
Victoria St SY12 . . . . 109 B2
Victoria St / Stryt Fictoria 12 LL14 . . . . 78 E1
Victoria Terr
Corwen LL21 . . . . 142 E3
Mold / Yr Wyddgrug CH7 . . . 47 A5
Victory Ct CH7 . . . . 47 A3
Victory Pl / Buddugfa LL12 . . . . 67 B3
Viking Cl LL11 . . . . 72 D6
Viking Way CH5 . . . . 38 D8
Village Ct / Cwrt Pentref 3 LL11 . . . . 73 B5
Village Mdws / Dol Y Pentre 14 LL14 . . . . 86 A4
Village Rd Christleton CH3 . 53 E8
Nannerch CH7 . . . . 34 D7
Village The
Bodelwyddan LL18 . . . . 15 A4
Llandegla LL11 . . . . 127 B3
Village Walks LL12 . . . . 68 A5
Villa Rd CH5 . . . . 40 B7
Villiers St LL13 . . . . 145 A2
Vincent Cl LL18 . . . . 7 C8
Vincent Dr CH4 . . . . 52 C6
Vincent St LL14 . . . . 86 A5
Vinegar Hill / Allt Ty Gwyn LL14 . . . . 78 E3
Viola Ave LL18 . . . . 7 D5
Violet Gr LL18 . . . . 7 F6
Virginia Dr CH1 . . . . 41 C4
Virtual Bsns Ctr CH1 . . . . . 41 E2
Voel Gron / Foel Gron CH6 . . . . 22 C2
Volunteer St CH1 . . . . 144 B2
Vounog Hill CH4 . . . . 59 A7
Vownog CH7 . . . . 37 A2
Vownog Newydd CH7 . . . . . 37 B2
Vron Cl / Clos Y Fron LL11 . . . . 71 F8
Vulcan Cotts 2 LL11 . . . . . 72 B4
Vyrnwy Cl LL11 . . . . 72 D5
Vyrnwy Rd CH4 . . . . 51 D6
Vyrnwy Way LL13 . . . . 73 E1

W

Waen Rd LL11 . . . . 71 C3
Walden Dr CH1 . . . . 31 D8
Walford Ave LL18 . . . . 7 C6
Walker Cl 6 LL13 . . . . 73 E4
Walkers La CH3 . . . . 69 F2
Walkers La / Lon Walker 5 LL14 . . . . 78 F2
Walker St CH2 . . . . 144 C4
Wallington La LL13 . . . . 89 E7
Walls Ave CH1 . . . . 42 B1
Walmoor Pk CH3 . . . . 43 A1
Walnut Cl Chester CH2 . . . . 42 D7
Penyffordd CH4 . . . . 59 A8
Walnut Cotts LL13 . . . . 75 D8
Walnut Cres LL18 . . . . 7 F8
Walnut Croft CH3 . . . . 69 F6
Walnut Dr SY13 . . . . 103 F6
Walnut Gr / Gelli'r Gollen Ffrengig LL12 . . . . 67 A5
Walnut St LL11 . . . . 145 B4
Walpole Ave CH5 . . . . 49 A8
Walpole St CH1 . . . . 144 A4
Walter St CH1 . . . . 144 B4
Waltham Pl CH4 . . . . 52 A6
Walton Pl CH1 . . . . 41 E4
Waltons The CH4 . . . . 52 E6
Walwen Isaf CH6 . . . . 21 F6
Walwen Uchaf CH6 . . . . 21 F5
Ward's Terr CH2 . . . . 42 F3
Wared Dr CH7 . . . . 37 F4
Waring Ct LL13 . . . . 80 C7
War Memorial Ct LL18 . . . . . 7 D7
Warren Cl LL19 . . . . 3 C4
Warren Cres CH7 . . . . 48 F4
Warren Dr Broughton CH4 . 50 A3
Prestatyn LL19 . . . . 3 C4
Warren Hall Ct CH4 . . . . . . 49 E2
Warren Rd Prestatyn LL19 . . . 3 B3
Rhyl / Y Rhyl LL18 . . . . 7 A6
Warrenwood Rd LL12 . . . . 73 D4
Warren Workshops The LL12 . . . . 66 E5
Warrington Rd CH2 . . . . . . 43 E7
Warwick Ave LL13 . . . . 80 C8
Warwick Rd CH1 . . . . 41 F5
Washington Ct LL18 . . . . 7 E5
Washington Dr CH5 . . . . . . 39 A2
Waterfall Rd / Ffordd-y-Rhaeadr LL18 . . . 8 F3
Waterfall St SY10 . . . . 138 A1
Watergate Row CH1 . . . . . 144 A2
Watergate Sq CH1 . . . . . . 144 A2
Watergate St
Chester CH1 . . . . 144 A2
2 Ellesmere SY12 . . . . 109 C2
Waterloo Cl LL13 . . . . 80 B7
Waterloo Rd CH2 . . . . 42 C4
Waters Edge CH1 . . . . 42 B2
Waterside Cl SY13 . . . . . . 103 F8
Waters Reams CH3 . . . . 53 B8
Water St 20 CH7 . . . . 46 F4
Water St / Heol Ddwr CH7 . . . . 24 B6
Water St / Stryd Y Dwr
5 Denbigh / Dinbych LL16 . . . . 140 C3
Rhyl / Y Rhyl LL18 . . . . 7 B7
Water Tower (Mus)* CH1 . . . . 42 B2
Water Tower St CH1 . . . . 144 A3
Watertower View CH2 . . . . 42 F2
Watery La LL13 . . . . 82 A3
Watery Rd LL13 . . . . 145 A2
Watkin St CH5 . . . . 40 A3
Watling Cres CH4 . . . . 52 E7
Watling Ct CH3 . . . . 43 C2
Wats Dyke LL12 . . . . 66 F4
Wats Dyke Ave CH7 . . . . . . 47 D5
Wat's Dyke Ave CH8 . . . . . . 21 B5
Wat's Dyke Inf Sch CH7 . . . 47 E5
Wat's Dyke Prim Sch LL11 . . . . 73 A5
Wat's Dyke View 1 LL14 . . . . 86 B6
Wat's Dyke Way
Soughton / Sychdyn CH7 . . . 37 B1
Wrexham / Wrecsam LL11 . . 73 A5
Watson's Cl CH4 . . . . 50 C3
Wat's Rd CH4 . . . . 59 A7
Watts Ct CH7 . . . . 47 F4
Waun-y-Llyn Ctry Pk* LL11 . . . . 58 C1
Wavell Ave LL13 . . . . 73 C1
Wavells Way CH3 . . . . 53 B5
Waverley Cres LL12 . . . . . . 68 C8
Waverley Terr CH2 . . . . 42 E4
Waverton Bsns Pk CH3 . . . 53 F4
Wavertree Rd CH1 . . . . 41 C5
Wayside Ct CH2 . . . . 43 F8
Weale Ct LL13 . . . . 80 C7
Wealstone Ct CH2 . . . . 42 E5
Weal Stone La CH2 . . . . . . 42 E6
Weaver Ave LL18 . . . . 7 E6
Weaver Gr CH2 . . . . 43 F8
Weavers La LL18 . . . . 8 F3
Weaver St CH1 . . . . 144 A2
Weaverton Dr LL18 . . . . 7 E5
Webster Cl CH4 . . . . 50 C3
Wedgewood Hts CH8 . . . . . 20 F5
Wedgwood Rd CH5 . . . . 39 B3
Weighbridge Rd
Connah's Quay CH5 . . . . 30 B4
Connah's Quay CH5 . . . . 30 C5
Welland Dr CH5 . . . . 38 D6
Wellfield Way SY13 . . . . 93 F1
Well House Dr CH4 . . . . 49 B1
Wellington Cl CH5 . . . . 48 F8
Wellington Ho 5 CH5 . . . . 39 B6
Wellington Pl CH1 . . . . . . 144 B3
Wellington Rd CH4 . . . . 50 B4
Wellington Rd / Ffordd Wellington
Rhyl / Y Rhyl LL18 . . . . 7 A7
Wrexham / Wrecsam LL13 . 145 B1
Wellington St CH5 . . . . 39 B6
Wellington Terr 8 LL18 . . . . 7 A6
Well La Chester CH2 . . . . . . 42 E5
Ffynnongroyw CH8 . . . . 5 D1
Well La / Ffordd Ffynnon LL18 . . . . 9 C7
Well Pl LL13 . . . . 145 B2
Wells Cl
Mickle Trafford CH2 . . . . 43 F8
Prestatyn LL19 . . . . 2 E1
Well St
BuckleyBuckley / Bwcle CH7 . 47 F3
Buckley / Bwcle CH7 . . . . . . 48 A4
Cefn-Mawr LL14 . . . . 85 C1
Holywell / Treffynnon CH8 . . 21 B4
Holywell / Treffynnon CH8 . . 21 B5
Trelawnyd LL18 . . . . 10 A4
Treuddyn CH7 . . . . 57 C2
Well St / Stryd-y-Ffynnon LL15 . . . . 141 D5
Wellswood Rd LL13 . . . . . . 73 C6
Welshampton CE Prim Sch SY12 . . . . 110 C3
Welsh Coll of Horticulture / Coleg Garddwriaeth Cymru CH7 . . . . 36 F6
Welsh Rd CH1 . . . . 31 C6
Welsh Road Cotts CH1 . . . 31 D8
Wem Moss Nature Reserve* SY13 . . . . 111 E1
Wemyss Rd CH1 . . . . 41 D4
Wendover Ave LL22 . . . . 6 A3
Wenfryn Cl LL20 . . . . 85 A2
Wenlock Cres CH5 . . . . 39 E3
Wenlock Way CH4 . . . . 51 F6
Wentworth Cl CH7 . . . . 48 A6
Wentworth Rise LL13 . . . . . 73 F4
Wepre Ct CH5 . . . . 38 D5
Wepre Cty Prim Sch CH5 . 38 D4
Wepre Dr CH5 . . . . 39 A7
Wepre Hall Cres CH5 . . . . . 38 E6
Wepre La CH5 . . . . 38 D4
Wepre Park Visitor Ctr* CH5 . . . . 38 E5
Wepre Pk* CH5 . . . . 38 E5
Connah's Quay CH5 . . . . 38 F6
Wern LL14 . . . . 95 D3
Wern Ave CH6 . . . . 22 C2
Wernfadog LL20 . . . . 135 F5
Wernfechan LL15 . . . . 141 D5
Wern Ganol LL15 . . . . 141 D6
Wern Isaf LL15 . . . . 141 D6
Wern La / Lon y Wern 11 LL14 . . . . 78 E1
Wern Las LL14 . . . . 85 F8
Wern Rd LL20 . . . . 143 D5
Wern Ucha CH6 . . . . 22 B2
Wern Uchaf LL15 . . . . 141 D6
Wesley Rd LL11 . . . . 70 E7
Wesley St CH5 . . . . 38 F8
West Ave LL19 . . . . 3 C2
West Bank CH2 . . . . 42 C4
West Bank Rd LL12 . . . . 66 F5
Westbourne Ave LL18 . . . . . . 7 A6
Westbourne Cres CH7 . . . . 48 A4
Westbourne Ctr 5 LL18 . . . . 7 A6
Westbourne Dr LL14 . . . . . . 79 D6
Westbourne Rd CH1 . . . . . . 42 A4
Westbrook Ave 4 SY13 . . 103 F8
Westbrook Dr CH7 . . . . 48 C3
Westbury Dr CH7 . . . . 48 E4
Westbury Dr / Ffordd Westbury LL12 . . . . 73 B7
Westbury Way CH4 . . . . 51 F6
West Cheshire Coll (Handbridge Ctr) CH4 . . 52 D7
West Circ LL13 . . . . 73 C2
West Cl LL19 . . . . 2 B2
Westdale Ct LL18 . . . . 7 F1
West Dr CH8 . . . . 21 A4
Westend Ct LL13 . . . . 75 D8
West End Terr 1 LL14 . . . . 86 A4
Western App CH2 . . . . 42 E4
Western Ave CH1 . . . . 41 D4
Western Ct CH2 . . . . 42 E4
Western View LL11 . . . . 73 A7
Western Villas 6 LL11 . . . . 72 A4
Westfield Cl CH4 . . . . 52 B7
Westfield Ct LL13 . . . . 80 E7
Westfield Dr CH4 . . . . 58 F7
Westfield Rd LL18 . . . . 7 D7
West Gr LL14 . . . . 79 C6
West Kinmel St LL18 . . . . . . 7 B7
Westleigh Way 8 LL11 . . . 73 A5
West Lorne St CH1 . . . . . . 144 A3
Westminster Ave
Chester CH4 . . . . 52 B6
Rhyl / Y Rhyl LL18 . . . . 7 E6
Westminster Cl LL12 . . . . 145 C4
Westminster Cres CH5 . . . 39 C5
Westminster Dr
Gresford LL12 . . . . 67 F2
Wrexham / Wrecsam LL12 . . . . 145 C4
Westminster Gn CH4 . . . . . 52 D7
Westminster Rd
Broughton CH4 . . . . 50 B3
Chester CH2 . . . . 42 F3
Wrexham / Wrecsam LL11 . . 72 B7
Westminster Terr CH4 . . . . 52 C7
Weston Cl CH5 . . . . 39 F6
Weston Ct LL18 . . . . 1 E5
Weston Dr LL11 . . . . 72 F4
Weston Gr CH2 . . . . 42 E7
Weston Rd
Rhyl / Y Rhyl LL18 . . . . 7 B6
Wrexham / Wrecsam LL11 . . 72 C3
Weston Rhyn Prim Sch SY10 . . . . 105 D5
Weston View 8 LL11 . . . . . 72 C3
West Par / Rhodfa Gorllewin LL18 . . . . 7 A7
West Rd CH8 . . . . 5 A6
West St Chester CH2 . . . . . 144 C4
Llangollen LL20 . . . . 143 C5
Rhyl / Y Rhyl LL18 . . . . 7 A6
Wrexham / Wrecsam LL11 . . . . 145 A4
Westune SY13 . . . . 103 F6
West View
Buckley / Bwcle CH7 . . . . . . 48 C3
Mold / Yr Wyddgrug CH7 . . . 46 F4
Penyffordd CH4 . . . . 59 A6
3 Wrexham / Wrecsam LL11 . . . . 73 A5
West View Dr CH7 . . . . 47 C4
Westway CH5 . . . . 39 E2
West Way Penley LL13 . . . . 99 E3
Rossett LL12 . . . . 68 C7
Westwood Com Prim Sch CH7 . . . . 48 B4
Westwood Dr / Rhodfa Westwood 1 LL13 . . . . . . 73 F3
Wetherby Cl CH1 . . . . 42 B2
Wetreins La SY14, CH3 . . . . 76 D6
Weybourne Cl CH4 . . . . 51 E5
Whaddon Dr CH4 . . . . 51 F4
Whaley Ct CH1 . . . . 41 A8
Whalley's Way LL14 . . . . . . 85 D3
Wharfdale Ave CH5 . . . . . . 38 D6
Wharf Hill LL20 . . . . 143 D5
Wharf Rd SY12 . . . . 109 B2
Wheat Cl LL11 . . . . 72 C6
Wheatsheaf La LL11 . . . . . . 72 D7
Wheatsheaf Mews LL11 . . 72 D7
Wheldon Cl CH2 . . . . 42 E8
Whipcord La CH1 . . . . 42 B2
Whitby Ave CH2 . . . . 42 D5
Whitchurch Rd
Bangor on Dee / Bangor-is-y-coed LL13 . . . . 89 A7
Chester CH3 . . . . 43 B1
Christleton CH3 . . . . 53 E7
Whitchurch Rd / Ffordd Eglwyswen
Denbigh / Dinbych LL16 . . . 117 E1
Denbigh / Dinbych LL16 . . . 120 F8
Whitebrook Cl / Clos Gwynant LL14 . . . . 86 B5
Whitecroft Cl CH5 . . . . 38 C7
White Farm Rd CH7 . . . . . . 48 A7
Whitefield Terr CH6 . . . . . . 22 C2
Whitefriars 4 LL12 . . . . . . 73 C6
White Friars CH1 . . . . 144 A2
Whitegate Fields LL13 . . . 69 D1
Whitegate Ind Complex LL13 . . . . 80 D8
Whitegate Rd LL13 . . . . 80 C8
White La CH3 . . . . 53 D8
White Lion Cl LL11 . . . . 72 C8
White Oaks LL11 . . . . 70 F7
White Oaks Dr CH7 . . . . . . 38 A4
White Rose Cl LL19 . . . . 3 A3
White Rose Sh Ctr The LL18 . . . . 7 B8
Whites Mdw CH3 . . . . 53 A7
Whiteway Dr LL12 . . . . 67 E3
White Way Gr CH5 . . . . 39 F6
Whitewell Rd SY13 . . . . . . 102 C8
Whitford St CH8 . . . . 21 A4
Whitland Way LL13 . . . . 80 E7
Whitrock Rd CH4 . . . . 49 B1
Whittle Cl CH5 . . . . 40 A3
Whitton Dr CH2 . . . . 42 E5
Whixall CE Prim Sch SY13 . . . . 112 E3
Wicker La CH3 . . . . 43 F5
Wiend The CH2 . . . . 42 D4
Wigdale Row CH5 . . . . 49 C8
Wigdale The CH5 . . . . 49 C8
Wilding Bsns Pk CH3 . . . . . 43 C4
Wilkinson Dr / Rhodfa Wilkinson LL14 . . . . 79 C6
Willan Rd CH1 . . . . 41 D4
Willeymoor La SY13 . . . . . . 93 D7
Williams Cl Chester CH2 . . . 42 C4
Penymynydd CH4 . . . . 49 B1
Ruabon / Rhiwabon LL14 . . . 86 B5
Williams Pl CH8 . . . . 5 C1
Williams St LL18 . . . . 7 C7
William St Chester CH1 . . . 144 B3
Chester, Hoole Park CH2 . . . 42 F3
William St / Stryt William 6 LL14 . . . . 78 F2
Williams Way LL12 . . . . 68 B7
Willow Ave LL12 . . . . 66 C8
Willoway Rd CH3 . . . . 43 B2
Willow Cl Chester CH2 . . . . 42 D8
1 St. Martin's SY11 . . . . . . 106 F6
Willow Cl / Llys Helyg CH7 . . . . 48 E4
Willow Cres Chester CH2 . . 43 A4
Connah's Quay CH5 . . . . 38 E7
3 Ellesmere SY12 . . . . 109 B2
Ewloe CH5 . . . . 48 F8
Willow Ct
Bangor on Dee / Bangor-is-y-coed LL13 . . . . 89 A8
Connah's Quay CH5 . . . . 29 D1
Higher Kinnerton CH4 . . . . . 60 A7
Rhyl / Y Rhyl LL18 . . . . 7 E8
Wrexham / Wrecsam LL13 . . 73 E3
Willow Dr Bacon CH1 . . . . . 41 D5
Flint / Y Fflint CH6 . . . . 27 E5
Llay LL12 . . . . 67 B4
Marford LL12 . . . . 67 F2
Willowfield CH8 . . . . 26 E6
Willow Gr Chester CH2 . . . . 43 B4
Talacre CH8 . . . . 5 A6
Willow Gr / Llwyn Helig CH7 . . . . 48 B7
Willowherb Cl CH3 . . . . 53 B6
Willow La CH5 . . . . 39 E4
Willow Lea Cl 4 LL11 . . . . 72 D6
Willow Pk CH5 . . . . 39 D4
Willow Rd CH4 . . . . 51 F6
Willow Rd / Heol Helyg LL11 . . . . 71 C4
Willow St
Ellesmere SY12 . . . . 109 B2
Llangollen LL20 . . . . 143 C4
Overton LL13 . . . . 98 C8
Willows The Prestatyn LL19 . 2 D2
Wrexham / Wrecsam LL12 . . . . 145 C4
Willow The CH7 . . . . 48 B7
Willow Way CH4 . . . . 50 B3
Willow Wlk / Rhodfa Helyg CH7 . . . . 57 F5
Wilson Ave LL13 . . . . 73 C2

Wilson Ho 10 LL11 ....72 C3
Wilton Rd CH5 ....39 D2
Winchester Dr LL19 ....2 F1
Winchester Sq CH4 ....51 F5
Winchester Way LL12 ....67 E3
Windermere Ave
Chester CH2 ....43 A6
Connah's Quay CH5 ....38 F7
Windermere Dr LL19 ....2 F3
Windermere Rd LL12 ....73 C6
Windmill Cl
Buckley / Bwcle CH7 ....48 B5
Holywell / Treffynnon CH8 ..21 C4
Windmill La CH3 ....53 D8
Windmill Rd / Ffordd Y Felin
Wynt CH7 ....48 B5
Windmill Rise CH2 ....42 D7
Windrush Cl LL13 ....80 C7
Windsor Ave
Caergwrle LL12 ....66 A8
10 Connah's Quay, Shotton
CH5 ....39 B6
Connah's Quay, Wepre CH5 ..38 F6
Windsor Ct Chester CH1 ..144 B1
1 Rhyl / Y Rhyl LL18 ....7 B7
Windsor Dr
Broughton CH4 ....50 A3
Flint / Y Fflint CH6 ....27 F6
Wrexham / Wrecsam LL11 ..72 E3
Windsor Gr LL18 ....6 D5
Windsor Pk CH8 ....20 D6
Windsor Rd Chester CH4 ...51 F6
Wrexham / Wrecsam LL11 ..72 C3
Windsor Rd / Ffordd
Windsor LL14 ....78 E1
Windsor St 6 LL18 ....7 B7
Winkup's Camp LL22 ....6 B4
Winkwell Dr CH4 ....52 A5
Winnard Ave LL18 ....7 A6
Winscombe Dr CH3 ....43 C2
Winsford Way CH1 ....41 F2
Winston Ct CH2 ....43 A5
Wirral View
Connah's Quay CH5 ....38 D7
Ewloe CH5 ....39 B2
Withy Croft CH3 ....53 B7
Witter Pl CH1 ....144 C3
Woburn Cl / Clos Woburn 6
LL13 ....73 E3
Woburn Dr CH2 ....42 F7
Wold Ct CH5 ....49 C8
Woodall Ave CH4 ....51 E6
Woodbank La CH1 ....31 D5
Woodbank Rd CH5 ....38 E6
Woodberry Cl / Buarth Coed
Aeron LL14 ....79 E8
Woodbine Cotts CH7 ....37 F4
Woodbury 2 SY11 ....106 F7
Wood Croft
Buckley / Bwcle CH7 ....48 E6
Guilden Sutton CH3 ....43 F4
Woodfield Ave CH6 ....28 B6
Woodfield Cl
Broughton CH4 ....50 A3
Connah's Quay CH5 ....38 E6
Woodfield Gr CH2 ....43 B5
Woodfield Ho CH2 ....43 A5
Woodfield Prim Sch CH2 .43 A5
Woodfields CH3 ....53 E7
Wood Gn CH7 ....47 B4
Wood Gr / Llwyn-y-Coed
CH7 ....57 F5
Woodhouse La LL13 ....80 D3
Wood La Broughton CH4 ...50 B4
Hawarden / Penarlâg CH5 ..38 F1
Holywell / Treffynnon CH8 ..21 D5
Penyffordd CH4 ....59 A8
Woodland LL11 ....72 E7
Woodland Cotts CH8 ....5 C1
Woodland Cres 2 CH5 ...39 A6
Woodland Ct CH6 ....27 F5
Woodland Dr
Flint / Y Fflint CH6 ....27 F5
Greenfield / Maes-Glas CH8 .21 B7
Woodland Gr
Wrexham / Wrecsam,
Gwersyllt Hill LL11 ....72 C7
Wrexham / Wrecsam, Rhosnesni
LL13 ....73 E3
Woodland Rd LL11 ....72 A8
Woodlands Ave CH1 ....42 B4
Woodlands Cl CH7 ....47 A4
Woodlands Ct CH5 ....49 C8
Woodlands Cvn Pk CH8 ...4 D4
Woodlands Dr
Chester CH2 ....42 E4
Ewloe CH5 ....48 F7
Woodlands Gr 5 LL20 ....95 A7
Woodlands Hall Cvn Pk
LL15 ....125 D8
Woodlands La CH3 ....43 A2
Woodlands Rd
Chester CH4 ....52 A7
Huntington CH3 ....53 A6
Llangollen Rural LL20 ....95 A7
Marford LL12 ....67 F3
Mold / Yr Wyddgrug CH7 ...47 B4
Woodland St CH5 ....39 A6
Woodlands The CH5 ....49 A4
Woodlea Ave CH2 ....42 F7
Wood Memorial Sch CH4 .51 F6
Wood Rd LL18 ....7 A6
Woodridge Ave LL12 ....67 F3
Woodside Ave LL18 ....6 C5
Woodside Cl CH5 ....39 A1
Woodside Ct Chester CH2 .42 C4
Rhostyllen LL14 ....79 D7
Woodside Gdns LL18 ....7 D5
Woodside Rd CH1 ....41 C5
Wood St CH5 ....40 A2
Wood Ville CH5 ....39 D2
Worcester Dr LL19 ....2 F1
Worcester Pl CH1 ....42 A4
Worcester Rd LL13 ....89 A8
Wordsworth Cl CH5 ....48 E8
Wordsworth Cres CH1 ....42 A5
Wordsworth Mews CH1 ...42 A5
Wordsworth Sq CH1 ....42 A5
Worsley Ave
Johnstown LL14 ....79 A1
Saughall CH1 ....41 A8
Worthington Ct CH2 ....42 D4
Wrekin Way CH4 ....51 F6
Wrexham Central Sta
LL13 ....145 B2
Wrexham FC (The Race
course) LL11 ....145 A4
Wrexham General Sta
LL11 ....145 A3
Wrexham Ind Est / Ystad
Ddiwydiannol Wrecsam
LL13 ....81 E7
Wrexham Rd
Caergwrle LL12 ....66 B6
Chester CH4 ....52 B4
Holt LL13 ....75 B7
Holt LL13 ....75 D8
Hope / Yr Hôb CH4, LL12 ...59 B4
Johnstown LL14 ....79 A3
Marchwiel LL13 ....80 F4
Mold / Yr Wyddgrug CH7 ...47 A2
Overton LL13 ....98 C8
Overton / Owrtyn LL13 ....88 B1
Penyffordd CH4 ....59 A6
Pulford CH4 ....61 E5
Rhostyllen LL14 ....79 D6
Roughhill CH4 ....51 F1
Ruthin / Rhuthin LL15 ....141 D3
4 Whitchurch SY13 ....103 E7
Whitchurch Urban SY13 ...103 B7
Worthenbury SY14 ....83 C1
Wrexham / Wrecsam LL11 ..72 C5
Wrexham St / Stryd
Wrecsam CH7 ....46 F4
Wrexham Tech Pk LL13 ...72 E2
Wroxham Cl CH2 ....144 B4
Wycliffe Ct CH2 ....43 A2
Wylfa Ave CH7 ....47 C4
Wyndham Dr LL12 ....66 B5
Wyndham Gdns LL13 ....73 E1
Wyndham Rd CH1 ....41 C4
Wynn Ave
Ruabon / Rhiwabon LL14 ...86 B5
Wrexham / Wrecsam LL11 ..73 A4
Wynne Cl LL18 ....15 F8
Wynne's Parc Cotts
LL16 ....140 F2
Wynnhall Terr LL14 ....85 D6
Wynnstay Ave LL13 ....73 D2
Wynnstay Cres LL14 ....79 C6
Wynnstay Ct
Ruabon / Rhiwabon LL14 ...86 A5
Ruabon / Rhiwabon, Rhosymadoc
LL14 ....86 B2
Wynnstay La LL12 ....68 A2
Wynnstay Mews 7 LL14 ..86 A4
Wynnstay Rd CH4 ....50 C4
Wynnstay Rd / Ffordd
Wynnstay 5 LL15 ....141 D5
Wynnstay Technology Pk
LL14 ....85 E4

Y

Yale Coll / Coleg Ial
LL12 ....145 B3
Yale Gr LL12 ....145 C4
Yale Park / Parc Ial
LL11 ....145 A3
Yale Private Hospl / Ysbyty
Ial LL13 ....72 E2
Yale St LL14 ....78 F1
Yardington 5 SY13 ....103 F8
Yarrow Cl CH4 ....50 C3
Yarwood Dr LL13 ....73 C6
Y-Berllan Est LL11 ....71 B4
Y Berllan Geirios / Cherry
Orch LL13 ....75 D8
Y Borlan LL14 ....85 E8
Y Cedrwydd / The Cedars
CH7 ....47 E4
Y Cilgant / The Crescent
LL21 ....142 C3
Y Craig / Llangollen Terr
LL14 ....85 C2
Y Doerwen Deg / Fairoaks
Cres LL12 ....67 A5
Y Dolydd CH7 ....46 E3
Y Dolydd / Meadow Cl
LL14 ....79 E7
Y Dreflan CH8 ....12 C4
Yerburgh St CH2 ....42 D4
Yew Tree Cl CH4 ....50 C3
Yew Tree Cl / Clos Coed
Ywen LL17 ....16 B2
Yew Tree Ct LL12 ....67 D3
Y Farchnad / Market Sq
CH6 ....28 A7
Y Ffennant / Fennant Rd
Johnstown LL14 ....79 A2
Rhosllanerchrugog LL14 ...78 F2
Y Ffrith LL18 ....7 D8
Y Fron LL14 ....79 A1
Y Gamer LL20 ....135 C5
Ygerddi CH8 ....12 C4
Y Gerddi LL16 ....140 D4
Y-Gesail LL14 ....86 B8
Y Gilfach CH7 ....46 F3
Y Gorlan Pwll-glas LL15 ...125 F5
Rhyl / Y Rhyl LL18 ....7 C8
Y Llys LL15 ....121 F2
Y Lon Las / Green La
LL21 ....142 D4
Y Maes
Denbigh / Dinbych LL16 ...140 E4
Glyn Ceiriog LL20 ....135 C5
Y Nant CH8 ....12 B5
Yonne The CH1 ....144 A2
York Ave CH5 ....39 B5
York Cl LL19 ....2 F1
York Cl / Clos Efrog
LL13 ....80 F7
York Dr CH2 ....43 E8
Yorke Ave LL13 ....80 E5
Yorke Cl LL13 ....81 A4
Yorke St / Stryt Efrog
LL13 ....145 C2
York Rd CH5 ....29 C1
York St CH1 ....144 B3
Yowley Rd CH5 ....38 F2
Y Parc LL17 ....16 A1
Y Parc / Park The
Mold / Yr Wyddgrug CH7 ...46 F4
Ruthin / Rhuthin LL15 ....141 B5
Yr Efail / The Forge CH4 .49 A1
Yr Erw / Hand La 1
LL14 ....78 F2
Yr Helfa LL14 ....95 E3
Yr Hen Berllan / The Old
Orch CH5 ....49 D8
Yr Hen Erddi / Old Gardens
The 1 LL13 ....73 E3
Yr Hobin Cast / Johnson St
LL14 ....78 E2
Y Rhos LL14 ....85 C2
Yr Ochr LL20 ....94 F7
Yr Ydlan CH7 ....47 D6

Ysbyty = hospital

Ysbyty Cymuned Glannau
Dyfrdwy / Deeside Com
Hospl CH5 ....39 B4
Ysbyty Cymunedol Y
Wyddgrug / Mold Com
Hospl CH7 ....46 E5
Ysbyty Glan Clwyd (Hospl)
LL18 ....15 A5
Ysbyty Ial / Yale Private
Hospl LL13 ....72 E2
Ysbyty Lluesty / Lluesty
Hospl CH8 ....21 B2
Ysbyty Maelor Wrecsam /
Wrexham Maelor Hospl
LL13 ....145 A2
Ysbyty Treffynnon / Holywell
Cottage Hospl CH8 ....21 B4

Ysgol = school

Ysgol Acrefair LL14 ....85 B3
Ysgol Belmont CH7 ....48 B6
Ysgol Bodhyfryd LL13 ....80 B7
Ysgol Bro Aled Llansannan
LL16 ....118 C8
Ysgol Bro Carmel CH8 ...20 C6
Ysgol Bro Cinmeirch
LL16 ....120 F6
Ysgol Bro Cynllaith
SY10 ....139 D3
Ysgol Bro Famau-Llanarmon
Unit CH7 ....127 B7
Ysgol Bro Famau-Llanferres
Unit CH7 ....55 B6
Ysgol Bro
Fammau-Graianrhyd Unit
CH7 ....63 C5
Ysgol Bryn Alyn High Sch
LL11 ....72 C8
Ysgol Bryn Clwyd LL16 ..121 B8
Ysgol Bryn Coch CH7 ....46 F4
Ysgol Bryn Collen LL20 ..143 E3
Ysgol Bryn Garth CH8 ....11 C8
Ysgol Bryn Golau Sch
LL11 ....72 D7
Ysgol Bryn Gwalia CH7 ...46 E4
Ysgol Brynhyfryd LL15 ..141 E5
Ysgol Bryn Offa
Wrexham / Wrecsam LL13 ..72 C1
Wrexham / Wrecsam LL13 ..79 E8
Ysgol Bryn Pennant CH8 .12 C4
Ysgol Bryn Tabor LL11 ....71 C3
Ysgol Caer Drewyn
LL21 ....142 C6
Ysgol Cefn Meiriadog
LL22 ....116 D8
Ysgol Croes Atti CH6 ....28 B6
Ysgol Cyffylliog LL15 ....125 A8
Ysgol Cynddelw LL20 ....135 C5
Ysgol Delyn CH7 ....46 F4
Ysgol Derwen CH4 ....60 A7
Ysgol Derwenfa CH7 ....58 A4
Ysgol Dewi Sant LL18 ....7 E5
Ysgol Dewi Sant / St David's
High Sch LL13 ....73 D3
Ysgol Dinas Bran LL20 ..143 D5
Ysgol Dinmael LL21 ....128 A3
Ysgol Dyffran Iâl CH7 ...127 B3
Ysgoldy Hill 16 LL14 ....86 A4
Ysgol Emmanuel LL18 ....7 C6
Ysgol Esgob Morgan
LL17 ....16 A2
Ysgol Frongoch LL16 ....140 D4
Ysgol Glan Aber CH6 ....21 F5
Ysgol Glanrafon CH7 ....46 F3
Ysgol Gronant LL19 ....4 B3
Ysgol Gwaenyog LL16 ...140 A3
Ysgol Gwenffrwd CH8 ....21 A5
Ysgol Gymraeg Mornant
CH8 ....4 F1
Ysgol Gynradd Carrog
LL21 ....129 F2
Ysgol Gynradd Eglwys Crist
LL18 ....7 C6
Ysgol Gynradd Gwyddelwern
LL21 ....129 B5
Ysgol Gynradd Henllan
LL16 ....116 F3
Ysgol Gynradd Llawrybetws
LL21 ....128 C1
Ysgol Gynradd Pentrecelyn
LL15 ....126 C3
Ysgol Gynradd Rhydgaled
LL16 ....119 C7
Ysgol Gynradd Trelogan
CH8 ....10 F4
Ysgol Hiraddug LL18 ....8 F2
Ysgol Hooson LL14 ....78 D2
Ysgol Llanarmon Dyffryn
Ceiriog LL20 ....138 D7
Ysgol Llywelyn LL18 ....7 E6
Ysgol Maes Edwin CH6 ...28 A1
Ysgol Maes Garmon CH7 .46 F3
Ysgol Maes Hyfryd LL21 .132 F8
Ysgol Maes-y-Llan LL14 ..86 B4
Ysgol Mair RC Sch LL18 ...7 D6
Ysgol Melyd LL19 ....8 F6
Ysgol Min-y-Ddol LL14 ..85 C1
Ysgol Morgan Llwyd Sch
LL13 ....73 E2
Ysgol Owen Jones Prim
CH7 ....37 A6
Ysgol Parc Y Llan CH7 ...64 C8
Ysgol Pen Barras LL15 ..141 D5
Ysgol Penmorfa LL19 ....3 A1
Ysgol Penrhryn LL11 ....72 B4
Ysgol Plas Brondyffryn
Denbigh / Dinbych LL16 ...140 D3
Denbigh / Dinbych LL16 ...140 E2
Ysgol Plas Coch LL11 ....72 F4
Ysgol Powys LL11 ....72 E
Ysgol Reoledig Llanbedr
LL15 ....121 E
Ysgol Reoledig Llanfair
Dyffryn Clwyd LL15 ....126 B
Ysgol Rhiwabon LL14 ....85 F4
Ysgol Rhos Helyg CH7 ...36 A8
Ysgol Sant Christopher / St
Christophers Sch LL13 ..80 B
Ysgol Sant Dunawd LL13 .89 A
Ysgol Sychdyn Prim CH7 .37 A1
Ysgol Terrig CH7 ....64 C8
Ysgol Tir Morfa
Rhuddlan LL18 ....7 F
Rhyl / Y Rhyl LL18 ....7 D5
Ysgol Trefnant LL16 ....117 C
Ysgol Tremeirchion
LL17 ....117 F8
Ysgol Twm o'r Nant
LL16 ....140 D4
Ysgol Uwchradd Argoed /
Argoed High Sch CH7 ...47 E
Ysgol Uwchradd Glan Clwyd
LL17 ....16 C
Ysgol-y-bryn CH5 ....39 A
Ysgol y Castell LL18 ....15 F8
Ysgol Y Ddol CH7 ....35 E
Ysgol-y-Drindod Jun Sch
LL11 ....72 D
Ysgol y Faenol LL18 ....14 E
Ysgol Y Foel CH7 ....44 F
Ysgol Y Foryd LL18 ....6 D
Ysgol-y-Fron Jun Sch
CH8 ....21 B
Ysgol y Gaer LL11 ....72 E
Ysgol-Y-Grango LL14 ....78 E
Ysgol Y Llan, Whitford
CH8 ....11 F
Ysgol Y Llys LL19 ....9 A
Ysgol-y-Parc LL16 ....140 E
Ysgol Y Ponciau LL14 ....78 F
Ysgol Yr Esgob CH7 ....24 B
Ysgol Y Rhos LL14 ....78 D
Ysgol Y Waun CH7 ....45 E
Ysgol-y-Wern LL14 ....78 E
Ysgubor Newydd La LL17 .17 E
Ysgubor-wen LL16 ....140 F

Ystad = estate

Ystad Ddiwdiannol
Colomendy / Colomendy
Ind Est LL16 ....140 D
Ystad Ddiwydiannol Coppi
Ind Est LL14 ....78 D
Ystad Ddiwydiannol Llai (De)
/ Llay Ind Est (South)
LL12 ....66 F
Ystad Ddiwydiannol Llai
(Gogledd) / Llay Ind Est
(North) LL12 ....66 F
Ystad Ddiwydiannol Wrecsam
/ Wrexham Ind Est LL13 .81 E
Ystad Ddiwydianol Corwen
(Ind Est) LL21 ....142 C
Ystrad Rd / Ffordd Ystrad
LL16 ....140 E
Y Stryd Fawr / High St
Dyserth LL18 ....8 F
1 Rhyl / Y Rhyl LL18 ....7 B
Y Stryt Fawr / High St
Coedpoeth LL11 ....71 C
Rhosllanerchrugog LL14 ....78 E
Y Tyddyn / The Homestead
LL14 ....79 E
Y Waen Flint Mountain CH6 .28 A
Gwernaffield / Y-Waun CH7 .45 E
Y Weirglodd LL16 ....140 E
Y Werddon LL13 ....145 E
Y Wern LL13 ....80 D

Z

Zion Cotts 2 LL11 ....72 A
Zion St LL14 ....85 E